講談社選書メチエ

635

異端カタリ派の歴史

十一世紀から十四世紀にいたる
信仰、十字軍、審問

ミシェル・ロクベール
武藤剛史［訳］

MÉTIER

訳者まえがき

本書は、十一世紀に西欧の各地で発生し、十二世紀になってカタリ派と名付けられる異端宗教運動の一大中心地となった南仏ラングドック地方の十一世紀から十四世紀にかけての歴史を語っている。タイトルからもうかがわれるように、カタリ派の発生、発展、さらには迫害と消滅の歴史をたどることが本書の軸となっているが、この異端を危険視し、それを殲滅《せんめつ》すべくローマ教会が起こしたアルビジョワ十字軍、さらには異端審問について語ることにも著者は多大な努力を払っている。本書はまた、このラングドックの地が、十字軍侵攻をきっかけにして、しだいにカペー朝フランス王国に併合されていく過程も克明に描いている。

＊

著者は、「序」の冒頭で、つぎのように述べている。

カタリ派の歴史を書くとは、ほとんど迫害の歴史を書くことに等しい。じっさい、カタリ派の人々が自分たちの信仰をまったき自由のうちに生きることができたのは、きわめて短い期間でしかなかった。彼らは自分たちの運命をみずから証言する時間をほとんど与えられなかったのである。〔…〕十字軍、異端審問。カタリ派の歴史はこのふたつの局面に集約され、しかも両者は不可分の関係にある。要するに、カタリ派の人々は、みずからの不幸によって、最後にはみずからの灰によって、自分たちの歴史を語るほかなかったのだ。

このように、みずからを語ることなく滅んでいったカタリ派の人々に代わって、彼らの歴史を語ること、それが本書の主要テーマである。著者は、彼らの敵、すなわち十字軍の年代記者や異端審問の記録係たちが残した膨大な資料を丹念に収集し、それを注意深く読み取り、そこからカタリ派の社会、彼らの活動や日々の暮らし、さらには彼らの受難のありさまを今によみがえらせようとする。しかも、かくして著者がよみがえらせたカタリ派の姿は、彼らの敵、つまりカトリック側がそう思わせようとしたごとく、また今日でもたいていはそう思われているごとく、反社会的な狂信集団ではまったくなかった。

かつては、カタリ派教会は閉鎖的なセクトであり、その信奉者たちを世間から、また社会生活から引き離して、彼らに禁欲生活を強い、それを広めることによって、いずれは人類を消滅させることを目論んでいた、などとまことしやかに言われていた。

ところが、私自身もすっかり驚いたことに、そこに見出されたのは、時代と社会にしっくりおさまり、心安らかに日々を送る、ごく普通の男女であった。ただし彼らの精神的希求と宗教的不安、とりわけ魂の救済への強い関心は、さまざまな理由から、カトリック教会が示したそれとは別の道に向かうべく教え導かれていた。〔…〕カタリ派は、社会学的逸脱、西欧的意識の変異形といったものではまったくなく、信者たちのあいだでつねに言われていたように、魂の救済は

「良き教会」が定めた儀礼によってしか可能ではないと深く信じる人々によって担われた宗教運動なのである。(「序」より)

ローマ教会は、そうしたカタリ派を異端とし、彼らを敵視した。その最大の理由は、彼らの唱える二元論のゆえである。ローマ教会、つまりカトリックの教義によれば、この世界のすべて――天と地、見えるものと見えないもの、精神と物質――は唯一の神によって創造され、在らしめられている。ところがカタリ派の教義では、神が造ったのはあくまで天、霊、魂の世界だけであって、地、肉体、物質の世界は、悪しき神、悪魔などと呼んでしかるべきもうひとつ別の創造原理によって生み出されたものであり、それ自体が悪なのである。人間に関して言えば、魂だけが「まことの神」に属している。しかしその魂が、この世にあっては、肉体に閉じ込められ、物質世界のなかですっかり眠り込んでおり、自分の真の故郷が天にあることを忘れてしまっている。神がイエス・キリストをこの世に遣わしたのは、人間にそのことを思い出させ、魂を目覚めさせるためであった。かくして肉体、そして物質世界という悪しき牢獄を脱して、真の故郷である天に還ることこそが、人間の救いだということになる。しかも、彼らは新約聖書を唯一の聖典とし、そこからこうした思想を導き出している(それゆえ、彼らはみずから「キリスト者」と称している)。

たしかに、新約聖書、とりわけ「ヨハネによる福音書」に収録されているイエスの言葉には、天と地、この世とあの世、精神と物質を対比・対立させる二元論的思考がしばしば見られる。たとえば、イエスは自分の弟子たちについて「わたしが世に属していないように、彼らも世に属していない」(「ヨハネ」一七‐一四)と言う。あるいは「命を与えるのは〈霊〉である。肉は何の役にも立たない」

(「ヨハネ」六－六三)とも言っている。さらには「あなたがたは地上に富を積んではならない」(「マタイ」六－一九)、「あなたがたは、神と富に仕えることはできない」(「マタイ」六－二四)といった言葉。

ところが、ローマ教会はカタリ派の二元論を危険視し、それゆえにカタリ派を殲滅しようとする。そもそも、ローマ教会はつねに二元論と闘い、それを克服することによって、みずからの教義を確立してきたという経緯がある。二元論との闘いはすでに二世紀には始まっており、その後も延々と続くが、ローマ教会の基本的立場は、四世紀の初めに開催された第一回ニカイア公会議で作成されたいわゆる「ニカイア信条」に謳われているとおり、神は「見えるもの、また見えないもの」の、つまりは物質的および精神的現実すべての造り主であるということで一貫している。

ヨーロッパ中世は、そうした教義を持つローマ教会がこの世を絶対的に支配した時代であった。もちろん、建て前としては俗界と霊界はまったく異なる領域であり、教会はあくまで霊界を支配し、俗界の管理と支配は世俗権力にゆだねられることになっている。しかし、霊的権力は世俗権力に優先すべきことは自明の理であり、ローマ教皇は諸王や諸皇帝の宗主としてこの世を統治すべきである。それこそ、人々のあいだに、また諸王のあいだに、世界平和をもたらすとともに、その平和を維持するための唯一の方策なのである。このように、全能なる神を奉じるローマ教会は、その神の代理人を任ずることによって、この世を絶対的に支配しようとした。

しかし、それは正しいことだったろうか。たとえこの世に平和をもたらすためであったとしても、この世を絶対的に支配しようとし、そのために権力をふるうこと、悪はまさにそこから生まれるのではないだろうか。少なくとも、カタリ派はそう考えてローマ教会を批判したのであり、またそのためにローマ教会はカタリ派を敵視したのである。

ともあれ、アルビジョワ十字軍が始まるとさっそく、ベジエの町でつぎのような悲劇が起きている。それは無差別の虐殺以外の何ものでもなかった。

この虐殺が歴史に残ったのは、まず死者のおびただしい数のゆえである。教皇特使たちは、イノケンティウス三世に、誇らしげに「二万人」と報告している。じっさい年齢も、地位も、性も、まったく関係ない、無差別の殺戮であった。ついでその殺戮のおぞましさ。大聖堂に火が放たれ、不幸にも堂内に難を逃れていた人々のうえに崩れ落ちたし、またマドレーヌ教会にいた女、子供、そして司祭たちまでが喉をかき切られた。しかしとりわけこの虐殺を忘れがたいものにしたのは、アルノー・アモリーが発した恐るべき言葉である。〔…〕誰かがカトリック信者と異端者をどう区別したらよいかとアルノー・アモリーに尋ねた。するとこのシトー大修道院長は「皆殺しにせよ、主はご自分の信者をご存じだ！」と答えた。（第四章より）

たしかに中世の人間観は現代のそれとは大きく異なるだろうし、また中世の戦争では、抵抗する最初の町を略奪し、その住民を皆殺しにするのが定石であった。しかし、そうしたことを勘案したとしても、十字軍、つまりは愛と平和を説くキリストを錦の御旗に立てる軍隊に、どうしてこのような残虐行為が可能だったのか。要するに、この世を絶対的に支配しようとし、そのために権力をふるうこと自体に、悪は内在すると言うほかないだろう。

十字軍に続く異端審問は、さすがに無差別の殺戮は行わなかったが、異端を根絶やしにするという審問官たちの使命感は十字軍以上に強かった。ある人が、死んだあとになって、異端であることが判明した場合、その遺骸をわざわざ墓から掘り出して焼くという徹底ぶりであった。

異端審問のシステムは恐るべきものであった。その方法は、一般に考えられているよりもはるかに陰湿かつ陰険であり、肉体的というよりも心理的に残酷で、十四世紀の初頭、文字どおり、皆殺しにされたカタリ派最後のオーティエ兄弟の教会の場合を別とすれば、悔い改めない者をひとからげにして火刑に処するようなことはなかったが、しかしそれよりもはるかに効果的に、カタリ派社会を内部から崩壊させていく冷酷無比なものであった。

一二三〇年代のラングドックで始まったこの異端審問は、聞き取り調査、組織的密告、尋問、資料カードの作成など、さまざまな方法を駆使し、すべての住民を対象とした包括的イデオロギー統制システムであり、それはおそらく歴史上前代未聞のことであった。教皇グレゴリウス九世とても、それによって未来のあらゆる全体主義にあつらえ向きの思想統制の道具を作り上げてしまったとはよもや思わなかっただろう。〔…〕たしかに異端審問は、一八二一年、完全に廃止されたが、この問題の生々しい現代性は、今日なお少しも失われていない。むしろこのシステムは、宗教の領域から政治の場に移されることによって、驚くべき復活を遂げたと言えるだろう。おそらく、二十世紀はとりわけ政治的異端審問が猖獗《しょうけつ》をきわめた時代として記憶されるにちがいない。(「序」より)

このように、十字軍にしても、異端審問にしても、けっして遠い過去の問題ではなく、いつの時代であれ、絶対の正義を自負してこの世を支配しようとする集団が現れるたびに繰り返される永遠の問題にほかならない。

＊

ところで、異端カタリ派を殲滅することを目的としたアルビジョワ十字軍は、誰もが予想しなかったような、きわめて重大な政治的結果をもたらした。

十字軍という中近東の植民地戦争体制を、多少の細部を除いて、ほとんどそっくりそのまま取り入れたと言ってもよい「アルビジョワ」十字軍がおさめた最初の勝利の成果は、一二一二年、エルサレム法令集に想を得た「パミエの法令集」によって正式に承認されたが、このことは、アルビジョワ十字軍というものが宗教と政治が密接に絡み合った複雑な企てであったことをはっきり物語っている。「聖戦」と喧伝され、相次ぐ勅令や教皇法令によって教会法上正当化された十字軍は、その成り立ちからして必然的に、封土権にもとづいて構成されていた当時の世俗システムと衝突することになる。この宗教紛争は、ときに錯綜した外交問題をはらみつつ、たちまちのうちにまぎれもない侵略戦争の様相を呈し始め、複雑に絡み合った現世的利害関係を巻き込みながら、にわかに国際的規模に拡大していった。（同前）

さらに一二一三年九月、数のうえで圧倒的優位に立っていたオクシタン連合軍とシモン・ド・モンフォールの率いる十字軍がミュレで激突した際、アラゴン王ペドロ二世が落命するという不測の事態が起こったことが、この地方の政治情勢を大きく変えた。

彼の死によって、バルセロナ王家は北ピレネー地方への影響力をほぼ完全に失ったが、そのことが、やがてこの地方がカペー王家の領土の一部となる道を開いた。とはいえ、カペー王家がこの十字軍の果実を収穫するのは、戦争が始まって二十年後の一二二九年のことでしかない。そもそもフランス王は、当初、十字軍に加わろうとしなかったし、十字軍は国家の問題に教会が不当に介入するものだとして、その参加を十年の長きにわたって渋り続けたのである。(同前)

にもかかわらず、紆余曲折を経た事態の成り行きから、トゥールーズ伯レモン七世がパリで署名することを余儀なくされた和約によって、彼の領土の半分は国王ルイ九世の手に渡り、残りの半分も、和約に付された巧妙かつ非情な婚姻条項により、まもなく併合されることになる。このような結果になるとは、当事者の誰ひとりとして想像しなかったにちがいない。しかし、こうした事態は十字軍が発端となって生じたのである。

それを考えると、西ヨーロッパの一部であるこの地域に十字軍が及ぼした政治的影響の大きさに、誰しもが驚くだろう。おそらく聖座は、当初、十字軍の派遣を異端者や異端者を容認する領主たちにたいする厳しいとはいえ一時的な取り締まり程度にしか考えていなかったにちがいない。ところがその結果は、北ピレネーの地政学的空間を、根底から、しかも決定的な形で覆して

しまったのだ。アルビジョワ十字軍は、まさしくフランス国家形成の重要な一段階を画したのである。(同前)

トゥールーズ伯領は、もともとフランス王を宗主に戴いていたとはいえ、実質的にはひとつの独立国家だったのであり、そこには、トゥルバドゥールに代表される独自の文化と宗教的にも自由で寛容な社会があった。それが、十字軍侵攻をきっかけとして、あえなく消え去ったのである。

*

最後に、カタリ派という宗教運動そのものをどう考えるかという問題が残されているだろう。著者はこの問題に関して、とりわけ彼らが信奉する教義に関して、慎重に判断を留保している。

カタリ信仰のそれ自体としての価値や精神的重要性をどう考えるか、あるいは、この消え去った信仰を哀惜の念をもって思い浮かべるか、それともいまなお断罪の対象とみなすべきか、そうしたことはすべて、ひとりひとりの主観的判断に委《ゆだ》ねられている。本書でも、そうした問題にはほとんど立ち入らないつもりである。(同前)

しかし冒頭でも触れたように、著者が残された膨大な資料から読み取ったかぎりにおいて、カタリ派は「反社会的で閉鎖的なセクト」ではけっしてなかった。たしかにカタリ派はローマ教会を批判したが、それも福音書の教えや使徒たちの生き方に立ち返る形での批判であった。彼らの目には、当時のローマ教会のあり方は福音書の教えや使徒たちの生き方から大きく逸脱したものとして映ったのである。

カタリ派がキリスト教社会にとって大きな脅威だったのは事実としても、それは、よく言われているように、カタリ派の反社会性によるものではなかった。〔…〕完徳者および完徳女たちがまったく働かず、自分たちだけで孤立した修道生活を送っていたために、社会生活の規範からしだいに離れていったという考えもまったく事実に反する。それどころか、カタリ派の聖職者たちは、村や町のただなかでコミュニティを作り、みずから働いて生計を立てる人々によって構成されており、彼らこそ社会統合のまさに要の役割を果たしていたのである。

最後に、カタリ派は、新しい教会のあり方を提示することによって――しかしそれは、彼らからすれば、原始キリスト教の真正な教会の姿に立ち戻ることにほかならなかった――人間と教会の関係を根本的に変革しようとした。教会はもはや威圧的な教導権を誇示する巨大組織などではなく、どこにもあって簡単に利用できる精神的援助のサービス機関なのである。（第二章）

カタリ派を特徴づけるのは、何よりもまず、力の否定である。カタリ派がローマ教会を批判し、否定するのは、ローマ教会が権威を誇り、権力をふるうからである。カタリ派からすれば、権威を誇り、権力をふるうこと自体が悪なのだ。カタリ派の二元論も、力の否定ということと密接な関係がある。彼らが目に見える世界、つまり肉体的・物質的世界を否定するのは、目に見える世界、肉体的・物質的世界がまさに力によって支配されている世界だからである。

カタリ派の反教権主義が〔二元論の〕教義体系にもとづくものなのか、あるいはそうした教義体系は反教権主義を正当化するために事後的に形成されたものだったのかはともあれ、カタリ派が反教権主義の力強いうねりであったことはたしかだが、単にそれだけのものではなかったし、そもそも反教権主義それ自体はさほど重要な問題ではない。それ以上に重要なのは、この二元論的異端が、中世キリスト教社会の内部にいくつかの亀裂を生じさせたということである。ただしこの亀裂が生じたのは、カタリ派の誹謗者たちが指摘しているところにおいてではない。たしかにカタリ派は政治権力を否定し、封建的階級制度は悪魔の発明であって、人間に他の人間を支配する権力を与えたのは悪魔であると言っているが、それは聖マタイのつぎの言葉から直接導き出した考えである。「異邦人の間では支配者たちが民を支配し、偉い人たちが権力を振るっている。しかし、あなたがたの間では、そうであってはならない」(「マタイ」二〇‐二五、二六)。そのうえ、あの世では階級がひっくり返ると言われるが、これもまた聖マタイのつぎの言葉に対応している。「あなたがたの中で偉くなりたい者は、皆に仕える者になり、いちばん上になりたい者は、皆の僕《しもべ》になりなさい」(「マタイ」二〇‐二六、二七)。(同前)

カタリ派では、聖職者も働くことが義務づけられていたが、それも権力や階級制度を否定することと密接に関係している。

カタリ派では、聖書にもとづいて叙階者は働くことが義務づけられていたが、それによって労働という言葉に付随する不名誉とか屈辱といった意味合いが払拭されるとともに、社会的立場からして働くことが不自然である聖職者たちに修練や悔悛の機会として労働を課するといったことも意味を失う。労働が完徳者および完徳女の義務とされることで、〔…〕それはごく普通の日常活動となったのである。貴族の出であろうとそうでなかろうと、すべての男女が区別なく労働に従事することで、階級的特権が機能しなくなると同時に、社会性の普遍的価値が生み出される。というのも、女城主たちも小領主たちも、無理に強いられたわけではなく、みずから進んで、機織り、仕立屋、パン屋、蹄鉄工などの仕事に就いたのである。それをしも革命と言うなら、これほど平和的な革命はほとんど想像できないだろう。（同前）

＊

カタリ派を安易に理想化することは避けるべきだろう。しかし、彼らが徹底して力を否定したこと、力の支配から脱しようとしたことは、現代の世界にも大きな示唆を与えているように思われる。もちろん、中世と現代では、世界のあり方が大きく変わっている。封建的階級制度もなくなったし、イスラムを例外として、宗教的権威もすっかり薄れている。専制主義、帝国主義、植民地主義、それらも表向きは姿を消している。しかし、近代的民主主義の時代になっても、この世が力の支配する世界であることには変わりない。現代は、経済がすべてを支配する時代であるが、経済もまた力にほかならないのであって、経済的豊かさの追求は必然的に競争・闘争となり、一部の勝者と大多数の敗者を生み出し、そうした富の格差が大きくなると、社会や国際情勢が不安定になり、テロや暴動や戦争を引き起こす。言うまでもなく、人間は誰しもこの世に生きるかぎり、経済という力を逃れることはできない。しかも、現代はすべての人間活動がことごとく経済に巻き込まれた時代、経済が万能となった時代であり、だからこそ、現代人は経済（金）という力の誘惑に抗うことができない。だがそうであるかぎり、この世は競争・闘争であるほかないだろう。

ところで、ファシズムというむき出しの力が猛威をふるう時代を生きたシモーヌ・ヴェイユは、力の問題を徹底的に考え抜いた思想家である。

力は、人間の魂のあらゆる自然的部分、魂が内包するあらゆる思考や感情を含めた自然本性すべてにわたって絶対的な権限を有しているが、同時にまた、力は絶対的に軽蔑すべきものであると認識すること〔…〕。

力の帝国がどれほどの威力を備えているかを知りながら、力を軽蔑することがはたしてできるであろうか？〔…〕おそらく聖性にきわめて近いキリスト教徒の幾人かはこうした人々だったであろうが、それはほんの少数にすぎないであろう。だが、力の威力を知りながら力を軽蔑するというこの二重の認識こそ、おそらくもっとも純粋な神への愛の源泉である。

力を操るにせよ、力で傷つくにせよ、力との接触は人間を硬直させ、人間をモノに変えてしまう。その接触を免れている者だけが善の名に値する。しかし神だけが力との接触を免れている。そしてある程度は、愛によって神のうちに自らの魂の一部をひそかに移している人々も、そうである。

人間の魂の能力のうちには、力の行使を強いられるでもなく、また、力の行使を妨げられるでもなく、力が触れえない能力がただひとつだけある。それは、善に同意する能力であり、超自然的な愛の力である。それは、どんな種類のどんな暴力をも発生させえない、ただひとつの魂の能力である。したがってそれは、人間の魂におけるただひとつの正義の原理である。(いずれも『前キリスト教的直観』今村純子訳から、ただし一部改変)

シモーヌ・ヴェイユは、ナチス・ドイツ占領下のパリを逃れ、一時南仏に滞在していたが、その頃、彼女はデオダ・ロシェのカタリ派に関する論文を読み、大きな感銘を受けた。それはほかでもなく、カタリ派が力の誘惑に屈しなかった宗教運動であったことを知ったからである。彼女によれば、力の誘惑に屈しなかった宗教はきわめて少なく、ほとんど皆無と言ってもよい。しかも力の誘惑に屈した宗教はかならず堕落する、というよりも、力の誘惑に屈すること自体が宗教の堕落なのである。ローマ教会も例外ではない。ヴェイユが、キリスト教、とりわけカトリックにつよく惹かれながらも、ついに入信しなかったのは、それゆえであった。もちろん、カトリックにも、たとえば聖フランチェスコのように、力を軽蔑することができた聖職者あるいは信者がいたが、あくまで少数の個人でしかなかった。しかしカタリ派の場合、聖職者のみならず、ごく普通の信者たちまでが、こぞって力を軽蔑し、否定したのである。それは、「純粋な神への愛」ゆえに、「力が触れえない能力」、「善に同意する能力」、すなわち「超自然的な愛の力」を彼らが共有していたからであろう。十二世紀のトゥールーズ地方にそのような信仰共同体があったことを、ヴェイユは「一種の奇跡」だと言っている。

〈著者について〉

著者ミシェル・ロクベールは、一九二八年八月七日、ボルドーに生まれた。ボルドーのミシェル゠モンテーニュ高校（lycée Michel-Montaigne）を卒業、学士号（哲学）を取得、六年間教職に就く。一九五五年、ジャーナリストを志し、トゥールーズの日刊紙『南仏日報』（*La Dépèche du Midi*）に入り、芸術欄を担当する。

ジャン・デュヴェルノワやルネ・ネリーなどの歴史家と出会い、オック地方の歴史と文化、とりわけトゥルバドゥール文化と十三世紀のオック地方の歴史的大事件――異端カタリ派、アルビジョワ十字軍、異端審問――に関心を抱いて中世史研究に着手、一九六六年、カタリ信仰が広まった地方の城砦遺跡に関する最初の著作『目くるめく砦』（*Citadelles du Vertige*）を刊行する。

一九七〇年、『カタリ派の叙事詩』（*L'Épopée cathare*）の第一巻「侵攻」を刊行、フランス・アカデミー歴史大賞を受賞。全五巻となり、最終巻の刊行は一九九八年。全巻で三千頁を超える記念碑的大作である。

一九八三年、ジャーナリストを辞め、歴史研究に専念する。以降十年間モンセギュール村に住み、モンセギュールおよびその周辺の考古学研究グループを主宰する。

一九九九年、『カタリ派の叙事詩』の成果をふまえ、三世紀に及ぶカタリ派の歴史を一巻に収めた本書（*Histoire des Cathares*）を刊行。著者みずから言うように、著者のカタリ派研究の集大成である。

その後、オック地方のカタリ派の歴史に重要な役割を果たしたふたりの人物に注目し、それぞれについて著作を刊行している。『聖ドミニコ、黒い伝説』（*Saint Dominique, la légende noire*）二〇〇三、『シモン・ド・モンフォール、死刑執行人にして殉教者』（*Simon de Montfort, bourreau et martyr*）二〇〇五。

一九八五年より二〇一一年まで、カルカソンヌ・カタリ派研究センター理事会員を務め、二〇一一年からはルネ・ネリー記念カタリ派研究協会の名誉会長である。

〈訳語について〉

本書にはおびただしい数の人名・地名が出てくる。原書では、いずれも現代フランス語表記となっており、訳語もそれに従っている。ただし、教皇、諸王、諸皇帝など、歴史上名が通っている人物については、日本で慣用的に使われている表記に従っている。またフランス以外の地名についても、日本で慣用的に使われている表記に従っている。

カタリ派の儀礼名は、日本で慣用的に使われている表記に従っているが、オック語、さらに渡邊昌美氏の訳語との対照は以下のとおりである。（　）内は原音に近い表記。

コンソラメント＝consolament（クンスロメン）、救慰礼

メロラメント＝melhorament（メユロメン）、致善礼

アパレラメント＝aparelhament（アパレヨメン）、参進礼

コンヴェネンサ＝convenenza または convenença（クンヴェネンソ）、結縁礼

エンドゥーラ＝endura（エンデュロ）、耐忍

また当時の役人の職名について、sénéchal（セネシャル）は「代理官」、bayle（ベル）は「代官」、viguier（ヴィギエ）は「奉行」とした。また sergent（セルジャン）は、適当な訳語が見つからず、現代風に「下士官」と訳したが、要するに下級職業軍人のことである。また場合によっては、「警吏」、「警官」などとしている。

なお聖書からの引用は、新共同訳に従っている。

〈資料〉

原著に掲載された資料のうち、主要なものを抜粋する。

・カタリ派資料

Traité cathare anonyme (en Latin) : édition par Christine Thouzellier, *Un traité cathare inédit du début du XIIIe siècle, d'après le Liber contra Manicheos de Durand de Huesca*, Louvain, Publications universitaires, 1961.

Livre des deux pricipes (en Latin) : édition et traduction française par Christine Thouzellier, Paris, Cerf, coll. Sources chrétiennes n° 198, 1973.

Rituel de Lyon (en occitan) : édition par Léon Cledat : *Le Nouveau Testament traduit au XIIIe siècle en langue* *provençale, suivi d'un Rituel cathare,* Paris, Leroux, 1888, et Genève, Slatkine Reprint, 1968.

Rituel de Florence (en Latin) : édition et traduction française par Christine Thouzellier, Paris, Cerf, coll. Sources chrétiennes n° 236, 1977.

Rituel de Dublin et **Glose du Pater** (en occitan) : édition par Theo Venckeleer, « Un traité cathare : le manuscrit A. 6. 10 de la Collection vaudoise de Dublin », Bibliothèque du Trinity College, dans *Revue belge de philologie et d'histoire,* t. 38, 1960, p. 816-834 (pour le Rituel) et t. 39, 1961, p. 759-793 (pour la Glose). – Traduction française du Rituel par Anne Brenon : « L'Église de Dieu » dans *Heresis* n° 20, p. 51-55, été 1993.

いずれも、以下において、フランス語訳で読むことができる。

René Nelli : *Écritures cathares,* Paris, Denoël, 1959, Planète, 1968 ; nouvelle édition actualisée par Anne Brenon, Monaco, Le Rocher, 1995.

・カタリ派論駁資料

十二世紀から十三世紀にかけて書かれたカタリ派を論駁する文書から、おもなものを以下に挙げる。

(Anonyme) *De heresi catharorum in Lombardia.* Éd. par Antoine Dondaine, « La hiérarchie cathare en Italie » dans *Archivum Fratrum Praedicatorum,* vol. XIX, Rome, Istituto storico domenicano, 1949, p. 306-312.

Anselme d'Alexandrie : *Tractus de hereticis.* Éd. par Antoine Dondaine, « La hiérarchie cathare en Italie » dans *Archivum Fratrum Praedicatorum,* vol. XX, Rome, Istituto storico domenicano, 1950, p. 308-324.

Durand de Huesca : *Liber antiheresis.* Éd. partielle Par Christine Thouzellier dans *Hérésies et hérétiques,* Rome, Edizioni di storia e letteratura, 1969, p. 166-188.

Durand de Huesca : *Liber contra Manicheos.* Éd. par Christine Thouzellier, *Une somme anti-cathare, le Liber contra Manicheos de Durand de Huesca,* Louvain, Université cathorique, 1964.

・叙事詩、年代記など

Guillaume de Tudèle et son continuateur anonyme : *La Chanson de la croisade albigeoise,* texte et traduction par Émile Martin-Chabot, 3 vol., Paris, Champion, 1931, et Les Belles Lettres, 1957 et 1961 – Texte de l'édition Martin-Chabot et adaptation française de Henri Gougaud, Paris, Berg-International, et Livre de Poche, coll. Lettres gothiques, 1989.

Pierre de Vaux-de-Cernay : *Historia albigensis*, éd. Par Pascal Guébin et Ernest Lyon, 3 tomes (Paris, Champion 1926, 1930 et 1939), trad. par Pascal Guébin et Henri Maisonneuve, *Histoire albigeoise*, Paris, Vrin, 1951.

Guillaume de Puylaurens : *Chronique*, éd. et trad. par Jean Duvernoy, Paris, Éditions du CNRS, 1976.

Guillaume Pelhisson : *Chronique* (1229-1244), éd. et trad. par Jean Duvernoy, Paris, Éditions du CNRS, 1994.

〈参考文献〉

最近の個別研究については、本書の注に挙げられている。以下は、この数十年のあいだに書かれた主要な著作である。

Brenon, Anne : *Le vrai visage du catharisme*, Toulouse, Loubatières, 1988 et 1990.

Brenon, Anne : *Les femmes cathares*, Paris, Perrin, 1992.

(Collectif) *Les cathares en Occitanie*, par Robert Laffont, Jean Duvernoy, Michel Roquebert, Paul Labal, Philippe Martel, Paris, Fayard, 1982.

Duvernoy, Jean : *Le catharisme* I : *La religion des cathares*, Toulouse, Privat 1976 et 1986 ; II : *L'histoire des cathares*, Toulouse, Privat, 1979 et 1986.

Griffe, Élie : *Les débuts de l'aventure cathare en Languedoc*, Paris, Letouzey et Ané, 1969 ; *Le Languedoc cathare de 1190 à 1210*, 1971 ; *Le Languedoc cathare au temps de la croisade*, 1973 ; *Le Languedoc cathare et l'Inquisition*, 1980.

Lambert, Malcolm : The Cathars, Oxford, Blackwell, 1998.

Nelli, René : *La philosophie du catharisme*, Paris, Payot 1975.

Nelli, René : *Le phénomène cathare*, Toulouse, Privat / P. U. F., 1964.

Thouzellier, Christine : *Catharisme et valdéisme en Languedoc à la fin du XII*^{e} *et au début du XIII*^{e} *siècle*, Paris, PUF, 1966.

異端審問に関する古典的著作。

Dossat, Yves : *Les crises de l'Inquisition toulousaine au XIII*^{e} *siècle*, Bordeaux, Bière, 1959.

Maisonneuve, Henri : *Études sur les origines de l'Inquisition*, Paris, Vrin, 1960.

カタリ派末期、十四世紀初頭の高地フォワ伯領の社会学。

Le Roy Ladurie, Emmanuel : *Montaillou, village occitan, de 1294 à 1324*, Paris, Gallimard, 1975.

雑誌、叢書など。

Heresis（一九八三年から年二回発行されている国際雑誌）、Carcasonne, Centre d'études cathares / Centre René Nelli.

Collection Heresis, Actes des Colloques annuels du Centre René Nelli.

Les Cahiers de Fanjeaux（一九六六年から年一回発行）, sous la direction du R. P. Vicaire O. P. puis de Jean-Louis Biget, Toulouse, Privat.

〈索引について〉

主要な人名に関して巻末に掲載する。

目次

地図

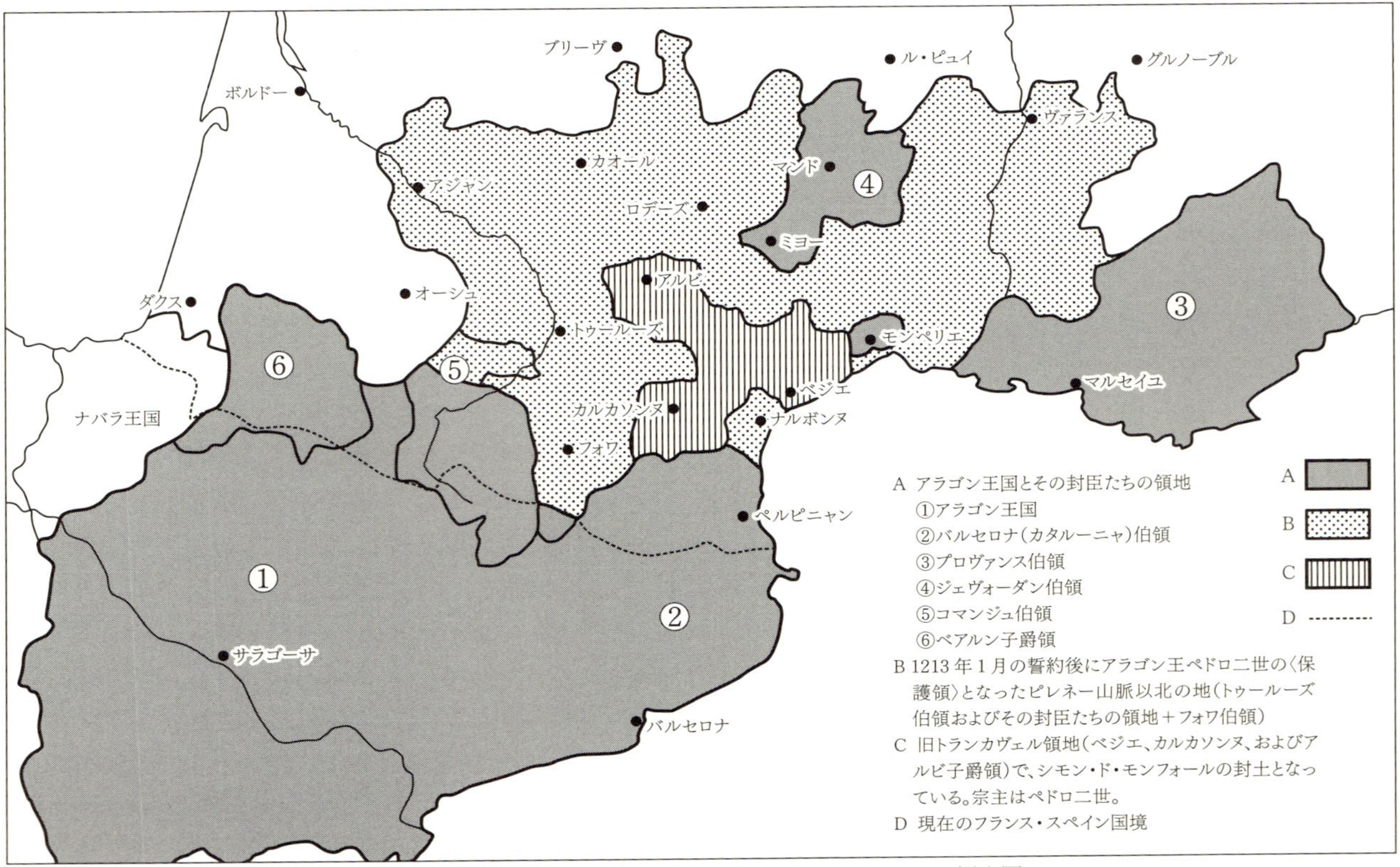

1．ミュレの戦い（1213年）直前のオクシタン=カタルーニャ領土図

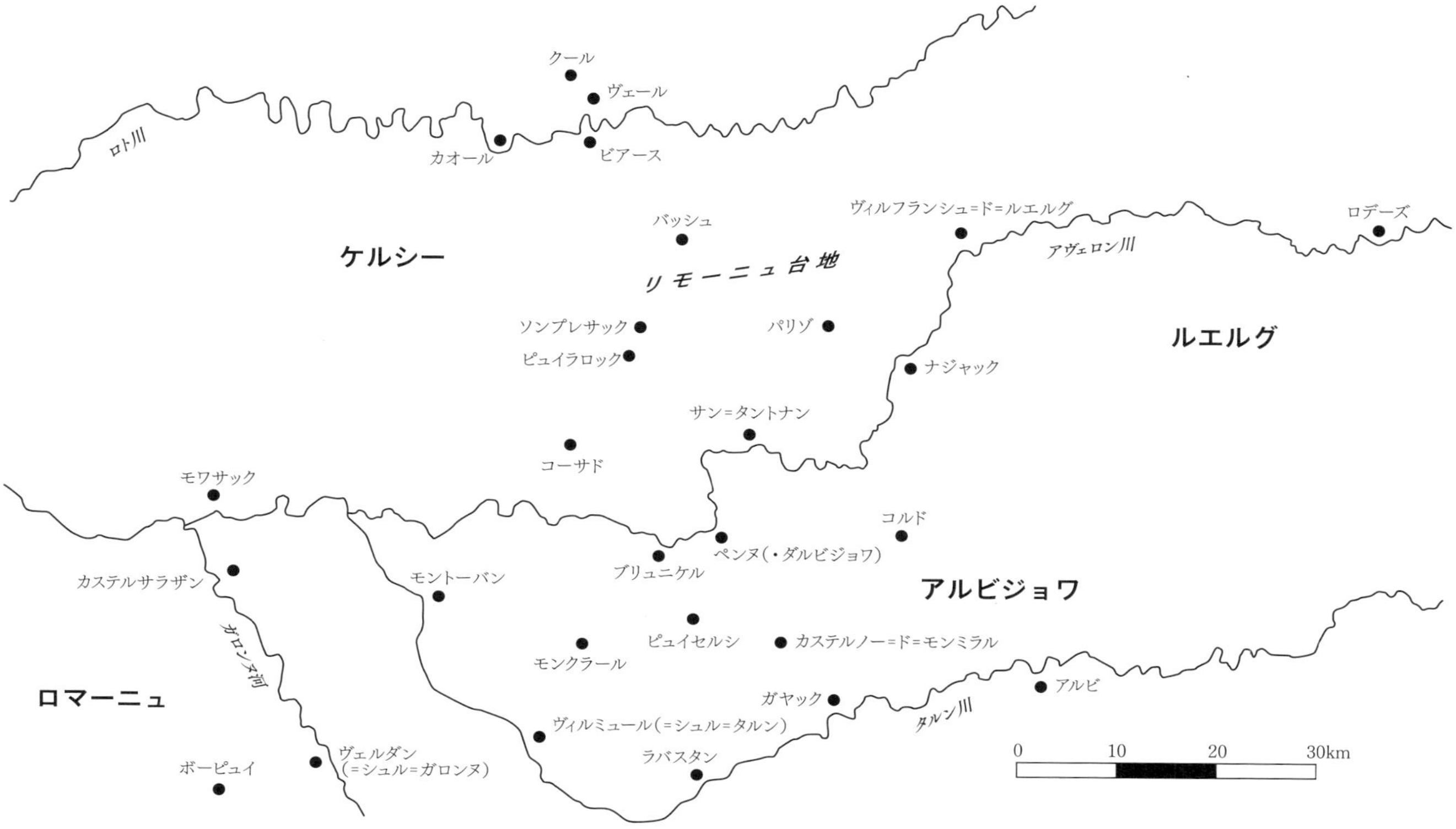

2. ケルシー、ルエルグ、北アルビジョワ

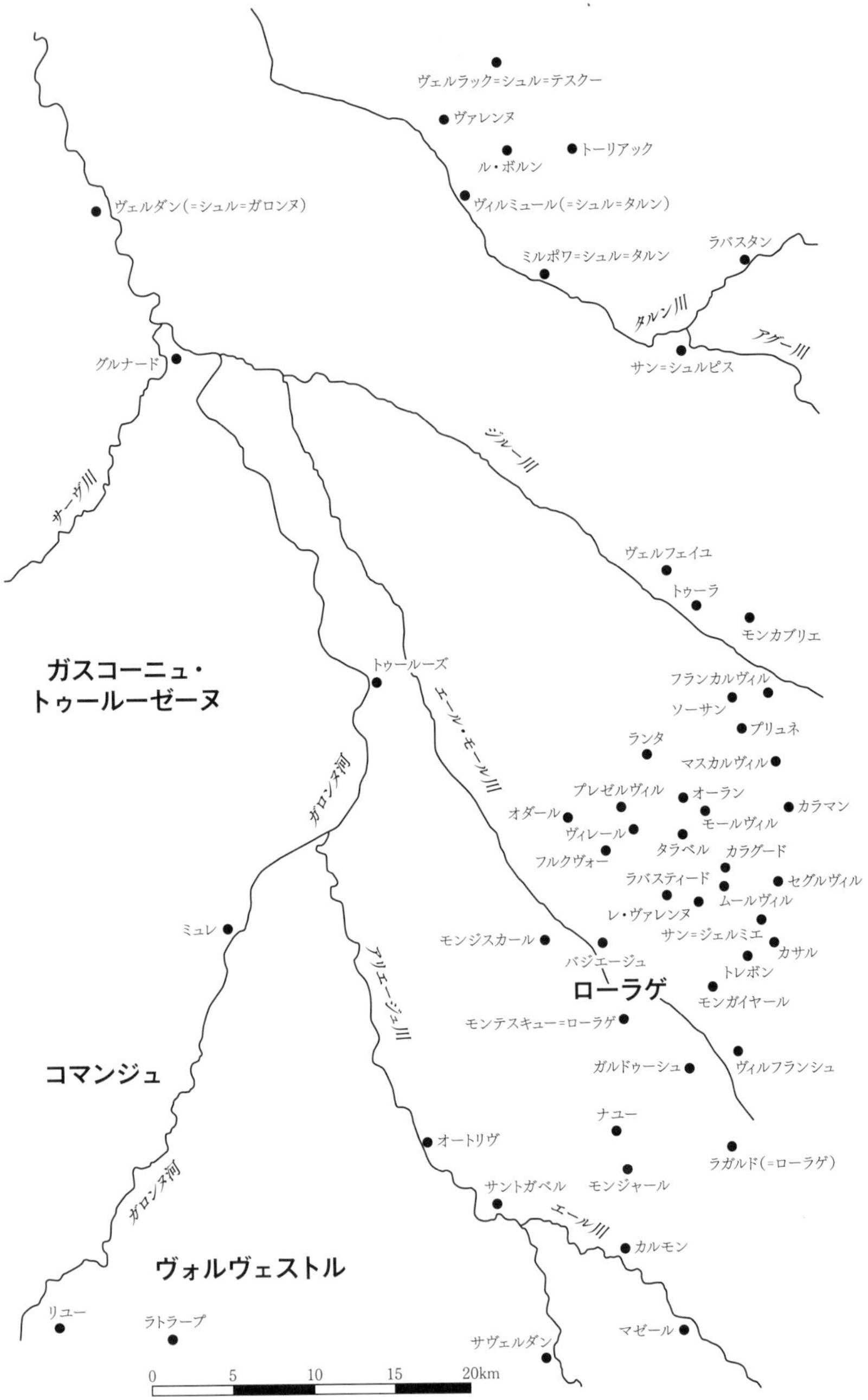

3. トゥールーザン、西ローラゲ

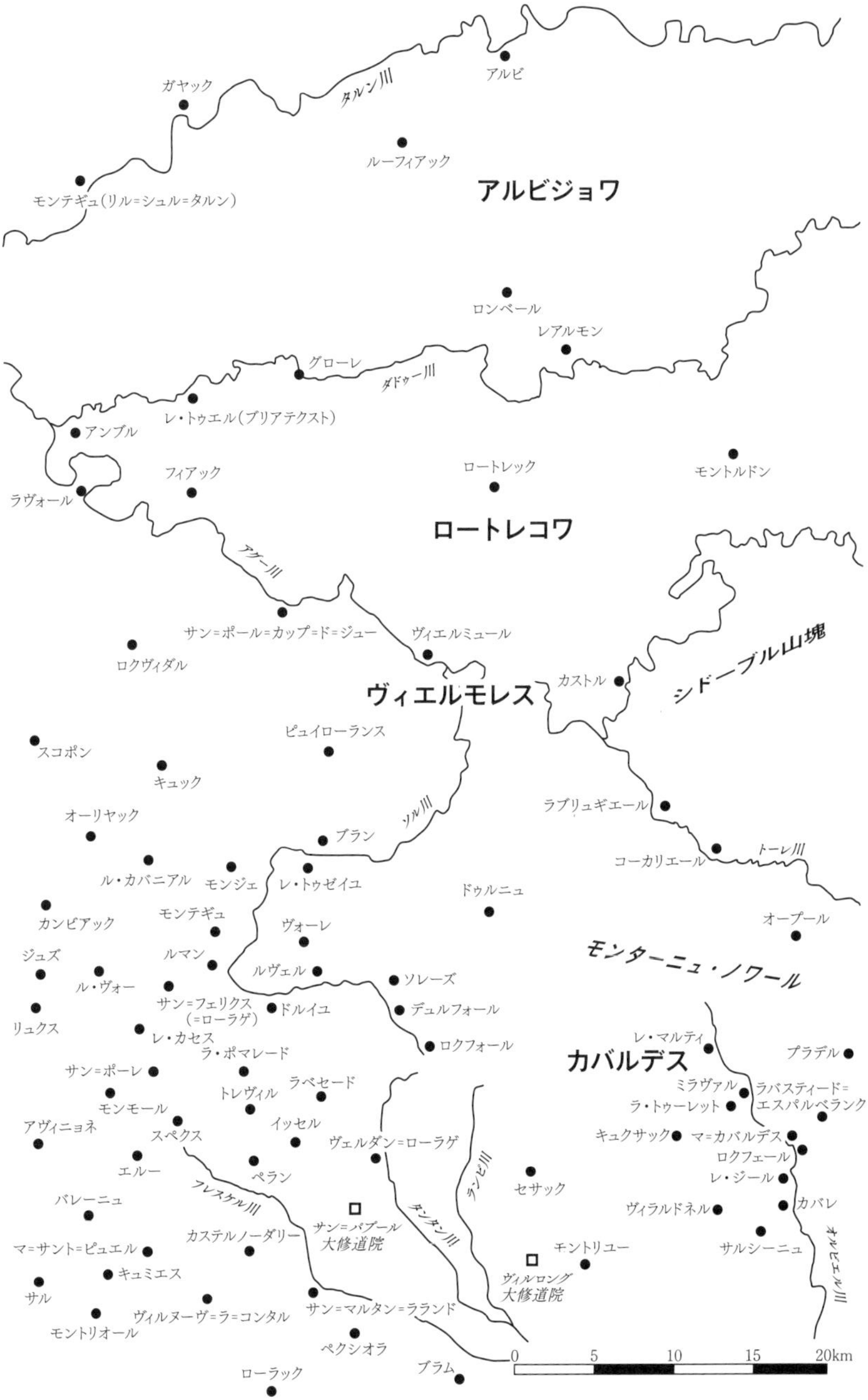

4．南アルビジョワ、東ローラゲ

サヴェルダン
マゼール
旧ブルボンヌ
大修道院
ローラック
メールヴィル
ローラゲ
ペルペッシュ
ガジャ(=ラ=セルヴ)
ファンジョー
プレーニュ
低地フォワ伯領
パミエ
マンス
レ・ザルマン
ミルポワ
ペルニオール
エール川
ルマングー
アルヴィニャ
ブジニャック
ヴァリーユ
バラギエ
ダルー
ダン
モンターニュ
クイユ
カモン
ラ・バール山峡
元帥領
プラントーレル山地
レラン
シャラーブル
フォワ
ラロック
ケルコール
モンガイヤール
ペレイユ
ラヴラネ
セル
ピュイヴェール
アリエージュ川
ペレスタ
オルム地方
ベデヤック
フーガ
モンセギュール
ラバ
アルナーヴ
キエ
タラスコン
ソー地方
高地フォワ伯領
ベルケール
ロクフイユ
ヴィクデソス川
ラルナ
ヴェルダン
プラード
ミロ
ラルカ
ロルダ
モンタイユー
レバンティ川
シャトーヴェルダン
ヴェルノー
アリオン地方
コスー
ユナック
ペルル
(サバルテス)
アスクー
アクス
メラン
0
5
10
15
20km

5．フォワ伯領と元帥領

6. カバルデス、カルカセス、ラゼス、コルビエール

序　カタリ派、十字軍、異端審問

カタリ派の歴史を書くとは、ほとんど迫害の歴史を書くことに等しい。じっさい、カタリ派の人々が自分たちの信仰をまったき自由のうちに生きることができたのは、きわめて短い期間でしかなかった。彼らは自分たちの運命をみずから証言する時間をほとんど与えられなかったのである。

それにたいして、彼らの敵たちには、彼らが滅び去っていくそれぞれの決定的段階を詳しく語る時間と余裕がたっぷりあったし、またそれを語る義務もあったのだ。年代記者たちは、この滅亡の歴史を直接的に語っている。とりわけ彼らは、のちにラングドックと称される地方で一二〇九年から一二二九年にかけて繰り広げられたいわゆる「アルビジョワ」十字軍に関して、みずから目撃した事件については日を追って詳しく語っているし、直接目撃しなかった事件についても、細心の注意を払って再構成している。一方、異端審問の記録係たちは、この歴史を間接的に語っていると言えよう。彼らは、一二三四年以降、数千の尋問と数百の判決を記録しているが、この巨大なドキュメントの堆積のなかには、カタリ派の社会がいわばネガの形で書き込まれており、そこにまるまる一世紀にわたる、緩慢ではあるが冷酷無残というほかない彼らの消滅の歴史を読み取ることも可能だろう。

十字軍、異端審問。カタリ派の歴史はこのふたつの局面に集約され、しかも両者は不可分の関係にある。要するに、カタリ派の人々は、みずからの不幸によって、最後にはみずからの灰によって、自分たちの歴史を語るほかなかったのだ。彼らにしても、自分たちの足跡を残そうとしなかったわけではない。だが、彼ら自身が書いた真正なテキストとして今日残されているのは、三つの典礼書とふたつの神学概論だけである。これらの書物が重要であることは疑いないとしても、それらが私たちに教えてくれるのは、信仰や典礼のあり方についてだけであり、彼らの内面の歴史については何も語ってくれない。ふたつの神学概論を読み合わせるとき、両者を隔てる三十年ないしは四十年のあいだに、その教義がいくぶん変わったことがうかがえるのがせいぜいのところで、カタリ派の社会について、その教会について、「完徳者」および「完徳女」と呼ばれる聖職者のまわりに集まる信者たちの群れについて、さらにはカタリ信仰がどのように根を張り、いかにして広がって行ったかという地理学や年代学について、これらの文書からは何ひとつ学びうるものはない。

それにたいして、彼らの敵であるカトリック側が書いた反カタリ派文書は、今日、三十近くが知られており、かなり大部なものもある。たとえば、イタリアにおけるカタリ派の位階制度については、もっぱら、スイスのバーゼルに残されている作者不明の『ロンバルディア地方のカタリ派異端信仰について』や、ドミニコ会士である異端審問官アレッサンドリアのアンセルムが書いたとされる『異端反駁書』（ブダペスト国立博物館蔵）によって知られている。たしかに、オック地方（現在のフランス南部、トゥールーズを中心とした一帯）のカタリ派によって書かれた文書がひとつ残ってはいる。トゥールーズに近いサン＝フェリクス＝ローラゲで一一六七年に開かれた教会会議の記録であるが、その信憑性が疑われていることに加えて、そこにはカルカソンヌとトゥールーズ、ふたつのカタリ派司教区の境界を定める取り決めが記されているにすぎず、この記録から読み取れるそれ以外の情報は、カトリック側の資料によってでも知られるものばかりである。ついでに言えば、この教会会議がほんとうに開かれたかどうか疑われることがあるが、以上のことから、開かれたことは確かだろう。

＊

このように、諸民族、諸国家を記憶する膨大な歴史資料体からすれば、カタリ派がみずから残した足跡はあまりにも乏しいと言わざるをえない。この事実は、消え去ったその宗教が、歴史的に見るなら、さほど重要なものではなかったことを物語っているのだろうか。さらにまた、カタリ派にたいして、この一世紀以上ものあいだ、研究者たちが、また一般の歴史愛好家たちが、抱き続けてきた好奇心の大きさと、たかだか中世キリスト教社会に現れた宗教分派のひとつにすぎないカタリ派が当時の社会に及ぼした実際の影響とのあいだには、かなりの隔たりがあるということだろうか。もちろん、カタリ信仰のそれ自体としての価値や精神的重要性をどう考えるか、あるいは、この消え去った信仰を哀惜の念をもって思い浮かべるか、それともいまなお断罪の対象とみなすべきか、そうしたことはすべて、ひとりひとりの主観的判断に委ねられている。本書でも、そうした問題にはほとんど立ち入らないつもりである。

とはいえ、カタリ派を根絶するのに使われた手段・方法の歴史的重大さについて、とりわけその独創性と結果の深刻さについて、無関心を決め込むことは誰にも許されまい。まずはキリスト教ヨーロッパの一地域で繰り広げられた十字軍[1]、そしてその直後に設置された異端審問という裁判および警察組織、それらがどんな結果をもたらしたかは、周知の事実である。

十字軍という中近東の植民地戦争体制を、多少の細部を除いて、ほとんどそっくりそのまま取り入れたと言ってもよい「アルビジョワ」十字軍がおさめた最初の勝利の成果は、一二一二年、エルサレム法令集〔十一世紀末、十字軍によってパレスチナに樹立されたエルサレム王国を統治するために作られた法令集〕に想を得た「パミエの法令集」によって正式に承認されたが、このことは、アルビジョワ十字軍というものが宗教と政治が密接に絡み合った複雑な企てであったことをはっきり物語っている。「聖戦」と喧伝され、相次ぐ勅令や教皇法令によって教会法上正当化された十字軍は、その成り立ちからして必然的に、封土権にもとづいて構成されていた当時の世俗システムと衝突することになる。この宗教紛争は、ときに錯綜した外交問題をはらみつつ、たちまちのうちにまぎれもない侵略戦争の様相を呈し始め、複雑に絡み合った現世的利害関係を巻き込みながら、にわかに国際的規模に拡大していった。

一二一三年九月、カトリックの信仰厚いアラゴン王ペドロ二世がミュレの合戦で落命したが、彼が戦いに駆けつけたのは、十字軍によって略奪されたり、脅かされたりした親戚や盟友たちを助けるためであった。彼の死によって、バルセロナ王家は北ピレネー地方への影響力をほぼ完全に失ったが、そのことが、やがてこの地方がカペー王家の領土の一部となる道を開いた。とはいえ、カペー王家がこの十字軍の果実を収穫するのは、戦争が始まって二十年後の一二二九年のことでしかない。そもそもフランス王は、当初、十字軍に加わろうとしなかったし、十字軍は国家の問題に教会が不当に介入するものだとして、その参加を十年の長きにわたって渋り続けたのである。トゥールーズ伯レモン七世がパリで署名することを余儀なくされた和約によって、彼の領土の半分は国王ルイ九世の手に渡り、残りの半分も、和約に付された巧妙かつ非情な相続および婚姻条項により、まもなく併合される運命にあった。その条項には、レモン七世の相続人である一人娘は王弟と結婚すべきこと（それゆえ、レモンの後継人はカペー王家の人間となる)、そしてこの夫婦が子供を遺さずに死んだ場合は、伯領は王家に帰属すべきこと(それによって、王家の領土はピレネー地方に達し、地中海への窓が大きく開かれることになる)が明記されていた。かくして、王国大法官府が、アキタニアという名称にならって、オクシタニア(オクシタン)と名付けることになる(さらにのちにはラングドックと呼ばれる)この地域は、一二七一年、完全にフランスの一部となった。かつてこの地は、一二一三年一月にトゥールーズで交わされた誓約書によって法的に成立したオクシタノ゠カタラン国、短命とはいえ非常に広大であった――エブロ河およびベアルン地方からアルプスまで広がる――この国に併合され、ペドロ二世の宗主権ならびに君主権の保護下に置かれたのである。

それを考えると、西ヨーロッパの一部であるこの地域に十字軍が及ぼした政治的影響の大きさに、誰しもが驚くだろう。おそらく聖座〔教皇庁のこと〕は、当初、十字軍の派遣を異端者や異端者を容認する領主たちにたいする厳しいとはいえ一時的な取り締まり程度にしか考えていなかったにちがいない。ところがその結果は、北ピレネーの地政学的空間を、根底から、しかも決定的な形で覆してしまったのだ。アルビジョワ十字軍は、まさしくフランス国家形成の重要な一段階を画したのである。

十字軍の二十年間は、政治的にはかくも大きな変動をもたらしたとはいえ、宗教問題に関しては何ひとつ進展が見られなかった。それどころか、オクシタンのカタリ派は、一二〇九年よりも一二二九年のほうがいっそう勢力を増している。カタリ派教会は、それまでの四つの司教区に加えて、第五の司教区を新設したほどである。迫害の手を緩めることなど毛頭考えない聖座は、そこで方法の転換を余儀なくされる。迫害の任務は、おもにフランス王国の北部あるいはライン地方から駆り集められたカトリックを奉ずるとはいえ征服欲旺盛な騎士たち――それゆえ、彼らが虐殺したのはカタリ派の信者たちだけではなかった——から取り上げられ、一二三三年、説教修道士会〔ドミニコ会のこと〕から募られた修道士たちに委ねられることになった。こうして、ラングドックに異端審問という機関が誕生し、やがてそれはヨーロッパ全体に広がり、それから七世紀後、新世界に渡った後、ようやく長い役割を終えることになる。

*

あらかじめ言っておかねばならないが、オック地方全体が無差別的な迫害の恐怖に屈し、完徳者であれ、一般信者であれ、カタリ派の人々がことごとく拷問を受け、多くは火刑に処せられ、運がよい場合でも終身刑の牢獄に閉じ込められる、といった月並みな連想は事実に反する。たしかに異端審問のシステムは恐るべきものであった。その方法は、一般に考えられているよりもはるかに陰湿かつ陰険であり、肉体的というよりも心理的に残酷で、十四世紀の初頭、文字どおり、皆殺しにされたカタリ派最後のオーティエ兄弟の教会の場合を別とすれば、悔い改めない者をひとからげにして火刑に処するようなことはなかったが、しかしそれよりもはるかに効果的に、カタリ派社会を内部から崩壊させていく冷酷無比なものであった。

じっさい、ラングドックの異端審問によって一世紀のあいだに火刑に処せられた人の数は、シモン・ド・モンフォールと彼に従う十字軍兵士によって一二一〇年七月から一二一一年五月までのあいだに殺された人の数よりはるかに少ないのである。そもそも、異端審問官の役目とは改宗させることにあるのであって、火刑台に送ることではない。誰もあえて言おうとしないとはいえ、火刑台に送るということは、改宗に失敗したことをみずから認めることにほかならない。

ともあれ、十三世紀のラングドックは、十五世紀終わりのスペイン、すなわちフェルナンド二世、イザベル一世、トルケマダの時代のスペイン〔この時代、スペインでは異端審問裁判所が設けられ、国家権力と密接に協力し、異端者を過酷な手段で迫害した。とくに大審問官トルケマダは有名で、二千人以上を火刑台に送ったと言われている〕ではなく、異端審問は、のちにこれらのカトリック王たちが国家組織として利用したような政治警察ではなかった。それは、民事裁判所に近い独立した裁判機関であり、基本的には民事裁判の方式を取り入れており、ときには判決基準を緩めることさえあった。いずれにせよ、異端審問は容易な仕事ではない。創設当初から多くの危険や困難を伴ったし、ときには周囲から手ひどい侮辱を受けることもあった。現地の権力者たちと悶着を起こすこともあり、妥協したり譲歩したりしなければならない場合もあった。ともあれ、一世紀以上もの長きにわたって、オック地方の異端撲滅の任務に就いた八十人近くの異端審問官たちは、狭量であったり、巧妙であったり、ぞんざいであったり、細心であったり、その姿勢や能力はまちまちだが、それなりの熱意をもってこの困難な任務を果たし、カトリック信仰の正統性を守ったのである。とはいえ、さきにも述べたように、文字どおりのホロコーストが行われたわけではなく、そうした興味本位の想像は厳に慎むべきである。

異端審問は、やがて創設の趣旨に立ち返り、適正規模（つまりは設立当初の規模）に縮小されることになるが、それでもなおローマ教会の身体に刺さる棘であり続けた。というのも、一二三〇年代のラングドックで始まったこの異端審問は、聞き取り調査、組織的密告、尋問、資料カードの作成など、さまざまな方法を駆使し、すべての住民を対象とした包括的イデオロギー統制システムであり、それはおそらく歴史上前代未聞のことであった。教皇グレゴリウス九世とても、それによって未来のあらゆる全体主義にあつらえ向きの思想統制の道具を作り上げてしまったとはよもや思わなかっただろう。ローマ教会は、いまなおこの忌まわしい過去の記憶に苦しんでおり、じっさいバチカンは、一九八八年十月末、ありうべき「悔悛」(3)のための基礎作業ともいえるシンポジウムを開催している。たしかに異端審問は、一八二一年、完全に廃止されたが、この問題の生々しい現代性は、今日なお少しも失われていない。むしろこのシステムは、宗教の領域から政治の場に移されることによって、驚くべき復活を遂げたと言えるだろう。おそらく、二十世紀はとりわけ政治的異端審問が猖獗をきわめた時代として記憶されるにちがいない。

あらゆる独裁組織に不可欠の異端審問システムは、それゆえ輝かしい未来が保証されていたというわけだ。しかも、この世界歴史の最大の汚点のひとつともいうべきシステムが、いまから七世紀前、オック地方のカタリ派を消滅させることを目的として誕生したのである。そればかりか、この迫害組織のモデルに対抗して、さっそく、抵抗組織のモデルが形成されたが、それはのちの時代のあらゆる種類の――宗教的、政治的、社会的――ゲリラ組織の鋳型となったと言えよう。まずは、以上のことを銘記しておいていただきたい。

＊

拙著『カタリ派の叙事詩』の最初の三巻において、私はつぎのことを強調した。つまり、アルビジョワ十字軍は、征服者たちが北からとつぜんやってきて、横暴のかぎりをつくした事件であり、彼らは、フランス国王の帝国主義的目論見をカムフラージュするために、「聖戦」の仮面を被っていたにすぎない、といった考えは事実に反するということ。私が明らかにしようと努めたのは、逆にこの十字軍はローマ教会が周到な計画にもとづいて作った組織だったのであり、フランス国王は当初それを受け入れようとしなかったということ、さらには、聖座がこの組織を法的に根拠づけたその原理そのものが、世俗的封建組織との軋轢や衝突を引き起こすことによって、この戦いを「聖戦」の大義にもとる征服戦争に変質させてしまったということである。

最後の二巻においても同様に、私はドミニコ会士による異端審問の役割と機能を単純化・一様化してしまうあらゆる解釈法を退けている。というのも、この組織はけっして一枚岩ではなかったのだ。異端審問はラングドックにおいて、現地のあらゆる権力者、すなわち都市部の有力者たち、トゥールーズの領主たち、大小の騎士たち、地方の高位聖職者たち、王国の地方行政機関、そうしたすべての権力者たちと、たえず衝突していたのである。それに加えて、フランシスコ会修道士たちのなかには、異端審問のやり方を批判し妨害する者もいたし、異端審問官のなかにさえ、教皇庁をおおっぴらに批判したり、ひそかな抵抗を企てたりする者もいた。以上のことを考えれば、異端審問の遂行がいかに多くの困難を伴うものであったかが、よくお分かりになるだろう。異端審問にたいする人々の敵意を掻き立てたのは、かならずしもそのやり方の過酷さや残酷さだけではなかった。時と場合によっては、むしろそのやり方が生ぬるいとかおざなりだという非難を浴びせられることも少なくなかった。じっさい、自分たちが禁固刑にとどめておいた被告たちを世俗裁判の判事が火刑に処するのを見て憤慨する異端審問官もいたのである。しかもその被告たちが火刑台送りにされたのは、彼らの資産を没収して、トゥールーズ伯となった王弟アルフォンス・ド・ポワチエの金庫に入れるためでしかなかった。

もちろん、異端審問のシステムそのものが、みずからのメカニズムに引きずられる形で本来の道から逸れていき、おぞましい残虐行為に走るようになってしまったことも否めない。ときには、すでに片方の足を棺桶に突っ込んでいる平信徒を拷問にかけるようなこともあった。しかもそれは、皮肉なことに、異端者の遺体を掘り出してその遺体を火刑台で焼くといった忌まわしい習慣を聖座が廃止した直後のことであった。

＊

今回、読者の皆様にお読みいただくこの本は、私のカタリ派研究の集大成であり、とうぜんのことながら、これまでの著作を貫く方法と精神を忠実に踏襲している。私の研究はもっぱら当時の資料にもとづいているが、私自身は、カタリ派を信奉する立場にも、またこの信仰を誹謗する立場にも、あえて立つつもりはない。信奉者にせよ、誹謗者にせよ、彼らは多くの場合、あらかじめ先入観をもって、そのうえじゅうぶんな情報もなしに、想像のなかで勝手なイメージを膨らませているにすぎない。ともあれ、カタリ信仰について、さらにはカタリ派信者たちについて、本書が提供しようと願っているイメージの輪郭を、おもに最新の研究成果をふまえながら、ここであらかじめ素描しておきたい。

一九三九年まで、カタリ派が書いた真正なテキストとしては、リヨンに保存されているオック語で書かれた『典礼書』しか知られていなかった。それは、カタリ派信者たちがコンソラメントと呼ばれる特異な秘跡を受ける儀式を簡潔に記したものである。コンソラメントは、按手《あんしゅ》によって行われる「火と聖霊」による洗礼であり、カトリックの水による洗礼とはまったく異なるこの洗礼に、カタリ信仰の基本的立場がはっきり表れている。その基本的立場とは、一言で言えば、神的本質を有する魂が悪魔的本質を持つ肉体に閉じ込められているという思想である。しかしカタリ信仰の教義面に関して、とりわけこうした二元論を根拠づける理論やこの思想の発展過程およびその帰結について、それ以外に知られていたことはすべて、カタリ派反駁書や異端審問の裁判記録などの敵側の文書にもとづいていた。こうした敵側文書の資料的価値は、その著者が誠実であるか否かによって、またその知的能力の違いによっても、おのずから変わってくる。とはいえ、故意に侮辱的な糾弾、あるいは悪意のこもった——それは容易に見抜くことができる——中傷、たとえばエンドゥーラ〔コンソラメントに続く断食の期間〕というのは自殺の儀式だというたぐいのあらぬ中傷をのぞけば、これらの敵側文書に見られる〈異端〉信仰やその典礼・儀式についての記述は、総体的に見て、今日でも妥当と言えるだろう。

ところが当時の人々は、それに加えて、これらの敵方の著者たちが繰り返し述べているカタリ信仰は〈新マニ教〉にほかならないという考えをそのまま信じてしまったのだ。つまりカタリ派とは、三世紀にペルシアの預言者マニ（あるいはマネス）が創始した宗教が、キリスト教時代の最中に再来したものだというのである。かくして、マニ教の伝統が絶えることなく、歴史の表面にはほとんど現れない地下水流となって千年の歳月を生き延びてきた過程を再構成するという仮説作業が熱心に行われた。そしてその流れのなかには、たとえば小パオロ派、トンドラキアン派、メッサリアン派などの宗教運動があったとされるが、じつのところ、それらの古代信仰とカタリ派のそれとのあいだには漠然とした類似性しか見出せない。

カタリ派と原初のマニ教のあいだには、たしかにかなりの共通点があり、それゆえ両者は系統的につながっているとした中世の論争家たちの言葉を歴史家たちが鵜呑みにしてきたのも無理はなかったとも言えよう。今日なお、この古い共通認識に忠実な多くの著作がカタリ信仰を、バルカン半島の同類たるボゴミル派とともに、〈新マニ教〉の名のもとに分類している。つい五十年ほどまえまで、つぎのようなことをもっともらしくほのめかす研究者がいたのである。モンセギュールに立てこもったカタリ派信者たちは、一二四四年三月、城塞を包囲していた聖王ルイの代理官に二週間の休戦を申し出たが、それは、火刑台に上るまえに、マニ教独特の太陽の祭りを祝うためであった、と。

ところで一九三九年、ドミニコ会の碩学《せきがく》アントワーヌ・ドンデーヌは、フィレンツェで第二のカタリ派「典礼書」――今度はラテン語で書かれている――とともに、一冊の神学概論を発見した。この神学概論は、正確に言えば、ベルガモのカタリ派の学者ヨハネス・デ・ルギオが一二五〇年頃に執筆した『二原理の書』の要約である。同じ一九三九年、ドンデーヌはプラハで、デュラン・ド・ユエスカに帰せられる『マニ教反駁書』写本の各章ごとに挿入された作者不詳のカタリ派教義要録を発見した。この文書は、総合的に判断して、オック地方で十三世紀の初頭に書かれたものと考えられている。こうしてようやく、論争目的に歪曲された疑いがまったくない真正なテキストを通じて、理論化され体系化されたカタリ派の思想を目の当たりにすることができたのである。それまでの記録は異端審問官への信者たちの告白から再構成されたものにすぎず、そのためとうぜんのことながら、粗略であったり、部分的であったり、さらには幼稚ですらあった。このテキストでは、異端審問によって集められた証言から引き出すことのできるそうした情報をはるかに超えて、細心かつ緻密な論理が展開されている。

ところで、これらのテキストを読んでとりわけ印象的なのは、体系的な論理を繰り広げ、それを裏付けるための引用もかなり多いにもかかわらず、マニ教の影響を多少なりともうかがわせるようなところはまったく見られないことである。もちろん、これらのテキストの著者がマニ教の経典などをあえて直接引用するようなことは考えられない。そんな軽率なことをすれば、敵の術中にはまることになるだろう。ともあれ、これらのテキストは、自分たちはキリスト者であって、それ以上でもそれ以下でもないと一貫して主張している。カタリ派とマニ教徒の違いは、両者の聖典の知識やその運用方法、両者の神話や教会組織や祈り、両者の文化的慣習(4)などをそれぞれ比較検討すれば、おのずから明らかになるだろう。

しかしそれ以前の問題として、誰の目にも明らかなのは、両者がそれぞれにまったく異なる知的世界、さらにはまったく異なる精神世界に生きているという事実である。カタリ派の思考様式、つまり彼らが分析し推論し自己表現する方法は、シャープール〔在位二四〇～二七二〕やバハラーム〔在位二七三～二七六〕などのササン朝帝国の思考様式とは違うし、またゾロアスターの時代のペルシアの思考様式、つまりは『アヴェスタ』や『ガーサー』〔いずれもゾロアスター教の聖典〕にうかがわれるそれともまったく異なる。カタリ派の思考様式はギリシア・ローマの伝統をひく西洋特有の推論的思考であり、アリストテレスに始まり聖トマスにいたる系譜に属する。マニ教の文書は――マニ自身が書いた『詩編』からトルファンで写本が見つかった『讃歌』にいたるまで――すべて神話的要素からなり、官能的なまでに感性あふれる詩的魔術の世界である。一方、カタリ派の文書は厳密な定義、聖書の方法論的解釈、緻密な推論法にのっとって書かれており、それを支えているのは新約および旧約聖書の文学知識にもとづく厳格な知的訓練である。

たとえば、ヨハネス・デ・ルギオ〔十三世紀イタリアのカタリ派神学者〕は二元論を基礎づけるためにさまざまな論証を展開しているが、よく知られている論証のひとつは以下のようなものである。すなわち、ひとつの原因はひとつの結果とそれとは反対の結果を同時に生み出すことはできない以上、相対立するものの原理は必然的にもともと対立している。この論証方法はアリストテレスの『形而上学』をほとんど丸写しにしたと言ってもよいほどである。しかもこのアリストテレス的論理は、すでに「マタイによる福音書」や「ヤコブの手紙」などにも影響を及ぼしている。「すべて良い木は良い実を結び、悪い木は悪い実を結ぶ。良い木が悪い実を結ぶことはなく、また悪い木が良い実を結ぶこともできない」(「マタイ」七ー一七、一八)、「泉の同じ穴から、甘い水と苦い水がわき出るでしょうか」(「ヤコブ」三ー一一)。かくして推論的理性に導かれ、また聖書を援用しながら、ヨハネス・デ・ルギオは、善と悪はもともと対立するものである以上、必然的に反対の原理を持つと結論づける。とはいえこの著者も、またその同類というべき『作者不詳の教義要録』の著者も、知的論理にこだわりすぎて煩瑣《はんさ》な議論に陥ってしまい、読者をいらだたせるのも事実である。

カタリ信仰を東方起源と想像することから、この信仰にエキゾチズムや秘教主義の誤ったオーラをかぶせ、あまたの文学的かつ疑似歴史的逸脱を引き起こしてしまったとすれば、まずはこのオーラを取り払って、つぎの明白な事実に立ち返るべきである。つまり、カタリ派とはまぎれもなくキリスト教の一分枝であって、カタリ派信者たちが互いに「良きキリスト者」、さらにはもっと手短に「キリスト者」と呼び合っていたのも当然至極のことであった。カトリック教会によって練り上げられ、定義されている教義や典礼からすれば、たしかに逸脱派であり、さらには分離派ということになるだろうが、それでもなお、彼らにとって唯一の啓示とはキリストがもたらしたそれであり、また彼らが準拠する唯一の聖典は新約聖書である——まれに旧約聖書を援用することもあるが、それは自分たちの教義の正しさを証明するのに役立つかぎりにおいてである——という明確な理由によって、彼らはキリスト者なのである。彼らが、カトリック正典には属さない文書、たとえば『秘密の晩餐』（天界でイエスを囲む使徒たちの晩餐の席上、ヨハネの問いに答えてイエスが真理を説き明かすという形式の教義文学、『ヨハネ問答録』とも呼ばれるが、偽書である）などの影響を受け、またそれらを教典として用いていることは事実だが、それらの文書もあくまでキリスト教外典の範囲内にとどまっている。

とはいえ、カタリ派をキリスト教の一分枝と言えるか否かという論争が、それで決着したというわけではもちろんない。というのも、二元論者でありながら、つまりは無限の善性のうちにある神は悪が発現することを可能にする諸条件の原因ではありえない以上、まさに悪が発現する場にほかならない可視的世界の原因は、神のそれとは異なる創造原理、悪を本質とする創造原理のうちに見出すほかないと信じながら、それでもなお正統的意味においてキリスト者を自称することが許されるのか、という問題が残されているからである。別の言い方をすれば、言葉の濫用に陥ることなしに二元論的キリスト教というものを考えうるのかという問題。カトリック公認教義は、それにたいし、つねに「否」と答えてきた。

カタリ派が現れるはるか以前に、まさに二元論的キリスト教を主張した多様にして変幻自在のグノーシス主義の流れをことごとく阻止すべく敢然と立ち上がったように、こうした二元論にたいするカトリック教会の姿勢は終始一貫している。西暦一八〇年よりまえにリヨンのエイレナイオス（二世紀後半のリヨン司教）が、二〇〇年代に入った直後にはテルトゥリアヌス（カルタゴの神学者で最初のラテン教父）が、それから二十年後にはローマのヒッポリュトス（一七〇頃〜二三五、神学者・教義学者で対抗教皇となった）が、それぞれグノーシス派を虚偽者として厳しく告発・論駁して、彼らを除け者にし、ついにはローマ教会の教義体から永久に追放してしまったが、しかしそれによってグノーシス主義の伝統を、つまり「この世」と「神の国」との根源的対立からなる二元論的宇宙論を、それゆえにまたカトリック公認教義とはまったく異なる統一的宗教体系を導き出すような「もうひとつの」聖書読解の伝統を、根絶やしにできたわけではなかった。

ついでにここで注意しておけば、エイレナイオスがすでに一八〇年頃、それから十世紀のちにカタリ信仰の基本原理となる教義的立場を告発していた[5]ということは、カタリ派がマニ教に由来するものではないということを示す有力な傍証になるだろう。というのも、教祖マニが生まれたのはそれよりあとの二一六年のことでしかない。

それではいったいどうして、十二および十三世紀のカトリック教会博士たちはカタリ派信者たちを新マニ教徒と呼び、さらにはマニ教徒そのものであって、キリスト教徒ではまったくないと考えたのだろうか。この問いはつぎのように拡大することもできよう。カトリック側のまさにアレルギーとしか言いようのないこの反応は、いったい何に由来するのだろうか。じっさい二世紀の教父たちから始まって、カトリック教会は、悪の起源を被造物たる人間の自由意志に見出すかわりに、至高にして善なる神とは別の原理に帰そうとするあらゆる傾向にたいして、つねにそうしたアレルギー反応を示してきた。たしかに神とは別に第二の原理を想定することは、二重神論になりかねないし、しかもふたつの神を想定すれば、今度は三つの神、さらに四つの神と広がっていき、つまるところ異教の多神教に至らざるをえないという危惧を抱いたとしても不思議はなかろう。しかしこのアレルギーには、二元論から派生するそうした複雑な問題を危惧するよりも、はるかに深い理由があった。カトリック側の論客たちは、この二元論が、ひとつの限定的問い、つまりは悪の起源についての問いにたいする答えというだけにとどまらない問題であることをはっきり見抜いていたのである。彼らはこの二元論こそ、カトリック教会が築き上げた教義システムとは根本的に異なる性質の宇宙論、神学、キリスト論、救済論を導き出す教義体制の母体であることを正しく理解していた。ベルナール・ド・コーのような異端審問官はその点をけっして見過ごさなかった。人々に彼らの宗教について尋ねるとき、彼はまず、神がこの目に見える世界をお造りになったことを信じるか否かを質問したのであり、その他の信仰箇条は二の次の問題であった。

まさしくキリスト教の小児病――レーニンが、一九二〇年、極左主義はコミュニズムの小児病だと書いたのと同じ意味において――ともいうべき二元論的グノーシス主義は、歴代のカトリック教会博士たちの神経を逆なでで――こんな言い方をお許しいただきたい――してきたのである。二元論はかくも多くの脅威をはらみ、教義上において重大な結果をもたらすものである以上、二元論を信奉する者にはこのうえもなく侮辱的なレッテル、すでに根絶したと思っていたのにまだ生き残っているからよけいに呪わしい異端、その再出現は悪魔の仕業でしかありえない異端の後継者と思わせるレッテル、つまり「マニ教徒」というレッテルを貼ることは、カトリック側からすればまったく正しい行為だったのだ。だがこのレッテルを貼ることには、もっと実用的な側面もある。マニ教は聖アウグスティヌスの著作によってよく知られていた。彼は若い頃マニ教を信奉していたが、のちに改宗して、マニ教を厳しく批判している。それゆえマニ教を迫害する態勢は、言ってみれば、すでにすっかり整っていたのであり、その信奉者にたいする罰もずっとまえから決まっていた。つまり火刑台送りである。

＊

事の次第を明確にするためには、とりわけ、それなしにはグノーシス主義もカタリ信仰もありえなかったはずの「もうひとつの」伝統を簡単な言葉で定義するためには、二元論の問題をめぐって、少しばかり回り道をする必要がある。まず頭に入れておいていただきたいのは、以下の考察はすべて、創造論の観点においてしか意味を持たないということである。もし世界が創造されたのではなく、すべては永遠のはじめから存在するとすれば、世界を存在に至らしめた原因ないし原理などはもともとありえなかったのであり、それゆえ、カトリックであれ、カタリ派であれ、キリスト教神学は宙に浮いた空論だということになってしまう。

反対に、世界が存在するには、原初の創造行為が必要だったと考えれば、無限の省察の場が開かれる。この問題についてのカトリック教会の基本的立場は、よく知られている通りである。神は唯一の創造者、あらゆるものの第一原因にして根本原理、使徒信経によれば「天と地の」、ニカイア信条〔第一回ニカイア公会議(三二五)で作成された信条〕によれば「見えるもの、また見えないものの」、つまりは物質的および精神的現実すべての造り主なのである。

啓示聖書とカトリック教会の伝統をふまえたこの公認教義にたいして、かなり早くから、キリスト者を自認しながらも、つまりは同じ聖書を正典としながらも、その聖書を別の解読格子を通して読み込むことによって、神はすべてのものの唯一の原因ではありえないと主張する人々が現れたのである。彼らによれば、とりわけ神は悪の原因ではありえない。ちなみにこうした考えは、『共和国』第二巻でプラトンがすでに述べている――「神はすべての原因ではなく、善のみの原因である」。

ただしプラトン、グノーシス派、カタリ派ばかりでなく、カトリックにとっても、神は悪の原因ではない。悪の起源についてのカトリック側の見解は、ふたつの神話によって説明される。すなわち、神に逆らった天使が失墜して悪魔になったという神話とアダムとエヴァが犯した原罪の神話である。

アダムとエヴァは、悪魔となった天使たちの頭《かしら》に誘惑され、原罪を犯したために、罰として、労苦と辛苦に満ち、しかも死を運命づけられた人間の条件を身に負うことになったのである。それゆえ悪とは、まずは天使たちが、ついで人間の男女が、みずからに与えられた自由を濫用したことにもっぱらその原因があるのであって、神にはまったく責任はないのである。

こうしたカトリック側の考えにたいして、十三世紀イタリアのカタリ派によって書かれた『二原理の書』は、さっそく、つぎのように反論する。完全である神は、悪をなすことができる存在、つまりは不完全な存在を造り出したはずはない。みずから進んで罪を犯す機能としての自由意志などというものは、それ自体として不完全であるばかりか、絶対にありえないのだ。じっさい全知である神は、かの天使たちが罪を犯すことをあらかじめ知っていたのであり、それゆえ彼らは罪を犯さないでいることはできなかった、つまり神が永遠の昔から彼らがそうするだろうと知っていたこと以外のことを彼らはすることはできなかった。それを言い換えるなら、彼らは自由意志をまったく持たなかったということである。悪の起源は、意志的反逆と考えられる彼らの失墜にあるのではない。彼らが悪に「陥った」のは、彼らがほかにどうすることもできなかったからである。だとすれば悪は、彼らに先立ってあらかじめ存在していたということになる。

神は、その完全性ゆえに、悪を選択する自由というような不完全性を具えた存在を造り出すことができなかったのと同様に、その無限の善性ゆえに、悪が発現することを可能にする諸条件、すなわち、もろくはかなく腐敗しうる物質、とりわけ苦しみ老い死んでいく肉体などを造り出すことはできなかったのだ。要するに、物質にしても、また物質を腐敗させる時間にしても、その存在を説明するには、完全にして善なる神とはまったく別の原因、別の原理を見つけなければならない。神は、いかなる定義においてであれ、またいかなる程度においてであれ、さらには直接的であれ、間接的であれ、悪の存在にたいしてまったく責任はないのである。

かくして、神はまったく悪を免れている。しかしそのように断言することは、そのまま、神と並行してか、神に対向してか、ともあれそのあり方をどう考えようと、神以外に、はかなく腐敗しうる苦しみに満ちた物質を生み出し、それゆえにまた「あらゆる悪の源泉」――これも『二原理の書』からの引用である――となったもうひとつの創造原理を措定することをおのずから意味する。

神は唯一の原因ではありえず、神とは別の原因が存在すると主張するこのような教義は、必然的に「二元論」と呼ばれる。もちろん、このもうひとつの原因についてはさまざまな概念がありうるし、その位置づけもさまざまであり、それを悪しき実体と考える場合もあれば、虚無のもたらす破壊作業と考える場合もある。それに与える名前も、「悪しき原理」、デミウルゴス、悪魔、サタン、この世の王、異邦の神、〈敵〉、などおよそまちまちである。だがそうしたことはすべて、ただひとつの原理だけがあるのではなく、必然的にふたつの原理があるというこの根本主張にくらべれば、二の次の問題でしかない。

つぎに考えるべきことは、こうした二元論の領野から、じっさいにひとつの教義が生まれたのはいつ頃からのことか、という問題である。というのも、善と悪、物質と精神、魂と肉体、時と永遠、地と天、光と闇、無限と有限、悪魔と善なる神、そうした対立を措定しない宗教はほとんどないし、プラトンからヘーゲル、さらにはマルクスに至るまで、哲学者たちもこぞって、世界の全体性を相対立する現実領域の統合として把握しているし、同様にまた、互いに相容れない対立概念を措定し、両者を乗り越えることによって、世界知を発展させようとしている。要するにある意味で、二元論はいたるところにあって、〈存在〉ならびに〈存在〉論を根拠づけているように思われる。

けれどもほとんどの場合、こうした二項対立をいくら強調したとしても、唯一にして絶対の原理、あらゆるもの――天と地、魂と肉体、物質と精神、等々――の第一原因としての神の概念は少しも損なわれることはない。そうした二項対立はすべて、それらを根底から支える究極の一性――それが非被造的物質の一性であれ、創造者である神にほかならない純粋精神のそれであれ――を前にして、最終的には解消されてしまうのである。そもそも、総体的に言って、哲学の役割も、宗教のそれも、つねに変わることなく、相対立し、矛盾し合い、ときに衝突し合う多様な現実を通じて、あらゆるものの究極理由にほかならない〈絶対一者〉に接近し、その一者を人間の認識と愛の至高の対象たらしめることにあったのである。

しかし言うまでもなく、原理的二元論は、以上のように、人間倫理、心理学、論理学、宇宙論にそれぞれ対応する一連の二項対立に注意を払うこととはまったく別次元の問題である。というのも、こうした二項対立は、事物の根底の核心部分にまでおよぶ二元性ではまったくないのだ。それにたいして、神とは別に、もうひとつの原因、物質の原理、悪の源泉を措定することは、事物の根底に触れる問題である。それは言ってみれば、〈存在〉の中枢において、まさしく核分裂を引き起こすことにほかならない。

それでもなお、さらに明確にすべき多くの問題が残されており、それらの問題が明らかにされることによってはじめて、カタリ派とマニ教との違いもはっきりするだろう。しかし、ここではつぎのことを注意するにとどめたい。カタリ派の二元論は、たしかに原理的二元論、第一原理にかかわる二元論であるとはいえ、単純素朴に「善神」と「悪神」を対立させるようなものではけっしてない。もしふたつの原理が力のうえで対等であるならば、つまりそれぞれが、いかなる制約もなく、価値的にまったく対等の立場で、一方は善において、他方は悪において、互いに自由にふるまうことができるとすれば、それぞれがそれぞれにおいて自足自存していることになり、そこには真の意味における二元論は存在しないだろう。「ふたつの無限はありえない」と、ユイスマンス〔一八四八～一九〇七、フランスの小説家〕は『彼方』の登場人物のひとりに言わせている。真の二元論においては、相対立する二項の完全なる平等はありえないばかりか、それを排除する。

たしかにカタリ派信者たちは、悪の原理を「悪神」あるいは「異邦の神」と言ったりするが、それはあくまで言葉の綾であって、ほんとうに神だと考えているわけではまったくない。そもそも、悪の原理に言及する場合、ほとんどつねに「まことの神」と対立させる――『二原理の書』でも何度も繰り返されている――のであって、それはつまり、この悪の原理は神ではない、あるいは偽の神である、ということを言わんとしているのである。「至高にして真実の神」は、唯一ただひとりであって、その唯一性が力強く宣言される。ただし、それは善なる神の唯一性にほかならず、たしかにこの神は唯一の創造主ではあるが、あくまで「良き創造」の唯一の創造者なのである。この「良き創造」に含まれるのは、純粋に精神的で目に見えないもの、すなわち、天使、魂、そして「黙示録」が語っている「新しい地」と「新しい天」、つまりこの世の非物質的かつ天上的な写しである。それゆえにこそ、カタリ派の文書は、正々堂々と、「私たちは唯一なる神を信じます」と宣言することができたのだ。しかも、「天と地の造り主」という言葉さえ付け加えたのである。とはいえ、彼らは絶対的二元論を捨てたわけではけっしてない。というのも、もうひとつの原理は神ではないし、ここで言う「天と地」とは、私たちが肉眼で見る世界ではない。もっともカタリ派信者たちは、言葉を巧みに操って、彼らの敵たちがしきりに言い立てたように、彼らが二神論に陥っているという糾弾をはぐらかそうとしていたのかもしれないのだが……。

とりわけ十三世紀イタリアのカタリ派はカトリック側が仕掛ける論争に応じざるをえなかったが、そこで取り交わされるさまざまな二者択一的議論から、さらに別の疑問も生まれてくる。悪の原理は、神も知らないうちに可視の世界を造ったのか、あるいは神はそれを知っていたのか。神がそれを知っていたとして、それを阻止することは可能だったのか、不可能だったのか。もし阻止することが可能だったのなら、どうして神はそれを認めてしまったのか。当時のカトリック側の論客たちは、カタリ派側の答えがそれぞれの教会によってまちまちであることにつけ込んで、カタリ派の内紛であるとか、分裂であるとか、言い募った。のちに歴史家たちは「絶対二元論」ないし「徹底二元論」と「穏健二元論」ないし「緩和二元論」を分けて考えるようになったが、それは、厳密な二元論にたいして、二原理の対立を少しでも緩和しよう、両者のあいだになんとか橋を架けようとするあらゆる目論見を区別するためであった。

けれども、このふたつの二元論のタイプ、すなわち絶対派と緩和派の境界線をどこで引くかは非常に微妙な問題であり、今日なお、学者たちのあいだで論争の種になっているが、ここでは深く立ち入らない。最近では、カトリック側の論客たちがイタリアのカタリ派内部の教義上の食い違いや対立をおおげさに誇張したのであり、それはカタリ派に揺さぶりをかけ、弱体化させるための戦略であったという認識を、多くの歴史家が共有している。ロンバルディアの教会同士がときに対立したとしても、それは教義上の問題からというよりも、人間関係の問題によってであり、それはバルカンの教会同士のあいだでも見られることだった。とくにピラール・ヒメネスが指摘しているところだが、異端教会における「会」という概念は、たとえばブルガリア会、ドラゴヴィチア会といった場合、特定の教義を持つ宗派を意味するのではまったくなく、教会高位者の系譜関係を言い表すものであった(6)。それゆえ、ひとつの会に属するということは、ある特別な教義を奉ずるということではなく、誰々から叙階を受けたということなのである。

*

以上のように、二元論は「異端」思想の全体系の土台であると言ってもよいのだが、異端審問を通じて集められた証言から判断するに、カタリ派の信仰教育においては、それが全面的に強調されているわけではなかった。というのも信仰教育は、形而上学や神学の秘儀を聴衆に学ばせることよりも、救いへの道を説くことにあるからだ。カタリ派神学の知識を正確に駆使できるのは、ごく限られた教養ある信者たちだけであった。たとえば、一二四〇年頃、トゥールーズで市参事会員であったピエール・ガルシア、あるいはさらに遅く、アクス＝レ＝テルムの公証人で、のちに完徳者となったピエール・オーティエなどは、ふたつの創造の神学、ヨハネ福音書のカタリ派的釈義、さらには悪しき創造や悪しき原理に対応する虚無の理論にさえ、きわめて正確に通じていたが、そうした知識はすべて『作者不詳の教義要録』から直接引き出されたものであった。

しかし平均的な信者にとっては、世界にはあまりに多くの悪と悪意がはびこっており、そんな世界は「神さま」の被造物ではありえないと納得できれば、それでじゅうぶんであった。とはいえ学問的考察のレベルにおいても、一般信者のレベルにおいても、カタリ信仰の全体系が二元論にもとづいて構成されていることには変わりない。物質的なものはすべて、悪しき創造に属するのであって、それは要するに悪魔の仕業だということになるが、そうだとすればとうぜんながら、アダムとエヴァの肉体は「神さま」によって造られたものではありえず、彼らの「皮膚という衣服」は、魂を閉じ込めるために悪しき創造者が造った牢獄にほかならない。魂だけが純粋に精神的であり、不可視的で永遠である良き創造に属し、その意味において、魂とは神的実体の断片でさえある。

ところが人間の魂は、それを閉じ込めている物質のなかでぐっすり眠り込み、ついには自分の故郷が天にあることをすっかり忘れてしまったのだ。神がイエス・キリストをこの世に遣わしたのは、人間にそのことを思い出させ、魂を目覚めさせるためであった。要するにイエス・キリストは、地上の牢獄から人間の魂を解き放つための啓示的使信の担い手だったのである。使徒たちが彼らの弟子にほどこして以来、世代から世代へと受け継がれてきた按手による洗礼は、慰め主なる聖霊を注ぐものである。オック語の consolament という言葉――慰めを意味する――はそこから来ているが、かくして聖霊は、コンソラメントを受けた者が死ぬ瞬間にその身体から離れ、死者の魂を神の国に連れ帰るのである。すぐにお気づきのことと思うが、ここにはカトリックのそれとはまったく違う救済の道が示されている。つまり魂は肉体以前に存在するのであり、それゆえ魂は天国に入るというよりも、天国に戻るのである。

すべての物質を悪魔の創造物だとすることは、神学や倫理の全体系に影響を及ぼさざるをえず、その結果、カタリ信仰をカトリック教会から隔てる溝はますます広がるばかりである。まずは受肉をどう考えるかという問題。神が肉の体をまとうということも、肉の欲求に従うということも、まったくありえないことだった。それゆえキリストが人間だったというのも見かけだけだったし、受難し、十字架のうえで死んだというのも見かけだけだった。こうした異端的考えは古くからあり、それは「仮現説」(docétisme) ——ギリシア語の dokein(そう見える)に由来する——と呼ばれ、すでに二世紀に教父たちによって糾弾されている。キリストがまとった体とは、「霊的な」、「空気のように軽い」、「幻のような」体であった。福音書には、キリストが「この世に属さない」こと、彼が天から来た、あるいは天から下った、天上的存在であることを証拠立てる文章が数多くある。「弟子たちは、イエスが湖上を歩いておられるのを見て、〈幽霊だ〉と言っておびえ……」(「マタイ」一四‐二六)、「しかし、イエスは人々の間を通り抜けて立ち去られた……」(「ルカ」四‐三〇)、「すると、二人の目が開け、イエスだと分かったが、その姿は見えなくなった……」(「ルカ」二四‐三一)。

それゆえ、ほんとうの意味での受肉もなく、十字架上でのほんとうの苦しみもなかったのであり、つまるところ、贖《あがな》いとしての受難もなかったのだ。キリストはこの世にやってきて、神の使信を伝え、人々を教え導いたが、人類を贖うためにみずからを犠牲にするようなことはなかった。この論理の枠をさらに広げてみよう。最後の晩餐の席で、イエスはパンとブドウ酒を取って、これは自分の肉と血であると言ったが、その言葉はあくまで寓意的意味に解釈すべきである。つまりイエスは、自分の全存在は自分の教えと一体であると言おうとしたのであり、またそのことを忘れないようにと弟子たちに願っただけなのである。じっさいカタリ派の完徳者たちは、イエスの言葉を記念し、彼の使命に敬意を表するために、パンを祝福し、それを分かち合う儀式を行っている。だがその儀式は、聖体の秘跡の意味をまったく持たない。カタリ派はこの秘跡をきっぱり否定している。オスチア〔ミサで拝領する聖体のパンのこと〕という単なる物質のかけらのなかに、神が内在することはありえない。このパンはただの食べ物にすぎず、それゆえ食べられることがその運命であり、場合によってはネズミにかじられてしまうかもしれないのだ。

カタリ派の禁欲を根拠づけているのも、やはり二元論である。少なくとも叙階のコンソラメントを受け、カタリ派教会に入り、完徳者のコミュニティに加わった信者たちに課せられた禁欲はそうである。食べ物に関する禁欲、そしてとうぜんのことながら、性的な禁欲。このふたつの禁欲は密接に結びついている。肉体を生み出す生殖行為は、魂を閉じ込める新たな牢獄を作ることにほかならず、本質的に悪魔的であり、魂の救済を遅らせることにしかならない。つまりは生殖行為自体が穢《けが》れているのであり、それゆえ生殖行為から生まれるあらゆる肉もまた、その本性からして穢れている。そのために、あらゆる動物性の食べ物を摂取することが禁じられる。肉、脂、乳、卵、バター、チーズ。とりわけ肉に関して、カタリ派は聖書の命ずることを文字どおり忠実に守っている。「汝、殺すなかれ」。魚だけは例外で、食べることを禁じられていなかった。魚は、生殖行為によってではなく、水から自然に生まれてくると考えられていたからである。以上のように、食べ物に関する禁欲も、性的な禁欲も、カタリ派にとっては、単に規律や風紀の問題ではなく、可視的世界は悪しき創造に属するとする二元論にもとづいており、それゆえに彼らは肉を、さらには肉体を、厳しく断罪するのである。

＊

以上、カタリ派の信仰や規則の主要事項についてざっと目を通したが、そこから判断するかぎりにおいて、カタリ信仰は、まったく反社会的な性格ゆえに、みずからのうちに遅かれ早かれ社会的糾弾や制裁を受ける原因をはらんでいたと結論づけることもできよう。じっさい何世紀にもわたって、そんなふうに評価され続けてきたわけだが、しかしそうした評価は、いくつかの誤解にもとづいていると言わねばならない。しかもそれらの誤解はことごとく、中世以来、カタリ派の敵たちが使ってきた語彙を、何の批判意識もなく、そっくりそのまま受け入れてしまったことに共通の原因がある。

そもそも、cathare（カタリ）という言葉自体が混乱を招いている。この言葉は「純粋、清浄」を意味するギリシア語のcatharosに由来するというのが伝統的な通説である。つぎに、一般信徒にたいして、「火と聖霊による洗礼」であるコンソラメントという秘跡を受けた男女を指すparfaitないしはparfaite〔いずれも「完全な」という意味〕という呼び方であるが、これも誤解のもとになっている。かくしてカタリ派とは純粋性と完全性の熱狂的崇拝者だという固定観念が生まれたのであり、そうした人々を称賛するか、糾弾するかは、要するに好みの問題だということになる。

ところでこれらの言葉を使ったのは、カタリ派の人々ではなく、彼らの敵たちである。しかも敵たちは、現代の私たちにはまったく意外に思われるが、これらの言葉に純粋性とか完全性といった意味合いはいささかも込めていなかったのだ。cathareとは、十一世紀の中頃に使われ始めた侮辱の言葉で、ライン地方のある修道士が書いた文書に確認されている。また神学者のアラン・ド・リールは、一二〇〇年頃に書いた『カトリックの信仰について』のなかで、この言葉の由来を説明している。それによれば、この言葉はラテン語のcatus（猫）から来ている。「というのも、うわさによれば、彼らは猫の尻にキスをするからである」。もちろんこれは、われらが異端者たちをいまわしい悪魔の崇拝者、下劣な魔法使い呼ばわりする誹謗中傷にほかならない。とはいえ、アラン・ド・リールは先に見たギリシア語源説を否定しているわけではない。ただしcatharosの語根catharは、この場合、「純粋、清浄」ではなく、「下剤」ないしは「下痢」を意味している。というのも、異端者たちは「悪徳を垂れ流している」からだ。それゆえ、cathareという言葉が多少なりとも純粋・清浄を思わせる意味合いで使われている例をいくら探しても、けっして見つからないだろう。そもそも、この言葉はカタリ派が書いた文章にはまったく見当たらないのである。

parfait ないし parfaite という言葉についても同じことが言える。これらの言葉のもとになったhereticus perfectus、heretica perfecta という表現を使ったのは異端審問官たちであり、しかもそれは、コンソラメントを受けることによって「完全な」あるいは「完璧な」異端者となった男ないし女を一般信者たちから区別するためであって、ここで言う「完全な」、「完璧な」という形容詞は、もっぱらラテン語の perfectus の語源的意味で使われており、精神的完全性という意味合いはいささかも込められていない。とうぜんのことながら、cathare という言葉と同様、parfait という言葉も、カタリ派社会では使われていない。コンソラメントを受けた男ないし女は、「神の友」、「良き人」、「良き婦人」、「良きキリスト者」、ときには単に「キリスト者」と呼ばれていた。というのも、カトリックの場合と同じく、カタリ派の場合も、ひとをキリスト者にするのは洗礼なのである。ただしカタリ派においては、按手による洗礼であった。

最後に残された問題は、コンソラメントを受けた信者に課せられた禁欲の厳しさである。とはいえ、肉類の食べ物を控えたり、まったく食べなかったりする習慣を考え出したのはカタリ派ではない。それは最古の修道生活や共住苦行生活の習慣を復活させたものである。たしかにコンソラメントは、カタリ派にとって、魂の救済に不可欠の儀式であり、それは叙階の儀式に当たると言われてきた。コンソラメントは、宗団に入るための秘跡として行われるほか、終油の秘跡として、臨終の床でほどこされることもあるが、いずれの場合でも、ひとたびコンソラメントを受けると、まさに息を引き取るその瞬間まで、同じ禁欲が課される。言い換えるなら、救済には叙階が不可欠だということであり、ともあれ叙階を受けさえすれば、それを何歳で受けようが、受けてからの期間がどれほどだろうが——まるまる一生であろうが、数時間であろうが——関係ないのである。

しかしそれも、カタリ派の独創というわけではない。カトリック教会でさえ、修道院に入ったり、司祭職に就いたりして、独身の身を守らずとも、つまりは結婚した身でも、救いが得られることを認めるにいたるまでには何世紀もかかっており、そのためには結婚を秘跡や規則に適ったキリスト教制度のひとつとすることが必要であった。救いは、人生の終わりまでに、たとえどんなに短いあいだであれ、叙階を受けることによって可能になるとするカタリ派は、それゆえ初期キリスト教会の基本姿勢を厳密に踏襲していたことになる。以上でお分かりのとおり、カタリ派はキリスト教民衆を〈浄化〉すべくとつぜん勃発した原理主義革命などではまったくなく、反対に彼らはキリスト教の古き伝統を守るために闘ったのであり、むしろ復古主義者と言うべきなのである。

以上のように、不適切な語彙——にもかかわらず、私たちがそれを使い続けているのは、史料編纂の伝統がそれを定着させてしまっているからという便宜上の理由にすぎない——の影響もあって、カタリ派は反社会的な狂信集団ではないかと疑われたが、この疑いをさらに助長したのは、敵側が徹底して使った「セクト」という言葉である。まずは異端審問官たちが、被尋問者にたいしてこの言葉を使った。異端審問官たちが言うところの「セクトに入る」とは、叙階の儀式としてであれ、臨終の床においてであれ、コンソラメントを受けることであり、別の言い方にしたがえば、「異端者たちにわが身を捧げる」ことである。異端者たちにわが身を捧げるのは、基本的には本人の自由意志によるが、まだ幼い場合には、すでに完徳者になっている母や祖母にうながされたり、強いられたりすることもあった。また「セクトにとどまる」とは、完徳者であり続け、規則を遵守し、任務や義務を果たし続けることである。以上のことは、十字軍以前にはおおっぴらに行われたが、異端審問が始まってからは、とうぜんのことながら、秘密裏に行われるようになった。さらに「セクトを離れる」とは、完徳者の立場をみずから放棄して世俗に戻ることであり、一般的には結婚することを意味するが、知られているかぎりほとんどの場合、彼ら・彼女たちは良き信者としてとどまり、臨終の床であらためてコンソラメントを受けることになる。

お分かりのように、「セクト」という言葉がすべてを単純化してしまっている。この言葉はおのずから、非常に少数の、しかも非常に閉鎖的な集団を想起させる。だがじっさいのカタリ派社会はけっしてそうではなかった。ちなみに異端審問の供述人たちはしばしば「教会」という言葉を洩らしているし、記録係もそれを正直に記録している。カタリ派はまさしく教会であった。まずそれは、広い意味において、同じひとつの信仰を共有する男たちと女たちの集合であり、そこには、多数の一般信徒とともに、彼らのなかからみずから誓願し、叙階の秘跡を受け、規則にもとづく修道生活に入った人々も含まれるが、これらの修道者である男たちと女たちが、狭い意味でのカタリ派教会を構成していた。それはひとつの機構組織であり、聖職者たちの位階制度が整えられているが、その制度はカトリック教会のそれにほぼ倣っている。

こうした面において、異端審問の手続き書類の綿密な調査にもとづく最近数十年の研究成果はとりわけ実り多いものであった。しかし最近の研究は、カタリ派教会の組織機能やその変遷を分析することを目的とするのではなく（それはすでにエミール・ヴァカンダールやセレスタン・ドゥエーなどの碩学によって、もっと近いところではイヴ・ドサやアンリ・メゾヌーヴなどによって、みごとに成し遂げられている）、まさに異端審問の手続き書類の対象となっている人々から構成されているカタリ派社会について、より具体的でより身近なヴィジョンを得ようとするものである。

十九世紀の終わり、ナポレオン・ペラはすでに、カタリ派とは単なる宗教現象ではなく、ひとつの社会的現実であったというたしかな直観を抱いていた。「ロマンス語の故郷」であるこの社会は、もっぱら高貴な英雄たち、吟遊詩人や勇猛果敢な騎士たち、美しい奥方たちの住むところとされたが、もちろんそれは現実の描写ではなく、詩的な幻想であって、ほとんど間違いだらけと言ってもよい。ジャン・ギローは、早くは一九〇七年に、ついで三〇年代に、異端審問の裁判記録を丹念に調べ、厳密に考察することによって、先人たちよりもはるかに正確に、カタリ派の信仰と彼らの行動様式を明らかにした。

しかしこの同じ資料をさらに組織的かつ系統的に駆使して、カタリ派社会の内部に入り込むことに成功したのはジャン・デュヴェルノワであり、じっさい彼は信者たちおよび完徳者たちの日々の暮らしをきわめて具体的に描いている。一九六三年に彼が「当時の社会経済生活におけるカタリ派の人々」について書いた論文(7)は、内容面において優れた成果を上げているだけでなく(とりわけ、完徳者は、男女を問わず、手仕事によって生計を立てるべく規則によって義務づけられていたことを明らかにしている)、すでに知られている資料を新たに調べ直すための方法論を提示しており、それ以来、これらの資料は新しい観点から再検討されることになった。その後彼が相次いで発表した、カタリ派教会司教のギラベール・ド・カストルやベルトラン・マルティについての、またフォワ伯領の貴族信者たちについての諸論文、さらにアニー・カズナヴ、ジョン・H・マンディ、ウォルター・L・ウェークフィールド、アンヌ・ブルノンらの業績、そして私がオック地方の村々の人物や家系や共同体について書いたモノグラフ等によって、カタリ派に関する誤ったイメージはほぼ完全に払拭されたと言えよう。かつては、カタリ派教会は閉鎖的なセクトであり、その信奉者たちを世間から、また社会生活から引き離して、彼らに禁欲生活を強い、それを広めることによって、いずれは人類を消滅させることを目論んでいた、などとまことしやかに言われていた。

ところが、私自身もすっかり驚いたことに、そこに見出されたのは、時代と社会にしっくりおさまり、心安らかに日々を送る、ごく普通の男女であった。ただし彼らの精神的希求と宗教的不安、とりわけ魂の救済への強い関心は、さまざまな理由から、カトリック教会が示したそれとは別の道に向かうべく教え導かれていた。今日、数百人の男女完徳者たち、数万人の信者たちの名前が特定されており、格好の研究対象となっているが、その膨大なリスト自体がすでに多くのことを語っており、本書においてカタリ派社会について書かれるはずの章を先取りせずとも、いまここで、つぎのように断言することができるだろう。カタリ派は、社会学的逸脱、西欧的意識の変異形といったものではまったくなく、信者たちのあいだでつねに言われていたように、魂の救済は「良き教会」が定めた儀礼によってしか可能ではないと深く信じる人々によって担われた宗教運動なのである。とはいえ、彼らの多くはカトリック教会にも属していたのだが……。

非常に流動的でしかも複雑な社会であり、信仰の一体性を揺るがしかねないほどの多様性をはらむと同時にまったく素朴な側面も合わせ持っていた。言うまでもなく、信者の大多数は、神学をじっくり考え抜いたうえで、みずからの信仰を選択しているわけではない。たしかにこの社会は「神さま」を深く愛したが、この世の悲惨な光景がときにその全能性を疑わせることもあった。封建世界の構造にしっかり根を下ろした社会だが、ときには使徒の教えに照らして、封建世界のいくつかの側面に異議申し立てをすることをためらわなかった。最後に付け加えれば、この社会は、自分たちの共同財産を守るべく、真の勇気と優れた連帯意識を示した。
ただしカタリ派が福音書を正しく読んでいたのか、あるいは、敵対者たちが非難したように、間違って読んでいたのか、ということはまったく別の問題である。

資料についての注記

使用した資料は巻末にリストアップされている〔本訳書では、「訳者まえがき」におもだったものを掲載している〕。本書では、参照資料をそのつど逐一報告する必要はないと判断した。あまりに煩雑になってしまうおそれがあるからだ。それらの資料についてはすべて、カタリ派について以前に書いた五巻の研究書に記されている。逆に参考文献リストを更新する意味で、本書では、一九七〇年、一九七七年、一九八六年、一九八九年にそれぞれ出版された上記五巻以降に発表された文献を注記している。

第I部 二元論的異端の勃興

イノケンティウス三世

第一章　ボゴミル派からカタリ派へ

ブルガリアの司祭コスマスが書いた誹謗文書『最近現れたボゴミルという異端者を駁す教説』によれば、ボゴミルという僧がブルガリアの地にきわめて破壊思想的な信仰を広め始めたのは、九五〇年頃のことである。この信仰は、可視的世界を創造したのは神ではなく、悪魔であると主張したことから、さっそく「マニ教的」というレッテルを貼られた。布教の中心地は、黒海に近いプレスラフ地方とマケドニアの中央部オフリト近辺であった。この異端僧の信奉者たちはブルガリアで早くからボゴミル派と呼ばれ、この名称はやがてビザンチン帝国一帯で使われるようになった。

bogomil とは古スラブ語で「神の慈愛にふさわしい」とか「神に愛された」といった意味であり、ギリシア語で「神を愛する」という意味の théophile に近いため、この僧は自分の名前をそのまま弟子たちにも当てはめ、彼らを théophiliens（神を愛する人々）という意味でボゴミル派と呼んだのだ、とも考えられている。しかし事の順序はむしろ逆で、まずは bogomili すなわち「神に愛された人々」あるいは「神の友」という宗教運動が起こり、事後的に創始者がみずから Bogomil と名乗ったか、あるいはそう呼ばれたか、ではなかろうか。いずれにせよ、つぎのことはたしかだと思われる。すなわち十世紀の中頃、ブルガリアの一部で、二元論的教義が説かれ、その信奉者たちは、正教徒以上に良きキリスト者であることを自負しながら、しかも物質世界と肉体の創造は悪魔のなせる業であると主張していた、ということである。そのうえ彼らは十字架や聖遺物をあがめたり、イコンを敬ったりする正教の儀礼習慣を愚弄するばかりか、最後の晩餐をあくまで寓意的に解釈し、キリストが言う「わたしの体とわたしの血」とは彼の使信のことであるとして、オスチアのなかに〈救い主〉が現存することを否定し、それゆえに聖体の秘跡とミサとを無効とした。彼らはまた、カトリックの洗礼を受け入れず、とりわけ幼児洗礼にたいしては強い抵抗を示した。また婚姻の秘跡を否認し、司祭への告白は無効だと公言した。さらにはキリストが聖母マリアから生まれたこと、彼が奇跡を起こしたことを否定した。また肉食をみずから禁じたが、それは、カトリックの修道僧たちの場合のように精進のためではなく、肉を不浄だと考えたからである。彼らはモーセの十戒や旧約預言書にはまったく価値を認めず、またカトリック教会とその聖職者たちの権威を否定した。

コスマスの『教説』から約百年後にギリシアの神学者エウティミウス・ジガベーヌスが書いた『教理を守るための手引き』では、ブルガリアの司祭の文書では触れられていない重要な点もふくめて、ボゴミル派の全体像がかなり正確に描き出されている。たしかにコスマスの『教説』においても、異端者たちが互いに罪を告白し合っているさまが描かれているし（それは、のちにカタリ派が行うことになるアパレラメント（aparelhament）〔悔悛の儀式〕という儀式に相当するだろう）、彼らがしばしば断食したり、また日に何回か、彼らの唯一の祈りである〈主の祈り〉を唱えたり、祭日でも手仕事をしていることも記されている。ところが、彼らの救済の概念や救済にいたるまでの道程などについては何も語っていない。エウティミウスの著書によってはじめて、異端者たちが、カトリックの水による洗礼をやめ、手とヨハネ福音書を信者の頭に置いて聖霊を注ぐ独自の洗礼を行っていたことが知られるようになった。つまり彼らは、カタリ派のコンソラメントに相当する儀式をすでにやっていたのである。コスマスの文書には欠落しているもうひとつの重要な情報、すなわちボゴミル派の教会組織についても、エウティミウスは詳しく伝えている。ボゴミル派の平信者は、按手による洗礼によって「選ばれた人」に昇格するが、両者の区別は、カタリ派において平信者と「完全な異端者」（つまり異端審問で「完徳者」と言われた人々）とのそれに相当する。かくして男女を問わず、これらの「選ばれた人」たちが教会の聖務を担うことになる。

ほかにも、簡略であまり正確とは言えないが、ボゴミル派の位階組織に関する資料がいくつか残されており、そこには教祖ボゴミルの後継者の名前も記されている。そのひとりであるビザンチン帝国出身の医師バジルは、一一一〇年頃、コンスタンティノープルで火刑に処せられたことが分かっている。これらの資料のなかには、djed という尊称で呼ばれた司教や高位聖職者たちの名簿がいくつもあって、そのうちのひとつはボスニアの異端教会のものである。ちなみにこの教会の創設は西暦一〇〇〇年前後にさかのぼり、マケドニアのボゴミル派の流れを汲むものと思われる(1)。

以上のようにボゴミル派は、その後五世紀の長きにわたってカトリック教会の――一〇五四年の分裂以降はコンスタンティノープルおよびローマの両教会の――教義と権威を揺るがすことになる異議申し立て、その広範にして奥深い流れのもっとも古い形態であった。こうしたブルガリアの異端信仰は、早くも西暦一〇〇〇年以前から、その二世紀後に西ヨーロッパのほとんどの地域においてカタリ派と呼ばれる人々が奉ずることになる信仰の本質的特徴を――もちろん、土地や時代によって細かい違いはあるが――はっきり示していたのである。じっさい、カタリ派の信者たちも互いに「神の友」と呼び合うことになる。ただしカタリ派のほうは、十四世紀中にラテン・ヨーロッパから姿を消したのにたいして、バルカン半島の異端者たちは、ボスニアにおいてその後も生き続け、十五世紀後半、トルコに征服されるに及んで、ついにイスラムに改宗した。彼らの遠い末裔たちは、現在にいたるまでイスラム教徒である。

ボゴミル派があらゆる二元論的異端運動の絶対的出発点、それらに共通する唯一の源泉であったというわけではないが、ボゴミル派があちこちに拡散していったことはたしかであり、誰もそれを疑うことはできまい。まずバルカン半島全体に広がり、じきにふたつの〈会〉が出現した。ブルガリア会──プレスラフとオフリト──とマケドニア南部のドラゴヴィチア会である。もちろん、ボスニア教会もある。トゥールーズ近郊のサン゠フェリクス゠ローラゲで一一六七年に開かれたカタリ派教会公会議の議事録からは、さらにもうひとつのスラブ地方の教会（ダルマチア教会）、それにペロポネソス半島のメランギ教会、そしてもちろんコンスタンティノープル教会（当時はロマニー教会と言われていた）の存在が確認される。ビザンチン帝国時代の小アジアでは、十一世紀の初頭以来、エーゲ海沿岸一帯で異端信仰が、地方教会の中心地であるフィラデルフィアから、ニカイア、ペルガモン、スミルナ、エフェソス、ミレトスへと広がり、さらには内陸部のアクモニアにまで広がった。

西ヨーロッパではどうだったろうか。

ボゴミル派の伝道者が熱心に活動したとか、ボゴミル派の宣教の波が何度も押し寄せたとか、ときに言われることがあるが、やや誇張のきらいがある。(2) ボゴミル派の広がりの勢いは、じっさいにはかなり弱かったと言わねばならない。しかし広がった形跡はたしかに残っており、このバルカン半島の異端信仰が西ヨーロッパにも知られているばかりか、ときには西ヨーロッパの異端教会の母体であるとさえ思われていたのである。一一四三年頃、ケルン近くでつかまった異端者たちは、火刑に処せられるまえ、自分たちの信仰は「殉教時代から今日にいたるまで、隠れたままギリシアやその周辺の国でひそかに生き延びてきた」ものだと打ち明けた。一一六七年には、コンスタンティノープル教会の指導者ニケタスは、ラングドックにやってきて、サン＝フェリクスで行われたカタリ派教会公会議を主宰したとされているが、もし会議がほんとうに行われたとすれば、このことは、カタリ派の人々がニケタスにたいして、最高権威ではないとしても、ある種の優位――彼の教会のほうが古いというだけのことであれ――を認めていたことを示しているだろう。

ちなみに、これらさまざまな二元論主義教会には教皇――じっさいには対抗教皇ということになるが――がいたのかという問題は、当時のカトリック側論客たちの関心の的であった。多くの場合、彼らは「いた」と答えているが、それを納得させるだけの証拠を示していない。サン＝フェリクス教会公会議の議事録では、ニケタスを papa と称しているが、この称号は pope（正教の司祭）とも、père（教父）とも、また pape（教皇）とも解することができる。ところが、カタリ派側の資料としてはこの議事録が唯一のもので（しかもその信憑性が疑われている）、ほかの資料はすべてカトリック側のものであり、異端派教会の教皇について触れている場合でも、ほのめかす程度で、記述があいまいである(3)。いずれにせよ、確信をもって書かれたものではなく、おそらくはうわさや疑心暗鬼からの憶測でしかない。

とはいえ、つぎのことはたしかである。さまざまな異端派教会はいずれも、バルカン教会が自分たちの教会グループの最古のものであることを認めており、バルカン教会のなかでも、とりわけコンスタンティノープル教会に最大の敬意を払うが、だからといって、すべての異端派教会がコンスタンティノープル教会の実質的な指導下に置かれていたわけではない。そもそも、コンスタンティノープル教会がすべての異端派教会の起源ないし母体であったわけではまったくないのだ。たしかに、少なくともサン＝フェリクス教会公会議の頃には、コンスタンティノープル教会が相対的優位を占めてはいたが、ローマ教会にとっての聖座のように、他のすべての異端派教会にたいして絶対的な権威を振るっていたという事実はまったくない。星雲のように拡散した異端派は、十一世紀から十四世紀にいたるまで、ひとつの中央集権的組織にはけっしてならず、あくまで独立教会の集合体にほかならなかった。とはいうものの、これらの独立教会は――それぞれの〈教祖〉の個人的色彩がきわめて強いいくつかの短命な傍系グループ、たとえばタンヘルム、エオン・ド・レトワール、あるいはピエール・ド・ブリュイといった霊能者を〈教祖〉とするグループは別として――自分たちは互いに姉妹関係にある、つまり同じひとつの教会、使徒たちの系譜に直接つながる真なるキリスト教会に属している、という強い連帯意識を持っていたのであり、それはたとえば、オック地方のカタリ派の「典礼定式書」からもはっきり読み取れる。「聖霊を与えるこの聖なる洗礼は、神の教会が使徒たちの時代から今に至るまで保持し続けたものであり、〈良き人〉から〈良き人〉へと世の終わりまで伝えられていくであろう」。同じひとつの教会に属しているというこの意識は、異端者たちが互いに呼び合う名称がいずれの教会でもほぼ同じであることからもうかがえる。西ヨーロッパでは「良き人」、「良きキリスト者」、あるいは単に「キリスト者」、ボスニアではKrestjani（「神の友」の意）であり、いずれも、すでに見たように、ブルガリアのBogomiliという語にほとんど文字どおりに対応している。

カトリック側の論客たちは、真の信仰であるカトリックの一体性を際立たせるべく、異端派の潮流が小さな流派の寄せ集めにすぎないと言い張ったが――じっさい、彼らは臆面もなくそうした――そのさいに彼らが使う語彙そのものが西ヨーロッパのさまざまな異端派教会を互いに結びつけている一体性を反映しており、それによって異端者たちの起源がひとつであることを図らずも裏付ける結果になっている。

すなわち異端派を名指すのに、彼らがつねに使うBulgareあるいはその俗語であるBougreという言葉である。ウラジミール・トペンチャロフは、bulgari、boulgres、bogresなどの語がうたがいもなくカタリ派を指して使われている文書が、十三世紀の第1四半期だけでもおびただしい数に上ることを指摘している(4)。詩人のギヨーム・ド・テュデルまでが、その『アルビジョワ十字軍の歌』の冒頭で、一二〇四年にカルカソンヌでカトリックの権威者たちと論争したカタリ派の学者たちのことを指すのに——彼らはすべてオック地方の人間であるにもかかわらず——cels de Bolgariaすなわち「ブルガリアの輩」という言葉を使っている。以上のことからも、カタリ派の起源がアドリア海の彼方の地にあるというのが当時の一般認識だったことがうかがえる。起源という言葉で、ボゴミルの伝道者たちが西ヨーロッパで布教活動を組織的に展開したことによる直接的なつながりを意味するとすれば、もちろんこの一般認識はまったく正しかったとは言えない。じっさい、十一世紀の初頭から始まった火刑の数多くの犠牲者たちにも、ボゴミル派からの影響を疑わせるものは何ひとつ見られない。

とはいえ、まったく根も葉もない話というわけでもなかった。ロンバルディアからフランドル、さらにはライン地方にいたるまで、あるいはカタルーニャやオック地方からシャンパーニュ、ブルゴーニュ、さらにはイギリスにいたるまで、要するに西ヨーロッパ全域で、大きな思想的攪拌、深い精神的動揺、慢性的な反教権主義を背景に、倫理的および神学的な異議申し立ての蜂起がいっせいに起きたことを考えると、この異議申し立てが二元論的宇宙開闢《かいびゃく》説や救済論に理論化されていく過程で、バルカンの影響がまったくなかったとは言い切れないだろう。さらに一一九〇年頃、ボゴミル派が使っていた二世紀の聖書外典『ヨハネ問答録』（別名『秘密の晩餐』）が、「ブルガリアから」イタリア・カタリ派のコンコレッツォ教会の司教ナザールのもとにもたらされた。十七世紀になって、そのコピーがカルカソンヌに保存されている異端審問資料のなかに発見されたが、おそらくは異端審問官が押収し、それに注釈を加えたものである。しかも二元論的異端の五世紀にもおよぶ歴史において、ボゴミル派とカタリ派の交流はこれだけにとどまるものではなかったはずである。さらに注目すべきは、西ヨーロッパにおける二元論的信仰の拠点はことごとく、商業幹線路沿いに、つまりは人や物や思想の流通拠点に、置かれているということである。ポー河、ローヌ河、ソーヌ川、ライン河の流域、ブルゴーニュ、シャンパーニュ、フランドル、ロワール渓谷、ポワトゥー峠、ラングドック峠、ガロンヌ河流域……。

しかし結局のところ、カタリ派は完全にボゴミル派から生まれたのか、それともボゴミル派からの直接的影響なしに、自発的に発生したものなのか、を問うのはあまり意味のあることだとは思われない。カタリ派がボゴミル派から生まれたのではないとしても、両者が多くの本質的な点で一致していることはたしかであり、それゆえカタリ派をボゴミル派のいわば西欧版とみなしても事態を歪曲することにはならないだろう。

西ヨーロッパでは十一世紀に異端の第一波が押し寄せる

西ヨーロッパで異端運動の最初の兆候が跡づけられるのは、まさに西暦一〇〇〇年からである。シャンパーニュ地方ヴェルチュの住民ルタール某は、十字架を壊し、十分の一税を払うことを拒否した廉《かど》で、シャロンの司教によって追放処分となった。伝えるところによると、彼の信奉者が何人かいたが、シャロンの司教が彼らをカトリック信仰に立ち戻らせたために、ルタールは井戸に飛び込んで、自殺してしまった。おそらくこれは作り話だろうが、それから十二年後、あからさまな反教権的行動に厳しく対処するために、シャロンで教区会議が招集されたことだけはたしかである。これらの反教権的行動は異端運動の前兆であろうか。それについては何も分からない。というのも、こうした行動がどんな信念にもとづくものなのか、資料は何も語っていないのである。

一〇二二年頃、トゥールーズで何人かの住民が火刑に処されたが、この事件についても詳しい事情はほとんど何も分かっていない。この事件を唯一伝えている年代記者アデマール・ド・シャバンヌは、火刑に処されたのは「マニ教徒」たちであると言っているが、残念ながらそれ以上のことは何も明らかにしていない。やはりアデマールの伝えるところでは、それより四年ないし五年まえにも、アキテーヌ地方で何人かの異端者が現れているが、彼らも「マニ教徒」、「反キリストの使者」などと呼ばれた。アデマールは彼らが逮捕されたかどうかは明らかにしていないが、彼らについて必要最低限の情報は伝えている。それによれば、彼らは洗礼と十字架を拒絶し、断食の修行をする。修道僧のなりをして貞潔を装うが、仲間内では邪淫に耽っている。こうした記述は、たちまち中世異端学の紋切り型になる、あるいはすでになっていたのである。これまたアデマール・ド・シャバンヌが伝えるところによれば、アキテーヌ公は、一〇二七年頃、ポワトゥー地方のシャルーで、「マニ教徒たちによって民衆のあいだに広まった異端を撲滅するために」、司教および大修道院長を召集して公会議を開いた。

以上に取り上げた反教権的行動はすべて漠然として不分明であり、年代記者自身もそれをさほど重大視しているようには思われない。しかしトゥールーズで火刑が行われたのと同じ頃にオルレアンで起きた事件は、別の意味で重大であった。サント＝クロワ大聖堂参事会員のひとりとサン＝ピエール参事会教会の総長にして王妃コンスタンスの聴罪司祭を務める僧、いずれも非常に教養があり聖性の模範とされていたこのふたりの高位聖職者が、まぎれもない宗教セクトを作り、十人ほどの聖職者と数人の一般信徒を引きずりこんだとして告発されたのである。謀議の最中に逮捕され、ロベール信心王〔在位は九九六頃〜一〇三一〕が主宰する公会議に出頭したふたりは、公式に身分を剝奪され、信奉者たちとともに、一〇二二年のクリスマスの日に火刑に処せられた。裁判が終わり、王が聖堂を立ち去ろうとしたそのとき、王妃コンスタンスは持っていた杖を振り上げ、彼女の聴罪司祭の片目を潰した。

さまざまな資料において「マニ教徒たち」が創始したとされているこれらの信仰――もちろん、悪魔崇拝、「魔力が込められているとある農民が言う」死児の粉末を用いた聖体拝領、瀆聖《とくせい》、遊蕩、秘密裏に行われるさまざまな犯罪行為など、明らかに悪意・悪心にもとづくものは除く――を総覧すると、のちのカタリ派異端のそれときわめて近い、かなり首尾一貫した教理体系を見出すことができる。彼らは、自分たちは真のキリスト者であると公言しながら、キリストが聖母マリアから生まれ、ほんとうに受肉し、受難したことを信じないが、そうした考えはまさしく仮現説にもとづくものである。彼らはまた、水による洗礼が罪を浄めるとは信じないし、ミサのパンとブドウ酒が司祭の聖別によってキリストの体と血に変容することも信じない。こうした彼らの根本思想はいずれも、物質の創造を悪の原理に帰することからしか生まれようがない。彼らは、救いは按手によってもたらされると信ずる。というのも、按手とは慰め主なる聖霊を授ける行為であり、しかもこの聖霊こそが「聖書の深い意味と真の威厳」を明かしてくれるからだ。この「いまわしい狂信集団」の首謀者は、裁判官にたいして自分が奉じる信仰箇条をすなおに認めた。彼とその仲間たちが有罪宣告を受けたのは、その信仰箇条を放棄しなかったからである。

一〇二五年一月にアラスで尋問され、当地の司教が主宰する教会会議に召喚された異端者たちが、それと同じ運命をたどらずに済んだのは、みずからの信仰を告白したあと、司教の説得に応じ、自分たちの非を認め、異端放棄を宣誓し、信仰告白を記した文書に署名したからである。その文書には、まさにそれまで彼らが否認していたことが書かれていた。すなわち、水による洗礼の有効性、告解と婚姻の秘跡の意義、キリストの受肉、オスチアにキリストが真に現存すること、聖人や殉教者を崇拝することの正当性。そのうえ彼らは、これまで自分たちが奉じていた信仰では、手仕事で生計を立てるべきこと、「肉欲を断つべきこと」、誰にも害を及ぼさず、隣人に思いやりの心を持つべきことが定められており、それを実践している自分たちこそ真正のキリスト者だと思っていたと釈明した。それから一世紀半後にカタリ派と呼ばれることになる人々と共通する特徴をさらに付け加えれば、彼らもまた、不適格な司祭が授ける秘跡は無効であるとみなしていたこと（カトリックの公認教義によれば、秘跡はそれ自体として効力を持つ）、また幼児に洗礼を授けるのは、幼児自身がそれを望んでいるわけでもなく、またその意味を理解できないという理由から、間違っていると考えていたこと、などが挙げられる。ちなみに彼らは、自分たちの信仰が、説教者の一団を引き連れてイタリアからやってきたゴンドルフ某の教えによることを証言した。

この最後の証言については確かめるすべはないが、当時、イタリアで異端運動が広がっていたことはたしかである。おそらくは一〇三〇年前後のことと思われるが、ジェラルド某という異端者がモンテフォルテという城邑《じょうゆう》（資料によって、アスティ司教区にあるとする場合もあれば、トリノ司教区にあるとする場合もある）の貴族たちをその悪しき信仰に改宗させたことを察知したミラノ大司教は、さっそく、彼を捕らえ、長時間にわたって尋問した。大司教はその証言に驚き、一斉検挙に乗り出したが、逮捕されミラノに移送された者のなかには、モンテフォルテ伯爵夫人が混じっていた。世俗権力は、大司教の反対にもかかわらず、一方に大きな十字架を立て、もう一方に火刑台を立て、異端者たちにどちらを選ぶか迫った。「何人かは主の十字架を選び、カトリックの信仰を告白して助命されたが、多くの者は燃え盛る火刑台に進み、無残に焼け死んだ」。

しかし、異端がめざましい勢いで再発したのはシャンパーニュ地方である。一〇四八年、シャロンの司教はリエージュ大公＝司教ヴァゾンにたいし、自分の教区において「マニ教徒とよこしまな教義」を信奉した農民たちをどうすべきかについて助言を求めた。司教の手紙には、かの農民たちは「罰当たりの按手によって聖霊を授けると言い張り、結婚を毛嫌いし、肉を食べようとしない」と詳しく書かれている。ヴァゾンからの返答は、暴力よりも説得を、制裁よりも慈悲を優先すべきであり、それゆえ異端者たちを火刑台送りにすることは論外であり、破門にすればじゅうぶんである、というものであった。

翌年、教皇レオ九世が主宰する公会議がランスで開かれたが、すでにヴァゾンは死んでおり、刑の軽減を説く彼の忠告はほとんど無視されてしまった。じっさい公会議では「いたるところにつぎつぎと現れる新たな異端者たち」を破門すべきことが決められたし、「異端はガリア中で急激に増えている」とさえ言われた。しかもそれだけにとどまらず、告発によって逮捕された異端者はことごとく司教法廷に召喚され、断罪されたうえで火刑に処せられるべきことが付け加えられたのである。一方、神聖ローマ帝国皇帝ハインリッヒ三世は、ザクセン地方のゴスラーで逮捕された何人かの異端者たちを一〇五二年のクリスマスの日に絞首刑にした。

一〇五六年九月にトゥールーズで開かれた公会議では、ランス公会議が定めた異端防止策がいくぶん強化されたと言えるだろう。というのも、同公会議の決議十三条において、異端の共犯者の処遇がつぎのように定められている。いかなる形であれ異端者と関係を持った者はすべて破門されるべきこと、「ただし叱責あるいは説得によって、異端者をカトリック信仰に立ち戻らせることを目的とした場合は除く」。

しかしそれから半世紀のあいだは、異端に関して目立った動きはまったく見られない。

グレゴリウス改革から異端の第二波まで

十一世紀前半を通して見られる異端信仰の最初の波を総体的に把握することはむずかしい。異端者を糾弾するさまざまな言葉は、見かけのうえでは明確であり、いくつかの点で互いに重なり合っているが、いつもそうだというわけではない。たしかに異端は存在するが、いわば多様な顔を持っている。これらの多様な異端者たちがそのために糾弾された信念や信条のほとんどすべてが、つぎの世紀にカタリ信仰の構成要素となったことは疑いない。とはいえ、これらの異端運動のすべてを同じひとつの潮流が相次いで顕在化したものと考えるのは行きすぎだろうし、いわんやこれらの異端信仰の信奉者たちをおしなべて〈反教会〉を掲げる統一勢力のメンバーだと考えるのはなおさら行きすぎだろう。たしかに彼らはみな、秘跡や祭司にたいする根強い反感を共有している。彼らは秘跡の有効性に疑問を付すが、それは秘跡を授ける祭司自身にその資格がないからだ、というのが彼らの言い分なのだ。このことは少なくとも、教会は改革されるべきだという感情が当時の民心に深く浸透していたことを示しているだろう。

しかしここであらためて問うべきは、教会改革を求めるこれらの人々、今風に言えば「再建論者」たちが、幾分なりとも破壊分子のように思われたことから、のちに彼らを本物の分離派とみなしてしまったのではないか、ということである。かくして彼らに出来合いの誹謗中傷を浴びせ、カトリック信仰とローマ教会を、さらにはキリスト教そのものを、揺るがそうとするひとつの集団的企みに、彼らがこぞって加わっているかのように思わせたのではなかったか。こうして一義的な異端概念が生まれてしまったということもじゅうぶん考えられる。しかも教会は、この概念をうまく利用して、少なくとも当時、異端がいかに危険であるかをさかんに人心に訴え、異端にたいする恐怖心を煽り、異端と闘うよう仕向けたのである。当時、異端は悪魔によってそそのかされた企てだとしきりに言われ、また異端者たちはひそかに悪魔をあがめているとまことしやかにささやかれていたのは、それゆえだろう。

かくしてカトリック側の著述家、論争家、あるいは年代記者たちは、明らかな自家撞着に陥ることになったが（しかもそれは十三世紀の初めまで続いた）、彼ら自身は、そのことを何とも思わなかったようである。彼らは、異端の流れが多数あること、さまざまな異端者がいること、そのうえ異端者同士がしばしば対立し合っていることを強調するが（それはカトリック信仰とローマ教会の教導権の一体性を強調するためにほかならない）、それと同時に、一義的な異端概念を振り回して、いかなる異端もキリスト教信仰と教会を脅かす脅威以外の何ものでもないことを訴えようとする。かくしてこのような異端概念のもとに、カトリック教会にたいする対立、異議、さらには逸脱の要素を持つあらゆる種類の活動を一括りにしてしまったのである。たとえば、アルビジョワ十字軍の目撃証人にして年代記者であるトゥールーズの聖職者ギヨーム・ド・ピュイローランスが書いたつぎの文章は、以上のことをはっきり物語っている。

「教会の古くからの敵は、この憐れな土地に、ひそかに破滅の息子たちを送り込んだ。〔…〕アリウス派もいれば、マニ教徒もいるし、ワルド派やリヨン派さえいた。彼らは互いに分裂しているにもかかわらず、カトリック信仰に対抗し、共謀して魂の破滅を企てていた。〔…〕かくして彼らのおかげで、悪魔はこの土地を自分が安住できる終《つい》の棲家としてしまったのである」。

しかも以上の文章は、「異端の根絶」についてこれから語るつもりであると言った直後に書かれているのだが、ここで「異端」を単数形で示しているのは、この言葉のもとにあらゆる異端グループをひとまとめにしようという思惑からにほかならないだろう。しかし異端に関する伝説的イメージを形成することになるのは、異端解釈の矛盾を解消すべく、教皇イノケンティウス三世が一一九八年に書いた書簡である。教皇は、ワルド派、カタリ派、パタリーノ派などについて、いずれも「主のブドウ園を荒らしまわる小賢しい狐たち」だとしたうえで、彼らの頭はそれぞれ違っていても、尻尾でひとつにつながっている、と書いている。要するに、異端とは一匹のヒドラなのだ(5)。

十一世紀初頭に話を戻すと、さらにふたつのことに注目すべきだろう。異端者にたいする裁判は、ときに政治抗争が絡んでいることもあるので、いくつかのケース――たとえば一〇二二年にオルレアンで行われた裁判、あるいは一〇二五年にアラスで行われた裁判――では、異端の告訴はまったくのでっちあげではないか、という疑問も浮かんでくる(6)。もちろん、告訴にはそれなりのもっともらしさがなければならない。オルレアンの異端者たちの場合、彼らが奉じていたとされる信仰は、すべてグノーシス主義の色彩が強い同一の仮現説にもとづき、きわめて首尾一貫しており、まったくのでっちあげ、たとえば裁判官たちの悪意の産物であるとはとうてい考えられない。仮にオルレアンとアラスの被告たちが異端の罪を負わされたのは濡れ衣だったとしても、首尾一貫したイデオロギー体系としての異端信仰そのものをでっちあげるようなことは、その裁判官たちにもできなかったにちがいない。すでに見たように、そのイデオロギー体系は、異端信徒たちが聖書を徹底的に読み解くことを通して丹念に構築したものなのである。それゆえカトリック側の裁判官たちが、審理を有利に進めるために、架空のイデオロギー体系をでっちあげ、それを彼らが厄介払いしようと願っている被告たちの信仰だと言い張ろうとしたと仮定しても、そのためにはまず、裁判官たち自身が聖書の二元論的読解に——つまりはグノーシス的読解に——精通していなければならなかったであろう。自分たちのそれに対立する信仰の論拠や論理に入り込むといった離れ業が、彼らにほんとうにできたのか、初期の反異端文書を読むかぎり、かなりあやしいと言わねばならない。十三世紀になっても事情はあまり変わらず、デュラン・ド・ユエスカというカトリック側の論客が作者不詳のカタリ派教義要録を論駁しようとした際にも、この論客が異端神学を正しく理解していたとはとうてい思われない。

ともあれ、当時〈異端〉がいわば自然発生する土壌があったことはたしかである。それは、グレゴリウス七世による教会改革が進行中の十一世紀後半には異端問題がまったく影をひそめたことからもうかがえる。というのも、少なくともそのあいだ、真摯なキリスト教徒の一定数を活動に駆り立てていたと思われる改革への熱意や福音書的理想への憧れは、〈異端〉を生み出すこともありえたにもかかわらず、教皇の改革政策がその受け皿になり、ほとんど満たされていたのである。

一〇七七年頃、カンブレーの司教の尋問を受けたラミールという男は、聖体拝領を授けるにふさわしい司祭はひとりもいないという理由から、聖体拝領を受けることを拒否すると答えたが、じつはそれは、他人が言ったことの受け売りにほかならなかった。ラミールは裁判で異端者として有罪判決を受け、火刑に処せられた。それにたいして、グレゴリウス七世は、彼を殉教者であるとして、司教を告発し、カンブレーの町に聖務停止処分を下した。

その後十二世紀に入って、グレゴリウス改革の効果が少しずつ薄れ、やがてほとんど感じられなくなると、〈異端〉がふたたび現れ始め、たちまちまえよりも激しい勢いになった。しかも今度は、時間的にも間隔をおかずに頻発するようになったし、空間的にもさらに広い範囲に及んだ。そのうえ、さまざまな形で無秩序に発生する擾乱《じょうらん》は、統率を欠いた民衆蜂起や霊能者が扇動する狂信的運動の様相を帯びることもあった。

たとえば、稀代の奇人タンヘルム、彼は口八丁の民衆扇動家にして自由思想家だったが、一一一〇年代にフランドル地方で抗争に明け暮れ、最後には暗殺された。そうしたなかにあって、反教権派の何人かの指導者たちが頭角を現したが、彼らの巧みな弁舌に惑わされたのは純朴な一般人だけではなかった。ドーフィネ地方の司祭だったピエール・ド・ブリュイは、過激な反教権的言動のためにアルプスの司教区を追われ、ローヌ河の下流域に逃れたが、そこでも瀆神行為——数多くの十字架を焼いた——をやめなかったために、ついに逮捕され、一一四〇年頃、サン＝ジルで火刑に処せられた。彼は一時期、学識ある変節修道士アンリ・ド・ローザンヌといっしょだったことがあるが、この男もまた、神を呪う毒舌的な説教をやめなかったために、行く先々で追われ、ル・マン、ポワチエ、ボルドーを転々とした。ピサの公会議で悔悛を誓ったのち、聖ベルナールの知遇を得、クレルヴォー修道院で隠遁生活を送ることになったが、その後反教権的活動をふたたび始め、一一三六年頃、トゥールーズに移り住んだ。トゥールーズを選んだのは、領主アルフォンス゠ジュルダン伯が信仰の一体性保持の問題にはまったく無関心で、そのために、さまざまな異端派——ティスラン（機織り）派と呼ばれるグループ、またアリウス派と呼ばれるグループなどがあった——が罰せられることもなく、平和に暮らしていたからであろう。しかし結局、アンリ・ド・ローザンヌは、一一四五年、トゥールーズの司教によって捕らえられ、司教館の牢獄で死ぬことになる。

その間にも、〈北〉で事態が深刻化しつつあった。一一二〇年、ソワソンでは、群衆が司教館の牢獄からふたりの異端者を引き出し、火あぶりにした。一一三五年には、リエージュ、トリアー、ユトレヒトでも、火刑台が築かれた。一一四三年には、ライン地方のシュタインフェルトにあるプレモントレ会修道院の副院長エヴェルヴィンは聖ベルナールに書簡を送り、ケルン地方で異端者が火刑に処せられたことを知らせた(7)。

エヴェルヴィンによれば、異端者たちは使徒の真正な弟子、あるいは聖マタイが言うところの「キリストの貧者」を自任し、あらゆる肉食を断ち、水による洗礼ではなく、按手による「火と聖霊の」洗礼を受け、結婚を禁じた。そのうえ最近の異端は、以前に現れたそれと比べ、格段に速い勢いで広まりつつあるらしい。もはやうさんくさい扇動家に操られる狂信者の小集団などではなく、れっきとした教会組織であり、独自の位階制度を持ち、司教を自称する者さえいる。しかもこれらの異端者たちは、自分たちが奉じる教義は使徒たちにさかのぼり、長いあいだ、ギリシアの地でひそかに伝えられてきたものだと主張した。一一四五年、リエージュの聖堂参事会は教皇ルシウス二世に、モン゠テメの丘以北のシャンパーニュ地方で異端が広がっていると訴え、さらに異端教会がどのように運営されているかを説明している。その〈教会〉には、平信徒と「キリスト者」と呼ばれる入道者たちがいるが、後者は「司祭のような役割を果たしている」。またそのうえに、「われわれ同様に」――そう聖堂参事会員たちは言っている――高位聖職者がいる。

「カタリ派」という言葉がはじめて登場するのも、まさしくこの頃である。ドイツの修道士エクベルト・フォン・シェーナウが、ゲルマニアの異端者はそう呼ばれており、一方、フランドルではピッフルと呼ばれ、ガリアではティスランと呼ばれる、と書いている。

一一六〇年には、オックスフォードで開催された公会議に三十人ほどの「徴税人」〔イエスの生きた時代、敵国ローマの手先となって同胞から酷税をしぼりとることから罪人の代名詞とされた〕が召喚された。彼らは額に焼きごてを当てられたのち、鞭打たれながら、街道に放り出された。冬のさなかで、しかも彼らに宿を貸すことは禁じられていたので、彼らは皆凍死してしまった。

一一六二年頃、ランス大司教は「マニ教徒」を発見したが、彼らはポプリカンとも呼ばれていた。翌年にも、ケルンで十人ほどの異端者が火刑に処せられ、そのうちのひとりは「カタリ派の長」と呼ばれているが、それは明らかに異端教会の高位聖職者、たとえば助祭あるいは司教を指している。ボンでも別の「カタリ派の長」が何人かの仲間とともに火刑に処せられているし、またマインツでも四十人ほどの異端者が追放された。同じ頃、ブザンソンではふたりの説教師が降霊術に耽ったとして火刑に処せられた。

一一六四年、トリアーでタンヘルムの遠い弟子を自称する異端者たちが拷問にかけられ、一一六七年には、ヴェズレー近くのヴァル・デクアンで、カトリック教会の権威と秘跡の有効性を否定した七人の「徴税人」が火に投げ込まれた。

同じ年、トゥールーズ近郊のサン＝フェリクス＝ローラゲで、わざわざコンスタンティノープルから出向いてきたニケタス師の主宰でカタリ派教会公会議が開催された。

一一四五年、聖ベルナールの任務

〈北〉の諸地方、たとえばラインやザクセン、シャンパーニュ、ブルゴーニュ、フランドルなどでは、異端弾圧の動きが相次いだのにたいして、のちにラングドックと呼ばれる地域に起こりつつあった状況はまったく対照的である。たしかに、一一一九年にはトゥールーズで、また一一六二年にはモンペリエで、それぞれ公会議が開かれ、いかなる傾向のものであれ、異端は禁止され、その信奉者はもちろんのこと、彼らと関係を持った者は誰であれ、さらには自分の領地に異端者がとどまることを容認した世俗権力者もまた、破門されるべきことが宣告された。だがそうした対策もまったく形ばかりのもので、何の効果もなかった。かくして、この地に〈異端〉がすっかり根付き、まったく自由に拡大していった。

一一四五年に聖ベルナールが遂行した任務がほとんど徒労に終わったという事実が、このことをはっきり物語っている。この任務は、異端にたいする当地権力機関の無力さ、そしてとりわけアンリ・ド・ローザンヌが罰せられもせずにこの地に滞在していることに衝撃を受けた教皇特使の発意で企画されたものだった。聖ベルナールは、アルフォンス＝ジュルダン伯に書簡を送って、訪問の意を伝えると同時に、修道士アンリという「貪欲な狼」「不気味な怪物」を野放しにしておいたために生じた害悪の大きさを指摘し、しかもその責任は伯自身にあるとはっきり告げた。聖ベルナールとシャルトル司教は六月のなかばに到着したが、かなり冷ややかな出迎えを受けた。ともあれ、彼らはさっそく、アンリと「アリウス派」のおもだった人物に出頭を命じたが、誰ひとり来なかった。そこでふたりの使者は、異端がはびこっているところに行ってみずから説教することにし、まずはヴェルフェイユに赴いた。説教壇に立ったベルナールが、当地の貴族に向かって、彼らがアンリを保護したから彼の悪しき思想が広まってしまったのだと難詰すると、騎士たちは教会を立ち去った。そこでベルナールも教会の外に出て、町の広場で説教を続けたが、周囲の住民が家の戸を叩いて大騒ぎしたために、説教は一言も聞こえなかった。

ベルナールと司教は、サン゠ポール゠カップ゠ド゠ジューに立ち寄ったあと、アルビに到着した。教皇特使も六月二十六日にすでに来ていたが、その到着を、住民たちはロバの背にまたがりタンバリンを鳴らしながら迎えた……。教皇使節が執り行ったミサにも、参列した信者は三十人もいなかった。二十九日になってようやく、ベルナールの弁舌の才が状況を一変させた。群衆が大挙して彼の説教を聴きに押し寄せたが、説教の終わりに、彼は異端を一刀両断のもとに断罪した。その後ベルナールは、シトー会の職務のために、〈北〉に呼び戻された。

結局のところ、ベルナールの任務の成果はかなり乏しかったと言わねばならない。異端僧アンリは逮捕され、投獄されたとはいえ、それをやったのはトゥールーズの司教であって、伯自身でもなければ、彼の封臣たちでもなかったのだ。いずれにせよ、この異端者が何を信じ、何を説いていたのか、現在残されている資料からは明瞭に読み取ることはできない。彼は十字架を憎んでいた。彼にとって、それはおぞましい拷問道具でしかないのだ。「もし君の父が縛り首になったとしたら、君は彼の首を絞めたロープを愛することができるだろうか？」のちにカタリ派の人々はそう言うだろう。それ以外のことについては、すべてがあいまいであり、この異端者が属していたと思われる「アリウス派」の信仰内容を明らかにしたり、そこにカタリ派的要素を読み取ったりすることはほとんど不可能である。

とはいえ、つぎのことだけはたしかである。つまり〈北〉では異端の弾圧が厳しく、しかも一般民衆のほうがむしろ過激で、ときに教会上層部の判決を手ぬるいとして、自分たちの手で異端者を処刑することすらあったのにたいして、オック地方では寛容の気風が広く浸透していた、ということである。すでに見たように、ヴェルフェイユの住民たちは聖ベルナールの説教を馬鹿騒ぎで妨害したとはいえ、彼らが皆、異端僧アンリの信奉者だったというわけではあるまい。彼らはただ、個人の信仰の問題に他人が介入することに我慢ならなかったのだ。この宗教的寛容こそが、それから半世紀以上ものあいだ、信仰の一体性を守るべく聖座が指示したあらゆる方策の実現を妨げたのであり、そのために聖座はアルビジョワ十字軍という実力行使に踏み切らざるをえなくなったのである。

オック地方では民衆ばかりか、権力者たちまでが異端信仰にかくも寛容だったのはいったいどうしてか、説明に窮するところである。というのも、こうした寛容さは、今日知られている、あるいはそう思われている中世人気質とうまく重ならないのだ。オクシタンの人々が特別に良心の自由を守ろうという意志を持っていたとも思われない。そもそも、あの当時、良心の自由などという概念はまだなかった。それはせいぜいのところ、さまざまな宗教が混在し、共存しているのを長いあいだ見てきたことから自然に培われた漠然たる道徳感情、あるいは共通の利害意識のようなもので、それが事実上、寛容の役割を果たしたのだろう。五世紀に西ゴート族の征服者たちがやってきて、彼らのアリウス派信仰と地元民および聖職者たちのローマ・カトリック信仰が重なり合うということもあった。またトゥールーズ諸侯の国々にはとりわけ多くのユダヤ人が居住していたが、彼らは昔からキリスト教徒たちと良好な関係を保ってきた。のちにローマ教会は、オクシタンの領主たちがユダヤ人を公職に就かせているとして、厳しく非難したほどだ！　スペインの「レコンキスタ」も、イスラムとの経済的・文化的接触の機会を増大させた。要するにラングドックでは、すべての人間が同じ信仰を持っているわけではないことを誰もがわきまえていたし、信仰がまちまちであることはごく当たり前だったので、どうしてよその人間がそれを撲滅するためにわざわざやってきたのか、その理由が分からなかったのだ。

ともあれ、もしそれがカトリック聖職者によるものでなかったら、時代錯誤としか思われないような証言が残されている。そのカトリック聖職者ギヨーム・ド・ピュイローランスが伝えるところによると、一二〇七年九月、フォワ伯領のパミエで、ワルド派、カタリ派、そしてカトリックが参加する公開討論が開かれたが、その折、騎士ポンス・アデマール・ド・ルデイユはトゥールーズの司教フルクに、ローマ教会が異教徒たちを打ち負かすのに「これほど多種多彩で、しかも説得力のある論陣」を張ろうとは思ってもみなかったと述べた。司教が「それならば、どうしてあなた方はあいつらをお国から追い払わないのかね」と逆にたずねると、ポンス・アデマールは、「私たちは彼らといっしょに育てられたのです。彼らのなかには私たちのいとこがいますし、彼らが正直で立派な生活を送っていることを見て知っています」と答えた。

この公開討論があったのは一二〇七年のことである。ラングドックでは、それまでもこうした討論会がしばしば開かれていたのだが、〈北〉ではまったく考えられないことだった！　ローマ教会がオクシタンの権力者たちの重い腰を上げさせることができなかったのは、誰の目にも明らかだった。公会議が何度も開かれ、さまざまな対策が打ち出された。一一四八年、ランスでは「ガスコーニュおよびプロヴァンスで」異端者を保護する領主を断罪し、その領地での聖務停止を宣告した。一一五七年、ふたたびランスで「マニ教徒たちのきわめて不浄なセクト」と「このうえもなく下劣なティスラン派」を罵倒した。一一六三年、トゥールでも「長いあいだ、トゥールーズの地で猖獗を極めている地獄落ちの異端」を罵った。さらに一一六二年、モンペリエでは、司教の要請に応えなかった領主たちにたいして破門などの霊的制裁が下された。ところが彼らは、異端を厳しく取り締まるかわりに、あいかわらずのんびりと議論していたのだ。

一一六五年、ロンベールでの討論会

一一六五年、南部アルビジョワの町ロンベールで、異端派とカトリックが対決する討論会が開かれた。異端派からはオリヴィエという男とその仲間（彼らは互いに「良き人」と呼び合っていた）、カトリック側は高位聖職者たちの団体、すなわちナルボンヌ大司教、トゥールーズ、アルビ、ニーム、アグド、そしてロデーヴの司教、ガヤック、カストル、サン＝ポンス、フォンフロワドの大修道院長、その他、副院長、副司教など多数の高僧が参加し、アルビおよびカルカソンヌ子爵レモン・トランカヴェル、トゥールーズ伯爵夫人コンスタンス、そしてシカール・ド・ロートレック子爵が臨席した。

今日まで伝わっているこの討論会の議事録を見るかぎり、もともとそれはカトリック側の教会会議であって、そこにアルビの異端者たちが召喚されたのではないかと思われる。事実、議事録は、異端者を断罪し、ロンベールの貴族にたいして異端者たちに保護を与えることをやめるよう命ずる宣告で終わっている。しかし同じ議事録に、この討論会の判定者が両陣営から指名されたことが記されているし、さらにまた、オリヴィエという男も、彼の仲間たちも、まったくの自由意志で、この討論会に参加したことは明らかである。そのうえ、カトリック側が異端者とその庇護者を公的に断罪するためにこの討論会を利用したのは事実としても、その断罪はあくまで形式的であって、じっさいに処罰されたわけではない。〈北〉で行われた教会会議では異端者は改宗か火刑かの選択を迫られるのが常だったことを考えれば、雲泥の差である。またトゥールーズの司教がアンリ・ド・ローザンヌを逮捕することができた一一四五年の状況とも違っている。ロンベールでは、異端者たちは改宗を迫られることもなく、自由の身のままで帰って行った。

とはいえ、この異端者たちの実態を正確につかむことはかなりむずかしい。議事録によれば、司会役を務めたロデーヴの司教は、問題を六つの事項に絞った。まずは異端者たちが正典としている聖書について、ついで彼らの信仰に関する一般報告、さらに幼児洗礼、聖体の秘跡、婚姻、告解の問題。異端者たちは、これらの事項について逐一答えることを拒否したのち、金銭欲と名誉欲に駆られたカトリック聖職者たちの偽善を激しく糾弾する演説を始めた。それから長い論戦が続き、互いに聖書を引用しながら応酬した。最後にカトリック側が先の宣告を提出し、その宣告をロデーヴの司教が朗読した。それにたいして異端者側は、司教こそ異端者だと反論したあと、聴衆のほうに向きなおり、ようやく信仰告白することを承諾し、三位一体、キリストの受肉、贖いとしての受難、幼児洗礼、告解、それらはこのうえなく正統的な信仰箇条であると述べた。すると司教は、それが自分たちのほんとうの信仰であることを誓えと異端者たちに迫ったが、彼らは宣誓することを拒否した。こうして彼らが異端者であることが明かされた。

彼らはカタリ派だったのか、それとも、議事録が名前をあげているオリヴィエという男以外については何も知られていない別の流派だったのか。面白いことに、ギヨーム・ド・ピュイローランスは、それから二十年ほどあとのこととして、まったく似たような事件について語っている。それはやはりロンベールで行われた討論で、アルビの司教と「ロンベールに公然と居住している大物異端者」シカール・セルリエとのあいだで行われた。この討論会は、年代記者によれば、土地の貴族や市民たちが、司教が負けることを期待して提案したものだった。けれども、シカール・セルリエはアルビ地方のカタリ派教会の司教であったことが知られており、また討論会記録をのちに誤って転記し、セルリエという名前をオリヴィエとしてしまった可能性もありえないわけではないことを考え合わせると、両者は同一の事件にほかならず、何らかの理由で年月日を間違えただけの話なのかもしれない。じっさい今日、一般に受け入れられているのはこの仮説である。ともあれ、ロンベールの異端者たちがまぎれもないカタリ派であったかどうかは別として（しかし、少なくとも両者のあいだには明白な共通点がある、つまり宣誓を拒否したということ）、また、今日まで伝わっている記録が原資料を歪曲したり、誇張したり、潤色したりしたものであるとしても、こうした論争が行われたという事実には変わりなく、それだけでも当時の状況がはっきり伝わってくる。ギヨーム・ド・ピュイローランスによれば、司教はシカール・セルリエに「おまえが逆さまに読んでしまっているものを正しく読み直すことを学ぶために、学校に戻ったほうがいい」などと痛烈な批判をさかんに浴びせたが、「この高位聖職者の権威をもってしても、同異端者をこの地から追放することはできなかった……」。

一一六七年、カタリ派の教会公会議が開かれた？

ロンベールでの討論に関して、歴史家はふたつのレベルの困難に直面する。まずは原資料の価値を正しく評価しなければならないということと、もうひとつはそれらの資料が――忠実かどうかはともかくとして――語っている事件の意味を正しく解釈しなければならないということである。ところが、一一六七年にサン＝フェリクス＝ローラゲで（おそらく！）開催されたカタリ派教会公会議に関しては、さらに学術論争まで起こり、事件後八世紀以上も経っているというのに、いまだに活発な議論が続いている。じっさいこの問題についてのセミナーが、一九九九年一月末、ニース・ソフィア＝アンティポリス大学で開かれている。

ともあれ、一一六七年、トゥールーズのカタリ派教会はサン＝フェリクスで会議を開いたとされているが、参加者の顔ぶれを見ただけでもこの会議の重要性がうかがえる。まずはコンスタンティノープルからわざわざやってきた高僧ニクィンタあるいはニケタス。ついでフランスとアルビのカタリ派教会の司教、すなわちロベール・デペルノンとシカール・セルリエがおり、いずれも評議会を引き連れている。それから、ロンバルディア、カルカソンヌ、トゥールーズ、アジャンの教会評議会で、ロンバルディア、カルカソンヌの評議会の議長を務めているのはそれぞれマルコとベルナール・カタラだが、注意すべきは、いずれもまだ司教の座に就いていないということである。折しも、まだ司教を持たない教会は司教を欲しがっていた。司教さえいれば、フランスおよびアルビの教会と対等の立場に立てるというわけだ。そこで当時、ラングドックのカタリ派最高指導者であったアルビの司教シカール・セルリエの同意のもとに、ロンバルディア、カルカソンヌ、トゥールーズ、アジャンの教会評議会はそれぞれ、マルコ、ベルナール・レモン、ギロー・メルシエ、レモン・ド・カザリスを司教に選んだ。それが終わるとニケタスが、新しく選ばれた司教たちだけでなく、すでにそうであったロベール・デペルノンとシカール・セルリエにも叙階のコンソラメントを授け、それから会衆全体に向けて短い説教をした。彼が言うには、「黙示録」が語っているアジアの七つの教会に倣って、バルカンの五つの教会――ロマニー、ドラゴヴィチア、メレンギア、ブルガリア、ダルマチア――は互いに独立し、境界もはっきり定められているが、まったく友好的に共存している、「皆さんも同じようにしていただきたい」――ニケタスは最後にそう付け加えた。ニケタスの最後の言葉は、ラングドックでは、教会同士――おそらくはトゥールーズ教会とカルカソンヌ教会――のあいだで何らかの摩擦があったことをうかがわせる。

じっさい、ニケタスの説教が終わるとさっそく、両教会はそれぞれ八人の委員を指名して、ふたつの新しい司教区の境界を確定することになり、おもだったところでは、カバレとオープールのあいだ、セサックとヴェルダン＝アン＝ローラゲのあいだ、それにモンレアルとファンジョーのあいだに境界線を引くことが決定された。その後、証書が作成されたが、ひとつは叙任の記録であり、もうひとつは境界線の画定に関するものだった。一二二三年、カルカソンヌ教会司教のピエール・イザルンがこの証書の写しを一通作成し、さらにそれを、一六六〇年、ギヨーム・ベスがその著作『ナルボンヌの公爵、侯爵、伯爵たちの歴史』に掲載した。

以上が事の経緯である。ところが、ギヨーム・ベスが「トゥールーズのサン＝テチエンヌ教会有禄参事会員であった故カズヌーヴ氏から」一六五二年に手渡されたと証言しているこの証書の写しは、一一六七年の原本と同様、その後二度と見つかっていないのだ。そのために、現代の歴史家たちを二分する論争が起こり、それはすでに半世紀ものあいだ続いている。一方はギヨーム・ベスの証言を信じるグループ。彼らは、とうぜんのことながら、ベスの本が語っていることの真実性を、つまりはカタリ派の教会公会議がほんとうに開かれたことを信じている。もう一方は、ベスは彼が受け取ったと言っている一二二三年の写本をじつは見ていなかったのだとするグループ。彼らは、例の写本は歴史に詳しいベスがでっちあげたにすぎず、それゆえまた、サン＝フェリクスで行われたとされるカタリ派の教会公会議もじつは開かれていなかったのだと考える。この論争は奇妙な展開となり、先にも触れたニースのセミナーでは、ベスがその著作に掲載した証書は一二二三年にでっちあげられた偽の写本を転写したものだったのではないか、ということが議論された。

それればかりではない。一八九〇年にイグナーツ・フォン・デーリンガーが提唱し、その後も一定の支持を集めている仮説によれば、サン＝フェリクスの教会公会議はオック地方のカタリ派が緩和二元論から絶対二元論へ移行する契機となったとされる。もしそれが事実とすれば、西ヨーロッパにおけるカタリ派の歴史を考えるうえで重要な事件ということになるが、そのように考えられた根拠とは、この会議の最中、ニケタスが、すでにコンソラメントを受けている聖職者たちに、あらためて叙階のコンソラメントを授けたということにある。つまりそれは、以前のコンソラメントを無効にして、新しい信仰へ改宗するためだったと考えるほかに説明がつかないというわけだ。もちろん、ここで言う新しい信仰とはニケタスのそれ、つまりは絶対二元論である。ところが今日では定説になっていると おり、叙階のコンソラメントをやり直すことは、カタリ派教会ではけっしてめずらしいことではなかった。(8) 司教ギラベール・ド・カストルは、一二三二年、モンセギュールで、何人かの高位聖職者たちに「あらためてコンソラメントを授けた」が、もちろんこの時期に宗旨替えが行われたはずはない。

サン＝フェリクス教会公会議の議事録の信憑性について、したがってまた一一六七年にほんとうに教会公会議が行われたのか否かについて、それを信じるグループと信じないグループのあいだで交わされた議論をこれ以上追っても、切りのない話になってしまう。いずれにせよ、この論争自体にそれほど意味があるとは思われない。というのも、この資料に名前の挙がっている人物たちは、境界線確定のための委員会メンバーまでふくめて、そのほとんどが他の資料によっても知られているからである。そのうえ、資料によって多少の食い違いや遺漏があったとしても、それらを総合すれば、アルビ、カルカソンヌ、トゥールーズ、そしてアジャンにカタリ派教会が存在していたことはじゅうぶん証明されるし、またそれぞれの歴代司教についても、名前まではっきり分かっていることからすれば、それらの教会が正確にいつ頃設立されたのか、また「評議会」レベルであった教会がいつ司教座教会に格上げされたのか、といった問題は、実質的に見てさほど重大とは思われない。サン＝フェリクスでカタリ派の教会公会議がまったく行われなかった可能性もたしかにあるが、そうした会議がどこかで少なくとも一度はあったということはじゅうぶんありうるだろう。というのも、その後の経緯からして、カタリ派がオクシタンに広く根づいたのは、まさにこの時期だったと考えられるからである。いずれにせよ、遅かれ早かれ、カタリ派がひとつの組織となるのはむしろとうぜんのことだっただろう。かくしてローマ教会に対抗する文字どおりの〈対抗教会〉が誕生したが、この対抗教会は、司教区の区分けだけでなく、司教と助祭を中核とする位階組織まで、ローマ教会に倣っている。

ギヨーム・ベスが仮にサン＝フェリクスの教会公会議をでっち上げたのが事実としても、それができたのは、彼が当時の状況をじゅうぶん理解していたからであり、彼がそうしてでっち上げた架空の事実は――もちろんそれが架空だったとしての話だが――当時の状況にじつにぴったり当てはまっているので、詐欺師としての並外れた才能に感心しないではいられないが、一方で、それほどひとをかつぐことが得意だったとしたら、どうしてもっとほかにやらなかったのかと不思議でならない。

もちろん、ベスは正直に記録を写し取っただけなのだと素直に認めることもできよう。じっさい、彼が少なくとも一語を誤って読み取ったことが確認できるが、このことは逆に、彼が残した写しが偽造ではないことの有力な証拠となるだろう。彼が残した写しでは、ecclesia aranensis つまり「アランの教会」という言葉が見られるが、アラン渓谷にはカタリ派の教会はまったくなかった。元の資料では、おそらく agenensis つまり「アジュネの」となっていたはずである。一二三二年にも、アジュネにカタリ派の司教がまだ存在していたことが確認されているし、さらに一二四九年にはアジャン近郊に大きな火刑台が築かれたという記録も残っている。

最後につぎの二点を付け加えたい。サン＝フェリクス教会公会議の議事録に出てくる「フランスの教会」というのは、この資料以外には知られていないし、その司教ロベール・デペルノンという人物も、他の資料にはまったく現れない。おそらくそれは、一一四五年にリエージュの教会参事会によって告発されたシャンパーニュ地方の異端集団、モン＝テメあたりに本拠を置いていたグループのことだろう。じっさい、この集団は本格的な教会組織を持っていた。ロベール・デペルノンとは逆に、ロンバルディア教会の指導者マルコについては、他の資料からも確認できる。かつて墓掘人であったマルコは、フランスから来た公証人の感化でカタリ派に改宗し、ロンバルディア、トスカナ、それにトレヴィゼの辺境地域に異端信仰を広めたとされている。マルコの死後、彼がコンコレッツォに創設した教会から三つの教会が分離した。すなわち、ガルダ湖畔のデゼンツァーノ教会、マントヴァ教会、そしてヴィチェンツァおよびトレヴィゼ教会であり、そのいずれの指導者もバルカン半島まで行って司教の叙階を受けた。

イタリアでは引き続き、フィレンツェとスポレート渓谷でも教会が誕生した。十三世紀の終わりまで、イタリア、とりわけロンバルディア地方は神聖ローマ帝国と聖座の紛争に巻き込まれていたが、そんななかにあって、異端派はめざましい勢いで——とくにフリードリヒ二世に好意的ないわゆる「皇帝派の」都市で——拡大していった。そもそも、異端派討伐のための十字軍がイタリアでは一度も組織されなかった。教皇が十字軍を組織するためには、どうしても皇帝の力を借りなければならなかったが、当時は、両者の関係からして、それができるような状況ではまったくなかったのだ。それゆえ、一二三〇年代以降、西ヨーロッパで異端派の弾圧が激しくなると、フランスやラングドックを逃れた信者や完徳者たちにとって、イタリアは格好の亡命地となった。この亡命の地で、彼らはふたたび自分たちの教会を作り、自分たちの司教を持つだろう。

一一七七年から一一八一年まで——予備十字軍

一二〇九年にオクシタンのカタリ派にたいして企てられた十字軍は、のちに見るように、フランス国王にきわめて大きな利益をもたらすことになるだろう。もっとも国王は、当初、この十字軍の企てを喜ばなかったし、その後も十年にわたって参加を渋り続けたのだが……。ともあれ、それに関して興味深い事実がある。一一七二年、早くもナルボンヌの大司教ポンス・ダルサックが国王ルイ七世にたいして緊急事態を訴えているのだ。

「当司教区では、カトリック信仰が深刻な脅威にさらされております。聖ペテロの舟は異端者たちの冒瀆行為によって激しく揺さぶられ、いまにも沈没しそうであります。陛下の熱烈なる信仰心におすがり申し上げます。どうか信仰の盾となり、われらが神のために正義の軍隊を当地に派遣してくださいますように」。

この訴えは、大司教が地元の世俗権力を動員できなかったことをはっきり示している。とはいえ、ポンス・ダルサックの憂慮を他人事とは思わない有力貴族が、少なくともひとりはいた。一一四八年からトゥールーズ伯となっていたレモン五世である。一一七七年九月に、シトー会総参事会に宛てた緊急事態を告げる手紙を書いているが、そのなかで事態の深刻さをつぎのように語っている。「異端という伝染病はますます広がり、聖職者までもが感染してしまい」、見捨てられた教会は廃墟と化している。「誰もが洗礼を拒否し、聖体の秘跡は呪われ、告解はまったく顧みられない。おまけに、何たる罰当たりか！　ふたつの原理があると言い張っています……」。聖ベルナールの出身母体である修道会に緊急事態を告げることによって、レモンはローマ教会全体の注意を喚起し、対応に乗り出すようながそうと考えたにちがいない。彼はまた、シトー会にたいして、間接的ながら、フランス国王に働きかけることを要求している。「私は、すべての都市の門を開いて王をお迎えし、すべての村、すべての城館を王の裁量にお委《ゆだ》ねする所存です……」。

国王の軍事介入を本気で望んでいるとしか思われないこうした考えを、しかも教皇イノケンティウス三世がアルビジョワ十字軍を始める二十年もまえに、オクシタンの領主が抱いていたことは、ある意味で驚くべきことかもしれない。レモン五世がこれほどの危機感を抱いたのは、もちろん、ひとつには彼のカトリック信仰を愚弄する異端そのものにたいしてであろうが、それと並んで、異端信仰が彼の親族同士のあいだでさえ分裂と不和の要因になっていることも、彼は手紙のなかではっきり述べており、さらに異端信仰が直属の家臣たちや領土内でもっとも地位の高い貴族たちにまで広く浸透していると付け加えている。要するにレモン五世は、領内の異端を弾圧しようにも、領内の誰に頼ることもできないこと、そしておそらくはまた、社会的にも政治的にも、領土の安定が脅かされつつあることを、この手紙でほのめかしているのだ。じっさい、その後のさまざまな証言からもうかがわれるように、カタリ派は刑事裁判も民事裁判も拒否し、封建的身分制の正当性、さらにはあらゆる世俗権力の正当性に異議を唱えたのである。彼らに言わせれば、人間に他の人間を支配する権力を与えたのは悪魔にほかならないのだ。このようにレモン五世にとって、異端弾圧の目的のひとつは社会秩序の回復にあったのであり、あえて国王に応援を求めようとしたのもそれゆえであろう。

レモン伯の訴えはシトー会とルイ七世に聞き入れられ、さらには講和が結ばれたばかりのイギリスのヘンリー二世にも受け入れられた。ふたりの王は共同で教皇特使ピエール・ド・パヴィーを派遣することにし、要請を受けた教皇アレクサンデル三世もその計画に同意を与えたうえで、クレルヴォー修道院長アンリ・ド・マルシアック、ブールジュとナルボンヌの大司教、ポワチエとイギリスのバスの司教を使節に加えた。レモン五世、レモン・ド・チュレンヌ子爵その他のオクシタン有力領主たちには、使節の使命遂行を円滑ならしめ、必要な場合には協力を惜しまないようにとの要請があった。

ところが教皇特使の一行がトゥールーズに到着すると、さっそく、街頭デモで迎えられ、背教者、偽善者、さらには異端者呼ばわりされた。ピエール・ド・パヴィーはそれにもめげることなく公開説教を行い、トゥールーズの司教をはじめとする聖職者、さらには市参事会にたいして、異端者とその庇護者を告発することを誓わせた。

そこでレモン五世は、裕福な市民でピエール・モーランという老人を召喚させた。彼はトゥールーズの異端派のリーダーであるとされていたのだ。彼が異端者であることを否認すると、今度はそうでないことを誓えと迫られた。結局、彼は宣誓を拒否し、すべてを打ち明けた。教皇特使は彼をレモンの手に委ねたが、レモンとしては、多くの有力者、市参事会員、宮廷顧問を輩出した家柄の人望厚い市民を火刑に処するつもりはなかった。モーランは禁固刑となり、財産は没収され、トール通りにある彼の頑丈な家も取り壊され、塔の一階部分だけが残された。ちなみに、この部分はいまでも見ることができる。それからしばらくして、モーランは異端放棄を願い出た。この異端放棄の儀式はサン＝セルナン大寺院で行われたが、衆人環視のもとでの辱めの刑を伴うものだった。教皇特使はモーランに教会の許しを与えたが、一方では多額の罰金を科した。そのうえで、三年間の聖地巡礼を条件に、邸宅は除いて、全財産を返還することとした。トゥールーズでは、密告が行われたこともあって、ほかにもかなりの数のカタリ派信者が逮捕されたが、いずれもモーランの例に倣って処分された。

教皇特使の一行は、つぎにカルカソンヌとアルビの子爵であるレモン・トランカヴェル一世の領地に赴いた。この子爵は、よりによって、アルビ司教を誰も近づけないような城に監禁していたのである。アンリ・ド・マルシアックとバスの司教が、トランカヴェルを破門にしたあと、レモン・ド・チュレンヌとともにカストルに滞在していたとき、ふたりの名の知れた異端者がやってきて、教皇特使に面会に行くための通行証の発行を願い出た。トゥールーズのカタリ派教会の司教ベルナール・レモンと司教補佐のレモン・ド・ベミアックである。こうして、ふたりはサン＝テチエンヌ大聖堂で教皇特使ピエール・ド・パヴィーに面会し、彼の前で正統信仰の誓願を立てた。その後、教皇特使がサン＝ジャック教会で、レモン伯をはじめとする聴衆を前にして、ふたりにあらためて誓願させようとしたところ、レモン伯およびあらゆる聴衆が、このふたりの男が異端を説くのをはっきり聞いたことがあると叫んだ。とうぜんのことながら、ふたりは誓願を拒否せざるをえず、そのため異端者として断罪され、破門の制裁を受けた。ところが、奇妙なことに――たぶん、通行証を持っていたおかげだろうが――彼らは無事にトゥールーズを去り、ラヴォールに逃れることができた。おそらくは、彼らが教皇特使に会いに行ったのも、誰にも脅かされることなく自由に移動できる通行証を手に入れるための芝居だったのだ。

すでに教皇特使の一団がラングドックを去ったあとの一一七九年の初頭、アレクサンデル三世はローマのラテラノ宮で第三回全司教会議を開いたが、そのおもな目的は、ピエール・ド・パヴィーが異端にたいしてとった処置を承認するとともに、レモン五世の異端撲滅のための援助の要請に応えることであった。それと同時に、福音書的理想からまったく外れていることさえある聖職者たちの風紀の乱れによって掻き立てられる反教権主義の風潮が異端派の温床になっていることを強く認識し、まずは教会自体の綱紀粛正に努めることになった。そこで公会議は、暮らし向きを質素にし、風紀を正すことを全聖職者に要請し、聖職の売買や公職の兼任を禁じた。

異端派そのものはどうなっていたかというと、一一六三年にトゥールで開かれた公会議のときとほとんど変わらず、とりわけガスコーニュ、アルビ、そしてトゥールーズの各地方で摘発や告発が相次いだ。カタリ派、パタリーノ派、それに「徴税人」たち、要するにあらゆる異端が猛威を振るっていたのだ。もちろん異端が発覚するたびに、異端者自身のみならず、彼らをかくまった者、保護した者、加担した者たちにたいしても、破門宣告が繰り返されたが、さらにそのとばっちりを受けて、野武士たちまでが破門宣告の犠牲になった。とりわけベルギーのブラバント地方やピレネー山脈の彼方からやってきたこれらの傭兵たちが、村々の治安を乱して不安を煽り立て、無防備な修道院や僧院の略奪を繰り返している、というのがその口実だった。公会議は、彼らを雇っている領主たちも、異端幇助者と同罪であるとして、破門処分にした。

こうした〈魂の平和〉と世俗的平和との同一視、つまりは異端撲滅の必要性と野武士たちの略奪行為に歯止めをかける必要性とをひとまとめにしたことは、のちに十字軍を正当化するうえで大いに役立つだろう。というのもそのさい、ローマ教会は、オクシタンの領主たちを糾弾するのに、彼らが異端者を保護しているだけでなく、野武士たちを雇っていることも、その理由としたのである。ともあれ公会議は、「信仰と平和の敵」にたいして立ち上がるよう、世俗権力、すなわち領主たちや都市の市参事会などに訴えるとともに、それぞれの地区の司教の要請に応じることを義務づけ、もしそれに従わなければ破門することを通告した。この要請に応え、信仰と平和のために武器を取って立ち上がった信徒は、贖罪の償いを二年間免除される。しかも、司教の命令を待たず、自発的に戦いに参加した者は誰でも、つぎの特権が与えられた。すなわち、その当人と当人の財産は〈必然的に〉教会の保護下に置かれ、それゆえ彼に害を及ぼす者は自動的に破門に処せられるということである。キリスト教徒である貴族の動員を呼びかけるこの宣告は、明らかに十字軍の理念を先取りしていると言えるだろう。ナルボンヌの大司教はただちに、このラテラノ公会議の決定を管轄地域のすべての聖職者に通達した。

公会議から二年後、枢機卿兼アルバノ司教になっていたアンリ・ド・マルシアックは、教皇アレクサンデル三世からラングドックでの新たな任務を託された。その任務の中心は、破門されラヴォールに逃れたトゥールーズのカタリ派教会の司教と司教補佐をいまだに捕らえようともしない子爵トランカヴェルを教会の意志に従わせることであった。巧みな説教で、カトリック信仰に忠実な貴族たちからなる小軍団を組織することに成功したアンリは、彼らを引き連れて、「悪魔のシナゴーグ」——アグー川のほとりのレンガ造りの美しい町ラヴォールをギヨーム・ド・ピュイローランスはそう呼んだ——に向かい、この町を攻囲した。結局、町を明け渡したのは、当時ラヴォールに滞在していたトランカヴェルの妻、子爵夫人アデライドだった。子爵との折衝の結果、子爵は枢機卿にベルナール・レモンとレモン・ド・ベミアックを引き渡した。このふたりは、八月のなかば、ピュイで開かれた公会議に出頭した。ふたりはかなり派手な自己批判を行った。創造の二元論を信じたこと、キリストの真の受肉を否定したことばかりでなく、淫行から堕胎の教唆にいたるまで、信じられないほど数多くの破廉恥行為をやったことをあからさまに告白してしまったのだ。明らかにそれは、できるだけすみやかにローマ教会から赦免を得るための戦略であって、自分たちがやったとされる瀆聖行為についてひとつひとつ反論するかわりに、罪のすべてをあっさり認め、それらをまとめて悔い改めることにしたのである。じっさい、彼らの思惑どおりになった。制裁を科すことよりも、ふたりの魂を救うことを優先した教会は、ふたりを温かく迎え入れた。ふたりはトゥールーズに戻り、ベルナール・レモンはサン＝テチエンヌ大聖堂の、そしてレモン・ド・ベミアックはサン＝セルナン大修道院の、それぞれ参事会員となった。

このいわば予備十字軍の完璧なまでの成功は、トゥールーズのカタリ派教会の組織とその信者たちに致命的な打撃を与えたとも思われよう。じっさい、ベルナール・レモンの後継者はすぐには現れなかったようだ。今日残されている記録で、ゴースランという司教がようやく現れるのが一二〇四年頃のことである。しかし、この軍事行動はおそらくかなり限定的であった。年代記者ロベール・ドーセールによれば、「この作戦は何の役にも立たず、この地方の異端者たちはかつての過ちの泥沼にふたたび落ちていったのである」。

カタリ派討伐のための〈聖杯〉

しかしラテラノ公会議がもたらしたのは、アルバノ司教がオック地方で行った軍事行動だけではなかった。その直後にフランドル地方で行われた異端討伐はさらに大規模であるばかりか、いっそう徹底的で、しかも長期間にわたった。フランドル伯フィリップ・ダルザスとランス大司教（教皇特使でもあり、ラテラノ公会議にも参加した）が、一一八三年の初め、共同で大規模な異端弾圧作戦を開始することを決定したのである。この作戦は、シトー会大修道院長ラウル・ド・コッジシャルによれば、「情け容赦もなく、しかるべき残酷さで」行われた。

弾圧の対象となった人々の信仰については、神によって創造されたのは永遠の現実だけであり、肉体をはじめとするすべての時間的現実は悪魔ルシファーの創造物である、と言っていることが知られていた。この二元論の信奉に加え、彼らは幼児洗礼を拒み、聖体の秘跡を否定していた。彼らは、マニ教徒とも、モンタノス派（フリギア派）とも、アリウス派とも、パタリーノ派とも呼ばれたが、カタリ派信者であったことはたしかである。この異端はあらゆる社会階層、そしてあらゆる職業身分に広がっていた。貴族、庶民、聖職者、武士、農民、若い娘、寡婦、既婚の貴婦人。数多くの町や村に異端者がいたが、とりわけアラスとイプルに多かったようだ。審問は驚くほど残酷だったが、それは要するに成文法を持たない国々でごく普通に行われていた審判のもっとも厳しいやり方を踏襲したものであった。大司教のもとに召喚された哀れな人々は、まず火と水による神明《しんめい》裁判にかけられた。彼らが無事にこの審判を通らなければ、つまり火傷したり、窒息したりすれば、とうぜんながら有罪が決定する。この「神の裁き」を盾に、大司教は彼らを異端者として断罪したうえで、俗権すなわちフランドル伯の手に彼らを委ねるが、もちろん彼らは、即刻火刑台送りとなる。

以上のことはすべて以前からよく知られていたが、逆にこれまでほとんど注目されなかったことがひとつある。カタリ派撲滅にこれほどの熱意を示したフランドル伯は、その直前、シャンパーニュの宮廷に滞在しており、そのさい、伯は詩人であり小説家でもあったクレティアン・ド・トロワ〔一一三五頃〜一一九〇頃、中世フランス最大の叙事詩人とされる〕に、ペルスヴァルの物語を自分のために書いてくれるよう依頼し、しかもその構想をみずから指示したのである。周知のとおり、この『ガロワ人ペルスヴァルあるいは聖杯物語』は、作者の死によって未完に終わったとはいえ、その後半世紀にわたり複数の作者によって書き継がれることになる驚くほど豊饒な連作小説の起源となったテキストである。さらにこの聖杯物語群が、現代にいたるまで、数多くの作家にインスピレーションを与え続け、いくつかの傑作を生み出したことは周知のとおりである。

これらの小説はきわめて多様な主題を含むが、そのなかのひとつ――しかもおそらくは最重要の主題――は、第三回ラテラノ全司教会議のもっぱらの関心にぴたりと一致するものであり、それをフィリップ・ダルザスが個人的にクレティアン・ド・トロワに託したとも考えられる。すなわち、ローマ教会と信仰の一体性を脅かす恐れのあるあらゆる敵性人物たち〔現実的、潜在的、想像的を問わない〕、具体的に言えば、ユダヤ人、不信心者、さらには異端者をふくめ、悪を体現したり寓意化したりする可能性のあるすべての呪われた者たちに対抗するキリスト教騎士団の蹶起《けっき》という主題である。

かくしてそれから三十年のあいだに、オイル語圏〔現在のフランスの北半分に当たる〕の国々、さらにはドイツにまで、小説の形を借りたひとつの神学概論が一気に広まることになる。そこでは、正統キリスト教の基本的信仰箇条、すなわち三位一体、唯一の創造主である神、キリストの受肉、贖いの受難、オスチアにおけるキリストの真の現存、さらには婚姻と告解の秘跡の有効性などが、力強く主張されるとともに、驚異に満ちた詩情、文学的サスペンスをもって解き明かされ、みごとな教育的効果を発揮している。それとともに、この小説の形をした神学概論では、聖杯すなわち恩寵を追い求め、最高度の勇気を発揮し、敵の妖術、秘術、魔術など、あらゆる危険をかえりみずに、信仰を守り通すという使命を与えられた「キリストの騎士」の倫理が語られている。のちにシモン・ド・モンフォールをはじめオイル語圏からやってきた騎士たちの軍が Militia Christi すなわち「キリストの軍団」と呼ばれたのは、けっして偶然ではあるまい。ともあれ、フランドル地方のカタリ派迫害の張本人によってその第一作が注文された『聖杯物語』の小説群が、ラテラノ全司教会議がキリスト教世界を脅かす危険を告発したのと時を同じくして、キリスト教徒の意識を目覚めさせることに大きく貢献したことは疑いない。(9)

その間にも、聖座では異端者を取り締まる法制の整備と強化に余念がなかった。一一八四年十一月、新教皇ルキウス三世はヴェローナにおいて重要な一歩を画する法令を公布した。一一六三年のトゥール公会議でも、それまで異端者の追及はあくまで告発や密告にもとづいて行われていたのにたいして、異端者を積極的に捜し出す原則が打ち出されたが、しかしその具体的な方法は定められていなかった。一一八四年の法令はその方法を定めたものである。すなわち、司教は教区をみずから定期的に見回るか、あるいは代理人に見回らせなければならない。さらに信頼の置ける住民を選び、彼らに宣誓のうえで証言させ、異端者たちの策謀や陰謀の情報を集める。こうして発覚した容疑者は司教裁判所に出頭を命じられ、もし無実の証拠を示すことができなければ、俗権の力に委ねられ、相応の実刑を受けることになる。証人として呼び出された場合でも、もし宣誓を拒否するなら、とうぜんながら異端を自白したものとみなされる。

ただしヴェローナの法令がラングドックで効力を発揮するには、司教がひとたび失墜した権威を取り戻すとともに、世俗権力に司教を本気で助ける決断をさせることが、ぜひとも必要であった。新しい大司教ベルナール・ゴースランが一一九一年にナルボンヌで開いた会議も、異端者とその幇助者への型どおりの糾弾を口先で繰り返しただけだったし、一一九五年のモンペリエ公会議で採択された決議も何の効果もなかった。日曜日ごとに鐘の音に合わせて異端者への呪詛を喚き散らし、異端者の馬に蹄鉄を打った蹄鉄工を破門にするのがせいぜいのところだった。

ルキウス三世の後継者セレスティヌス三世が一一九八年一月八日に逝去した。同日、三十七歳の枢機卿がサン・ピエトロ大聖堂の首座に就くべく選ばれた。のちにアルビジョワ十字軍の教皇と言われたイノケンティウス三世である。

第二章　カタリ派社会とその教会

ファンジョー、一二〇四年。ローラゲの東に位置し、トゥルバドゥールのピエール・ヴィダルがその温和な風光と領主の小宮廷で繰り広げられる「宮廷風」の優雅な社交生活を歌ったことで知られる〈城邑〉は、この年、ひとりの貴顕の客を迎えた。フォワ伯レモン＝ロジェである。じつを言えば、彼はこの土地によそ者としてやってきたわけではない。というのも、彼の一族がここに封土権を持っているのだ。

しかし今回の訪問は、地権にかかわる訴訟問題とはまったく関係なく、この土地で起きたある特別な事件のためであった。彼の妹で領主ジュルダン・ド・リル未亡人のエスクラルモンド、さらにこの地の三人の貴婦人、オード・ド・ファンジョー（カルカソンヌ子爵の宮廷高官の未亡人）、ファイ・ド・デュルフォール、レモンド・ド・サン＝ジェルマンが「着衣式」を行うことになっていたのである。ここで言う「着衣式」とは、カタリ派の完徳者となるべく叙階のコンソラメントを受けることにほかならない。ひとたび叙階されると、つまりは「良き婦人」の黒衣を着ると、彼女たちは、ファンジョーないし付近の地に作られた数多くの「完徳女」小コミュニティのいずれかに入ることになる。あるいは、自分たちで新しいコミュニティを作ることもある。彼女たちの頭のうえに「ヨハネによる福音書」を置き、さらにそのうえに手を置いたうえで、「主の祈り」すなわち「われらが父よ」を唱えながら、彼女たちに秘跡を与えるのは、トゥールーズのカタリ派司教ゴースランの「大子」つまりは第一副司教であった。ギラベール・ド・カストルという名で、いずれオック地方のカタリ派の全歴史を通じてもっとも際立った存在となる人物である。じっさい残された資料において、彼はゴースランよりもはるかに重要な扱いを受けているが、それはゴースランが当時すでにかなりの高齢だったせいもあるだろう。とはいえ、ギラベールが彼の後継者となるのは、ようやく一二二〇年頃のことである。

ギラベール・ド・カストルは貴族の出であり、僧職に就くための教育を受けたのはたしかなようである。というのも、彼は読み書きができたのだ(1)。かつて、カストル大修道院長でトゥールーズ伯レモン六世が一一九六年にイギリスに使節として派遣したギラベールと同一人物ではないかという議論がなされたことさえある。しかし実際には(ただし、のちに異端審問を受けた証言者の記憶が正しければの話だが)、このカタリ派の高位聖職者はすでに一一九三年頃にはファンジョーに定住していた。とはいえ、彼がこの地の完徳者のなかで最高位にあったわけではない。すでに一一七五年頃、ギヨーム・ド・カルリパという者がこの町に異端者の〈家〉を経営していた。完徳女について見ると、知られているかぎりでもっとも古いのは、オード・ド・ファンジョーの母であるギエルム・ド・トナンで、ギラベールと同じく、一一九三年頃にはすでにこの地に住んでいた。

十三世紀の最初の十年間に関する情報は、それまでと比べて飛躍的に増えている。これまで残されているもっとも古い異端審問の調書は一二四二年から一二四六年にかけてのものだが、それを見ると、高齢の証言者たちが、「十字軍が最初にやってくるよりもまえ」、「四十数年以上もまえ」、さらには「五十年くらいまえ」、ときには「七十年まえ」のことを思い出して語っているのもめずらしくない。たとえばフロランス・ド・ヴィルシスクルは、ギエルム・ド・トナンのことをよく覚えていた。彼女が五歳のとき、両親は、四旬節の期間ずっと、彼女をギエルムに預けたのだが、それはほかでもなく、彼女に最初の宗教教育を施すためであった。

当時ファンジョーでは、機織り業を営む完徳者が多数いた。ギエルム・ロンバールは、子供の頃、彼らに糸玉を運んで行き、お駄賃に胡桃《くるみ》の実をもらったことを覚えている。ピエール・ド・グラマジーもまた、子供の頃、別の完徳者のところで縫物をして働いていた。縫物というからには、仕立屋か靴屋だろうが、はっきりしない。さらに異端審問の調書によれば、アルノー・クラヴェル、ピエール・ベルームという男が「大っぴらに異端者の家を」経営していた。もちろん、彼らは客たちに説教していたのである。それ以外に、よそからやってきて親戚や信者である友人の家に宿泊する多くの完徳者や完徳女がいたが、彼らもまた、この町での日々の暮らしをしばし楽しんだのである。そのようによそから来た異端の聖職者たちを自分の家に泊めた信者たちの名前も、かなりの数が今日まで伝わっている。

一二〇四年に貴婦人たちの「着衣式」が行われたファンジョーという城邑は、このようにきわめて広範囲に異端信仰が浸透している村であった。この儀式の参加者のひとりの証言から、多数の市民とともに、五十七人の貴婦人および騎士たちが参列していたことが知られている。そこには、のちにモンセギュールの城塞を再建することになる若き日のレモン・ド・ペレイユの姿もあった。身内の「着衣式」に立ち会うために、多数の家族が一家そろって来ていたのだ。レモンド・ド・サン＝ジェルマンには、息子と夫が付き添っていた。夫は、カタリ派社会の慣習にしたがい、彼女の叙階に当たって、婚姻の絆を解かねばならなかったのだが……。デュルフォール家は七人、それに加えてフェスト家、つまり娘婿とその家族までが参列していた。

ギエルム・ド・トナンだけを取り上げても、一冊の伝記が書けるほどである。彼女について今日知られていることを総合すれば、当時のカタリ派社会が鮮やかに浮かび上がってくるだろう。彼女は一一六〇年から一一八〇年のあいだに生まれた世代に属する。

この世代に属するおもだった女性としては、ほかにブランシュ・ド・ローラック、フルニエール・ド・ペレイユ、マルケジア・ユノー・ド・ランタ、ガルサンド・デュ・マ＝サント＝ピュエル、ロクフォール夫人、エルマンガルド・イザルン（息子のひとりはのちにカルカセスのカタリ派司教となる）、エルマンガルド・ド・バレーニュ（モンテスキュー＝ヴィレル兄弟の祖母）、アラザイス・ド・キュキュルー（ローラック、ついでヴィルヌーヴ＝ラ＝コンタルに住んだが、彼女の息子はその領主となった）などがいる。これらの奥方は、夫が亡くなってから、あるいは子供の養育が終わるとすぐに、完徳女となった。極端な例では、モントーバンのオーストルグ・ド・ラモートのように、まだ幼い娘ふたりを伴って入信することさえあった。これらの貴婦人たちは、みずからの家族はもちろんのこと、親戚関係、友人、家臣たち、さらにはそれぞれが属する領主グループなどの集団に、きわめて大きな影響力を発揮した。彼女たちの精神的権威、そして子や孫たちの教導者としての役割の大きさを考えれば、カタリ信仰が広く浸透し、とりわけ貴族社会、つまりは地方支配階層のあいだにしっかり根付くのに、彼女たちが大いに貢献したことは疑いない。

じっさい彼女たちのおかげで、つぎの世代はカタリ信仰に改宗する必要さえなかった。というのも、彼らは生まれたときからこの信仰に親しんでいたのだ。(2)「残党騎士」（faidits）たち、つまりは国王の征服軍とカトリック信仰に抵抗して戦う貴族たちのなかでも、とりわけ勇猛果敢な武将たちの多くは、これら完徳女たちの子や孫であった。たとえば、エムリー・ド・モンレアル、ジュルダン・デュ・マ、レモン・ド・ペレイユおよびその弟のアルノー＝ロジェ、彼らのいとこピエール＝ロジェ・ド・ミルポワ（いずれ、彼は攻囲されたモンセギュールを命がけで守ることになろう）、さらにはベルナール＝オトン、ジェラールおよびギヨーム・ド・ニオール（この兄弟はブランシュ・ド・ローラックの孫で、のちに王の代理官をてこずらせ、異端審問を妨害するレジスタンスの闘士となった）、その他多数。そして彼らの姉妹のなかにも叙階を受ける者が少なからずいて、しかもその多くは、彼女らの母や祖母と同じく、火刑に処せられることになる。ガルサンド・デュ・マとその娘ガイヤルド、ブレダ・ド・モンセルヴェ、マルケジア・ユノー（レモン・ド・ペレイユの義母）、アラザイス・ド・ロクヴィル（レ・カセスの共同領主たちの母）など。

十字軍の来襲以前、すなわち一二〇九年までに、ファンジョーではほかにも多くの貴婦人が叙階を受け、完徳女となった。レモンド・ド・デュルフォール、彼女の娘エスクラルモンド・ド・フェスト、ブレダとロンバルド（それぞれオード・ド・ファンジョーの娘と姪）、コントール・ド・ヴィルヌーヴとその娘アニェス。総計で十八人を数え、そのほとんどがファンジョーあるいはその近郊の貴族の出である。ギラベール・ド・カストルのふたりの姉妹のことも忘れてはならない（ちなみにギラベールの兄弟のひとりイザルンは当時ローラックのカタリ派教会の助祭であった）。フォワ伯レモン＝ロジェの后《きさき》フィリッパも、おそらくはファンジョーでギラベール・ド・カストルから叙階を受けたと思われる。いずれにせよ、一二〇六年頃には、ミルポワにほど近いダンで異端者の家を経営しており、夫のフォワ伯もこの家を訪れ、食事を共にしている。

ファンジョーの貴婦人たちの多くは、彼女らの母の強い勧めで、完徳女の誓願を立てている。彼女らの母親は、彼女らが幼い頃から、ギラベール・ド・カストルあるいは彼の同僚の説教を聞きに連れて行ったり、ちょうど修道院の寄宿舎に入れるような具合に、完徳女の家に入れたりしていたのだ。

異端信仰の地理的広がり

ファンジョーはほんの一例にすぎず、ほかにいくらでも例をあげることができよう。じっさい現在残されている資料からうかがえるだけでも、十三世紀の最初の十年間にカタリ信仰が浸透した町や村は百近くに達しているが、現実ははるかにそれを超えていただろう。というのも、現在まで残っている資料は、当時作成された膨大な量の原資料体のいわば残滓《ざんし》にすぎないのであって、その大半は埋もれてしまったか、失われてしまったのだ。ともあれ、残された資料から読み取れる情報を最大限に活用するほかない。一二四二年から四六年までの異端調査書、それに十字軍到来時に異端信仰がとくに盛んだった町を記録したある覚書を見ると、オクシタンのカタリ信仰の震源地というべき地帯は、トゥールーズ、アルビ、カルカソンヌ、そしてフォワを頂点とする四辺形の内側であることが分かる。要するに、ローラゲおよびそれに隣接する地域である。そこでは、どの村に行っても、ほとんど例外なく、カタリ派社会に出くわした。

たとえばカラマン近くのオーリヤックでは、騎士ピエール＝レモン・ド・キュックが一二〇三年頃に叙階を受け完徳者となり、一二〇四年頃、ベルナール・フルゼルという男が野外で「オーリヤックのすべての人々、そして騎士たちを前に」説教したこと、さらに一二〇五年から一二一〇年にかけて、少なくとも五軒の「異端者の家」があったことが今日知られており、しかも〈家〉を運営していた完徳者および完徳女の名前まで正確に分かっている。またカラマンでも、少なくとも四軒の完徳者の家と二軒の完徳女の家があった。そのうちの一軒は、カラマンとサン゠ジェルミエの共同領主のひとりであり、のちにカタリ派教会の助祭となった騎士ギロー・ド・グルドンが経営していた。カラマンの完徳者のひとりアルノー・ガリーグは一二四二年にトゥールーズで火刑に処せられ、カラマン城主の后ギロードも、一二四四年、モンセギュールの火刑台で果てた。

カステルノーダリーにほど近いラベセードでは、一二〇五年頃ここに移り住んだ完徳者アルノー・ジュグラがふたりの息子を異端信仰のなかで育てた。息子のひとりピエールも、のちに六年間完徳者となり、妻のアヴァも完徳女となる。ほかにも十字軍以前に、レモン・ド・ルコー（ただし一二一五年頃棄教している）、ピエール・ギエーム（彼も完徳女の息子である）という完徳者がいたこと、さらに少なくとも九人の「良き婦人」たちが暮らすコミュニティがひとつあったことが確認されている。ラスボルドでは、騎士レモン・ド・ヴィルヌーヴが十三世紀のはじめに異端者の家を公然と開いていた。ブレゼ夫妻エチエンヌとベルナルド（ふたりとも叙階を受けている）は、娘のギエルムを異端信仰のなかで育て、彼女が成人に達すると（つまり十二歳になると）、さっそく、叙階を受けさせた。しかしその三年後、彼女は結婚することになる。アルノー・ボードリーは七年間完徳者だったが、のちに聖人となるドミニコが彼をカトリックに改宗させた。

一一九五年頃、ラヴォールでは、完徳者ベルナール・ド・ラグラスが息子ギヨームに二年半にわたり異端信仰の教育を施し、息子は叙階を受け、五年間完徳者としてとどまったが、その後父とカタリ派教会から去っていった。一二〇九年、十字軍がガロンヌ渓谷を通ってアジャン方面から進攻してきたとき、ヴィルミュール＝シュル＝タルンの完徳者および完徳女たちが身をひそめたのもラヴォールだった。モンテスキュー＝ローラゲでは、十軒ほどの異端者の家があり、それぞれ機織りや靴製造の工房を備え、村人に織物や靴を売り、また村人から麦やワイン用のブドウを買った。カトリック教会の司祭がカタリ派信者たちを教会墓地に埋葬することを禁じていたので、モンテスキューには「異端者のための墓地」があり、当地貴族の少なくとも十人がここに埋葬された。ピュイローランスにも、カタリ派の墓地があったことが確認されている。十字軍到来以前のことだが、ペタヴィ・ド・ピュイローランスが亡くなった折、「当地のほとんどすべての貴族および貴婦人たち」——領主シカールも含まれる——が亡骸に付き添ってその墓地まで行列した。すでに一二〇〇年以前に、レモン・ド・ヴァルなる人物が臨終のコンソラメントを受けた際、驚くほど多数の信者たちが立ち会ったが、とりわけ当地のあらゆる貴族たちが顔をそろえており、領主シカール・ド・ピュイローランスとその母君およびふたりの姉妹の姿もあった。サン＝ポール＝カップ＝ド＝ジューのカタリ派墓地でも、一二〇三年頃、騎士レモン・ド・サン＝ポールが埋葬されたが、「村のすべての住民、騎士その他の貴族たち」が参列した。埋葬は夜行われ、モンジェの騎士ギヨーム・ド・コルネイユがろうそくを持った……。

モンモールでは、カタリ派の工房がシャツ、靴、サンダルを製造販売していた。ラバスタンでは、領主ペルフォールの母が、一二〇四年頃、娘ふたりとともに完徳女に叙階された。

一一九四年頃、ゴースラン・ド・ミラヴァルという男（おそらくはトゥルバドゥールのレモン・ド・ミラヴァルの親戚だろう）が人を殺してしまい、カバレの町に難を逃れ、そこでポンス・ベルナルディから叙階を受けた。一二〇〇年頃、ローラックのカタリ派教会助祭のアルノー・オーがカバルデスにやってきて、貴族たちをまえに説教した。カバレでは、十字軍到来まで、カルカソンヌ・マルティという女の指導のもとに、完徳女たちのコミュニティが営まれていた。

以上、当時の状況をざっと見渡してみた。もちろん、ほんの一部を取り上げたにすぎないが、それだけでも、カタリ信仰がオック地方の村々にしっかり根付いていたことがじゅうぶんうかがえるだろう。その最大の理由は、地元貴族たちがカタリ派を保護し、さらにはみずから入信したことにある。少なくともこの時代、カタリ派教会に多くの完徳者、とりわけ完徳女の大部分を輩出したのは、こうした地元貴族層であった。残念ながら、トゥールーズのような大きな都市部に関してはこうした資料が残されていない。もし残されていたなら、都市住民のさまざまな階層ごとの入信者の割合などがよく分かっただろうと思われるが、残された乏しい資料からは正確な結論を導き出すことはほとんど不可能である。もちろん、その後の事件の推移から、都市支配階層に属しながら異端信仰に深く関わったいくつかの名門一族の名前を知ることはできる。ルエ家、サケ家、サントゥール家、カラボルド家、アンブリー家、さらに複数のモーラン家。

とはいえ、十字軍が引き起こしたさまざまな事件の顚末から、サン＝セルナン郭外区（ちなみにモーラン家はここに住んでいた）のほうが、旧市街よりも、カタリ信仰が深く浸透していたことがうかがわれる。旧市街には大聖堂があり、したがって司教がいたからであろう。いずれにせよ、一二〇〇年の状況を正しく把握することは不可能であり、たしかなこととして言えるのは、一二〇九年、十字軍がローラゲ地方に迫ったとき、完徳者や信者たちの多くがトゥールーズに逃げ込んで、田舎領主たちが市内に所有していた私邸に身をひそめたということくらいである。

もちろん、先に見た「四辺形」の外側にもカタリ派が存在していたことはたしかである。一二〇九年、ベジエ市民は、カトリック司教がリストアップした市内の異端者たちを十字軍に引き渡すことを拒否した。同じ年、ロト川畔の町カスヌイユに、西からやってきた十字軍が火刑台を築いたが、この事実はアジュネにも異端者がいたことを示している（ただし、すでにサン＝フェリクスのカタリ派公会議以来、そのことは知られていた）。一二一〇年には、ミネルヴでもうひとつの火刑台がシモン・ド・モンフォールによって築かれ、百四十人の完徳者および完徳女が処刑されたが、そのうちの多くは付近の地域からの逃亡者であった。このことはミネルヴォワにも異端信仰がすでに広まっていたことを物語っている。高地フォワ伯領では、封臣貴族のほとんどが、長いあいだカタリ信仰を忠実に守り続けたことが知られているが、そうした信仰も、モンセギュールが包囲された時代になってとつぜん魔法のように出現したわけではなく、すでに伯爵夫人フィリッパとその義理の姉妹エスクラルモンドの時代から徐々に根を下ろし始めていたのである。

ともあれ、フォワ伯領の都からはるか南のロルダにも、異端者たちのための墓地があり、カルカセス出身の騎士レモン・カは、臨終のコンソラメントを受けたのち、そこに葬られた。ほかにも、ガラヌーの住民ベルナール・デルペッシュがこの墓地に葬られている。一二〇四年頃、アギュレ兄弟――そのうちのひとりは、のちにラゼスのカタリ派教会司教になり、最後はモンセギュールで火刑に処せられる――は、タラスコン＝シュル＝アリエージュで公然と異端の家を経営していたし、そうした異端者はほかにもいた。それにたいして、ケルシー方面では異端者に関する情報は非常に少なく、オーストルグ・ド・ラモートとそのふたりのまだ幼い娘アルノーとペロンヌの叙階のことだけが知られている。助祭レモン・エムリックが彼女らをモントーバンまで迎えに行き、ヴィルミュールに連れて行って修練を受けさせた。彼女たちは、十字軍が迫ってくるまで、この村で暮らした。一二三四年から行われた調査にもとづき、一二四一年、異端審問官は七百通ほどの贖罪状――対象者のなかにはカタリ派信者だけでなく、多くのワルド派信者も含まれていた——をケルシーの住民に交付しているが、この事実はケルシーでも古くから異端が根を張っていたことことを示している。

資料不足のために、十二世紀後半を通じてオック地方にカタリ信仰が拡大していく様子を詳しく辿ることがむずかしいように（カタリ派社会に関する資料が現れるのは一二〇〇年近くになってからでしかない）、それぞれの時期、それぞれの地域に、どれだけ多くの異端者が現れたのかを知ることもきわめてむずかしい。たしかなこととして唯一言えるのは、異端信仰が拡大していったのは一二三〇年代までであり、つまりは十字軍の時代を含むということである。一二二六年に五番目の司教区、すなわちラゼス司教区が創設されたことは、一二〇九年から一二一一年にかけて多数の異端者が火刑に処せられたにもかかわらず、完徳者の数が増えていたことをはっきり示している。

とはいえ、状況をはっきり示す具体的な数値はほとんど残されていない。残されているわずかな数値といえば、たとえば一二〇五年ないし一二〇六年にミルポワで開かれた教会公会議に六百人の完徳者が集まったこと、一二一〇年にミネルヴに築かれた火刑台で百四十人（今回は完徳女も含まれている）が処刑されたこと、一二一一年五月にラヴォールで、資料によって異なるが、三百から四百人が処刑されたこと、それから数日後、レ・カセスで六十人から百人ほどが処刑されたこと、それくらいのものである。一二三四年に異端審問が開始されたことによって、カタリ派教会の総人員は、とうぜんのことながら、なすすべもなく減少していく。一二四五年に異端審問官ベルナール・ド・コーおよびジャン・ド・サン＝ピエールによる大捜査が開始されたときには、一二四四年三月十六日にモンセギュールで処刑された二百二十四人の「良き人」と「良き婦人」は別としても、すでに百人ほどの完徳者と完徳女たちが火刑に処せられている。一三〇〇年から一三一〇年にかけてオック地方で設立された最後のカタリ派教会は、ピエール・オーティエを中心としたわずか十二人の完徳者を数えるだけだった。

誰もが知りたいと思うのは、とりわけ、カトリック信仰にとどまった人々の数にたいして、完徳者と一般信徒を合わせたカタリ派の人口比はどのくらいだったのかということだろう。この点に関しても、情報不足と十三世紀全般にわたる事態の流動性ゆえに、慎重な判断が必要とされる。あえて数量的なアプローチを試みるとすれば、たとえばマ＝サント＝ピュエルの住民にたいして一二四五年と一二四六年に延べ四百五十回の審問が行われたことをひとつの参考にすることができよう。この数字は、亡くなった人、逃亡した人をふくめた異端者の上限数を示していると言えるだろう。この数を十三世紀の最初の四十五年間の総人口と対比してみると、その半数近くがカタリ派信者だったことが分かる。またマ＝サント＝ピュエルには、二十人ほどの「良き人」と「良き婦人」が一時滞在するか、居住していたことが知られている。もちろん、これは極端なケースである。この村は異端信仰がもっとも根深く浸透した地帯に位置するローラゲ地方の〈城邑〉であり、そのうえカタリ信仰に深く帰依する領主一党が完全に権力を掌握していたし、しかも領主の祖母とその娘のひとりが火刑に処せられていたのである。したがって、この五十パーセントという数字は、異端信仰がもっとも好条件の環境において達しえた最大値と考えてよいだろう。カルカソンヌ、アルビ、トゥールーズ、フォワなどの都市部では、この比率はずっと低かったと言わねばならない。

カタリ派の教会機構

カタリ派社会をざっと描いた以上のスケッチから、この社会の特徴がいくつか浮かび上がってくるが、つぎにそれらの特徴を詳しく見ていきたい。まずは完徳者および完徳女たちが占める社会的地位とはいかなるものなのか、その社会的役割は何か、どのように構成されているのか、その日々の暮らしはどんなふうか、さらにはその位階制度はどうなっているのか、つまりは彼らの教会組織はどのように機能しているのか、そうしたことを見る必要があるだろう。

じっさい、すべてはこの集団の教義体系から、つまりはカタリ信仰を構成する宇宙論的および神学的二元論から、直接的に導き出されていると言ってよい。要するに、この宗教運動の究極目的とは魂の救いにほかならないのであり、すべてはこの目的に向かって組織化されているということである。

人間の魂は神的実体の一小片にほかならないのだが、この「忘却の地」にあって悪しき創造の産物である肉体に囚われており、この肉の牢獄から逃れ出るためには、〈聖霊〉のとりなしを必要とする。使徒たちが受けたのはまさにこの聖霊であり、彼らはそれを弟子たちに伝えたのである。それゆえ弟子たちも自分たちが受けたこの聖霊をつぎの弟子たちに伝えなければならない。

すでに見たとおり、〈聖霊〉を注ぐのは按手による洗礼であり、それは「使徒言行録」において繰り返し行われている業《わざ》にほかならない。カタリ派信者たちにとって、この按手による洗礼だけが、人間の死にさいして、その魂を天上の祖国に連れ戻す力を持っている。人間の魂は天上の祖国から堕ちて、この世に生まれたのであり、それゆえこの世に堕ちた人間の魂を聖霊が天上から迎えに来たのである。カタリ派信者からすれば、按手こそが魂と聖霊との「神秘の結婚」をたしかなものとする。福音書が「神がひとつに結び合わせてくださったものを、人は離してはならない」（「マルコ」一〇 - 九）と言っているのは、まさしくこの「神秘の結婚」のことである。この結婚なしには、魂の救いはありえない。それゆえ按手は、救済の十分条件ではないとしても、救済に必要な一過程なのであり、それはカトリック信者たちにとっての水による洗礼に相当する。彼らにとって按手とは、使徒たちが五旬祭に天から受けた洗礼（「使徒言行録」二-一〜四）、つまりは「聖霊と火による洗礼」（「ルカ」三-一六）にほかならず、彼らはそれをオック語で consolament と名付けた。しかし、コンソラメントは誰彼かまわず機械的に授けるものではない。

事実、カタリ派の人々は幼児洗礼を拒絶しているが、それは、洗礼を受ける者がそれをはっきり知っていなくてはならない、つまり洗礼もまた意志的行為の結果であるべきだ、という考えにもとづいている。ただしこの準則は、多くの「良き婦人」たちが自分の八歳や十歳の娘にコンソラメントを受けさせることで、骨抜きにされてしまうのだが……。

人間は、コンソラメントを受けることによって、はじめてキリスト者となる。それゆえコンソラメントを受けた人間にはいくつかの義務が生じる。洗礼を受けたキリスト者はこれまでとは別の、まったく新しい人間になるのであり（この点はカトリックでも同じであるが）、それゆえにこの世から離脱しなければならない（この点がカタリ派独自の発想である）。しかしそれは、世捨て人になるとか、世間との関係を断つとか、そういったことではなく、この世において、倫理的観点から見て、悪の原理の支配を最高度に体現していると思われるもの、とりわけ、邪淫、暴力、うそ、悪意、要するにあらゆる形態における悪徳と絶縁するということである。

言い換えるなら、コンソラメントを受けるということは、使徒たちに倣った純潔な生活、非暴力的で純粋無垢で慈愛に満ちた生活に入ることにほかならない。それは、キリスト的精神世界に入ることであると同時に、制度としての宗教に入ることである。魂の救いに至るには、まず宗教的身分となることが必要とされる。この点において、カタリ派はたしかにカトリックと異なる。とはいえ初期キリスト教と比べるなら、さほど異なっているわけではない。その観点からすれば、カタリ派教会はまさしくひとつの修道会だと言ってよいだろう。魂の救いを全うするには、この会に加入しなければならないのだ。それゆえこの救いの道に進みたいと念願するすべての男女は、叙階を受けることができる。コンソラメントは洗礼と同時に叙階の秘跡の役割をも果たすのであり、それを受けることによって、彼ないし彼女は誓願を立て、ちょうどカトリック教会の修道士あるいは修道女のように、ひとつの規則、この場合であれば、聖パウロが「エフェソの信徒への手紙」で述べているような善意と正義と真理の規則に従う生活に入っていくのである。

この規則によって課せられるさまざまな義務のなかでも、社会学的観点からきわめて重要な役割を果たすことになる義務がひとつある。それはみずからの手で働くことによって生計を立てるという義務であり、この義務は、叙階を受けた者（洗礼を受けた者と言ってもよいが、結局は同じことである）、つまりは完徳者あるいは完徳女と呼ばれるすべての者に課される。この義務は使徒の教えに由来するものである。周知のとおり、聖パウロはテサロニケの信徒たちにつぎのように書き送った。「自分の仕事に励み、自分の手で働くように努めなさい」（「テサロニケの信徒への手紙　一」四－一一）、あるいは「働きたくない者は、食べてはならない！」（「テサロニケの信徒への手紙　二」三－一〇）。使徒パウロはテント職人だった。それゆえ、カタリ派の人々は好んで機織りの仕事に就いたのであり、そのために「ティスラン」というあだ名を付けられたのだ。言い換えるなら、カタリ信仰においては、観想家も、隠遁生活者も、存在する余地がないのである。使徒たちに倣って、いかなる状況においてもひとりでいてはならず、少なくともふたりでいなければならない。それゆえ、完徳者にはかならずひとりの〈ソシ〉(男の同伴者)がおり、完徳女にはかならずひとりの〈ソシア〉(女の同伴者)がいた。のちに彼らが強いられることになるどんなに危険な潜伏生活においても、この規則だけは厳密に守られることだろう。

十字軍到来以前、完徳者および完徳女は小さなグループで生活しており、それゆえ完徳者たちが共同経営する工房が教会の組織細胞となっていた。(3) じっさい、完徳者や完徳女たちはおよそ考えうるあらゆる職人仕事に従事していた。機織りはもちろんのこと、麻や羊毛の糸紡ぎ、お針子、パン屋、仕立屋、靴屋、帽子屋、手袋屋、馬具屋、皮なめし職人、粉屋、その他。カタリ信仰への弾圧が強まり、公然と仕事ができなくなり、さらには十字軍や異端審問のために工房を閉じることを余儀なくされてからも、完徳者および完徳女たちは「自分の手で働く」という規則を、その時々の状況に応じて可能なかぎり忠実に守ろうと努めた。彼らをかくまってくれる人々のもとで働き、宿と食事を得た。巡回大工になったり、ブドウの収穫や麦の刈り入れを手伝ったりした。なかには医者になる者もいて、そのひとりカンビアック生まれのアルノー・フォールという男は、一二四五年に火刑に処せられた。十字軍の最中、完徳者ピエール・ゴーベールとピエール・ルーゾーは、フランカルヴィルの森の空き地を開墾し、作物を作って生活するとともに、家賃を現物で払った。やがて、異端信者たちがイタリアのロンバルディアへ大挙して亡命するようになると、完徳者たちは行商人になり、オック地方とロンバルディア地方とに分かれた信者間の連絡役を務めた。

仕事をすることの利点は、とりわけ町中に公然と構えた工房で行われる場合には、周囲に住む住民たちとの接触を常時保つことができ、それゆえ恒常的に勧誘活動が行えることである。異端審問官たちが言う「異端者の家」、カタリ派信者たちが言う「良き人たちの家」あるいは「良き婦人たちの家」

は、とりわけ、一般信徒たちが完徳者や完徳女を訪れたり、さらには彼らに原材料を売ったり、彼らから製品を買ったりする場所、あるいは単に彼らに挨拶したり、彼らと言葉を交わしたりする場所であった。つまりそれは、何よりもまず教会と一般信徒たちの集団を結びつける場だったのであり、それゆえ、この〈家〉を通して、カタリ派教会は地域の社会生活、経済生活にすっかり溶け込んでいたのである。ちなみにカタリ派教会は金銭にたいして、カトリック教会が抱いていたような不信感を抱いてはいなかったのであり、信者たちの寄進や遺贈とともに、手仕事による収益は教会のたしかな資金となり、両替商や金貸しを通じて流通した。カタリ派共同体の〈財宝〉もこうして蓄積されたものであり、とりわけモンセギュールのそれが有名だが、けっして秘密の出所があったわけではなく、要するにこつこつと貯めたお金にほかならない。

叙階を受けた者たち、とりわけ男たちには、手仕事とならんで、もうひとつの義務があった。つまり説教することである。説教の役割は、信仰を維持するとともに、信者たちに福音的道徳を守るようながし、救いの道を示すことであった。救いの道を示すとは、すなわち信者たちに叙階の秘跡としてのコンソラメントを受けるよう説得することであり、それによって彼らは正式に宗教生活に入ることになる。さもなければ、死が近いことを察した信者たちに臨終の洗礼としてのコンソラメントを授ける。説教は、さまざまな神話、とりわけ人間失墜の神話を語ったり、福音書や黙示録を抜粋して読み、それについて解説を加えたりする。説教が行われるのは、工房を兼ねる〈家〉が主だが、公共広場で行われることもあったし、また個人宅に完徳者を招いて行われる場合もあった。家の主は、そのためにわざわざ親類縁者や友人たちを集めた。監視が厳しくなると、地下室や屋根裏部屋で行うこともあったが、むしろ野外で、たとえば野原で釣りにかこつけたり、あるいは森で狩りのパーティを装ったりして行われることが多かった。

完徳者たちが説教に熟達していたことは言うまでもない。イノケンティウス三世が一一九八年に始めた異端者を改宗させるための説教活動も、彼らにはとうてい太刀打ちできず、まったくの失敗に終わった。「良き人」たちと彼らの陣地で対等に渡り合い、彼らの武器が何であるかを理解し、その武器を逆手にとって彼らを打ち負かすには、カスティーリャ出身の当年三十歳の聖堂参事会員ドミンゴ・デ・グスマン（のちの聖ドミニコ）の天才を必要としたのである。彼の天才とは、謙遜と慈愛でもあったが、それ以上に弁舌の巧みさであった。彼が説教修道士会を創立したのも、けっして偶然ではない。

一般信者および他の完徳者を手助けすることも、「良き人」ないし「良き婦人」の義務の一部であった。工房を兼ねる〈家〉は、一時滞在の完徳者たちの宿になると同時に、病人や死にゆく人々のための病院にもなったし、さらには若者たちのための学校の役割も果たした。若者たちは、そこで職業教育と宗教教育を同時に受けたのである。隣人にたいするもっとも大きな手助けは、コンソラメントを授けることであるが、コンソラメントには二種類ある。すなわち、叙階のコンソラメントと臨終の洗礼としてのコンソラメントである。

叙階のコンソラメントの場合、この秘跡を受けるには、かなり長い修練期間を経なければならない。場合によっては四旬節を連続三回にわたって修練に当てなければならないが、それはいずれも、完徳者ないし完徳女の〈家〉で行われる。事態が切迫して〈家〉を閉じねばならなくなったときには、数多くの信者たちがモンセギュールの城塞まで叙階を受けに行った。そこには、一二四三年から四四年にかけての攻囲以前、完徳者および完徳女の〈家〉が複数あり、叙階を受けるための修練が行われていた。

臨終のコンソラメントの場合、病人はカタリ派の〈家〉に運び込まれ、そこで秘跡を受けたのちに亡くなることもあるが、自宅でそれを受けることもあった。弾圧が厳しくなり、極秘で行わなければならなくなったとき、どんなふうにしたかはのちに詳しく見るつもりである。いずれにせよ、このコンソラメントを受けたそのときから、当人はこの秘跡に拘束されることになる。つまり叙階を受けた者とまったく同様に、精進の規則に従わなければならなくなるのだ。何よりもまず、最後の息を引き取るまで、動物性の食べ物を摂ることが禁じられる。たいていの場合、ふたりの完徳者が臨終者の枕元にとどまって、当人あるいは家族などが――たとえば、元気づけのために鶏肉スープを飲ませようとして――この規則を破ろうとしないか見張ることになる。臨終者を完徳者の〈家〉に運び込む場合は、とうぜんながら監視はもっと容易になるし、違反のおそれはほとんどなくなる。洗礼後にこうした厳格な精進が行われたことから、のちに絶食による自殺を強要したものだという悪意に満ちた伝説が生まれたが、しかしこの「エンドゥーラ」(endura) はあくまで儀礼的な断食であって、病人を死に至らしめるためのハンガーストライキなどではまったくない。

完徳者が行うべきもうひとつの精神的援助は、信者の自宅であれ、カタリ派の〈家〉であれ、彼らと食事をともにする場合、食事のはじめにパンを祝福し、それを全員に分かち与えることである。カタリ派の人々が「祈りのパン」と称するこの儀式は、形のうえではカトリックの聖体の秘跡にそっくりだが、じっさいにはまったく異なり、秘跡としての意味はいささかもない。たしかにこの儀式はイエス・キリストへの奉献ではあるが、祝福されたパンがキリストの体に変容するわけではまったくないし、このパンがキリストの体を象徴するということですらない。それはせいぜいのところ、キリストの教えの寓意にすぎない。要するに、この儀式は聖マタイによって伝えられたつぎのような祈りの言葉にもとづいているのだ。「わたしたちに超物質的なパンを今日与えてください」（「マタイ」六－一一）〔新共同訳では「わたしたちに必要な糧を今日与えてください」〕。ここで言うパンとは、純粋に精神的な糧、つまりは神の恩寵にほかならない。完徳者も一般信者も、この儀式をとても大切にしている。もし祝福されたパンがすっかり食べきれなかったときには、その残りを（つまりはパンくずを）丁寧に拾い集め、それを監獄に入っている信者たち、あるいは遠国に亡命している信者たちに送り届けることになる。

完徳者か一般信者かは問わず、彼らが等しく行うもうひとつの儀式は、とりわけ説教の終わりに、平和の接吻を交わすことであるが、カタリ派の人々のあいだでは、略して「平和」と呼ばれている。それは口と口を合わせる接吻で、男同士、女同士で行われる。男女間の場合には、互いに相手の肩のうえに顔を傾けるだけである。それが終わると、今度は聖書に接吻する。

もうひとつ付け加えれば、完徳者および完徳女は、男女を問わず一般信者に課される儀礼的挨拶――オック語で melhorament あるいは melhorer（改善、向上の意）と呼ばれる――に誠実に応えなければならない。「良き人」あるいは「良き婦人」に出会ったとき、一般信者はかならず三回跪拝《きはい》したうえで、つぎのように言わなければならない――「わたしを祝福してください、尊師よ（良き婦人よ）。そしてわたしを良きキリスト者とし、良き終わりに導いてくださるよう、神にお祈りくださ い」。それにたいして完徳者ないし完徳女は、つぎのように応える――「神に祈ります、神があなたを良きキリスト者とし、良き終わりに導いてくださいますように」。異端審問のラテン語文書のなかで、この儀礼的挨拶は adoratio と呼ばれており、この言葉はもともと「誰かをあがめる」という意味だが、しかしカタリ派の人々にとって、完徳者を「あがめる」とは、単に完徳者に挨拶するというほどの意味でしかない。ともあれ異端審問官にとって、この挨拶をするかどうかが「異端信者」を見分けるもっとも明快で簡便な方法であった。

最後にもうひとつ付け加えれば、「良き人」および「良き婦人」の生活は、昼夜を分かたず、数多くの祈りを伴った。また何かを食べたり、何かを飲んだりするたびごとに、ベネディチテ（カトリックで言う「食前の祈り」）が唱えられた。ちなみにカタリ派では、ワインを飲むことは認められていた。以上で、完徳者たちが送る日々の暮らしをほぼ全体的に見渡したことになる。

全体として言えることは、いずれの「良き人」も、みずからの救いのためにすべてを捧げる正規修道士としての資格に加えて、信者たちの魂を預かる在俗僧としての役割も果たしているということである。このように、聖職者たちが修道士であると同時に教区司祭であるというところに、まさしくカタリ派教会の独創性があったし、またそれがカタリ派成功の鍵のひとつでもあった。礼拝を受けるために建造された聖堂もなく、したがって祭務を執行するだけの聖職者もおらず、また大修道院も閉鎖的な僧院もなく、世間のただなかで生活し、自分たちの手仕事で生計を立てている男女がいるだけである。彼らが一般の労働者と異なる点はただひとつ、彼らがあえてみずから選んだ生き方ゆえに、特別な責務を負っているということである。要するにカタリ派の教会とは、今日言われるところの「身近な教会」であった。「異端者の家」では、貴人や貴婦人を見かけることもめずらしくなかったし、ときには隠居した領主や未亡人となった城主夫人までがこの〈家〉に身を寄せることもあった。それは、信者同士のあいだで言われていたように、まさに「良き教会」であった。

以上、完徳者が果たすべきさまざまな任務について見てきた。しかし完徳者になると、いくつかの禁戒の義務も伴うのであって、これも厳格に守らねばならなかった。

聖書の「汝殺すなかれ」という言葉は厳密に守らねばならず、いかなる場合であれ、たとえ正当防衛であっても、人を殺すことは禁じられている。さらにこの禁令は動物にも適用される。そもそも、のちに見るように、カタリ派では、動物には輪廻途上の魂が宿っている場合もあると考えられていたのだ。一二七〇年代、トゥールーズでは、異端審問官たちのまえで鶏を殺さなかったために、火刑に処せられた男がいるといううわさがあった。鶏を殺さない理由として、鶏は自分に何も悪いことをしていないからだと言ったことから、審問官たちはこの男を完徳者と断定したそうである。フォワ伯領のふたりの婦人、サン゠ヴォリュジアン゠ド゠フォワ大修道院長の妹アニェス・ド・デュルバンとピエール゠ロジェ・ド・ミルポワの妹セレナ・ド・シャトーヴェルダンも、同じような運命をたどった。トゥールーズに赴く途中、ふたりがある旅館に泊まったところ、その女将が不審に思い、急ぎの用事で出かけるから、若鶏の料理を自分たちで作るようにと、生きたままの若鶏をふたりに渡した。女将が戻ってきたとき、若鶏は生きたままであった。女将が通報し、ふたりは異端審問所に身柄を引き渡された。

周知のとおり、カタリ派教会は、どんな重罪を犯した場合でも、死刑をまったく認めなかった。それどころか、そもそも人を裁くこと自体を認めなかったのだ。ここでもまた、「人を裁くな。そうすれば、あなたがたも裁かれることがない」(「ルカ」六‐三七)という福音書の言葉が厳密に守られている。それゆえカタリ派教会は、刑事裁判ばかりか民事裁判さえも拒絶する。民事裁判のかわりに、カタリ派教会は信者同士の和解による解決を奨励し、そのために教会の位階が調停者の役割を果たす。信者が何らかの罪を犯したとき、カタリ派教会は、しかるべき裁判にかけるかわりに、その信者にたいし、最高の悔悛として叙階を受けることを義務づける。たとえば一一九五年頃、カバレのゴースラン・ド・ミラヴァルという男の例が知られている。また一三〇〇年の少しあとのことだが、オック地方最後の完徳者として知られているギヨーム・ベリバストも、コルビエールの羊飼いと喧嘩になり、この羊飼いを殺してしまったために叙階を受けたのである。

「ラテン語典礼書」では、窃盗やうそをつくことをはっきり禁じているが、むろんそれはごく常識的な道徳規則である。しかし真実を言う義務はカタリ派独特のもので、そのために捕らえられた完徳者は窮地に追い込まれることになる。審問官は信仰を告白することを彼に要求する。彼はうそをつくことと、自分の信仰を告白することを、同時に回避しなければならない。そこで彼は、カトリックの信仰を告白しながら、心のなかでひそかにさまざまな留保を加える。しかしこの窮余の策も、「それがお前のほんとうの信仰であることを誓え」と問い詰められれば、何の役にも立たなくなる。というのも、カタリ派が信者たちに課している〈誓いの禁止〉――聖マタイの福音書（「しかし、わたしは言っておく。一切誓いを立ててはならない」五－三四）と「ヤコブの手紙」（「わたしの兄弟たち、何よりもまず、誓いを立ててはなりません。天や地を指して、あるいは、そのほかどんな誓い方によってであろうと」五－一二）にもとづいている――のために、いかなる言い逃れもできなくなってしまうのだ。誓いを拒否することは、そのまま異端を告白することを意味した。すでに見たように、一一六五年に行われたロンベールでの討論会においても、カタリ派の論者が誓いを拒否したことから、異端者として断罪されている。

最後にカタリ派教会の組織について見ておこう。カタリ派教会の基礎細胞であり、またカタリ派信者たちの共同生活の場でもある工房を兼ねた〈家〉は、完徳者のそれであれば「長老」によって、完徳女のそれであれば「尼僧長」によって、それぞれ管理運営されていた。村々に点在するこうした共同体がいくつかまとまって、ひとりの助祭の監督下に置かれる。カタリ派のひとつの助祭区は、たとえばローラゲ地方では、今日の小郡のひとつに相当する。カタリ派信者がそれだけ多かったということである。逆にカタルーニャでは、この地方全体でたったひとつの助祭区しかなかった。助祭の仕事は、連絡や監視といった本来の任務に加え、完徳者および完徳女それぞれの共同体において、原則として月に一度、集団的告白を行うことであった。オクシタンの人々は、それをaparelhament（「調停」、「和解」を意味する）あるいはservici（「免除」、「許し」、「恵み」を意味し、言外に「罪の許し」、「悔悛の恵み」の意味を含む）と呼んでいる。弾圧が厳しくなると、これらの儀式を規則どおりに行うことがきわめてむずかしくなった。助祭たちは、森や洞窟や地下に潜んでいる完徳者や完徳女たちの隠れ家をつぎつぎに訪れ、彼らあるいは彼女たちの告解を聞くべく、命がけの努力をした。一二四二年、カタルーニャに潜伏していたふたりの完徳者エムリックおよびレモン・アルキエは、当地に助祭がいなかったために、わざわざモンセギュールにやってきてアパレラメントを受けたのである。

教会組織の頂点には司教がいた。サン＝フェリクス教会会議の時代には、司教は地区共同体から選挙で選ばれたが、その後選挙が不要なシステムになった。司教はふたりの副司教、すなわち「大子」と「小子」によって補佐され、司教が亡くなると、「大子」が司教となり、「小子」が「大子」となる。そして助祭のなかから新しい「小子」が選ばれる。臨終のコンソラメントは完徳者であれば誰も授けることができたが、完徳者を助祭とする、あるいは助祭を「子」とする叙階のコンソラメントを授ける権限は司教だけにあった。一般の男女信者を完徳者ないし完徳女とする叙階については、原則として以上の聖職者のいずれかが行うことになっていたが、末端共同体である〈家〉を統括する

「尼僧長」を除いては、女は叙階のコンソラメントを授けることはできなかった。モンセギュールにエスクラルモンド・ド・フォワという「女助祭」がいたというロマンチックな話は、まったくの伝説にすぎない。完徳女にもコンソラメントを授ける権利はあったが、実際には教会の男子聖職者がいない場合にかぎってそれを行ったようである。一二三四年、ランタ近郊の森でペロンヌ・ド・ラモートが亡くなった際、土地の信者たちは、彼女の妹アルノードのために、新しい〈ソシア〉としてジョルダーヌ・ノギエを選び、彼女をアルノードに引き合わせた。するとアルノードは、みずからの手で彼女を完徳女に叙階した。

一般信者たち

聖職者たちによって構成される「教会」のまわりには、一般信者たち——彼らのことを異端審問では「異端の信者たち」と呼んでいたが——の流動的な群れがうごめいていた。「流動的」というのも、彼らとカトリック教会の信者たちとを明確に区別することはできなかったからである。カトリック信者の場合と同様、この異端信者たちの群れの場合も、完徳者たちが説く信仰箇条への帰依の深さにおいて、彼らに要求される宗教的実践への忠実度において、また教会への献身や貢献の熱心さにおいて、およそさまざまなレベルがあったのであり、まさしくこのことが、カタリ派社会を他のよくあるセクトとは異なるものにしていた。狭義の「教会」に属する聖職者たちと一般信者たちのあいだでたえず意思疎通が図られていたことは言うまでもないが、それでもなお、一般信者たちひとりひとりの信仰態度には無限の多様性があった。一二〇〇年頃にはカタリ信仰はすでにひとつの伝統になっていたし、その後一世紀以上ものあいだ、引き続く数世代にとっては、ますますそうなっていくが、伝統は機械的な因果関係となるわけではなく、伝統を受け継ぐにも無数のやり方があるのだ。それは完徳者や完徳女の場合も同様だった。ある者は家族に伝わる宗教的伝統を、はっきり自覚したうえで、厳密に引き継ぎ、迫害下にあっても、勇気をもって守り通した。

ガイヤルド・デュ・マは、母親ガルサンドの導きのもとで、長らく完徳女としての任務を遂行し続け、一二四五年よりまえに母親とともに火刑台で生涯を終えた。さきに簡単に触れたラモート姉妹の場合などは、まさに天職としか言いようがない。しかしそれとは反対に、集団的選択を受け入れるにしても、家族の伝統を守るにしても、さまざまなやり方で自分なりの抵抗を示す者たちもいた。八歳ないし九歳にして、母の意志で叙階を受けたアラザイス・ド・ミルポワは、それから三年後、おそらくは成人に達したときに、完徳女の服を脱ぎ、「肉を食べ」——彼女自身がそう言っている——騎士アルジユー・ド・マサブラックと結婚し、四人の子供をもうけたが、それにもかかわらず、彼女は生涯を通じて良き信者であり続けた。フロール・ド・ベルペッシュは、母の意志に反して、叙階を受けることを拒否し、ガイヤール・デュ・マと結婚した。

一般信者たちの場合、その信仰態度にはもっと多様なニュアンスの広がりが見られるだろう。彼らの多くは、堅固な信仰心にもとづいて行動しているように見えるが、なかには疑いを持つ者もいる(4)。さきのフロール・ド・ベルペッシュなどは、完徳者が「良き人」であると「固く」信じることはできないとみずから言っている——「ときにはそう思いますが、ときにはそうは思われません……」。彼女の夫ガイヤールに関しては、一二四五年、異端審問官ベルナール・ド・コーに、二十年来信者であったことを認めたとはいえ、カタリ信仰が彼のうちに深く根ざして揺るがなかったとはとうてい思われない。じっさい彼は、一二五〇年、ブルボンヌのベネディクト会大修道院に入ってしまった。

同じガイヤールの五人の兄弟について見ると、じつに驚くべき事実が浮かび上がる。そのうちのひとりギヨーム＝パレジも、一二三六年までマ＝サント＝ピュエルのベネディクト会修道分院の院長を務めていた。他の四人は、ガイヤールと同じく、騎士であり、マ＝サント＝ピュエルの共同領主であり、そのうえカタリ派信者でもあったが、ギヨームの信仰はかなり生ぬるかった。麦の収穫のために完徳者たちを雇ったときにも、彼らにたいして儀礼的挨拶をしようともしなかったし、カタリ派の集会、説教、また祝福したパンを分かつ儀式にも、ほとんど出席しなかった。また平和の接吻を交わすこともめったにしなかった。それにたいして、他の兄弟たち、義理の姉妹たち、さらに彼の妻もまた、とても熱心だった。ギヨームの生ぬるい信仰態度に比べると、同じ兄弟であるベルナールの積極性がよけいに目立つ。彼は、一二二九年頃のある日、ミサに出かける途中のポンス・ファーブルとマルテル・ド・キュキュルーに出会った。ベルナールはふたりに近づき、もしよければ、もっとよい教会にお連れすると言った。彼はふたりを自分の家に連れ帰ったが、ちょうどカタリ派の助祭レモン・メルシエが家族中をまえにして説教しているところだった。要するに伝統は積極的に引き受けられる場合もあれば、しかたなしに受け入れられる場合もあるし、また拒絶される場合すらある。もともと伝統とはそうしたものである。

そのうえ興味深いことに、多くの場合、創造、受肉、聖体の秘跡、結婚などについて、異端派が公言している「誤った考え」を信じたことはなかったと言っている人々が、一方では、アドラチオの儀式、儀礼的挨拶をみずから何度もやり、また完徳者の説教にいつも出席し、臨終者のコンソラメントにもしばしば立ち会ったことを認めている。じっさい自分が属する家族および社会集団とは別の考えを持つことは比較的容易でも、集団とは別の行動をとることははるかにむずかしい。とりわけ、そうした集団的行動が長い伝統となり、その宗教的意味がほとんど忘れられ、社会的儀式になってしまっている場合、それに従わないでいることはほとんど不可能に近い。要するに、すべてのカタリ派信者がかならずしもカタリ信仰の闘士ではなかったということである。それどころか、カタリ派のよき信者としてふるまいながら、一方ではカトリック信仰に片足を置き続けている者さえいた。たとえば、臨終のコンソラメントを受けながら、その一方では教区司祭から聖体拝領も受けるといった具合である。あの世の保証はひとつよりもふたつのほうがいいというわけだ。

結局のところ、カタリ派教会は一般信者たちに何を求めていたのだろうか。カタリ派教会を糾弾する口実として、信者たちをまったく放任していたということがしばしば言われてきた。しかしそんなことはなかった。一般信者たちには結婚し、子供を作り、肉を食べ、戦い、敵を殺す自由を与えながら、完徳者と完徳女は厳格な禁欲に従うということも、カトリック社会に見られる聖職者と一般市民の生活の違いと比べて、とりたてて反道徳的な背理というわけではない。たとえばカタリ派が結婚を禁忌するのは、言うまでもなく、性行為の禁忌にもとづいているわけだが、カタリ派を攻撃する論者たちは、たいていの場合、この結婚の禁忌をきわめて皮相的にしか解釈していない。性行為はそれ自体が悪いのであって、たとえ司祭が聖別したとしても、それがよくなるわけではないとカタリ派が言うとき、彼らが言わんとしているのは、性行為は、結婚の場合であっても、姦通や近親相姦の場合と同様に悪いということなのである。もちろん、彼らは姦通や近親相姦を奨励しているわけではない。反対に、司祭の祝福を受けようと受けまいと、男と女が交わした結婚の契りにたいして、カタリ派はそれを軽視するどころか、このうえなく尊重している。その証拠に、結婚している人が完徳者あるいは完徳女の叙階を受ける場合には、それに先立って、配偶者が、証人をまえにして、彼あるいは彼女との婚姻関係の解消を厳かに宣言するのが習わしであった。

はたして、カタリ派教会は信者たちに何かを求めるということがあったのだろうか。信者はいかなる儀式、いかなる秘跡も行わないし、いかなる誓いもしない。信者は、あくまでたえず更新される自由な選択によって信者なのであり、いつでも信者をやめることができる。信者の教会との関係は、暗黙の同意にもとづいたもの、まったく形に現れない精神的なものなのである。私たちに言えるのは、せいぜいのところ、良き信者の現実の姿とあるべき姿を知っているということでしかない。じっさい、良き信者はたくさんいたのである。

私たちはまず、良き信者が何を信じ、何を信じないかを知っている。彼はまず、カトリック側の論者たちが「異端者」と呼んでいる人たちは「良き人および良き婦人たちであり、神の真実の友である」こと、さらに「彼らは真の信仰をもっており、ひとは彼らによってしか救われない」ことを信じている。要するに彼は、「良き教会」およびその聖職者たちと、もうひとつの教会、つまりカトリック教会およびその聖職者たちとを、はっきり区別しているのだ。つぎに彼は、異端者と呼ばれる人たちが説いていることを——さきに述べたように信じる度合いはまちまちだとしても——信じている。すなわち、目に見える世界を造ったのは良き神ではなく、悪しき創造者（便宜上、それは悪魔と呼ばれる）であること、水による洗礼はまったく効果がないこと、結婚している状態での救いはありえず、それゆえ救いを得るためには、たとえ死の間際でもよいから、「火と聖霊による」洗礼を受けることによって、結婚状態から抜け出さねばならないこと、聖別されたオスチアはキリストの体ではないこと、救いはあくまで魂に関わり、肉体は塵に戻るのだから、死者の復活はありえないこと。以上、カタリ派の信仰箇条を列挙したわけだが、この列挙は異端審問官が被疑者に尋問したときの順序にあえて従っている。それによってはっきり分かるのは、ひとつには、異端信仰の信者になる根本動機は、その信仰内容よりも、「異端者」と呼ばれる人々への深い信頼の念であったということであり、もうひとつは、信仰内容に関して言えば、宇宙的二元論こそが第一原理であり、他のあらゆる信仰箇条の基礎であったということである。

信仰内容に関して、もうひとつ付け加えておきたい。この信仰は、以上にあげたどの信仰箇条よりも広く流布していたものだが、異端審問官がこれについて尋問することはきわめてまれであった。要するに良き信者たちは、コンソラメントを受けることができず、救いを得ることができなかった場合、魂は肉体から肉体へとさまよわなければならないと信じていたのである。悪い生活を送った場合には、悔悛の業として、動物の体に入ることもありえた。そしてこの輪廻は、神の恩寵が訪れて最後の転生を迎え、ついに救いに至るまで続く。

私たちはまた、良き信者がどのようにふるまったかも知っている。完徳者や完徳女に出会うたびごとに、儀礼的挨拶をする。説教を聞きに行き、平和の接吻をし、祝福されたパンを分け合う。病気になり、死が近いとみずから判断すると、コンソラメントを受けることを願い出る。その場合、カタリ派教会に財産を遺贈することも忘れなかった。教会が地下潜伏を余儀なくされると、遺贈は、不動産や土地ではなく――もともとそれは少なかったが――もっぱら現金でなされた。良き信者は、迫害される教会をあらゆる手を尽くして助けることをみずからの義務とした。こんなふうにして、厳しい異端審問が続く中、村から村へと、非常に効率的な秘密組織網が張り巡らされることになった。この組織網なしには、カタリ信仰が生き延びる可能性はまったくなかっただろう。

迫害が始まると、信者たち、とりわけ武器を取って立ち上がった「残党騎士」たち、たとえば攻囲されたモンセギュールの防衛の任に当たった者たちは、とつぜん死んだり、殺されたりして、コンソラメントを折よく受けることができなくなることを恐れた。というのも、コンソラメントを受ける者は、司式者の問いに答え、「主の祈り」を唱えるためにも、口が利けなければならない。そこで、まだ元気なうちに、完徳者のもとに行き、「たとえ口が利けなくなったとしても、まだ息があるならば」自分にコンソラメントを授けてくれるよう、まえもって約束を取り付ける者もでてきた。それが「コンヴェネンサ（covenenza）」（「契約」を意味する）である。

コンソラメントを受けた病人が回復してしまった場合はどうなるのか。理論上は、臨終のコンソラメントも叙階のコンソラメントも、「火と聖霊による洗礼」であることには変わりないのであって、まったく同じ意味を持つ。つまり回復した病人も、コンソラメントによって課される責務を、死に至るまで全うし続けねばならない。要するに、彼はすでに完徳者（あるいは完徳女）になっているのだ。しかしそれはあくまで理論上の話であって、実際には〈教会〉は本人の自由意志にまかせており、病人がひとたび回復すると、もし当人が望むなら、俗界に戻ることを許し、またその時が来たとき、あらためてコンソラメントを授けることになる。

そうした例はふんだんにある。ピエール＝ロジェ・ド・ミルポワ――モンセギュール防衛に当たった同名の騎士の父親――は、一二〇四年頃、襲撃戦で重傷を負い、ファンジョーに運ばれ、ギラベール・ド・カストルの手でコンソラメントを受けた。ところが、彼は元気になってしまった。ギラベールの弟イザルンが教え諭し、「教会」にとどまるよう説得したが、彼は聞き入れなかった。ピエール＝ロジェは自宅に戻り、ミルポワ中の完徳者を招いて、全快祝いのパーティを開いた。それから五年後、病に倒れた彼はふたたびコンソラメントを受けた。今度は――あえて言えば――うまい具合に死ぬことができた。それとは逆に、彼の本いとこアルノー＝ロジェ・ド・ミルポワの義母であるブレダ・ド・モンセルヴェは、しばらく病の床にあったが、一二二九年にリムーでコンソラメントを受けた。その後、病気が治ってしまったが、完徳女のままでいることを望んだ。彼女はのちに、娘と婿とともにモンセギュールに籠城し、そのため、一二四四年三月十六日、火刑台に送られた。

亀裂

カタリ派がキリスト教社会にとって大きな脅威だったのは事実としても、それは、よく言われているように、カタリ派の反社会性によるものではなかった。完徳者と完徳女からなる聖職者たち――彼らだけが禁欲の規則に従っている――と数多くの一般信者たちのあいだには明確な区別――ついでに言えば、それはカトリック社会の聖職者と一般人の区別の引き写しにすぎない――があり、カタリ派のために人類は消滅の危機にさらされた、などということはまったく根も葉もない話で、明らかに事実に反する。カタリ派教会が、あらゆる男女に、しかもすべて子供をもうけるまえに、叙階のコンソラメントを受けさせようとしているなどと、いったい誰が考えたのだろうか。カタリ派教会がそれほどにも空想的でナイーヴだったとはとうてい想像できない。さらにまた、完徳者および完徳女たちがまったく働かず、自分たちだけで孤立した修道生活を送っていたために、社会生活の規範からしだいに離れていったという考えもまったく事実に反する。それどころか、カタリ派の聖職者たちは、村や町のただなかでコミュニティを作り、みずから働いて生計を立てる人々によって構成されており、彼らこそ社会統合のまさに要の役割を果たしていたのである。

最後に、カタリ派は、新しい教会のあり方を提示することによって——しかしそれは、彼らからすれば、原始キリスト教の真正な教会の姿に立ち戻ることにほかならなかった——人間と教会の関係を根本的に変革しようとした。教会はもはや威圧的な教導権を誇示する巨大組織などではなく、どこにもあって簡単に利用できる精神的援助のサービス機関なのである。もちろんカトリック教会も、それが自分たちの役割であることをけっして否定しなかった。とはいえ、物質的にも精神的にも、きわめて劣悪な条件のもとに置かれていた田舎の下級聖職者たちは、その任をじゅうぶん果たすことができなかったのだ。この空白をカタリ派教会が埋めたのである。

カタリ派教会が一般信者を放縦にまかせておいたことが、当時の社会を無政府状態の危機に陥らせたという見方もあるが、それもやはり間違っている。結婚の価値を低く見ることは中世ラングドックの常套であり、それにはトゥルバドゥールたちの抒情詩が大いに影響していた。彼らは、真の愛がありうるのは不倫においてであって、結婚とは利害関係を調整する制度にほかならないとしきりに歌っていたのだ。しかしそれはあくまで文学であって、じっさいの社会を詳しく調査したうえでの考察ではない。カタリ派が、とりわけトゥールーズ伯およびトランカヴェル伯の領地において、宮廷詩人と同じく、貴族階層を顧客としており、彼らに取り入るために、結婚を貶める風潮をうまく利用したということも、まったく考えられない話ではない。そのうえ、〈北〉よりもオック地方のほうが、風俗は自由であったし、シモン・ド・モンフォールの私的生活、とりわけ彼の結婚倫理は、レモン六世のそれに比べればずっと模範的だったのは事実だとしても、カタリ信仰を社会的無秩序の温床であったと決めつけることは誰にもできないだろう。そもそも、カタリ信仰がこの地における唯一の宗教というわけではまったくなかった。

じっさいには、多くの人々が、カタリ派教会こそ「良き教会」であると心から信じ、完徳者あるいは完徳女の腕のなかで「良き終わり」を迎えたのであって、それは完徳者および完徳女たちが、信者たちひとりひとりにたいして、使徒たちの教えに従って生きるよう、その模範を示すことを第一の使命としていたからである。彼らの敵たちでさえ、ある意味でそのことを認めないわけにはいかなかった。敵たちは、彼らがあらゆる破廉恥行為をやっていると言い張ってはいたが、彼らはそれを隠れてやっているのだと言わざるをえなかった。というのも、彼らの送っている生活は、目に見えるかぎりは、どこから見てもキリスト者的生活そのものであったからだ。

とはいえ、カタリ派が当時の支配的イデオロギーと真っ向から対立していたことは事実である。ローマ・カトリックの根本教義――創造者である神の一性、受肉、贖いの受難、オスチアにおけるキリストの真の現存、等々――を否定することは、必然的にそれを奉じる教会の権威に疑問を付すことに通じる。カトリック教会は、創造神を讃えることによって、じつは目に見える世界および数多くの肉体を生み出す悪しき創造原理を讃えているのだ、と主張することは、カトリック教会を悪魔の教会だと言っているに等しい。だとすれば、カトリック教会の権威や権力は不当に手に入れたものでしかなく、その聖職者たちは完全な過ちに陥っており、彼らが授ける秘跡はまったく無効である。いったいどんな権利があって、彼らは十分の一税を徴収しているのか？　たとえ一部の社会においてであっても、このように批判され、貶められ、軽蔑され、あげくのはてに、納税拒否が常態化すれば、経済的にも弱体化せざるをえなくなることに危機感を募らせたローマ教会が、反撃に転じ、そんなことを言いふらす者たちを弾圧し、さらには排除すべく、あらゆる手段を尽くすようになったのも、たしかに無理からぬ話ではある。

しかもそれだけではない。カタリ派の反教権主義がさきに見たような教義体系にもとづくものなのか、あるいはそうした教義体系は反教権主義を正当化するために事後的に形成されたものだったのかはともあれ、カタリ派が反教権主義の力強いうねりであったことはたしかだが、単にそれだけのものではなかったし、そもそも反教権主義それ自体はさほど重要な問題ではない。それ以上に重要なのは、この二元論的異端が、中世キリスト教社会の内部にいくつかの亀裂を生じさせたということである。ただしこの亀裂が生じたのは、カタリ派の誹謗者たちが指摘しているところにおいてではない。たしかにカタリ派は政治権力を否定し、封建的階級制度は悪魔の発明であって、人間に他の人間を支配する権力を与えたのは悪魔であると言っているが、それは聖マタイのつぎの言葉から直接導き出した考えである。「異邦人の間では支配者たちが民を支配し、偉い人たちが権力を振るっている。しかし、あなたがたの間では、そうであってはならない」(「マタイ」二〇-二五、二六)。そのうえ、あの世では階級がひっくり返ると言われるが、これもまた聖マタイのつぎの言葉に対応している。「あなたがたの中で偉くなりたい者は、皆に仕える者になり、いちばん上になりたい者は、皆の僕になりなさい」(「マタイ」二〇-二六、二七)。

すでに見た誓いの拒否は、封建体制が誓約にもとづいていることからすれば、権威にたいする異議申し立てのようにも見える。たしかに、誓約なくして、封建領主もその家臣も――少なくとも原則的には、つまりは厳密な法的関係としては――存在しない。しかしだからと言って、誓いを拒否するカタリ派を、体制転覆を狙う政治勢力であり、暴力なき社会という理想を掲げながら、じつはまったく無秩序な社会を作り出そうとする革命運動であったと決めつけるのは、暴論というものである。ナポレオン・ペラの言う牧歌的な「ロマンス語の祖国」はそれこそロマンチックな夢想だとしても、それとは逆に、ひとつの扇動的宗教の過ちゆえに動揺し崩壊の危機に瀕する世界を思い描くのも、もうひとつの空論にすぎない。十三世紀オクシタンのカタリ派社会も、その時代特有の社会のひとつであり、その外的輪郭も内的構成も他の社会と変わりはない。それはまさしく、具体的な意味において封建制度の一組織、一機関であった。モンセギュールを支配したいとこ同士のふたりは、いずれもごく普通の領主であり（ちなみに、ふたりはこの城邑の封土権を争ったほどだ）、細かく階級化された人間集団のなかで生活し、とうぜんそこには主従関係があった。ふたりはそれぞれに代理官と召し使いを持ち、騎士や下士官に命令を下した。

とは言っても、カタリ派は封建制モデルにぴたりと当てはまるわけではない。つまり私が言わんとするのは、ローマ教会はこのモデルのいわば身元引受人であり、このモデルはカトリックの教会教義に正当化の根拠を見出しているのにたいして、封建制の原理をカタリ派のイデオロギーに照らしたとき、この原理はいったいどういうことになるか、ということである。

ローマ教会については、つぎのようなことが言えよう。ローマ教会は、まず既成秩序の保証人であり、それ自体よく鍛えられた構造をもつ強力な組織である。聖座が保持するさまざまな支配権や数多くの聖職領主たちによって、教会は封建システムにその主要な一部として組み込まれている。そればかりか、教会は自前の裁判組織を持ち、またかなり広範囲に及ぶ生産、分配、消費の経済網を持っている。最後に、教会は教育活動を独占しており、文化や芸術活動をもほぼ独占している。巨大で堅固なこの組織体は、めったなことでは揺らぐことはなく、その意味において、既成秩序の〈事実上の〉保証人となっている。しかしそれだけにとどまらない。

ローマ教会はまた、そしてとりわけ、既成秩序の〈権利上の〉保証人なのである。というのも、ローマ教会の教義は、既成秩序にとって、絶対的な規範としての役割を果たしているからである。サン＝ジェルマン・ドセールの修道僧エモンの著作『黙示論注解』によって、九世紀のはじめ以来、現世社会には三つの生活様式あるいは存在様式があることを誰もがはっきり認識していたことが知られている。すなわち、司祭と戦士と農民である。エモン以来、多くの著作家たちがこの三区分の図式を踏襲しているが、三つのカテゴリーそれぞれの内容は少しずつ修正されている。アボン・ド・フルーリーは俗人と聖職者と修道士という区別を立てたが、エルフリックはそれを司祭と戦士と耕作者とし、紀元一〇〇〇年以来、ジェラール・ド・カンブレとアダルベロン・ド・ランなどがこれを踏襲している。ところで、アダルベロンの同時代人であるジュミエージュ大修道院長デュドン・ド・サン＝カンタンは、アボン・ド・フルーリーによる最初の図式をふまえつつ、つぎのように説いている。すなわち、社会はひとつでありながら、三つに区分されているのは、神御自身がひとりでありながら三つのペルソナに分かれていることにもとづいているのであって、それゆえこの社会はそうでしかありえないのだ、と。

さらに一一八〇年頃、ブノワ・ド・サント＝モールとエチエンヌ・ド・フジェールがこの三区分の図式を理論づけ、祈る人、戦う人、働く人、という最終的な形に仕上げたときから、この役割の三区分は人間社会の自然的秩序を構成しており、しかもこの秩序は神的秩序にほかならない、という考えが完全に定着した(5)。

ところが、神の三位一体性にもとづくとされるこうした役割の三区分からなる社会秩序をいかに弁明し、いかに正当化しようと、カタリ派がキリストについて抱いている観念からすれば、そうした努力もまったく無意味になってしまう。そもそも、カタリ派のキリスト論は彼らの最大の弱点であった。それは、初期キリスト教の時代から、キリストの本性についての考えがたえず揺らぎ続けてきたことの反映でもある。まずは二世紀に現れたキリスト仮現説。それによれば、この世をはるかに超越し、至高にして永遠不滅である神が、この世に下って、悪しき創造から生まれ、塵に帰るほかない肉体にほんとうに宿るようなことはありえないのであって、一見そのように思われたとしても、それはあくまで外観にすぎないのである。

つぎに八世紀に現れたキリスト養子説。それによれば、キリストは神ではなく、被造物のなかから選ばれ、神の養子となった人間であり、それゆえ神には劣る存在にほかならない。さらに十四世紀のはじめにフォワ伯領で確認されている奇妙な神観。それによれば、もともとひとつのペルソナであった神は、みずからあえて三つのペルソナに分かれ、〈子〉と〈聖霊〉をこの世に派遣したが、〈父〉は天にとどまった。世の終わりには、〈子〉と〈聖霊〉は〈父〉のもとに戻り、ふたたびひとつのペルソナとなる。おそらく、この神観のもとになっているのは、キリストはこの世に単なる使者としてやってきたのだという考えである。つまりキリストがこの世に下ったのは、受難と死によって人類の罪を贖うためではなく、救いの道を示し、〈聖霊〉をもたらすためであり、その〈聖霊〉がそれぞれの被造物の魂を神のもとに連れ帰る、というわけだ。

こんなふうに、キリストの本性について、またキリストが肉体を——あるいは肉の外観を——まとったその様態について、カタリ派がどのように考えていたか、正確にはつかみがたいところはあるが、ひとつたしかなことは、カタリ派が父と子と聖霊を信じるというとき、彼らが信じているのは神とその使信とその救いの力であって、カトリックが考えているような三位一体を信じているわけではなかった。彼らにとって、三位一体が存在するとしても、きわめて不均衡な形においてであって、救いの担い手としての聖霊に重点が置かれるのに反比例して、キリストの本性はあいまいになり、それゆえまたその役割も矮小化される。要するに、キリストは使者であって、使信そのものではないのだ。オスチアにキリストが現存することを否定し、聖体の秘跡を認めないカタリ派の根本姿勢も、そうしたキリスト観から必然的に導き出されていると言えるだろう。

とはいえ、〈聖霊〉を重んじるがゆえに、キリストの真の現存を疑問視し、キリストの役割を矮小化するという傾向は、カタリ派だけに見られる現象というわけではない。すでに一〇五〇年、ベランジェ・ド・トゥールは、キリストはオスチアのなかに真に現存しているはずがなく、〈比喩的に〉そう言われているだけだ、とするきわめて非正統的な考えを表明したため、一〇七九年に開かれた公会議で破門を宣告されている。それから百年後、カラブリア出身のシトー会修道士ジョアシャン・ド・フロールは三位一体に歴史主義的解釈をほどこし、旧約聖書時代は〈父の時代〉だったが、新約聖書時代は〈子の時代〉となっており、一二六〇年からは――彼はそうはっきり言っている――〈聖霊と永遠の福音の時代〉に入るとしている。こうしてみると、十三世紀という転換期は、ジョアシャン主義もカタリ派もふくめて、第二のペルソナの役割を厳しく問い直し、第三のペルソナのそれを力強く称揚する時代であったことが明らかになる。

一二一五年にローマのラテラノ宮で開かれた全司教会議――トゥールーズのレモン六世の封土権を取り上げ、シモン・ド・モンフォールに与えることを決定したあの会議である――では、この聖霊至上主義を断ち切るべく、パンとブドウ酒がキリストの体と血に変容する聖体の秘義をおごそかに再確認し、ジョアシャン・ド・フロールの思想を、そして言うまでもなくカタリ派をも、厳しく断罪した[6]。

三位一体の思想を守ることは、多かれ少なかれ、封建体制の規範を守ること、少なくともその神的保証を守ることに通じるが、カタリ信仰においては、この神的保証を見出す余地はどこにもない[7]。おそらくこうしたカタリ派の新しい思想は、当時の既成秩序にとっての脅威である以上に、人心の変容を強くうながすものであったが、しかしそうした人心の変容はおのずから生まれたものであり、それ自体として反体制的な傾向を含むものではなかった。カタリ派社会とカトリック封建社会とを分断する亀裂のひとつは、先に見たように、カタリ派社会内部の人間と教会の新たな関係によって生じたが、もうひとつの亀裂は人間とお金の新しい関係によって、さらにもうひとつの亀裂は人間と裁判制度の新しい関係によって、それぞれ生じたのである。

しかし最大の亀裂は、両者における人間と労働の関係の大きな違いであった。カタリ派では、聖書にもとづいて叙階者は働くことが義務づけられていたが、それによって労働という言葉に付随する不名誉とか屈辱といった意味合いが払拭されるとともに、社会的立場からして働くことが不自然である聖職者たちに修練や悔悛の機会として労働を課するといったことも意味を失う。労働が完徳者および完徳女の義務とされることで、カトリック教会の聖職者に相当するこれらの人々にとって、それはごく普通の日常活動となったのである。貴族の出であろうとそうでなかろうと、すべての男女が区別なく労働に従事することで、階級的特権が機能しなくなると同時に、社会性の普遍的価値が生み出される。というのも、女城主たちも小領主たちも、無理に強いられたわけではなく、みずから進んで、機織り、仕立屋、パン屋、蹄鉄工などの仕事に就いたのである。それをしも革命と言うなら、これほど平和的な革命はほとんど想像できないだろう。

とはいえ、この〈革命〉は、聖体の秘跡を否認し、三位一体の玄義を無視することから始まったことには変わりない。カタリ派の悲劇のすべては、まさにそこから生まれたのである。

第三章　イノケンティウス三世――前代未聞の十字軍

セーニ伯の子ロタリオ・コンティは一一六〇年に生まれた。パリで神学を、ついでボローニャで教会法を学んだ。二十一歳にしてローマのサン・ピエトロ大聖堂参事会員となり、三十歳で枢機卿となった。以来、教会の管理運営に直接携わることになったが、そのみごとな行政手腕は、彼がたぐいまれな碩学であるばかりか、偉大な法律家にして広い視野と力強いヴィジョンを具えた政治理論家であることをはっきり示している。教皇の神権政治は、彼によって理論化され、根拠づけられたと言っても過言ではない。もちろん、俗界と霊界はまったく異なる領域であり、それぞれを支配し管理する権力は互いに独立すべしという原則を否定したわけではない。教会が介入すべきでない事柄というものはたしかにあるのだ。しかし彼の眼には、霊的権力が世俗権力に優先すべきことは自明の理であった。その意味で、聖座は最高の世俗権力でもなければならないのであって、教皇は諸王や諸皇帝の宗主としてこの世を統治すべきである。それこそ、人々のあいだに、また諸王のあいだに、世界平和をもたらすとともに、その平和を維持するための唯一の方策なのだ。

ロタリオ・コンティは、一一九八年一月八日、教皇イノケンティウス三世となったが、彼は偉大なるキリスト教共和国の夢を生涯にわたって追い続けたのである。いや、夢を追うだけではなく、それを実現すべく、持てる力を最大限に発揮したと言える。その闘いの過程で、王侯貴族たちの利害打算からの抵抗活動、偽善、秘められた野心、おぞましい虚栄心など、さまざまな障害に直面した彼は、若い頃に書いたDe contemptu mundi『この世を軽蔑すべきこと、あるいは人間の条件の悲惨さについて』〔「伝道の書」の幻滅的な教えにもとづいて、禁欲主義を説く教書〕以来、この世にたいして抱き続けた苦く醒めきった判断をいっそう強めるばかりだった。(1)

イノケンティウス三世は、教皇在位十八年間、異端との闘いを一瞬たりともやめようとはしなかったが、この闘いもまた、キリスト教世界に平和をもたらそうとする彼の壮大な計画の一環だったことはうたがいない。そのうえ、当時の状況を慎重に分析した結果、闘いが大がかりになることを教皇が見越していたのも明らかである。というのも、闘わねばならない相手は、異端者とその共犯者だけでなく、オクシタンの高位聖職者たちでもあった。彼らは、この地方の領主たちにも劣らず、教皇の命令に従うことをしぶっていたのだ。さらに教会法そのものもなんとかしなければならなかった。現行のままでは、多くの不備があって、ほとんど実効性がなかったのである。

イノケンティウス三世は、オクシタンのカタリ派にたいし、最初は温情と寛容を示すべく、説得方針で臨んだとしばしば言われているが、それは間違いである。また、教皇が力による解決を唱え、のちにアルビジョワ十字軍と呼ばれることになる軍事介入に踏み切ったのは、彼が派遣した説教師たちの活動、いわば〈精神的十字軍〉が不首尾に終わってからのことであって、それゆえ、この武力行使が始まったのはオック人たちの不服従や悪意のせいであり、しかも一二〇八年のはじめに教皇特使が暗殺されたあとでしかない、というのもまったくの誤解である。そんなふうに考えるのは、むしろ教皇の判断力と決断力を貶めることだ。異端者とその共犯者にたいして、教皇は究極手段に訴えることを最初から決意していたのである。

とうぜんのことながら、教皇はまず、オック地方で異端信仰撲滅に役立ちそうな勢力を結集しようとした。教皇に選ばれて三ヵ月も経たないうちに、彼はオーシュの大司教に「この悪魔の大罪」にたいして必要な措置を講ずるよう書簡を送った。この「必要な措置」とは、つまるところふたつであり、しかも両者はまったく相補的関係にある。ひとつは異端者たちを一掃することであり、もうひとつは異端者を保護したり、彼らと連絡を保ったりしている者たち、要するに彼らの共犯者たちを厳しく取り締まることである。教皇は「必要な場合には、諸侯や民衆の手を借り、剣の力で彼らを従わせるように」と付け加えている。

もちろん、以上のことは、それだけを見るかぎり、一一七九年にラテラノ宮で開かれた第三回全司教会議においてなされた決議に比べても、新しいところは何もない。この公会議においてすでに、大司教および司教は、世俗権力にたいして異端者たちを効果的に弾圧するよう要請することができるし、また要請すべきであるという決議がなされたのである。そのうえ異端者およびその共犯者の概念もすでに明確に定義されていた。だからこそ、一一八一年に、短期間とはいえ、いわば予備十字軍が組織されたのであって、すでに述べたように、現地徴募のカトリック軍が、トゥールーズのカタリ派司教と司教補佐がカルカソンヌ子爵の庇護を受けて居住しているラヴォールを攻囲した。ところが意外なことに、知られているかぎり、地元の高位聖職者でこの作戦の陣頭に立った者は誰ひとりとしていないのだ。教皇アレクサンデル三世がその任を託したのはアルバノ枢機卿であった。

ラテラノ公会議のあと、さっそく、ナルボンヌ大司教は、管轄区のあらゆる高位聖職者たちに会議で決まった行動指針を伝えたが、その呼びかけに、司教も大修道院長も、誰ひとりとして応えなかった。そもそも大司教自身からしてまったく動こうとしなかったのだ。同じ頃、ランス大司教がフランドル伯フィリップ・ダルザスと一致協力し、すでに見たとおりのきわめて残虐なやり方で、異端者の逮捕、神明《しんめい》裁判、火刑に乗り出したのとはまさに対照的である。その結果〈北〉では、カタリ派の拡大が阻止されるとともに、その教会組織はほぼ壊滅してしまった。それゆえ、イノケンティウス三世がまずやろうとしたのは、オクシタンの高位聖職者たちをして彼らがとうぜん果たすべき義務に立ち戻らせることだった。むろん普通に考えるなら、手始めとして、異端がもっとも広がっている司教区をかかえている大司教区の最高責任者に対応を迫るべきところであった。すなわちトゥールーズおよびカルカソンヌの司教区を管轄するナルボンヌ大司教ベランジェである。ところが、のちに見るように、この高位聖職者はかなりの曲者《くせもの》で、教皇はこの男をまったく信用していなかった。やはり異端が浸透しているアルビ司教区は、ブールジュ大司教区に属しており、その大司教座はカタリ派が広がっている地方からかなり遠かった。そこでイノケンティウス三世が白羽の矢を立てたのは、トゥールーズからもっとも近い大司教であった。

　この選択は、ある意味でかなり逆説的である。オーシュ大司教区およびその管轄司教区は、すべてガスコーニュ地方にある。そしてこれらの司教区のいずれにおいても、カタリ派信者はこれまでひとりも確認されていなかった。トゥールーズ伯領あるいはフォワ伯領に隣接する地帯、すなわちレクトゥール、コマンジュ、クズランの司教区でさえ、そうであった。にもかかわらず、ガスコーニュではトゥールーズの影響が非常に強いことをよく知っていたイノケンティウス三世は、トゥールーズ伯レモン六世や彼の封臣の多くと密接な関係にあるオーシュ大司教ベルナール・ド・モントーなら、彼らに働きかけて、異端討伐に立ち上がらせることができるだろうと判断したにちがいない。

オック地方の地政学

ここで、のちにラングドックと呼ばれることになるこのヨーロッパの一地方を当時治めていた領主たちの顔ぶれをざっと見ておきたい。もちろん、一一九八年の時点で、この地方をラングドックという名のもとに一括してしまってよいかという疑問はある。というのも、当時、この地方は複数の帰属関係に分割されていたうえ、上位領主権が重なったり入り乱れたりしていたので、その勢力地図を描くとしても、あくまで参考程度のものでしかないだろう。

〈最高の名誉は一番の功労者へ〉ということわざがある。トゥールーズ伯領は、のちにアルビジョワ十字軍が進攻することになる諸国のなかでも、もっとも強大であった。とはいえ、レモン六世が支配する国々ははるか遠くまで及んでいたのであり、この伯領そのものは、トゥールーズという高地ラングドックの一地方にすぎないし、しかもこの国においてレモンは、少なくとも建て前上はフランス国王の封臣でしかなかった。レモンのもともとの領地は、ボーケールおよびローヌ河デルタに接するテール・ダルジャンスという小国であり、そこのサン゠ジルという町がレモン一族の発祥地であった。レモンはまた、ナルボンヌ公でもあった。それゆえ、彼はナルボンヌ子爵領にたいして上位領主権を持っていた。彼の最初の妻エルメサンド・プレが、持参金としてメルグイユ伯領をもたらした。彼はまた、ローヌの河向こうのプロヴァンス侯爵でもあり、つまりはドローム地方からデュランス川にいたるローヌ河一帯の支配者でもあった。この土地を、彼はドイツ皇帝の封臣として治めていた。

つぎにレモンの間接領地を見てみよう。レモン六世の宗主権は、ルエルグ、アグド、ニーム、ヴィヴァレ、ヴァランス地方、ディオワ地方の伯領ないし子爵領、アンドューズ、ソーヴ、アレスの所領、西はロマーニュ子爵領に及んだ。トゥールーズの近隣では、コマンジュ伯がミュレとサマタンの所領において、フォワ伯が低地伯領とサヴェルダンの町において、それぞれレモン六世に臣従の誓いをしていた。西側では、トゥールーズの影響は、イギリス王に帰属するアスタラック、アルマニャック、フェザンサックの伯領にまで達していた。ガロンヌ河とタルン川の北側では、ジャンヌ・ダングルテール——彼の四番目の妻、彼女はアリエノール・ダキテーヌとヘンリー二世プランタジネットの娘、ジョン失地王とリチャード一世獅子心王の妹でもあった——が、持参金としてアジュネとケルシーをもたらしたが、とうぜんながらイギリス王はその上位領主権を保持していた。それゆえレモン六世は、建て前からすれば、フランス王とイギリス王、容赦なく戦い合っているこのふたりの王、そしてはるか遠くのドイツ皇帝、それぞれの封臣であった。ということはつまり、事実上、彼は誰の封臣でもなかったのであり、いわば冠なき王であった。

一一九八年、彼は四十二歳、四年まえからトゥールーズ伯となっていた。父レモン五世がその在位期間の大半をアラゴン王アルフォンソ二世との戦いに明け暮れていたのにたいして、彼は、このトゥールーズ家とバルセロナ家の〈大戦争〉を終結させ、両家のあいだに末長い平和を確立すべく尽力することになるが、そのさい、本いとこであるコマンジュ伯ベルナール四世に大いに助けられた。このいとこは交渉事が巧みだったのである。先妻ジャンヌの死去から五年たった一二〇四年一月、レモンはペルピニャンでアルフォンソの後継者ペドロ二世の妹エレオノールと結婚する。この姻戚関係をさらに堅固なものにするため、レモン六世とジャンヌの子、のちのレモン七世も、アルフォンソ王のもうひとりの妹サンシーと結婚し、父親の義弟となった。かくして政治的に言うなら、レモン六世はまさに平和の王であった。

しかし宗教問題が残っている。十字軍の年代記者ピエール・デ・ヴォー＝ド＝セルネーが語るところによれば、この伯爵は、カタリ派の信者として、完徳者たちの説教を熱心に聴き、いつも「良き人」たちに付き添われ、必要な場合にはコンソラメントを受けるつもりだったし、さらに息子の養育を彼らに委ねたばかりか、二番目の妻ビアトリス・ド・ベジエも異端者たちに押しつけてしまった（しかも彼女を厄介払いするために！）。だがじつのところ、この修道僧の年代記者は憎しみのために真実が見えなくなっていたのであって、レモン六世が、生涯を通じてカタリ信仰よりもカトリック信仰に忠実であったことを、今日では誰も疑っていない。とは言っても彼は、多くの宗教施設にたいして横暴にふるまい、収奪を繰り返すことをためらわなかったし、その一方で異端者たちを寛大に扱い、彼らを迫害しようとはまったく思わなかった。というのも、異端者のなかには彼の廷臣たち、とりわけ彼自身の腹心が多く含まれていたからで、彼らを訴えたり、拷問にかけたりすることは論外であった。そのうえ性格的にも、彼は目立って寛容であり、温和であった。彼の誹謗者たちは、それは無関心と気の弱さにほかならず、だからこそ、十字軍の脅しに簡単に屈してしまったのだと言っているが、よくよく観察すれば、彼の政治センスは確かであり、狡猾な日和見主義と最悪の事態を回避するためにはどんな悪役でもやってのける大胆さとを兼ね備えていた。

一一八八年以来フォワ伯となったレモン＝ロジェ——ロマン主義文学に謳われた名高い完徳女エスクラルモンドの兄でもある(2)——は、アリエージュ渓谷の全域を支配していた。この地域は事実上アラゴン王の保護下にあり、サヴェルダンと低地伯領だけが、すでに見たように、トゥールーズ伯の支配下にあった。レモン＝ロジェは、そのほかにピレネー山脈の向こう側、バリダンやセルダーニャなどにもいくつか領主権を持っていた。一二〇九年にペドロ二世から封土としてオード川上流域のドネザンとカプシールを賜り、また息子の嫁エルメサンド・ド・カステルボンが、持参金としてアンドラ渓谷と、さらに南のコボエトおよびサン・ファンの渓谷をフォワ家にもたらしたことによって、レモン＝ロジェの領地はさらに大きくなった。

レモン六世とは対照的に、レモン＝ロジェ・ド・フォワはカタリ派と直接的かつ明白なつながりを持ち続けた。彼の妻フィリッパと妹のエスクラルモンドが完徳女になった――しかも彼の祝福を受けて――のに加えて、もうひとりの妹はワルド派信者であった。彼の封臣諸侯についても、ラバ家、シャトーヴェルダン家、ロルダ家、リュズナック家、ミルポワ家など、そのほとんどすべてが異端を信奉し、しかもその大部分は十四世紀のはじめまで異端を貫いた。そのうえ、レモン＝ロジェは過激な反教権主義者で、ときに教会や修道院に激しい迫害を加えることもあったし（とはいえ二十五年後には、自分の墓所をあえてブルボンヌ大修道院に選んだ）、もともと果敢で闘争的な性格だったから、教会が彼をまったく当てにしなかったのも、容易に納得される。そればかりか、十字軍が始まってからは、軍事面においても、レモン＝ロジェは十字軍のもっとも恐るべき敵となった。

トゥールーズ国とフォワ伯領の東隣に位置するレモン＝ロジェ・トランカヴェルの領地は、レモン伯国（トゥールーズ伯領と彼の広大な属領をときにそう呼んだ）を二分する広大な飛び地となっていた。レモン六世の甥（彼の妹アデライドの息子）であったトランカヴェルは、一一九四年以来、カルカソンヌ、ベジエ、アルビの子爵であり、またリムーの町を中心とするラゼスの領主でもあった。ところで、さかのぼって一〇六七年、彼の祖母ランガルド伯爵夫人はバルセロナ伯の宗主権を受け入れ、その保護下に入っている。一一三七年、バルセロナ伯はアラゴン王となったが、この北ピレネーの広大な子爵領の封土権を保持し続けたことは言うまでもない。しかし一種の緩衝国であるこの子爵領は、となりのナルボンヌ子爵領とともに、バルセロナとトゥールーズの対立抗争の火種となった。十二世紀の終わりに、レモン六世とペドロ二世の穏健政治によって均衡状態がもたらされたが、それでもトランカヴェルはアラゴン王の封臣としてとどまった。一方、ナルボンヌ子爵エムリーは、一時期離脱していたトゥールーズ伯の宗主権下にまもなく立ち戻った。

レモン゠ロジェ・トランカヴェルがカタリ派にたいしてどれほどの共感を寄せていたか、正確なところはまったく分かっていない。彼の父ロジェ二世についてはもっとよく知られており、父はアルビ司教を迫害したかどで破門され、異端を公然と保護したとして、一一八一年の予備十字軍の攻撃対象となった。ともあれ、レモン゠ロジェの封臣たち、側近たち、宮廷の役職者たち、具体的な名前を挙げれば、ベルトラン・ド・セサック（レモン゠ロジェが幼少の頃、子爵領の摂政だった）、ギヨーム・ド・ミネルヴ、レモン・ド・テルム、ギヨーム・ド・ロクフォール、ピエール゠ロジェとジュルダンのカバレ兄弟、ギヨーム・ド・ペルペルチューズ、そして奉行たち、イザルン゠ベルナール・ド・ファンジョー、ギヨーム・アサリ、ユーグ・ド・ルーマングー、彼らはいずれもカタリ派信者であったり、また完徳者や完徳女の親戚であったりで、やがては「良き人」の教会に身を捧げ、時至れば、フランス国王の征服軍と戦うことになるだろう。それゆえ、彼らの共通の領主であるトランカヴェルが、彼らの信仰する宗教を迫害して、彼らの反発や離反を招くようなことをあえてしたとはとうてい思われない。一方、エムリー・ド・ナルボンヌの場合、この時代、彼の領地には異端信仰はほとんど入り込んではいなかったが、いずれにせよ、影の薄い優柔不断な君主という印象で、十字軍への対応もまったく日和見主義的であった。

話を西のガスコーニュ地方に戻せば、当時、この地にはまったく異端者はいなかったが、事件の拡大によって、まもなくこの問題に巻き込まれることになる。封建的主従関係の緊密な絆や家系的連帯意識ゆえに、この地の多くの有力貴族たちは、十字軍に脅かされているトゥールーズやフォワを救うべく自発的に立ち上がるが、そのために彼ら自身も十字軍の攻撃にさらされることになる。十字軍はコマンジュ、クズラン、ビゴールに容赦なく攻撃を加え、一説によれば、戦火はベアルンまで及んだと言われている。コマンジュやクズランの司教たちは、征服者たちの大義名分にすっかり加担していたために、地元の騎士たちが反十字軍に加わらないよう説得することも、また十字軍兵士たちの残忍な破壊活動をやめさせることもできず、手をこまぬいているばかりだった。ちなみに、コマンジュ伯ベルナール四世は一二〇一年以来アラゴンのペドロ二世の封臣となっていたが、彼はレモン六世の本いとこであり、またステファニー・ド・ビゴールと結婚している。彼の弟ロジェはクズラン子爵であり、またピレネーの山向こうのパリャーズ伯でもあった。ベアルン子爵ガストン六世はカタルーニャの出身で、コマンジュ伯同様、ペドロ二世の封臣であった。ガストン六世はベルナール六世とステファニーの娘ペトロニーユと結婚したが、ペトロニーユは、持参金として、母から受け継いだアラゴンの封土であるビゴールのほか、マルサン、ガバレ、ブリュロワの子爵領をもたらした。これらの子爵領は、ガスコーニュ公の封土であり、つまりはイギリス王家に属する土地であった(3)。

以上、オック地方のまるでパッチワークのような封建地勢図をざっと粗書きしてみたが、じっさい、この地方はフランス王国の南部であると同時に、アラゴン王国の北部でもあり、さらにはイギリスや神聖ローマ帝国に属する土地もところどころにあり、さまざまな主従関係が複雑に隣り合ったり、混じり合ったりしている。しかもこの地勢図を完全なものにするには、さらにピレネー山脈の南側の国について触れないわけにはいかない。それはバルセロナであり、この国もオック地方の異端迫害事件に大きな役割を果たすことになる。バルセロナ伯レモン＝ベランジェ五世が、結婚によってアラゴン王になったのは、一一三七年のこととされている。彼の孫ペドロ二世は、一一九六年、二十一歳にして、ピレネー山脈の南側、エブロ河流域から始まって、山脈の北側にまで支配圏が広がる、じつに広大な封建国家を継承した。ペドロ二世は、その体格からして巨魁であった。喧嘩好きで放蕩者、きわめて浪費家でもあったが、同時に教養豊かで詩歌を好み、とりわけトゥルバドゥールたちが彼を褒めたたえる詩を歌うときはご満悦だった。それはともかくとして、彼はフランス王国の南を支配する最強の君主であった。じっさい、彼の領土はカスティーリャやナバラのそれよりもはるかに広大だった。

彼が統治していた土地を西からあげていくと、まずベアルン子爵領（カタルーニャのモンカド家が治めている）、ビゴール、アラン渓谷（一二〇一年にコマンジュ伯に封土として与えたが、それは、ミュレ、サマタン以外の伯領に関して、彼がペドロ二世に臣従を誓った見返りである）、高地フォワ伯領の一部（他の伯領もペドロ二世の保護下に置いてもらっている）。さらにタルン川から高地コルビエールまでのトランカヴェルの領地も彼の封土だった。その南にはフヌイエード、コンフラン、ヴァルスピールの子爵領とルシヨン伯領。もっと北ではジェヴォーダンとミヨー子爵領。ローヌ河の向こう側、デュランス川から海にいたるまでのプロヴァンス伯領は、一一一二年にレモン＝ベランジェ三世が継承したが、この当時はペドロ二世の弟アルフォンソの領地となっていた。アルフォンソは、結婚によって、さらにフォルカルキエ伯領を手に入れた。最後に、ペドロ二世は、一二〇四年、モンペリエの相続人と結婚することによって、低地ラングドックの領主権を獲得した。この領主権は強大であり、貴族たちの羨望の的であった。

一〇六八年以来、アラゴン王国は聖座の封土であった。言うまでもなくそれは、歴代アラゴン王にとって、教会とカトリック信仰に忠誠を誓うべき義務を意味した。じっさい宗主であるイノケンティウス三世から王冠と剣を授かりにローマに行く六年まえに、ペドロ二世は、一一九八年二月、ヘローナで、異端者たちにたいし、彼自身の王国とすべての封土から復活祭までに立ち去るべきこと、従わない場合には死刑に処し、財産も没収することを付した勅令に署名している。そのうえ当該地域において、三日以内にこの追放令を公布することを怠った領主や町にたいしては厳罰で臨むとされていた。とはいえこの勅令は、アルフォンソ二世がリェイダ公会議において承認させた法令の焼き直しと言ってもよかった。このことは逆に、その法令が何の効果もなかったことを物語っている。一一九八年の勅令が、それ以上の成功を収めたと言えるかどうか、かなりあやしいものである。

一二一二年七月、ナバス・デ・トロサの戦いでスペイン内のイスラム連合軍に勝利したことから、ペドロ二世は「レコンキスタ」〔七一一～一四九二年までイベリア半島を支配したイスラム教徒にたいし、主としてキリスト教徒スペイン人が企てた国土回復運動〕の英雄とされ、「カトリック王」という異名を頂戴したほどだが、一一九八年の勅令のときから、この異名にふさわしいほどに、彼の封臣、親族、同盟者たちの領地に広がった異端信仰との戦いに熱心であったとはお世辞にも言えないだろう。ヘローナで公布された勅令も、まったく形ばかりのもので、王が異端の問題を真剣に受け止めていたというわけではまったくない。もちろん、あとで見るように、そうしたポーズを示すこともときにはあったが……。

彼がオクシタンに無関心だったというわけではもちろんない。それどころか、この土地をめぐって、彼はきわめて巧妙な政略を駆使していた。一二〇一年にコマンジュ伯とのあいだで行ったように、自分の宗主権を受け入れる地域を徐々に拡大することによって、みずからの威光を高めながら、とりわけトゥールーズ伯領を平和裏に自分の支配下に置こうと目論んでいたのだ。たしかにトゥールーズ伯がフランス王家との主従関係を正式に解消し、ペドロ二世の傘下に入ったのはかなり遅く、十字軍が始まってからのことであった。しかしすでに一二〇四年には、同盟関係が結ばれていたのであり、もちろんその理由のひとつはレモン六世とペドロ二世の妹エレオノールがペルピニャンで結婚したことにあっただろうが、けっしてそればかりではなかった。

その四ヵ月後、つまり一二〇四年の四月、レモンとペドロはミヨーで会見した。アラゴン王は、ローマに行って教皇から王冠を授かるのに、巨額のお金を必要としていた。そこで義弟となったレモン六世が、彼にメルグイユ硬貨で十五万スー（じっさいかなりの金額である）を貸与し、その担保として、ペドロ二世はレモン六世にミヨーおよびジェヴォーダンの伯領を提供した。そればかりか、ふたりは、ペドロの弟であるプロヴァンス伯アルフォンソとともに、やはりミヨーで三者間の防衛同盟を結んだ。しかもそれは「あらゆる敵」を想定する無制限の同盟であった。現在バルセロナのアラゴン王室資料館に保存されているこの同盟の記録は、奇妙なことに十字軍を研究するフランスの歴史家たちから不当に無視されているが、レモン六世が教皇の命令にどうして従おうとしなかったか（彼は、万一教皇と衝突した場合にも、強力な君主を当てにすることができた）ということから、ペドロ二世がどうしてトゥールーズ側について十字軍との戦いに加わったのか（彼とすれば、自分の約束を忠実に果たしただけのことだ！）ということにいたるまで、この記録は多くの事実を明らかにしてくれる。

六月、ペドロ二世はマリ・ド・モンペリエと結婚した。十月、多くの随員とともに、マルセイユで船（五隻のガレー船）に乗り、イタリアに向かい、オスティアに上陸した。一行は、枢機卿やローマ市参事会員などの盛大な歓迎を受けた。そして十一月一日、イノケンティウス三世は封臣であるアラゴン王の頭に冠を載せ、それにたいして、王は忠誠を誓い、年貢を納めることを約束するとともに、自分の王国を聖ペテロに捧げることを宣言した。

高位聖職者たちの粛清

その間、トゥールーズ伯領においても、その近隣の公国においても、一一九八年四月以来、何ひとつ変化はなかった。知られているかぎり、イノケンティウス三世からの書簡にうながされて、オーシュの大司教が具体的な行動を起こした形跡はまったくない。おそらくは、教皇のほうでも、それほど大きな幻想は抱いていなかった。じっさいその三週間後、四月一日の勅令がどのような結果を生むかを確かめる間もなく、教皇は、エクス、アンブラン、アルル、ヴィエンヌ、リヨン、ナルボンヌ、タラゴナの大司教と付属教区長、および「それらの大司教区内のすべての君主および領主、そしてすべての住民」に向けて、いわば総動員令を発するべく、書簡を送った。その書簡で教皇は、自身の顧問であり聴罪司祭でもある修道士レニエと、同じくシトー会修道士であるギーに、異端者とその幇助者を取り締まるための方策がじっさいに講じられているかどうかを監視する使命と、その方策に抵抗する者を破門し、その土地を聖務停止にする権限を与えたうえで、彼らを当地に派遣したことを付け加えている。教皇は、すべての人にたいし、「異端者との戦いに立ち上がる」よう命じ、彼らと戦う者には「聖ペテロや聖ヤコブの聖地巡礼者に与えられるのに等しい罪の赦免」を与えることを約束した。そのうえ、すべての世俗権力者たちに、教皇の命に従わない者、すなわち土地を去ることを拒否する異端者たち、彼らを保護することをやめようとしない共犯者たちの財産を没収する義務が課せられた。

このときから、イノケンティウス三世の心中では、異端幇助者たちの財産を没収するという考えがますます膨らんでいった。そしてこの考えこそが、のちに見るように、十字軍の企てを法的に根拠づけ、正当化することになった。というのも、財産没収の原則が明確に表明されることによって、法的効力を持つようになったからである。一一九九年三月二十五日、イノケンティウス三世は、ヴィテルボでこの原則に法的根拠を与える教書を発布した。すなわちこの世の最高司法機関でもある教会は、公共利益に反する罪を犯した者からその財産を没収する権利を有するが、その罪の最たるものが異端だという論理である。君主および領主は皆、こうした財産没収を執行することが義務づけられ、もし違反した場合には、教会法にもとづく懲罰を受ける。すなわち破門と聖務停止である。かくしてイノケンティウス三世は、古代ローマ帝国法から大逆罪の概念を借り、それを異端者およびその幇助者に適用することで、弾圧の法制化に向けて決定的な一歩を踏み出したわけだが、しかし彼の異端との闘いはまだ道半ばであった。異端がはびこっている地方の「すべての君主と民衆が」彼の命令に従わなければ、何ひとつ解決しないのだ。

教皇はじきに、つぎのふたつのことを思い知った。まずは領主たちと民衆がまったく動こうとしないために、異端にたいするどんな対策もいっこうに効果があがらないこと。つぎに聖座と領主および民衆とのパイプ役であるべき地方の高位聖職者が罪深い無関心と不精を決め込んでいること。こうした二重の障害を取り除くべく、イノケンティウス三世は、強力な二面作戦を展開することを決意した。まず、当初は単なる使節として現地に派遣した修道士レニエとギーに、正式な教皇特使の資格を授けたうえで、民衆には異端信仰に背を向けさせ、権力者たちには異端撲滅の戦いに立ち上がらせるべく、説教活動を行うよう命じた。イノケンティウス三世は、それと同時に、当地の高位聖職者たちの無気力・無関心という障害を取り除く方策として、厳しい粛清政治を断行した。教会内の綱紀粛正なくして、異端と戦いカトリック信仰を守り抜くことができようか。その口実としてまず利用したのは、聖職者たちの目に余るスキャンダルであった。その一例をあげれば、ローラゲのサン＝ミシェル＝ド＝ラネスの司祭アルノー・バローは、完徳者およびその信者たちと親しく、彼らの家に食事に招かれることもたびたびであった。おまけに彼は、サイコロ遊びに明け暮れ、教区の信者が臨終を迎えても、終油と悔悛の秘跡を授けるのを怠るほどで、教区民の顰蹙《ひんしゅく》を買っていたが、監督の立場にある高位聖職者たちがしっかり仕事をしてさえいれば、こうした不祥事はけっして起きなかったはずである。

教皇は、一一九八年四月一日、第二の勅書をオーシュの大司教に送り、聖職禄の二重取得を禁じること、職務怠慢の聖職者に制裁を科すこと、また遍歴僧には所属する修道院に戻るよう命じることを委託した。高位聖職者たちのなかには、これが自分たちへの威嚇であることをすぐに察した者もいたようだ。ともあれ、カルカソンヌの司教オトンは先手を打った。高齢であり、また二十一年にもわたって司教職にあったことを理由に、早くも一一九八年中に辞表を提出した。十二月二十三日、イノケンティウス三世は、教皇特使レニエとナルボンヌの大司教に書簡を送り、この辞任を受け入れるよう伝えた。かわりに司教の座に就いたのは甥のベランジェだった。彼は大聖堂総代理であり、異端の弾圧に熱心だという評判も高かったようだ。じっさい司教になってからも異端にたいして強硬な姿勢をとり続けたために、カルカソンヌの住民たちは、彼との交渉をいっさい断つことを互いに申し合せることで職務不能に陥らせ、この司教を追放してしまった。その後任となったのがベルナール＝レモン・ド・ロクフォールで、モンターニュ・ノワールと西ピエモンテに領地を持つ大貴族の家柄であった。ところが、彼の母は完徳女であり、兄弟のうち三人が完徳者だった。しかもカルカソンヌの住民たちがあえて彼を選んだのは、まさにそのためだったらしい。一二一一年になってようやく、十字軍の力によって、今度は彼が追放され、十字軍とともにやってきた筋金入りのシトー会修道士が引き継いだ。ヴォー＝ド＝セルネー大修道院長ギーで、年代記者の僧ピエールの叔父である。

ベジエ司教ギヨーム・ド・ロクセルも、カタリ派との関係こそなかったものの、カルカソンヌ司教以上に安泰というわけではなかった。教皇特使の横暴な振る舞いに自尊心を傷つけられた彼は、一二〇三年、特使が異端の市参事会員たちに異端放棄の宣誓をさせようとしたのをやめさせたばかりか、また自分から彼らにそれを要求することも拒み、さらには特使のお供をしてトゥールーズに行くことすら拒否した。そのため、教皇特使は彼を職務停止とし、一二〇四年二月にはその処分を教皇が追認した。同じ年、イノケンティウス三世は、内縁関係を結び、風紀を乱したとして告発されたヴァンス司教についても調査するよう命じ、さらに司教区をすっかり荒廃させてしまったヴィヴィエ司教を辞職させた。一二〇五年五月、今度はアグド司教が気がかりの種となった。教皇特使から、彼についてよからぬうわさが広まっているという報告があったのである。教皇はさっそく調査を命じたが、司教は、彼の兄であるモンペリエ伯ギヨーム三世の子供たちの後見人も務めており、まったく問題ないことが判明した。そのうえ彼は、一二〇一年、八人の異端者を投獄している。

一二〇〇年、トゥールーズ司教フュルクランが亡くなったが、司教区を借金だらけの破産状態のまま放置していたことから、すっかり信用を失っていた。後継者選びでは、敵対する分派同士の野望と陰謀が渦巻いたが、結局、アジャン教会総代理のレモン・ド・ラバスタンが選ばれた。それから三年後、司教は封臣のひとりを相手取った私闘のために司教区の資産をあらかた使い果たしてしまい、それを知った教皇特使は調査に取りかかった。その調査の過程で、司教選挙のさい、彼が選挙人を買収したことが発覚し、聖堂主事とともに、聖職売買の廉で告発された。一二〇六年二月五日、彼の後継者が職務に就いた。プロヴァンスのトロネ大修道院長フルクである。ジェノヴァの裕福な商人の息子で、かつてはフォルケ・ド・マルセイユという名前でトゥルバドゥールとして世に知られていた。愛の失意と贔屓《ひいき》にしてくれていたパトロンの死のために、信仰の道に入ったと言われている。トゥールーズ司教としての職務はけっして楽な仕事ではなかった。やがて十字軍が始まると、その熱心な支持者としてシモン・ド・モンフォールに協力したが、住民たちの無数の妨害行為に耐えねばならなかった。彼の辣腕をもってしても、彼らを抑え込むことはむずかしかったのである。

　こうした一連の粛清策のなかでも、もっとも重大でしかも困難を極めたのは、ナルボンヌ大司教ベランジェを標的にしたものだった。もっとも重大と言うのも、この大司教座は第一ナルボネーズ〔ローマ時代、現在の南仏一帯は大ナルボネーズと呼ばれていたが、四世紀に三つに区分され、そのひとつであるトゥールーズを中心とした地域が第一ナルボネーズと呼ばれた〕全体に及ぶきわめて広大な地域を管轄していたからであり、しかもこの地方の多数の司教区——トゥールーズ、カルカソンヌ、ベジエ、アグド、マグローヌ——が、直接的にせよ間接的にせよ、異端問題を抱えていたのである。それゆえ、本来であれば、大司教はカトリック信仰の模範となる生活を送るとともに、みずから率先して反異端の熱意を示し、管轄下の司教たちを促したり、世俗権力者たちに圧力をかけたりすべきところだが、じつのところ、彼の職務怠慢はじつにひどく、なかなか腰を上げようとしない司教たちばかりか、さきに例を挙げたアルノー・バローのようなもっともうさんくさい田舎司祭さえも及ばないほどだった。小教区のしがない田舎司祭であれば、貧乏を言い訳にすることもできただろうが。

一二〇〇年の末には、イノケンティウス三世はすでに特使からベランジェについての報告を受けていた。十一月、教皇は特使に調査を命じたが、そのさい、彼はこう言い捨てた――「この坊主にして、この民あり」。じっさいこの高位聖職者は、教会収入を横領して不正蓄財を重ねているばかりか、放埒きわまりない生活を送っていることが判明した。彼は、十三年にもわたって一度も監督管区を視察したことがなかった。さらにアラゴンの傭兵団を雇って、自分の城館のひとつに常駐させたり、大修道院長や司教の選挙のさいには、候補者から金を要求したり、愛人たちを引き連れて狩りに明け暮れたり……。一二〇三年五月三十日、教皇は彼に辞職を勧告した。ところが、ベランジェはその勧告を無視した。一二〇四年一月、教皇はふたたび勧告したが、あいかわらず何の返事もなかった。五月になって、教皇は特使に書簡を送り、ベランジェを解任し、後任を指名するよう指示した。さすがのベランジェも、今度はようやく動いた。とはいえ辞任するどころか、教皇に直訴するという手段に出たのだ。十一月には、名誉棄損と不当な迫害を受けたとして、教皇特使を告訴している。

一二〇五年六月、イノケンティウス三世は彼をローマに召喚した。ベランジェは、冬になってようやくローマに赴き、じつに巧みに弁明したため、教皇は、改心の実を示すべく、しばらくの猶予を与え、それから数ヵ月後、特使たちにベランジェをそのままそっとしておくようにと指示した。ところが、ふたたび苦情が聖座に殺到した。一二〇七年五月、教皇はふたたび辞職を命じた。それもむなしく、一二〇九年、十字軍が到来したときにも、あいかわらず彼は大司教の地位にあった。彼は十字軍の首脳部、とりわけシトー大修道院長アルノー・アモリーにたいして忠誠を誓い、異端者取り締まりの法令を発布し（まさに間一髪というところ！）、さらに一二一〇年夏には、ミネルヴの攻囲に加わった。これほどの曲者《くせもの》だったため、彼を完全に厄介払いするには、野心満々で執念深いアルノー・アモリーのような男が必要だったのだ。かくして、一二一二年三月十二日、このシトー大修道院長がいわばごり押しでナルボンヌ大司教の座に就いた。

教皇特使の任務

以上のように、高位聖職者たちの粛清はとうてい一筋縄では行かなかったが、正統信仰を守るために世俗勢力を動員すべく、教皇の派遣者たちが直面した困難も、それに劣らず大きかった。だがイノケンティウス三世といえども、最初から強硬手段に訴えようとしたわけではなかった。一一九六年にはレモン六世が、教会にたいする犯罪行為を理由に、ケレスティヌス三世によって破門された。しかしその後を継いだイノケンティウス三世は、早くも一一九八年四月二十二日、修道士レニエを通じてレモン六世を赦免し、同年十一月四日には正式に許しを与えている。しかし何ヵ月が過ぎても、世俗権力者たちからは何の動きも見られなかった。唯一明確な意思表示をしたのは、熱心なカトリック信者であるモンペリエの領主ギヨーム三世だけであった。

ところが、異端と戦おうにも、彼の力は限られており、教皇に援軍を送るよう要請しなければならなかった。イノケンティウス三世は、一一九九年七月、彼の願いを聞き入れるとの書簡を送り、レニエを正式の特使として指名した。そのさい、教皇は特使の任務を新たに規定したが、その文面から、レニエが政治活動よりも僧院生活をはるかに好んでいたことがうかがえる。じっさいレニエはたいした成果を上げることもなく、一二〇〇年七月にはイタリアの修道院に帰って、静かな観想生活に戻った。イノケンティウス三世は、かわりにベネディクト会修道士ジャン・ド・サント゠プリスクを選んだ(ちなみに、彼はケレスティヌス三世のもとで特別聴罪司祭を務めていた)。しかしこの新しい特使は、フランス王宮への臨時大使にも任命されたため、ラングドックにはほんのわずかしか滞在しなかったし、しかも高位聖職者たちの綱紀粛正のほうに力を注がねばならなかった。

一二〇一年の末、特使が不在のため、イノケンティウス三世はレモン六世に宛てて直接書簡を送り、異端者たちを追放し彼らの財産を没収することが彼の義務であることをあらためて伝えたが、それも梨《なし》の礫《つぶて》だった。それからさらに二年が経過したが、その間、教皇代理人たる特使たちはほんのわずかな結果も得ることはできなかった。いまや人間を、そして方法を変えねばならない。

一二〇三年の秋、新たにふたりの教皇特使がナルボンヌに到着した。ひとりはラウル・ド・フォンフロワドで、コルビエールのシトー会修道院の静寂のなかから引っ張り出された。もうひとりはピエール・ド・カステルノーで、マグローヌ聖堂の元総代理、また一時レニエを補佐したこともあった。ふたりは、ベランジェ大司教にトゥールーズまで同伴することを要請したが、大司教は断った。そこで今度は、ベジエの司教に当たったが、彼も拒否した。特使たちは、地元の高位聖職者を同伴すれば、住民にインパクトを与えるだろうと考えていたのだが、結局、自分たちだけでトゥールーズに赴くことになった。それでもなんとか、十二月十三日、市参事会から、全住民の名のもとに、ローマ教会とカトリック信仰への忠誠の誓約を得ることに成功した。ただしそれは、両名の教皇特使がトゥールーズの住民の自由と慣習を侵害しないことを約束し、また誓約することに同意した異端の被疑者たちすべてに赦免を与えるという条件付きであった。それゆえ、誓約することを拒まないかぎり、誰ひとりとして身の安全と自由を脅かされることはない。トゥールーズの住民たちは、こぞってよきカトリック信者であり続けることを宣誓した。教皇特使が市民生活に介入することを回避するには、それが最良の方策であった。

一刻も早く目に見える具体的成果を得たいと願った教皇は、一二〇四年一月二十四日、ラングドックのすべての高位聖職者たちに書簡を送り、教皇特使に全面的に協力するよううながした。さらに、ナルボンヌ聖堂参事会員ひとりとヴァルマーニュ大修道院長を異端対策のための説教師に任ずるとともに、シトー大修道院長アルノー・アモリーに書簡を送り、所属修道士のなかから、説教師を補佐するのにふさわしい人物を選び出すよう指示した。

その一方で、異端者とその幇助者にたいして、いずれ近いうちに武力に訴えねばならなくなる時が来るだろうということも、つねに教皇の念頭にあった。しかしこの一二〇四年、そのために必要な軍隊を現地で調達することはとうてい不可能であるという事実をはっきり思い知った。彼がそうした苦い現状認識に至った一因は、この年、一二〇〇年代初頭の異端をめぐる緊迫した状況からすればまったく思いがけない奇妙な事件が起きたことにあった。

一二〇四年一月にペルピニャンで行われた妹の結婚式から、ミヨーで攻守同盟を結ぶことになる同年四月までのあいだ、アラゴン王ペドロ二世はラングドックにとどまっていた。彼は以前から「異端について、みずから知識を得たい」旨の意向を周囲に洩らしていたが、この滞在を利用して、カルカソンヌでワルド派およびカタリ派とカトリック教会が論争する大討論会を開くことを思いつき、カタリ派からはカルカセス教会の司教ベルナール・ド・シモール——彼は十二人ほどの「良き人」を引き連れてやってきた――を召喚するとともに、カトリック側からは、司教ベランジェのほか、ふたりの教皇特使にも討論に加わるよう要請した。論争は三日にわたって行われたが、この論争の記録を調べても、異端信仰について、実質的に新しい情報は何も得られないだろう。ともあれ、カトリック側は、論争相手は異端であると宣告し、彼らを断罪する廻状を「キリストを信ずるすべての人々」に向けて公布したが、その廻状にはペドロ二世も署名している。それによって彼は、みずから発したヘローナ王令を忠実に守り、カトリック信仰の守護者にして異端の敵であることをあらためて世に示したわけである。しかし異端者たちがその信仰をおおっぴらに表明しても、官憲を差し向けて即刻逮捕するどころか、王自身、自分の封土である町のひとつで、彼らを公的な場に招き、まったく自由に発言させていたのだ。もちろんそんなことは、ヘローナ王令には織り込まれていなかった。

フランス王への訴え

いずれにせよ、ヨーロッパのこの地域最強の世俗権力者であるペドロ二世のこうした振る舞いを、教皇としても、かなりうさんくさいと考えないわけにはいかなかったはずである。ペドロ二世は、表向きは断罪の姿勢――それはまったく形ばかりであったが――を見せながら、事実上は罪深い寛容の模範を示すことによって、封臣や同盟者に自分たちのこれまでの姿勢をまったく変えなくともよいというお墨付きを与えてしまったのだ。

ペドロ二世が討論会に参加する異端者に発言の自由と身の安全を保障したことと、六月、イノケンティウス三世が彼に書簡を送り、カトリック王としての義務を守るよううながしたことのあいだには、何らかの関連があったかもしれない。彼の気を引くために、教皇は、もし彼が異端者から資産を取り上げたなら、その資産を完全に彼の所有物として与えるとさえ表明した。そこでペドロ二世は、きわめて巧妙な、しかもややあくどい計略をめぐらした。タルン川のアルビ上流にあるレスキュールは異端者の巣窟だと言われており、そこで彼はこの町を占拠した。ところがこの土地は聖座の封土であり、そのため住民たちはアルビの司教に年貢を納めていた。教皇は派遣特使に命じて、このレスキュールの町をペドロ二世に封土として与えるほかなく、そのため、今後、年貢はペドロ二世に納められることになった。ペドロ二世はまさに一挙両得であった。彼はイノケンティウス三世にたいして忠誠の証を示すと同時に、わずかとはいえ年貢の入る封土を手に入れたのである。しかも自分の封臣たちやその陪臣たちにはまったく損害を与えることなしに！

これら一連の事件からイノケンティウス三世が得たおもな教訓は、地元の権力者たちはほとんど頼りにならないということであった。そもそも王からして、これほど異端に寛大なのだから、あとは推して知るべしである。カルカソンヌの有力者たち、トランカヴェルの廷臣たち、子爵領の領主たち、彼らは誰ひとりとして、異端者たちにほんの少しの敵意も示さないし、異端者たちが自由な討論に参加することを、誰もがごくとうぜんのことだと思っているらしい。

こうした状況をふまえて、イノケンティウス三世は、五月二十八日、フランス王フィリップ・オーギュストに書簡を送った。オック地方の異端問題に介入し、教会法によって定められた弾圧策を実行するよう、王自身に訴えたのである。「異端を自分の領地から根絶しようとしないばかりか、異端をあえて守ろうとする領主、騎士、そして市民の財産を没収し、すみやかに彼らの土地すべてを王領に併合していただきたい……」。

そのうえで教皇は王にたいし、この戦いに立ち上がるなら、称賛すべき行動から得られる「世俗的栄光」に加え、「聖地奪還のために海を越えて行く戦士たち」と等しく、罪の赦免が与えられることを約束している。真相は明らかである。いまや教皇自身が、東方十字軍に倣った武力行使によって、「アルビの国」を征服することをフランス国王に教唆しているのだ。異端を根絶するには、それ以外に方法はないと教皇は考えたのだろう。以上のことから、教皇に選出されてからヴィテルボ教書の発布にいたるまでのあいだに、イノケンティウス三世の心中にどのような変化が起きたのかがはっきりする。すなわち、財産没収という処分の適用範囲を、文字どおりの意味での異端者たちばかりでなく、その共犯者、幇助者にまで広げるということである。この原則を積み重ねることによって、アルビジョワ十字軍はようやく可能になったのだ。

五月三十一日、教皇は、ラウル・ド・フォンフロワドとピエール・ド・カステルノーに加え、新たにシトー大修道院長アルノー・アモリー自身をふたりのうえに立つ特使として任命した。スケールの大きな人物で、アルビジョワ事件全体を通じて卓越した役割を演ずることになるだろう。彼はカタルーニャ人だった。ときにナルボンヌ公の家系と言われたが、確証はない。ともあれ、彼が記録に現れるのは一一九六年のことで、タラゴナ近くのポブレ修道院長としてである。一一九八年、トゥールーズから十里〔約四〇キロメートル〕ほどのところにあるグランセルヴのシトー会大修道院に行き、三年間院長を務めたのち、シトー会全体を統率することになった。ただし彼は、イノケンティウス三世によって異端対策に駆り出された最初のシトー会士というわけではない。一一九八年には修道僧ギーが任命され、ついでラウル・ド・フォンフロワドが選ばれ、しかもまだ在任中だった。しかしアルノー・アモリーがいわば〈上席特使〉として任命されたことで、カタリ派との戦いにおいてシトー会がいっきょに重要な役割を果たすことになった。つまりシトー会はこの戦いの先兵になったのである。イノケンティウス三世は、さっそく、この三人の修道士をフィリップ・オーギュストのもとに派遣し、五月二十八日付の書簡の趣旨にしたがって、国王を説得するよう指示した。

この書簡にたいして、国王は返答すらしなかった。

そのため、ラウル、ピエール、そしてアルノー・アモリーは、二年にわたって、ラングドックの国中を駆け巡り、民衆に説教し、カタリ派信者とその同調者たちと議論し、異端者を保護する領主たちには彼らを厳しく取り締まるよう説得した。一二〇四年には、異端者を滞在禁止とする旨の慣習法がモンペリエで発令され、ついでカルカソンヌもそれに倣った。この慣習法は、教皇特使の任務遂行を容易にしたはずである。それでもなお、彼らの宣教活動は、異端社会にたいして、とりわけカタリ信仰の社会基盤である貴族階層にたいしては、何の効果も及ぼさなかった。彼ら自身、自分たちの無力さをじゅうぶん認識していた。やがて無力感から絶望に落ち込んでいく。

この年の終わりには、ピエール・ド・カステルノーが最初に「音《ね》を上げて」しまった。彼はイノケンティウス三世に特使の任務を解き、修道院に帰らせてくださるようにと願い出た。教皇はこの願い出を受け付けなかったが、その意味するところは理解した。つまり、状況を打開するために新たな方策を講じなければ、すべては水泡に帰するということだ。

一二〇五年一月十六日、ついで二月七日、イノケンティウス三世はふたたびフィリップ・オーギュストに働きかけた。「領主諸侯に異端者の財産を没収するよう命じていただきたい。また異端者を領地から追放することを拒否する領主にたいしても、同様の措置を講ずるようお願いしたい……」。さらに教皇は、国王に当地に赴いて三人の特使と力を合わせ、「この事件を解決すべく、精神の剣に本物の剣を加えてほしい」と懇願している。

十字軍兵士の免罪、異端者を保護する領主や貴族から財産を没収すること、軍事と宗教の二面作戦。こんなふうにイノケンティウス三世は、のちにアルビジョワ十字軍と呼ばれることになる企てを驚くほど明確に構想していたのである。

ところが、国王からはあいかわらず何の返答もなかった……。

無益な宣教活動がさらに何ヵ月も続けられる。やがて一二〇六年を迎えた。ミルポワで六百人の完徳者が集まり、カタリ派教会の公会議が開かれたが、そこにはカタリ信仰に帰依する三十五人の共同領主たちも臨席した。エール川畔にあるこの城邑は、当時、五十もの異端者の家があり、また助祭のレモン・メルシエが公開の場で民衆に説教していた。また百人以上もの信者の名前が分かっているが、もちろんレモン・ド・ペレイユもそのひとりである。レモン・メルシエと完徳者レモン・ブラスクーが、おそらくは公会議から委任されて、当時廃墟となっていた要塞村モンセギュールをカタリ派教会のために再建することを依頼した相手が、まさしくレモン・ド・ペレイユであった。

この一二〇六年の夏、三人の教皇特使がモンペリエに滞在していたのは、けっして偶然ではない。トゥールーズからナルボンヌ、そしてベジエにいたる一帯の住民たちがますます彼らに敵意を示すようになっていたのにたいして、正統信仰の牙城であるこの都市は安全な避難所を提供してくれたのである。そのうえ、彼らは揃って辞任の意思を固め、連名で辞表を聖座に送ろうと決めていたのだ。

だが彼らが辞表を送ろうとしていた矢先、思いもかけず、ちょうどローマからカスティーリャに帰る途中のふたりの旅行者と面識を得た。オスマの老司教ディエゴ・デ・アセボと同聖堂参事会員で修道院副院長のドミンゴ・デ・グスマン、のちの聖ドミニコである。

聖ドミニコ

ドミニコは、一一七五年頃、ドウロ川上流渓谷の寒村カレルエーガに生まれた。土地持ちの裕福な家の出で、パレンシアの学校で自由学芸を学んだあと、二十五歳までにはオスマ大聖堂参事会に入っている。古い伝記によると、彼はまじめで内向的であり、ひたすら苦行に励んだが、その一方で曇りのない善意にあふれ、積極的に行動を起こすこともできた。じっさい彼は、孤独な神秘的瞑想と熱心な宣教活動を同時に好む、かなり矛盾した性格の人物だったようだが、彼の天才の秘密もこうした二重性に潜んでいたにちがいない。明らかに彼は、この時代において、カタリ派を理解することができた唯一のカトリック聖職者であった。彼の心は、他者にたいして大きく開かれているとともに、深い熟慮に裏付けられたゆるぎない決断力をもそなえていた。彼は、カタリ派信者に劣らず、使徒的生活への強いあこがれを抱いていたが、自分の属する教会を深く愛していたので、教会を裏切ろうとはつゆ思わず、ただひたすら教会とその信仰に仕えたいと願っていた。

オスマ司教とドミニコのふたりは、カスティーリャ王の大使としてデンマークに赴いたが、その帰途、回り道をしてローマに立ち寄り、スラブ平野の異教徒たちに福音を伝えるべく、自分たちを派遣していただきたいと教皇に願い出た。イノケンティウス三世は、〈レコンキスタ〉のために、精神的にも物質的にも、あらゆる力が総動員されているスペインにおいてこそ、彼らのやるべき仕事があるとして、この願いを受け入れなかった。ローマからオスマに戻る途中、ふたりはモンペリエに宿泊した。教皇特使たちは、自分たちの話を注意深く聴いてくれるふたりに注目した。ディエゴとドミニコが教皇特使の話に強い関心を持ったのは、一二〇三年、最初のデンマーク旅行の途次、トゥールーズに立ち寄った際、たまたま宿泊した宿の主人が異端の信奉者で、この宿の主人と夜を徹して議論するという経験があったからである。その結果、ドミニコは彼を説得し、カトリック信仰に立ち戻らせたと言われているが、おそらくそれは伝説にすぎないだろう。ともあれ、ディエゴとドミニコは、特使たちにどんなふうに活動しているか詳しく説明を聞いたあとで、そんなやり方で成功するなら、それこそ驚きだと答えた。豪華な行列、きらびやかな衣装、権威を振り回す威嚇的な説教。すべてがおげさで、しかも莫大な費用がかかっている。それにたいして、異端の説教者たちは、福音書に倣い、清貧と善意にもとづく模範的生活を送っている。たしかに彼らは過ちを犯している。しかし彼らの武器は、教皇特使たちが真理を守るために用いている武器よりも、はるかに効果的である。それゆえ彼らと闘うには彼らの武器を使うほかない。何よりもまず、模範を示すことだ。清貧、謙虚、慈愛。要するに彼らをまねて、カタリ派以上にカタリ派的に見えるようにふるまわなければならない。

特使たちは、自分たちにはそんなに急にやり方を変えることはできないが、もし誰かが模範を示してくれるなら、自分たちも喜んでそれに倣うだろうと答えた。ディエゴとドミニコは、特使たちの意向を汲み、随員と荷物をオスマに送り返し、自分たちはとどまって、説教活動の先頭に立つことにした。特使たちもそれに同意し、少なくともラウル・ド・フォンフロワドとピエール・ド・カステルノーはふたりと行動を共にすることになった。というのも、アルノー・アモリーは、九月に行われる修道会総会を主宰すべく、シトーに戻らなければならなかったのである。

こうして、特使ではないふたりの聖職者の主導のもとに、教皇特使の説教活動が新たな形で再開された。パンを乞い、野宿をしながらの旅である。ベジエ近くのセルヴィアンに着くと、これらの説教者たちは、土地の領主エチエンヌ・ド・セルヴィアンに庇護されている複数の異端者に討論を挑んだ。じつはこの領主自身、完徳女ブランシュ・ド・ローラックの女婿であった。討論に応じた異端者のリーダー格は、カルカセスのカタリ派教会司教のベルナール・ド・シモール、かつてヌヴェール聖堂参事会首席を務めていたが、一一九九年に罷免され、ラングドックに逃れてきた男であった。討論は公開で行われ、一週間続けられた。論争はカトリック側が優位に立ち、興奮した群衆が異端者たちに危害を加えそうになったほどである。ベジエでも、特使一行は説教し、討論にも応じ、滞在は二週間にも及んだ。ところがじきに、ピエール・ド・カステルノーが憎悪の的になっていることを誰もが察した。同伴者たちは、彼の命が狙われることを恐れ、しばらく安全な場所に避難するようにと勧めた。ピエール・ド・カステルノーは、半年のあいだ、ヴィルヌーヴ・レ・マグローヌに隠れ住んだ。残る教皇特使はラウルひとりとなった。ラウルとふたりのカスティーリャ僧の一行は、カルカソンヌでも一週間説教と討論を行ったあと、ヴェルフェイユに入った。かつて聖ベルナールを手荒く迎えた町である。三人のカトリック僧は、ふたりの名うての完徳者との討論に臨まなければならなかった。ひとりはカステルノーダリーのアルノー・アリュファアで、レモン六世のケルシー代理官ポンス・グリモールも、カステルサラザンで行う彼の説教をよく聴きに来ていた。もうひとりはヴェルフェイユのポンス・ジュルダである。討論は、キリストの人性について、またヨハネ福音書の一節をめぐって行われた。

十一月十七日、事情を伝えられたイノケンティウス三世は、ラウルに書簡を送り、説教活動の新しいやり方を承認するとともに、それをさらに広めるようにと命じた。その頃、三人の宣教者たちは、「服は質素に、心は燃えて」——教皇が使った言葉である——ローラゲの町や村を巡歴していた。彼らはどこでも歓迎されたというわけではない。ときには泥を投げつけられたこともあれば、あざけりの言葉を浴びせられたこともある。しかし三人の決意は少しも揺るがなかった。

ファンジョー――まさに異端の中心地であった――までやってきたとき、厳しい季節が彼らを襲った。そこでディエゴとドミニコは、冬のあいだに、丘の麓の「プルイユ」と呼ばれた土地にあるなかば廃寺となっていた小さな聖母教会を修繕するとともに、その境内にささやかな修道院を建てた。ファンジョーの城邑内にある異端の家に対抗することを意識したかのようだ。トゥールーズの司教フルクは、彼らにこの教会とその地所を与えた。土地のカトリック信者からの寄進も相次いだが、一二〇七年のはじめ、パミエの神学僧ギヨーム・クラレとその妹は、プルイユのサント＝マリと名付けられたこの修道院に入るとともに、全財産を修道院に寄進した。こうして「ドミニコ会」修道院が事実上誕生した。ただし正式にこの修道会が発足するのは、それから十年近くあとのことになるが……。ともあれ、この敬虔なる修道院の創立は、ひとえにドミニコの情熱と才覚に負っている。これまで、何年ものあいだ、教皇特使たちがみじめにも失敗を重ねてきた土地で、たとえわずかではあれ、ドミニコは成功を収めたのだ。じっさい彼は多くのカタリ派信者を改宗させ、カトリック信仰に立ち戻らせている。ギヨーム・クラレが修道院の経営管理を補佐してくれたこともあって、じきに十九人の婦人――かつての完徳女も多数混じっている――が、隠修修道女としてプルイユに入った。

こうして修道院は少しずつ大きくなっていったが、その間も、ドミニコは各地を回り、説教活動を続けた。彼はあちこちで人々を改宗させ、改宗者たちには彼らがカトリック信仰を取り戻したことを証明する悔悛状を発行した。当時の資料には、とりわけ信仰の固いカタリ派集団から五人の男と八人の女を引き離したという記録が残っている。もちろん、なかには偽の改宗者も混じっているだろうし、そうでなくとも、いったんは改宗しながら、家族や周囲の圧力に負けて、ふたたび異端に戻ってしまう者もいたにちがいない。しかし、すっかり悔悛して二度と異端に戻らない人々も多かった。ときには集団で異端放棄を宣誓することもあった。その典型例が、一二〇七年春、カルカソンヌとファンジョーの中間に位置するモンレアルで行われた大討論会において見られた。

この討論会を誰が提案したかは知られていないが、おそらくはドミニコが行っている一連の活動を阻止するために、カタリ派が仕組んだものと思われる。じっさい、彼らは大挙してやってきた。ギラベール・ド・カストルを筆頭に、のちにラゼスのカタリ派司教となるブノワ・ド・テルム、助祭アルノー・オト、ヴェルフェイユの完徳者ポンス・ジュルダ、その他多数。カトリック側では、ピエール・ド・カステルノーがようやく戻ってきて、ディエゴとドミニコ、それにラウル・ド・フォンフロワドに加わった。双方の合意のもとに、四人の判定者が選ばれた。貴族が二人、市民が二人である。論争はおもにカトリック教会とそのミサについて行われ、それぞれに文書でみずからの論拠を示すことを求められたが、ドミニコ会の伝説によれば、ここで有名な奇跡が起きた。双方から提出された文書を火による神明裁判にかけることになり、双方の文書を暖炉の火に投じたところ、カタリ派の文書はすぐに燃えてしまったのにたいして、ドミニコが書いた文書は三回投じて、三回とも激しい炎によって跳ね返された。その炎の勢いはあまりに激しく、天井の梁にまで達したほどで、一部が焼け焦げたその梁は、いまなおファンジョーの教会に保存され、展示されている。

四人の判定者は判定を下すことを拒否したらしいが、ともあれ五十人ほどの異端信奉者が改宗した。

この討論会が終わってから、アルノー・アモリーが十二人のシトー会修道院長とほぼ同数の修道僧を引き連れてようやく到着した。そのなかには、のちにカルカソンヌの司教となるギー・デ・ヴォー＝ド＝セルネーもいた。アルノー・アモリーはふたたび教皇派遣団のトップに立ち、使節団を特使ひとりずつの小グループに分け、各地に送り出した。ピエール・ド・カステルノーはトゥールーズに赴いたが、四月の末、何の予告もなく、レモン六世の破門を宣告し、その全領地に聖務停止を言い渡した。イノケンティウス三世は、五月二十九日、この宣告を追認したうえで、伯にたいして激しい怒りの手紙を送ったが、そこでは、厳しい制裁措置を正当化すべく、伯が犯した悪行が列挙されている。カンデイユ大修道院のブドウ畑を荒らしたこと。アルル地方を荒らし回ったアラゴンの傭兵たちを雇い続けていること。複数の教会を要塞に変えてしまったこと。カルパントラの司教を追放したこと。異端者たちを保護し続け、彼らを厳しく取り締まるのを拒否していること。ユダヤ人たちを公職に就かせていること。じっさい伯は、教皇特使がおそらくはモンレアル到着以前から彼に要求していたにもかかわらず、「和平を誓う」ことを拒否していたのだ。教皇は手紙の結びで、もしレモンがただちに改宗しないならば、まずはメルグイユの伯領を聖座が没収するとともに、他のすべての領地を「餌食として晒す」、つまりは力ずくで手に入れようとする者に与えると威嚇している。

教皇特使の宣告も、教皇の怒りも、ともに心理的ショックを与えることを狙っている。トゥールーズ伯を公共の敵ナンバーワンとして告発し、彼をキリスト教社会からつまはじきするばかりか、彼の領地を欲しい者にくれてやると言うなら、十字軍への呼びかけに誰が無関心でいられるだろうか。十一月十七日、イノケンティウス三世はふたたびフィリップ・オーギュストに書簡を送ったうえに、今回はさらにフランスの有力諸侯にも同様の書簡を送った。いずれにたいしても、教皇は戦いに立ち上がるようながすとともに、「異端に冒されたこの土地を取り戻すべく十字架を手に取るならば」という条件付きだが、十字軍の免罪規定を彼らにも適用するとともに、彼ら自身と彼らの財産を聖座の保護下に置くことを約束した。というのも、「この悪にたいしてはいかなる薬も効果はなく、剣によって根絶するほかない」からである。

今度は王から返答があった（少なくとも、パリ司教に返答させた）。イギリスとの戦争がふたたび始まり、目下のところ、ほかに軍隊を差し向ける余裕がない。「アルビの地」に軍事介入してほしいとおっしゃるなら、まず教皇がイギリス王に圧力をかけて、二年間の休戦協定を結ぶように仕向けていただきたい……。もちろん、これは一種の恫喝である。教皇も騙されてはいなかった。その何年かまえ、フィリップ・オーギュストは、俗界と霊界の分離の名のもとに、教皇が英仏戦争に介入することをきっぱり断った。それを教皇が忘れるはずはない。

いずれにせよ、以上のような状況をめぐって、つぎのような疑問が浮かんでくる。つまり、ローマ教会は、このようにレモン六世に厳しい制裁を加え、外国軍の介入を要請するといった強硬策をとることによって、ディエゴとドミニコの活動を認可し、彼らの助けを借りて異端者を改宗させようとする平和的試みを台無しにしてしまうことにはならないか、ということである。それとも、この認可は形ばかりのものだったのだろうか。いずれにせよ、三人の教皇特使は、全面的な支援を約束したにもかかわらず、このふたりのカスティーリャの僧をほとんど助けようとしなかった。アルノー・アモリーは、一二〇六年夏シトーに帰り、一二〇七年四月にようやく戻ってきたと思いきや、八月にはまた、教皇によってプロヴァンスに派遣された。彼がふたたびラングドックに戻ってくるのは、それから二年も経った一二〇九年夏のことで、しかも今度は十字軍の先導者としてであった。ピエール・ド・カステルノーも、一二〇六年の秋冬を通じて身の安全のためにこの地を離れており、ディエゴとドミニコに合流したのは、一二〇七年四月、モンレアルで開かれた討論会においてであった。しかし彼は、じきにトゥールーズに赴き、伯を破門したのち、八月にはプロヴァンスに入り、アルノー・アモリーのもとにとどまった。その後、彼は二度と「アルビの地」には戻らなかった。教皇特使としてはラウル・ド・フォンフロワドだけが、カスティーリャの僧たちとモンペリエからファンジョーまで行動を共にした。しかし彼もまた、モンレアルでの討論会のあと、ふたりと別れ、宣教活動を続けるべくサン＝ジル方面へ向かったが、病に倒れ、夏のはじめに亡くなった。一二〇七年四月にアルノー・アモリーが連れてきたシトー会の修道士や僧院長たちについて言えば、彼らはなすすべを知らず、まったく成果があがらないまま、たちまち意気阻喪して、やってきてわずか数週間後にフランスに帰ってしまった。

つまるところ、ディエゴとドミニコは、自分たちの力量と方法に頼るしかなかったのだ。たしかに教皇は、原則として彼らの企てを——少なくとも書面では——奨励してはいたが、教会はそれにたいしてほとんど関心を示さず、結局のところ、財政的な援助をまったくしなかった。所持金をすべて使い果たし、一般信者からのわずかな寄進もプルイユ修道院の経営に充てたために、じきに資金的に行き詰まってしまった。そこでディエゴは、資金を調達すべく、一度オスマに帰ることにした。しかし彼はふたたび戻ってくることはなかった。高齢と疲労のために、十二月三十日に世を去ったのである。

ところで、オスマに帰る途中、ディエゴはパミエに立ち寄った。ちょうど大討論会が開かれるところであった。この討論会はおそらくフォワ伯の提案によるものであり、ペドロ二世が一二〇四年にカルカソンヌで行った討論会に倣おうとしたのである。カトリック側はトゥールーズとクズランの各司教、フルクとナヴァールを筆頭とする代表団を送り込み、それにオスマのディエゴが加わった。さらにドミニコ自身も参加したとも言われているが、確証はない。異端者側はカタリ派——具体的な名前は分かっていない——もいたが、むしろデュラン・ド・ユエスカをはじめとするワルド派が多かった。フォワ伯の姉妹のひとり——カタリ派もしくはワルド派だったらしい——がこの論争に加わろうとしたが、ひとりの僧に厳しく叱責された。「マダム、家に戻って糸を紡ぎなさい。こんな会合でしゃべるのは、あなたにふさわしいことではありません」。

それはともあれ、さらに重要な事実は、判定者に選ばれたひとりの若い学者が、もともとワルド派の信奉者だったにもかかわらず、この討論のあいだに異端信仰をすっかり捨て、カトリック信仰に戻ったことである。しかしもっとも劇的な改宗を見せたのはデュラン・ド・ユエスカである。じつを言えば、カタリ派信者よりもワルド派信者のほうが、ローマ教会のふところに戻りやすい。というのも、ワルドの弟子たちは「良き人」たちの二元論的宇宙論や神学を共有しているわけではなく、彼らとカトリック教会との見解の相違は、聖職者の権威や秘跡の意味づけに関して、とりわけ使徒に倣った清貧生活を送る必要があるかどうか、また教会の位階組織に属さない一般信者が説教することが許されるか否か、に関してであった。パミエの討論会から一年後、イノケンティウス三世はデュランが設立した修道者共同体に説教する認可を与えたが、のちにこの共同体は「カトリックの貧者」という在俗修道会となり、デュラン自身は、十五年後、カタリ派との闘いのためにペンを執り、『マニ教反駁書』を著した。

一二〇八年、一二〇九年そして一二一〇年、ドミニコが何をしていたか、それを知る手がかりとなる資料は、伝承物語であれ、公式文書であれ、まったくない。唯一の例外は、ローラゲ地方のトレヴィルに住むポンス・ルジエという男に与えた赦免状であるが、それがいつのことであったか、正確には分かっていない。それゆえ、この間もドミニコが説教に専念していたことがうかがわれるが、さきに述べたように、数多くの成功を収めたとはいえ、多くの困難にぶつかった。じっさい、ドミニコが頑強に抵抗する聴衆に向かってつぎのような言葉を発したのは、ちょうどこの時期だったと思われる。ちなみにこの言葉は、のちにトゥールーズのドミニコ会修道院長となるエチエンヌ・ド・サラニャックが引用している。「祝福が通じないところでは、鞭を使うほかない。私たちはお前たちとの戦いに諸侯や高僧を駆り立てるだろう。彼らは、悲しいかな、国々と民衆を総動員してお前たちを攻めてくるだろう。そして多くの者が剣によって倒れるだろう……。こんなふうに、温情が失敗したところでは、武力がすべてを支配することになるのだ」。この言葉は、威嚇というよりも、危惧の念を吐露したものであり、悲劇的な予言だったとさえ言える。

ピエール・ド・カステルノーの暗殺

イノケンティウス三世が、十年近くものあいだ、むなしく振り上げ続けていた〈鞭〉が、ついにカタリ派の地に打ち下ろされるきっかけになったのは、ひとつの異常な事件であった。一二〇八年一月十四日の夜明け、サン＝ジルからやってきたピエール・ド・カステルノーがローヌ河を渡ろうとしていたところ、背中に槍を突き刺されて殺されたのである。

ただちにアルノー・アモリーが、レモン六世を暗殺の首謀者として聖座に告発した。じじつ伯は、まさにサン＝ジルでピエールと会見し、激しくやり合ったと言われている。前年の四月に伯にたいして下した破門と聖務停止の告発を取り下げることをピエールが拒絶したため、レモンは公衆の面前で、彼に向かって死の脅しをかけた。それゆえ、彼が暗殺者に武器を与えたも同然である……。しかし、よく知られているトゥールーズ伯の気質からして、彼がむやみに敵を挑発したり、火に油を注いだりするような人間だったとはとうてい思われない。一方、アルノー・アモリーがまさにそうした人間であったことは、その後の彼の言動がはっきり示している。しかも戦争の脅威が迫ったとき、それを回避するためにレモンがいかに努力したかを知れば、逆に戦争を引き起こすことにしかならないことに手を貸すようなまねをするというのは、どう考えても矛盾である。最悪の想定として、熱心な異端信者である伯の側近のひとりが無責任な行動に走ったということも考えられる。すでに見たように、オック地方の諸侯や民衆が、教皇特使のなかでも、とりわけピエール・ド・カステルノーを激しく憎んでいたために、彼は集団的吊るし上げを避けて、数ヵ月、身を隠さねばならなかったほどであった。(4) いずれにせよ、伯にたいする一連の裁判の過程で、異端幇助とともに、ピエール・ド・カステルノーの暗殺が、一貫して主要な告訴事由とされ続けたことには変わりない。

アルノー・アモリーは、ローマに到着するとさっそく、教皇にたいして、先に書面で報告したことを口頭で繰り返したうえで、十字軍の蹶起を正式に呼びかけるよう訴えるとともに、自分がその陣頭指揮に立ちたいと申し出た。それを受け、三月十日、つぎのようなおそるべき教皇勅令が発布される。「前に進め！　キリストの騎士たちよ！　前に進め！　キリストの軍勢の勇気ある兵士たちよ！　聖なる教会が発する大いなる苦悩の叫びが汝らを奮い立たせるように！　汝らの心に敬虔なる熱情を燃え上がらせ、汝らの神を汚すおぞましい侮辱に復讐の鉄槌を下さんことを！」。

さらにイノケンティウス三世は、ラングドックとプロヴァンスの大司教にたいして、ピエール・

ド・カステルノーの暗殺者およびすべての共犯者（関与の度合いは問わない）に破門・追放を言い渡すとともに、それらの者の土地に直接出向いて聖務停止を宣言したうえで、彼らが降伏するまで、日曜ごとに断罪の鐘を鳴らし続けるよう命じた。その一方で教皇は、「まことの信仰と平和の敵であるこれらのペスト菌のような輩」を征伐すべく立ち上がった勇士たちには、等しく十字軍の免罪を与えることを再確認している。破門を宣告されたレモン六世に関しては、彼の封臣たちを伯との主従関係から解放することを宣告し、したがって彼らは伯を助ける必要もなければ、伯に従う必要もないと断言した。伯の領地は、こうしてふたたび「餌食として晒す」、つまりはそれを欲しいと思う者に与えることになる。「上位領主権は留保されるが、そのうえですべてのカトリック信者に、みずから伯と戦うことばかりでなく、彼の財産を没収し、みずからの所有に帰することが許されている」。上位領主権の留保条項は、言うまでもなく、自分の権利が侵害されかねないという印象を宗主に与えることを恐れてのことである。つまりこの留保条項は、伯の土地を誰かが奪い、その土地の名義が変わったとしても、その土地の上位領主権は保たれるということを意味しているが、それを言い換えれば、土地の征服者は宗主から封臣として認めてもらい、征服した土地を宗主に献じる必要があるということである。こうしておけば、フィリップ・オーギュストも安心するだろうという思惑が教皇にはあったはずである。ところが、じきに判明することだが、教皇の思惑ははずれた。

その一方で、イノケンティウス三世はレモン六世の断罪を緩め、伯がただちにみずからの非を認めて謝罪し、異端撲滅のために軍隊を差し向けるなら、十字軍を回避することは可能だと伝えた。

この勅令は、名宛人によって文面に多少の違いはあるが、ラングドックやプロヴァンスだけでなく、フランス王国全体の高位聖職者、大小の諸侯、伯爵、男爵、騎士たち、そして最後にフィリップ・オーギュストにも送付された。以下は、国王向けの文面の一部である。「あなたの剣を私たちの剣に添えていただきたい。〔…〕モーセと聖ペテロの名において、王国と教会の同盟を固めていただきたい。〔…〕あなたが異端者たちを一掃したあかつきには、その土地にカトリック信者の住民を住まわせていただきたい。彼らは、あなたの正統信仰にもとづく教育とよき支配のもとで、神に仕え、正義と聖性を広めることでしょう」。こうしてイノケンティウス三世は、国王にたいして、すでに長いあいだ、事実上、独立状態にあったトゥールーズ伯領をみずからの宗主権下に取り戻す機会を再度お膳立てしたわけである。

ところが、王はこの提案を断った。今回はみずから認《したた》めたその返答は、ぞんざいな調子ながら、きわめて巧妙であり、国王の特権とカトリック信仰に恭順な君主としての体面を同時に保とうとする配慮を示している。異端討伐への介入については、喜んでそうしたいと思うが、それにはふたつの条件がある。ひとつは、ふたたび始まってしまった仏英戦争の休戦が実現することであり、もうひとつは、戦争が中断し、フランスの聖職者および諸侯に異端との戦いに人員を差し向ける余裕ができたとして、彼らがこの派遣費用の分担に同意することである。一方、トゥールーズ伯領を餌食に晒すということに関しては、まったく問題外だと突っぱねた。「私は、著名で教養ある人士から、伯を異端として断罪しないかぎり、あなたにはそんなことをなさる権利がおありにならないということを聞いております。またもし彼が断罪された場合でも、そのことをまず私にお知らせいただいたうえで、彼の土地を餌食として晒すことを願い出ていただきたい。というのも、その土地はもともと私のものなのですから」。

要するに、聖座にはレモンの爵位を剝奪したり、彼の土地を勝手に処分したりする、いかなる正当な理由もないのであって、それは、いずれの件においても、もともと何の権利もないからだ、というのがフィリップ・オーギュストの言い分なのだ。封臣からその封土を取り上げたり、逆に封土を授与したりする権利は、宗主だけが持っている。ローマ教会が教会法によって十字軍を正当化できるとしているのにたいして、フィリップ・オーギュストは封建法を盾に、あくまで十字軍は認められないとする。

教会には、もはや打つ手はひとつしかなかった。国王に圧力をかけ続け、根負けさせるということである。アルノー・アモリーがその役を引き受けた。彼はすでに、フィリップ・オーギュストの返事を待たずに、三月二十八日付の教皇勅書をたずさえ、ローマを旅立ち、フランスに向かっていた。この勅書によって、彼に全権が与えられ、また補佐役としてクズランの司教ナヴァールとリエの司教ユーグが同行することになった。この三人が派遣使節の精神的参謀本部を構成することになる。アルノー・アモリーはまずシトーに赴き、聖職者および大小の諸侯にたいする十字軍宣伝活動を組織した。ブルゴーニュ公とヌヴェール伯が十字軍参加を決意したのは、彼が強く働きかけたからだろう。

しかし彼らが出陣するには、国王の許可が必要だった。ところがその許可がなかなか下りなかったので、教皇は、十一月八日、九日、そして十一日と続けざまに国王に催促した。教皇はふたたび、フィリップ・オーギュストならびに王国の高位聖職者に書簡を送り、十字軍に参加するすべての者に聖座から免罪と保護を与える旨をあらためて伝えるとともに、今回はとりわけ、資金調達の方法について詳しく述べ、国王と高位聖職者にたいし、負債の支払い猶予を宣告するとともに、教区の全住民に特別十分の一税を支払うことを求めたサンス大司教の例に倣うよう、強くうながしている。

王が言い逃れをしたり、いったん出した許可を撤回したりしているあいだ、レモン六世は、ベジエ、カルカソンヌ、アルビの子爵である甥のトランカヴェルと直接会って、密議をこらしたとされる。この密議については、漠然とした資料しか残されておらず、内容的にも相矛盾しているので、迫りくる脅威にたいして、ふたりのうちどちらが共同戦線を張ろうともちかけたのか、どちらがそれを拒否したのか、結局のところ、はっきりしないままである。逆にはっきりしているのは、この共同戦線はついに実現しなかったし、またレモン六世はオーブナでアルノー・アモリーとも会見したが、これもまったく不調に終わったということである。

一二〇八年の終わりか一二〇九年のはじめに、レモン伯はローマに使節を送った。派遣されたのはオーシュ大司教、元トゥールーズ大司教レモン・ド・ラバスタン、それに聖ヨハネ救済院長ピエール・バローである。彼らは、レモン六世がみずからの非を認めて謝罪し、すべてにおいて教会の意に従うつもりであることを教皇に確約した。イノケンティウス三世は、一応その弁明を受け入れ、レモンが所有するプロヴァンス地方の七つの城を忠誠心の証として教会に引き渡すことを条件に、ピエール・ド・カステルノー暗殺に関して、いつでも自分の無罪を主張する機会を与えることを約束した。レモンの使節たちは、さらにアルノー・アモリーにたいするレモンの苦情と別の特使を任命してほしいという希望を教皇に伝えたが、教皇はこの願いも受け入れ、自分の秘書官ミロンを指名し、さらにジェノヴァの聖堂参事会員テディーズ師を加えた。しかし、このふたりがアルノー・アモリーに取って代わるというわけではまったくなかった。三月に新旧の特使宛に送られた教皇の指令書を見ると、ミロンが主導権を握るわけでは少しもなく、彼を指名したのは、もっぱらレモン六世の警戒心をそらすためでしかなかったことがはっきりする。レモン六世を油断させておけば、信仰の敵たちを分断し、敵同士で戦うよう仕向けることも容易だろうというのが教皇の魂胆なのだ。

とはいえ、イノケンティウス三世の最大の関心は、国王の沈黙を打ち破ることだった。二月三日、教皇はふたたびフィリップ・オーギュストに書簡を送り、異端討伐の派遣軍の指揮系統を一本化し、聖地奪回のための十字軍にしばしば見られた嘆かわしい内輪もめの二の舞を避けるためにも、リーダーが必要であることを訴えた。そのリーダーとなりうるのは王しかいない。もし王自身が無理なら王太子、それも無理なら、王がじきじきに指名した「行動的かつ慎重で、しかも忠誠心に厚い人間」でもよろしい。フィリップ・オーギュストには、教皇の下心がよく分かっていた。何としても、フランス国王を担ぎ出すことによって、十字軍を国王公認のものとしたいのだ。しかし、直接的にせよ、間接的にせよ、そうすることは、国王からすれば、王国の問題に教皇が口出しすることを容認することになる。

三月の末、ミロンとテディーズはオセールでアルノー・アモリーと合流した。三人の教皇特使は、ヴィルヌーヴ゠シュル゠ヨンヌで議会を開催中のフィリップ・オーギュストに謁見を願い出た。彼らは王にイノケンティウス三世の新しい親書を手渡し、十字軍の先頭に立っていただきたい、さもなければ指揮権を王太子ルイ殿に委ねていただきたい、と嘆願した。だがそうした嘆願も何の効果もなかった。目下のところ、フランス王は「わが王国を側面から狙っている二頭の大きなライオン」、すなわちドイツ皇帝オットー四世とイギリス王ジョン失地王との戦争で手いっぱいなのだ、とフィリップ・オーギュストは返答させている。

しかし、ブルゴーニュ公、ヌヴェール伯、その他多くの王国諸侯も、ヴィルヌーヴの議会に参加しており、彼らのうちでも血気に逸《はや》る者たちが、王にたいして、異端との戦いに参加することを許すよう嘆願したにちがいない。

さすがのフィリップ・オーギュストも根負けしたらしく、ついに彼らに十字軍参加の許可を与えた。しかし王家が直接関与することだけは頑として拒否した。教皇特使も諸侯も、王からそれ以上のものを引き出すことはとうとうできなかった。

第Ⅱ部 十字軍

［上］カルカソンヌの城壁
［下］サント＝セシル大聖堂（アルビ）

第四章　シモン・ド・モンフォールあるいは電撃戦争

　十字軍が集結し、ローヌ河にそって南下しようとしているあいだ、教皇特使のミロンとテディーズは、軍の先回りをしてモンテリマールに赴き、あらかじめ招集しておいた高位聖職者たちとともに、レモン六世をどう処遇すべきかを議論し、結局、彼をヴァランスに召喚して、責任の所在を最終的に追及することになった。それを受けて伯は、一二〇九年六月の中頃、聖座の代理人たちのまえに出頭した。代理人たちには強力な切り札があった。つまり、十字軍がこちらに向かっているのだ。レモンが戦争を回避するには、彼らの要求を受け入れるほかに選択肢はない。もしレモンがすべてにおいて教会の命令に従い、教会に与えた損害を償い、みずからの悔悛と和解を示すための儀式を公開で行うことを宣誓するならば、破門を解除するとともに、彼に科せられたふたつの主な罪状――異端者保護とピエール・ド・カステルノーの暗殺――を取り下げることが約束された。とりあえず、レモンがローヌ河流域に所有する七つの城、オペード、モルナス、ボーム、ロクモール、フルク、モンフェラン、そしてラルジャンティエールを担保として教会に引き渡すことで合意が成立した。悔悛の儀式は、六月十八日、サン＝ジルで行われることになったが、それに先立って、テディーズはただちに七つの城を教会帰属とする手続きを行った。

サン＝ジルの屈辱

悔悛の儀式がサン＝ジルで行われることになったのは、けっして偶然ではない。レモン六世を悔悛させるのに、教会はあえて彼の一族発祥の地を選んだのである。おまけに古い大修道院の聖堂はようやく建築が終わったところで、三つの扉口を持つ巨大なファサードのきわめて壮麗な彫刻装飾はまだすっかり仕上がってはいなかった。しかも、そこから半里〔約二キロメートル〕のところで暗殺されたピエール・ド・カステルノーの遺骸は、この聖堂の新しい地下納骨室に安置されていたのである。反抗的な伯にたいする教会の勝利を高らかに宣言するのに、これ以上ふさわしい場所はなかったのだ。

式当日、教皇特使ミロンは、それぞれ聖書、聖体顕示台、聖遺物箱などを持ったエクス、アルル、オーシュの大司教、それにプロヴァンスとラングドックの十九人の司教を従え、主祭壇の手前でレモンの宣誓を受けた。彼は裸足で、しかも下穿きだけを身にまとって、群衆がひしめくなかを、玄関口と身廊を通り抜けねばならなかった。じっさい、物見高い見物人が大挙して押しかけ、自分たちの君主が公の場で辱められるのを、歪んだ好奇心、苦悩、憐れみの入り混じった複雑な思いで見つめていたのである。

誓約文が読み上げられた。まずは伯に破門を言い渡した際の十五の起訴理由があらためて述べ立てられた。そのいくつかは確定された事実にもとづくものであった。野武士を傭兵に雇っていること、ユダヤ人を公職に就かせていること、教会を城砦に改築したこと、通行税を不当に徴収していることと、カルパントラ司教を追放したこと、ヴェゾン司教を投獄したこと。疑惑にすぎないものもある。「ひとの話では」、彼は教会との和平を誓うことを拒否し、異端者を寵愛し、怪しげな信仰を公言し、〈神の休戦〉を破り、ピエール・ド・カステルノーの暗殺に加担した。いずれも重大な告発事由であり、今後カトリック教会の献身的な息子としてふるまうことを誓ったうえで、自分が犯したすべての過ちを償うだけでなく、異端と本気で戦うことによって、それらの嫌疑を晴らすように努めなければならない。これらの誓約を少しでも破るなら、ふたたび彼は破門の身となり、彼の領地はすべて聖務停止の対象となるし、また担保とした七つの城は、メルグイユの伯領とともに、聖座によって没収される。またとうぜんながら、レモンの封臣は彼にたいするあらゆる臣従の義務を解かれる。伯の宣誓に引き続いて、プロヴァンス侯爵領の彼の封臣たち十七人の宣誓が行われたが、サン＝ジル市参事会員も宣誓に加わるとともに、レモンの証人となった。

宣誓が終わると、教皇特使はレモンの首に自分のストラをかけたうえで、鞭を振り上げ、彼を打った。それは形ばかりではあったが、レモンがへりくだって教会の許しを乞い、みずから進んで悔悛していることを喧伝するにはじゅうぶんであった。「教会復帰」――「教会浄罪」とも呼ばれる――のかくも屈辱的な儀式が終わる頃には、聖堂の内も外も、群衆が鮨詰め状態で、すべての出口がふさがっていたため、レモンとその随員は、いったん地下納骨堂に入り、ピエール・ド・カステルノーの墓の前を通って、外に出るほかなかった……。

しかし教会の伯にたいする制裁はそれで終わったわけではなかった。その翌日には、サン＝ジルに続いて、ニームとアヴィニョンの市参事会が教会への恭順を誓ったが、するとミロンは伯にたいし新たに十五の遵守条項を突きつけた。そのひとつは、異端者の逮捕に関して、司教に全面的に協力する義務である。しかも、当該地の司教によって異端者とされた者は、例外なくすべて異端者とみなさなければならないという条件が付されていた。アヴィニョン市参事会が正式に宣誓したのは六月二十日のことである。その二日後、レモンは、福音書に手を置いて、十字軍が彼の領地へ入ってきたら、さっそく、その武将たちの便宜を図るとともに、すべてにおいて彼らの意に従うことを誓った。

レモンについては、その宗教的寛容の精神――いい加減さと言ってもよいが――こそが異端をはびこらせる大きな原因となったとされているが、そのレモンがこのように「十字架を担った」ことについては、今日まで、きわめて否定的な評価が下されてきた。

たとえばピエール・ベルペロンは、それを偽善と卑劣さが入り混じった唾棄すべき所業であるとし、おまけにレモンは、彼の甥であり、ベジエ、カルカソンヌ、アルビの子爵であるレモン＝ロジェ・トランカヴェルをはじめとする、きわめて近しい隣人たちを見殺しにして漁夫の利をせしめようとしていたと糾弾している。不誠実、二枚舌と言われれば、たしかにそのとおりだ。やがて判明するように、レモンは誓約を忠実に守ろうという気は毛頭なかった。しかし、彼の性格や意志が弱かったせいだとは言えないだろう。それどころか、自分の同胞すべてを敵に回す危険をあえて冒そうとするのは、相当な勇気がいることである。というのも、彼がやろうとしていることは、はた目には、異端との共犯を口実に、自分の国に戦争を仕掛け、土地の封建領主や都市有力者たちの大半を打ちのめそうとしている企みにみずから加担するようにしか見えないからだ。しかし、これもやがて分かることだが、彼がヴァランスの城門からカルカソンヌまで十字軍と行動をともにしたことは事実としても、ほんのわずかであれ、十字軍に手を貸すことは一度たりともなかった。たしかに、たとえ形だけではあっても、彼が「十字架を担った」ことは、教皇特使がそれを強要したというはっきりした証拠がないだけに、もっとも恥ずべき変節であったとも考えられよう。それどころか、レモンは「十字架を担う」ことをみずから申し出たということも大いにありうる。おそらくそれは、しだいに耐えがたくなっていく状況から生ずるあらゆる苦難に終止符を打つためであった。

だがそうではあっても、彼が「十字架を担った」ことには巧妙な策略が隠されている。つまりそうすれば、十字軍に参加したあらゆる領主の場合とおなじように、伯のすべての家臣およびすべての領地が聖座の保護下に置かれるのであり、もし誰かがそれを侵そうとすれば、ただちに聖座の怒りに触れることになる。かくして十字軍は、少なくとも彼にたいしては、つけ込む余地がまったくなくなるわけである。ローマ教会もそうしたレモンの策略に気づかなかったはずはない。ミロンは、レモンが教会に従ったのも不承不承であり、それは時間を稼いで、すぐに戦争が始まることを回避するためでしかないことをじゅうぶん察してはいただろうが、それでもなお、これ見よがしに悔悛の態度を示したレモンの申し入れを拒絶するわけにはいかなかったのだ。

アジュネ十字軍

レモン六世にとって不幸なことに、彼はふたつのことを知らなかった。まずひとつは、教会の策略は、彼の策略にも増して巧妙だったということ。教会にとって、サン゠ジルでの誓約が本気だったのか見せかけだったのかは、じつのところ、どうでもよかったのだ。教会側の戦略は、三月にイノケンティウス三世が特使たちに指示した方針にまったく忠実であった。つまり敵側を分断すること、教会の敵たちが共同戦線を張らないようにすること、レモンを孤立させるために、弱い者から順に攻略していくことである。ひとたび孤立させてしまえば、さしものレモンもさほど労せずして陥落するだろう。

レモンはまた、彼の国の西北端で別の十字軍がすでに蜂起していたことを知らなかったにちがいない。しかもそれを構成しているのは、フランスやドイツの軍隊ではなく、すべてオック地方――オーベルニュ、ケルシー、ガスコーニュ――の有力貴族や高位聖職者たちであった。ボルドー大司教、カオール、リモージュ、アジャン、バザスの司教の顔ぶれもあった。さらにチュレンヌ子爵、クレルモン伯、それにグルドンやカステルノーの諸領主。この十字軍がどこで結成されたかは知られていないが、その記録を伝えるギヨーム・ド・テュデルの『アルビジョワ十字軍の歌』のおかげで、どこをどう進軍していったかをかなり正確に辿ることができる。まずドルドーニュ川畔にあるビガロークの城邑(1)を攻略し、ゴントーの町を破壊した。いずれの町も領主はナバラ出身のマルタン・アルガイという男で、もと野武士の頭であったが、ガスコーニュとペリゴールを支配するジョン失地王の代理官となり、アンリ・ド・ゴントーの娘との結婚によって、これらのふたつの町およびビロンの領主権を獲得していた。ついで、この軍隊はトナンの町を略奪し、ロト川渓谷を遡り、カスヌイユを攻囲した。住民たちは激しく抵抗したが、町はついに陥落した。完徳者および完徳女たちは捕らえられたが、棄教を拒否した。かくして十字軍最初の火刑台がこの町に築かれたのである。

それからほどなくして、この軍隊にピュイ司教に率いられた徴募兵が合流した。徴募兵たちは、来る途中、アヴェロン川畔のサン＝タントナンとコーサドの町を略奪した。その後、十字軍はトゥールーズ方面に向かったが、その目的地はタルン川の下流にあるヴィルミュールの町だったようである。ともあれ、使者がこの町にやってきて、十字軍の到来を告げたところ、住民たちは家々に火を放ち、満月の夜、全員そろって逃亡した。そのなかには、百人ほどの完徳者および完徳女が含まれていた。彼らは、この地方のカタリ派教会助祭レモン・エムリックを慕い、ヴィルミュールに住んでいたのである。

逃亡者のなかには、名の知れた完徳女がふたりいた。モントーバンの貴族ラモート家の若い娘アルノードとペロンヌの姉妹である。やはり完徳女となった母が、その二年まえ、彼女たちをまずランタ教会助祭ベルナール・ド・ラモート――おそらくは親戚筋だろう――に託し、ついでヴィルミュール教会助祭に託した。レモン・エムリックは、ふたりを完徳女の〈家〉に入れて修行を積ませ、一二〇八年夏頃、みずからの手で叙階した。のちにアルノードが異端審問官ベルナール・ド・コーに語ったところによると、レモン・エムリックと彼女が属する異端コミュニティの全員が、最初の夜はロクモールの完徳女の家に、翌日はジルサンの完徳女の家に、それぞれ宿泊したあと、ラヴォールの完徳女の家にたどり着き、アルノードと姉はそこに一年間とどまることができた。

じつのところ、ケルシー十字軍はほんとうにヴィルミュールまで来たのか、分かっていない。というのも、ヴィルミュール到着寸前のところで、この軍隊は今日残されている記録からすっかり消えているのだ。そもそもこの軍隊自体、十字軍の名を借りているものの、実情は地元の領主同士の、さらには親戚同士の紛争を決着させるためのものであった可能性もある。[2] いずれにせよ、レモン六世と教会との和解が告げられている以上、彼の国内で戦争を続けることは禁じられていたはずである。結局、兵士たちは、四十日の軍役が済むと、十字軍の特典である贖宥状《しょくゆうじょう》を手に、キリスト教会の未来などはどこ吹く風で、それぞれ自分の郷里へ帰って行った。しかし同じレモン王国でも、東部地方はまったく状況が違っていた。

ベジエ──「皆殺しにせよ」

サン＝ジルでの悔悛の儀式の翌日、レモン六世とミロン、それにテディーズ師は、教皇特使アルノー・アモリーを先頭に、すでにローヌ渓谷を南下しつつある十字軍に合流するため、この町を離れた。七月二日、ヴァランス川のほとりで、彼らは十字軍と合流した。この旅の途中、ミロンはまずオランジュ市参事会、ついでルシヨンの領主アルトー、ヴァランスの聖職者たち、さらに十二日にはモンテリマールの共同領主と市参事会というふうに、この地方の有力者たちとつぎつぎに会見し、和平の宣誓をさせた。

北からやってきた十字軍がローヌ渓谷を南下しつつある最中、レモン＝ロジェ・トランカヴェルは、教皇特使のもとへみずから出向いて、服従を申し出た。なぜ彼がそうした態度に出たかは、容易に理解できる。服従を誓うことが戦争を避ける唯一の道だったのだ。そのうえ、もはや伯父であるレモン六世を当てにすることができない以上、もし戦争になれば、彼にはまったく勝ち目はない。だがすでに遅かった。彼の申し出は拒絶されたのである。おそらくアルノー・アモリーは、異端の共犯者たちを完全に改心させるためには、まさに「アルビの地」でじっさいに武力を行使してみせることが必要だと判断したのである。レモンの領土では、もはやそれはできない。それゆえ、武力行使を正当化するためにも、トランカヴェル子爵領を「餌食に晒す」必要があったのだ。おそらくはまた、十年の努力の末、ようやく仕事に取り掛かろうとしている軍隊を、何の収穫もないまま、不意にお役御免にするようなことはとてもできないと考えたにちがいない。

トランカヴェルは、封臣たちを召集し、抵抗の準備をすべく、カルカソンヌに帰ったが、その途中、ベジエの住民たちに防衛態勢を整えるよう指示するとともに、すぐに戻ってくることを約束した。その間、十字軍はローヌ河を渡り、モンペリエに到着していた。

モンペリエの領主は、もともとカトリック信仰に忠実なことで知られており、そのうえ、遺産相続人である娘の結婚で、その領地はアラゴン王ペドロ二世の封土となっていたから、イノケンティウス三世によって、あらゆる略奪から保護されていた。さらにまた、早くも三月一日には、イノケンティウス三世自身が、領地内の住民にいかなる危害も及ぶことがないよう、じゅうぶん気を付けてほしいと特使たちに頼んでいたのである。

しかし十字軍はモンペリエに長逗留することなく、七月二十日に出発して、すでに住民たちが逃げ出していたセルヴィアンの町を占領し、その翌日にはベジエの城壁に迫っていた。ベジエの町はオルブ川畔の小高い丘のうえにあり、周囲が切り立った崖になっているが、この天然の要塞を補強すべく、必要な箇所には濠を掘ったり、城壁を築いたりしている。十字軍が到着したときには、もちろん城門は閉ざされていた。しかし司教ルノー・ド・モンペルーは町を抜け出し、みずから作成した二百十人の人名リストをアルノー・アモリーに手渡した。ほかでもなく、ベジエ在住の異端者とその共犯者とされる人々のリストである。とはいえ、このリストをどう解釈するかはむずかしいところである。というのも、そこには完徳者たちの名前だけでなく、単なる信者たちの名前もかなり混じっているらしく、この資料だけではベジエの町に異端がどれほど深く入り込んでいたかを正確に知ることはできない。

それはともあれ、アルノー・アモリーは、司教を介して、市参事会に最後通牒を突きつけた。即刻、異端者を引き渡せ、さもなければ、彼らとともにすべての住民が命を失うことになろう。『十字軍の歌』によれば、市参事会は「敵に降《くだ》るくらいなら、地中海の塩水におぼれたほうがましだ」と答えた。さらに『十字軍の歌』は、この拒絶の理由をつぎのように説明している。「彼らは十字軍にたいし、町の統治形態をほんのわずかでも変えることになるような妥協はいっさいしないだろう」。これらふたつの短い言葉から、多くのことが読み取れよう。まず、宗教的立場の違いを理由に同胞市民を敵に引き渡すようなことは、彼らの道義に反するということ。つぎに、ベジエの住民たちは、特使アルノー・アモリーに体現される聖座をふくめ、いかなる権力であろうとも、封建権力とのきびしい戦いを経てようやく獲得した自分たちの政治体制、そして彼らの領主である子爵レモン＝ロジェ・トランカヴェルとの忠誠の絆をあやうくしかねないような、新たな主従関係を結ぶことをいさぎよしとしなかったこと。驚くほどの先見の明である。十字軍にはまだ確固としたリーダーがいなかったが、やがて「鉄の男」が現れ、この国をふたたびきわめて厳しい封建秩序に引き戻すことになるだろう。『十字軍の歌』の詩人でさえ、この一節を書いたときには、シモン・ド・モンフォールがトゥールーズ伯となり、一二一六年、この町の市参事会を廃止することになるのを知る由もなかった。

その翌日の七月二十二日、聖女マドレーヌの祝日に悲劇は起きた。北からやってきた諸侯がアルノー・アモリーとともに、テントの下で、籠城している住民たちにどう対応すべきかを議論しているあいだに、ベジエの小部隊が旗を振り、鬨《とき》の声を上げながら、十字軍の野営地に接近してきたらしい。この挑発行為が引き金となって、十字軍に雇われた野武士たちが騒ぎ出し、命令を待たずに小部隊に襲いかかった。ベジエの小部隊は、慌てて市内に逃げ帰ったが、敵がすぐ後を追ってきたために、城門を閉める暇もなく、たちまち、市内の通りに敵の兵士たちがどっと押し寄せる。

かくして、その後ずっと語り継がれてきた大虐殺が始まった。この虐殺が歴史に残ったのは、まず死者のおびただしい数のゆえである。教皇特使たちは、イノケンティウス三世に、誇らしげに「二万人」[3]と報告している。じっさい年齢も、地位も、性も、まったく関係ない、無差別の殺戮であった。ついでその殺戮のおぞましさ。大聖堂に火が放たれ、不幸にも堂内に難を逃れていた人々のうえに崩れ落ちたし、またマドレーヌ教会にいた女、子供、そして司祭たちまでが喉をかき切られた。しかしとりわけこの虐殺を忘れがたいものにしたのは、アルノー・アモリーが発した恐るべき言葉である。ドイツ人シトー会修道士セゼール・ド・ハイスターバッハがこの言葉を伝えているが、アルビジョワ十字軍から戻ったライン地方の同国人から伝え聞いたものにちがいない。戦いが始まったことを知らされた十字軍の武将たちは、野武士たちがすべてをせしめてしまうまえに町に駆けつけて戦利品の分け前にあずかろうと慌ただしく出発の準備をしていたが、そんなとき、誰かがカトリック信者と異端者をどう区別したらよいかとアルノー・アモリーに尋ねた。するとこのシトー大修道院長は「皆殺しにせよ、主はご自分の信者をご存じだ！」と答えた。ただしフランス正史においては、この言葉に多少の修正が加えられている。「皆殺しにせよ、神はいずれご自分の信者をお認めになる！」[4]。

聖座への報告で死者を二万人としているのは、十字軍の初戦を華々しい勝利で飾った「キリストの軍団」(Militia Christi) の栄光を讃えるために、やや誇張したきらいがある。しかしこの勝利は、華々しいとはいえ、結局のところ――こんなことを書くのは残酷だが――月並みだと言わざるをえない。抵抗する最初の町を略奪し、その住民を皆殺しにするのは中世の戦争の定石であった。この恐怖の戦略はすぐに効果があった。三日後、十字軍がふたたび進軍を開始すると、ナルボンヌの市民は代表団を派遣し、町が服従することを誓うとともに、物資および財政的支援を申し出た。八月一日、十字軍は早くもカルカソンヌの城砦が見えるところまでやってきていた。ここまで来る途中、百近くの町や村が陥落し、十字軍の支配下に入った。しかしこれらの町や村で十字軍が手にした食糧や戦利品なるものは、逃げ去った住民が持って行けずに残したものだけであった。

カルカソンヌ陥落

ナルボンヌの市民たちに倣う気が毛頭なかったトランカヴェルは、彼の首都の防備を固め、すべての封臣たちを召集した。当時、カルカソンヌの町は一重の城壁で囲まれているだけだったが——のちに二重にしたのはフランス王である——それだけでもおそろしく堅固な鎧となっていた。八月二日、十字軍は一日中周囲の状況を調べていた。血気に逸るトランカヴェルはただちに攻勢を仕掛けようとしたが、ピエール゠ロジェ・ド・カバレは、もっと慎重になるようにと主君をたしなめた。翌日の早朝、フランスの歩兵隊が攻撃を仕掛けた。ただし進攻したのは防備の薄い北の城外地区だけで、歩兵隊はこの地区を二時間で制圧した。その間、ほかの徴募兵たちは西側で、市のすぐ下を流れるオード川からの取水口をせき止め、籠城者たちの水源を断とうとしていた。

それから二日ないし三日後、アラゴン王ペドロ二世が、百人ほどの騎士たちを伴って、十字軍の陣地を訪れた。トランカヴェルの領地で何が起こりつつあるかをすぐに察知して、急遽駆けつけたのだ。トランカヴェルの宗主である王が不安にかられたのは、むしろとうぜんである。カルカソンヌの命運がその後のアルビジョワ十字軍の展開においてどれほど大きなキーポイントになっていたかは、その後の歴史的事実が明らかにしている。カルカソンヌ陥落によって、北ピレネーの地政空間がすっかり不安定となり、無数の外交問題を引き起こすことで、紛争はたちまちにして国際化した。

アラゴン王は、しぶしぶながら十字軍とともに野営していたレモン六世（王にとって義弟に当たる）と会談したあと、市の城門までやってきて、トランカヴェルとの会見を求め、彼と協議した。王はトランカヴェルに、彼を救うだけの軍事的余力がないことを説明した。おそらくそれは本当のことだった。というのも、王は対イスラム戦線を守備することで手いっぱいだったのだ。それと同時に、もし十字軍とおおっぴらに戦えば、教皇特使がその先頭に立っている以上、自分自身の宗主である教皇直属と言ってよい軍隊に刃向かうことになり、それゆえまた、自分が教会の敵であり、異端の共犯者であることを、みずから認め、また広く喧伝することになってしまう。王にできるのは、せいぜい仲裁者を演じることだった。トランカヴェルは納得した。王はアルノー・アモリーのもとに引き返し、和平の条件を尋ねた。アモリーが示した条件は、トランカヴェルは自分が選んだ十一人の騎士たちと自由の身で市を去る、そのうえで市と残りの住民すべてを十字軍に引き渡すというものだった。「そのくらいなら、私の生皮をはがされたほうがましです」――若い子爵は、王にそう答えて、自分の町と家臣領民を最後まで守り抜く覚悟を固めた。ペドロ二世は教皇特使に子爵が条件を拒絶したことを伝えたあと、カタルーニャへ帰って行った。

王が去ってからまもなく、十字軍は市の南側の城外地区を占領したが、その闘いのあまりの激しさに、それよりはるかに防備が固い城内に攻め込むことなど、とうていできないのではないかと危ぶまれた。そこで十字軍はトランカヴェルに休戦交渉使節を送った。トランカヴェルは通行証を携えてやってきて、ヌヴェール伯の陣屋で十字軍の武将たちと会見した。ここで付け加えておかねばならないが、夏の猛烈な暑さが襲い、わずか数日で市内の井戸がみな涸れてしまっていたのに加えて、川の水を汲みに来ようにも、十字軍に阻まれていたのだ。『十字軍の歌』は、籠城者たちの凄惨な苦しみを描いている。人で溢れかえった市内はハエが大発生し、恐ろしいほどの悪臭が立ち込めていた。こうした状況からすれば、今度ばかりはさすがのトランカヴェルも交渉に応じないわけにはいかなかったのだろう。ついでに言えば、ベジエの場合と違って、十字軍は司教を通じて異端者の引き渡しを要求することもなかったように思われる。その十ヵ月まえに司教になったばかりのベルナール＝レモン・ド・ロクフォールは、異端社会との個人的なつながりが非常に強く――彼の母と妹は完徳女だったし、兄弟のうちの三人は完徳者だった！――異端者迫害に加担するようなまねはとうていできなかった。

しかし、当時から伝わる話のなかにはやや違ったものもある。たとえば、トランカヴェルはみずから無条件降伏を申し出たのであり、カルカソンヌの住民たちの身の安全を約束することを条件に自分から人質になったのだという話、さらには十字軍が申し出た休戦交渉は罠に過ぎず、トランカヴェルは会見の最中に卑劣にも捕縛されたのだという話もある。いずれにせよ、トランカヴェルは市の地下牢に投げ込まれ、十字軍はすべての住民を、何ひとつ持たせず、しかも女はシュミーズだけ、男は下穿きだけの姿で、城外に追い出したあと、やすやすと市内を占領したのである。

財産没収

当時の戦争にはよく見られるとはいえ、冷酷無残な仕打ちと言わねばならない。だが遺憾なことに、その後、一二〇九年八月十五日にカルカソンヌ城の前庭で告げられた法的措置はもっと重大な結果をもたらした。わずか三週間の電撃戦争は、輝かしい勝利で終わった。イノケンティウス三世が周到に準備した十字軍の理論は、のっけから絶大な効力を発揮した。占領した領地を欲しい者に与えるという作戦はみごとに成功したのである。異端を幇助する君主を打ち破り、その領地内のもっとも有力な市ふたつを制圧したが、すべては完全に教会法にのっとって行われた。たしかにまだ、非常に広大な子爵領を平定する、つまりは征服する、という仕事が残されているが、聖戦の最初の結果をふまえて、法的な制裁を科すことはすでに可能だった。かくして、カルカソンヌ城の前庭に集まった十字軍のおもだった武将たちをまえにして、アルノー・アモリーは、戦いに敗れた君主からすべての権利を剝奪、そのすべての領地を教会が没収したうえで、彼の爵位と財産を、誰であれ、それを希望するカトリック領主に譲渡すること――これも十字軍の理論に従っている――を正式に宣告した。

アルノー・アモリーは、彼のもとに集う有力な十字軍武将たちにその旨を伝えた。しかし、見かけ以上に事情は複雑だった。失墜した子爵のかわりに、カトリック信仰に篤い新しい子爵を擁立すれば、封建階層の全体に大きな影響を及ぼすことになる。トランカヴェルの旧封臣たちは、爾後《じご》、この新しい子爵に忠誠を誓うことが義務づけられる。古い領主から新しい領主に代わったときには、そうすることが決まりなのである。こうしてトランカヴェルの旧封臣たちは、新しい領主と主従関係を結ぶことになるが、言うまでもなく、それはそのまま、カトリックの信仰を固く守り、異端と戦わねばならなくなることを意味する。したがって、そうした誓約を拒絶する封臣はすべて、異端幇助者であることをみずから認めるばかりでなく（それは言うまでもない）、とりわけ、上位領主に楯つくことを意味する。一方、上位領主は自分のすべての領地において支配と統治を貫徹する権利ばかりか、義務さえあり、そのためには武力を行使することも許される。要するに、すでに宗教面においてカトリック信仰の統一性を回復するという大義によって正当化されている軍事的征服を、さらに封建法によって合法化するということである。爾後、カルカソンヌおよびベジエの新しい子爵が刃向かう敵たちと戦い続けるのは、もちろんキリストのためでもあるが、自分の正当なる権利を確立するためでもあるだろう。

したがって今後、十字軍の動向は、二重に解釈しなければならなくなる。もちろん、この戦いは聖戦であり、参加する戦士たちには免罪が与えられる。彼らは、この戦争の結果がどうなろうと、そんなことはほとんどどうでもよかった。彼らの魂の救いのためには、四十日間の軍役を全うすればよいのだ。しかしこの異端の共犯者たちにたいする聖なる戦いは、その使命からして、教会法に従いながらも、その範囲を異端者がまったく見られない地域にまで拡大することができた。というのも、十字軍に脅かされている隣人を助けに駆けつけた諸侯はすべて、異端の共犯者とされ、攻撃の対象となったからである。

権力構造のトップに立つ領主の交代ということからすれば、十字軍とは要するに大規模な封建的政治劇にほかならないと言うこともできよう。そうした見方に立てば、ベジエおよびカルカソンヌの新しい子爵がその後も戦争を続けたのは、もっぱら、法的にはすでに封臣となっている領主たちに、旧来の伝統に従い、あらためて忠誠を誓わせるためであった。これまた法的に認められた上位領主権を有する子爵は、誓約の拒否を反逆行為とみなし、その反逆者の財産を没収したうえで、それを適当と思う者に封土として与えることもできたのである。

実際、反逆者が続々と現われたから、今日知られているとおり、十字軍はたちまちにしてフランス諸侯のオック地方への武力進出の様相を帯びるようになった。爾来、十字軍が制度面でも大きな力を発揮するようになったことも容易に理解できよう。教会法と封建法によって、十字軍は二重に正当化されていたのである。もちろん、十字軍にたいし、やはり封建法に訴える数多くの異議申し立てがあったが、十字軍は、状況に応じて、ときには教会法を、ときには封建法を、それぞれ楯にして、みずからの行為を巧みに正当化するのだった。結局、二十年にわたり、つまりは決定的な勝利に至るまで、十字軍は、法律的にも軍事的にも、巨大なロードローラーのごとく、ラングドック全体の地ならしを続けたのである。こうした攻勢にたいして、敵側は散発的な抵抗しか示すことができなかった。自分たちの勝利を確かにする軍事手段を欠いていたために、彼らの抵抗は散発的たらざるをえなかったのである。

アルノー・アモリーは子爵の冠とトランカヴェルの領地すべてをヌヴェール伯に与えようとしたが、伯は、もともと自分はこの地に身を落ち着けるつもりは毛頭ないと言って、丁重に断った。ブルゴーニュ公、そしてサン＝ポル伯も、同様に断った。彼らは、他人から奪ったものを手に入れようなどとは思わなかったのだ。そのうえ、ヌヴェール伯とブルゴーニュ公はすぐに故国に帰ってしまったし、サン＝ポル伯も翌年帰って行った。今日に至るまで、十字軍に参加した諸侯の動機の純粋さを疑う向きも多いが、以上の話からうかがえるように、純粋な宗教的動機から参加した者もいなかったわけではなく、しかもその数はけっして少なくなかったのである。しかしこうした有力貴族たちがこぞってアルノー・アモリーの申し出を謝絶した裏には、聖座からかくも広大な封土を受け取ることによって、宗主であるフィリップ・オーギュストの心証を害するのではないかという危惧があったにちがいない。この封土は外国に属するものだから、よけいにその心配があった。というのも、トランカヴェルの子爵領はカタルーニャ王国に帰属しているのだ。

この三人の大領主に相次いで断られたあと、アルノー・アモリーは、北仏シュヴルーズ渓谷にささやかな領地を持つ武将に話を持ち掛けた。彼も最初断ったが、それはあくまで儀礼的であって、そのあとすぐにこの申し出を受け入れた。小領主ゆえに、国王もさほど警戒しないと踏んだのだろう。この男こそシモン・ド・モンフォールである。

父シモン三世から、一一八一年、モンフォール＝ラモリーとエペルノンの領地を引き継ぎ、シモン四世を名乗ったが、エヴルー伯領は兄のアモリーが相続した。長子でもないのに「シモン伯」を名乗り、さらには「モンフォールの伯爵」とも呼ばれたのは、母方の叔父からイギリスのレスター伯領を引き継いだからである。しかし残念ながら、フランスと戦争中のイギリス王がこの領地を取り上げてしまった。そんな折も折、トランカヴェル子爵領の提供は、彼にとって、失った土地を補って余りある願ってもない申し出であった。

すでに五十に近づいていたが、まだ壮年と言ってよかった。彼を直接知っていた人たち、たとえば十字軍年代記者であったピエール・デ・ヴォー＝ド＝セルネーなどは、口をそろえて、背が高く、恰幅もよく、力持ちで、しかも誰もが驚くほどの忍耐力の持ち主だったと言っている。じっさい、この一二〇九年の夏から九年後のとつぜんの死まで、彼の足取りを丹念にたどっていくと、その九年間の大部分を騎上で過ごしたことが知られる(5)。

彼はまず、カルカソンヌの戦闘で示した勇猛果敢ぶりで注目されたと言われている。しかし十字軍に加わった当初から、篤信と廉直とを兼ね備えた勇ましい騎士という評判が高かった。彼はすでに、一二〇二年、聖地奪還をめざす第四次十字軍に参加したが、そのさい、ヴェニスの商人たちのために、同じカトリックを奉じる君主と戦うという忌まわしい事態に遭遇した。十字軍の武将たちの多くはヴェニスの商人たちから多額の借金をしていたが、商人たちは、ハンガリー王に占領されているアドリア海沿岸の町ザダルを奪還するのを手伝ってくれるなら、借金を帳消しにしてもよいと提案してきたのだ。シモンはこんな不正行為の片棒をかつぐことを潔しとせず、かなりの数の同志を引き連れ、軍から離脱した。これらの同志たちは、その後も彼を慕い続け、ラングドックでも、彼と行動を共にしている。たとえば弟のギー、シモン・ド・ノーフル、ロベール・モーヴォワザン、アンゲラン・ド・ボーヴ、ヴォー＝ド＝セルネー大修道院長であるシトー会士ギーなど。彼らはすぐに船に乗り、直接シリアに向かったために、一二〇四年に起きた悪名高い事件に立ち会わずに済んだ。言うまでもなく、「ラテン人」によるキリスト教コンスタンティノープルの攻囲、占領、そして略奪である。「ラテン人」すなわちフランク族とヴェニスの商人たちが結託し、ギリシア人への恨みを晴らすために、悪逆非道のかぎりを尽くしたのだ〔第四次十字軍（一二〇二～〇四）は、本来の目的である聖地奪還から逸脱し、地中海における政治的および経済的利益の追求と擁護に転化し、ビザンチン帝国の首都コンスタンティノープルを占領した〕。

聖地から帰還して何年も経たずに、シモン・ド・モンフォールはアルビジョワ十字軍に加わることになるが、その真の動機を、少なくともおもな動機と思われるもの、彼のあらゆる行動を説明する鍵となるものを、いくら知ろうとしても無駄であろう。もちろん、戦闘的なまでの篤い信仰心、カトリック信仰の一体性は武器を使ってでも守らなければならず、この一体性を危険に晒しているのは悪魔に唆《そそのか》された有害無益な被造物たちなのだという強い信念が、彼にはあったはずである。さもなければ、いくら野心満々の男だったとしても、聖戦のカリスマ的指導者にはなりえなかったにちがいない。また逆に、彼に野心がなかったら、そのうえ途方もなく広い領地を占領し、それをすべてひとりで統治する――彼が占領地を封土として分け与えるのは、もっぱら自分に忠実な者たちにであって、彼らをつなぎとめるためでしかない――強い意志がなかったら、いかに信仰心が篤くとも、「アルビの異端者たち」およびその共犯者たちとの戦いにこれほど熱心になれるはずはなく、四十日の軍役を一回、せいぜい二回ほど果たせば、さっさと郷里に帰ってしまったことだろう。彼はまた、肉体的にも頑健だったし、精神的にも不屈であった。じっさい、カトリック信仰の一体性を守ることよりも、できるだけ楽をして免罪を得ることばかり考えているような十字軍参加者が多いなかで、彼はきわめて困難な状況をたったひとりで耐え抜くこともしばしばだった。あれだけの肉体的および精神的な抵抗力や耐久力がなかったなら、彼のような征服者にはとうていなれなかっただろう。彼はまた、明らかに天才的な軍人だった。もちろん、敵の無能さに助けられたという面も大いにあるとしても、疑いもなく、この時代におけるもっとも有能にして大胆な武将のひとりであった。

それでもなお、彼の敬虔な信仰心は野心を隠す仮面にすぎず、彼の勇気は多くの点で残酷さのアリバイであり、彼の廉直さの裏には狂信がひそんでいたのだと言うこともできよう。残酷といえば、たしかに彼は残酷だった。「聖戦」という謳い文句とは裏腹に、彼はどれほど残虐な手段を使うことも躊躇せず、実際の武器を存分に使ったのはもちろんのこと、恐怖心を煽り立てることもひとつの武器になりうることを十二分に意識していた。「人間とはもともと冷酷なのだ」とか「時代がそうだったのだ」などという決まり文句も、言い訳にはならないだろう。たしかに、残虐さということでいえば、オック人たちも、十字軍に負けてはいなかった。規模の大きさはもちろん違うが、彼らもまた、自分たちこそ正しいという確信を抱いて、残虐な行為を繰り返していたのだ。ともあれ、シモン・ド・モンフォールがこの地にもたらした数々の災厄や不幸は、彼の提灯持ちともいうべきピエール・

デ・ヴォー＝ド＝セルネーのような男を狂喜させたとしても、オクシタンの詩人たちに涙を流させ、復讐に燃える呪詛を吐かせたし、トゥールーズの聖職者ギヨーム・ド・ピュイローランスのようなカトリック側の年代記者でさえ、嘆きの悲痛な叫びをあげたのである。

要するに彼は、まさに自分の使命の権化となった生《き》一本《いっぽん》な男で、配下の兵士たちは誰もが彼を賞賛し、無条件に心服した。彼はまた、品行方正で日頃から信仰心が篤く、個人的および家族的生活も廉直そのもので、こうしたことも彼の評価を高めていた。つまるところ、味方側のあらゆる人間にとって、彼は模範そのものであった。

しかしとうぜんのことながら、敵側からすれば、彼は怪物以外の何ものでもなかった。彼が模範的な美徳の持ち主だったとしても、それが殺戮、放火、略奪、財産の没収などの害悪しかもたらさないとすれば、そんな美徳にはまったく何の意味もなかった。それから九年後、彼は不慮の死を迎えたが、この死は、十字軍にも、オック人たち——異端の共犯者たちもいたが、良きカトリック信者たちもいたのだ——にも、言葉にならないほどの大きな衝撃や深い感動を呼び起こした。十字軍は総大将のとつぜんの悲劇的な死を涙ながらに哀悼し、「聖人にして殉教者」となった彼は天上の世界で永遠に褒めたたえられると信じたが、一方、オック人たちはこの死を喜び、それを傲慢、思い上がり、欺瞞にたいする〈高貴〉と正義の勝利として謳い上げた。このように、象徴やアレゴリーは、立場によってまったく異なってくる。

「キリストの軍団」

シモンが最初にやったのは、シトー会とその大修道院長アルノー・アモリーに感謝の意を示すことだった。彼は同修道会に異端者のものであった三つの館を寄進した。そのひとつはベジエ、もうひとつはサレル、三つ目はまさにカルカソンヌにあった。この寄進証書は、彼が「ベジエおよびカルカソンヌ子爵」の称号を用いた最初の記録であり、自分の権力掌握を公的に認めさせるとともに、その使命を継続することを高らかに宣言する狙いがあった。「神は不信仰の異端者たちの土地を私の手に委ねてくださいました。つまり神は、その僕たる十字軍の働きによって、異端者たちからこの土地を取り上げることを正当であると判断なさったのです。かくして不肖私は、主の軍勢の勇将諸氏および隣席の教皇特使、高位聖職者の方々の強い慫慂《しょうよう》のもと、神からの賜りものとして、この土地を受領し統治することを、謙遜と献身の思いをもってお引き受けいたしました。私は神のご加護を信じております」。同じ頃、彼はイノケンティウス三世にも書簡を送り、彼と彼の子孫をベジエおよびカルカソンヌ子爵領の継承者としたことを正式に確認していただきたいと申し出た。というのも、アルノー・アモリーが征服した土地を彼に与えたのは、聖座の名においてであった。

八月の終わりか九月の初旬、十字軍がモンペリエを出発した際に軍から離れたミロンは、教皇にプロヴァンスでの任務遂行の状況を報告し――彼はふたたび当地に赴き、多くの領主に和平の宣誓をさせることに成功していた――そのさい、レモン六世が教会と和解したとはいえ、いまでも彼にたいして大きな不信感を抱いていることを伝えた。ミロンはあいかわらず、レモン六世こそピエール・ド・

カステルノー暗殺の黒幕であると考え続けていたのだ。アルノー・アモリーもまた、十字軍の活動に関する一般報告――ベジエで異端者とその共謀者を「二万人」殺害したと誇らしげに伝えた例の報告である――をローマに送っている。

アルノー・アモリーの手紙の調子とシモンの手紙のそれとは、奇妙な対照を示している。教皇特使の手紙はまさに勝利の歌であるが、それも納得できよう。十字軍をリヨンからカルカソンヌまで率いたのは彼であり、その勝利は幾分彼自身の勝利でもあるからだ。シモン・ド・モンフォールに彼が征服した子爵領を与えたのも、またカトリックの軍勢、いわゆる「キリストの軍団」の総大将に同じくシモンを据えたのも、彼であった。たしかに多くの兵士たちが、四十日の軍役を終えると、そのまま軍を去って行ったが、まだ多くの、しかも勇敢な兵士たちが残っており、教会がもう少し軍事費の援助を続ければ、シモンはさしたる困難もなく、すみやかにオクシタン全土の征服を成し遂げるであろう。

一方、シモンはもっと正直であり、また現実的でもあった。十字軍に参加したおもだった諸侯たちはすでに軍を去り、一握りの騎士とわずかな兵士しか残ってはいず、しかも俸給を倍にしなければ、彼らを引き止めることができない現状である。自分が征服した土地はすっかり荒れ果て、村や城はなかば壊滅状態である。多くの領主たちは、山城に立てこもり、抗戦を続ける覚悟を固めている。「教皇猊下および信徒の皆様のご支援なくして、もはやこれ以上、この地を統治し続けることはできません」。それゆえ、教会には、ただちに援助金を送っていただくとともに、ふたたび十字軍への参加を呼びかけ、軍を立て直すのに必要な兵員を送り込んでいただきたい。教会には、そうする義務があるはずである。というのも、征服した領地において、長いあいだ滞納されてきた十分の一税を確実に納めるよう領民に命じたのも、また一戸当たり年間三ドゥニエの税を聖座に献じるために徴収することを決めたのも、彼シモンなのである。それによって、聖座が得ることになる利権は、財政的にも、また政治的にも、相当なものであった。かくして十字軍は、年貢徴収公国を創設する道を切り開くことによって、教皇帝国主義の道具となったのである。

オクシタンの政情不安は確実に高まっていた。たしかに、十字軍がミネルヴォワに入ったとき、さっそく、服従の意を示したギロー・ド・ペピユー、あるいは、一二一〇年二月、ビテロワの十人ほどの小騎士を証人に立てたうえで、あらゆる異端の放棄を宣誓したエチエンヌ・ド・セルヴィアンのような領主もいたことはいたが、それよりはるかに多くの領主たちが、ただちに徹底抗戦の覚悟を固めたのである。トランカヴェルのおもだった封臣だけでも、ピエール＝ロジェおよびジュルダン・ド・カバレ、ギヨーム・ド・ミネルヴ、ピエール＝ロジェ・ド・ヴァンタジュー、レモン・ド・テルム、エムリー・ド・モンレアル、ギヨーム・ド・ロクフォールなどがそうだった。

ヌヴェール伯が国に帰ってしまうと、それに倣って、自分が雇った騎兵や歩兵たちを連れて引き上げていく貴族が続出した。そんななかで、高まる徹底抗戦の勢いを抑え込むだけの軍事力をどうやって維持せよというのか。たしかに、ブルゴーニュ公はシモンの懇願を聴き入れ、軍役を少しばかり延長してはくれたが、結局、九月半ばには引き上げて行った。一二〇九年の夏の終わりの時点で、シモンとともに十字軍にとどまった貴族たちの名前をあげるのは容易である。じっさい数えるほどしかいなかったのだ。はっきり確認されているのは二十五人ほどでしかない。ナント地方のドンジュ子爵ルオーを除けば、有力領主はいず、彼らの封土は上位領主から与えられた領地だけだった。彼らが、多くの封土を所有する伯爵や公爵たちのように、いわばお付き合いで四十日の軍役を務めるだけで終わらなかった理由も、おそらくはそんなところにある。シモン・ド・モンフォールが十字軍の実権を握った直後に、彼を中心にして団結した騎士団が、すみやかに彼の恒常兵力の中核を構成することになる。そこに、季節や状況により一時的な兵力が加わるが、そうした臨時兵力は、たしかに役立つとはいえ、いつも当てにするわけにはいかなかった。要するに、これら二十五人ほどの武将たちが、何年ものあいだ、すべての戦いを通じて、指揮官シモンの不屈の盟友であり続けたと言ってよい。シモンの威厳、軍事的天才、さらには彼のカリスマ性が、彼らの忠誠心、信頼、称賛を勝ち得たのである。

少なくとも、そのうちの七人はもともとシモン・ド・モンフォールと近い関係にあった。ピエール・ド・リシュブールは彼の封臣であったし、ブシャール・ド・マルリーは彼の妻アリックス・ド・モンモランシーのいとこであった。ポワシー兄弟、すなわちアモリー、ギヨーム、ロベールはシモン自身のいとこだった。これら生粋のフランス人たち――当時の資料では Francigènes と書かれているが、今日なら Franciliens〔パリを中心とするイル゠ド゠フランスの住民を指す〕と言うだろう――のなかでもっとも有名なのは、まさしくギー・ド・レヴィである。シュヴルーズ渓谷のレヴィ゠サン゠ノンの領主で、シモンはすぐに彼を元帥にしている。元帥の役割については、じつのところよく知られていないが、おそらくは騎兵の司令官のようなものだろう。オルレアンから来たギー・ド・リュシーはフランス王の封臣であった。ノルマンディーからは少なくとも四人が来ていた。ペラン・ド・シセー、ラウル・ダジ、ロジェ・ダンドリ、それにロジェ・ド・レサールである。ピカルディーからは三人、ゴベール・デシニー、ロベール・ド・フォルスヴィル、それにロベール・ド・ピキニー。ブルゴーニュからはふたり、ランベール・ド・チュリーとギヨーム・ド・コントル。シャンパーニュからはひとり、ロベール・モーヴォワザンが加わっていたが、シモンとは東方十字軍以来の旧友であり、彼の無二の親友となる。さらにイギリス人がひとり混じっている。ユーグ・ド・ラシー、ミースの領主の息子である。

その他の武将たちの名前は、記録ではもう少しあとになってようやく現れるが、彼らも最初からシモンと行動を共にしていたのだろう。たとえば、ブルターニュから来たフィリップ・ゴロワン。シモンは彼にカルカソンヌの城主権を委ね、みずからの代理官とした。シモンが、ベジエおよびカルカソンヌ子爵の冠を戴いたときに自分が引き受けたのと同じ役割を、それぞれの能力や功績に応じて与える相手は、もっぱらこれらの戦友たち——その後、数ヵ月のうちにアンゲラン・ド・ボーヴ、ピエール・ド・ヴォワザン、さらには彼自身の弟ギー・ド・モンフォールも加わる——のなかから選ばれることになる。つまりシモンは、彼に忠誠を誓うことを拒否した市参事会や領主たちから町や領地を奪い取るたびに、それをこれらの戦友たちに優先的に分け与えたのである。ちなみに、領地を奪われ、地下に潜って抵抗を続ける騎士たちのことを「残党騎士」(faidits)と言う。ところで、かくしてこの地で新たに領主となった〈北〉の貴族たちのなかには、この地に住みつき、結婚などを通じて、南仏人になり切ってしまう者も出てくる。ギー・ド・レヴィの場合がそうで、彼のひこ孫はフォワ大公妃と結婚し、その直系の子孫が今日まで二十六代にわたって連綿と続いている。彼らはアリエージュの地にすっかり根付いてしまったのだ。

十字軍に参加する際、それぞれの武将たちが自前でかき集めた小部隊——だが、いまではシモンが雇い主になっている——もその数に入れると、シモンの恒常兵力は、「正規」兵と傭兵を合わせ、三千から三千五百程度であったと推定される。(6) 装備もまちまちで、重騎兵、下士官、徒歩および騎馬の弩《ど》射手《しゃしゅ》、弓矢、槍、剣を使う歩兵。以上が「キリストの軍団」のあらましであるが、最後に一言付け加えておきたい。すでに見たとおり、シモン・ド・モンフォールの信仰心の篤さを疑う余地はないが、その彼が、クララン師という人物に出会うとたちまち惚れ込み、礼拝堂付司祭として雇った。この男の出自は不明だが、カルカソンヌの司教として生涯を終えることになる。もうひとつ付け加えれば、彼とのちの聖ドミニコとのあいだにも、いずれ友愛に満ちた個人的関係が結ばれるだろう。しかし、プルイユ修道院の沈黙のなかにいたか、あるいはたまたま説教に行く小道を歩いていたか、いずれにせよ、この時点ではまだ、ドミニコは南仏の社会全体を大きく揺るがしたこの四十日間の傍観者にすぎなかった。

ローラゲ占領

ふたたび出陣したシモン・ド・モンフォールとその同志たちが向かったのはファンジョーであった。その途中、すでにもぬけの殻となっていたアルゾンヌ、そしてモンレアルの町を通った。モンレアルも、やはりもぬけの殻だった。この城邑が異端の本拠地のひとつであることを誰もがよく知っていた。領主エムリーをはじめとする五十人ほどのカタリ派信者たち、さらにカタリ派助祭ピエール・デュラン。また一二〇七年に異端派とカトリックの討論会が開かれた頃には十人ほどの完徳者と完徳女がいたことが記録されており、その完徳女のひとりで貴族の出のファブリッサ・ド・マズロールは、この時、難を逃れてガジャ＝ラ＝セルヴに潜伏した。彼女はこの村で新たに完徳女たちの家を開き、その後長いあいだ、残党騎士たちのたまり場ともなった。モンレアルの領地はアラン・ド・ルシーに与えられた。

しかし十字軍の真の目的地はファンジョーであった。それには、みごとに相補い合うふたつの理由があった。シモンは、少なくともこの頃はまだ、自分が異端征伐という宗教的使命を帯びていることを忘れてはいなかったが、まさしくファンジョーは、ほぼ二十年来、オクシタンにおけるカタリ派のいわば総本山となっていたのだ。すでに見たように、この城邑には、カタリ派司教ゴースランの〈大子〉（後継者）にしてローラゲおよびトゥールーズ地方のあらゆる異端貴族たちの精神的指導者であるギラベール・ド・カストルがいた。近くのプルイユ修道院には、ドミニコと彼の感化によって改宗した完徳女たちがいたが、この城邑《じょうゆう》の異端勢力を弱めるだけの影響力はなかった。十字軍がファンジョーを急襲することになった第二の理由は、この町が戦略拠点となる位置にあったからである。この町はまさに交通の要衝であった。北西に向かえばローラゲを通ってトゥールーズに至り、南西に向かえばミルポワとフォワ伯領に至り、南に向かえばラヴラネとオルムに至り、南東に向かえばリムーとラゼスに至り、北に向かえばカストルおよびアルビジョワに至る。

アラゴン人の男を隊長とする傭兵部隊が前衛として送り込まれたが、彼らは戦わずして町を占領した。そもそも、町はすでに火災によって一部破壊されていたらしい。少なくとも、ギエルム・ロンバールという女は、この火災によって聖ドミニコが発行してくれた赦免状を失ってしまったと証言している。住民たちの集団避難については、いくつかのたしかな資料が残されている。ピエール・ベルーム、アルノー・クラヴェル、あるいはギヨーム・ド・カルリパといった完徳者たちは残された資料からすっかり消え去っているが、その一方で、ギラベール・ド・カストルが、司教ゴースラン、そしてオード・ド・ファンジョーをはじめとする貴顕の完徳女たち数名とともに、モンセギュールに避難したことが確認されている。まさに一族の集団脱出だった。この逃亡に、オードは息子のイザルン＝ベルナール、娘のエリス、ブレダ、そしてゲア、さらに孫娘ファブリッサとゴージョン（いずれもブレダの娘である）を伴った。イザルン＝ベルナールは妻ヴェジアードまでモンセギュールに連れて行ったが、こうした用心をしたのは彼だけではなかった。彼らは皆、城主レモン・ド・ペレイユと彼の母で完徳女のフルニエールのもとで、難が去るのをじっと待つことになる。このように、モンセギュールは最初から、まさにファンジョーのコロニーであった。

アルビジョワのフォワ伯領

かくしてシモン・ド・モンフォールは、かつての異端の本拠地であるファンジョーに司令部を置き、数週間のうちに一連の急襲作戦を四方に展開し、たちまちにして広大な地域を支配下におさめた。おそらく彼は、すでにこの時期に、ファンジョーのすぐとなりにあるローラックの城邑を占領し、それをユーグ・ド・ラシーに与えたほか、これもすぐ近くのヴィルシスクルの城邑を占領し、ギヨーム・ド・レサールに与え、またセサックの城邑を占領し、ブシャール・ド・マルリーに与えた。セサックから四里〔約十六キロメートル〕も離れていないモンターニュ・ノワール山中にあるロクフォールの城邑が、ここに難を逃れている三百人もの完徳者たちを守るために防衛態勢に入ったのも、おそらくはこの頃である(7)。

ともあれ、シモン・ド・モンフォールはリムーに到着し、そこで、さきに斥候に送ったランベール・ド・チュリーと合流している。途中の村々はシモンに抵抗を試み、そのため多くの者が吊るし首となったと年代記者は伝えている。リムーをランベール・ド・チュリーに与えたあと、シモンの軍は、カルカソンヌに戻ろうとしているかのように、オード渓谷を下って行った。ところが、プレクサンの町は門を開けることを拒否した。この町はオード地方の真ん中にあって、フォワ伯領であったが、シモンは委細構わず、この町を攻囲することにした。レモン゠ロジェ伯が急遽駆けつけ、自分の国の中心部からできるだけ長いあいだ十字軍を遠ざけておくために、和議を結び、十字軍をプレクサンの町に入らせた。

迂回してカルカソンヌに立ち寄ったあと、ファンジョーに戻る途中、シモンがアルゾンヌに滞在していたとき、カストルの市民代表がやってきて、彼に町の領主になってほしいと申し出た。彼は、さっそくカストルに赴いたが、今度はそこにロンベールの騎士たちがやってきて、みずから進んで服従を誓った。その保証として、数名の人質がカルカソンヌに送られた。その間、ふたりの完徳者が逮捕され、シモンの手になる最初の火刑が行われた。

カストルからの帰途、十字軍の総大将は、ブルゴーニュ公の助言に従い、モンターニュ・ノワールの南面にあるカバレの城を攻撃することにした(8)。これらの城はカルカソンヌからアルビ地方に至る街道沿いにあるばかりでなく、カバレの領主であるピエール゠ロジェは、弟のジュルダンとともに、非常に広大で豊かな鉱山を所領として持ち、そこに多くの鍛冶屋もいたため、抵抗勢力にあらゆる武器を供給することが可能であった。しかも、ピエール゠ロジェはすでに抵抗勢力の有力な一員となっているらしかった。だが十字軍の仕掛けた攻撃は、恐るべき天然の要害に阻まれて、失敗に終わった。ブルゴーニュ公は、その翌々日、十字軍を去って行った。

シモンはファンジョーに戻った。ここで注目すべきことは、慣例に反して、彼がファンジョーの領主権だけは、同志の誰にも与えなかったことである。彼らに与えたのは、逃亡した住民たちが残していったさまざまな財産——家、風車、ブドウ畑、菜園、耕作可能地など——だったし、しかも彼らはのちに、受け取ったこれらの財産を、信仰心の証として、ドミニコおよびプルイユ修道院に寄付している。

ある日、サン゠タントナン・ド・フレドラ大修道院長ヴィタルからの使者がやってきた。この大修道院は低地フォワ伯領にあり、パミエの町はこの修道院を中心に発展したこともあって、大修道院長は、レモン゠ロジェ・ド・フォワとともに、この町の共同領主となっていた。ところがレモン゠ロジェは、権力を濫用して、修道院に多大な損害を与えていたらしい。ヴィタルはシモン・ド・モンフォールに、レモン゠ロジェに代わって、パミエの共同領主になっていただきたいと申し出たのである。もちろん、シモンはこの願ってもない話に飛びつき、さっそく軍を整え、トゥールーズ地方とフォワ伯領を結ぶ街道を南進したが、ほとんど抵抗もなかった。途中、ミルポワの町に入った。十字軍が近づくと、町の完徳者——当時、異端者の家が五十近くあった——および三十四名の共同領主は行方をくらました。逃亡した共同領主の半数以上は熱心なカタリ派信者であり、おもだったところでは、ルーマンジュー家、ヴァントナック家、ダルー家、ブジニャック家などが挙げられるが、彼らの多くは「残党騎士」となり、レモン・ド・ペレイユの本いとこのピエール゠ロジェ・ド・ミルポワ（子）の例に見られるように、長年にわたって十字軍と戦い抜き、またその期間はまちまちだが、モンセギュールにも滞在することになる。

ミルポワの町は没収されたうえで、ギー・ド・レヴィに与えられた。パミエでは、シモンと彼の軍を大修道院長ヴィタルが丁重に迎えた。彼は、異端の手先が共同領主でなくなったことで、ご満悦であった。トゥールーズ司教フルク、パミエの貴族、聖職者、有力者たちの立ち会いのもとで、新たな共同領主権の調印が行われた。ファンジョーに戻る途中、シモンはパミエの下流にあるサヴェルダンに立ち寄った。住民たちは、ほとんど抵抗せずに町を明け渡した。

つぎはアルビジョワの番である。シモンがロンベールに到着すると、すでにカストルで彼に服従することを申し出ていた五十人ほどの騎士たちが出迎え、彼と彼の軍隊に宿を提供した。ところが実際には、彼らはシモンを罠にかけようとしていたのだ。シモンはその陰謀を暴き、すぐに事態を掌握した。騎士たちは、彼に忠誠を誓った。ロンベールを発った十字軍はアルビに到着した。アルビでは司教のほうが子爵よりも強力な領主であったが、その司教が征服者の総大将を大歓迎し、全教区の忠誠を誓った。ベジエ、カルカソンヌ、リムー、そして今度はアルビ。かくしてシモンは、ほぼ方形をなすトランカヴェル子爵領の四つの頂点にあたる枢要都市を掌握したことになる。しかも、それは二ヵ月足らずの早業であった。

だが、すでにつぎの戦いが待っていた。シモンはすでにその上位領主権の一部を保持しているミルポワの町を占拠し、さらにパミエやサヴェルダンの町も奪った。これらの町はいずれもフォワ伯領であり、とうぜんながらフォワ伯を強く刺激した。彼は自分の権利が侵害されるのを黙って見過ごすつもりは毛頭なかった。アルビから戻る途中のシモンがカルカソンヌにいたとき、レモン゠ロジェは、プレクサンで結んだ和議を破棄して、奪われた領地を奪回するとともに、シモンの不在を狙って、九月二十九日、ファンジョーを急襲した。攻撃は夜行われ、攻囲軍は城壁をよじ登り、町の通りに入り込んだ。しかし城内に残っていたフランスの駐屯部隊が激しく応戦し、侵略軍を撃退した。フォワ伯は自分の町に戻った。

十月は平穏のうちに過ぎた。シモンはロベール・モーヴォワザンをローマに派遣していた。シモンが八月に書いた手紙を直接教皇に手渡し、その返答を持ち帰ることになっていた。だが、その返答は十二月まで届かなかった。

最初の反乱

それ以前に奇怪な事件が起きていた。十一月十日、レモン＝ロジェ・トランカヴェルがカルカソンヌの獄中で死んだのである。年代記者ピエール・デ・ヴォー＝ド＝セルネーは言葉少なく「急病死」と記している。ギヨーム・ド・テュデルは「赤痢」だとしたうえで、シモン・ド・モンフォールが彼を暗殺したといううわさがさっそく広がったことに憤慨している。しかし、オクシタンの文学は暗殺説にこだわり続け、十四世紀になってもまだ、トゥルバドゥールたちは、卑劣なやり方で殺された勇猛果敢な若殿トランカヴェルの悲劇的な死に涙を流し続けたのである。いずれにせよ、トランカヴェルの死は、彼を支援すべく山城に立てこもった諸領主たちのあらゆる希望を打ち砕くのにまさに絶妙なタイミングの出来事であったことはたしかである。シモン・ド・モンフォールは、彼の死を隠すどころか、その遺体を公開したうえで、盛大な葬儀を行った。トランカヴェルの死を周知徹底させ、もはや彼がこの世にいないことをオクシタン中に知らしめようとしているかのようであった。

シモンに残されたもうひとつの仕事は、故人の遺産相続権を誰も主張しないよう、あらかじめ策を講じておくことであった。トランカヴェル亡きあと、若い妻アニェス・ド・モンペリエと幼い息子レモン・トランカヴェルが残されていた。シモンはモンペリエに赴き、ナルボンヌ子爵、教皇特使ミロン、そしてアグドおよびベジエの司教の立ち会いのもとで、アニェスから彼女と彼女の息子のあらゆる相続権を譲り受け、その見返りとして、三千スーの終身年金を保障するとともに、彼女の持参金に当たる二万五千スーを四回の分割払いで一年のうちに返還することを約束した。なお幼いレモンの後見はフォワ伯が務めることになった。

モンペリエではもうひとつ、シモン・ド・モンフォールとアラゴン王ペドロ二世の会見も行われた。教皇は、征服者シモンにたいし、征服地の正当な宗主権を少しでも侵すことがないようにと強く諫めていた。それゆえシモンは、宗主たるペドロ二世に封臣の宣誓をしなければならなかったのだ——もちろん、宗主が彼を封臣となることを認めてくれればの話だが……。だが、ペドロ二世はそれをきっぱりと断った。その理由は容易に分かる。異端者討伐のための十字軍に、フランスから来たひとりの領主がカルカソンヌにたまたま居座った。しかもそのさい、トランカヴェルの遺産および称号を没収することに関しても、またそれをシモン・ド・モンフォールに与えることに関しても、ペドロ二世にはいっさい相談がなかった。だが、そうした没収および授与の権利は——フランス国王フィリップ・オーギュストみずからが教皇に念を押したように——あくまで上位領主に属しているのだ。それゆえペドロ二世は、すでに宗主としての大権を完全に無視されている。まさに封土権の侵害である。そのうえ、これは高度に政治的な問題である。いくらシモンがアラゴン王に封臣の宣誓をしても、彼がフランスに所有している領地については、フランス王の封臣であることには変わりない。そのうえ彼は、トランカヴェルが封臣となっていた領地を、よそから来た騎士たち、その多くはもともとフランス国王の封臣であった騎士たちに、分け与え始めていたのである。それゆえ、上位領主権がバルセロナに属する広大な領地がいずれカペー王朝の封土になってしまう危険性も大きかった。王の拒絶について語りながら、ピエール・デ・ヴォー゠ド゠セルネーは、十字軍の侵攻に抵抗する領主たちにたいして、王がひそかに支援を約束していたといううわさが流れていたと述べている。

ともあれ、ひとつはっきりしているのは、まるでシモンのモンペリエ行きが合図となったかのように、ほとんど一斉蜂起ともいうべき反乱が起きたことである。彼がまだ帰途にあったときに、早くも悪い知らせが続々と届いた。八月にみずから服従を誓ったミネルヴォワの領主ギロー・ド・ペピユーが反旗を翻し、ピュイセルギエの城に駐屯していた十字軍の部隊を急襲し、部隊を主塔に閉じ込めるとともに、ふたりの騎士を囚人として連れ出し、目を潰し、鼻と耳と上唇を削ぎ落としたうえで、裸のままカルカソンヌに送った。シモンはピュイセルギエに閉じ込められていた兵士たちを救出し、城を徹底的に破壊した。すると今度は、アモリーとギヨームのポワシー兄弟が、アラリック山の中腹にあるミラモンで籠城しているというニュースが飛び込んできた。シモンが駆けつけたときには、ふたりとも虐殺されたあとだった。さらに悪いことには、ブシャール・ド・マルリーとゴベール・デシニーはカバレの民衆の待ち伏せを受け、ゴベールは殺され、ブシャールは捕らえられ、カバレに投獄された。

ついでカストルが蜂起した。叛徒は城を急襲し、駐屯部隊を指揮する騎士と下士官数名を逮捕した。ロンベールの騎士たちも蜂起し、捕虜たちをカストルに送った。ファンジョーに近いモンレアルも敵の手に落ちた。シモンが当地の防衛を任せていた聖職者たちを、領主エムリーがうまく丸め込んだのである。年代記者の話を信じるなら、まだ冬にならないうちに、十字軍はすでに四十もの城砦を奪い返されていた。これも年代記者の話だが、彼らの士気がもっとも落ち込んでいるところに、彼の伯父であるヴォー＝ド＝セルネー大修道院長のギーがやってきて、彼らに希望と勇気を与えた。

八月十五日少し過ぎにシモンが教皇に宛てた手紙の返書を携えて、ロベール・モーヴォワザンがローマから戻ってきたのは、クリスマスも近くなってからだった。とうぜんながら教皇は、トランカヴェルの権利剝奪と財産没収を追認し、十字軍の総大将がその継承者となることを正式に認めたが、同時に、彼が優先して守るべき義務を念押しすることを忘れなかった。平和と信仰を守るべきこと、上位領主権を侵害しないこと……。だが、ペドロ二世が拒否したことを考えれば、この保護条項がいかに形だけのものだったかが分かるだろう。

イノケンティウス三世は、十一月十一日と十二日、この手紙を含む三十通もの書簡を各方面に送っている。ラングドックとプロヴァンスの高位聖職者たち、リヨンとブザンソンの大司教、主要都市の市参事会、多数の大領主、ナルボンヌ子爵エムリー、ドイツ皇帝オットー四世、アラゴン王ペドロ二世、カスティーリャ王アルフォンソ八世など。これらの手紙すべてにおいて、あらためてキリスト教が危機に陥っているさまを略述し、十字軍への参加を呼びかけるとともに、拠金や支援を訴えている。しかし厳しい冬が近づいているときに、誰も自分の軍隊を出動させようとは思わなかった。十字軍は冬期宿営体制に入ろうとしていた。

第五章　城争奪戦

一二〇九年の夏のあいだ、十字軍は破竹の勢いで勝利を重ねたが、秋になると戦況はたちまち悪化の一途をたどった。しかもそれと並行して、第二の戦いが、つまり宗教的、司法的、外交的戦いが始まった。レモン六世がカルカソンヌの手前で十字軍を離れ、トゥールーズに戻るとすぐ、シモン・ド・モンフォールとアルノー・アモリーはトゥールーズに代表団を送り、市民および伯爵にたいし、町に潜む異端者たちを引き渡すよう要求した。ベジエの場合と同じように、司教フルクが容疑者のリストを作成し、それをシトー大修道院長に渡した（ただしこのリストは紛失している）。レモンは、自分はすでに教皇特使ミロンによって赦免されており、誰からも命令を受けるいわれはない、必要ならば、みずからローマに出向いて教皇に訴えると答えた。市参事会もまた、これまで十字軍に引き渡された異端者たちがすべて火刑に処せられていることを考えると、町の異端者たちを引き渡すわけにはいかない、容疑者がいたとしても、彼らはトゥールーズの司教法廷で、教会法にのっとり正式の手続きを踏んで裁かれるべきであると主張した。しかしアルノー・アモリーはまったく耳を貸さず、容疑者たちを裁くのは十字軍であるとして、ただちに彼らを十字軍に引き渡すよう要求した。トゥールーズ市民がこの要求を拒否したため、アモリーは市参事会を破門し、トゥールーズに聖務停止の制裁を下した。

その数日まえから、教皇特使ユーグ・ド・リエとミロンはアヴィニョンで公会議を開き、聖職者の風紀改善について議論していたが、そこへアルノー・アモリーから、トゥールーズが異端者の引き渡しを拒否したこと、伯爵が傲岸不遜な態度を示しているばかりか、教皇に直接訴えようとしているらしいこと、そうした情報がもたらされた。教皇特使たちはただちに反応した。こうした伯爵のやり方にたいして、イノケンティウス三世に警戒するよう伝えなければならない。九月十日、彼らは教皇に宛ててレモンを激しく糾弾する書簡を送り、レモンがサン＝ジルでの悔悛のさいに署名した誓約を何ひとつ実行していない、それゆえ教会はそのさいに与えた赦免を撤回する権利がある、そんなふうに説いた。じっさい彼らはレモン六世をあらためて破門するとともに、かつて彼をあれほど窮地に陥らせたふたつの罪状を復活させた。すなわち異端共謀の罪とピエール・ド・カステルノー殺害の罪である。こうしてレモン六世の裁判という途方もない問題がふたたび持ち上がり、それが、軍事作戦の成り行きに劣らず、十字軍の命運を左右することになる。その後何年にもわたって、レモンは、自己弁護できるよう、教会法にのっとって裁かれることを要求し続け、教皇も教皇特使たちにたいして、正式の手続きにしたがって予審を行うことを命じたにもかかわらず、特使たちは、言い逃れ、策略、口実、あらゆる手段を使って、裁判を延期し続けた。

それはともあれ、九月二十日、レモンは遺書を作成した。当時、長旅に出るときには、そうするのが習慣であった。彼はまずパリに行ってフィリップ・オーギュストに会い、ついでプロヴァンス侯爵領の宗主であるドイツ皇帝オットー四世に会うつもりだった。ふたりの憎み合う君主——じっさい彼らは互いに警戒を怠らなかった——から期待した支持が得られない場合には、ローマに行って教皇に直訴するほかないと思っていた。すでにトゥールーズ市民も教皇に使節を送っていたのである。一二一〇年一月二十五日、イノケンティウス三世は、ナルボンヌとアルルの大司教、アジャンの司教、それに教皇特使テディーズとユーグ・ド・リエに書簡を送り、レモンの件は法律にのっとって裁判を進めること、正式な手続きにしたがってレモンを告訴すべきこと、法廷――つまりは公会議――を三ヵ月にわたって開くこと、法廷は告訴人と被告それぞれの言い分を聴くことを命じた。もし被告が正しく弁明したあかつきには、公会議は公式に彼を無罪放免にしなければならない。もし弁明できなければ、裁判官は一件書類を教皇に送る。教皇は書類を精査し、伯爵を新たに聴取したのちに、その必要があれば断罪する権利を留保する。教皇はアルノー・アモリー宛にもう一通の手紙を送ったが、そのなかで伯爵だけでなくトゥールーズ市民が派遣した使節も教会に恭順の態度を示していることを伝え、そのうえで教会が伯爵とトゥールーズ市に科した制裁をすべて解除すべきであると付け加えたとである。

とはいえ教皇が弱気になって譲歩したというわけではなく、巧みに計算して恩情を示しただけのことである。一月二十五日、教皇はレモンにも手紙を書き、異端との戦いはキリスト教徒の義務であると強く諫めた。その一方、直前の十二月にミロンが亡くなったため、教皇は彼の任務をテディーズ師に引き継がせた。教皇はそのテディーズ師にも手紙を書き、自分からは何もしてはならず、何事においても教皇特使の代表であるアルノー・アモリーの指示を待ち、レモンの言い分をこのシトー大修道院長に代わって――というのも、レモンはアルノー・アモリーに関わりになることをひどく嫌っているのだ――聞くだけにとどめておくようにと指示した。そのアモリー自身には、教皇も自分の計略をはっきり説明している。「テディーズを道具としてお使いなさい。彼はあなたが魚を釣り上げるための仕掛けなのです。魚は針を恐れますから、針を隠しておかねばなりません」。

春の大攻勢

三月の初旬、シモン・ド・モンフォールは、ギー・ド・レヴィを伴い、ペズナスまで出向いた。妻アリックスを迎えるためである。彼女は新規軍とともにやってきたが、ふたりの子供アモリーとアミシもいっしょだった。シモンは、最近の反乱で奪われた領地を奪回する作戦をできるだけ早く始めたいと思っていた。戻る途中、カパンデュにいたときに、コルビエール地方のモンロールで反乱が起き、十字軍の駐屯部隊が城の主塔に追い詰められているという知らせが入った。シモンはすぐに部隊を救出し、報復として叛徒の何人かを絞首刑にした。カルカソンヌを過ぎ、アルゾンヌを難なく奪還したが、さらに少し行ったところにあるブラムも攻撃しなければならなかった。ブラムでは、前年の秋にモンレアルの町を敵に引き渡した聖職者を発見し、ただちに絞首刑にした。さらに捕らえられた住民のなかから百人ほどを選び出し、五ヵ月まえ、ギロー・ド・ペピユーがふたりの十字軍騎士にたいしてやったように、彼らの目を潰し鼻をそぎ落としたうえで、カバレに追いやった。目の見えない彼らを先導したのは、片目を潰された男だった。ブラムに駐屯部隊を残し、シモンは本隊を引き連れてミネルヴォワおよびカバルデス地方に戻ったが、おそらくは十字軍に抵抗するおもだった地域の防衛態勢を探るためだった。ついでにこの地域を荒らし回り、ミネルヴ、ヴァンタジュー、カバレあたりではブドウ畑を根こそぎにした。四月中旬、復活祭の頃、コルビエール地方のはずれにあるアラリックの城に攻撃を仕掛け、二週間かけてようやく攻略した。

カルカソンヌに戻ると、アラゴン王からパミエに来るようにとの呼び出し状が届いていた。フォワ伯レモン＝ロジェとレモン六世を交えたトップ会談が行われることになったのだ。察するに、危機感を募らせた王は、事態を丸く収めようと心を砕いていたようだ。王は、シモンを封臣として認めることを永久に拒否し続けるわけにはいかないことをよく心得ていた。王自身の宗主である教皇がそうせよと迫っていたのだ。このパミエ会談については、誰もが競って慇懃《いんぎん》にふるまい、何ひとつ結論は出なかったということ以外、ほとんど何も知られていない。会議が終わるとさっそく、シモンはフォワ周辺を「荒らし回り」に行き、伯を挑発するかのように、城のすぐ下まで軍隊を接近させた。レモン六世はといえば、もちろんすぐにトゥールーズに戻った。

アルノー・アモリーは、すでに二ヵ月まえからトゥールーズにいた。一月の教皇書簡を受け、トゥールーズ市民を免罪し、市参事会の破門と市にたいする聖務停止令の解除を厳かに宣告すべく、当市にやってきたのである。市民は彼を丁重かつ慇懃に迎え、とりわけ司教のフルクは彼に最大級の敬意を払った。フルクは、カトリック信仰に忠実な市民たちを募って十字軍に賛同する運動を起こすことに成功したのが自慢であった。「白い信心会」という名で、一種の民兵団が組織されたのである。四人の有力者（そのうちのふたりは元市参事会員であった）が指揮するこの民兵団は、異端共謀が疑われる人々に睨みを利かせ、いつでも攻撃できる態勢を整えていた。じっさい、いくつかの異端者の家に放火したとも言われている。それに対抗する形で、司教よりも市参事会の影響力が強いサン＝セルナン地区では「黒い信心会」なるものが結成された。この地区は、大聖堂がある旧市街よりも司教の影響力が弱く、以前からカタリ信仰が深く浸透していたのである。このふたつのグループは衝突を繰り返し、街頭で取っ組み合いや騎馬戦を演じていた。

いまにも市民戦争が起こりそうなこうした状況をふまえて、アルノー・アモリーは議論を始めた。

じっさい、彼はトゥールーズ市民を赦免したいと本気で思っていたのだ。権利問題には非常に敏感な市参事会は、異端に関するすべての案件は教会法にもとづいて厳密に処理されるという保証を教皇特使から引き出した。アモリーは、市民の誠意の証として、十字軍に千リーヴルを献金することを要求した。しかし市を二分する激しい対立のため、献金は五百リーヴルしか集まらなかった。すると教会特使は、ふたたび破門と聖務停止を申し渡した。そこで市民たちは司教フルクに訴えた。フルクは、金を要求するかわりに、教会への忠誠を誓わせただけで、教会刑罰を解除することを約束した。和解と一括赦免を祝う儀式が、四旬節中日(その年は三月二十五日だった)の頃、つまりはパミエ会談のおよそ一ヵ月まえに、盛大に行われた。その後、テディーズの到着を待つあいだ、アルノー・アモリーはアジュネに小旅行をしたあと、トゥールーズに戻り、フルクとともに反異端の説教運動を組織した。

パミエ会談のあと、ペドロ二世は教皇特使と個人的に会いたいと申し出た。会見はトゥールーズとミュレのあいだにあるポルテの町で行われたが、『十字軍の歌』によれば、何ひとつ成果はなかった。折も折、王はトランカヴェルの元封臣たち——おもだったところでは、ピエール゠ロジェ・ド・カバレ、レモン・ド・テルム、エムリー・ド・モンレアル——からの伝言を受け取った。すでに十ヵ月まえから、彼らはシモン・ド・モンフォールの制圧地帯の後方で抵抗線を張っていたが、それを維持するのがいよいよ困難になり、王の助けが必要になったのだ。彼らはモンレアルの城門で会いたいと王に伝えた。この町はまだ十字軍に奪い返されていなかったのである。王はやってきた。「残党騎士」たちは、もし王が自分たちを助けてくれるなら、王直属の封臣になってもよいと申し出た。それは明らかに王を対十字軍の戦いに巻き込むための窮余の策であった。

ペドロ二世は利害得失を慎重に測らねばならなかった。彼らの提案を受け入れれば、征服者の封土権を無効にし、かつてのトランカヴェル国の少なくとも一部を自分の支配下に置くことができる。しかしその代償として、十字軍との軍事衝突は避けられない。ともあれ王は、彼らの領地を実効支配したいと思ったのか、あるいは臣従義務の口約束だけでは満足できなかったのか、「残党騎士」たちにたいし、彼らの城をただちに引き渡すことを要求した。彼らは長らく議論したあげく、王の提案を拒否した。彼らが拒否したのは、ほかでもなく完徳者および完徳女の共同体を守ろうとしたからである。これらの共同体は「残党騎士」たちの要塞にかくまわれており、そこにカトリック王の軍隊が駐屯するようになれば、異端共同体が追い出されるのは目に見えている。しかも、さきに挙げた三人をふくめて、「残党騎士」たちの多くはこれらの共同体に親族がいたのである。

その間にも、シモン・ド・モンフォールはモンレアルに迫り、ベルガルドの城門まで来ていた。アラゴン王は彼にメッセージを送り、フォワ伯との翌年の復活祭までの休戦に合意するよう求めた。彼はそれを受け入れた。おそらく、王の示威行動――彼はカタルーニャの騎馬部隊を引き連れていた――にやや恐れをなしたのだろう。そのうえ、少なくとも当座は、ピレネーの山向こうからやってきた王が戦争に加わるような事態は避けたかったはずである。王のほうでも、紛争に直接介入するような意図は毛頭なく、だからこそ「残党騎士」たちにとうてい受け入れがたい条件を出したのである。一二一〇年春の時点において、彼の政略は、十字軍とおおっぴらに対決するのではなく、十字軍を抑えることであった。フォワ伯を攻撃しないというシモンの約束を信じ、王はピレネー山脈を越え、六月十三日にはすでにテルエルに到着していた。

ミネルヴ攻囲

シモン・ド・モンフォールはミネルヴを攻囲しつつあった。ピエール・デ・ヴォー＝ド＝セルネーの言葉を信じるなら、三月の初め、この作戦をシモンに教唆したのはナルボンヌ市民であった。彼らは、おそらくは土地のブドウ畑の件で、ミネルヴの人々に恨みを抱いていたのだ。じっさい、ミネルヴ攻略に向かう十字軍に、子爵エムリーは部隊を率いて加わった。ところが『十字軍の歌』には、フランス兵と並んで、ブルターニュ、アンジュー、ル・マン、ロレーヌ、フリースランド（オランダ北部）、そしてドイツの兵隊までが、この頃になって急に登場する。イノケンティウス三世が約束した援軍が大挙してやってきたのだ。その援軍には、オーシュの大司教が召集したガスコーニュの部隊も加わっていた。ともあれ、事を急がねばならなかった。四十日の軍役期間を最大限に活用しなければならない。いまこそ抵抗勢力の支配地域に進攻すべき時だ。

ミネルヴは石灰質の台地を削り取ったふたつの急峻な谷の合流地点に築かれた要塞町で、まさに難攻不落であった。十字軍にできるのは、せいぜい町を完全に封鎖したうえで、石の砲弾を無差別に打ち込むくらいだった。そこで、十字軍は町を見下ろす高台に砲台を据え付けた。防衛軍の攻撃隊が出撃し、もっとも強力な砲台を焼き払おうとしたが、砲撃の被害を食い止めることはできなかった。そのうち、町全体が岩のうえに建てられたミネルヴの町に水を供給している唯一の水源が砲撃で破壊されてしまった。それは夏になるとすっかり涸れてしまう谷の奥にある屋根付きの井戸であった。おまけに、前年のカルカソンヌ攻囲の場合と同様、季節が攻囲軍の有力な味方となった。灼熱の太陽、崩れた家々、猛暑、埋葬することもできない死者たち、飲み水がまったくない負傷者たち、疫病、悪臭、絶望……。七週間耐えたのち、ギヨーム・ド・ミネルヴはシモン・ド・モンフォールとの交渉に入ることを決意した。ふたりが町の明け渡しについて折衝しているところに、アルノー・アモリーがテディーズ師を伴ってとつぜんやってきた。テディーズ師は、六月の中頃、トゥールーズでようやくアルノーに合流したのである。ふたりはサン＝ジルに行く途中だった。サン＝ジルでは、レモン六世の裁判を始めるための公会議が召集されることになっていた。シモンは町の明け渡しの交渉をシトー大修道院長に一任し、自分は引き下がった。

交渉の結果は以下のとおりとなった。ミネルヴは十字軍総大将の領地となるが、住民の生命は保障される。完徳者および完徳女も、異端信仰を捨てるなら処刑されることはない。ロベール・モーヴォワザンは異端者に生き延びるチャンスを与えたことに憤慨したが、それにたいしてアモリーはこう答えた――「安心しなさい。改宗する者はほとんどいないから」。ヴォー＝ド＝セルネー大修道院長ギーが完徳者および完徳女に改宗するよう説得する役を引き受けた。七月二十二日頃、十字軍が「テ・デウム」の歌声とともにミネルヴの町に入ったあと、おそらくは谷底に火刑台を築き、百五十人ほどの男女をつぎつぎに処刑した。改宗したのはたった三人で、いずれも女だった。しかも、彼女たちを説得し、カトリック信仰に復帰させたのは修道院長ではなく、十字軍に同行していたひとりの女性、ブシャール・ド・マルリーの母であった。

封土を奪われたギヨーム・ド・ミネルヴは、それでもシモン・ド・モンフォールに臣従を誓い、その報いとしてビテロワの土地を賜った。しかしそれから五年後、彼は援助修道騎士〔病人、戦傷者、巡礼などの世話をする救護修道騎士〕となり、カンパニョル修道騎士館に入った。

ミネルヴが陥落すると、この地方のもうひとりの領主ピエール＝ロジェ・ド・ヴァンタジューも服従し、天然の要塞ともいうべき城を明け渡した。ところがシモンは、部隊を駐屯させるだけの価値がないと判断したためか、この城を完全に破壊してしまった。ついでエムリー・ド・モンレアルも、平野の真ん中のまったく無防備の土地と引き換えに、彼の「城邑」を明け渡す用意があることを十字軍の総大将に伝えた。こうしてモンレアルはふたたび領主が替わることになった。ローラックもまた、おそらくは同じ頃、服従した。

テルム攻囲

十字軍は、こうして華々しい戦果を収め、ふたたび優位に立った。オクシタンの領主たちの抵抗戦線はかなりの打撃を受けている。夏には援軍が多数やってくるはずだ。そのタイミングを逸してはならない。シモン・ド・モンフォールと参謀たち――ロベール・モーヴォワザン、ランベール・ド・チュリー、レニエ・ド・ショードロン、ギー・ド・レヴィ、ギヨーム・ド・コントル――は、ペノティエに集まって合議した結果、テルム攻囲を決意した。かなり思い切った作戦である。というのも、この城砦はミネルヴに勝るとも劣らぬほどの恐るべき天然の要害にあり、しかもコルビエールの入り組んだ山岳地帯にあって、十字軍にとってはまったく未知の、まさに世の果ての国であった。

攻囲のための機械は、ミネルヴからカルカソンヌに持ち帰っていたが、今度はそれを分解して運ばなければならなかった。町のすぐ下を流れるオード川の土手のうえで、機械を組み立てた。スパイからその情報を得たピエール＝ロジェ・ド・カバレは、三百人の兵士を引き連れて、この砲台基地に夜襲をかけた。兵士のなかには、モンレアルの「残党騎士」ギヨーム・カがいた。彼はカバルデスの隠れ家に潜んでいたピエール＝ロジェ・ド・カバレと合流したのだ。彼らが斧で機械を破壊し、火をつけ始めたとき、通報を受けたギヨーム・ド・コントルが、飛び起きて急遽武装した八十人ほどの騎馬兵を引き連れ、現場に駆けつけた。十字軍は終始優勢を保ったが、戦いは激しかった。翌日、破壊をまぬがれた砲台を荷車に積み、牛に牽《ひ》かせてテルムに向かった。シモンの率いる本隊は、すでに攻撃の準備が整っていた。

攻囲は三ヵ月続いた。[1] 領主レモン・ド・テルムが指揮する「残党騎士」たちの部隊が町を防衛していた。レモン・ド・テルムは妻エルメサンド・ド・コルサヴィを伴っていた。ふたりのあいだにはふたりの娘とふたりの息子が生まれたが、息子のひとりオリヴィエは、のちに聖王ルイに仕え、ジャン・ド・ジョアンヴィル〔一二二四〜一三一七、シャンパーニュの貴族、ルイ九世に仕え、聖王ルイの伝記を書いた〕のもっとも有名な同僚のひとりとなる。レモンとともに戦った騎士たちの数は、テルム地方にある城や村の数にもとづいて計算すると、約五十人と推定される。ただし資料に唯一名前が残されている騎士は、レモン・ド・テルムの封臣ではなく、彼と同格の領主である。ギヨーム・ド・ロクフォール、彼はモンターニュ・ノワールの有力貴族で、しかもローマ教会の恐るべき敵であった。その一年まえ、サン＝ジルから戻る途中のオーヌ大修道院長を含む四人の聖職者を殺害した事件にも関係していた。そうした理由から、ギヨームはテルム防衛に加わっていたが、カタリ派の完徳女である母マルケジアもいっしょだった。おそらく彼女以外にも多くの完徳女がこの町に逃げ込んでいたことだろう。ところが、ギヨームの弟ベルナール＝レモン・ド・ロクフォールはカルカソンヌのカトリック司教であり、このときも十字軍陣地にいた。

十字軍は攻囲を開始したが、最初のうちは兵力が乏しかった。そのうち援軍が少しずつやってきて、かなりの数に達した。十字軍キャンペーンが功を奏したのだ。シャルトルおよびボーヴェの司教、パリ司教代理、ドルー伯、ポンティユー伯が、それぞれ騎士と下士官からなる部隊を引き連れてやってきた。兵士たちの出身地は、ブルターニュ、アンジュー、ブラバンド、フリースランド、ザクセン、バイエルンなど、およそさまざまだった。チュートン騎士団も混じっていた。ガスコーニュからも、アマニユー・ダルブレやボルドー大司教が来ていた。要するに、一二〇九年の六月のように、ヨーロッパ中から援軍がやってきたのだ。とはいえその多くは、異端撲滅に熱心というよりも、自分の贖罪が目当ての罪人たちであった。

こうして数のうえでは圧倒的な優位に立ってはいたものの、攻囲軍は厳しい戦いを強いられた。十字軍が前戦を突破し城外地区を急襲すると、防衛部隊はそこに火を放ってから撤退し、敵が引き上げるとふたたびそこを占拠した。そこで、十字軍はテルム渓谷に築かれた堡塁《ほうるい》の攻略に全精力を注ぐことにした。というのもこの堡塁こそ、北斜面から城を攻撃するのに最大の障害となっていたのだ。彼らはようやくのことでこの堡塁を占拠したが、戦況は急速に悪化した。四十日の軍役期間が終わり、つぎつぎに部隊が引き上げて行ったこともあるが、物資の補給もますます困難になってきたのだ。ピエール＝ロジェ・ド・カバレとその一党――ゲリラと言ってもいいだろう――は、このあたりの土地を知悉《ちしつ》しており、カルカソンヌから山道をゆっくり登ってくる輸送隊を待ち伏せし、積み荷を奪ったうえで皆殺しにするのだった。

とうぜんのことながら、城内では水が足りなくなった。そこで、レモン・ド・テルムは降伏を申し出る覚悟を固めた。彼と交渉に当たったのはギー・ド・レヴィである。レモンは翌日に城砦を明け渡すとしたうえで、その条件として、一二一一年の復活祭には城砦を返還すること、またテルム地方にある他の領地には手を付けないことを挙げた。戦闘停止の話が持ち上がると、早くもその日のうちに、北からやってきていた司教や有力諸侯は帰り支度を始めた。戦力が急激に落ちることを予期したシモンは、レモンが示した和平条件を受け入れた。ところが翌日、ギー・ド・レヴィが城門前に行くと、入城を拒否された。夜のうちにとつぜん雨が降り出し、しかも大量に降ったので、城内の水溜めはどれも一杯になったのだ。レモンはもはや降伏しようとは思わなかった。

こうして戦闘が再開されたが、ボーヴェ司教、ドルー伯、ポンティユー伯は帰って行ってしまった。彼らは契約を忠実に守り、義務を果たしたのであり、テルムが陥落しようがしまいが、自分たちの関知するところではないというわけである。シモンの懇願を受け入れ、シャルトル司教だけがとどまることに同意したが、それも、敵とふたたび交渉してあらゆる条件を受け入れるよう、シモンを説得するためだった。司教はまた、つぎの交渉にはギー・ド・レヴィにベルナール＝レモン・ド・ロクフォールを同伴させるよう忠告した。レモン・ド・テルムは休戦交渉使節を受け入れたが、降伏を断固拒否したうえ、カルカソンヌ司教が母や兄に会うことすら許さなかった。こうして交渉が失敗に終わると、シャルトル司教も十字軍の陣営を去っていた。

思いがけずロレーヌ地方から援軍がやってきて、シモンは多少元気を取り戻したが、十月になるとひどい悪天候が続いた。ところが十一月の二十二日から二十三日にかけての夜中、思いがけない事件が起きた。十字軍の歩哨が、城から人々が群れをなして逃げ出すのを目撃したのである。彼らを追いかけ、何人かをつかまえ、事情を問いただした。数ヵ月まえから干上がっていた水溜めに新たに注ぎ込んだ雨水が汚染され、それを飲んだ住民がおそろしい赤痢に罹ってしまったのだ。もはや戦いどころの騒ぎではなく、男たちは女子供を城の主塔に集めてから、いっせいに城を逃げ出したのである。ギヨーム・ド・ロクフォールはうまく逃げおおせたが、レモン・ド・テルムは捕縛され、カルカソンヌの牢に投げ込まれ、三年後にそこで亡くなった。

ミネルヴの陥落に続くテルムの陥落によって、「残党騎士」たちの士気はかなり下がった。シモンはそのタイミングを逃さなかった。ファンジョーに戻るのに、カルカソンヌは通らず、大きく南に迂回して、オード川の上流渓谷を通った。途中、クストーサの城はもぬけの殻となっていた。高地ラゼスにある奇怪な天然の要害アルブダンの城主ベルナール・セルモンは、彼自身カタリ派信者であったが、シモンに面会を求め、服従を誓った。十字軍がようやく抵抗に出遭ったのは、ケルコールに入ってからのことだった。ピュイヴェールの町を攻囲し、たった三日で町を占拠した。ケルコールの領主ベルナール・ド・コンゴストは、息子のガイヤール、甥のベルトランとともに、モンセギュールに難を逃れた。彼の妻アルパイはレモン・ド・ペレイユの妹だったが、ピュイヴェールで病に倒れ、前年に亡くなっていた。亡くなる際、ふたりの完徳者からコンソラメントを受けた。ベルナールがモンセギュールで亡くなったのは一二三二年頃だったが、やはり臨終のコンソラメントを受けた。一方、息子のガイヤールと甥のベルトランは、一二四三年から四四年にかけて行われた異端「城邑」モンセギュールの大攻防戦で防衛部隊員として戦うことになる。

すでにリムーの領主となっていたランベール・ド・チュリーが、シモン・ド・モンフォールからピュイヴェールの領主権を授かった。しかしこの領主権は、その後、ヴォワザン家、ブリュイエール家に渡ることになる。

十字軍は北上し、そのままファンジョーを通り過ぎて、カストル奪回に向かった。カストルは戦わずして十字軍に降った。ロンベールも、十字軍が到着したときには、すでにもぬけの殻だった。トランカヴェルの旧領地でまだ頑強に抵抗を続けているのは、もはやカバレ一帯の城主たちだけだった。しかし前年と同様、厳しい冬のあいだ戦闘を続けるのは論外だった。十字軍は二度目の冬期宿営体制に入った。

決裂

このようにシモン・ド・モンフォールが失地回復の戦闘に追われているあいだ、トゥールーズ伯の訴訟問題はいっこうに進展しなかった。そもそも、アルノー・アモリーと彼を補佐するテディーズは、この問題が進展しないよう、あらゆる手を尽くしていたのだ。先に見たとおり、ミネルヴ明け渡しの当日、このふたりの教皇特使はたまたまそこに居合わせたが、彼らはサン゠ジルに向かう途中だった。彼らがサン゠ジルに行くのは、まさに教会とレモン六世との係争を解決するためであった。イノケンティウス三世は、彼らにこの問題を早く解決するよう強く求めていた。しかしこのふたりの教皇特使が目論んでいたのは、まったく別のこと、というより正反対のことであった。つまり、この問題をまったく解決しないということである。この間の事情をよく心得ているピエール・デ・ヴォー゠ド゠セルネーは、素知らぬ顔で彼らのやり方をあからさまに伝えている――「細心で思慮深いテディーズ師は、信仰の問題に深く思いを致し、トゥールーズ伯の弁明は受理不能であることを宣告するための法的手段を見出そうと心を砕いておられた。じっさい師は、もし伯がみずからの罪を浄めることを認められ、それに成功するようなことがあるとすれば、うそと悪巧みが世にはばかり、教会は崩壊し、キリストの信仰と教えはこの地から消え失せるであろうことをはっきり見抜いておられたのだ……」。

ふたりの特使は、教皇はレモン六世に騙されており、レモン六世は異端の手先であるだけでなく、狡猾な策士であると信じて疑わなかった。彼らに言わせれば、痛悔、従順、屈従を示す伯のあらゆる振る舞いは見せかけにすぎず、彼の約束はすべて逃げ口上であり、戦争を回避するための時間稼ぎを狙っているだけである。じっさい多くの点で、彼らの判断は正しかったと言わねばならないだろう。しかし、それを教皇に理解してもらうことは至難の業だった。というのも、教皇は慈愛の原則によって制裁を和らげようとし、どんな場合にも罪人に悔悛のチャンスを与えることにこだわるのだった。そこで特使たちは、教皇の説得に精力を使い果たすよりも、教会法にもとづいて伯の「無罪の証明」の手続きを進めることにした。そうすれば、教皇の指示に忠実に従っている風を装うことができるだろう。彼らがプロヴァンスおよびラングドックの高位聖職者たちをサン＝ジルに召集し、大会議を開くことにしたのもそうした思惑からであった。

しかしその一方で、彼らは一月の教皇勅書によって厳しい制約が課せられていることもじゅうぶん心得ていた。つまり、彼らにはレモンを無罪放免にする自由はあっても、彼を断罪する自由はないのである。彼らが恐れていたのはまさにそのことだった。法的手続きによって告訴理由が根拠薄弱であることが明らかにされ、無罪放免を宣告しなければならなくなるといった事態はぜひとも避けねばならなかった。反対にレモンがどう見ても有罪であることがうまく証明できたとしても、判決は教皇の一存に委ねられることになり、あとはレモンがふたたび教皇に取り入り、好き勝手に痛悔の芝居をもう一度演じることだろう。それゆえやらねばならないのは、教会法にもとづく訴訟手続きを始めたうえで、その手続きが実際に進行するまえにストップをかけることだった。要するに、教皇を満足させるために公会議を開く、そのうえで会議をただちに延期するということである。

しかし会議を延期するにしても、法的に説得力のある理由を見つけなければならなかった。そこでテディーズはいろいろ考えた末、名案を思いついた。レモンに自己弁明の機会を与えるのに先立って、レモンが十五ヵ月まえにサン゠ジルで署名した誓約の履行状況を精査することにしたのだ。すると、レモンは何ひとつとして誠実に履行していないことが判明した。野武士を解雇していない、教会に与えた損害を補償していない、不当な通行税を徴収し続けている、ユダヤ人の役人たちを辞めさせていない。ほかにもまだまだある。じっさいそのとおりだった。

たしかにこれらは「二義的な問題」であるが、こうした二義的な問題ですら何ひとつ誠実に履行していないとすれば、ましてや「一義的な問題」に関しては尋問するまでもないと公会議は一方的に宣言した。「一義的な問題」とは、言うまでもなく、異端幇助とピエール・ド・カステルノー暗殺である。通常行われる宣誓の機会も、その必要はないということでレモンには与えられなかった。テディーズは教皇に書簡を送り、つぎのように述べている。「自己弁明の機会を与えるべくレモンを召喚する必要はない、ということで全員の意見が一致しました。彼が告発されているふたつの重罪について、レモンがいくら宣誓しても、まったく信用できません。それほど重大でないことについても、彼はあれほど頻繁に誓約を破っているのですから」。かくして公会議は、この春、トゥールーズでフルクが彼に与えた赦免を満場一致で撤回し、前年の九月にアヴィニョン公会議が宣告したとおりの形で、レモンの破門をそのまま継続することに決定した。

どうしてこれほど手の込んだ工作をしなければならなかったのか、その理由は明らかである。伯を破門すること、またその必然的結果として、彼の領地を餌食として晒すことこそが、彼に戦争を仕掛け、彼の所領を占領することを可能にする絶対必要条件だったのだ。

もちろん特使たちにも、教皇の反応を予見することはできなかった。あるいは厳しい叱責すら覚悟していたかもしれない。それでも、彼らにとっては時間稼ぎになった。教皇に手紙を書き、返事を待つ、それだけでも最低二ヵ月はかかるだろう。しかも実際には、はるかにそれ以上の時間がかかったのだ。十二月十七日になってようやく、イノケンティウス三世はレモンに手紙を送り、好意的だがきっぱりとした言い方で、自分の領地から異端者とその共犯者たちを追い出すことがキリスト教徒としての彼の務めであるとあらためて諭したうえで、「さもなければ、神の裁きにより、彼らは皆殺しにされ、その土地もすべて略奪されるであろう」と強く釘を刺した。明らかに威嚇しているのだ。もはやトゥールーズ伯領に戦争を仕掛けることを誰もためらわないだろう。同じ日に、レモンだけでなく、フォワ伯、コマンジュ伯、それにベアルン子爵にも、教皇回勅が送られた。この回勅において教皇は、この四人全員にたいし、シモン・ド・モンフォールの功績を大いに讃えたうえで、彼の率いる十字軍の活動をけっして妨害しないよう厳命し、さもないとみずから十字軍の攻撃に晒されることになると警告した。

アルノー・アモリーとテディーズに加えて、三人目の特使が聖座から送られてきた。ユゼスの司教レモンである。さきに見たように、教皇特使たちは事態の決着を先延ばししようとしてきたのだが、その彼らの目にさえ、教皇は、すべてを条件法で語ることによって、それをさらに遅らせているように思われた。いまやレモン六世の領土に一刻も早く十字軍が攻撃を仕掛けることを願っているのは、むしろ教皇特使たちのほうだった。というのも彼らは現地におり、トゥールーズにも行って、伯爵や町の有力者、さらには住民の大半が、信仰の一体性を取り戻すべく戦うよりも、異端者たちを保護する――少なくとも異端者であることの自由を保護する――ことを優先しているのを目の当たりにして、危機感をいっそう強めていたのだ。彼らの好戦的態度は、たしかにシモン・ド・モンフォールの個人的野心にも好都合だった。彼らは、旧トランカヴェル子爵領だけで満足せず、さらに支配地を広げるよう、シモンをけしかけていたと言ってもよいだろう。彼は教会の武器なのであり、彼なしにはカトリック信仰の勝利は望めなかった。ついでに言えば、のちに分かることだが、アルノー・アモリー自身もひそかに世俗的野心を抱いていたのである。

かくして一二一〇年の暮れ、事態が急に慌ただしくなってきた。レモン六世は自分が裁判拒否の犠牲になっていることを知っていた。最悪の事態は避けたいが、いまや打つべき手段はきわめて限られている。十字軍支持をはっきり表明するわけにはいかなかった。もしそうするなら、自分の封臣たち、領内諸都市の有力者たち、また自分の家臣たちの大半を敵に回すことになるばかりか、宗教的寛容の理想――当時はまだそのような概念は形成されていなかった――とは言わないまでも、信仰の多様性を広く容認している現状そのものを否定することになってしまうだろう。とはいえ、十字軍に敵対する姿勢をはっきり示すわけにもいかなかった。レモン六世が、クリスマスを前に、シモン・ド・モンフォールが滞在しているタルン川畔の町アンビアレに赴いたのは、おそらくこうした窮地を打開しようという思惑からであった。ただし、シモンとの妥協点を見出すことよりも、彼の思惑を探るのが主目的だったようだ。会談は互いの腹を探り合う重苦しい雰囲気のなかで行われ、何の成果もなく終わったと言われている。

文字どおりのトップ会議を実現させたのはアルノー・アモリーである。彼は、翌一二一一年一月の末、ナルボンヌにさまざまな資格で事件に深く関わっている四人の首長を召集した。シモン・ド・モンフォール、ペドロ二世、レモン六世、そしてレモン＝ロジェ・ド・フォワである。教皇特使の意図は単純明快だが、彼が根っからの策士であることを示してもいる。要するに、レモン六世を戦わざるをえない状況に追い込むことだ。しかしそれにはまず、アラゴン王とフォワ伯が中立を保つという確証を得ておかねばならない。

シモン・ド・モンフォールがペドロ二世に臣従の誓いをするという問題は、一二〇九年十一月に王がそれを拒絶して以来、そのままになっていたが、当時とは状況がすっかり変わっていた。いまやシモンはさらに強大な勢力を誇り、かつてのトランカヴェル領内のほぼすべての有力諸侯を支配していた。またアラゴン王のほうも、カスティーリャ王、ナバラ王と連携し、スペイン南部を占拠しているムワッヒド軍に攻勢をかける準備をしているため、それ以外の紛争は極力避けたいという事情があり、それゆえピレネーの北では、事態がこれ以上悪化しないよう、和平の道を探っていた。そこで王は、しぶしぶながらというポーズをとりながらも、シモンの臣従の誓いを受け入れることにした。そのうえさらに、一月二十七日、会談の場が移されたモンペリエで両者の友好条約が結ばれ、二歳半になるアラゴン親王――のちの征服王ハイメ一世――とほぼ同じ年頃のシモン・ド・モンフォールの娘アミシとの婚約が調印された(2)。結局、結婚は永久に実現しなかったが、当時の騎士道的慣習にしたがい、王は幼い親王の養育をシモンに託した。

とはいえペドロ二世は、シモンを封臣として認めるにあたって、ひとつの法的条件を設けた。すなわち、シモンの征服地は旧トランカヴェル領に限られ、とりわけフォワ伯領には及ばない、という条件である。というのもフォワ伯領は、アラゴン王の封土ではないとしても、一種の保護領ではあった。驚いたことに、アラゴン王とシモン・ド・モンフォールは、以上の合意をレモン＝ロジェの頭越しに結んでしまった。しかもこの合意文書で、王はフォワ伯が十字軍にたいし中立の立場をとることを保証している。シモンも、フォワ伯から奪った土地を、パミエを除いて、すべて伯に返還することを約束した。シモンはその後もアラゴン王の忠実な封臣としてふるまい続け、上位領主への軍役の務めを果たすべく、アラブ人との戦いに五十名ほどの十字軍騎士を王のもとに派遣している。

しかしトゥールーズに関しては、義理の弟であるレモン六世の国の平和を守ろうにも、アラゴン王には決定的な法的手段がなかった。唯一の切り札はふたりを結び付ける姻戚関係だったが、それだけで十字軍にたいする抑止力になるだろうか。モンペリエでの会談のあと、ペドロ二世のもうひとりの妹サンシーがレモン六世の嫡子レモン七世に嫁ぐことになり、この結婚（これは実際に行われた）によって、両家の関係がさらに深まることになったが、もちろんこの時期にそれが行われたのは単なる偶然ではありえない。しかし当事者たちの期待に反して、王がトゥールーズ家の父と子ふたりの義理の兄となったことは十字軍の強い反発を招いた。もちろん公序良俗に反するという道徳的理由もあったが、それと同時に、王が十字軍とトゥールーズの二股をかけていると思われたからである。

アルノー・アモリーがトゥールーズ問題に集中して取り組んだのは、会議がまだナルボンヌで開かれている最中であった。彼の策略は単純明快だった。冬が終われば、大規模な援軍が見込める。それゆえ、春こそレモン六世に戦争を仕掛ける絶好のタイミングだった。このタイミングを逃さないためには、事を迅速に運ぶ必要がある。だがイノケンティウス三世の不興を招かないためにも、レモン六世のほうから戦争を始めるよう仕向けなければならない。その唯一の方法は、まず彼に難題を持ちかけ、決断を迫り、それを拒否すれば、彼に罪を着せる、そのうえで彼を挑発し、軍事介入せざるをえない状況に追い込む、というやり方である。相手が戦争を始めるなら、十字軍の反撃も正当防衛ということになり、かくしてトゥールーズに進攻する道がまったく合法的に開かれるだろう。

そこで、アルノー・アモリーはナルボンヌでレモン六世に奥の手の難題をふっかけた。年代記者ピエール・デ・ヴォー゠ド゠セルネーによれば、アルノー・アモリーはレモンに「慈愛に満ちた特別のはからい」を示し、彼自身の身の安全とすべての領地の保全を法的に保障するうえに、異端者から没収した土地の三分の一の全面的所有権を彼に与えるとした。言い換えるなら、トランカヴェルのごとく、異国の領主によって地位および財産を簒奪されないばかりか、信仰の敵から奪い取った財産を手に入れることになるというわけである。もちろんそれは、彼が十字軍に加わり、信仰の敵と戦うという条件付きである。

自分の封臣たちが異端放棄の宣誓を拒否したからといって、彼らを追放し、自分の領土内の都市を攻囲し、自分の家臣たちを拷問にかけるようなことは、レモンにはとうていできなかった。教皇特使もそのことをよく知っており、レモンがこの条件の受け入れを拒否したときも、少しも驚かなかった。

この策略の最後の仕上げがなされたのは、会議がモンペリエに移されてからだった。アルノー・アモリーはさらに攻勢を強め、文書の形でレモンに勅命を下した。今回はもはや申し出ではなく、要求であった。和平を守るべきこと、傭兵たちを解雇すること、領土内の教会から奪った財産と権利を回復すること、ユダヤ人たちを公職から追放すること、不当に徴収した通行税を返還すること。要するにサン゠ジルの誓約書の蒸し返しである。ここまではとうぜん予想されたことであり、これだけのことであれば、レモンはためらいなくもう一度厳かに宣誓したにちがいない（もちろん、それを履行するつもりはまったくなかったが）。問題はその続きである。レモンと封臣たちは自分たちの城をすべて破壊したうえで、領地を十字軍に引き渡す。騎士たちは町の外に住み、高価な衣装を脱ぎ、苦行僧に倣い粗末な袖なしマントを着るとともに、肉は週二回しか食べてはならない。一戸当たり四ドゥニエの年貢を徴収し、十字軍に納める。レモン自身については、海を越えて聖地エルサレムに行き、聖座が必要と認めるあいだ、そこに留まらねばならない。

まさに常軌を逸した無理難題であり、『十字軍の歌』に書き記されているこれらの条項を読んだ後世の人々が、すべて作者ギヨーム・ド・テュデルのでっち上げではないかと思ったとしても無理からぬ話である。しかし戦争の惨禍を嘆きながらも、明らかにカトリック側に立っていたこの詩人が、どうしてそんなことをする必要があったろうか。逆にこれだけ受け入れがたい要求であったからこそ、その直後に生じた深刻な事態の説明がつくというものである。レモンはさっそくこの勅命をペドロ二世に読んでもらったが、王は驚愕した。レモンは急遽トゥールーズに引き返し、この勅命の内容を公にして、家臣たちに伝えた。この知らせは、モントーバンからモワサック、アジャンへと伝わり、十字軍にたいする反抗の気運が各地に高まった。それは愛郷心とも呼ぶべき感情の萌芽であり、しかもこの感情は事件の進展とともにますます広がっていくだろう。同時に、レモンは領地内の騎士団全員を召集するとともに、封臣たち、親戚、友人、さらにはフォワ伯領、コマンジュ伯領、ベアルン子爵領、その他、近郷のおもだった同盟者たちに応援を求めた。オクシタン以外では、ポワトゥーのイギリス王代理官サヴァリー・ド・モーレオンだけが、五百の騎兵とバスクおよびブラバントの傭兵――恐るべき古強者《ふるつわもの》たち――を引き連れて駆けつけると伝えてきた。

教皇特使の思惑どおり、全面戦争が間近に迫りつつあった。

第六章　トゥールーズの孤立

アルノー・アモリーは、冬のあいだ、フルクをフランスに派遣し、十字軍参加への説得活動を行わせたが、フィリップ・オーギュストはそれが面白くなく、教皇に書簡を送り、遺憾の意を伝えた。とはいえ、トゥールーズ司教の才覚によって、この活動はそれなりの成果があった。一二一一年三月中旬には、レモン六世の本いとこになるロベール・ド・クルトゥネー（ふたりともルイ六世肥満王の孫である）、アンゲラン・ド・クーシー、ジュエル・ド・マイエンヌ、パリ司教ピエール・ド・ヌムールとその弟でノートル＝ダム聖歌隊長のギヨーム、その他がシモン・ド・モンフォールのもとに駆けつけた。

十字軍がカバレ攻略を開始しようとしているところに、思いがけず、ブシャール・ド・マルリーがカルカソンヌにやってきた。彼はピエール＝ロジェ・ド・カバレによって捕らえられ、十八ヵ月にわたって監禁されていたが、扱いはいたって丁重であった。ブシャールは新しい衣服を着せられ、馬を与えられたうえで、無事解放されたのだが、その見返りとして、ピエール＝ロジェとその同志たちの名誉ある服従をシモンと交渉する任務を託されていた。シモンはそれを受け入れ、オルビエル川沿いの三つの要塞を没収したうえで部隊を駐屯させ、元領主にはベジエ近くの土地を封土として与えた。

カバレこそ、これまで旧トランカヴェル子爵領の真ん中に十字軍を釘づけにして、占領を拡大しようとするシモンの野心を阻んでいた最後の障害だったのだが、この障害が戦わずして取り除かれたのである。すでに見たように、アルノー・アモリーが政治的にすっかりお膳立てしてくれたおかげもあって、いまやトゥールーズに至る道が大きく開かれた。

ラヴォール懲罰

四月一日――聖金曜日だった――フォワ伯の甥でクズラン子爵であるロジェ・ド・コマンジュがシモン・ド・モンフォールに面会し、領地のすべての城を明け渡すことを約束した。復活祭の日曜日にその調印が行われたが、行われたのは「ラヴォール攻囲の陣地において」だった。

どうして十字軍はトゥールーズの東十里〔約四〇キロメートル〕ほどのところにあるラヴォールを攻撃対象としたのか。何よりもまず、この町に多くの完徳者および完徳女たちが隠れ住んでいたからである。ここで四百人ほどが火刑に処せられたが、カバレ、さらにはロクフォール゠デ゠コマゼスから逃れてきた者も多かった。彼らがこの町で容易に隠れ家を見つけることができたのは、城主の奥方ギロード自身がかつて完徳女だったからだとも言われている。二番目の理由として、この町が「残党騎士」たちの巣窟になっていたことが挙げられる。ギロードの弟エムリー・ド・モンレアルはシモンと結んだ協定を破り、八十人の騎士たちを引き連れ、この町にやってきて防衛指揮に当たった。しかしおそらくは、さらにもうひとつ法的な理由があった。つまり、ラヴォールはもともとトランカヴェル家に従属する領地だったのである。それが長い年月のあいだにアルビ゠カルカソンヌ子爵領とトゥールーズ伯領に挟まれた一種の緩衝領地となり、しかも次第にトゥールーズの影響が強まり、ピュイローランスやサン＝フェリクス、さらにはローラックやファンジョーなど、多くの土地とともに、やがてトゥールーズの勢力下に置かれるようになる。以上挙げた他の土地と同様、ラヴォールも十字軍以後はトゥールーズ伯領の所管地となっている。一二一一年春、ラヴォールを攻撃することはトゥールーズの門前に侵入することを意味した。

ラヴォール攻囲の狙いがどこにあるか、十字軍に好意的な「白い信心会」のメンバーたち、さらにはレモン六世自身もふくめ、トゥールーズ市民の誰もがはっきり認識していた。「白い信心会」は、フルクにそそのかされ、五千人ほどを動員した。ラヴォールの籠城軍は、トゥールーズの十字旗が翻るのを見て、伯爵が援軍を送ってくれたと思い込み、一瞬、歓喜に沸いた。ところが、フルクに率いられた「白い信心会」はフランス軍陣地のとなりに陣を構えた。レモンは彼らがトゥールーズから出るのを力ずくで阻止しようとしたのだが、止めることはできなかった。

そこでレモンは、ふたたび時間稼ぎの策に出た。敵を欺く策士として知られている伯は、ラヴォール守備隊を増強すべく準備を整えていた騎馬隊を召集し、代理官レモン・ド・リコーを伴いトゥールーズを出発した。ちなみにカマラン近くのファジェを通りかかった折、領主特権により、伯と代理官はポンス・カルボネルという男の家で食事をした。食事の席を共にしたのはふたりの高位完徳者であった。カラマンの領主でもあった助祭のギロー・ド・グルドン、そして彼の〈ソシ〉であるブーフィルである。ブーフィルはレ・カセスの出であったが、サン＝フェリクスの助祭を務めていた。食事のあと、レモン・ド・リコーは、ふたりの完徳者がより快適な旅を続けられるよう、めいめいに馬を与えた。レモンの考えを知るうえで興味深い話である。

ラヴォールに到着すると、レモン六世に同行してきた騎士たちはそのまま城内に入った。十字軍の包囲はまだ隙間だらけだったのだ。しかしレモン自身は城内には入らず、十字軍の陣営を訪れ、シモン・ド・モンフォールと会見した。シモンの警戒心を多少なりとも和らげようとしたのだろう。だがそのとき、シモンのほうでは思いがけず新たな援軍が到着したところだった。バイユーおよびリジューの司教、シャロン伯のジャン、オセール伯のピエール・ド・クルトネー（ロベールの兄）などが率いる軍勢だった。しかもあと数日のうちに、ドイツおよびフリースランドから五千に近い——いつものことながら、資料は明らかに誇張しているが——軍勢がやってくることになっていたから、シモンはきわめて優勢な立場にあった。この軍勢はカルカソンヌに到着したあと、ラヴォールの手前でシモンの軍に合流すべく、道を急いでいるところだった。

ところが、まさにこのタイミングを狙ったかのように、思いがけない伏兵が現れた。フォワ伯レモン＝ロジェ、その息子のロジェ＝ベルナール、そして「残党騎士」のギロー・ド・ペピユーである。彼らは自分たちの軍隊とかなり大規模な傭兵団を率いて、十字軍の援軍部隊を急襲した。援軍部隊はモンターニュ・ノワールの山道を抜け、平地に出たところで、オーヴジーヌの近く、モンジェの城の下を通過中だったが、武装はしていたものの、山中の森や渓谷を進むときにはとうぜんとるべき警戒態勢を怠っていた。付近の農民たちも応援に駆けつけ、文字どおりの殺戮が行われ、それを逃れた兵士はひとりもいなかった。(1)

その間もラヴォール攻囲は続いた。アグー川ともうひとつの渓谷（今日ではほとんど完全に埋め立てられているが）が合流する地点に建設されたこの町は、きわめて防備が固かった。しかし工兵隊が城壁に穴をあけ、そこから突撃隊が一斉攻撃を仕掛けて、町を制圧した。城主の奥方ギロードは、乱入した兵士たちに蹂躙され、生きたまま井戸に投げ込まれたあげく、その井戸に大量の石が投げ込まれた。エムリー・ド・モンレアルと彼と行動を共にした「残党騎士」たちは、主君を裏切った封臣として断罪された。シモンは絞首刑を命じたが、絞首台がエムリーの重みで折れてしまったために、業を煮やしたシモンは、彼らをすべて打ち首にした。この殺戮の犠牲者のうち、名前が知られているのは、エムリーのほか、たったふたりである。ひとりはベルナール・ド・ルチエ。モンレアル近くの低地ラゼスの「城邑」の騎士でベック・ド・ファンジョーの義父、この地方有数の名門、しかもカタリ信仰が強く浸透した家系に属していた。もうひとりはピエール・リゴー。しかし彼は、騎士ではなく、完徳者であった。おそらくは、生きながらえようとして、騎士たちに紛れ込んだのだろう。じっさい捕らえられたかぎりのすべての完徳者および完徳女は、即刻、火刑に処せられてしまった。その数を『十字軍の歌』では四百人としているが、ギヨーム・ド・ピュイローランスは「およそ」三百と言っている。いずれにせよ、十字軍が行なった火刑のなかでも最大規模である。レモン・ド・リコーをはじめ、トゥールーズの騎士たちにたいしては、シモンにも戦勝者としての権限しかなく、彼らはただの戦争捕虜として投獄されるにとどまった。

ラヴォールが陥落したのは五月三日であった。兵士たちにはじゅうぶん休養をとらせるとともに、町で見つけ出した大量の戦利品を山分けするにまかせながら、シモンは十五日まで現地にとどまった。息子のアモリーと妻アリックスもいっしょだった。アリックスは、二月に生まれたばかりの娘ペトロニーユをモンレアルの乳母に預けていた。この日、十字軍の総大将はプルイユのサント＝マリ修道院に寄進をした。ひとつは、ブラムとヴィルパントのあいだのソーザンにある農地で、彼の所有地となっていたものである。もうひとつは、ファンジョーのフォン＝サン＝マルタン川とモンレアル街道がぶつかるところにあるブドウ畑で、ベルトラン・ド・セサックから没収した土地である。

　十字軍はふたたび進撃を開始した。まずは土地の住民たちがドイツから来た援軍の虐殺を手助けした地方を報復のために襲撃した。待ち伏せが行われた地点のすぐうえにあるモンジェの城はジュルダン・ド・ロクフォール(2)が所有していたが、すでに放棄され、しかも完全に破壊されていた。ジュルダンは、事件後、すぐにトゥールーズに逃げ込んだ。テルム攻囲を逃れた親戚のギヨームがすでにトゥールーズに来ていたので、ふたりは再会したことだろう。ピュイローランスでもまったく抵抗に出遭わなかった。この町の五百人近くの住民は、ラヴォールが陥落するとさっそく、服従を誓いに出頭してきたのだった。

　一方、領主シカールは異端に深く関わっていたため、彼もまたトゥールーズ伯の軍隊に加わっていた。シモンはピュイローランスをギー・ド・リュシーに与えた。逆にレ・カセスの「城邑」は抵抗したが、攻囲されるとじきに降伏した。抵抗した騎士たちは、シモン・ド・モンフォールの封臣ではなく、トゥールーズ伯の封臣であったため、助命されたが、レ・カセスの共同領主であるロクヴィル兄弟――彼らの母も「隠れ異端者」だった――が城の主塔にかくまっていた完徳者および完徳女は、ラヴォールの場合と同じく、ただちに火刑に処せられた。彼らは「大いに喜んで」火刑台に上った。犠牲者の数は、ピエール・デ・ヴォー＝ド＝セルネーによれば六十人、『十字軍の歌』によれば九十四人、そのうち名前が知られているのはたったひとり、オーリヤックの騎士アルノー・ド・ルーヴィルの母だけである。一方、レ・カセスでもとりわけ熱心に活動していた完徳者たち、ベルナール・ブーフィル、弟のピエール、息子でサン＝フェリクスの助祭（単にブーフィルと呼ばれているが、私たちは、数週間まえ、ファジェですでに出会っている）、彼らはいずれも別の場所に隠れていたためか、一二一一年春のこの悲劇的事件を無事生き延びることができた。

妥協は不可能

真の勝者は、じつのところ、シモン・ド・モンフォールではなく、アルノー・アモリーであった。みずからの領土が侵略されたことで、レモン六世はついに服従か戦争かの選択を迫られた。だが十字軍と戦うことになれば、たとえ防衛のためだとしても、イノケンティウス三世は、それを明らかな反逆行為とみなすだろう。教皇はレモン六世にたいし、再三にわたって十字軍の行動を妨げるようなことは、いかなる場合でもけっしてやってはならないと強く命じていたのだ。

さっそく、レモンは先手を打った。予想どおりに十字軍の援軍がカルカソンヌから来るとすれば、カステルノーダリーがその重要な中継基地になるはずだ。そこで十字軍が来るまえに、この町をなんとかしなければならない。しかしこの町の防備はいかにも手薄で、ここで十字軍と戦うことは不可能だった。そこでレモンは住民を退去させ、町を焼き払った。しかし十字軍の侵攻を阻止するには、同じ街道沿いに、それに代わる堅固な抵抗拠点を築かねばならなかった。そこで選ばれたのがノールーズ峠を見下ろす「城邑」モンフェランであった。レモンはここに守備隊を駐屯させ、その指揮を弟のボードゥアンに託した。部隊は十四人の騎士によって構成されていたが、ケルシーのモンクラール子爵もそのひとりで、みずからの兵士たちと傭兵の一隊を引き連れていた。ラヴォール陥落後にシモンが各地で展開した殺戮戦、それに続くカステルノーダリーの住民全員の退去、こうしたことから、多くの難民がトゥールーズへと押し寄せた。これらの一連の事件が起きたのがローラゲおよび南アルビジョワ、つまりは異端信仰がもっとも深く浸透した地域であったから、なおさらのことだった。この地域では、肉親や親類縁者のうちに完徳者あるいは完徳女がまったくいないような領主はほとんど皆無だった。レモン六世自身が保持している軍隊はそれほど大規模ではなかったのだが、そんなふうにしてローラゲの大小さまざまな田舎貴族が続々と首都の城内に逃げ込んできたため、レモン軍はいっきょに膨れ上がった。

斥候から情報を得たシモンは、すみやかにモンフェランに築かれた陣地を破壊すべく、町を攻囲した。しかしボードゥアンとその部隊の頑強な抵抗に出遭い、シモンは素早く作戦を変え、降伏の条件について話し合おうとみずから申し出た。おそらくシモンは、長らくフランスで育てられ、父の死にさいしても思ったほどの領地を相続できなかったボードゥアンが、兄のレモン伯にたいしてあまりよい感情を持ってはいず、それゆえふたりの信頼関係もさほど強くはないことを察していたにちがいない。シモンは彼を味方につけることに成功した。ふたりはほどなく同盟を結び、ボードゥアンが十字軍に加わるべきこと、ただし彼が占領した土地はすべて彼が全権利をもって所有することが定められた。いずれ彼は、この裏切りの代償を払わなければならなくなるだろう。その代償とは縛り首であった。

モンフェランの一件が片付くと、十字軍は廃墟となったカステルノーダリーに行き、町を再建して部隊を駐屯させた。それから、シモンはタルン川に向かった。その後彼がよく用いることになる包囲作戦である。じっさいタルン川の右岸は、アヴェロンに至るまでトゥールーズの支配下にあった。まさに電撃的な進攻で、恐怖に怯えた多くの町や城が戦わずしてシモンに服従を誓いにやってきた。ラバスタン、モンテギュ、ガヤック、ラグラーヴ。そこからタルン川の渓谷を離れ、カユザック、サン

＝マルセルを通ってアヴェロン川の渓谷に達し、この渓谷を下ってラゲピー、サン＝タントナンを通過する。こうして、たちまちのうちに十字軍はルエルグとケルシーの境まで達してしまった。レモン六世は、この近くのブリュニケルの城砦でシモンが来るのを待っていた。翌月にトゥールーズ市民がアラゴン王に宛てたと思われる手紙によれば、レモンは再度十字軍の嵐を回避しようと試みていたらしい。彼はシモンに、彼の領地をふくめ、すべてをシモンの権力と慈悲に委ねたいと申し出たようだ。ただし彼も、彼の後継者も、その財産を保障されるという条件付きである。十字軍に参加している有力諸侯の何人かはこの申し出を受け入れてもよいと判断したが、シモンは拒絶した。それは、シモンがレモン六世の服従だけではとうてい満足できず、レモン六世に取って代わりたいという野望を抱いていたことを示しているとも言えよう。

それはともあれ、レモンはブリュニケルで奇妙な行動に走った。それはトゥールーズの防備を固めることを急いでいたからとしか考えられない。というのも、シモンがつぎに狙っているのがトゥールーズであることは、すでに誰の目にも明らかだった。レモンはブリュニケルの騎士たちの臣従の誓いをみずから解き、持てるものをすべて持ったうえで、随員を従えてこの地を去った。騎士たちは、モンフェラン以来、十字軍と行動を共にしてきたボードゥアンに臣従を誓った。ボードゥアンはブリュニケルを主たる領地とし、やがてここにナバラの詩人を迎え、彼を庇護することになる。この詩人こそ、『十字軍の歌』の第一部を書くことになるギヨーム・ド・テュデルである。

ブリュニケルに続いて、十字軍はピュイセルシを占領したあと、トゥールーズから至近距離にあるモンジスカールに向かって一気に南下した。カルカソンヌからやってきた新たな援軍と合流するためである。この援軍を指揮していたのは、バールおよびルクセンブルク伯のチボーであったが、彼はただちにトゥールーズを攻撃すべきだと主張した。六月十五日のことである。

トゥールーズ市参事会は、何人かのメンバーを休戦交渉使節として十字軍陣地に派遣した。使節にたいして、フルクとアルノー・アモリーは、十字軍はトゥールーズ市民をとがめるつもりはまったくない、標的はレモン伯ひとりであると伝えた。そのうえで、トゥールーズ市民がレモンを領主として認めるのをやめ、彼を追放し、シモン・ド・モンフォールが指定した領主に忠誠を誓うならば、十字軍の攻撃を受けることはないと約束した。しかしこれまで市民の自由を保障してくれていた君主との絆のほうが固く、市参事会は領主を鞍替えすることを拒否した。おそらくは市の軍事力が増強されたことも、市参事会が強気に出た理由のひとつだろう。じっさいフォワ伯、コマンジュ伯、そしてアジュネのレモン六世代理官——そのうえ女婿である——のユーグ・ダルファロなどが、部隊を引き連れて、続々とトゥールーズに集まっていたのだ。市参事会は戦争の準備を始めた。それを知ったフルクは、市に聖務停止処分を科したうえで使者を市内に送り、大聖堂主事およびすべての聖職者に、聖体を担ってただちにトゥールーズから出るよう命じた。

最初のトゥールーズ攻囲

六月十六日、十字軍が陣地を引き払って前進を開始したことを知るとさっそく、レモン六世とフォワ伯は、五百の騎兵と強力な歩兵隊を率いて、十字軍の進攻を食い止めるべく出撃した。戦いはエール・モール川の堤で行われた。十字軍がモントードランの橋を渡るのを阻止するためであったが、オクシタン軍は撃退されてしまった。レモン六世の庶子ベルトランは敵に捕らえられてしまったが、のちに多額の身代金と引き換えに解放された。トゥールーズに進攻しながら、十字軍は畑を荒らし、ブドウ畑を根こそぎにし、干し草刈りをしていた男、女、子供を容赦なく斬り殺したと言われている。十字軍は、翌日の夜明けには、早くも町の城壁のすぐ下まで来ていた。

攻囲が行われたのはわずか二週間であった。十字軍にとっては屈辱的な失敗であった。砲撃も、特攻隊も、頑強な城壁を突破することはできなかった。この城壁は長大で、五十の塔があり、巡視道のいたるところに多数の射手や弩射手が待機していた。城壁の下にはガロンヌ河から水を引いた濠があり、その手前は広い斜堤になっていて、そこに矢来があり、防御柵で囲われていた。防衛軍はここに騎兵隊を置いて作戦を展開することができた。じっさいレモン六世の同盟軍は、たびたび包囲軍に突破攻撃を加え、敵の陣地に攻め込んだ。かつてテルム防衛を指揮したギヨーム・ド・ロクフォールはこの突撃戦で落命した。十字軍側ではユスターシュ・ド・カユーが戦死している。

トゥールーズが十字軍の攻勢によく耐えたのは、もちろん軍事面での防衛能力の高さもあったが、市民が一致団結して事に当たったことも大きかった。この一致団結は市民のあいだでにわかに生まれたものである。レモン六世は「諸党派間の融和を実現することに成功した」とギヨーム・ド・ピュイローランスは書いている。ラヴォール陥落後、「白い信心会」はトゥールーズに戻っていた。そのメンバーたちは、自分たちの町が十字軍の手に落ちたら、どれほど不幸になるかをすぐに察したにちがいない。彼らの指導者であったフルクも、十字軍のもとにとどまったままで、彼らを鼓舞することはもはやできなかった。いまや「白」も「黒」もなく、市民全体が、市参事会と領主に連帯しつつ、一体となっていた。

ともあれトゥールーズを攻囲するというのは、未曾有の大事件であった。十字軍側でも、シモン・

ド・モンフォール、アルノー・アモリー、フルク、テディーズ師、ユゼス司教レモンたちのもとに、十字軍の勝利を願うとともに、異端の中心地とされる大都市が陥落するのをこの目で見ようとする多くの聖職者たちが集まってきた。早くも六月二十日には、レモン六世の宗主権からの離脱を宣言したカオールの司教が、シモンに臣従を誓うためにやってきた。さらにパミエのサン＝タントナン大修道院長、グランセルヴの修道士エムリック、オバジーヌの修道士ニコラ、そして修道士ドミニコまでがやってきた。ドミニコがプルイユ修道院を離れ、一時にせよ十字軍の陣地を訪れたのは、おそらくこれが最初である。

六月二十七日月曜日、ユーグ・ダルファロの指揮のもとに行われた突撃によって十字軍陣地は大打撃を受けた。翌火曜日、補給部隊が組織的に攻撃を受けたり、内紛が生じたり――バール伯とシャロン伯はアルノー・アモリーをひどく嫌い、レモン六世との和平を主張していた――しているのを見てますます不安になったシモン・ド・モンフォールは撤退を決意した。翌日、軍隊は陣を引き払った。

トゥールーズ市参事会は、今回の戦いには勝ったとはいえ、十字軍の精鋭部隊はほとんど無傷のままであることを明確に認識していた。そこで七月中にアラゴン王に先にも言及した書簡を送った。十字軍にたいする正式な弾劾文であり、また警告の形をとった悲壮な叫びであった。「あなたのとなりの壁が焼ければ、あなたも危なくなります」。

しかし、ペドロ二世はムワッヒド軍との戦争準備で手いっぱいだった。

反攻

シモン・ド・モンフォールの撤退は、みずからの非力を認めたことを意味しよう。二年間ではじめて——カバレの攻略に失敗したことはあったが、同日の論ではない——十字軍は自分より強い敵に敗れたのだ。しかし十字軍の総大将は、天才的なひらめきで、この敗走を新たな遠征に仕立て上げてしまった。この大胆な戦略によって、事態は十字軍に有利に展開することになるだろう。

最後に到着した諸侯の部隊は四十日の軍役がまだ終わっていず、またフォワ伯は主力部隊とともにトゥールーズにとどまっていた。シモンは、このときとばかり、軍をまっすぐ南に進めた。オートリヴに守備隊を残してアリエージュ川を渡った頃、オートリヴに残した兵士たちが蜂起した土地の住民たちによって主塔に監禁されてしまったという知らせを受け、救出のために引き返すという一幕もあったが、オートリヴを焼き払うと、ふたたび進軍を開始しパミエに向かった。パミエの町は、一二〇九年九月に主従契約を結んで以来シモンに忠実で、このときも十字軍を丁重に迎えた。その先のヴァリーユの町は、すでに住民が逃亡し、焼かれていた。ここを通過し、十字軍はいよいよフォワに入った。とはいえ伯領全土を制圧しようというわけではなかった。町はずれの険しい岩山のうえに建てられた城を攻囲するのは、いくら多くの兵を動員してもむずかしく、危険も伴うだろう。そのうえ、すでに十字軍を追ってトゥールーズを発ったフォワ伯が、いつ背後から襲いかかってくるか分からないのだ。そこでシモンは城郭外の区域を焼き払うにとどめ、あとは町の周辺を荒らし回ることにした。フォワの軍隊は無傷のままだろうが、麦の刈り入れや果物の収穫ができなければ国の財政は弱体化するだろうし、住民たちの士気を挫《くじ》くうえでも大きな効果があるだろう。

その後、シモンは急遽軍を反転させると、トゥールーズを東に大きく迂回する形で北に向かった。カステルノーダリーまで来ると、バールはこれ以上先には行こうとはせず、カルカソンヌに戻った。しかしシモンはそのまま進み、アグー川を越え、さらにガヤックでタルン川を、サン＝タントナンでアヴェロン川を越え、途中、レモン六世の領地であるケリュスの町を焼き払ったのち、カオールに到着した。司教がひと月まえにシモンに服従を誓ったばかりで、市は礼を尽くして十字軍を迎えた。かくして十字軍総大将は、ケルシー地方を完全に掌握したことになる。土地のおもだった貴族たちが表敬に訪れた。司教の甥であるベルトラン・ド・カルダイヤック、ベルトラン・ド・グルドン、ラチエ・ド・カステルノー。すでに見たように、後者ふたりは、すでに一二〇九年六月のカスヌイユ攻囲に参加している。とはいえケルシーの領主たちが十字軍に加担したのは、異端撲滅をめざすローマ教会の勇士になるためというよりも、レモン六世への恨みを晴らし、彼の宗主権から離脱するためであった。

カオールを発ったシモン・ド・モンフォールは、わずかな兵を連れてロカマドゥールを訪れた。ドイツから来た十字軍部隊もいっしょだったが、彼らはここから故国に帰った。シモンがこの町を訪れたのは、聖アマドゥールの墓を参拝するためだったことはたしかである。伝説によれば――だが、これは伝説であろうか？――彼はここから聖母の像が描かれた旗を持ち帰り、その翌年、ナバス・デ・トロサの戦いのさい、彼が派遣した騎士たちがこの旗を振ってイスラムの軍勢を追い散らしたと言われている。

ロカマドゥールからの帰途、ロベール・モーヴォワザンを兵士募集のためフランスに派遣したあと、部隊解散後も彼のもとに残った戦友たちとガヤックに滞在していたとき、パミエに残してきたふたりの部下、ランベール・ド・チュリーとイギリス人でカンタベリー大司教の弟ゴーティエ・ラングトン（いつ十字軍に加わったかは分かっていない）がフォワ伯の捕虜になっているという知らせが届いた。さっそくパミエに向かったシモンは、途中で城砦（名前は知られていない）を攻撃し守備隊を皆殺しにした。三人の騎士だけは生かしておいたが、それはチュリーとラングトンとの人質交換のためだった。

パミエに着くと、また悪い知らせが届いた。今度はローラゲとアルビジョワの辺境からだった。シモンがピュイローランスを与えた十字軍戦士ギー・ド・リュシーが、五十人ほどの騎士を率いて（ロカマドゥールの旗も携えていたかもしれない）スペインに遠征していた。シモンが宗主アラゴン王に負っている軍役を果たすためである。ところがピュイローランスの住民たちは、新しい領主の留守に乗じて、手薄になった留守部隊の隊長を籠絡し、町を旧領主シカールに返還することにした。トゥールーズから戻ったシカールは、労せずして自分の領地を取り戻した。遺憾ながら、この事件が例外というわけではなかった。いたるところから、トゥールーズの兵士たちが国中を回って、住民たちに蜂起をけしかけているといううわさが伝わってきた。やがて、強力な部隊がトゥールーズを発ってカステルノーダリーに向かっているという知らせを受けたシモンは、急遽、カルカソンヌに駆け付け、すべての武将を集め、対策会議を開いた。

カステルノーダリーのにわか勝利

じっさい、トゥールーズ防衛のために結成されたオクシタン連合軍は、反攻に転じようとしていた。レモン六世、フォワ伯レモン＝ロジェ、コマンジュ伯ベルナール四世に加えて、ベアルン子爵ガストン六世が、ナバラ人傭兵やアスプ渓谷の山岳兵を伴って、応援に来ていた。さらに、もともとのトゥールーズ軍、つまり市参事会の指揮下にある市民軍も控えていた。モントーバン、カステルサラザン、モワサックの市参事会も、それぞれの市民軍を派遣してきた。たしかに大軍であった。かくして連合軍は、付近の農村から軍需物資を運ぶための牛とその牛車を引く人足を徴用したあと、九月の末か十月のはじめ頃、「イナゴの大群のように地を覆いながら」進軍し、カステルノーダリーの城砦が築かれている丘に並ぶもうひとつの丘ペッシュのうえに陣を張った。カステルノーダリーには、モンフェランから来た十字軍守備隊が駐屯していた。住民たちは、五月の終わりの火災のあと、町に戻り、不自由しながらもなんとか住んでいたが、オクシタン連合軍がやってきたのを見て、家を離れ、連合軍に合流した。

その間、カルカソンヌでは、シモン・ド・モンフォールがいつもながらの即断力を発揮し、ユーグ・ド・ラシーが提案した作戦を受け入れると、さっそく、行動を開始した。その作戦とは、他の多くの武将たちが主張したように、カルカソンヌないしファンジョーに立てこもるのではなく（そうすれば敵に包囲されてしまうだろう）、先手を打って素早く攻撃を仕掛けるというものだった。こうして十字軍のほうも、カステルノーダリーに向かって進軍を開始した。それと同時に、シモンはスペインにいるギー・ド・リュシーと部下の五十人の騎士たちを呼び返した。もちろん、アラゴン王は激怒したが……。

オクシタン軍が、ただちにカステルノーダリーを攻撃せず、入念に防備を固めた陣地にただ屯《たむろ》していたのは、十字軍をおびき寄せるためだったのだろうか。だが本当のところは、数のうえでの圧倒的優位をタイミングよく生かせなかったというのが実情らしい。つまり指揮系統が統一されていなかったために、作戦プランをひとつにまとめることができなかったのだ。たしかに大軍ではあるが、おそらくはかなり無秩序であり、すべてがにわか仕立てであった。ほら吹きのトゥールーズっ子たちは、シモンを「淫売の子」と嘲り、連合軍は十字軍をあっさり片付け、たちまちのうちに海まで達するとうそぶいた。

予想に反し、まずは陣地戦で始まった。同盟軍はカステルノーダリーの町に弩《いしゆみ》の砲撃を加えた。その頃各地から続々と情報が届き、国中が沸いていた。ピュイローランスについで、アヴィニョネ、モンフェランが解放された。レ・カセス、サン＝フェリクス、キュック、サン＝ミシェル＝ド＝ラネスがそれに続いた。アリエージュ川畔のサヴェルダンでも、フランスの守備隊を追い出し虐殺した。

そこでシモンは、占領地域の各地に散らばっている友軍部隊に集合令をかけた。ブシャール・ド・マルリーは百人ほどの騎士を率いてラヴォールから、またビロン領主のマルタン・アルガイ（いつから十字軍側に付いたのかは知られていないが）が二十人ほどを連れて、それぞれ駆けつけた。彼らは、敵側についた土地を避けるためにかなり迂回して、カストル、モンターニュ・ノワール、そしてセサックを通ってやってきた。そのうえシモンは、援軍を求めるべく、ギー・ド・レヴィとブシャール・ド・マルリーの弟マチユーを派遣した。彼らは、ナルボンヌでは拒否されたが、カルカセスで数百人の兵士を確保することができた。ところがこれらの新兵たちは、カステルノーダリーに到着するまえに、脱走してしまった。

ラヴォールから来た部隊がサン＝マルタン＝ラランドに近づいたとき、それを阻止しようと、フォワ伯が、装甲騎兵隊を真ん中に、軽騎兵隊と歩兵隊（弩射手とスペイン傭兵からなる）を両翼に従えて、迫りつつあった。シモンもまた、ブシャール・ド・マルリーを援護すべく、四十人ほどの部下を派遣した。

両軍はカステルノーダリーの東にある丘のうえで激突した。オクシタン軍が十字軍を圧倒した。十字軍の隊列が崩れそうになったとき、それまでカステルノーダリーの城の塔から戦況をうかがっていたシモンは、ペッシュに残っている連合軍が介入してくるのを恐れ、先手を打って、手元に残していた六十人ほどの騎士とともに城外に出た。十字軍部隊がふたたび態勢を整えつつあったとき、シモンはフォワ伯の部隊を背後から攻撃した。騎馬隊は勇敢に応戦したが、歩兵隊は潰走した。騎馬隊も挟み撃ちにされてしまい、もしそのまま戦い続けていたら、全員殺されていただろう。かろうじて包囲を脱したが、あとには多数の死者が残された。その間、トゥールーズ、コマンジュ、そしてベアルンの部隊はまったく動かなかった。

かくしてオクシタン諸侯の度しがたい軍事的無能が明らかになった。彼らはほどなく、その高いつけを払わされることになろう。

フォワ伯を撃破したあと、シモン・ド・モンフォールは、ただちにペッシュの陣地に立てこもっている連合軍に攻撃をしかけようと考えた。しかし、それには兵力が足りないと判断したシモンは、みずから兵を集めに行くことにした。彼がナルボンヌにいたとき、秋の終わりには思いもよらぬことだったが、シャンパーニュ伯の封臣アラン・ド・ルシーが率いる新たな十字軍部隊が彼のもとにやってきた。

こうして援軍を得たシモンが、敵を撃退すべく戻ったところ、ペッシュはすでにもぬけの殻だった。とはいえ、レモン六世はトゥールーズに戻ったわけではなかった。戦略家というよりも策士であった彼は、ローラゲやアルビジョワの地方を経巡《へめぐ》り、いたるところで、十字軍は破れ、ナルボンヌへ撤退したと言いふらした。フォワ伯も同じような宣伝工作を行い、シモンは捕らえられ、生皮をはがれたうえで、縛り首にされたとすら断言した。この策略は成功した。ラバスタンの町は勝ち誇るレモンに城門を開いた。ラグラーヴでは、十字軍守備隊司令官のポンス・ド・ボーモンが暗殺された。ボードゥアン・ド・トゥールーズがブリュニケルから駆けつけ、反乱を鎮めようと試みたが、失敗して退却を余儀なくされた。レモンはタルン渓谷を遡り続け、モンテギュ、サルヴァニャック、パリゾ、ラグラーヴ、ガヤック、さらにカユザック、サン＝マルセル、ラゲピー、サン＝タントナン、さらに五十ほどの町や村を、ふたたび味方につけることに成功した。唯一の例外はブリュニケルで、レモンはこの町には手を付けなかった。自分の実の弟を攻撃する気にはなれなかったのだ。

二度目の征服

シモン・ド・モンフォールが兵士募集のためにフランスに派遣したロベール・モーヴォワザンが、百人ほどの騎士たちを連れて戻ってきたのは十二月の初めであった。夏の終わりからフルク、ギー・デ・ヴォー＝ド＝セルネーがフランスで積極的に行っていた十字軍募集の説教活動が功を奏したのである。多くの人が言うように、冬の最中に援軍がやってくるのはめったにないことだった。十字軍の成功がいまや広く知られるようになり、北の諸侯の多くが競って十字軍に参加したいと思うようになっていたにちがいない。ともあれ、最近また失ってしまった占領地をできるだけ早く取り戻そうと目論むシモン・ド・モンフォールにとって、願ってもないチャンスだった。

一二〇九年秋と同様、シモンは、ファンジョーを基地として、放射状にいくつもの拠点急襲を行った。まずはアリエージュ川の上流渓谷の町キエに向かった。十字軍側についているロジェ・ド・コマンジュの城が、フォワ伯によって攻囲されている最中だったのだ。十字軍が迫ってきたのを知ると、攻囲を解き、重兵器を残したまま、あわただしく撤退した。フォワ伯は、十字軍から数キロメートルのところにあるラ・ポマレードを奪い返しに行ったが、攻略はさほどむずかしくなかった。さらに高地ラゼスにあるアルブダンの領主ベルナール・セルモンに弁明を迫るべく、当地に向かった。この領主は、一二一〇年の夏、忠誠を誓ったにもかかわらず、最近になってシモンの宗主権を拒絶した疑いがあったのだ。その後、ところが、シモンが到着するまえに、彼みずから出向いてきて、シモンにふたたび忠誠を誓った。シモンはクリスマスをカストルで過ごすことにした。カストルで、しかもまさにクリスマス当日に、弟のギーが、妻エロイーズ・ディブランと六歳になる息子のフィリップを伴って、聖地から戻ってきた。妻エロイーズはエルサレム王妃〔マリー・コメーヌ（一一五四～一二一七）、エルサレム王アモリー一世の后〕の娘で、息子のフィリップはのちにカストル領主となった。シモンにとってこれほど大きな喜びはなかった。それから十ヵ月のあいだ、シモンは、ローラゲ、アルビジョワ、ケルシー、アジュネ、ペリゴール、そしてコマンジュと、まさに破竹の勢いで各地を転戦し、とうとうトゥールーズを完全な孤立へと追い込んだ。

まずはレ・トゥエル、今日のブリアテクストである。ダドゥー川畔のこの町は、フレズール・ド・ロートレックが防衛の任に当たっていた。町はすぐに攻略され、住民のほとんどは処刑された。フレズールは処刑を免れたが、それはフォワ伯の捕虜となっている十字軍騎士との交換に使うためだった。アルビでタルン川を渡ったシモンは、ヴェール河畔のカユザックを攻囲した。当時、レモン六世、コマンジュ伯とともにガヤックにいたフォワ伯は、シモンに伝令を送り、彼を威嚇した。しかしシモンは、ひるむどころか、ガヤックに攻撃を仕掛けた。すると三人はすでにガヤックを立ち去っていた。シモンは彼らを追走してモンテギュに向かったが、ここでもすでに敵は立ち去ったあとだった。ラバスタンでも同じことの繰り返しだった。三人の伯爵は、ついにトゥールーズに退去してしまった。

そこでシモンは、カユザック攻囲に決着をつけるべく引き返し、一斉攻撃で町を陥落させ、さらにその勢いで、レモン六世がギロー・ド・ペピユーに防衛を任せていたサン＝マルセルの奪還を試みようとした。三人の伯は、十字軍がこの町を包囲したときをねらって反撃を開始し、五百名ほどの騎士を動員して、十字軍の陣営を襲った。攻囲が長引けば、攻撃側、防御側、いずれにとってもかなり厳しい事態になる。サン＝マルセル攻囲戦はまさにそうだった。オクシタン軍の小部隊が周囲の街道をたえず監視しており、十字軍の食糧や弾薬の補給部隊をしきりに脅かしていた。一ヵ月もすると、物資補給の問題はきわめて深刻になり、シモンはサン＝マルセルの包囲を解いた。一二一二年三月二十二日、アルビに宿営地を構えているところに、アルノー・アモリーがやってきた。アモリーは、ついに解任されたベランジェにかわって、ナルボンヌ大司教に選ばれたばかりであった。おなじように、ヴォー＝ド＝セルネー大修道院長ギーがカルカソンヌ司教の座についた。教皇特使たちが、異端者に寛大すぎるベルナール＝レモン・ド・ロクフォール（そもそも彼は完徳女の息子なのだ）をとうとう罷免したのである。

フランスから戻ったシトー会大修道院長が、まずやってきたのはアルビだった。今回は若い神学僧を連れていた。彼の甥のピエールである。ピエールはおそらく作家になる天性を授かっていたのだろう。彼はやがて正式な年代記者となり、十字軍のきわめて詳細な——ほとんど日誌と言ってもいいほどの——記録を残すことになる。

シモンはアルビからカストルに赴き、作戦会議を開いて、モンターニュ・ノワール山中のオープールを攻略することにした。オープールは完徳者および「残党騎士」たちの名だたる巣窟であったし、のちにはカタリ派のアルビジョワ司教区の司教座ともなる町である。シカール・ド・ピュイローランスの息子のひとり、ジュルダン・ド・セサックの指揮する防衛部隊は十字軍にかなりの反撃を加えたが、四日後の朝、彼らは四月の濃い霧に乗じて町から抜け出した。逃げ遅れた数名が捕らえられ、「城邑」は焼き払われた。

その間、アルノー・アモリーとギー・デ・ヴォー＝ド＝セルネーはナルボンヌに到着し、ユゼス司教で教皇特使のレモンの司式で、五月二日、ふたりの就任式が行われた。ユゼス司教はアルノー・アモリーに、ナルボンヌ大司教だけで満足せず、ナルボンヌ公爵にもなるよう、暗にうながした。そうすれば、シモンもそのひとりである子爵の世俗上の宗主ということになる……。ところが、ナルボンヌ公爵の称号はレモン六世に属する。アルノー・アモリーは、この称号を要求できる立場にあるのはむしろシモン・ド・モンフォールだろうこともまったく考えず、強引にナルボンヌ公爵になってしまった。そのあげく子爵エムリーから臣従の誓いを受けさえしたのである。

五月二十二日、アルノー・アモリーは、まもなく始まるイスラム軍との戦いに備えるべく、カスティーリャ王の援軍としてフランスからやってきた百名ほどの騎士たちを引き連れて、トレドに向けて旅立った。他方、ギー・デ・ヴォー＝ド＝セルネーはローラゲに戻り、サン＝ミシェル＝ド＝ラネスを攻囲中のシモンと再会した。オーベルニュからやってきたばかりの援軍が攻囲に加わり、サン＝ミシェルは徹底的に破壊された。そのうえ、一二一二年の春いっぱい、各地から援軍が続々とやってきたため、十字軍は、たった数週間で、キュック、モンモール、サン＝フェリクス、レ・カセス、モンフェラン、アヴィニョネ、要するに六、七ヵ月まえに反旗を翻して蜂起したローラゲ地方全体を奪回することができた。

それから十字軍は、レモン六世が傭兵隊を率いて立てこもっているピュイローランスをめざし、町の外に陣を構えた。ちょうどそのとき、シモンのもとにドイツからの十字軍部隊がやってきたが、相当大規模だったと言われている。それを率いていたのは、ケルン大聖堂主事のエンゲルベルト、その兄でベルク伯のアドルフ二世、オーストリア公レオポルト六世などであった。レモン六世は押し寄せる大軍に圧倒され、十字軍が包囲のための陣地を築き、攻撃の準備をしているあいだに、町の住民たちを引き連れてピュイローランスを脱出し、トゥールーズに戻った。シモンはピュイローランスをふたたびギー・ド・リュシーに与えた。その後シモンは、弟のギーと元帥のギー・ド・レヴィをカルカソンヌに派遣した。新たに到着した十字軍部隊を迎えるためである。この部隊を率いていたのは、パリ司教代理、ルーアン大司教、ラン司教、そして多くの貴族諸侯で、そのなかには、シモンとは第四次十字軍以来の付き合いであるピカルディー人アンゲラン・ド・ボーヴ、アミアン司教代理のアンゲラン・ド・ピキニー、ジャンとフーコーのベルジー兄弟などがいた。最後のベルジー兄弟は、のちにその残虐さが伝説となる。

ともあれ、こうした新たな援軍だけでももうひとつの十字軍を構成するにじゅうぶんで、じっさいシモンが低地ケルシーを奪回しているあいだに、この部隊がフォワ伯討伐に向かった。シモンはまず、ラバスタン、モンテギュを難なく攻略し、ついで傭兵たちが略奪していたガヤックを奪い返した。さらにラガルド、ピュイセルシ、サン＝マルセルはギロー・ド・ペピューが果敢に防戦したが、ついに陥落し十字軍によって焼き払われた。その直後、ラゲピーも同じ運命をたどった。五月二十日、十字軍はサン＝タントナンに迫った。しかし町の共同領主であるアデマール・ジュルダンとポンス・ジュルダン——兄弟ないしはいとこだろう——は、伝令としてやってきたアルビ司教の説得も空しく、服従することを拒否し、防衛態勢に入った。

低地ケルシーからアジュネへ

十字軍は激しい一斉射撃に迎えられたばかりか、包囲網を突破しようとする突撃隊にも悩まされた。しかし城門を守る三つの外堡を奪取することで、四つある城門のうち、三つを同時に攻撃することが可能になった。パニックに陥った住民たちは、四つ目の城門から逃げ出した。多くは捕らえられ、捕らえられなかった者も、アヴェロン川を泳いで渡ろうとして溺れ死んだ。領主アデマールとポンスは無条件降伏し、町は略奪された。十字軍諸侯はすべての捕虜を処刑すべきだと言ったが、シモン・ド・モンフォールは、この領地をボードゥアン・ド・トゥールーズに封土して与えようと考えていたので、それに反対した。というのも、捕虜の大半は農民だったからで、彼らなしには土地が荒れてしまう。シモン・ド・モンフォールは彼らを家に帰した。ただし、アデマールとポンスはカルカソンヌの牢獄に移送された。

シモンがまだサン＝タントナンにいたとき、アジャン司教アルノー・ド・ロヴィニャンからの伝言を受けた。司教は長いあいだレモン六世と仲たがいしており、いわば年来の仇敵であった。その彼が十字軍に助けを求めているのだ。アヴェロンとガロンヌの渓谷を下れば、まっすぐアジャンに行くことができた。しかしシモンは、レモン六世が掌握しているモントーバンとモワサックを避け、北に迂回することにした。そのため、途中でケリュスの町を奪回したあと、六月一日、モンキュックに到着した。モンキュックはすでに無人の町となっており、土地の代官はペンヌ＝ダジュネに逃げ込んでいた。ペンヌには、レモン六世の代理官であり、また女婿でもあるユーグ・ダルファロが、四百人ほどの傭兵と豊富な食料と物資を備えて立てこもっていた。シモンはペンヌに急行した。だが六月四日、町の手前で陣を張った軍を残したまま、彼はアジャンに向かった。司教との会見をこれ以上遅らせたくなかったのだ。予想されたことではあるが、大いに歓迎されたうえで、シモンは司教とアジャンの共同領主となる条約を取り交わし、住民からも忠誠の誓いを受けた。彼がこれまでも行ってきたさまざまな封地授与の手続きもそうだが、こうしたシモンのやり方はことごとく、レモン六世の領土を徐々にではあるが確実に取り上げていき、いずれはレモン六世が保有している上位領主権をすべてわがものにしようという魂胆をあからさまにしている。

その翌日、シモンは十字軍陣地に取って返し、ペンヌ攻囲を開始した。数週間たっても事態はいっこうに進展しなかったが、そこにようやく援軍がやってきた。シモンが呼び寄せたギー・ド・モンフォールの部隊である。この部隊はカルカソンヌを発ち、フォワ伯領で戦いを繰り広げていたが、ラヴラネの町を攻略した折、領主ベランジェの母で完徳者のアラザイス・オリユを潜んでいた森のなかで捕縛した。彼女の同伴者であったフルニエール・ド・ペレイユはもっと用心深く、すぐ近くにある息子の城に逃げ込んだ。つまりモンセギュールである。シモンからの伝言を受け取ると、ギーはフォワ伯領での作戦を切り上げ、急遽、ペンヌ＝ダジュネに向かった。途中、レモン六世の部隊と出くわし、小競り合いになり、ペンヌへの到着が遅れるような事態になることを懸念して、トゥールーズを避け、さらにシモン自身もそうしたように、モントーバンおよびモワサック地方を避けたために、彼はローラゲを通り、ブリュニケルでアヴェロン川を渡り、ペンヌの前で兄と合流した。まさにぎりぎりのタイミングだった。というのも、ルーアン大司教、ラン司教、ケルン大聖堂主事、オーストリア公は四十日の軍役を終えたところで、それぞれの部隊を連れて国に帰ろうとしていたのだ。シモンは彼らに、すでにカルカソンヌまで来ているという知らせが届いている新たな援軍が到着するまでは、なんとかとどまってほしいと懇願した。彼の懇願を受け入れたのはルーアン大司教ひとりだった。大司教は、ランスのサン＝レミ大修道院長、オセール大聖堂首席司祭、シャロン副司教に率いられた徴募兵軍団の到着を待って、国に帰って行った。

さらに数週間が過ぎたが、攻略は遅々として進まなかった。七月十一日、シモンは、マルマンドを奪取すべく、ロベール・モーヴォワザンを派遣した。それから一週間後、ユーグ・ダルファロはついに降伏を申し出たが、自分と仲間たちの生命を保障し、自分たちが部隊を引き連れて町を離れることを認めるという条件を付けた。十字軍の多くが今にも立ち去ろうとしていたので、シモンはこの条件を受け入れた。ところがその直後に、ランス大司教に率いられた新たな部隊が到着した。いまやシモンは、ペンヌを占領するのにじゅうぶんな兵力を残したまま、ペリゴールの奥地まで遠征に行くことができた。ペリゴールに行くことを決意したのは、カステルノーダリーの戦いでは十字軍側についたマルタン・アルガイが変節し、レモン六世の側につくことを宣言して、ビロンの城に戻っていることを知ったからである。数日の戦闘ののち、シモンは守備隊と連絡を取ることに成功し、領主を引き渡すなら、兵士たちの命を保障すると伝えた。話がまとまり、マルタン・アルガイは手足を縛られた状態で引き渡された。その後は、裏切り者に与えられた運命を彼もたどることになった。シモンは彼を馬の尻に縛りつけ、広場を引きずり回したあげくに首を刎《は》ねたのである。

シモンがペンヌに戻ると、徴募兵からなる歩兵隊とともに妻のアリックスが来ていた。ボードゥアン・ド・トゥールーズもいっしょだった。アリックスがブリュニケルに立ち寄った際、ペンヌまで同行することを申し出たのだ。カルカソンヌ司教ギー・デ・ヴォー゠ド゠セルネーと甥の修道士・年代記者ピエールも旅から戻ったところだった。八月六日、十字軍はまだペンヌにいた。帰途、十字軍はモンキュックで野営した。シモンと彼の参謀本部が、今回はレモン六世の支配地域を避けるのではなく、むしろ攻め込むという大胆な決定をしたのは、おそらくこの時点だったろう。八月十四日の未明、十字軍はモワサックに着いた。トゥールーズ市参事会は、おそらくはスパイによって情報を得たのだろう、まさにその前日、傭兵を主力とする三百人の兵士をモワサックに送り込むとともに、モワサックの市民に徹底抗戦を呼びかけた。

シモンと彼の部下たちがあらゆる手段を駆使したにもかかわらず、モワサックは三週間にわたって耐え忍んだ。工兵隊が多くの弩砲台、移動小屋や移動塔などを建設し、城壁に迫ったが、陥落しなかった。九月のはじめ、シモンのもとにカステルサラザンの市民たちがやってきた。領主ギロー・ド・ペピユーと彼の部隊が町から出てしまったので、彼らは町をシモンに引き渡すことにしたのだ。シモンはこの敗北ムードをさっそく利用し、カステルサラザンをギヨーム・ド・コントルに与えるとともに、ヴェルダン゠シュル゠ガロンヌとモンテッシュを制圧するべく、弟のギーとボードゥアンを派遣した。ふたりは戦わずして両市を掌握した。

モワサック市民はこうした状況の変化をはっきり認識していた。また、モントーバンの部隊がカオールからやってきた十字軍援軍の隊列に攻撃を仕掛けたところ、駆けつけたボードゥアンによって部隊は皆殺しになったことも知っていたはずである。もはやモワサック防衛軍はなすすべもなく、捕虜にしたランス大司教の若い甥を切り刻んで、その断片を弩砲で十字軍陣地に投げ返すような残虐行為を散発的に行うのがせいぜいだった。ともあれ、彼らはついに、もはや手の打ちようがないこと、とりわけレモン六世はまったく当てにならない（しかも彼は、目下、ボルドーに行っている）ことを納得せざるをえなかった。シモンは降伏を受け入れたが、トゥールーズから来た傭兵隊を引き渡すことを条件とした。引き渡された傭兵たちは全員処刑された。九月八日、モワサックに入ったシモンは、サン＝ピエール大修道院長とこの町の領主権について交渉し、十四日、証書に署名した。ここでもまた、シモンはレモン六世の権利を奪うことを狙ったのである。というのも、大修道院長の封土の上位領主はレモン六世だったのだ。そのうえで裁判権をどう分掌すべきかを確認し、またモワサックおよびその所領地に関して、今後十字軍の総大将に支払うべき租税と現物による地代の額を定めた。

十字軍、つまりカトリックの軍隊が、おぞましくも修道院で略奪を働いたのは、この証書の署名のまえだったか、あるいは後だったか、はっきりしない。それから数ヵ月後、大修道院長はフィリップ・オーギュストに悲痛な手紙を書き、涙ながらに訴えた。

包囲

シモン・ド・モンフォールの戦略的天才をまだ疑っているひとも、モワサック攻略後の彼の軍隊の動きを地図で辿ってみれば、おのずから納得されることだろう。まず気づくことは、モントーバンが十字軍の駐屯部隊によって四方から包囲されていることである。東はブリュニケル、北はモンキュック、西はモワサックとカステルサラザン、南はモンテッシュとヴェルダンに、それぞれ部隊が駐屯しており、トゥールーズに向かう、あるいはトゥールーズから来る敵軍があれば、すぐに出動できる。それゆえ、モントーバンを攻撃していたずらに力と時間を失うまでもなかった。この町はすでに完全に封鎖されているのだ。

それでは、直接トゥールーズに総攻撃をかけるべきだろうか。いまや、アジュネ、ケルシー、ルエルグ、アルビジョワ、ローラゲ方面から援軍が駆けつける心配はほとんどなかった。とはいえ、首都の南には血気に逸るフォワ伯がいた。彼は、カステルノーダリーでの敗退後、ふたたび態勢を立て直したにちがいない。フォワ伯領のすぐ西に位置するクズランでは、ラヴォール攻囲では十字軍側についた子爵ロジェが、寝返って伯父のフォワ伯の陣営に加わっていた。もっと北には、まったく無傷の軍隊を保持しているコマンジュ伯がいたし、さらにはイル＝ジュルダンをはじめとして、レモン六世の封臣となっているガスコーニュの領主たちがいた。さらに西にはベアルン子爵が控えており、事が起これば、ふたたび同盟軍の応援に駆けつけるにちがいなかった。それゆえ、まずはトゥールーズを完全に孤立させることが必要だった。もちろん、制圧地域に配置した駐屯部隊だけでは、たとえその数をさらに増やしたとしても、移動中の強力な軍隊を阻止することはできないだろう。しかし、たとえ小規模であっても、十字軍をいつも間近に見ていれば、住民たちは弱気になり、計画的な一斉蜂起の場合は別として、征服者に刃向かうこともほとんどなくなるだろうし、そのうえ駐屯部隊は四六時中街道を監視しており、いざ危険が迫れば、ただちにシモン・ド・モンフォールと十字軍の本隊に通報できる。例のごとく彼の軍はあらゆる事態に柔軟に対応し、素早く現場に駆けつけるだろう。
つまるところ、シモン・ド・モンフォールは、一瞬迷ったのち、モントーバンを攻略することは断念して、まっすぐ南に向かったのだ。もちろん、トゥールーズは迂回した。最近になってパミエの大修道院長から、カステルノーダリーの戦いのさいには十字軍側についたサヴェルダンの住民たちが、カルカソンヌやファンジョーからやってくる補給部隊にたえず妨害を加えているという通報があった。おまけに、ボルドーから戻ったレモン六世とフォワ伯レモン＝ロジェがまさにサヴェルダンに集結しつつあった……。

ドイツからの援軍がカルカソンヌに到着したという知らせを受け、シモンは急遽アンゲラン・ド・ボーヴを援軍のもとに派遣した。彼に援軍を先導させて直接パミエに向かわせ、自分もそこで合流することにしたのだ。アンゲランはシモンより早く到着し、そのままサヴェルダンに向かった。ふたりの伯爵はすでに町を去っていた。アンゲランに追いついたシモンは、アリエージュ渓谷を遡って、レモン＝ロジェの追跡を試みたが、追いつけなかった。そこで北に戻り、ふたたび占領したオートリヴで本隊に合流した。パミエ、サヴェルダン、オートリヴが十字軍の支配下に置かれたことで、トゥールーズとフォワとのあいだの連絡はきわめて困難になったと年代記者ピエール・デ・ヴォー＝ド＝セルネーは説明している。

オートリヴから、シモンはミュレに向かった。ガロンヌ河の左岸、トゥールーズの上流五里〔約二十キロメートル〕のところにあり、文字どおりコマンジュ伯領の入り口である。十字軍が近づいているのを知った住民たちは、川を渡るたった一本の橋を焼き払って逃亡した。シモンと軍は橋を修復して渡り、ミュレの町を要塞化した。コマンジュとクズランの司教がシモンに面会を求めてやってきた。司教たちは、十字軍がガロンヌの地を支配することがどれほど教会の助けになるかをしきりに強調した。少なくとも、ピエール・デ・ヴォー＝ド＝セルネーはそう断言しているのだが、それはまるで、カタリ派信者を誰も見たことがない土地を征服するための口実をシモンに与えようとしているかのようだ。シモンがサン＝ゴーダンに行くと、伯領の騎士たちがやってきて忠誠を誓った。もちろん彼らの上位領主であるコマンジュ伯ベルナール四世は別で、彼はおそらく自分の所有する城砦のいずれかに立てこもっていた。ミュレに戻る途中、シモンは回り道をしてクズランに向かった。子爵ロジェの裏切りにたいする報復として、彼はこの町を徹底的に破壊した。

十月九日、ギヨーム・ド・コントルとペラン・ド・シセーがトゥールーズ領ガスコーニュから任務を終えて戻ってきた。リル＝ジュルダンの領主ベルナール＝ジュルダンがいっしょだった。義兄であり宗主でもあるレモン六世への信義を裏切って、十字軍総大将に忠誠を誓いにやってきたのだ。そこでシモンは、ギヨーム・ド・コントルとペラン・ド・シセーに、カストルを皮切りに前年のクリスマスに始まった長征の総仕上げとなる最後の作戦任務を与えた。まずサマタンを占領し、ついでベルナール＝ジュルダンをリル＝ジュルダンまで送り届け、そこからヴェルダン＝シュル＝ガロンヌまで行き、八月に残してきた駐屯部隊に合流する、というものである。

かくしてトゥールーズは完全に包囲されたが、それでもなおトゥールーズ市民の士気は衰えなかった。シモンのふたりの同志がヴェルダンに到着した翌日にも、トゥールーズに仕える傭兵騎馬隊が急襲をかけ、カステルサラザン付近まで押し寄せてきた。しかし守備隊がただちに出動し、応援に駆けつけたギヨームとペランの助けもあって、彼らを撃退した。もうひとつ急襲があって、アジュネまで押し寄せたが、これも見るべき戦果もなく終わった。

レモン六世はトゥールーズにはいなかった。サヴェルダンでのフォワ伯レモン＝ロジェとの会見のあと、避難民でごった返す首都を発った彼は、義兄ペドロ二世に会うために、ピレネーを越えてスペインに行ったのだ。じっさい、トゥールーズは避難民であふれていた。火刑を逃れてきた完徳者や完徳女たち。徹底抗戦を決意した「残党騎士」たち。十字軍の略奪を逃れ、家畜の群れを連れてきた農民たち。聖職者たちが立ち去ったあとの修道院や教会の境内は牛小屋や羊小屋に早変わりしていた。

トゥル伯フレデリック五世がミュレにやってきて、シモンに合流した。シモンはパミエに行き、冬営陣地を築いた。

占領地の法令

今回の冬営は、これまでとは違って、復活祭になって春の援軍がふたたびやってくるのを辛抱強く待つだけの暇つぶしではなかった。一二一一年六月にトゥールーズ攻囲に失敗して以来、一年半にわたって、シモン・ド・モンフォールが不退転の決意で行ってきた政略、すべてを既成事実化するというやり方が、すでにじゅうぶんな成果をあげていたのだ。さきに見たように、トゥールーズとモントーバン、そしてこのふたつの町周辺のいくつかの村はまだだったが、それ以外のトゥールーズ伯領、すなわち本来のトゥールーズ地方のほか、ケルシー、アジュネのほぼ全域を、いまやシモンは占領していた。またコマンジュの領主たちからも忠誠の誓いを受けていた。かくしてトゥールーズ伯領の事実上の主となったシモンが、法律上でも主となり、またそうであることを広く認めさせるには、具体的にどうしたらよいのか。これが冬営中の課題だった。

一二〇九年八月、トランカヴェルの廃位、そして彼の爵位および財産のシモンへの移譲はきわめて迅速に行われたし、軍事的にも、政治的にも、何ひとつ障害はなかったが、トゥールーズ伯の地位に就くとなると、これはまったく別問題だった。カルカソンヌでは、すべてがいとも簡単に片付いてしまった。いずれにせよ、トランカヴェルは、誰にも――教皇にも、王にも――助けを求めることができなかった。しかしレモン六世の立場はまったく違っていた。一二一一年五月のラヴォール陥落以来の軍事情勢を振り返ると、彼の権力基盤はいかにも脆弱そうに見えるが、実際は見かけよりもはるかに堅固であった。何よりもまず、レモンは聖座と密接な関係を保っていた。教皇は、彼が裁判拒否の犠牲にならないよう気を配っていたし、教皇特使たちが仕掛ける裁判妨害にたいしては、彼の裁判があくまで教会法にのっとる形で行われるべきことを強く主張していた。それゆえ、レモン六世にいずれは廃位宣告をつきつけるとしても、事はそう簡単には進まず、教皇にも納得がいくように、手順を踏んで慎重に追いつめていくしかなかった。そのうえ、レモン六世には多くの同盟関係があった。まずコマンジュ伯。もちろん、彼にはさほどの「先制攻撃力」があるわけではなかった。というのも、彼の封臣の多くがシモンに忠誠を誓わざるをえなかったため、彼がトゥールーズに引き連れてきた部隊のほとんどが傭兵だった。しかし、となりのベアルン子爵の支援を受け、自分の領地と上位領主権を取り返すために、どこまでも戦い抜く覚悟を固めていることは明らかだった。

フォワ伯もレモンと同盟関係にあった。彼は頼りがいのある軍事力を保持していた。彼が血気盛んであることは、モンジェやカステルノーダリーでの戦いで証明済みだし、今後も証明されるだろう。そのうえ、彼の騎兵隊はほとんど無傷のままであった。たしかにパミエのかつての彼の城にはシモンが居座り、町の領主権もわがものにしているし、また低地伯領の数ヵ所に守備隊を駐屯させているのも事実だが、フォワ伯の封臣たちがシモンに恭順と忠誠を誓ったという話はまだ誰も聞いていなかった。

最後に控えているのは、ほかでもなく、アラゴン王ペドロ二世である。こうした一連の事態に、彼がどれほどの影響力を及ぼしているかは、あらためて言うまでもないだろう。彼はレモン六世とその子レモン七世それぞれの義兄であり、そのうえレモン六世とはさまざまな契約関係で結ばれている。さらに彼は、ベアルン子爵、コマンジュ伯、フォワ伯、おまけにシモン・ド・モンフォールの宗主である。要するに、シモンはたしかにトゥールーズ周辺の全域、少なくともそのほとんどを実効支配しているとはいえ、正式な領主になれるかどうかの鍵は、教皇とアラゴン王の手中にあった。

ところが、パミエの城で冬を過ごしながら、シモンは支配の既成事実化をさらに大胆に推し進めようとしていた。十二月一日、シモンは「レスター伯シモン、モンフォールの領主、さらに神の恵みにより、ベジエおよびカルカソンヌ子爵、アルビおよびラゼスの領主」という肩書で、四十六ヵ条からなる文書に押印した。これらの条項は、十字軍が攻め落とし、シモンが「わが領地」と称している「アルビジョワ地方」(terra albigensis) で施行すべき法を定めている。しかし明らかに、ここで言う「わが領地」とは、これまでに公的に彼のものとされた唯一の領地、つまり旧トランカヴェル子爵領だけを指しているわけではない。(3) 旧トランカヴェル子爵領の境界をはるかに越えて、「アルビジョワ地方」の大部分を事実上支配している自分が、法的な支配者でもあることをアピールするための最良の方法は、この地方の法律をみずから定め、その法律によって統治することである。「慣習法」、「命令」、「法令」、この文書にはそうした言葉が頻出する。まさしくこれは法律文書なのだ。かならずしも慎重に秩序立てて書かれているというわけではないが、かなり綿密で、征服者に降りかかりそうなあらゆる問題に対処できるように配慮されている。

この法令集の原案は、シモンを中心に、シモン配下のおもだった騎士や封臣たち、そしてボルドー大司教と管区の司教七名からなる会議で検討され、そのうえでトゥールーズとクズランの司教を中心とする委員会が文書を起草した。この文書は多くの点で、十二世紀にシリアの十字軍王国の法律を定めた「エルサレム法令集」に倣っている。つまり、これはまさに「植民地」法なのであり、「フランス人」と「土着人」の扱いがはっきり区別されている。たとえば、土着の騎士は、今後二十年にわたって軍務に就くことが禁じられる。したがって、シモン・ド・モンフォールに軍役を負っているフランス人騎士が実際に軍務に就く場合にも、もっぱらフランス人騎士と組むことが義務づけられる。土着貴族の婦人が未亡人になったり、遺産相続者になったりした場合、フランス人と結婚するのはまったく自由だが、地元領主との結婚は、シモンの特別許可がないかぎり、十年間は許されない。こうした財産相続の制限は、言うまでもなく、フランス人貴族の定住をうながすためである。

とはいえ、「パミエ法令集」がカトリック教会の権威を回復することを狙った十の条項から始まっていることは、ある意味で当然と言えよう。前文が述べているのは、まさしくこの第一目的である。「公序良俗を取り戻すこと、国中を腐敗堕落させた異端の汚辱を一掃すること、カトリック信仰にのっとった慣習法を定着させること……」、宗教施設から奪い取った財産と特権を返還すること、非聖職者によって要塞化された教会を破壊すること、十分の一税と初穂を払うべきこと、聖職者には人頭税を免除すること、日曜日にはかならず教会に行き「ミサおよび説教を最初から最後まで聞くこと」、日曜日には商業市を開くことを禁ずる、異端者が住んでいた家は没収し、教会や司祭館のないところでは没収した家を教会や司祭館に転用する、等々。最後に徴税に関する条項が加えられているが、それはシモンがカルカソンヌを封土として授与された際に実施した方法を踏襲している。つまり、聖座に納めるために、各戸当たり毎年三ドゥニエの年貢を徴収するというものである。封建法で謳われているように、年貢は領主権の承認を意味するから、それを聖座に納めることによって、シモンはみずから征服した土地をローマ教会の封臣公国に擬そうとしているのだ。自分の野望の実現に向けて、これこそ最高の切り札だと彼は考えたにちがいない。

この法令集において、異端者および異端が疑われる者、さらには異端幇助者にもきわめて厳しい措置が講じられていることも、またユダヤ人のみならず、カタリ派信者（たとえ改宗した者であっても）にも公務に就くことが禁じられていることも、むしろ当然だし、逆にまた、征服者たるシモンが、権力の定着を図って、賢明な立法者としてふるまおうとしていることも、何ら不思議はない。じっさい社会の三つの階層間――聖職者、貴族、平民――の関係から、軍役、労役、水・薪・牧場の使用、貧民の法的援助、パンの目方、さらには売春に至るまで、事細かに規定されている。

しかし、以上に挙げたような法令の具体的内容以上に重大な結果をもたらしたのは、それに付け加えられたひとつの協約であった。それは、社会のすべての階層において、つまり貴族、市民、農民を問わず、またフランス人であれ、土着人であれ、「相続をする場合はパリ周辺で行われているフランスの慣習と慣例に従う」というものであった。要するにそれは、遺言にもとづく、また遺言がない場合には平等分配を原則とするオクシタン法にかえて、長子相続を原則とするシステムを採用することであり、明らかに世襲財産の細分化を防ぎ、占領地に定住したフランス貴族を弱体化させないことを意図したものである。この相続法はオクシタンのあらゆる習慣に反するもので、当初から、法的にも、また登記のうえでも、さまざまな問題を引き起こしたため、二世代ないし三世代あとには、フランス人家族からさえも要望が出され、フランス王の同意のもとに廃止されることになる。

かくして、剣の力によって征服した領土の事実上の立法者となったシモンにとって、ほかにやるべきことはもはやひとつしかなかった。つまり、事実上の支配が法的な支配権にもなることを妨げている最後の障害を取り除く方法を見つけるということである。その最後の障害とは、言うまでもなく、レモン六世とペドロ二世であった。

第七章　アラゴン王ペドロ二世——勇み足

シモン・ド・モンフォールは、トゥールーズを孤立させるという壮大な作戦をまだ完了してはいなかった。一二一二年九月のはじめ、レモン六世は、義兄アラゴン王ペドロ二世に助けを求めるため、みずからスペインに出向いた。王と会った場所がサラゴーサであったか、バルセロナであったか、よく分かっていない。いかなる資料も、少なくとも直接的には、この会見を裏付けてはくれない。せいぜい、年代記者ピエール・デ・ヴォー＝ド＝セルネーがわずかに触れたり、一二一三年一月の教皇勅令で言及されたりしているだけである。年代記者はつぎのように書いている——「伯はアラゴン王のもとに逃げて行き、彼の助けを求めるとともに、自分の領地を取り戻すための方法について相談した」。

それにしても、アラゴン王に助けを求めるのが、どうしてこんなに遅くなってしまったのか。トゥールーズ市参事会が、一年以上もまえ、トゥールーズが攻囲された直後に、すでに王に書簡を送っていることを考えれば、やや不思議に思わざるをえない。ただし、トゥールーズ市民の必死の訴えにたいして、ペドロ二世からは何の返答もなかった。彼はイスラム軍に大攻勢をかける準備で手いっぱいだったのだ。一二一二年七月十六日、アラゴン、カスティーリャ、ナバラの連合軍は、アンダルシアの境界付近、ラス・ナバス・デ・トロサの戦いで勝利を収め、カリフは潰走し、やがてムワッヒド朝は崩壊することになる。こうしてようやく、ペドロ二世はオクシタンの問題に本腰を入れることが可能になった。そのことを見抜いていたレモン六世は、ペドロ二世が王宮に戻るのを見計らって、さっそく彼に会いに行ったのである。

王に助けを求める

この会見の結果を直接伝える資料はないが、一二一三年一月十七日と十八日付の教皇特使およびシモン・ド・モンフォールに宛てた教皇勅書は、それを反映したものとなっている。レモン六世とペドロ二世が慎重に練り上げたのは、ほかでもなく十字軍によってもたらされた危機的状況と異端の問題を同時に解決する計画であった。そしてこの計画は、認可を受けるべくすみやかに教皇に伝えられた。遠大にして、しかもきわめて野心的な計画だが、実際のところ、伯と王のいずれが発案者であったかは知られていない。その結果はあまりに重大で、ふたりのうち、どちらがより多くの利益を受け、どちらがより多くの不利益を被ったのかを知るすべもないほどである。たしかにレモン六世は自分の領地を守ることができたが、その代償として、完全に王の支配下に身を置くことになった。一方、ペドロ二世は宗主権を大きく拡大することができたが、十字軍の武力報復をまともに浴びることになった。軽率にも、王はそれをまったく予想していなかったのだ。ふたりの友愛に満ちた同意から、こうした結果が生まれるとは誰が想像しただろうか。

計画の内容について詳しく検討するまえに、少なくとも法律上はフランス王の最大の封臣のひとりである伯があえてアラゴン王に助けを求めたことについて、一言触れておきたい。まず考えられるのは、レモンはもはやフィリップ・オーギュストに何も期待していなかったということである。じっさい、一二〇九年九月、彼がわざわざ王に会いに行ったときにさえ、愛想のよい言葉以外に（それすら怪しいものだった！）何ひとつ得るものはなかった。ところで、むろんこれも法律上ではあるが、宗主は、封臣に危険が迫っている場合、あるいは単に窮地に陥っている場合であっても、少なくとも外交的手段を使って封臣を助ける義務を負っているのだ。王はずっとまえから十字軍に反対していたし、その後ようやく十字軍を容認したものの、口先だけでしかなかったことをよく知っていただけに、レモンとすれば、王が多少なりとも応援してくれるだろうと期待していたはずである。ところが、かつて聖座の企てに反対していたフィリップ・オーギュストが、いまやレモンが受けた甚大な被害にまったく無関心だった。フランス王から何も期待できないということの証拠をもうひとつ挙げるとすれば、要するに十字軍の一件において、フィリップ・オーギュストは、封臣ひとりを救うことよりも、王家の特権を守ることに固執していたということである。

じっさいさきにも述べたように、十三世紀の初頭において、カペー王にたいするトゥールーズ伯の封臣としての義務はもはや法律上の空文でしかなかった。それゆえ両者の関係はまったく形ばかりのものとなっており、伯領の公正証書にフランスを統治する宗主の名前が——資料にのっとって正確を期するなら、「フランク族の王」の名前が——慣例として記されることでかろうじて示されるにすぎない。それにたいして、この十年間に条約や婚姻によって形成されたトゥールーズとバルセロナの枢軸は政治的な実効性を持つものであった。

ともあれ、こうした公証人の形式主義をまったく意に介さないひとつの社会があった。この社会では、王権について語るときには、眼差しを、フランク族の国にではなく、ピレネーの彼方に向けるのであった。この社会とはオック語の詩人たちのそれである。はるか昔から、トゥルバドゥールたちは、レオン王、ナバラ王、カスティーリャ王、そしてアラゴン王に賛辞を惜しまなかったし、王たちも多くのトゥルバドゥールをそれぞれの宮廷に迎え入れ、彼らと個人的な友情を結んだ。詩人たちの目に、パトロンにしてスポンサーでもある王たちがこのうえもなく高い徳を備えているように見えたとしても、また王たちのほうでも、詩人がそうした徳を讃える詩を書き、また歌うことを好んだのも当然至極であろう。

イベリアの君主たちを褒めたたえる歌を通して、「宮廷風」文化にふさわしい美徳と社交性を一身に集めた理想の君主像が、これらの詩を愛好するオクシタンの貴族のあいだで広まっていた。カスティーリャ王がとりわけガスコーニュの詩人たちの憧れの的だったのにたいして、アラゴン王は、とうぜんながら、ラングドックの詩人たちのあいだで人気があった。トゥールーズの詩人エムリック・ド・ペギュランによれば、ペドロ二世は「他のあらゆる王に抜きんでて、光り輝いている」。ピエール・ヴィダル——彼もまたトゥールーズ人である——によれば、アラゴン王は「名誉を重んじ、雄々しく、率直で、自由で、教養があり、感じがよく、勇敢で、礼儀正しい……」。ギロー・ド・カランソンはガスコーニュ人だが、彼もまた、ペドロ二世の美徳を数え上げるよりも「夜空の星を数えるほうがたやすい」と謳っている。それほど多くの美徳を王は備えているというわけだ。カルカソンヌの北、カバルデス生まれのレモン・ド・ミラヴァルも、「われらがアラゴン王はあらゆる勇士に勝る」と謳っている。ここで使われている「われらが」という言葉は意味深長である。一二一二年の暮れ、いまや伯レモン六世とペドロ二世の姻戚関係、さらには両者のあいだで結ばれた政治同盟に加えて、領の支配階層の心情や世論までが、征服者への対抗手段として、サラゴーサ王にしてバルセロナ伯でもあるペドロ二世の強力な助けを求めることを後押ししているのは明らかであった。

十字軍の侵攻を阻止することが、義兄弟であるふたりの共通利益であることは、くどくど説明するまでもなく容易に理解されるだろう。もちろん、レモン六世は伯爵の位と財産――それは子息が継ぐべき遺産でもある――を守りたいと思っている。シモン・ド・モンフォールがパミエで征服地の「法令集」の交付を宣言するのを待つまでもなく、レモン六世は、征服者がトゥールーズの国全体を自分の領地に加えようとしていることをはっきり認識していた。シモン・ド・モンフォールは、遠征し征服したあらゆるところで、伯領の都市や貴族たちに臣従の誓いを強要していたのである。しかも彼自身は伯爵の称号などまったく持っていないのだ！　一二一二年夏、レモンはつぎの明白な事実を受け入れざるをえなかった。つまり、フォワ、コマンジュ、ベアルンの応援があっても、十字軍のきわめて強力な包囲網を軍事力によって破ることはもはや不可能だということ。だとすれば、残された道は、降伏か亡命か、そのいずれかである。しかしそのいずれの場合でも、ラヴォール陥落以来、シモン・ド・モンフォールが推し進めてきた既成事実化の政略が実を結んでしまうのは目に見えている。つまりレモンの事実上の失墜は、もし誰かがそれにストップをかけなければ、必然的に法的な失墜に帰着するのだ。

ところで、シモン・ド・モンフォールのためにレモンを失墜させることは、ペドロ二世にとっても手痛い打撃だった。まずはふたりの妹エレオノールとサンシーの運命がかかっているのだ。レモンが失墜すれば、エレオノールはトゥールーズ伯爵夫人の称号と特権を失うし、サンシーはいずれ伯爵夫人になるという夢が断たれる。しかしもっと深刻な問題は、十字軍の法的根拠が確立されると、ヨーロッパのこの地域の政治バランスがすっかり崩れてしまう、しかも過去十年におよぶアラゴン王の政治的努力が無に帰する形で崩れてしまうということである。イノケンティウス三世自身が十字軍法に付け加えた上位領主権の保護条項は誰も無視できない以上、シモン・ド・モンフォールは、自分が占領した土地に関して、遅かれ早かれ、その宗主に臣従を誓うことになるはずである。だがその宗主とは、たとえまったく形だけのものになっているとしても、いまなおフィリップ・オーギュストである。つまり、シモンはいずれフランス王に臣従と忠誠を誓わざるをえなくなるということだ。オクシタンの伯爵たちは、長いあいだ、それを怠ってきたのだが、シモンの場合は話が別である。言い換えるなら、十字軍総大将の勝利は、カペー王にたいするトゥールーズ伯領の従属の絆を、すっかり公的な形で、しかもまったく悪い時期に復活させることになるだろう。一方、ペドロ二世は、これまでの十年間、その絆がすっかり緩んでいることを巧みに利用して、トゥールーズとその主君をアラゴン゠カタルーニャの勢力圏に引き込もうとしていたのである。これまでの努力を無にしないためにも、レモン六世を何としても救わねばならなかった。

和平案

目的をはっきり定めることと、その目的を達成するための手段を実行することは、まったく別の話である。もちろん、実行することのほうがはるかにむずかしい。つぎのような複雑な状況を考えれば、なおさらのことである。まず、十字軍はかつてなく優勢であった。しかもその総大将のシモン・ド・モンフォールは異端者とその共犯者たち――あるいはそう思われている者たち――の殲滅《せんめつ》をめざす聖座の懐刀《ふところがたな》である。ところがその聖座こそペドロ二世の宗主なのであって、十字軍と戦うということは宗主に刃向かうことを意味する。さらに付け加えれば、ペドロ二世は、カルカソンヌ子爵領においてシモン・ド・モンフォールの宗主にほかならない。つまり、ペドロ二世は自分の封臣と戦うことを請われているわけだ。こんなふうに、さまざまな事情が複雑に絡み合う前代未聞の混迷状態が、どうしてもっと早い段階で決定的な政治的破局に至らなかったか、むしろ不思議なくらいである。

アラゴン王の使者たち――セゴヴィア司教とコロン師（今日なら外務大臣というところだろう）――がローマに到着し、教皇にペドロ二世の計画書を手渡したのは、おそらく一二一二年十一月のことである。この和平案はきわめて巧妙だった。とうぜんながら、まずはレモン六世の弁護から始まっているが、この弁護は意外な方向に展開していく。使者たちはつぎのように言う。たしかにレモンは十字軍から甚大な被害を蒙《こうむ》ったし、おまけに教会からいまなお最終的な赦免を得られず、教会復帰が叶わない。しかしそうしたことはすべて、彼の過ちであり、彼の罪のせいである。レモン自身、アラゴン王をまえに、そのことを認めており、自分に課される贖罪のための苦行もふくめ、すべてにおいてローマの命令を忠実に実行することを正式に誓った。誠意と痛悔の証として、彼はただちに子息に譲位する。ただし子息はまだ十五歳なので、レモン六世はアラゴン王に若者の教育を委ね、異端を忌み嫌い、カトリック信仰を固く守るよう育てる。さらには、未来のレモン七世がみずから統治できる年齢に達するまで、父の悔悛と息子の正統信仰の保証として、王は若い伯爵の後見人となり、また伯領をすべて預かる。もしレモン父子のいずれであれ、少しでも誓約に違反すれば、彼らの世襲財産はすべて王が無条件で没収する……。

こうした計画を示すことで、ペドロ二世は教皇から何を具体的に期待していたのか。ほかでもなく、トゥールーズ伯領をレモン七世がそっくり継承することを認めるとともに、そのために王が示した保証条件を受け入れてほしいということである。すなわち、伯領のすべてを、さしあたってペドロ二世の直接統治下に置き、レモン父子のいずれであれ、誓約に違反した場合には、ペドロ二世がただちに没収するというものである。言うまでもなく、この計画の真の狙いは、文言には表れてはいないとはいえ、トゥールーズ伯領が、教皇を介して、シモン・ド・モンフォールの手に渡る可能性を決定的に排除することにある。

伯爵とその後継者の弁護が終わると、今度はシモンにたいする糾弾が始まる。ペドロ二世は異端と戦うシモンの大義をすべて否定するわけではない。それはよきカトリック信者すべての義務でさえある。トランカヴェル子爵領が没収され、それがフランス人貴族に与えられたことについても、そのやり方をいまさら問題にするつもりはない。王自身、一二一一年一月にシモンを封臣として認めたのであり、この件については了解済みである。しかし、シモンを封臣として認めるにあたって、王が示した条件を思い起こしてほしい。その条件とは、シモンは征服をここまでにとどめ、とりわけフォワ伯領に攻め込むようなことはしない、ということであった。ところがその後、シモンはいったい何をしたか。使者たちはほとんど歯に衣着せず、はっきり言っている。シモンは王の三人の封臣、フォワ伯、コマンジュ伯、ベアルン子爵に属する領地を奪い取った。この件で彼は二重の過ちを犯している。まず彼らの宗主である王の上位領主権をまったく無視して、土地の領主たちに臣従の誓いを強要した。それに加えて、異端者がまったくいない土地に攻め込んだ。そのうえさらに、トゥールーズ伯領を攻撃し、いつものやり方で異端者とカトリック信者の区別なく多くの血を流しているし、またレモン伯の権利をまったく無視して、いたるところで臣従の誓いを強要している。レモンの妻ジャンヌ・ダングルテールが持参金としてもたらしたアジュネでも同様である。

明らかにペドロ二世の使者たちはいくつかの点でうそをついている。少なくともかなり誇張している。たとえば、十字軍がベアルン子爵ガストンの土地を占領したり、略奪を行ったりした形跡は——少なくともこの時点では——ない。しかも、フォワ伯領には異端者がいたためしがないなどと白《しら》を切っている。ペドロ二世は、十字軍がすでに完全に支配しているベジエ＝カルカソンヌ子爵領は別として、彼が宗主となっている北ピレネーの封臣領地のいずれにもカタリ派信者はひとりもいないと教皇に信じ込ませようとしているのだ。コマンジュやベアルンについては、たしかにそのとおりだ。しかしフォワ伯領については、明らかにうそである。周知のとおり、伯の妹のひとりは、彼の立ち会いのもとで、完徳女の叙階を受けているし、また異端者たちの巣窟とすべく、モンセギュールの城を再建し、要塞化するのを伯が黙認していたことも、すでに広く知られていたはずだし、いずれにせよ、二年後には誰もが知る事実となる。

その他の点については、たしかに使者たちも言っているように、十字軍はカトリックの住民たちにも多くの犠牲者を出したし、教会財産を略奪することもあった。そのうえシモンは、いたるところで町や領地の上位領主権を無視し、臣従の誓いを強要している。とりわけアジュネでは、彼の横暴が目立った。この土地は、結婚によってレモン伯の世襲財産に加えられたものだが、もともとアキテーヌ公爵領として、イギリス王に属している。それゆえ、十字軍を排除すべく、ジョン失地王が軍事介入してくる恐れも、まったくなかったわけではないのだ。

使者たちが教皇に描いて見せた陰鬱な絵巻からは、おのずからつぎのような結論が導き出される。

シモンは、トランカヴェル失脚後、一二〇九年八月に彼のものと認められた子爵領を除いて、彼が簒奪したすべての権利と不当に占領したすべての土地をもとの所有者に返還する。そのうえで、シモンはすみやかに自分の領地に戻り、隣人たちにはいっさい干渉しない。そもそも、王は以上のことをシモンに命ずる完全なる権利を有する。というのも、王はシモンの宗主なのであり、宗主の第一の務めは封臣たち同士の平和を保つことである。

「ピレネー帝国」をめざして

こうしてペドロ二世は、入念に練り上げた計画を教皇にお膳立てしたのである。じっさいこの計画は、「平和と信仰の問題」(Negotium Pacis et Fidei) のあらゆる側面——法律面、軍事面、宗教面——を網羅している。だがこの計画について、まず言わねばならないのは、それが実行に移されるや否や、危険な暴走が始まり、あらゆる局面で予想もしなかった困難な問題を引き起こしたということである。

じっさい、ラングドック全体を対象とするこのみごとな和平案の裏には、単なる「アルビジョワ地方」の範囲をはるかに超える大規模な政治戦略が隠されているのであって、それはつぎの事実を思い起こせば容易に納得されるだろう。バルセロナ家は、エブロ河からベアルン、そしてアルプスに至る広大な領土を、直接所有するか、または封臣たちを介して支配するか、しているのだが、この鎖が完全につながるのに欠けている唯一の輪がほかならぬトゥールーズ伯領なのだ。

中世の地政学が今日のそれと同じ基準や原理で動いているわけではないし、そもそも当時は国境の概念が実質上なく、複雑に絡み合った封土権の関係で、世俗権力は非常に遠方の紛争に巻き込まれたり、介入したりすることもしばしばあったが、かならずしも領土の獲得をめざすものではなかったことは、私もよく知っている。しかしつぎのこともまた、たしかである。すなわち、バレンシア周辺からイタリアの戸口まで、地中海の沿岸をまったく切れ目なく支配することになれば、バルセロナ家は格段に強力になるということである。(1) それは、のちに聖王ルイのフランスが地中海への出口を確保することに強くこだわったことからも容易にうかがえるだろう。ともあれはっきり言えることは、アラゴン＝カタルーニャ王家の宗主権のもとに、この王家がすでに直接・間接に所有している領土にトゥールーズ伯領が統合されれば、オクシタン＝カタルーニャと言ってもいいし、あるいはアラゴン＝プロヴァンスと言ってもいいが、いずれにせよ非常に広大な封建国家が誕生するということである。カタルーニャの歴史家たちは、それを「ピレネー帝国」(Imperi pirinenc) と称している。というのも、この国のほぼ中央に、脊柱《せきちゅう》のようにピレネー山脈が走っているからである。(2)

ペドロ二世の和平案には、目に見える形ではないが、たしかにこの帝国が描きこまれている。じっさい、王はふたつの可能性を考えていたにちがいない。まずはすべてがうまく行くという可能性。その場合は、ペドロ二世の摂政と後見のあと、若いレモン七世がトゥールーズ伯領を引き継ぐ。ただし、言うまでもなく、王の封臣として。もうひとつの可能性。もし若いレモンが相続に値しないと分かった場合、王が伯領を没収する。いずれの場合でも、この政略の真の勝利者はアラゴン王である。

イノケンティウス三世は、みずからも多かれ少なかれ迷い込んでしまっている政治的および法律的迷路からの出口を示してもらったことを非常に喜び、王の計画をためらいなく受け入れた。この計画によって、十字軍の即時停戦という事態になったとしても、それを異端にたいする偉大な勝利であると宣言することもできるし（じっさい、わずか数ヵ月間で六百人ほどの完徳者および完徳女が火刑に処せられたのだ）、王の提案によって市民の平和が取り戻されるとともに、異端との戦いに王自身が先頭に立つことによって「魂の平和」が将来にわたって保障されるのだ。シモン・ド・モンフォールがアジュネの領地を返還すれば、イギリス軍が介入してくる恐れもなくなる。いずれにせよ、残された資料から判断することはむずかしいとはいえ、ペドロ二世が地中海沿岸の広大な領土を宗主として支配することを、教皇はひそかに喜んでいたにちがいない。そもそも、ごく最近「レコンキスタ」の英雄になったばかりのアラゴン王は聖座の封臣なのだ。狡猾なフランス王フィリップ・オーギュスト、それに若い「ローマ人の王」で神聖ローマ帝国皇帝の候補者だが聖座にどこまで忠実かは未知数のホーエンシュタウフェン家のフリードリヒ二世、彼らのことを念頭に置く教皇が、カタルーニャの封臣たるペドロ二世がピレネー山脈をまたぐ王国の強力な君主となることを期待していたとしてもまったく不思議はない。

十字軍の停戦

一二一三年一月、教皇は十字軍の即時停戦を命じた。

教皇はまず、十五日に下地ならしの手紙を二通発送した。シモン・ド・モンフォールへの手紙では、ベジエ＝カルカソンヌ子爵領において、彼はペドロ二世の封臣にほかならず、それゆえ上位領主にたいする敬意、奉仕、服従の義務を王に負っていることを念押しした。アルノー・アモリーへの手紙には、つぎのようなことが書かれている。十字軍はすでに「じゅうぶんな勝利」を収めている。ところが、キリスト教世界には新たな危険が迫っている。聖地エルサレムがサラセン人の脅威にさらされているのだ。聖地を守るために、大至急兵を集めなければならない、「それゆえ、異端との戦いのために聖座が認めた免罪を楯にとって、キリスト教徒の民衆をこれ以上疲弊させることをただちにやめよ……」。カタリ派撲滅の説教と「アルビの国」のための十字軍募集に終止符を打つことを要請するのに、誰もこれ以上脅迫的な言葉を使うことはできなかっただろう。

一月十七日、シモン・ド・モンフォールにふたたび書簡を送った。今回は、彼が不当に征服した土地をもとの領主に返せという命令である。それは結果的に、彼が法に反してあちこちで強要した臣従の誓いを無効にすることを意味する。十字軍総大将にたいして、イノケンティウス三世はまったく手加減しなかった。アラゴン王の使者たちの訴えをシモンにそのまま伝えることで、教皇はシモンが十字軍の武将として与えられた権利を濫用することによって陥った矛盾を厳しく追及している。要するに、シモンは相矛盾することを同時にやっているのだ。もしシモンが遠征中に出くわした相手が異端者であったなら、彼らを追放すべきであって、彼らから臣従の誓いを受けるなどもってのほかである。「彼らをそのまま居住させている以上、彼らがカトリックであることを、汝は暗に認めていることになる。よもや汝は異端者たちの幇助者だと思われたくはあるまい……」。もし彼らが本当にカトリックであるなら、彼らに干渉してはならず、いかなる事情があろうとも、彼らに臣従の誓いを強要することは許されない。それは彼らの宗主が持つ権利を侵害することでもある。「汝は十字軍を勝手に使って、正しき人々の血を流し、罪もない人々に損害を与えた……」。シモンが征服した相手に強要した臣従の誓いはもっぱら彼個人に従わせることを目的としており、十字軍開始時に教皇特使が署名させた「和平の誓約」に違反することを教皇は見抜いていたのだ。

その翌日にアルノー・アモリーおよびふたりの同僚テディーズ師とユーグ・ド・リエに宛てた手紙も、それに劣らず厳しいものだった。「汝らは、異端の疑いがまったくない土地にまで貪欲な手を伸ばした……」。まさにアラゴン王の使者たちの訴えそのままである。ついで王が提案した解決案を説明する。ただし特使たちが面目を失わないよう、その解決案を彼ら自身が作成したように見せかけたほうがよいとイノケンティウス三世は判断したらしい（もちろん、実際にはそれを押し付けるのだが）。そこで教皇は、高位聖職者およびおもだった貴族からなる公会議を召集するよう、彼らに要請した。そこで特使たちが王の計画を説明し、その議論の内容を聖座に報告する。聖座はそれを慎重に検討したうえで、最終決定を下す……。諮問、さらには意見聴取という体裁をとってはいるが、イノケンティウス三世は、有無を言わせず、特使たちを従わせようとしているのだ。

まったくの偶然ではあるが、教皇が開催を要請した公会議は、一月半ばの勅書がラングドックに届くずっとまえからすでに開かれていたのである。もちろん、十字軍の戦闘をやめさせるかどうかを検討するためではなく、レモン六世を教皇が命じたとおり教会法にのっとって裁くための会議であった。教皇特使たちがこの訴訟を起こすことをいかに渋っていたかは、すでに見たとおりである。彼らには伯を無罪放免にする自由はあったが、断罪する権限はなかった。その権限は教皇だけにあったのだ。一二一〇年夏にサン＝ジルで延期が告げられてから、事はいっこうに進んでいなかった。苛立った教皇は、一二一二年五月にふたたび書簡を送り、彼らの怠慢を激しく叱責するとともに、伯を出頭させ、彼の弁明を聞くよう、再度命じた。そこで公会議を年末にアヴィニョンで開くことにしたが、まったく運悪く、準備のために最初に現地入りしたテディーズ師が病気になってしまった。しかも、彼が町の空気が健康に非常に悪いことを同僚ふたりに伝えると、ふたりとも旅行をとりやめてしまった。それでも、一二一三年一月、なんとか開催に漕ぎつけたが、今回の場所はトゥールーズに近いラヴォールであった。

トゥールーズにやってきたアラゴン王ペドロ二世

たまたま同じ一月のはじめ、ペドロ二世がトゥールーズに到着した。レモン六世が同行していたことはたしかである。レモン六世が王に同行してきたのは、十字軍の守備隊が駐屯している地域を通る際の用心のためであった。ペドロ二世は三人の私設顧問官、タラゴーナ、バルセロナ、ビークの司教、それにふたりの王室公証人、大法官府のふたりの書記、王直属のいずれも高位の騎士三十人を引き連れていた。この顔ぶれからも分かるように、この旅には明らかに政治的な理由があった。つまりこの旅は、さきに見たとおり、王が聖座に伝えた和平案の具体化に向けて、力と権威を誇示することがおもな狙いだったのだ。やや不可解なのは、王がイノケンティウス三世の返答を待たずにこうした行動に出たことである。

トゥールーズに到着し、伯の宮殿に落ち着くとさっそく、王はできるだけ早く十字軍のふたりのトップ、すなわち総大将シモン・ド・モンフォールおよび教皇特使アルノー・アモリーと和平交渉のための会談を行いたいとの意向を示した。ピエール・デ・ヴォー゠ド゠セルネーによれば、会談は一月十四日、トゥールーズとラヴォールの中間地点で行われることになった。おそらくはヴェルフェイユだろう。当日、アルノー・アモリーはラヴォール公会議に出席していた二十人ほどの大司教や司教を引き連れ、またシモン・ド・モンフォールは弟のギーを連れて、それぞれやってきた。

王はただちに本題に入り、十字軍はトゥールーズ伯、コマンジュ伯、フォワ伯、さらにはベアルン子爵から奪い取った土地をすべて返還しなければならないと言った。それにたいしてアルノー・アモリーは、王は誤解している、この会談は単に今後の議論の進め方を決めるためのものであって、内容について議論するためのものではないと反論した。つまり王はまず覚書を作成し、それをラヴォールの公会議に送付すべきである、と。

結局、王はそれに従った。ところが、一月十六日、その覚書がラヴォールに集まっていた高位聖職者および十字軍の武将たちのもとに届くと、いっせいに怒号が沸き起こった。十八日、長文の返書が王に送付された。王の要求をことごとく拒否する内容であり、しかも、少なくとも交渉期間中は停戦するという提案まで拒絶した。提案拒否の論拠はまったく単純で、もっぱら十字軍の権利を楯にしている。トゥールーズ伯領とフォワ伯領は異端の巣窟になっている。したがって両伯領で戦闘活動を行うのは正当である。ベアルン子爵とコマンジュ伯は、トゥールーズとフォワに援軍を送った以上、教会の敵の共犯者にほかならず、それゆえ十字軍は彼らを攻撃する権利と義務を有する。王が弁護し免罪を求めているレモン六世については、頑なに誓約を守ろうとしない以上、「いかなる赦免、いかなる恩恵にも値しない」と反論している。最後に王自身については、異端の手先と共犯者を擁護するにいたった今日、教会法にもとづく制裁と十字軍の攻撃を覚悟しなければならないと付け加えている。要するに全面的・絶対的な拒絶であり、おまけにペドロ二世は手ひどいしっぺ返しを受けることになってしまった。

たしかに王は事を急ぎすぎたと言わねばならない。ラヴォール公会議は、王が彼の和平計画の承認を教皇から得ようとローマに使節を派遣したことを知ると、ただちにボルドーからプロヴァンスにいたる全オクシタンの高位聖職者を総動員したうえ、聖座に特使を派遣して、王の計画は十字軍の壊滅を狙ったものであること、教会を救うためには逆に十字軍を継続させねばならないことを教皇に納得させることにした。一月二十一日、公会議は激しい調子で王の策略に警戒するよう訴える報告を教皇に送った。公会議の言い分では、十字軍の聖なる使命は、すでに多くの成功を収めたとはいえ、完遂したとはとうてい言えない。というのも、「異端という疫病の巣は依然として存在しており」、とりわけトゥールーズでは「ごみ溜めのごとく、けがらわしい異端者たちが群がっている」。そうした論拠に立って、公会議はトゥールーズの殲滅まで戦いを続けるよう教皇に訴えている。「腐った木は根元に斧を振り下ろし、これ以上害を及ぼさないよう、永久に切り倒さねばなりません」。「暴君から、まったく正当に、しかもキリスト教徒たちの大量の血を犠牲にして取り上げた」土地を返還するなどもってのほかで、信仰厚いキリスト教徒たちの目にはまさにスキャンダル、戦略上でも大きな誤りである。そんなことをすれば、信仰の敵たちはふたたび勢力を盛り返すだろう。最後にレモン六世個人の問題について言えば、教皇の命に従い、たしかに公会議を開いた。しかし伯は、一二一〇年の頃と少しも変わらず、いまでも誓約を守っていないため、公会議としては、以前の決定を踏襲し、再度「罪の浄め」を受けるに値しないと宣告せざるをえない。つまり、彼に弁明の機会を与えることをあらためて拒否し、彼の破門を継続するということである。

トゥールーズとカルカソンヌのふたりの司教は、後者の甥で修道士にして年代記者であるピエール・デ・ヴォー＝ド＝セルネーを伴い、十字軍への参加を呼びかけるために、さっそく、フランスに旅立った。一方、テディーズ師と四人の同僚は、教皇への手紙を携えてローマに向かった。公会議の報告書には、ベジエ司教をはじめとする高位聖職者たちの書簡も多数添えられていた。彼らは皆、

「蝮《まむし》の巣、私生児が生まれる胎を根絶する」ためには、トゥールーズを徹底的に破壊しなければならない、さもなければ「ふたたび、蝮が繁殖し、私生児がはびこるばかりだ」と強く訴えている。テディーズ師と同僚たちは、途中、教皇の勅書を携えてラングドックに向かう飛脚とすれ違ったはずだが、双方ともそれに気づかなかった。勅書は、十字軍の停戦、説教活動の終了、占領地の返還を命じていた。

一月二十七日の誓約

教皇の書簡が受取人に届き（おそらくは二月中旬）、高位聖職者たちがローマに到着する（三月半ば）あいだに、さらに多くの驚くべきことが起きていた。

自分の要求をラヴォール公会議が頑なに拒絶していることに業を煮やしたペドロ二世は、今回もまた教皇の返事を待たず、強硬策に転じ、十字軍に対抗して、みずから示した和平案の既成事実化に踏み切った。一二一三年一月二十七日日曜日、王はトゥールーズで、フォワ、コマンジュ、ベアルン、三人の封臣から、さらには——王の思惑を察知したアルノー・アモリーが書簡で禁止の警告を出したにもかかわらず——トゥールーズ伯とその子息、市参事会からも、臣従の宣誓を受けた。レモン六世および子レモンは、わが身と領地を王の庇護と支配に委ねたのである。和平案に織り込まれていた財産接収と後見が、かくして現実のものとなった。それは言ってみれば、先にも触れた「ピレネー帝国」の誕生宣言であった。この一連の手続きに付された理由書からも、その目論見ははっきり読み取れた。こうして伯および子息、ふたりの領地、および参事会が管轄する市もまた、ペドロ二世の権限のもとに置かれることになり、それゆえ王は、異端との戦いに関する教会勅令を遵守させるべく、あらゆる強制処置を講ずることが可能となった。しかし同時にまた、トゥールーズ伯父子と伯領、そしてトゥールーズ市が王の庇護下に置かれることも確かである。したがって今後、王こそ十字軍が交渉の相手にすべき唯一の最高権力ということになる。それゆえ、いかに表現上の配慮がなされているとしても、この場合の財産接収や後見は、どう見ても封建法で言う「臣従の誓いの移行」にほかならない。いずれにせよ、十字軍はそう受け取った。ピエール・デ・ヴォー゠ド゠セルネーは憤慨して書いている。「フランス王に直属しているトゥールーズ市ですら、王はぬけぬけとみずからの保護下に置いてしまったのである」。

じっさいこのときからさっそく、王は伯領の宗主として行動している。二月五日には、レモン六世の多数の封臣から直接臣従の誓いを受けており、アルビジョワ地方のペンヌの封臣たちもそれに加わっていた。七日には、伯の権限を飛び越して、トゥールーズのテンプル騎士団に庇護を与えている。さらにはトゥールーズ地方の領主たちへのレモン六世の贈与行為に「忠告と同意」を与えたり、ヴィヴィエの司教と土地の領主のあいだの係争を調停すべく、伯の代理として現地に赴いたりしている。

しかし何より重大なのは、ペドロ二世がオクシタン全域にわたって絶対的な警察権を握ったことである。王は二月中にトゥールーズを離れたが、自分の代理を務める奉行と数名の騎士たち、そしてカタルーニャ代理官の指揮下にあるアラゴンの傭兵隊を残した。いまや彼の最大の課題は、シモン・ド・モンフォールを完全に服従させることだった。王は彼に書簡を送り、封建制の規律を厳密に守るべきことを要求するとともに、万が一、王の封臣や被保護者の権利を粗暴な野心家ベジエ゠カルカソンヌ子爵が侵害するようなことがあれば、王は彼らを守るために戦うことも辞さないだろうと警告した。

ベジエ＝カルカソンヌ子爵、すなわちシモン・ド・モンフォールは、ただちにランベール・ド・チュリーをペドロ二世のもとに派遣し、もし十字軍の活動について不平不満があるなら、ローマ聖庁に提訴えを起こすべきだと伝えた。ペドロ二世は、これは純粋に封建制度の問題だから、ローマ聖庁に提訴すべき事柄ではないとして、自分の主張を曲げず、使者を脅し続けた。そこでランベールは、あらゆる可能性を想定してシモンが使者に託しておいた手紙を取り出した。その手紙でシモンは、王との封臣関係を断ち切ることを宣言するとともに、王に刃向かう姿勢をあからさまにしている。ここでふたたび、封建法と十字軍法が激突したわけである。王からすれば、シモンの振る舞いは封臣の反逆以外の何ものでもない。一方、シモンからすれば、彼を「アルビジョワの地」に導いた聖なる使命が自分のすべての行動を正当化していた。十字軍に関する教会法では、あらゆるカトリック領主は、上位領主がみずから異端者であるか、もしくは異端の共犯者であった場合、自動的に主従関係を解かれるとされている。この規定にしたがえば、シモンが王と戦うのはとうぜんかつ正当である。なぜなら王は異端の共犯者を保護しており、したがって間接的には王自身も共犯者である。こうしてふたたび宣戦が布告された。

たしかに、ふてぶてしく教皇の命令に背くだけでも、シモンは重大な過ちを犯したと言えよう。だが十字軍の総大将が、十字軍法を作った当人である教皇に楯つくために、結局のところ十字軍法を錦の御旗にしたということこそ、最大の逆説である。イノケンティウス三世が熟慮の人であったことはたしかなようだ。少なくとも熟慮できる人間であったことは、のちに見るラテラノ公会議での演説からもじゅうぶんうかがえる。しかし慎重な人間だったとは言えないだろう。状況を分析し、それに対処する彼のやり方を見ると、いかにもせっかちで衝動的と言わざるをえず、自分の決断の結果がどうなるかをじゅうぶん見通すことができなかったようだ。それゆえ、彼自身が魔法使いの弟子を演じているという印象さえ受ける。ともあれ、十字軍法に関していえば、かなりの程度、彼は魔法使いの弟子を演じたと言えよう。みずから作ったこの法のために、ヨーロッパに君臨する君主たちとの関係において、想定外の難題をどっさりかかえこむことになったし、この法のもっとも献身的な実行者であるシモンが、一時とはいえ、皮肉にもこの法を楯にして、彼に背くことにもなった。

ペドロ二世とシモン・ド・モンフォールが互いに挑戦状を突きつけ合ったのは、二月中旬以降のことである。それゆえ、十字軍を停戦させ、不当に占領した土地を返還せよとの命令は、ローマからすでに届いていたはずである。しかしシモンはそれを無視した。シモンとアラゴン王、ふたりの戦いはまったく互角と言ってよかった。王は自分には決定的な切り札があると自信たっぷりだった。その切り札とは、言うまでもなく、彼の和平案をイノケンティウス三世が承認したという事実である。一方、シモンはシモンで、彼と王の決裂によって、この和平案は実行不可能になることをよく知っていた。要するに両者とも、ここでもまた、既成事実化のせめぎ合いで、相手を出し抜こうとしているのだ。未知の要素がひとつ残されていたから、なおさらのことだった。つまりラヴォール公会議がローマに派遣した使節が持ち帰る返答である。テディーズが出発したのは一月の終わりか二月のはじめだった。彼が戻ってくるのがいつか、誰も知らなかった。早くても、四月か五月だろう。

大混乱

教皇の飛脚とラヴォール公会議の飛脚が一月にどこかですれ違ってしまったことは、一二一三年いっぱい続くことになる外交的大混乱の始まりを予告するエピソードだったと言えるかもしれない。しかもこの大混乱の行き着くところは、周知のとおり、血で血を洗う途方もない大合戦だった。

一月二十七日に行われた臣従の誓いの移行により、フィリップ・オーギュストにたいして、ペドロ二世の立場はかなり微妙になっていた。じっさい、もっとささいなことから戦争が始まることもめずらしくはなかったのだ。そこでアラゴン王は、フランス王の恨みを和らげるべく、必要な措置を講ずることにした。

彼はフランスに使節を派遣し、一月に教皇から送られてきた勅書の写しをフィリップ・オーギュストに見せることにした。この勅書は、ペドロ二世の一連の行動を教皇が承認していることを証明するもので、フランス王としてもこれを無視することはできないはずだった。使節はまた、フィリップ・オーギュストの息女でいまはフィリップ・ド・ナミュール未亡人となっている王女マリ・ド・フランスをアラゴン王の后として迎えたい意向を伝える任務も携えていた。しかしこの件は、結局、立ち消えとなった。というのも、それにはまず、ペドロ二世がマリ・ド・モンペリエと離婚しなければならなかったが、折悪しく聖座がこの結婚を承認したばかりだったのだ。ともあれ、一月の臣従の誓いの移行によってぎくしゃくした関係を改善し、フィリップ・オーギュストを自分の味方につけようとするアラゴン王のあらゆる努力は、結局のところ、ほとんど何の役にも立たなかった。そもそも、フランス王はトゥールーズがどうなろうとまったく関心がないらしかった。

　じっさい、カタルーニャの使節は大きな失望を味わっていたにちがいない。彼らには、十字軍の援軍を募る説教活動を阻止するという任務もあった。むろん、春の恒例になっている援軍が今年もまたやってきて、シモン・ド・モンフォールを勢いづかせないためである。そこに、フィリップ・オーギュストの子息、王太子ルイ――のちのルイ八世――が十字軍に参加する意志を固めたとの知らせが入った。もしそうなったら、フランスのおもだった貴族たちの多くがあとに続くことになるだろう。当時の記録によれば、フィリップ・オーギュストは困惑するばかりか、悲しみさえしたが、少なくとも最初のうちは、王太子を思いとどまらせることもせず、参加者名簿を出すよう命じただけだった。ルイの出発日までが、すでに決まっていた。四月二十一日、すなわち復活祭後の最初の日曜日である。ペドロ二世の使節たちは、何の収穫もなかったばかりか、非常に不安な思いを抱いたまま、戻って行った。しかしその不安は無用だった。王太子ルイとその一行が「アルビジョワの地」をめざして出発しようとしていた矢先、フィリップ・オーギュストは、ジョン失地王と戦うべく、五月の末にイギリスに渡る準備を始めたことを告げ、そのために王太子をはじめ、彼に同行しようとしているすべての騎士たちを必要としていると伝えた。十字軍年代記者ピエール・デ・ヴォー＝ド＝セルネーからすれば、こうした王の豹変ぶりは「平和と信仰の大義」を無にしようという悪魔の企みとしか言いようがなかった。

　こんなふうに、命令と命令取り消しが交錯し、この混乱に多くの者が巻き込まれた。すでに見たように、一月の終わり、ラヴォール公会議は、十字軍の援軍を募る説教のために、トゥールーズとカルカソンヌの司教をフランスに急遽派遣した。王太子ルイがその気になったのも、おそらく彼らの熱意の賜物である。ところが四月になると、教皇が派遣した特別使節ロベール・ド・クルソンが、彼らのもとにやってきた。この使節は、聖地十字軍参加を呼びかける一方、「アルビジョワ」十字軍参加を呼びかける説教活動を禁止し、もし違反した場合は罷免することを通告するために、わざわざ派遣されたのである。フランス王の決断に加えて、このことも、多数の騎士たちが十字軍参加を延期した大きな理由のひとつであった。とはいえ、クルソンはこの通告に違反したオルレアンとオセールの司教を罷免しなかった。両司教は、通告を無視してかなりの数の騎士を集めた。この騎士たちも、王の禁止を無視して、司教たちとともに、「アルビジョワの地」に向けて旅立ったのである。その頃、当地にいる十字軍の武将たちや高位聖職者たちは、十字軍停戦を命じる教皇勅書の衝撃からまだ立ち直れずにいた。

しかし、一二一三年のこの大混乱劇のもっとも悲劇的な一幕が演じられたのはローマにおいてである。

テディーズ師が、ラヴォール公会議の報告書と十字軍に参加する高位聖職者たちの手紙を携え、教皇庁に到着したのは三月半ばのことである。すでに見たように、この訪問の目的は、ペドロ二世を出し抜いて、王が作成した和平案を承認しないよう、教皇を説得することだった。しかしテディーズ師は、ローマに着くとすぐに、教皇が和平案を承認したこと、さらには、一月中旬に発送した十字軍の停戦を命ずる勅書も、今頃はトゥールーズに届いているはずであることを知るはめになった。

じっさい勅書はすでにトゥールーズに届いていた。さきに見たように、ペドロ二世は、さっそく、その写しを作らせ、それをフランス王に送った。ペドロはまた、一月二十七日に結ばれたトゥールーズ誓約書の写しも作らせ、それを携えた特使を教皇のもとに派遣した。むろんそれは、いまや王がトゥールーズ伯とその子息をみずからの支配下に置いていること、彼らが十字軍に関する教皇勅令を遵守することを正式に誓い、違反すれば王が制裁を加えることになっていること、それゆえ、彼らについて、教会はもはや何ひとつ心配する必要はないこと、つまりは和平案がすでにじゅうぶん実を結んでいることを教皇に納得してもらうためだった。教皇はこの報告にすっかり喜んでいたので、テディーズがトゥールーズの国からはるばるやってきたというのに、出迎えはかなり冷ややかだった。その頃、カタルーニャからの特使はまだローマにいたのだ。

事態の急転

その後、いったい何が起きたのか。

イノケンティウス三世にとっても、一月の勅書を無効とする決断を下すのはけっして容易なことではなかったはずである。ともあれ、それには時間が必要だった。じっさい教皇が、王の和平案に与えた承認を撤回したうえで、ペドロ二世にたいしてなされた臣従の誓いはすべて無効とし、今後、ペドロ二世がオクシタンの問題に介入することを正式に禁じることを通告する文書に捺印したのは、ようやく一二一三年五月二十一日のことであった。

こうした教皇の豹変ぶりについて、性格の弱さと気まぐれが重なった結果だとよく言われる。しかしそうした見方は、やや単純すぎるだろう。たしかなことは、十字軍開始以来とは言わずとも、一二〇九年夏の対トランカヴェルの勝利以来、イノケンティウス三世は戦争がむやみに拡大することを抑え、法的および政治的な紛争が起こらない範囲内にとどめようと腐心していたことである。一二〇八年に出した勅令には、激烈で、なかば狂信的な高揚感が漂っていたが、その後は一貫して穏健な政策を心がけていた。なぜか？　それは、教皇は異端を徹底的に撲滅しようという強い意欲を持ってはいたが、彼の個人的倫理の根底には慈愛の原則がひそんでいて、制裁や処罰をできるかぎり和らげようとする思いがつねに働いていたのである。このことは、レモン六世にたいする教皇の対応を見れば明らかである。教皇はつねに許しを与える可能性を残していた。それは五月二十一日の文書においても変わらなかった。とはいえこの文書は、一月の勅書から生まれた状況を、突如、根底からひっくり返してしまったのである。

教皇はペドロ二世に、まずレモン六世とその子息、さらにはトゥールーズとトゥールーズ市民にたいするすべての保護を解き、一月二十七日の誓約をすべて無効とするよう命じた。教皇はまた、フォワ、ベアルン、コマンジュにおいて占領した土地を返還するよう、自身が発した命令を違法として撤回する旨をペドロ二世に通告した。そのうえで教皇は、今後、王が教会の——つまりは十字軍の——敵にたいする援助や忠告とみなされる介入を行った場合、王は「甚大で取り返しのつかない損害」を被ることを覚悟しなければならないと警告した。明らかに、これは威嚇である。最後に教皇は、「信仰の大義に反する場合」、王を免罪にしたり、処罰に手心をくわえたりすることは不可能になると釘を刺した。こうして、すべては完全に一月の誓約以前の状況に逆戻りしてしまったのである。

非常に広範囲にわたって、戦闘が再開されたことは言うまでもない。イノケンティウス三世は、自分は王とシモン・ド・モンフォールのあいだの即時完全停戦は求めたが、異端者とその共犯者にたいする戦いを止めることは問題外であるとはっきり述べた。また、王の和平案を完全に退けたからといって、テディーズとオクシタンの高位聖職者の要求をすべて認めるわけではないとも述べた。トゥールーズを徹底的に破壊するなど、もってのほかである。それどころか——ここで教皇はペドロ二世をうまく利用している——トゥールーズ伯とその子息、およびトゥールーズ市民は王のまえで異端と戦い、カトリック信仰を守ることを誓ったのだから、もしその誓約が本心からのものであるなら、彼らは教会においてあらためて誓うべきである。そのうえでイノケンティウス三世は、教会に戻りたいと願うすべての者を受け入れ、教会に復帰させるとともに、トゥールーズの町自体を浄め、復聖させる任務をフルクに託した。教会の許しを受けることによって、トゥールーズはただちに「聖座の保護下に置かれ、モンフォール伯その他のキリスト教信徒からの攻撃を免れるだろう。今後、彼らはむしろこの町を防衛し、保護する義務を負うことになるのだ……」。最後に教皇は、ピエール・ド・ベネヴアン枢機卿を特派使節として現地に派遣し、濫用、過誤、不正なく、万事うまく行くよう、監視させることにしたと付け加えた。シモン、アルノー・アモリー、フルクは、五月二十一日、教皇庁の決定を教皇みずから詳述する勅書をそれぞれに受け取った。

この許しの提案は、異端の共犯者にたいする慣例的制裁処置を緩和している点は別として、形式的にも内容的にも、一二〇九年夏の「和平の誓約」に立ち戻るものであった。しかもこの許しの提案は、アラゴン王にたいする劇的な態度変更にも織り込まれていたのである。おそらくは王の驚きを見越してであろうが、イノケンティウス三世は、この点に関して自分の考えを明確に説明している。「汝の使者たちは真実を隠し、私にうそをついた……」。いったいどんなうそをついたと言うのか？異端の詳しい状況に関して、また王の封臣諸侯の——少なくとも、先にも触れたように、フォワ伯の——責任に関して、ということだろう。ローマに派遣された高位聖職者たちは、十字軍総大将にきわめて献身的な僧ばかりで、意識してかどうかはともあれ、彼の世俗的野心にも加担し、アラゴン王の使者とは逆の方向に事態を誇張して、異端の共犯者はいたるところにいると伝えたことはとうぜん考えられる。

ともあれ、彼らは数年まえから現地にいるのだから、カタルーニャの使者たちよりも状況を正確に把握していて不思議はない。一方、カタルーニャの使者たちは王の言い分にしたがっているにすぎないのだ。もちろん、テディーズと高位聖職者たちの状況説明も鵜呑みにすべきでないことは、イノケンティウス三世にもよく分かっていた。結局、彼が下した決断は、みずから定めた十字軍の使命に完全に即したものだった。ラングドックには、当地の高位聖職者たちが主張するように、異端者とその共犯者だけしかいないというわけではない。しかし、ペドロ二世が彼に信じ込ませようとしたよりははるかに多い。

ピュジョル攻略

十字軍の停戦と十字軍徴募のための説教停止を命じた一月の勅書は、まったく何の効果もなかった。オルレアン司教マナセス・ド・セニュレーとオセール司教ギヨーム・ド・セニュレー（ふたりはいとこ同士である）は、新しい部隊とともに、五月中にラングドックに到着した。彼らはカルカソンヌに立ち寄ったあと、ファンジョーでシモン・ド・モンフォールに合流した。言うまでもなくシモン・ド・モンフォールもまた、「不当に占領した」土地に残している守備隊を撤退させようなどとはつゆ思わなかった。

それゆえまた、一月の教皇命令を撤回する五月二十一日の勅書もまったく無用だった。いまや情勢は完全に教皇の手を離れ、彼の命令は死語となり、現地にいる当事者たちだけが事態の命運を握っていることは明らかだった。

シモンは、この勅書を待つまでもなく、戦争を再開した。とはいえトゥールーズを攻囲するのにじゅうぶんな兵力を欠いていたので、まずは新しい援軍とともにミュレに行き、陣を敷いた。ここを拠点として、首都の周辺を荒らし回る作戦である。麦畑、果樹園、野菜畑、ブドウ畑を根こそぎにすることで、住民たちを飢えさせようというわけだ。彼らを飢えさせるとともに、恐怖心を植え付けること。トゥールーズは周囲にかなりの数の村を擁し、そうした村々は農民たちの安全を確保するための要塞拠点ともなっていた。トゥールーズ市民は、とうぜんながら、そうした村々を守ろうとする。略奪を繰り返す十字軍を撃退するために何度も傭兵部隊を出撃させたが、それでも二十近くの村を失った。

六月にカルカソンヌに戻ったシモンは、十三歳になる息子アモリーを騎士に叙することにした。叙任式は、洗礼者ヨハネの祝日にカステルノーダリーで行われた。そのあと、シモンはふたたびミュレに戻ったが、息子にコマンジュを領地として与えることにした。その間、弟のギーは、ボードゥアン・ド・トゥールーズとともに、タルン川とアヴェロン川のあいだにあるピュイセルシを攻囲すべく出陣した。一年まえに十字軍の手に落ちた町だが、その後占領が解かれてしまった。どういう条件のもとで占領が解かれたかは分かっていないが、ともあれ、こうした謀反をそのまま放っておくと、つぎつぎに広がっていく恐れがあるため、十字軍は執拗にこの町を攻撃した。しかし、長く困難な攻囲で力を使い果たしたため、町を占領することは断念し、交渉の結果、町が中立を保つという条件で攻囲を解いた。

トゥールーズでも、事態は大きく動いていた。イノケンティウス三世の許しの申し出が届いたが、とうぜんのことながら、誰もまったく無関心だった。レモン六世も市参事会も、ただひとりの市民さえ、赦免を得る手続きを始めるべく、フルクに会いに行こうとはしなかった。それどころか、トゥールーズはすっかり戦闘準備態勢に入っていた。レモン六世と子息の傍らには、コマンジュ伯、フォワ伯に加えて、アラゴン王が二月に残していったカタルーニャの代理官ギヨーム＝レモン・ド・モンカドも控えていた。町にこれほどの兵隊が溢れたことはかつてなかった。無人になった修道院や教会の境内は軍馬のための厩舎として使われた。ここにいないのは、もはや王だけだった。王がじきにやってくるということで、町中が沸き立っていた。詩人たちも王の到着を待ちわびていた。レモン・ド・ミラヴァルは「行って、王に伝えてほしい……」という有名な歌を書いているし、無名のトゥルバドゥールの手になる、つぎのような「風刺詩」(sirventès) も残されており、当時の町の雰囲気をよく伝えている。「ユゴネよ、廉直なるアラゴン王のもとに行き〔…〕皆が王を待ちわび、王は自分たちを見捨てたのではないかと心配しているとお伝えしてくれ。よき王としての義務を果たしにカルカセスに来てくだされば、王の株は三倍も上がると申し上げてくれ。〔…〕戦いの大義はわれらのもとにこそあれば、惨敗を喫するのはフランスの輩だと信ずる」。ともあれ、王の準備がどこまで進んでいるかを確認するため、コマンジュ伯ベルナール四世がピレネー山脈を越えてスペインに行き、七月四日、シヘナ修道院で王に面会した。

トゥールーズの人々と同様、ペドロ二世もまた、オクシタンの問題から手を引き、十字軍との停戦を遵守せよとの五月二十一日付の勅書をまったく無視した。シモンが挑戦状を突きつけたときからすでに、王は軍隊の動員を始めていたが、一刻も早く十字軍との戦闘を開始したい旨を宣言して、その準備を着々と進めつつあった。武器を調達し、兵士を集めるのに多額の借金をしたため、顧問官たちが財政破綻を心配したほどだ。

王の到着を待つあいだも、トゥールーズに集う武将たちは、十字軍を遠ざけておくのに必要な策を講じた。六月に十字軍の襲撃で占領された村々のなかには、トゥールーズにかなり近く、取り返さないと重大な脅威になりかねない村が少なくともひとつあった。トゥールーズの東四里〔約十六キロメートル〕のところにあるピュジョルで、ノルマンディーから来た三人の十字軍騎士、ペラン・ド・シセー、ロジェ・ド・レサール、シモン・ル・サクソン、それに六十人ほどの騎兵と歩兵部隊が駐屯していた。市参事会は大々的に市民軍を募り、カタルーニャ傭兵隊、レモン六世、コマンジュ伯、フォワ伯の子息の騎兵隊とともに、戦いに送り出した。荷車には、補給物資のほか、攻囲用の機械を組み立てる資材も積み込まれた。この情報はたちまち広がった。侵入してくる敵を排除すべく、十字軍の救援部隊がカルカソンヌを発った。シモンも、子息アモリーを残し、コマンジュから戻ってきた。アモリーは土地の領主たちから臣従の誓いを受けるために残ったのだが、すべての領主が素直に従ったわけではなかった。じっさいこの若い騎士は、ロクフォール＝シュル＝ガロンヌの城を攻囲しなければならなかった。

十字軍の援軍が到着する間もなく、連合軍は村を急襲した。ロジェ・ド・レサールは殺され、守備隊は、助命の約束を取りつけて降伏した。にもかかわらず、傭兵隊はその場でシモン・ル・サクソンを処刑したようだ。ペラン・ド・シセーとその他の兵士たちは捕虜としてトゥールーズに護送された。ところが興奮した市民が暴動を起こし、捕虜たちを牢獄から引きずり出して馬の尻に結び付け、「まるで動物の死骸のように、市内を引きずり回した」あと、絞首刑にした。七月二十日のことである。コマンジュ伯もすでにシヘナから戻っていたはずだ。連合軍陣地では、ピュジョルの勝利がようやく実現した反十字軍大連合の間近い全面的勝利の序曲であることをもはや誰も疑わなかった。

今度は十字軍の武将たちがパニックに陥った。

ピュジョルが陥落し、王の到着も間近いことが伝わると、十字軍の占領下に置かれている町や村はにわかに活気づいた。一斉蜂起する町や村もあった。ピエール・デ・ヴォー＝ド＝セルネーは、苦々しい口調で「われわれは非常に重要な拠点をいくつも失った」と記しているが、具体的な地名は挙げていない。もしアラゴン王がコマンジュを通った場合、アモリーがつかまる恐れがあると判断したシモン・ド・モンフォールは、ロクフォールの包囲を断念して、ただちにファンジョーに戻るよう、息子に命じた。おまけにちょうどこの頃、オルレアンとオセールの司教が四十日の軍役を終え、部隊を引き連れて国に帰ってしまったために、十字軍は急に弱体化してしまったところだった。コルベイユ子爵パヤンが七月に応援に駆けつけたが、近いうちに十字軍が対峙しなければならない連合軍の圧倒的な数に比べれば、まったく取るに足らなかった。

シモンと十字軍の精神的指導者たちは、自分たちがやりすぎたこと、アラゴン王に挑戦状を突きつけることによって、自分たちの手には負えない難事に挑むことになってしまったことを、ようやく理解したというわけだろうか。ともあれ、彼らは自分たちのほうから休戦——教皇が五月二十一日の勅書で命じたものだが、そのときは、ペドロ二世同様、シモンも受け入れようとはしなかった——を申し出ることにした。七月二十四日、シモンは、フルクとアルノー・アモリーの同意を得て、コーヌとラグラスの大修道院長をアラゴン王のもとに派遣した。ふたりの使者は、五月二十一日付の教皇勅書を携え（ペドロ二世がそれを知らないとでも言うのだろうか！）、その内容を遵守するよう、王を説得する任務を託されていた。つまり、トゥールーズへのすべての支援を停止し、十字軍と休戦協定を結ぶことである。八月十六日、使節は王の返書を持ち帰った。返書は言い逃れとうそだらけだった。「私は教皇の命につねに忠実であろう……」。八月二十二日、王はウェスカを通過し、二十五日にはレスクアーレを通り、おそらく二十八日頃にはピレネーを越えた。そして九月八日、千人ほどの騎士とともに、ミュレの町をまえにして、ガロンヌ河のほとりに陣を張った。トゥールーズから五里〔約二十キロメートル〕のところまで迫っていた。

第八章　レモン六世の失脚

　ペドロ二世が率いる軍の中核は、文字どおり、アラゴンおよびカタルーニャ貴族の精華であった。『十字軍の歌』やスペインの年代記は、王の親衛隊——参謀本部兼近衛部隊——に属するおもな貴族たちの名前をあげている。ミシェル・ド・リュジア、ゴメス・ド・ルーナ、ロドリーゴ・リサナ、ベランジェ・ド・カステルビスバル、ダルモー・ド・クレゼル、ブラスコ・ダラゴン、ギヨーム・ド・モンカド、そして王の本いとこでプロヴァンス伯の子息であるヌーニョ・サンシュ。そうした貴族たちのひとりで、にわかトゥルバドゥールであるユーグ・ド・マタプラナ——レモン・ド・ミラヴァルの友人でもある——の歌が残っている。郷里を出発するまえに、意中の貴婦人のために書いたものである。「かわいい燕よ、私は王を離れることはできず、トゥールーズまで付いて行かねばなりません。でも誓います。ガロンヌ河のほとりの牧場の草の上に敵をなぎ倒し……」。この一節からもうかがわれるように、王がガロンヌ河左岸のミュレの平原に決戦のための陣地を構えたのは、けっして偶然ではなかろう。

ミュレ

ルージュ川とガロンヌ河の合流地点、ガロンヌ河にかかる木橋を渡ったところにあるミュレは、三角形をした小さな町であった。町はしっかり要塞化され、ちょうど突端部分に堅固な城があった。トゥールーズ上流二十キロのところにあり、コマンジュ伯領の入り口に当たっていた。一年まえ、シモン・ド・モンフォールはこの町を占領し、三十人ほどの騎兵と若干の歩兵からなる部隊を駐屯させていた。

ミュレの城砦をまえにして、ガロンヌ河とその支流のあいだに広がる広大な平原に――もう少し正確に言えば、町の反対側にあるこの平原に接する小高い丘のうえに――陣を構えたのは、戦略的にきわめて賢明な判断であったと言えよう。この計画が、一二一三年七月にコマンジュ伯がペドロ二世に会いに行った際に、すでに決められていたということもありうるだろう。じっさい、ここに陣地を構えることには多くの利点が重なり合っており、ここに来てから、その場で決めたとはとうてい考えられない。ミュレを脅かせば、シモン・ド・モンフォールと彼の主力部隊をここに引き寄せることができるだろう。ごく最近のピュジョルの事件でもそうだが、シモンはかならず窮地に陥った守備隊の救援に飛んでくる。ここに彼を引き寄せれば、すでにトゥールーズに集結しているすべての連合軍部隊、さらには市の義勇軍までが、さっそく駆けつけるだろう。騎兵なら二時間で、もっとも遅い歩兵でも四時間あれば到着して、王の軍隊に合流する。その後の成り行きについては――攻囲戦になろうと、平原での合戦になろうと――数のうえで圧倒的な優位に立つ自分たちの勝利に終わることを連合軍側は一瞬たりとも疑わなかった。

シモンは罠にはまったと言わねばならない。ペドロ二世軍の動きについては、九月一日よりもまえに情報を得ていたはずである。というのもこの日、ファンジョーで彼の傍らにいたフルクが、おそらくは遅まきながら最悪の事態を回避すべく、トゥールーズ市民にたいして、教会の命令に従うようながす書簡を送ったことが分かっている(もちろん返事は来なかった)。だが、シモンは貴重な時間を失ってしまった。じっさい、彼がファンジョーを出発したのは十日の朝だった。動員可能なすべての十字軍兵士をひとつの部隊にまとめるのに数日かかってしまったわけだ。じつを言えば、多くの援軍部隊が四十日の軍役を終えて去って行ったあと、残留部隊はあまり多くなかったし、そのうえあちこちの駐屯地に散らばっていたのだ。かろうじて千人ほどの騎兵(しかも、騎士、近習《きんじゅ》、下士官を合わせて)を集めただけだった。彼はまた、十字軍の精神的参謀本部とも言うべき高位聖職者を糾合した。七人の司教と三人の大修道院長、それに教皇特使アルノー・アモリーである。ところがアルノー・アモリーは出発するとすぐに病に倒れ、権限をフルクに委譲した。

一方、同じ九月十日、トゥールーズ伯、コマンジュ伯、フォワ伯が、騎兵、射手、弩射手を率い、王の陣営に合流すべく、トゥールーズを出発した。カタルーニャ代理官ギヨーム＝レモン・ド・モンカードは傭兵隊を引き連れていた。市参事会員を筆頭にトゥールーズの義勇軍も加わっていた。荷車には、矢、弾丸、食糧、分解した攻囲用の機械などが積まれた。歩兵の一部はガロンヌ河を船で下った。

その間、十字軍はアリエージュ渓谷に向かっていた。この川を渡らなければならなかったのだ。その途中にあるブルボンヌ大修道院で小休止し、シモンはそこで祈りを捧げ、神の加護を願った。その晩はサヴェルダンで宿営し、会議を開いた。やはりその晩、フルクはトゥールーズとペドロ二世にふたたび手紙を書き、ペドロ二世には、王と和平交渉したいので通行証を発行してほしいと願い出た。

翌日の早朝、シモンはお付きの司祭に告解し、遺書を書き取らせ、それをブルボンヌに届けさせた。そのあとサヴェルダン教会で司教たちがミサを行い、トゥールーズ伯、フォワ伯、さらには彼らを支援するすべての者の破門をあらためて宣言した。オートリヴで、前日の晩連合軍の陣営に派遣された使者が戻ってきた。ペドロ二世は通行証を発行することを拒否した。トゥールーズ司教のもうひとつの試みも失敗に終わった。夜になってから、十字軍はガロンヌ河に架かる橋を無事渡り終えた。橋を渡るとすぐにミュレの町に入り、市の立つ広場に出た。

この木橋を無事に渡れたことを、誰よりもまず、シモン・ド・モンフォール自身が驚いたのではなかろうか。もちろん、これはペドロ二世が仕組んだ罠なのだ。彼は、まさにその日の午後、トゥールーズ市参事会員たちにそれをはっきり伝えている。というのも、市の義勇軍がミュレの町の城壁を勝手に攻撃するという事態が起こり、王はただちに攻撃をやめて陣地に戻るよう命じなければならなかったのだ。このことは、連合軍の指揮系統が一本化されていなかったことを示している。

翌日九月十二日の朝、シモン・ド・モンフォールはミサに列席した。一方、ペドロ二世も同じくミサに列席したあと、連合軍の武将たちを集めて会議を開いた。レモン六世はつぎのような作戦を考えていた。まず陣地の周りに防御柵を築き、十字軍の騎馬部隊が攻撃してくるのを待つ。攻撃したところに弩の一斉射撃を仕掛ければ、敵側に多数の死者や負傷者が出て、部隊は弱体化し、隊列も乱れ、士気も下がるだろう。そのタイミングで騎馬隊を出動させ、敵を殲滅する。この作戦計画を聞くと、アラゴンの領主ミシェル・ド・リュジア（トゥールーズの吟遊詩人ピエール・ヴィダルもその武勇を褒めたたえている）は思わず叫んだ――「防御柵の後ろに隠れて攻撃してくるのを待つなど、騎士の名折れだ！　レモンは卑怯者であり、そんな腰抜けだから、自分の領地を失ってしまったのだ……」。

たしかにトゥールーズ伯は天才的軍人というわけではなかったが、少なくともこの場においては、彼の作戦計画に従うほうが無難だったろう。じっさい彼が慎重なのは、けっして恐怖心からではなく、経験にもとづく判断であった。カステルノーダリーの戦い以来、レモンはフランス軍の重騎馬隊の威力をよく知っていた。彼らが乗っている馬は力強いペルシュロン種なのにたいして、オクシタンの騎馬隊が乗っているのは、快速とはいえ体重の軽いアラビア種であった。ところが、ペドロ二世の騎士たちは、勇敢で誇り高いとはいえ、これまで十字軍に遭遇したことはなかった。そのために、彼らは平地での文字どおりの白兵戦を望んでいたのである。

十字軍側も、まったくの優柔不断に陥っていたとは言わないまでも、かなり慎重にはなっていた。さすがのシモンも会議を招集した。高位聖職者たちは、頑なに妥協を拒んだために、抜き差しならない状況に陥ってしまったことに気づき、遅まきながら、交渉によって事態の打開を図るべきだと主張した。総大将自身も、最終的にどんな決断を下すべきか、どんな指令を部隊に与えるべきか、分からなくなっていた。フルクとペドロ二世、またフルクとトゥールーズ市参事会のあいだを、使者が何度も行き交ったが、何ひとつ成果はなかった。

何人かの司教は、最後の試みとして、屈辱的ではあるが、裸足になって王のもとに行き、教会と戦うことをやめるよう説得することをみずから申し出た。ところがその矢先、ミュレの城壁と市門に、とつぜん大規模な攻撃が加えられた。砲弾が撃ち込まれ、矢が雨のように降り、城門を破城槌で突き、城壁に梯子をかける兵士たちの鬨の声が轟く。トゥールーズ軍が急襲を仕掛けたのだ。ただし今回は、王の命令によって。

それでもまだぐずぐず言っている高位聖職者たちにいらだったシモンは、彼らは何の役にも立たないと激しく叱りつけると、軍に召集をかけ、ただちに馬に鞍をつけ、騎馬隊は広場に集合するようにと命じた。礼拝堂でユゼス司教がお務めをしているのを見かけたシモンは、そこで最後の短い祈りを捧げたのち城に入って武装を整えた。部下たちのところに戻ると、訓示を垂れ、行動手順を指示した。するとそこにフルクが現れ、兵士たちの罪を許すべく、「まことの十字架」〔イエス・キリストが架かったとされる十字架〕の欠片を振り回した。ところが今度は、コマンジュの司教がこの聖遺物を奪い、境界石のうえに上って、騎兵たちを祝福し、彼らのあらゆる罪障を滅却すべく、緊急の集団赦免を与えた。

奇妙なことに、そのときにはミュレ攻撃は止んでいたようである。ともあれ、残された資料から判断するかぎり、十字軍騎馬隊の出陣は平静のうちに行われた。騎馬隊はガロンヌ河の土手に通じる門から町を出て、河沿いをルージュ川との合流点まで進み、ルージュ川に架かった小さな橋を渡って平原に出た。ただし連合軍が陣を張っている丘とは反対側で、かくして両軍は広い平原をはさんで対峙する形になった。

戦闘

奇妙なことだが、これまでのところ、事態はまさに両軍がそれぞれに望んだとおりに推移していた。じっさい、ペドロ二世も、シモン・ド・モンフォールも、ともに白兵戦を望んでいた。それゆえ、双方とも相手を陣地から引き出そうとしていた。ペドロ二世がミュレの町を攻撃したのも、敵の騎馬隊を城外におびき寄せるためであった。そのとおり、シモンは外に出た。しかしひとたび外に出ると、今度は逃げるふうを装った。それは王の騎馬隊を陣地から引き出すためだった。フランスの騎馬隊が陣地を攻撃するつもりはなく、陣地に背を向けているのを知った王は、連合軍の騎馬隊を防御柵の外に出して戦闘態勢に入らせ、十字軍を追撃すべく平原を突進させようとした。するとそのとき、フランスの騎馬隊はとつぜん回れ右をした。連合軍部隊もそれに気づき、かくして両軍は槍を水平に構え、互いに敵めがけて突撃した。

両軍とも、定石にしたがって、三つの隊列に分かれていた。総大将は、万が一の場合を恐れ、また最後まで指揮がとれるよう、後衛あるいは予備部隊にとどまるのが普通であった。シモンはそうしたが、ペドロ二世のほうは、どうしたわけか、中衛に入っていた。連合軍の前衛を務めるのは、つまり十字軍の前衛部隊と激突することになるのは、フォワ伯の部隊であった。それにカタルーニャの部隊が加わっていたから、連合軍の前衛は、騎兵の数から言っても、圧倒的な優位に立っていた。常識からすれば、トゥールーズ伯とコマンジュ伯が中衛に入り、王は後衛ないし予備部隊に入るべきだろう。ところが王は、中衛に、資料によればかなり少数の騎馬隊――おそらくは彼の親衛隊だけだった――に入っていたのだ。

両軍の前衛部隊が激突した。その激しさは容易に想像できよう。十字軍の騎兵たちは、たちまちのうちに敵の大軍に圧倒されてしまった。そこでシモンは、前衛を助けるべく、ただちに中衛部隊を繰り出した。ペドロ二世と親衛隊も、それに遅れまいと戦闘に飛び込んで行き、両軍が入り乱れた。王は、それでも最低限の用心はしており、自分の紋章を部下の騎士のひとりのそれと交換していた。十字軍は、王の旗を見つけると、それを持っている騎士に襲いかかった。するとペドロ二世はみずから正体を明かし、自分こそ王だと叫んだ。まさにその瞬間、彼は槍を突き刺され、即死してしまった。入り乱れた闘いのなかで、おそらくは誤って殺されたのだろう。というのも、交渉のさい、優位な立場に立てるし、また多額の身代金を要求できることから、王は殺さず、捕虜にするのがふつうであった。

もちろん、シモンはアラゴン王が死んだことをすぐに知ったわけではなかった。彼が馬上から遠くに見ていたのは、あるいは伝令が彼に伝えたのは、敵が数のうえで圧倒的優位に立っており、十字軍の前衛および中衛部隊が苦戦を強いられていることだった。結局、彼の戦術的天才が――もちろん強運もあったが――すべてに打ち勝った。シモンは味方の救援に駆けつけるかわりに、後衛部隊を平原の左手に大きく迂回させ、連合軍の待機部隊を襲わせた。待機部隊は、濠の背後で戦闘準備の態勢に入ってはいたが、側面から不意を突かれるかっこうになった。待機部隊は勇敢に戦いはしたが、身を守るのに精いっぱいで、白兵戦を演じている友軍の応援に駆けつけるどころの話ではなかった。

折しも、王が殺されたという情報が連合軍の戦列に広がった。王が死んだことを最初に知った兵士たちがまず戦列を離れ、ついでそのそばで戦っていた兵士たちもそれに倣い、ちりぢりになって逃げて行った。残った兵士たちも、もはや戦おうとせず、茫然自失の状態だった。レモン六世やコマンジュ伯の部隊も、すでに後衛についていたか、予備部隊としてまだ陣地に残っていたかはともかく、すっかり動揺し統率がとれなくなっていた。

かくして平原での戦いは十字軍が制したが、ミュレの町の戦闘はまだ終わっていなかった。

平原で騎馬隊同士の戦いが始まるとすぐ、トゥールーズの義勇軍がふたたび町を攻撃した。しかし朝のように見せかけではなく、シモンが残した少数の歩兵部隊を打ち破って、町を占拠するためである。しかし義勇軍にはそれだけの時間がなかった。シモンは、平原にいる騎兵——なかには敵の逃亡者を追いかけようとしている者もいた——を糾合し、トゥールーズの歩兵部隊に襲いかかった。フランスの騎馬隊と市の城壁のあいだに挟まれた歩兵隊は、その場で皆殺しにされた。幸運にも逃げ出して、ガロンヌ河に飛び込んだ者もいたが、その多くは狂乱状態で溺れ死んだ。その間、騎馬部隊の一部はトゥールーズ軍の陣地を急襲し、陣地を徹底的に破壊したあげく、不幸にもそこに残っていた兵士たちを皆殺しにした。

死者の数は、残された資料によってまちまちで、七千から一万七千とされているが、周知のごとくこうした算定はあまり信用できない。いずれにせよ、トゥールーズでは、死者の遺産相続を処理するのに裁判所が足らなくなり、特別法廷を開いたほどで、つまりそれだけ多くの死者を出したということである。

トゥールーズのみならず、アラゴンおよびカタルーニャの上流貴族——例のミシェル・ド・リュジアも含まれる——も多数、君主とともに討ち死にした。シモン・ド・モンフォールは、その日の夕刻、王の亡骸を見つけ出し、葬儀を行ったのち、トゥールーズの救護修道士に引き渡した。それから四年後、王の遺体は母が創設したアラゴンのシヘナ修道院に移送された。今日でも、修道院教会の北側翼に安置された立派な石棺を見ることができる。

「まるで馬上槍試合のように……」

トゥールーズの義勇軍――その正確な数を知ることはほとんど不可能である――は除いて、文字どおりの戦闘が交わされた騎馬部隊だけに話を限った場合でも、十字軍は数のうえで三倍から四倍の敵に立ち向かったことになるようだ。十字軍の驚くべき勝利の直接的原因は、もちろんアラゴン王の死である。その結果、よくありがちなことだが、連合軍はパニックに陥り、すっかり戦意を喪失してしまったのだ。空想の歴史家を気取って、もしペドロ二世が殺されなかったとしたら、勝負はどうなっていたか――つまり、仮にペドロ二世が生きていたとしても、シモンの戦略的天才と十字軍騎馬隊の力は、数のうえでの圧倒的劣勢を覆すことができたかどうか――を想像することはもちろん無益なことである。

しかし、それでも肝心な問題が残されている。つまり、どうして王は軽率にも戦闘に加わってしまったのか、あるいは巻き込まれてしまったのか、ということである。ピエール・デ・ヴォー゠ド゠セルネーは、王としての誇りが異常なほどに高かったからだと言っている。この考えはやや偏っているとはいえ、まったく当たっていないとは言えないだろう。すでに見たように、レモン六世が提案した作戦計画にたいするミシェル・ド・リュジアの反応からも、それはある程度うなずける。征服王ハイメ一世〔一二〇八～一二七六、アラゴン王、ペドロ二世の子〕の年代記には、ペドロ二世の騎士団がつまらない見栄から重大な戦略的過失を犯したことをあからさまに述べた一節がある。「王の部隊に属する騎士たちは、一丸となって組織的に戦う術を知らなかった。めいめいが自分の名誉と手柄のために戦っていた。まるで馬上槍試合でもやっているかのように……」。

そんな戦法は、前年のイスラム軍団との戦いでは通用したものの、北からやってきた騎馬隊、当時最強であったフィリップ・オーギュストの軍隊の流れを汲む戦闘集団を前にしては、まったく無力であった。そんな最強軍団にたいして、アラゴンとカタルーニャの部隊はまったくの旧式戦法で挑んだのである。ペドロ二世が後衛ではなく中衛部隊に入っていたのは、十字軍部隊の先制攻撃力を過小評価していたからだろう。当時の資料からも、十字軍の重騎馬隊は密度の高い集団を組んで組織的に戦っていたことがうかがわれる。

最後に、連合軍が敗れた要因のひとつとして、指揮系統が一本化されていなかったこと、少なくともレモン六世とペドロ二世の親衛隊が対立していたことが挙げられるだろう。じっさい、オクシタン連合軍のなかで、カタルーニャ軍とともに戦闘に加わったのは、フォワ伯の部隊だけであった。当日の朝の会議に参加していたにもかかわらず、トゥールーズ伯とコマンジュ伯は蚊帳《かや》の外に置かれたままだった。

降伏

「被害、喪の悲しみ、そして損失、すべてが甚大だった」と『十字軍の歌』の詩人は嘆いている。たった一度の合戦で、十字軍の侵攻を食い止めるというオクシタンの希望はすべて潰えてしまい、それと同時に、一月の誓約によって誕生した「ピレネー帝国」もいっきょに吹っ飛んでしまった。以上が、連合軍の敗退によって、より直接的にはペドロ二世の死によって、ただちに生じた結果である。シモン・ド・モンフォールが一二一一年一月以来預かっている王の後継者ハイメ一世はたった五歳だった。アラゴンとカタルーニャの貴族が求めていたハイメ一世の返還も交渉が捗《はかど》らず、翌年の四月にようやく実現した。しかも、摂政を立てるにさいして多くの問題が生じ、勢力争いまで起こってしまったため、バルセロナ家はオクシタン問題からほぼ完全に手を引いてしまった。

むろんシモンは、自分の勝利が国際規模でこれほど大きな影響をもたらすだろうとはまったく予想しなかった。じつに皮肉なことに、転がり込んだ勝利の後始末をどうすべきか、戸惑っていたようだ。おそらくこの戦いの思いがけない結果に、敵が驚いたのと同じように、彼自身も驚いていたのだろう。当時の記録を読むと、シモン・ド・モンフォールが、数のうえで圧倒的な劣勢にあったにもかかわらず戦いに挑んだのは、自殺行為に近い冒険だったとしか思われない。彼がそうせざるをえなかったのは、十字軍がもはや引っ込みのつかないところまで来ており、おまけにペドロ二世の仕掛けた罠にはまってしまったために、一か八かの勝負に出るしかなかったのだろう。

合戦の勝利者となったシモンは、すべてを意のままにできたはずである。それなのに、どうしてすぐにトゥールーズに攻勢をかけなかったのか。住民たちは放心状態に陥っており、抵抗するどころではなかっただろう。おまけにコマンジュ伯もフォワ伯も、自分の領地に帰ってしまっていた。レモン六世がただちに首都に引き返したことから、シモンはしばらく様子を見るつもりだったのかもしれない。じっさいレモンには、トゥールーズを絶望的抵抗の最後の拠点にしようなどという気持ちはまったくなかった。反対に彼は、さっそく、軍事よりもはるかに得意な分野に行動の場を移したのだ。つまり外交である。日和見主義、策略、時間稼ぎ、そしてシモンのほんの小さな弱点、ほんのわずかな過失も見逃さず、それにつけ込むこと。十字軍のリーダーたちとの直接交渉はトゥールーズの市参事会員たちに任せ、レモンはローマに行く意向を表明した。その狙いははっきりしていた。一二〇九年夏にトランカヴェルの身にふりかかった事態、つまり敗者から爵位を奪い、その領地を没収して勝者に与えるという事態がふたたび繰り返されないよう、教皇に嘆願し、その約束を取り付けることである。

ローマに行くまえ——そもそも彼がほんとうにローマに行ったかどうかあやしいし、少なくともただちにローマに行った形跡はまったくない——イギリスに渡り、義兄であるジョン失地王の宮廷に一ヵ月ばかり滞在した。ふたりが具体的な共同行動計画を立てたかどうかはまったく知られていない。その間、トゥールーズ市参事会と十字軍高位聖職者のあいだで、市民および市自体の赦免に関する交渉が——おそらくはミュレで——行われていた。十字軍聖職者は市参事会にたいし、赦免の担保として二百人の人質を引き渡すよう要求したが、議論を重ねた結果、六十人ということになった。ところが、十字軍側が人質を受け取りに行ったところ、市参事会は引き渡しを拒否したうえ、交渉決裂を宣言し、聖座に特使を派遣することを通告した。

こうした事態が起こったにもかかわらず、シモンはトゥールーズにたいして静観の態度を崩さなかった。おそらくは、征服者として町に入り、力ずくで町の権力を掌握するよりも、聖座のほうで、ミュレの戦いの結果をふまえ、彼がトゥールーズ伯であることを宣言してくれるのを待ったほうがよいと考えていたのだ。それによって伯領の征服が法的に有効になると同時に、首都の掌握も正当化されるだろう。少なくとも、それが彼の望む解決策だったにちがいない。

さしあたり、一二一二年いっぱい続けていたトゥールーズ孤立作戦を継続する形で、シモンはタルン川畔のラバスタンを奪回すべく弟のギーを派遣するとともに、自分は、アラス司教の率いる援軍の到着を待って、十月の一時期、フォワ伯領を荒らし回ることに専念した。しかしローヌ渓谷から悪い知らせが届いたために、その作戦を中止しなければならなくなった。レモン六世の封臣のなかでも身分の高い貴族たちが、十字軍にたいしてあからさまに敵意を示し、ラングドックに向かってやってくる援軍部隊に攻撃を仕掛けているというのだ。おもだったところではポンス・ド・モンロール、そしてヴァランティノワ伯アデマール・ド・ポワチエがおり、とくに後者は、一二〇九年夏以来、十字軍と同盟関係にあった。シモンはすみやかに彼らを帰順させようと決意したが、予想外の困難に直面した。ミュレの戦いの結果は、オクシタンの人々のあいだに敗北主義の厭戦気分をもたらすどころか、むしろ反抗意識を駆り立てたかのようだった。ナルボンヌは十字軍にたいして市門を開こうとしなかった。十字軍はベジエに二日滞在したが、十月三十一日、今度はモンペリエの市参事会が宿泊所の提供を拒否した。ニームの市参事会もそれに倣ったが、最後には威嚇に屈した。脅威を感じたポンス・ド・モンロールはシモンの前にまかり出て、恭順を誓った。アデマール・ド・ポワチエはもっと狡猾で、領内にあるいくつかの城の防備を強化しさえしたが、リヨンとヴィエンヌの司教、そしてブルゴーニュ公が率いる大規模な十字軍の援軍部隊がやってくるのを見て、服従のための条件交渉を始めることにした。

そうしたことで、かなりの時間がかかってしまった。十二月四日、シモンはまだヴァランスにおり、子息アモリーとヴィエノワ伯の息女ベアトリスの婚約を交渉中だった。結局、一二一四年二月半ばにようやくベジエに戻ったが、戻ってみると、この地方はふたたび騒乱状態に陥っていた。アラゴンの貴族たちは、九月末にシモンに使者を送り、王の嫡子ハイメ一世を返すよう求めた。彼がそれを拒否したので、アラゴン側は聖座に特使を派遣し、この問題を教皇に訴えることにした。その返事を待つあいだ、シモンが遠くに行っている隙を狙って、アラゴン軍は報復のために低地ラングドックの彼の領地を何度か急襲した。しかし十字軍の総大将が新しい部隊を引き連れて戻ってくると、騒擾はぴたりと収まった。

その間、ケルシーでは最悪の事態を迎えていた。ミュレの戦いに参加していたボードゥアン・ド・トゥールーズは、ロト渓谷とアヴェロン渓谷のあいだにあるシモンから譲られた領地に戻っていた。ところが二月十七日、十字軍武将ギヨーム・ド・コントルとモワサックの城主——いずれもフランス人である——を伴ってモンキュックに近いロルミーに赴いたとき、自分の封臣たちによって仕掛けられた罠にはまってしまった。眠っているところをロルミーの騎士たちが雇った傭兵たちに捕縛され、住民たちの罵声を浴びながら、モンキュックに護送されたあと、さらにモントーバンに移され、伯爵の城の牢獄にぶち込まれた。ちょうどそこにレモン六世が到着した。彼もまた、シモンと彼の部隊の一部がローヌ河方面に遠征している隙を狙って、イギリスからラングドックに戻り、トゥールーズを別とすれば、まだ一度も十字軍に占領されたことがない唯一の大都市であるモントーバンにやってきたのである。フォワ伯もやってきて、ふたりは、やむなくシモンに服従していた低地ケルシーの領主たちの相当数をふたたび味方につけることに成功した。腹違いの弟の捕縛を企んだのはレモン自身だということもじゅうぶん考えられる。じっさい彼は、さっそく、裏切りと同胞との戦いに費やした三年間のつけを弟に払わせた。ボードゥアンはタルン川のほとりで絞首刑に処せられたのだ。

低地ラングドックから至急駆けつけたシモンは、二週間にわたって十字軍に反抗した地方を威嚇すべく荒らし回り、いくつもの城を破壊した。ところが今度は、ナルボンヌ方面から悪い知らせが届いた。エムリー子爵の領地で、亡きペドロ二世のいとこで摂政となったサンシュを中心に、カタルーニャとアラゴンの有力諸侯と高位聖職者たちの大同団結が行われたのだ。もちろん、子爵の容認と支援があってのことである。今回の示威行動の目的は、十字軍と戦うことではなく、幼い王を返すようシモンに圧力をかけることにあった。半年まえに打ち負かした相手とはいえ、スペイン軍のこうした挑発行為は見過ごすことはできないとシモンは判断した。そのうえ、十字軍の精神的指導者アルノー・アモリーはナルボンヌ大司教であると同時にナルボンヌ公爵でもある。ということは、エムリー子爵の上位領主にほかならず、それゆえ今回の子爵の態度は、上位領主であるアルノー・アモリーにたいする重大な侮辱行為と言わねばならない。

シモンは、三月の終わり、カルカソンヌに立ち寄り、新たに到着した援軍部隊を引き連れ、ナルボンヌ地方に攻め入った。途中あちこちを荒らし回り、いくつかの城を奪取したあと、ナルボンヌの町に攻撃を仕掛けたが、撃退されてしまった。そこで町を攻囲することにし、その準備を始めていたところに、イノケンティウス三世が派遣した特使が到着したという知らせが入った。特使はピエール・ド・ベネヴァン枢機卿で、元教皇顧問であった。彼の使命はふたつあった。ひとつは、シモンから、アラゴンの幼い王ハイメ一世をただちに祖国に帰すという約束を直接取り付けることであり、この約束は翌月に履行された。もうひとつは、コマンジュ伯とフォワ伯、そしてトゥールーズ市民を正式に赦免することだった（さきに見たとおり、ミュレの戦いのあと、トゥールーズ市民は聖座に赦免を求めていた）。こちらは二回に分けて行われた。ピエール・ド・ベネヴァンは、ナルボンヌ市民から和平の誓いを受けたあと、やはりナルボンヌで、四月中旬に両伯の服従を受け入れた。それから特使はトゥールーズに赴き、トゥールーズ市参事会から、全市民の名において、ローマ教会への忠誠の誓いを受けた。さらにそれから数日後、今度はレモン六世自身がトゥールーズにやってきて、瀆聖の罪の許しを特使に請うた。

しかし、レモン六世の教会への服従はしぶしぶながらであって、心からのものとはとうてい言いがたかった。ボードゥアンを処刑した翌日、伯はモワサックの城を攻囲するために出陣した。市民が十字軍にたいして蜂起したあと、十字軍の駐屯部隊が立てこもっていたのである。当時ナルボンヌにいたシモンが、例によって仲間を助けるべく、急遽駆けつけると、レモンは背後から襲われることを恐れて、すぐに撤退してしまった。何より不運だったのは、ジョン失地王が起こした行動が、レモンが期待したような結果をもたらさなかったことである。イギリス王は二月のなかばにラ・ロシェルに上陸し、アジュネ地方に軍を進めた。周知のとおり、王はこの地の宗主であり、行く先々で、かつてシモン・ド・モンフォールが服従を強いた領主から臣従の誓いを受けた。しかしイギリス王の狙いはもっぱら、この地における上位領主権をあらためて認めさせることであって、十字軍にたいして全面戦争を仕掛けるつもりはまったくなかった。いずれにせよ、シモンはイギリス王を強く牽制した。彼もまた、アジュネにやってきて、ロト川のほとりのペンヌを奪還し、ル・マを攻囲した。とつぜん教皇特使ピエール・ド・ベネヴァンからナルボンヌに呼び出され、アラゴン王ハイメ一世をただちに祖国に帰すようにと命じられた彼は、ジョン失地王に臣従を誓った村や城への攻撃を——少なくとも当座は——中止したとはいえ、それまでの迅速な対応によって、アルビジョワ問題にイギリス王が介入する可能性を完全に封じてしまったと言えるだろう。

かくしてレモン六世は、もはやどこにも助けを求めることができなくなった。一年まえにペドロ二世が果たしたのと同じ役割をジョン失地王が演じてくれるのではないかと一時期待したとしても、いまやそんな幻想は捨てなければならなかった。そのうえモワサックでの失敗で、みずからの軍事的な非力をはっきり思い知らされた。そこで教会への服従という奥の手を使ったのである。

もちろん、今回がはじめてというわけではなかった。一二〇二年にはサン＝ジルで悔悛の償いをしたし、一二〇九年にペドロ二世とふたりで練り上げた和平案でも教会への服従を謳っていた。そのうえトゥールーズに戻ったレモンは、教皇特使にたいし、この和平案の一部を履行することをあらためて約束した。つまり、自分のすべての領地を子息に譲り渡すというものである。しかし今回は、彼自身の身の上ばかりか、領地の行く末に関しても、すべて聖座の命令に従うことを誓った。みずから教皇のもとに出向いて、加護と慈悲を請うことは簡単に許されることではなく、しばらくは亡命生活を強いられるかもしれないが、それも覚悟のうえであった。

それでは、これで十字軍は完全な勝利を収めたということになるのだろうか。教会からすればそうだったろうが、シモン・ド・モンフォールとしてはそれどころではなかった。この戦争ゲームにおいて、シモンは敗者たちの巧みな外交駆け引きにひっかかり、まったく思いがけない形で、きわめて重要なセットを落としてしまったのである。一月二十五日にイノケンティウス三世がピエール・ド・ベネヴァンに託した勅書では、トゥールーズが赦免を受けたあかつきには、同市は〈必然的に〉聖座の保護下に置かれ、「将来にわたって、モンフォール伯その他のカトリック武将によって脅かされることはありえない」と明記されていた。教皇は十字軍総大将から勝利を掠め取ったのだ。

大遠征

レモンが教会に服従を誓ってからの十八ヵ月、きわめて奇妙な状況が続いた。言ってみれば、宗教的十字軍と軍事的十字軍とのあいだに奇妙な食い違いが生じてしまったということである。イノケンティウス三世は、レモン六世と彼の同盟諸侯の失墜を最終目的としているわけではなく、カトリック信仰を守り続けるという誓約を取り付けることによって、彼らを無害化させることを狙っていたにすぎず、そのかぎりにおいて、すでに目的を達成していたのだ。しかし、教皇が目的を達成したのは、シモン・ド・モンフォールの世俗的野心に反する形においてであった。いまやトゥールーズに手を触れることはできないのだ。じっさいレモンは、数ヵ月不在だったものの、ふたたびトゥールーズに戻ってきている。まるで、ミュレでの敗北はあくまでアラゴン王の敗北だったのであり、自分の敗北でも、市参事会の敗北でもなかったかのように。いまや、十字軍総大将にはふたつの選択肢しかなかった。ひとつは戦いをやめることである。しかし、もし自分がトゥールーズ伯となることをあきらめ、ベジエ、カルカソンヌ、アルビ、ラゼスの子爵であることに甘んじてしまうなら、トゥールーズ伯領のいたるところでふたたび異端が頭をもたげるだろうことを彼はよく知っていた。事実、そのとおりであった！

もうひとつは一二一二年に始めた作戦を継続することだった。つまり、反抗の動きを可能なかぎり抑止するとともに、もし反抗した場合は徹底的に叩きのめすことであり、またトゥールーズの孤立をよりたしかなものにすべく、占領地をさらに拡大することである。シモンが選んだのは後者の道だった。つまり彼は、ほかでもない教皇の政策によって大いに損なわれたと言わざるをえない十字軍の大義を、みずから背負って立つことにしたのだ。彼が正しかったことは、将来、とりわけ彼の死後、はっきりするだろう。じっさい異端の運命は軍隊の運命と密接に結びついていたのであって、軍事制圧だけがカタリ信仰を押さえつけるのに成功したことは、多くの資料が証明している。イノケンティウス三世は彼からミュレの勝利を掠め取った。そうであれば、彼シモンは自分自身の十字軍を展開するまでのことだ……。

シモンはアラゴンの幼い王ハイメ一世を枢機卿ピエール・ド・ベネヴァンに返しにナルボンヌ近く

のカペスタンに行ったが、そこで彼は、かなり大規模な援軍部隊がモンペリエに到着したという知らせを受けた。何よりもカルカソンヌ司教ギー・デ・ヴォー＝ド＝セルネーがフランスで熱心に行った説教活動の賜物だが、それをパリ副司教ギヨーム・ド・ヌムール、そしてイノケンティウス三世がフランスに派遣した特使ロベール・ド・クルソン――異端に加担した諸侯がこぞって教会に服従を誓ったこの時期にしては、奇妙な話だが――が積極的に支援した。シモンはみずからこの援軍を迎えに出向き、ペズナス近くでこれまで指揮したこともない大部隊に合流した。力のうえで優位に立ったことを確信した彼は、さっそく、行動を開始した。早くも五月三日、アグドおよびニーム子爵のベルナール・アトン――教会参事会員で遺産相続人もおらず、そのうえ借金だらけだった――からその全領地――封建法上はトゥールーズ伯領に属するにもかかわらず――を譲り受けた。かくしてシモンの封土は、実質上、さらに大きく拡大したことになる。シモンはカルカソンヌまでこの新規十字軍に同行した。その後、ヴァランスに赴き、そこでベアトリス・ド・ヴィエノワを受けとり、彼女をカルカソンヌまで連れ帰った。彼女と子息アモリーの婚礼は、六月の初め、ファンジョーからわざわざ来た修道士ドミニコの司式で行われた。ドミニコはフルクによってファンジョーの司祭に任ぜられたばかりだった。

式が終わるとすぐに、シモンはふたたび騎上の人となった。十字軍始まって以来の大遠征の開始であり、半年ものあいだ、一日も休むことなく続けられる。

すでに五月、シモンは、自分がヴァランスに行っているあいだ、弟のギーに援軍部隊の指揮を任せてケルシーに派遣し、各地を荒らし回らせた。それは、この地方が十字軍を裏切ったうえ、ボードゥアン・ド・トゥールーズを捕らえ、処刑したことへの報復でもあった。じっさい、十字軍の襲撃はケルシー地方の範囲を大きく超えて行われた。襲撃はルエルグから始まった。おそらく十字軍はカストル、アルビを通過してルエルグに入り、ナジャックその他の村や城を占領したが、十字軍が近づくと、住民たちは皆逃亡した。ヴィルフランシュ＝ド＝ルエルグ近くのモルロンだけが抵抗の構えを見せたが、その防衛隊も教皇特使ロベール・ド・クルソンじきじきの説得に応じて降伏した。防衛陣地で四人のワルド派信者が見つかり、即刻、火刑に処せられ、モルロンの村も完全に破壊された。

それから低地ケルシーに進攻したギー・ド・モンフォールは、まずカステルノー＝モンラティエを、ついでモンドナールを破壊したが、六月十日頃、ここでシモンが合流した。ふたたびアジュネから悪い知らせが届いた。土地の領主たちが、十字軍との戦いの砦とすべく、モンプザの町の要塞化を進めているというのだ。五月の初めにやってきた援軍部隊は四十日の軍役を終えたところだったが、シモンはすぐにモンプザに向かった。途中モンキュックで、六月十日、ケルシーでも有数の大領主デオダ・ド・バラスクから服従の誓い――まったくかりそめのものだったが――を受けた。モンプザに着くと、陣地はすでに引き払われていた。そこでシモンは、城を破壊したあと、逃げた敵を追いかけ、マルマンドまでやってきた。この町は、一二一二年の夏、ロベール・モーヴォワザンが征服したが、その後イギリス人部隊によって再占拠されており、イギリス人たちは門を開くことを拒否した。そこでシモンは町を攻囲し、攻め落とした町を荒らし回った。城の主塔には守備隊が立てこもっていたが、即刻退去してフランス人兵士に町を明け渡すという条件で助命された。

十字軍のくびきを脱したいと願うこの地方の領主たちが集まっていたのは、じつはロト川畔の町カスヌイユだった。六月二十八日、シモンはこの町の前に到着し、まもなくレモン・ド・チュレンヌ子爵が合流した。ちなみに、一二〇九年夏に行われたカスヌイユ攻略に参加していたのは彼の父親である。七週間が過ぎても、攻囲は捗らなかった。ロベール・ド・クルソンは、教皇特使の任務遂行のため、出発を間近に控えていたが、シモンにたいし、カオール、アジャン、ロデーズ、そしてアルビの司教区において、彼がすでに征服した領地はもちろんのこと、これから征服するだろうすべての領地の所有権を認めることを確約した。

八月十七日、ついに十字軍はカスヌイユを襲撃したが、失敗に終わった。十八日にふたたび攻勢をかけ、ようやくカスヌイユは陥落した。虐殺、略奪、そして放火。規模は小さいとはいえ、五年まえにベジエで行われた残虐行為が、ここでも繰り返されたわけである。

カスヌイユの城壁を徹底的に破壊したあと、傭兵隊と異端者たちがペリゴール地方のあちこちの城に逃げ込んでいるという知らせを受けたシモンは、彼らを追ってドルドーニュ川まで遠征した。まず左岸のドムを攻略し、ついで右岸に渡り、ふたつの要塞を破壊した。これらの要塞は、レモン・ド・チュレンヌの義弟であるベルナール・ド・カズナックのものだった。シモンはただちにカズナックの領地を取り上げ、十字軍側についているチュレンヌに与えた。それから四年後、トゥールーズが攻囲されたとき、このカズナックがトゥールーズ防衛に馳せ参じたとしても不思議はなかろう。カスヌイユとは逆に、カステルノーは破壊を免れたが、それは十字軍の守備隊を駐屯させるためだった。

アジュネに戻ると、シモンはふたたび討伐遠征を開始し、九月、ロト川畔のペンヌでレモン・ド・モントーから服従の誓いを受けた。戦友のひとり――おそらくはフィリップ・ド・ランドルヴィル――をアジュネ代理官に任命し、自分の名代としてこの地方を治めさせ、シモン自身はカオール経由でフィジャックに赴いた。ピエール・デ・ヴォー＝ド＝セルネーの言葉を信ずるなら、シモンはこの地方の上位領主権を持っているフィリップ・オーギュストから彼の名代として裁きをする任務を託されていたのだ。じっさい、シモンはここでいくつかの訴訟を裁くとともに、カプドナックの諸領主から服従の誓いを受けた。

アジュネとケルシーのあと、シモンはふたたびルエルグ地方に入った。カスヌイユまで十字軍に同行したロデーズ司教は、シモンにたいして、ルエルグ地方を手に入れるよう、熱心に説いていた。ルエルグ伯アンリはレモン六世の封臣であったが、十字軍に怖気づき、また十字軍に同行している多くの高位聖職者から責め立てられ、十一月七日、ついにシモンに臣従を誓い、彼の封臣となった。

ルエルグ代理官として戦友ギヨーム・ド・ベーヌ――彼もまたイル＝ド＝フランスから来ていた――を任命したのち、シモンは、アヴェロン渓谷の上流、ジェヴォーダンに接するセヴラック＝ル＝シャトーに向かった。このあたり一帯の領主デオダ三世――彼もまた、レモン・ド・チュレンヌの義兄弟のひとりである――が恐るべき「平和と信仰の敵」だという話を聞いていたのだ。この「平和と信仰の敵」という言い方は、周知のとおり、傭兵隊を雇い入れ、異端者を保護している――ほんとうかどうかは別として――とされる領主たちを指す常套句であった。シモンの警告にも耳を貸さず、また城外地区が十字軍にたちまち占領されてしまったにもかかわらず、デオダ・ド・セヴラックは徹底抗戦の道を選んだ。しかし寒さと飢え、それに備蓄不足には勝てなかった。十一月三十日、停戦交渉が始まった。自分の城がフランス人兵士たちの手に渡るのを嫌ったデオダは、城をシモン自身から直接ロデーズ司教に引き渡すという約束を取り付けた。司教なら、城の管理を低地ラングドックの領主の誰かに委ねるだろう。

十二月六日、大遠征がついに終わった。その日モワサックで、一二一二年暮れに行われた大修道院略奪に関して修道院長と十字軍総大将が争っていた裁判の判決が下された。

六ヵ月に及ぶ遠征の成果はめざましいものがあった。シモンはレモン六世の直轄領地および封臣領地にたいする以前の支配権を完全に回復したばかりか、さらに大きく広げるとともに、いっそう強固なものとした。オクシタンの高位聖職者たちが彼を全面的に支持してくれたことも大きな力になった。ロデーズ、マンド、カオール、カルカソンヌ、アルビ、ユゼス、つまりはオクシタンすべての司教たち、さらには大修道院長たち。彼らはシモンの遠征に付き従い、行く先々で土地の領主たちにシモンに服従するよう圧力をかけるとともに、領主権譲渡の手続きの証人をみずから買って出た。フランスにおける教皇代理人であるロベール・ド・クルソンの支持も大きかった。じっさい、彼の行動には不可解なところがある。一年まえ、聖地十字軍を増強すべく、アルビジョワ十字軍徴募の説教活動をやめさせる任務を教皇から託されてフランスに来たはずの彼が、みずから集めた十字軍を率いてラングドックにやってきたのである。おそらくは、カルカソンヌ司教の熱心な説得によって、シモン・ド・モンフォールの大義にすっかり同調してしまったのだろう。最後に付け加えれば、シモンは領主同士の対立や反目をじつにうまく利用したと言えよう。遠征中に彼に抵抗したふたりの手ごわい相手というのが、いずれも十字軍に加担するレモン・ド・チュレンヌ子爵の義兄弟であったことはけっして偶然ではあるまい。シモンは子爵の利益を図ることによって、オクシタンの有力領主のひとりを忠実な味方とすることに成功したのである。

「唯一の主君」

とはいえ、こうしたすべてのことが聖座の関知しないところで行われたというのはまったく奇妙な話である。いずれにせよ、聖座は、いかなる時点でも、またいかなるレベルにおいても、まったく介入しなかった。教皇が派遣した特別使節ピエール・ド・ベネヴァンさえ、手をこまぬいていた。もっとも、彼はアラゴン王室に幼い王を引き渡すためにスペインに行っていた。十字軍のリーダーであるシモン・ド・モンフォールとアルノー・アモリーに――少なくとも原則上は――勝る権力を有するのは、イノケンティウス三世のフランスでの代理人である特使ロベール・ド・クルソンただひとりであった。もっとも彼は、ラングドックに来てからは、教皇の代理人としてよりも、むしろ個人の資格で行動していたように思われる。すでに見たように、ロベール・ド・クルソンは、シモンがすでに征服した土地、さらにはこれから征服するだろう土地のすべてを自分の領地にする権利を保証することによって、彼の行動を合法化したが、それはあくまで特使の独断であって、教皇の意向を大きく逸脱していると言わねばならない。アラゴン王ペドロ二世の和平案にいったん与えた同意を撤回したときにも、教皇は一二一三年一月の勅書で述べた「不当に占領した土地」という概念を修正するつもりはまったくなかったのである。

ロベール・ド・クルソンとシモン・ド・モンフォールおよびオクシタン高位聖職者たちのあいだには、イノケンティウス三世のまったく関知しないところで、暗黙の了解、共謀があったのだ。その動機ははっきり分からないが、結果はすぐに事実となって表れた。十二月七日、フランスでの教皇特使としての任務遂行のため訪れていたランスから、クルソンはアルノー・アモリーに書簡を送り、「平和と信仰の問題」を最終的に解決するために、言い換えれば「アルビジョワの国」の命運を決するために、モンペリエにて公会議を召集することを要請した。

ナルボンヌ、エクス、アルル、アンブラン、そしてオーシュの大司教、二十七名の司教、複数の大修道院長、それに十字軍に服従したオクシタンの領主たち、さらにはフランスの領主たちも参加して、一二一五年一月八日からモンペリエの教会で公会議が開かれた。会議を主宰したのはロベール・ド・クルソンではなく（最後になって参加できなくなった）、アラゴンから戻った枢機卿および教皇特使のピエール・ド・ベネヴァンであった。

のちに見るように、シモン・ド・モンフォールはこの会議にまったく関わらなかった。そもそも、モンペリエ市民は彼が町に入ることとさえ許さなかったのであり、そのためシモンは、近くの城にとどまり、討議に加わることができなかった。シモンにどこまでも忠実な地域高位聖職者たちは、彼が征服したすべての土地、さらにはトゥールーズ市とトゥールーズ伯領も、今からすでに、正式にシモンの所有に帰していることを満場一致で認めた。シモンはこの国の「唯一の主君」（princeps et monarcha）であると彼らは主張した。ところが、ピエール・ド・ベネヴァンはそのような要求をただちに退けた。彼らの要求は、レモン六世の廃位をこの場で宣言し、彼の称号と領地をシモンに与えることにほかならなかった。枢機卿は、彼の任務を定めている教皇勅書を楯にして、自分にはそのような解決策を認める権利はなく、自分の務めは前年四月にみずから署名に立ち会った臣従の証文を適用することであり、土地に関する規定を変えるに当たっては、すべて教皇に報告する必要があることを強調した。そこでアンブラン大司教をローマに派遣することが決まった。

モンペリエ公会議では、シモン・ド・モンフォールの期待に反して、彼に封土権を授与する件については結論が出なかったとはいえ、事態が新しい局面を迎えたことはたしかだった。アンブラン大司教は教皇に公会議の要望を強く訴えるだろう。レモン六世もまた、ミュレの戦いの直後にすでにその意向を告げていたように、ローマに向けて旅立った。それゆえ、教皇は相対立する両者の言い分を同時に聞かねばならないはめになった。しかしシモンはこれまで自分が推し進めてきた既成事実化の政略に自信を持っていた。いまや、レモンの全領地を制圧しているばかりか、多くの証書や臣従の誓いによって、この地方の封建的支配権を――あいかわらずトゥールーズは別として――たしかなものにしており、すべてをご破算にして旧に復することは明らかに不可能である以上、伯の爵位の自分への移譲は必至である、というよりも事実上はすでに移譲されてしまっているのであって、あとは形式上の問題にすぎないとシモンは考えていた。もはや領地も権力もない君主レモン六世をトゥールーズ伯として認め続けることなど、とうていできないはずである。

しかし、レモンの権利を徹底的に奪い取るというこの戦略において、まだいくつか欠けるところがあった。シモンは急いでその欠を埋めた。レモン六世はアルル大司教の封土としてボーケールとテール・ダルジャンスを所有していた。シモンはアルル大司教に莫大な相続権料を支払い、レモンにかわって町と領地の直接領主権を文字どおり買い取ったのである。三月六日には、それとちょうど逆のことをやっている。レモン六世がユゼス司教区に所有しているすべての財産（二十ほどの城と部落）と権利を――ただし刑事裁判権だけは保持したまま――みずからの権限で司教に移譲してしまったのだ。(1)

つまるところ、一二一四年から一二一五年にかけての冬の終わりには、イル＝ド＝フランスからやってきた小領主が、ドルドーニュ川からローヌ河にいたる広大な領域――彼の王であるフィリップ・オーギュストの直轄領よりも広かった――の「唯一の主君」として――権利上ではないとしても事実上は――君臨することになったのだ。

説教修道士会の誕生

トゥールーズの問題が残っていた。教皇は十字軍がトゥールーズ市内に入ることを禁じていた。とはいえ、少なくとも宗教的観点からすれば、トゥールーズの正常化は可能であった。というのも、市参事会の破門は解かれ、聖務停止の処分も撤回されていたのである。ピエール・ド・ベネヴァンはフルクを市内に送り込み、彼が三年半まえ慌ただしく立ち去った司教館を取り戻させた。それと同時に、修道会および在俗の聖職者たちも市内に戻った。彼らは、フルク自身が一二一一年五月に発した聖務停止令のために、町から追い出されていたのだ。司教もまた、悔悛の誓いの条項に定められていたように、教会の名において伯の宮殿であるナルボネ城を占拠する任務を負っていた。

修道士ドミニコもトゥールーズにやってきた。おそらくは、モンペリエ公会議からの要請を受け、市中で説教するためであった。プルイユ修道院は、最初はさまざまな困難が伴ったものの、十字軍からの喜捨によって大いに潤うようになった。一二一二年の春からは、内庭回廊と大修道院に匹敵する建物の建設を始めていた。いまや宣教活動を拡大する時期に来ていた。そのための場所として、三年ものあいだ司牧者が不在だった町よりふさわしいところはなかったであろう。

正確に言って、彼はいつ来たのだろうか。ともあれ、一二一五年四月二十五日にはすでに市内にいた。この日付は、彼の個人史においてだけでなく、ローマ教会の歴史においても、重要な意味を持っている。まさにこの日、トゥールーズの一市民ピエール・セランが、父から相続したばかりの遺産をそっくりドミニコに寄贈したのだ。ナルボネ城からも近く、ローマ時代の城壁に接する三軒の建物だった。ドミニコはさっそくそこに移り住んだ。トゥールーズに来てから、彼を慕って集まった五、六人の仲間もいっしょで、そこにピエール・セランも加わった。夏の終わり、フルクはドミニコの活動を承認し、彼を仲間たちとともに説教師として認可し、司教区の十分の一税の一部をこの共同体に割り当てた。あとは聖座の追認を待つだけだったが、それが届いたのはイノケンティウス三世の死後のことで、後任のホノリウス三世が一二一六年十二月二十二日に発した勅書によってだった。一二一七年一月二十一日付の別の勅書では、宛名の「説教する者たちへ」（predicantibus）という文字が消され、「説教士たちへ」（predicatoribus）に書き換えられている。じっさい、ドミニコのグループは、いまや単なる「説教する修道士会」ではなく「説教修道士会」となったのだ。というのも、一二一五年四月にトゥールーズで誕生したのは、まさに新しい修道会なのである。この修道会は、周知のとおり、輝かしい未来が約束されており、じきに創設者の名前から「ドミニコ会」と呼ばれるようになる。

そんなわけで、レモン六世がローマから戻ってくる頃には、トゥールーズはカトリック教会が勢力回復のためにさかんに活動している町になっていた。フルクはドミニコとその仲間たちの活動を全面的に支援し、アルノー＝ベルナール門近くの建物を悔悛した娼婦を収容する施設として彼らに提供した。このように、修道会の活動は単に異端者を改宗させるだけのものではなかったのである。しかしフルクの権能は司教としての任務の範囲を大きく超えていた。この高位聖職者は、ナルボネ城を住まいとすることによって、十字軍の勝利を象徴的に誇示していたのだ。そのため、レモン六世は家族とともに、町の古くからの裕福な市民で旧市参事会員のダヴィド・ド・ルエの家に住むほかなかったのである。

とはいえ、ローマへの旅はそれなりの収穫があったのであり、彼の立場は――少なくとも当座は――シモン・ド・モンフォールが考えていたほど弱かったわけではない。じっさい、一二一五年二月四日、教皇はピエール・ド・ベネヴァンに書簡を送り、自分の前でレモンが心からの悔悛者として、また教会の忠実な子としてふるまい、さらに悔悛の証として、自分の領地と諸権利を教会に返還する旨の公正証書を提出したことをふまえて、彼に赦免を与えたことを伝えた。そのうえ、レモンが十字軍との長引く戦いで破産してしまい、物乞いせざるをえない状態に陥るおそれがあり、もしそんなことにでもなれば、レモンばかりか、教会の品位を落とすことにもなりかねない。そこでイノケンティウス三世は、特使にたいして、派遣予算の一部をレモン救済のために当てることを求めた。

「平和と信仰の問題」の最終解決については、教皇が来る十一月にラテラノで開催すべく召集した全司教会議の討議に委ねることになった。イノケンティウス三世はまだモンペリエ公会議の使節に会っていなかったが、シモン・ド・モンフォールにすっかり肩入れしているオクシタンの高位聖職者たちが「アルビジョワの国」の命運を彼らだけで決しようとしているのを警戒し、彼らの勝手にはさせまいとしていることはすでに明らかだった。しかし事はそう簡単に運ばなかった。

一二一三年のはじめ、ペドロ二世の使節のすぐあとにラヴォール公会議の特使がローマを訪れたときと同じく、今回、モンペリエ公会議から派遣されたアンブラン大司教がやってきたのも、レモン六世のローマ訪問の成果をあらかじめ押しつぶすためであった。そもそも、一二一三年の場合と同じく、教皇がレモン六世の言い分に譲歩したというのは、やや早計であろう。今回もまた、オクシタンの高位聖職者にとって、自分がトゥールーズの状況に精通していること、またレモンの約束を鵜呑みにしてはならないことを納得させるのは造作もないことだった。すべての危険が回避されたとレモンが信じ込ませようとしているまさにその場所で、異端の脅威がなくなるどころか、ますます深刻になっていることを大司教が大いに強調したことは疑いない。

その一例を挙げれば、一二〇六年から一二一一年までトゥールーズに住んでいたフルクは、伯爵が住むことになった家の主人ダヴィド・ド・ルエはかなり疑わしい家系に属していることをよく知っていた。ルエと彼の兄弟の子や孫たちのうち二十人ほどが、のちに異端の嫌疑をかけられ、そのうち十人が終身刑を宣告された。このことからも分かるように、ダヴィドの世代は異端家族の精神的指導者となる偉大な完徳女が輩出した時期に当たっており、カタリ信仰に無関心ではいられなかったはずである。ちなみに、彼の義妹カラボルドの家系でも、六人が異端者として断罪された。

ともあれ、もし十字軍の圧力を緩めると、異端がふたたび力を盛り返すだろうという指摘にたいして、イノケンティウス三世は、教会の右腕であるシモン・ド・モンフォールが、レモン六世の誓約よりもはるかに有効な防壁になっていることをよく心得ていた。そのうえ、現地の情勢も一二一三年以来すっかり変わっていた。見たところ、軍事的征服はすでに完了しており、少なくとも表向きは平和が戻っている。だからこそ、モンペリエ公会議は、シモンを「アルビジョワの国」の「唯一の主君」に仕立て上げようとしたのである。しかしイノケンティウス三世の意志は固かった。彼はすでに最終的な解決をつぎの全司教会議の討議に委ねる決心をしていたのであり、この点に関しては、その後もいっさい譲らなかった。

それゆえ、レモン六世の廃位を宣言するようなことは考えられなかったが、一方、その拒絶がシモンおよびオクシタンの高位聖職者たちを――つまりは十字軍そのものを――まったく無視するものとして受け止められるのは教皇の本意ではなかった。

そこで教皇は折衷的な解決法を考え出した。彼は、四月二日、ピエール・ド・ベネヴァン、シモン、そしてレモンの領地の高位聖職者、諸侯、市参事会員に書簡を送り、ラテラノ全司教会議の結論が出るまで、レモンの全領地をシモンに委託統治させることにすると伝えた。つまり、十字軍総大将はこれらの領地を統治し、その収入を受け取るが、ただし暫定統治者として、しかも十一月の司教会議までである。モンペリエ公会議が主張した爵位と諸権利をシモンおよびその相続者に永久に移譲するという案からはほど遠いものであった。

しかし、教皇は予想もしなかっただろうが、シモンはただちにこの委託統治を最大限に活用することになる。

ルイという名の「巡礼者」

シモンがサン＝ジルにいた五月のはじめ、アンブラン大司教が四月二日付の勅書を携えてローマから戻ってきた。大司教はひとりではなく、フランス王太子ルイがいっしょだった。一二一三年に表明した十字軍参加の願いがようやく叶ったのだ。一二一四年七月のブヴィーヌの戦いでイギリス・ドイツ・フランドル連合軍を撃退してしまった以上、もはやフィリップ・オーギュストも、戦争を理由に息子を引きとめることはできなかったというわけだろうか。ところが今回は逆に、王のほうから、十字軍を隠れ蓑にして、視察のために息子を送り出したらしいのだ。ラングドックではすでに大勢が決まった。王としては現況を正しく見極める必要がある。

四月二十日、王太子の率いる部隊はすでにリヨンを通過していた。この部隊を構成する貴族および高位聖職者のなかには、ブヴィーヌの戦いの英雄が五人含まれていた。サン゠ポル伯ゴーシェ・ド・シャティヨン、ムラン子爵アダム、シモン・ド・モンフォールの義弟マチユー・ド・モンモランシー、ポンティユー伯ギヨーム、そしてボーヴェ司教のフィリップ・ド・ドルーである。シモン・ド・モンフォールはみずから出向き、その日の夕刻、ヴィエンヌで彼らを迎えた。それから一行はラングドックへと向かった。

いったいどうしてルイは、戦いが済んだあとに、わざわざやってきたのか。十字軍の宗教的参謀本部——教皇特使ピエール・ド・ベネヴァン枢機卿もふくめて——を不安にしたのは、まさにそのことだった。もはや誰も彼を必要としていないこの時期に、王太子は何をしにやってきたのか。父王のほうも、いったい何をたくらんでいるのか。これまで十字軍に何ひとつ手助けもしなかったというのに！　ともあれ、ルイとその一行の今回の旅は公式発表では「巡礼」と称されているが、この敬虔な婉曲語法の背後には何が隠されているのか。フィリップ・オーギュストは、教会が苦労して勝ち取った十字軍の戦果をフランス王家の手柄にしてしまおうという魂胆なのだろうか。ラングドックの諸都市や城砦を王の名で占領してしまえば、ラテラノ全司教会議の権威をもってしても、教会は何ひとつ手出しができなくなってしまうだろう。

だが、ピエール・デ・ヴォー゠ド゠セルネーがこまごまと記しているこうした危惧の念は、じっさいにはどれも取り越し苦労だった。たしかに、ルイが来たことによって、この国がもともとフランス王のものであることを、誰もが思い出さないわけにはいかなかった。しかし今回のルイの旅は、この国の様子を王に報告するという以外に、何の企みもなかったようである。

シモンは王太子の旅を巧みに利用した。当時彼は、アルノー・アモリーとの公然たる抗争状態に入っていた。いつ頃からかは分からないが、シモンは、前年の春の事件への報復として、ナルボンヌの城壁を取り壊すことを決意していた。しかし、すでに見たように、みずからナルボンヌ公たることを宣言している大司教は、自分の上位権力を侵害するこうした方策を是が非でも阻止したいと思った。飛脚を使って教皇に嘆願したほか、ヴィエンヌで会見したルイにも口頭で訴えた。ナルボンヌ市民たちも、ベジエに宿営中のルイを訪ね、彼に仲裁を懇願した。そこで、シモン・ド・モンフォールは策謀をめぐらした。彼が具体的にどういう工作をしたかは分かっていないが、その結果についてはよく知られている。

ルイからこの件を一任されたピエール・ド・ベネヴァンは、教会の代理人である彼がルイに下した命令に従い、ルイ自身がナルボンヌの城塞を取り壊すこととする、という結論を下したのだ。さらに、トゥールーズその他の都市についても、同様の措置が取られることが告げられ、その理由として「これらの城塞があったがゆえに、キリスト教会は大きな損害を被った」ことをあげている。アルノー・アモリーが「これは陰謀だ」といくら喚いてもむだで、ナルボンヌの城壁はそれから三週間のうちに取り壊されてしまった。それに乗じてシモンは、アルノー・アモリーからナルボンヌ公の爵位を奪い取ることに執念を燃やした。というのも、ナルボンヌ公であるかぎり、アルノー・アモリーはエムリー子爵の上位領主ということになる。そこでシモンは、ふたたび既成事実化の政略に訴えた。エムリーを呼び出し、彼に無理やり臣従の誓いをさせたのである。そのうえで、シモンはナルボンヌ市民に上位領主として許しを与えた。それから十八ヵ月たっても大司教の怒りは収まらず、イノケンティウス三世の後継者に告訴している。

そうこうしているうちに、カルカソンヌにやってきたシモンは、弟ギーを派遣し、自分の名代としてトゥールーズを統治させるとともに、城壁を取り壊し、濠を埋め、要塞化した家々を取り払う作業をトゥールーズ市民たちに行わせることを指示した。とうぜんながら、住民たちは誰もそんなことはやりたがらず、結局、この解体作業は一年続いた。六月のはじめ、今度はシモン自身が、王太子ルイと教皇特使ピエール・ド・ベネヴァン枢機卿を伴い、あれほど渇望していた都市についに入城した。レモン六世と家族はすでに町を去っていた。レモン七世はイギリスに渡っていた。父レモン六世の行き先は分かっていない。やはりイギリスか、あるいはアラゴンか。もっと可能性が高いのはフォワ伯領だが……。もはや父も子も、教皇がシモンに委託統治の権限を与えたことによって生じたこうした事態に対抗すべくもなかった。シモンが枢機卿兼教皇特使とフランス王太子をすっかり味方につけてしまった今では、なおさらのことであった。ところがこの頃、彼らふたりは別のことで忙しかったのだ。十一月に行われるラテラノ全司教会議に出向き、自分たちの正義を訴えるべく、顧問官たちと策を練っていたのである。

その間にも、シモンは例の「委託統治」を錦の御旗に権力を振るい続けた。しかもその強引なやり方は、教皇から認可された暫定的な統治者という資格を大きく逸脱するものだった。六月八日、彼はモントーバンを占拠した。そこにアルマニャックおよびフェザンサック伯のジェローがやってきて、臣従を誓った。王太子ルイが、四十日間の軍役を終えて帰国の途についた頃、カルカソンヌに戻っていたシモンは、司教会議の準備のためにローマに呼び返されたピエール・ド・ベネヴァンをヴィエノワまで送った。七月、八月は、あちこちの領主たちから臣従の誓いを受けたり、高位聖職者の誰彼と財産の分配や贈与の取り決めをしたり、とりわけコルビエール地方で大きな勢力を持つラグラス大修道院との十あまりの城と村の所有権をめぐる係争の決着を図ることに明け暮れた。この係争は、八月二十四日、ようやく和解に達した。同じ頃、やはりラグラス大修道院とフランス人領主アラン・ド・ルシーとのあいだの係争、またブルボンヌ大修道院と元帥ギー・ド・レヴィとのあいだの係争も、解決した。その後ペリゴール地方に急遽進攻し、ベルナール・ド・カズナックに奪い返されていたカステルノーの城を攻囲し、城を奪って守備部隊の兵士たち全員を絞首刑にしたが、ベルナールは逃亡した。それが終わるとカルカソンヌに戻り、冬営に入ったが、その頃には第四回ラテラノ全司教会議がすでに開催されていた。

第四回ラテラノ公会議

一二一五年十一月十一日に聖救世主大聖堂で開会が宣言されたこの公会議は、キリスト教史上最大の宗教会議であった。四十八の教会管区——つまりはローマ・カトリック圏の全ヨーロッパ——の代表者、十九人の枢機卿、四百十二人の大司教および司教、さらにギリシア正教会の五人の総大主教、八百二人の大修道院長および修道院長、千人ほどの聖職者と一般信徒。このなかには、むろん「アルビジョワ」十字軍に多かれ少なかれ関係する高位聖職者たちも含まれている。教皇特使であるロベール・ド・クルソン、ピエール・ド・ベネヴァン、アルノー・アモリー、その同僚であるブールジュとボルドーの大司教たち、さらにはラングドックのすべての司教たち、それにカオール、ロデーズ、マンド、クズラン、アジャン、ペリグーの司教も加わっていた。

もちろん、この公会議の議題は「平和と信仰の問題」だけではなかった。聖地エルサレムの問題、さらには聖職者の身分や任務に関する改革や悪習改善の問題も議事日程に上っていた。そのうえ、盛大な開会式で行った悲痛な演説のなかで、イノケンティウス三世は、非常に高い見地から、高邁で壮大な世界平和の計画を開陳した。じっさい、彼はみずからのエネルギーと人生の大部分をこの計画の準備作業のために費やしたと言えるだろう。しかしキリスト教世界を統一して平和をもたらすためには、まずキリスト教信仰を統一することが必要であり、そのためにもキリスト教信仰を脅かしている異端や逸脱を告発しなければならない、とりわけキリスト教信仰の根幹をなす三位一体の教義に反する異端や逸脱はけっして見過ごすことはできない。それゆえ、第四回ラテラノ公会議が決議した九十に及ぶ教令のうち、冒頭の第一教令でこの三位一体の教義を力強く再確認するとともに、その概念を厳密に規定したうえで、それ以外の解釈は認めないとしているのも、けっして偶然ではない。その概念規定にしたがえば、三つのペルソナは同一実体を有し、属性においてのみ異なり、共通の本質においてひとつである。要するに、当時の神学論争の中心問題はキリストの位置付けにあった。同教令において、キリストは真に受肉したのであり、この受肉の力によって、聖体秘跡のパンとブドウ酒のなかにもキリストの体と血が宿っていることが強調されている。聖体秘跡のパンとブドウ酒のなかにキリストの体と血が宿るという考えは、この公会議がはじめて概念化したものであり、実体変化と名付けられた。

第二教令では、三位一体に関して奇妙な歴史主義的解釈を示すフィオーレのヨアキムの教説が槍玉に上がっている(2)。第三教令では、異端を厳しく批判しているが、名指しされていないとはいえ、カタリ派を指していることは一目瞭然だった。キリストの真の受肉と聖体の秘跡を否定し、救済の根拠をもっぱら聖霊に置くカタリ派こそ、教会の敵であった(3)。彼らの「過誤」についてあれこれ述べ立てたところで、いまさら何の意味があろうか。それは周知の事実であって、むしろ、彼らと戦い、彼らを壊滅させるための手段や方法を詳しく述べたほうがよいと公会議は判断したのだろう。それこそ、一二〇九年以前からイノケンティウス三世自身が入念に準備をしてきたことであって、異端と戦い、異端を壊滅させることは十字軍の正当な権利なのだ。

「アルビジョワ問題」に関する討議が始まったのは、十一月十四日である。ギヨーム・ド・テュデルを引き継いで『十字軍の歌』を書くことになった逸名の詩人は、この討議の様子を長々と——五百行以上に及ぶ——報告している。非常に細かい点にまで触れているし、観察も鋭いところを見ると、おそらくこの詩人はレモン六世かレモン七世の側近のひとりだろう。

伯のおもだった相談役の選び方は、この状況からするとまったく奇妙としか言いようがない。まずアルル郭外区の領主であるギヨーム・ポースレ。ところが彼は、一二〇八年に起こった教皇特使ピエール・ド・カステルノー暗殺事件への関与が疑われたギヨーム・ポースレの息子である。アリエージュ川畔サヴェルダンの領主アルノー・ド・ヴィルミュール。彼はのちにレモン六世の代理官となるが、自宅にしばしばカタリ派の完徳者たちを招いていた。また一二三一年、彼の死後、寡婦となった妻コントールは完徳女に叙階されている。そしてラバスタンの共同領主であるピエール＝レモン。彼は完徳女となった婦人の息子で、熱心なカタリ派信者であるエルマンガルドの夫、やはり熱心なカタリ派信者であるオルブリーの義兄、そのうえ、一二〇五年、イノケンティウス三世に解任されたトゥールーズ司教レモン・ド・ラバスタンとも姻戚関係にある。公会議の席で自己弁護しようとしているときに、このような取り巻きを選ぶというのは、どう見ても不用意としか言いようがない。もっとも、伯の宮廷に出入りしている貴族や有力者たちのなかで、多かれ少なかれ、異端にかかわっていない者は誰ひとりとしていなかったということもありうるだろう。

イノケンティウス三世はのっけから、問題の核心に迫り、レモン六世は、赦免されたうえ、その担保として領地を聖座に委譲する正式な手続きをしている以上、爵位を奪われ、領地を没収されるいかなる理由もない、彼の領土の委託統治をシモン・ド・モンフォールに一任したとしても、それはあくまで一時的な措置でしかない、と説明した。

つぎにフォワ伯に発言の機会が与えられた。彼は、教会への忠誠のしるしとして、自分のもっとも大きな城を教皇特使ピエール・ド・ベネヴァン枢機卿に委譲したと述べ、特使もその事実を認めた。

そのときフルクが立ち上がり、フォワ伯レモン＝ロジェを徹底的に糾弾した。彼の領地は異端の巣窟であり、異端者をかくまうためにモンセギュールの山を要塞化した。妹のエスクラルモンドは完徳女に叙階されている。また一二一一年五月には、モンジェでドイツから来た巡礼者たちを虐殺している……。レモン＝ロジェも負けずに、逐一反論している。妹の過ちは自分の責任ではない。モンセギュールに関しては、自分にはいかなる領主権もない。ドイツ人巡礼者については、彼らは国を荒らし回り、家に火をつけ、人を殺しに来た悪党たちであり、もっとたくさん殺さなかったことを悔やんでいるくらいだ……。それからフルクを激しく攻撃し始めた。修道士になるまえは、うさんくさいトゥルバドゥールだった。いつの間にか大修道院長、さらにはトゥールーズ司教に成り上がったが、あいかわらずあらゆる残虐行為に手を染めている。

イノケンティウス三世は、フォワ伯への申し立てについてはさらに調査すると述べてこの場を収め、つぎに、一二〇九年に十字軍との戦いに敗れたトランカヴェルの息子の代理人を務めるレモン・ド・ロクフイユに発言させた。彼は、父トランカヴェル子爵から取り上げた土地を子息に返すよう強く訴えた。

つぎの会議は非公開で行われたが――詩人兼年代記者は、もちろんその内容をよく知っている――そこでは、イノケンティウス三世と十字軍高位聖職者たちのあいだで激しい議論が交わされた。彼らは言った。シモン・ド・モンフォールに征服した土地を返せと命ずることは、十字軍を支援した自分たちを否認するだけでなく、自分たちをたいへんな危険に陥れることを意味する。そうなったら、誰が自分たちを敵の報復から守ってくれるのか。それにたいしてイノケンティウス三世は、トゥールーズ伯領を没収する件は、現状のまま、裁判拒否の状態にとどめておくと答えたが、彼らの圧力に屈して、明白な異端者の土地についてはシモンの所有権を認めるという譲歩案を出した。ただし、カトリック信者の土地、異端の共犯者であっても悔悛し赦免された者の土地、さらには孤児や寡婦の土地は除く。

ということは、レモン六世の領地ばかりか、旧トランカヴェル子爵領も除くということになる。これは教皇の策略だと見て取ったフルクは、真っ向から反対した。オーシュ大司教、元教皇特使でアグド司教となったテディーズ、そしてもちろんその日ここに集まったほとんどの高位聖職者たちがフルクに同調した。リヨン副司教は例外で、教皇側に付いた。例外はもうひとりいた。まったく意外なことに、アルノー・アモリーだった。言うまでもなく、彼は十字軍のもっとも強力な推進者であったが、その一方で、もしレモン六世の爵位と領地がすべてシモン・ド・モンフォールのものになった場合、いま自分が所有しているナルボンヌ公領まで彼に乗っ取られるのではないかと恐れていたのだ。そこで彼は、イノケンティウス三世の非常に思慮深く、非常に慈愛心に溢れた提案に同意したというわけである。教皇は、自分の政策をひとつひとつ弁明したあと、強い口調でつぎのように言った。シモンには征服した土地を自分のものにする権利はない。というのも、彼は征服した土地を自分の仲間に分け与え、しかも彼らは分け与えられた土地から不当に重い年貢を徴収するばかりか、これらの土地を統治するに当たって、自分の利益しか考えない。そのうえ、十字軍はカトリック信者たちにも多大な危害を加えている。教皇は最後につぎのように言った。レモン六世は、罪を犯したのだから、自分の土地を没収されてもしかたがないとしても、何の権利があって、その遺産を息子から奪おうと言うのか。

ここで、ヨーク大司教がジョン失地王の名代として発言した。彼は、逐一法的根拠を示しながら、仮にレモン六世の領地をシモンに譲渡することは認めるとしても、レモン七世のほうは、イギリス王の妹である母ジャンヌが持参した土地、とくにアジュネとケルシーを、すべて自分の相続財産として要求する正当な権利があると主張した。

だが、すべては無駄であった。最終投票において、異端とその共犯者にたいする強硬策を主張するタカ派が、イノケンティウス三世と彼に同調するハト派を圧倒した。宣告は公会議の閉会式の場で読み上げられ、それから二週間後、ヨーロッパ中に送付された。レモン六世は、傭兵を雇い続け、異端を幇助した廉で、つまりは市民の平和と魂の平和を乱したとして、伯の称号を失い領地を奪われたうえで、悔悛の業として国外追放処分となるが、旧領地の収入から年四百マールの年金が支給される。すべてはシモン・ド・モンフォールの所有に帰されるが、ただし上位領主権は除くという法律条項が示された。つまり、彼はその領地を正当な宗主から封土として受け取らねばならないということである。フォワ伯領、そしてレモン＝ロジェ伯の城に関しては、追加調査の結論が出るまでは、教会の委任統治下に置かれることになった。

とはいえ、イノケンティウス三世の主張がすべて退けられたというわけではない。ラテラノ宣告に加えられた唯一の制限条項は、明らかに教皇の意思を反映している。その条項とは、すべてがシモン・ド・モンフォールの所有に帰するとはいえ、まだ征服されていないレモン六世の領地は除外する、というものである。それらの領土は教会が差し押さえ、のちにレモン七世が相続人としてふさわしいことが明らかになれば、彼に返還することとする。ここで問題となっている領地の名前は記されていないが、明らかにプロヴァンス侯領のことである。

それから数週間後、レモン七世は、暇乞いのため、イノケンティウス三世の私的な謁見を許された。彼は、激しい剣幕で、判決は受け入れられないと教皇に迫ったようである。それにたいして教皇は、遠回しに、教会の助けで相続財産のすべてを取り戻す機会がいつか来るから、それを待つように と答えたらしい。ともあれ、十年にわたって不退転の決意で訴え続けた戦争が五年半続いたあと、それがようやく終結した今、イノケンティウス三世はこの十字軍の企てを複雑な思いで回顧していたにちがいない。結局のところ、長く続いたこの戦争は、彼の教皇在位期間にぴたりと重なっていた。たしかに彼は、教会人としても、政治家としても、巨人であった。その彼も、このときばかりは、自分が多少なりとも魔法使いの弟子を演じてしまったことに気づいたかもしれない。

彼が多大な努力を払い続けたこの事業――彼の努力は、まずはそれを推進するために注がれ、その後は逆に、抑制し、限定するために費やされたが、すでに遅すぎた――は、総体として見た場合、彼個人の失敗に終わった。彼は熱狂的な好戦家の連中に圧倒されてしまったのだ。彼とすれば、世俗世界にたいして抱き続けてきた醒め切った判断を再確認したということになるだろう。こうした悲劇的な幻滅感を、彼は死にいたるまで抱き続けたにちがいない。それから五ヵ月後、彼は逝去した。享年五十六。

第九章　オクシタン奪還

レモン六世は息子よりも先にローマを離れた。クリスマスをフォワ伯とともにヴィテルボで過ごしたあと、聖マルコの聖遺物を参拝するためにヴェニスに行った。一二一六年一月のなかばにジェノヴァに至り、そこで息子を待った。息子は月末に父と合流した。ふたりはジェノヴァから船に乗ってマルセイユに渡り、トロネ城でそれぞれの妻エレオノールおよびサンシーと再会した。

その頃シモン・ド・モンフォールは、ナルボンヌ近くのレジニャンにいた。彼とアルノー・アモリーとの抗争は、急遽深刻な事態を迎えた。シモンは、ラテラノ宣告によってレモン六世の領地と財産を与えられたことで、ナルボンヌ公爵の称号をも授与されたと言ってもよかった。もちろん大司教のほうは、公領を手放すつもりはまったくなかったから、公会議から戻るとさっそく、ナルボンヌ子爵にシモンへの臣従の誓いを撤回するようにと迫った。子爵はアモリーに、つぎの聖霊降臨祭に教皇庁でそうすると約束した。地域の高位聖職者たちが急遽公会議を開いて、公領を争っているふたりを和解させようと試みたが、失敗に終わった。シモンはナルボンヌに向かった。ナルボンヌに到着すると、アモリーが市門の前に立っていた。彼の命令で市門は閉まっていた。シモンの兵士たちは彼を乱暴に突き飛ばし、門を開かせた。十字軍総大将はそのまま子爵の城に向かった。アモリーはシモンの破門を宣告し、シモンがとどまるかぎりは町を聖務停止処分とすると通告した。

根負けしたシモンは、周囲から和解するよう促されたこともあって、三月五日、この馬鹿げた一件はニーム司教の仲裁に委ねると言明した。にもかかわらず、その翌々日、トゥールーズのナルボネ城で市参事会から忠誠の誓いを受けた際、彼は堂々とつぎのように名乗っている。トゥールーズおよびレスター伯爵、ベジエおよびカルカソンヌ子爵、そしてナルボンヌ公爵。

三月八日、シモンはトゥールーズ市民にたいし、善良で公平な領主となり、彼らの生命と財産を守ることを誓ったが、要塞施設の解体はあいかわらず続けた。もちろん、彼の住まいとなるナルボネ城は別で、むしろ防備をさらに強化したうえ、市内を通らず、直接、外から出入りできるようにした。先見の明があったと言うべきか、虫の知らせと言うべきか？　ともあれ、その後まもなく、シモンはそれによって九死に一生を得ることになる。

征服者がその大望を成就するのに残された最後の仕事は、征服した土地をフランス王に捧げたうえで、あらためて封土として受領することであった。四月のなかば、高地ノルマンディーのポン＝ド＝ラルシュで、彼はフィリップ・オーギュストと会見した。かつてはアルビジョワ問題に聖座が口をはさむことをあれほど批判していた王が、今回は征服の既成事実をあっさり承認した。この一件からどれだけ利益を引き出せるか、当初は予見できなかったが、いまやそれは明白だった。伯領の宗主権を取り戻すチャンスが、王みずから介入せずとも、ひとりでに転がり込んできたのである。そのうえ、バルセロナ家がミュレの戦いで敗れ、この地における影響力を完全に失ってしまった今、シモンを封臣とすることによって王は、トゥールーズ伯領およびナルボンヌ公領のみならず、カルカソンヌおよびベジエ子爵領――ずっと以前から、カペー王家の封土ではなくなっていたのだが――にまで、支配の手を広げることができるのだ。それゆえ、シモンから臣従の誓いを受けることによって、十字軍を介してのフランスによるオクシタン征服はめでたく現実のものとなる。

新しいトゥールーズ伯が国に帰るべく、ローヌ渓谷を下っている途中、使者がやってきて、弟のギーが急遽トゥールーズ地方を離れ、軍を率いてニームに向かっているところだと伝えた。プロヴァンスで反乱が起きたのだ。

シモンは、六月五日、ニームに到着したが、ギーはその前日出発したところだった。レモン七世がボーケールを占拠し、ローヌ河対岸地方で集めた軍隊を動員して町を制圧したうえで、フランス人守備隊とともに城に立てこもった十字軍代理官ランベール・ド・チュリーを攻囲しつつあった。ボーケールの住民たちも攻囲に加わった。六日朝、シモンはニームを発ち、ギーに合流すべく、ボーケールに向かった。

ボーケール

まだマルセイユにいた二月に、レモン六世と子息は、アヴィニョン市参事会からのメッセージを受け取った。市参事会と全市民は、おふたりにお仕えすべく、お待ち申し上げている、できるだけ早くお出でいただきたい、という内容だった。じっさい、ふたりは大歓迎を受け、祝宴には侯爵領の多数の騎士たちが駆けつけた。数日後、レモン六世はサロンに行った。サロンでは、彼の封臣ギー・ド・カヴァヨンが、すでに彼が集めた軍隊とともに待機していた。両者は揃ってアヴィニョンに戻った。それから数週間、元トゥールーズ伯は、この地方の多数の町や領主から戦いへの参加表明と忠誠の誓いを受けるのに忙しく過ごした。かつてライバルであったオランジュ大公ギヨーム・デ・ボーからは中立の約束以上のものは取り付けられなかったが、ヴァランティノワおよびディワ伯アデマール・ド・ポワチエ、ドラゴネ・ド・モンドラゴン、ギロー＝アデマール・ド・モンテリマール、そしてピエールラットの領主ポンス・ド・サン＝ジュスト、その他多数の貴族が――彼らの多くは一二〇九年に十字軍と和平の誓約を取り交わしたにもかかわらず――レモン六世の旗のもとに集結した。さらにラングドックの「残党騎士」たち、それにシモン・ド・モンフォールに反旗を翻して立ち上がる機会をうかがっていた反抗的領主たちが、さっそくやってきて合流した。一二一〇年の敗戦の将ギヨーム・ド・ミネルヴさえ、十字軍とふたたび戦うために引退蟄居《ちっきょ》していた救護修道騎士会を抜け出してきた。

　ギー・ド・カヴァヨンをヴネサン伯領の代理官に任命したあと、レモン六世は支援を取り付けるため、カタルーニャに向けて旅立った。一方、彼の同盟軍はレモン七世の指揮のもと、ボーケールを十字軍から奪還すべく出陣した。町を占領すること自体はいとも簡単だった。町の有力者たちが市門を開き、住民たちが歓呼するなか、若殿に鍵を手渡した。かくして、シモン・ド・モンフォールの代理官ランベール・ド・チュリーと配下のフランス人騎士たちはボーケール城に閉じ込められ、攻囲された。シモンと弟ギーは、仲間を救い出すためにも、ボーケールを攻撃するほかなかった。

　フランス軍が町から少し離れたところに陣を張るとさっそく、プロヴァンス軍の騎馬隊が町から出てきて、城壁の前で戦闘態勢を組んだ。シモンもただちに騎馬部隊を出撃させた。激しい戦闘となり、両陣営に多くの死者、負傷者、捕虜が出たが、決着がつかないまま、双方とも陣地に戻った。シモンは本格的に町を攻囲するほかないことを見て取ったが、同時に自分たちの弱みにも気づいた。この地方全体が十字軍にたいして急に敵対的になったため、食糧や物資の補給が日増しにむずかしくなってきたのだ。一方、ボーケールは、ローヌ河経由で、沿岸の町アヴィニョン、タラスコン、アルルなどから、食糧、武器、人員がひっきりなしに運び込まれていた。少しあとで、マルセイユからは市の軍隊が派遣された。シモンは、弩砲のほか、艀《はしけ》や移動櫓《やぐら》を組み立てさせた。だが、すべての攻撃が失敗に終わった。その間にも、プロヴァンス軍はじりじりと城に迫り、城の取り壊しにかかった。籠城している一握りの十字軍は、食糧と水がなくなり、絶体絶命の状況に追い込まれていた。

二ヵ月以上が経過した八月十五日、シモンは三度目の総攻撃を仕掛けたが、これも失敗に終わった。そこで彼は、ドラゴネ・ド・モンドラゴンに使者を送り、自分とレモン七世の仲介役を頼んだ。シモンは、城に閉じ込められている彼の仲間を無事引き渡してくれるなら、いつでも包囲を解くと伝えた。レモン七世はこの提案を受け入れた。シモンは胸をなでおろした。トゥールーズ地方から非常に悪い知らせが届いたところで、彼は一刻も早くこの地を離れたいと思っていたのだ。とりわけ、カタルーニャに行っていたレモン六世が軍隊を引き連れてトゥールーズに向かっているといううわさが流れていた。

トゥールーズ略奪

カルカセス、ラゼスからモンジスカールに至るすべてのフランス軍駐屯部隊に召集をかけたあと、シモン・ド・モンフォールは全速力でトゥールーズの市門までやってきた。トゥールーズの有力者たちがやってきて、彼と会見した。シモンの思惑を探ろうとしたのだ。彼らはすでに、シモンがボーケール攻囲にかかった多額の費用をトゥールーズ市民に負担させようとしていることは知っていたはずである。ところが、これらの使者たちは逮捕され、人質に取られてしまった。このことを知ったトゥールーズ市民は恐怖にかられ、家のなかに閉じこもった。しかし、シモンの兵士たちが通りに侵入し、家々の戸口を壊して、略奪を始めると、市民たちの怒りは恐怖に勝り、町中が蜂起した。トゥールーズ市民は、斧、長鎌、棍棒、包丁などを持って抵抗した。ギー・ド・モンフォールを先頭に騎馬隊が突入し、シモンがあとに続いた。彼らの襲撃は急遽築かれたバリケードに阻まれた。家々の窓や屋根から、砲弾代わりにあらゆるものが雨のように十字軍のうえに注がれた。フランス軍はあちこちに、とりわけユダヤ人街に、火を放ちながら、ナルボネ城に撤退した。やはりこの宮殿に避難したフルクが、市とシモンとの和平交渉の仲介を買って出て、市の有力者たちを召集した。

　フルクの悪意に満ちた奸計だったのか、あるいは彼もまた軍人たちを抑えることができなかったのか、ともあれ、シモンは交渉にやってきたトゥールーズ市民を逮捕したうえで、一斉検挙を命じた。数百名におよぶ市民（なるべく上層を選んでいる）、騎士、上流婦人が自宅で即刻逮捕され、鎖につながれて引っ立てられ、かつて市外にレモン六世が所有していた小作農家に収容された。その間、彼らの家の捜索が行われ、あらゆる武器、そして武器として使われるおそれのあるものが没収された。しかもそれがきっかけとなって、いっせいに略奪が始まった。食糧、衣類、すべてが奪われた。そのあとでシモンは、町に残っているすべての要塞施設、貴族や富裕な市民たちが所有する堅固な建物の取り壊しを命じた。おまけにトゥールーズ市民には三千マールの制裁金が科せられた。

『十字軍の歌』の詩人は、一二一六年九月に行われたこのトゥールーズ略奪を語る際、強制移送者の数や略奪の程度をやや誇張しているとも言えよう。それからちょうど一年後に、トゥールーズ市民はふたたび本格的な反乱を企てたが、まだそれだけの余力が残っていたということである。たしかなことは、パミエ法令集を作成した賢明な行政官、市民の生命と財産を守るとした三月八日の誓約書に署名した善良で誠実な領主、そのシモンがあっさりと市参事会を廃止してしまったことである。しかも、市参事会はすでに春から停止されていたらしい。一二七四年にフランス王フィリップ三世（豪胆王）の要請で行われたトゥールーズ市参事会員の選出方法に関する調査が多くの証言にもとづいて明らかにしたところによると、シモンは権力を独占し、すべてをひとりで支配していた。法廷も完全に自分の意に従うよう、裁判長には代理官ジェルヴェ・ド・シャミニーを指名、十六人の裁判官は、元市参事会員および参事会員を輩出している古い家柄から、みずから選んだ。しかし無能のせいか、あるいは怠慢のせいか、かつて二十四人の市参事会員がやっていたように、トゥールーズ市民の名においてではなく、シモンの名において裁くことを任務とするこの法廷は、まったく機能しなかった。それから六十年後、トゥールーズの古老たちは、苦々しく、「当時、この土地では裁判がまったく行われなかった」と回想している(1)。

じつのところシモンには、トゥールーズの司法機構の適正な運用を監督することよりもっと急を要する仕事があったにちがいない。二度とふたたび反乱が起こらないよう、戦争中ずっとレモン六世を支えてきた有力者たちを完全に抑え込むことが必要だった。アラゴン王を宗主としてカタルーニャ出身の一族が支配しているベアルンを断念したシモンは、ビゴールに狙いを定めた。彼は、ペトロニーユ伯爵夫人と亡きペドロ二世のいとこヌーニョ・サンシュとの結婚を、ガスコーニュの高位聖職者たちを介して、血縁関係を理由に解消させたうえで、十一月六日、タルブでシモン自身の下の息子ギーと伯爵夫人の婚礼を行った。ギーは彼女より十五歳年下だった。ヌーニョ・サンシュとベアルン子爵はただちに行動に移り、ルルドの城を占領した。シモンは城を攻囲したが、時間がなかったため、すぐに断念した。クズランやコマンジュに行かねばならなかったのだ。サン＝リジエからアスペにいたる土地の帰属に関するさまざまな問題を解決するのに、シモンは伯爵ベルナール四世――しかも彼はペトロニーユの父である――に代わってコマンジュを支配するという強硬手段に出た。

十二月になってトゥールーズに戻ると、聖座がフォワ城をレモン＝ロジェ伯に返還するという決定を下したことをシモンは知った。それを非常に軽率なやり方だと判断したシモンは、この問題にみずから介入することを決意した。そもそもレモン＝ロジェは、モンガイヤール近くのモングルニエに要塞を築くことによって、すでに教会との約束を破っているのだ。少なくともそのことを理由に、一二一七年二月のはじめ、シモンはモングルニエに遠征し、攻囲を開始した。それにたいしてフォワ伯は、この町の防衛を息子のロジェ＝ベルナール、クズラン子爵ロジェ・ド・コマンジュ、それに「残党騎士」たちからなる屈強な守備隊に委ねた。その「残党騎士」の先頭に立つピエール＝ロジェ・ド・ミルポワの本いとこであるレモン・ド・ペレイユはモンセギュール領主でカタリ信仰に深く関わっていたことが知られている。数週間後、食糧と水が尽きてきたことから、防衛軍は停戦交渉を申し出た。シモンのほうでも、厳しい天候が続き、兵士たちが疲弊していたために、相手の条件を受け入れた。籠城軍は、武器と荷物を持ったまま、無事解放されることになったが、一年間の休戦協定に調印するという条件付きであった。三月二十五日に調印が行われたあと、フランス人守備隊がモングルニエに駐屯した。

トゥールーズ解放

シモン・ド・モンフォールは、四月中、家族とともにトゥールーズのナルボネ城で過ごした。「国」の南部および南西部を平定したとはいえ、完全な平和が訪れたわけではなかった。ラテラノ宣告によって十字軍の任務が完了し、これで占領地の領主としての生活を静かに味わえると期待していたシモンだが、前年の六月にフランスから戻って以来、その期待は裏切られるばかりだった。じっさい彼の封土は、堤防の一ヵ所の亀裂を塞いだと思うと、また別のところに亀裂ができるといった具合に、少しでも油断するとたちまち水浸しになる畑のようなものであった。ビゴール伯領の遺産相続に介入してこの土地をうまく手に入れたこと、コマンジュとクズランを平定したこと、フォワ伯に制裁を加えたこと、そうした成功も徒花《あだばな》にすぎなかった。ふたたび、プロヴァンスから不穏な知らせが届いた。

ボーケールの勝利以来、レモン七世は支配地を広げるとともに、その支配を強固なものにすべく奮闘し続けた。気前よく恩典を与えることで領主たちを味方につけ、封臣たちの領地を増やしてやり、宗教施設には特権を与えて懐柔した。とうぜん、多くの証書が発行されたが、レモン七世は「若伯爵」あるいは「神の恵みにより、ナルボンヌ公、トゥールーズ伯、プロヴァンス侯であるレモン殿の嫡子」と署名している。この署名からも、彼がラテラノ宣告の受け入れを拒否していることは一目瞭然であり、同宣告が十字軍の占領地としているこれらの土地においても、レモン家の支配権は生き続けており、それを無視することは誰にも許されないという強い意思表示となっている。『十字軍の歌』は、征服によって生じた合法性と土着君主の正統性との対立を「偽りの領主」と「生まれながらの伯爵」の違いとして描き出し、領民たちの目には、前者は「傲慢」と「欺瞞（Engan）」を、後者は「正当な権利」、「信義（Dreitura）」、「家柄」を体現していると述べている。そうした寓意的表現はともあれ、ここではっきり言えるのは、プロヴァンスのカトリック社会は、一二〇九年の和議はこぞって受け入れたとはいえ、異国人の領主を支持してレモン六世の失脚を認めたわけではないということである。そのうえレモン六世は、自分に忠実なこの土地にふたたび姿を現し、三月末から五月のはじめにかけて、ローヌ渓谷を経巡り、ボーケールやアヴィニョンなど、あちこちの町に特権を与えたのち、ふたたびカタルーニャに戻った。

このように、レモン六世が子息のいるプロヴァンスにふたたびやってきたことが、シモン・ド・モンフォールの不安を掻き立てたことは言うまでもない。彼はプロヴァンスに行く決意を固めた。彼はナルボネ城の警護をジェルヴェ・ド・シャミニーとチボー・ド・ノヌヴィルに託した。ナルボネ城には、彼の一族の女子供がとどまっていた。シモンの妻アリックス、息子たちの妻ベアトリス・ド・ヴィエノワとペトロニーユ・ド・ヴィゴール、弟ギーの妻、シモン自身の子供たち、すなわち子シモン、ロベール、アミシ、ロール、ペトロニーユ（彼女は六歳だった）、そしてギーの子供たち、すなわちフィリップと妹のペトロニーユ。五月七日、カルカソンヌに立ち寄った際、コルビエール地方で騒動が起きているという知らせを受けた。テルムネスの「残党騎士」たちが、テュシャン近くのモンガイヤールなど、十字軍に奪われたいくつかの城を奪い返しているということだった。この地方の秩序と治安を回復すべく、シモンはプロヴァンス遠征を遅らせることにした。彼がモンガイヤール城を奪還すると、反逆者たちのあいだに動揺が走ったらしく、五月二十二日、ギヨーム・ド・ペルペルチューズはみずから服従を申し出てきた。

シモンは、用心のために、カルカセスに強力な部隊を残すことにした。代理官フィリップ・ゴロワンの指揮のもと、ふたりのギー・ド・モンフォール――シモンの弟と息子――と彼のもっとも勇ましい戦友たち、ギー・ド・レヴィ、アラン・ド・ルシー、フーコー・ド・ベルジー、ユーグ・ド・ラシーなどがこの部隊の中核になっていた。プロヴァンスへの途上、サン＝ジルが市門を閉ざし、シモンの入城を拒んだ。レモン七世が、ボーケール攻囲の直後にこの町を占領し、大修道院長を追放してしまったのだ。大修道院長は修道僧とともに裸足で逃げ出すはめになったが、そのさい、町を呪って聖務停止処分にした。一二一五年、大修道院長が市参事会の権限を奪ったことから、両者は対立していた。ホノリウス三世が任命した新しい教皇特使ベルトラン枢機卿が、三ヵ月まえからオランジュのギヨーム・デ・ボーのもとにあって、こうした問題の解決に当たっていたが、ラテラノ宣告に反対して立ち上がった町や領主を帰順させようとする彼の試みは空しかった。シモンはサン＝ジルにはまったく手を出さず、そのかわりにポスキエールとベルニスを奪還し、防衛隊の兵士たちを縛り首にした。この戦略が功を奏し、サン＝ジルとボーケールを別にすれば、ローヌ河右岸のほぼすべての城が戦わずして降伏した。

七月十四日、ポン＝サン＝テスプリに到着したシモンは、レモン六世の一党から、彼の封臣であるアレス領主レモン・プレを離脱させることに成功し、彼から臣従の誓いを受けた。シモンは、ヴァランティノワおよびディワ伯で勢力を誇るアデマール・ド・ポワチエにたいしても同じことを企んでいた。それからヴィヴィエに至り、ローヌ河を渡った。ローヌ河を渡ると、さっそく、モンテリマールを奪取、それから、ギヨーム・デ・ボー、そしてヴァランスとディーの司教たち、さらに北から応援に来た百人ほどの騎士たちも加わって、アデマールの所領を徹底的に荒らし回ったあげくに、ドローム川沿いのクレストを攻囲した。十字軍の破壊行動の激しさに恐れをなしたアデマールは、交渉を申し出た。

交渉が続いている最中、九月中旬を少し過ぎた頃、シモンは妻アリックスからの手紙を受け取った。ところがシモンは、その手紙は弟ギーからのもので、万事うまく行っていることを伝えたものだと皆に思い込ませた。このお芝居は成功したようだ。アデマール・ド・ポワチエは中立を約束し、その担保として三つの城をシモンに引き渡した。そのうえ、彼の息子に幼いアミシ・ド・モンフォールを娶《めあわ》せる話まで出た。

じつを言うと、アリックスがシモンに伝えてきたのは、軍隊を引き連れてスペインから戻ってきたレモン六世がトゥールーズ市内に侵入し、民衆を蜂起させたという知らせだったのだ。

この事件が起きたのは一二一七年九月十三日、ミュレ陥落からちょうど四年目（正確には一日違い）に当たっていた。一二一六年九月のトゥールーズ略奪以来、市内に非合法の本格的抵抗組織が形成され、伯爵とも密に連絡を保っていたのだ。それはまさに「血盟団」（conjuratio）、誓約で固く結ばれた同盟であった。首謀者の名前が知られている。元市参事会員のユーグ・デジャン、名門の出で有力者のレモン・ベランギエ、それに厳しい弾圧のためにスペインへの亡命を余儀なくされたエムリー・ド・カステルノーである。おそらく、エムリーは亡命先でレモン六世の一行に加わったのだろう。このように、レモン六世のトゥールーズ帰還は周到に準備されていたのであり、シモン・ド・モンフォールのプロヴァンス遠征がこの解放計画を実行に移す絶好のチャンスを与えてくれたというわけである。

レモンは、ピレネーを越えるのに、高地クズランのサロー峠を通ったにちがいない。というのも、彼が作戦会議を開いたのはサン゠リジエにおいてであった。会議に参加したのは、クズラン子爵ロジェ・ド・コマンジュ、フォワ伯の息子ロジェ゠ベルナール、コマンジュ伯ベルナール四世とその息子、彼らの封臣が数名、トゥールーズからの密使たち、あちこちから集まった「残党騎士」たちなどであった。「残党騎士」のなかには、モンセギュール城主夫人の兄ギヨーム・ユノー・ド・ランタもいた。トゥールーズをめざし、ガロンヌ河の左岸に渡ったところで、レモン軍はシモンにコマンジュ防衛を託されたジョリ某の小隊に出くわした。小隊はたちまち撃破され、死傷者も多数出たので、ジョリ某は逃走してしまった。ガロンヌ河の左岸を進んできたレモン軍は、九月十二日、サン゠シプリアン郭外区の城壁前にたどり着いた。トゥールーズの旧市街、ナルボネ城、そしてフランス軍基地は川の対岸にあった。「血盟団」のリーダーたちもレモン六世のもとにやってきた。リーダーのひとりレモン・ベランギエはレモンに「皆はあなたを聖霊のようにお待ちしておりました」と言ったそうである。その夜はじっと動かず、翌日の早朝、川面に漂う濃霧を利用して浅瀬を渡り、バザクル堤を通ってサン゠セルナン町からトゥールーズ市内に入った。つまり、ナルボネ城とは完全に反対側から市内に入ったわけで、城の住人たちはまったくそれに気づかなかった。

勇壮な調べで情感豊かに歌い上げることの多い『十字軍の歌』も、なぜかこの事件については淡々と語っているだけだが、町全体が喜びに沸き上がったことは容易に想像される。民衆はただちに完全武装し、フランス人たち、そして裏切り者たちに襲いかかった。虐殺を免れたのは、うまくナルボネ城にたどり着いた者、あるいはサン゠テチエンヌやサン゠セルナンの寺院境内に逃げ込んだ者だけであった。もちろん、アリックス・ド・モンフォールと代理官ジェルヴェ・ド・シャミニーは、すぐにギーとシモン宛の伝言を書き、使者を送り出した。城の窓からは、トゥールーズ市民が城を孤立させるための土木工事をしているのが見えた。もうじき誰も城から出られなくなるだろう……。それでも、アリックスはなんとか城を抜け出すことができた。ぐずぐずしている暇はなかった。彼女は、援軍を求めるべく、ただちにフランスに向けて旅立った。

九月末までに、レモン六世は市参事会を復活させていた。選挙で参事会員を選ぶ時間がなかったので、レモンが二十四人のメンバーを指名した。彼がよく知っている名門旧家から選んだ。ユーグ・デジャン、レモン・ベランギエも含まれていた。彼はまた、友人ダビッド・ド・ルエの息子のひとりギヨームを奉行に任命した。ダビッドの家系はシモン・ド・モンフォールが召集した法廷に何人かの判事を出していたが、レモンはそうしたことにはこだわらなかった。町の有力者や古い貴族を自分の支持基盤とする必要があったから、彼は和解者、統合者としてふるまおうとしていたのである。しばらくまえから活動している過激市民グループが、この混乱に乗じて、小規模ではあっても社会変革を企むおそれもあったのだ。

もうひとつ緊急にやらねばならないのは、シモン・ド・モンフォールとフランス軍が報復攻撃を仕掛けてくるのは必至だから、それに備えることであった。レモンは市の防衛態勢を固めることを命じ、壊された城壁や塔を再建し、埋められた濠を掘り返した。こうして、トゥールーズは巨大な工事現場と化した。『十字軍の歌』はその様子を生き生きと描いている。貴族、市民、労働者、女、子供、召し使い、誰もが働いていた。活気に溢れ、まるで祭りのようだった。いたるところで歌声が聞こえた。互いに元気づけるためだった。松明《たいまつ》を掲げて夜も働いた。日に日に周辺各地から援軍が集まってきた。かつては十字軍に屈服した領主たち、地下に潜伏した「残党騎士」たちも多くいた。

ローラゲからは、カルマンの領主で元カタリ派助祭のギロー・ド・グルドン、ファンジョーの騎士ピエール・ド・ライーユ、ギロー・ユノー・ド・ランタ、ベルナール・ド・サン＝マルタン＝ラランドなどがやってきた。アルビジョワからは、アルノー・ド・モンテギュ、ペルフォール・ド・ラバスタン、シカール・ド・ピュイローランス。アルマニャックの貴族アルジュー・ド・モンテスキュー。ロマーニュからはアルノー・ド・ロマーニュ。ヴィルミュールからはのちの代理官アルノー・ド・ヴィルミュール。ペリグーからはベルナール・ド・カズナックが一二一四年夏の復讐を遂げるためにやってきた。コマンジュ伯ベルナール四世は、甥のクズラン子爵、ラバルトとサン＝ベアの封臣を引き連れてきた。さらにはリルの領主ベルナール＝ジュルダン、ジメの領主である彼の弟、アジュネ代理官のギヨーム・ド・タンタロン、そしてケルシーからも多数の名門貴族たちがやってきた。トゥールーズはたちまちのうちに兵隊で溢れる塹壕基地となった。

九月二十二日、ギー・ド・モンフォールが同志たちを引き連れてカルカソンヌから到着し、さっそく、サン＝ジャック街の攻略を試みたが、前年同様、バリケードに阻まれ、そのうえロジェ＝ベルナール・ド・フォワが部隊を引き連れて到着したため、退却を余儀なくされた。サン＝テチエンヌ広場に到達するまえにフォワ軍に押し戻されてしまったのだ。ギーはナルボネ城に立てこもろうとしたが、コマンジュ伯の息子ベルナールが城の周辺を固めていたために、それを断念した。結局ギーは、町の外で、兄と本隊が到着するのを待つほかなかった。

「すると石は標的めがけてまっすぐ飛んできて……」

十月のある晩、シモン・ド・モンフォール軍はバジエージュに陣を張った。ギーも合流し、翌日トゥールーズに到着した。町の南側、ガロンヌ河に近いサン＝ミシェル郭外区の果樹園や野菜畑に陣を構えた。そこはナルボネ城と向かい合わせの位置にあった。シモンは外側から包囲を破って城に進入し、そこを住まいとし、また参謀本部とした。陣地の周囲には、濠を掘り、防御柵を築いた。オーシュ大司教の率いるガスコーニュの援軍が到着したが、それと同時に、トゥールーズ軍側でもガロンヌ河の左岸から援軍が容易に町に入り込めることにシモンは気づいた。そこでシモンは、町に通じるふたつの橋の西端に位置するサン＝シプリアン郭外区を封鎖するため、陣を離れた。ところが悲しいかな、サン＝ミシェルを守っていた息子のアモリーは、アラゴンおよびカタルーニャの騎士たち――なかにはミュレの戦いを経験した古参もいた――の部隊を引き連れてやってきたフォワ伯が市内に入るのを阻止することができなかった。サン＝シプリアン攻撃も、トゥールーズ軍の反撃を受け、みじめにも失敗に終わり、シモンの部隊は、半分は舟に乗り、半分は――シモン自身も――上流のミュレの橋を渡って、右岸に戻った。もはや攻囲戦に入るしかなかった。

攻囲は十ヵ月続いた。シモン・ド・モンフォールと同志たちにとって状況はきわめて厳しく、彼らはしばしば失意や疑念に苛まれたはずである。それを考えると、彼らの示した忍耐心と勇気には驚かざるをえない。「この攻囲は十年かかる」――ギー・ド・レヴィはそうつぶやいたそうだ。城壁の長さが半端ではないので、完全な封鎖は不可能であった。そのため、攻囲軍は人員や食糧が町に入るのを阻止できなかったし、そのうえ暖かい季節にならなければ、援軍を期待することもできなかった。

冬は平穏のうちに過ぎた。復活祭――その年は四月十五日だった――を期して、戦闘が本格的に始まった。兵力が潤沢な籠城軍は、立てこもって防御に徹するどころか、何度も城外に出て突撃を仕掛けた。名高いモントリユーの原の戦いのように、開けた土地で敵と真っ向から激突することもしばしばで、ときにはサン＝ミシェルの陣地を急襲することさえあった。そうした戦いで、カルカソンヌのフランス人代理官の息子が命を落とし、またフォワ伯の庶子ルーが負傷した。

五月のはじめ、攻囲軍はアリックス・ド・モンフォールとフルクが率いる大規模な援軍を迎えた。三十人ほどの有力貴族たちで、それぞれ騎馬部隊と歩兵部隊を従えている。シモンは軍の一部を引き連れ、ミュレでガロンヌ河を渡り、河向こうを戻ってきて、サン＝シプリアン郭外区を攻撃した。トゥールーズ軍もふたつに分かれ、半分が町を守り、もう半分が橋を渡り、ロジェ＝ベルナール・ド・フォワの指揮下、郭外区の防衛に当たった。十字軍の攻撃は失敗に終わった。サン＝シプリアンの街路での戦いが長く続いたが、結局、襲撃軍は、ふたつの橋を攻略できないまま、城壁のそとに退却を余儀なくされた。ところが自然の力が彼らの味方をした。滝のような雨が三日間降り続いたため、川が氾濫し、サン＝シプリアンは水に浸かってしまった。水が引くと、シモンは、戦わずして、洪水の被害を受けて誰もいなくなったこの街を占領した。彼は、さっそく、サン＝ジャック施療院を要塞に改造した。しかし結局のところ、戦果はほとんどなかったと言わねばならない。橋が洪水で流されてしまったために、橋を渡ってトゥールーズに進攻するという目論見がすっかり外れたのである。

右岸に戻ったシモンは、正面攻撃を執拗に繰り返すとともに、敵を欺き、不意を襲うためにいろいろ策を弄したが、何ひとつうまく行かなかった。六月二日、騎馬部隊による大規模な攻勢を仕掛けたが、防衛軍が、矢来を守るべく城壁のかなり手前に築いたバリケード、防御柵、濠などに阻まれ、総崩れとなり、多くの死者を出してしまったのを見て、突撃による正面突破は断念し、あらゆる手を尽くして攻囲態勢を固めることにした。まず「雌猫」と呼ばれる巨大な移動長屋を造った。一階には相当数の騎士と工兵を乗せ、二階、三階には百五十人ほどの射手を配置する。移動長屋の建造に取りかかっているところに、ソワソン伯ラウル・ド・ネールが応援にやってきた。ところが六月七日、あるいはその少しまえ、トゥールーズ市内の鐘がいっせいに打ち鳴らされた。レモン七世がプロヴァンス軍を率いて入城したのだ。ボーケールの戦いで輝かしい勝利を収めて間もないこの二十一歳の君主を、トゥールーズ市民は盛大に歓迎した。当時は知る由もなかったが、彼はいずれオクシタンの復讐魂の象徴となるだろう。

六月二十三日、シモンは参謀本部会議を開いた。なんとか突破口を見出さねばならない時期に来ていた。十字軍の士気はかなり下がっていた。北から来た諸侯は、教会と教会が指名した総大将に刃向かう極悪非道な暴徒の群れを討伐すべくやってきたつもりであった。ところが、彼らの前に立ちはだかっていたのは、正統な領主たちとともにすべての市民が命がけで守ろうとするひとつの巨大都市であった。『十字軍の歌』の言葉を信ずるなら——それにしても、詩人はどこからこうした情報を得ていたのだろうか？——のちのアンジュー代理官のアモリー・ド・クラオンはつぎのように言ったそうである。「この戦争はまったく不当である。もしそれを最初から知っていたなら、私は……」。ソワソン伯も、つぎのように言っていたらしい。「そう簡単にトゥールーズを攻略することはできないだろう。そもそも、レモン六世こそ正統な領主なのだから」。そこでシモンは、一ヵ月の猶予をいただきたい、もしそれでだめなら、攻囲を解くことにすると言明したようだ。その翌日六月二十四日の早朝、総攻撃が開始され、「雌猫」、移動櫓、弩砲、投石器、射手を守るための防御柵や楯など、突撃用に建造されたあらゆる機械、道具が投入された。

トゥールーズの城壁や塔には射手、弩兵がびっしり並び、また射石砲の台座が築かれており、攻撃軍も容易には近づけなかった。歩兵隊と騎馬隊がいっせいに突撃して矢来を占拠し、防備を固めたうえで、少しずつ前進した。一日中、矢と弾丸が飛び交った。巨大な「雌猫」が損傷を受け、動かなくなった。日が暮れても、フランス軍は戦いに決着をつけることができなかった。月曜の朝、ふたたび戦いが始まった。今度は防衛軍が先手を打って攻勢をかけ、サン＝ミシェルの十字軍陣地めがけて突進した。フランス軍は防御柵の背後に隠れて待ち伏せし、近づいてきたところを、馬に飛び乗って逆襲した。モントリュー門からモンガイヤール門にいたるまで、血で血を洗う白兵戦が演じられた。

やがてシモン自身がわずかな護衛兵とともに駆けつけ、戦闘に加わった。弟ギーが飛んできた弩の矢が脇腹に当たり、落馬した。シモンが馬から下りて、弟を助けに駆け寄ろうとしたところ、投石器から発せられた砲弾がシモンの頭を打ち砕いた。「すると石は標的めがけてまっすぐ飛んできて、伯の鉄兜を直撃した……」――『十字軍の歌』の詩人は、喜びに沸き立つトゥールーズを代弁して、このように熱っぽく語っている。このときの様子は、ギヨーム・ド・ピュイローランスの『年代記』によっても確認することができる。

二十六日火曜日、ベルトラン枢機卿は、アモリー・ド・モンフォールにたいし、父から受け継いだ称号と領地を正式に認可した。シモンの同志であり封臣でもあったフランス人領主たちも、アモリーにたいしあらためて臣従を誓った。かくして二十一歳の青年騎士が、とつぜん、舞台の前面に押し出されたわけである。運命の皮肉というべきか、父が六年かけて征服したものを、息子はきっかり六年で失うことになるだろう。

七月一日、援軍に駆けつけた諸侯が四十日の軍役を終えるのに先立って、アモリーは新たな総攻撃を仕掛けた。前線に築かれていた防御柵や木製の衝立を焼き払うことには成功したが、出撃してきた防衛軍に圧倒され、攻撃軍は陣地に引き返さねばならなかった。虚勢なのか、愚かなのか、やけくそなのか、アモリーは攻囲を続けようとした。叔父のギーとアラン・ド・ルシーは彼に言って聞かせた。シモンの死によって、敵を打ち破る希望は完全に潰え去った。というのも、敵はこの悲しい事件から新たなエネルギーを汲み取っているにちがいない。決断を下したのは教皇特使である枢機卿であった。今回の攻囲は断念せざるをえないが、今後は十字軍のための説教活動をさらに強化する。いつか強力な軍隊がやってきて、トゥールーズを奪い返すであろう……。

七月二十五日、陣地に火を放ち、攻囲のために建造した機械や道具もすべて焼き払い、ナルボネ城にも火をつけたうえで、十字軍は撤退した。アモリー・ド・モンフォールは、革袋に父の遺骸を納め、軍とともにカルカソンヌに帰って行った。

バジエージュの戦い

シモン・ド・モンフォールの死とトゥールーズ攻囲の失敗によって、ラングドック情勢は一変した。ピエール・デ・ヴォー゠ド゠セルネーは慨嘆している――「多くの土着人、おぞましい背教者、邪悪な裏切り者たちは、アモリーから、教会から、そして神からさえ離反して、十字軍に敵対する徒党を組んだ」。とりわけ、フォワ伯領のパミエ、アルビジョワ地方のロンベール、レスキュールなどの都市では、たちまち勢力が逆転した。アルビの町でさえそうで、しかも司教がそれに加担していたことが判明し、教皇ホノリウス三世は司教を厳しく譴責《けんせき》した。サンチュル・ダスタラック伯など、これまでシモン・ド・モンフォールに屈服していた諸侯も、レモン七世側に付いた。その間、レモン七世と代理官ギヨーム゠アルノー・ド・タンタロンは意気揚々とアジュネ地方を巡回していた。コマンジュでは、伯の子息ベルナールがあちこちの土地を奪還していたし、フォワ伯レモン＝ロジェも、ローラゲ地方で大規模な軍事行動を準備していた。プロヴァンスでは、トゥールーズ家の仇敵で、アモリーが頼りにしていたはずのオランジュ大公が、アヴィニョンの町に残っていた十字軍の応援に駆けつけたところ、逆に住民に捕縛され、生皮をはがれたうえ、細断されてしまった。

こんな状況にあっても恐れを知らないアモリーは、敵の先手を打つべく、味方を糾合するために、アルビジョワ、ケルシー、アジュネを経巡った。ジョリもコマンジュに行き、味方を集めようとしたが、それどころの話ではなく、ガスコーニュ地方の領主たちの反乱に遭遇してしまった。コマンジュ伯の息子が指揮する反乱軍は、マルトル＝トロザーヌ付近で十字軍を襲い撃退した。さらに十字軍がアスタラック地方のメランを攻囲しているところを追撃し、ジョリを捕虜にした。捕虜になったのはほとんどジョリだけで、彼の同志たちは皆、その場で虐殺された。

一二一八年の最後の数ヵ月はこんなふうに、広大な領域を舞台とするチェス・ゲームに終始した。両陣営は、まれに衝突はあったものの、むしろ自分の駒を前に進ませることに精力を注いだ。九月、アモリーはアルビ司教をふたたび味方に付け、さらにモワサック大修道院長に服従を誓わせた。十月、アジュネ地方のゴントーおよびモンタストリュックを再征服し、それからコマンジュに侵攻し、カゼールを攻囲して占領し、住民たちを虐殺したあと、アルノー・ド・マルクファーヴの服従の申し出を受け入れた。クリスマスの頃、母アリックスの呼びかけに応えて六十人ほどの騎士からなる援軍が北からやってきたことに力を得たアモリーは、コルビエール地方に行き、ラグラス大修道院を服従させた。大修道院長が土地の「残党騎士」たちと通じているという情報があったのだ。

その間、レモン七世のほうも、ちょうどそれと同じことをやっていた。一二一九年一月六日にはサンチュル・ダスタラックとともにルエルグ地方のナジャックにいて、トゥールーズ防衛戦で味方となってくれた同志たちに低地ラングドックのあちこちの領地を封土として与える手続きを行っていた。一方、父レモン六世のほうは、ルシヨンに行って伯としての地位固めをしていた。十月、長くレモン家に敵対していたセヴェンヌ地方のアンデューズ家を十字軍から引き離すことに成功した。もっとも、領主であるピエール＝ベルモンはレモン六世の娘コンスタンスと結婚していたのだ。レモンは息子ピエール＝ベルモン――コンスタンスの子であり、それゆえ彼自身の孫である――と交渉し、彼に広大な領地と種々の封権を与えた。十一月には息子レモンの嫁サンシー・ダラゴンを自分の名代としてニームに派遣し、市参事会にたいしシモン・ド・モンフォールがかつて与えた特権を追認するとともに、さらに多くの特権を与えた。

伯領の反対側では、アモリーがマルマンドの町を攻囲中だった。この町には、アジュネ、ケルシー、ロマーニュ、ガスコーニュから、反十字軍勢力が続々と集まっていたのである。ところがその頃、フォワ伯がローラゲに進攻してきた。彼はまず、ふたりの息子ロジェ＝ベルナールとルーとともに、トゥールーズの南東五里〔約二十キロメートル〕のところにあるバジエージュの町に立てこもった。伯配下の騎士ばかりでなく、カルカセスから来た名うての「残党騎士」たちも加わっていた。ジュルダン・ド・カバレ、シャベール・ド・バルベラ、あるいは完徳女ブランシュ・ド・ローラックの娘婿ギヨーム・ド・ニオールなど。フォワ伯から前もって知らされていたので、レモン七世もじきに騎士の一団を引き連れてトゥールーズからやってきた。腹違いの弟ベルトラン、アルノー・ド・ヴィルミュール、ベルトラン＝ジュルダン・ド・リル、ユノー・ド・ランタのギロー、ユーグ、レモンの兄弟、イザルン・ド・モントー、ユーグ・ド・ラモート、さらにはナバラの騎士で元レモン六世のアジュネ代理官のユーグ・ダルファロなどがいた。トゥールーズ市義勇軍の歩兵隊も加わっていた。

フォワ伯とレモン七世の狙いは、アモリーがカルカソンヌに残しているフランス軍を無力化することだった。このフランス軍は、とりわけ冷酷無比な残虐さで人々を震え上がらせているフーコーとジャンのベルジー兄弟の指揮のもとで、ローラゲ地方を荒らし回り、略奪と殺戮を働いていた。こうした襲撃を繰り返している最中に、バジエージュ籠城の知らせが入った。そこでアラン・ド・ルシー、チボー・ド・ノヌヴィル、それにレモン六世を裏切った三人の地元貴族シカール・ド・ロートレック子爵、ピエール＝ギヨーム・ド・セギュレ、シカール・ド・モントーも加わって、フランス軍は、敵を町から追い出すべく、バジエージュに向かった。

フランス軍が近づくと、オクシタン軍はバジエージュを出、エール・モール川の堤で戦闘態勢に入った。前衛にはフォワ伯が、二番手にはコマンジュの部隊が、控えにはレモン七世が付いた。この配置はまったく定石どおりである。しかしその戦法は意表を突くものであった。フーコー・ド・ベルジーの部隊に襲いかかったのは、重装備の騎士たちからなる重騎兵部隊ではなかった。そのかわりに弩射手や投石器や投げ槍を持った兵士たちが馬に乗って突進してきたのだ。この非常に機動力のある軽騎兵部隊は、たちまちのうちに敵を包囲し、四方から攻撃を仕掛けた。そして包囲された敵軍が、あらゆる方向から飛んでくる砲弾、矢、槍でパニック状態に陥り、隊列を崩して右往左往しているところへ、今度は重騎兵部隊が突撃し、トゥールーズ市義勇軍の歩兵部隊がそれに続いた。どんな殺戮戦になったかは容易に想像される。アラン・ド・ルシーとシカール・ド・モントーはうまく逃げたが、ジャンとフーコーのベルジー兄弟は捕縛され、トゥールーズに連行された。ピエール＝ギヨーム・ド・セギュレも捕縛されたが、反逆罪で絞首刑に処せられた。シカール・ド・モントーも捕縛され、おまけに負傷していた。敵軍にいた友人たちが彼を助け上げ、安全なところに連れ帰った。彼はセギュレよりもずっと運がよかった。その後、シカールはギヨーム・ユノー・ド・ランタの妹と結婚したが、ギヨームは、一二二二年十一月、死の間際、妻ゴーダが妊娠中だったため、生まれてくる子供の後見を遺言でシカールに託すことになる。

オクシタン軍からすれば、バジエージュの勝利によって、ミュレの敗北の借りを返したことになる。単に勝ったというだけでなく、ミュレの戦いの裏返しで、まさに知恵と計略で勝ったのである。アモリーと彼の軍は、その後さらに何年ものあいだ、勇敢に粘り強く戦い続けたが、一二一九年春のバジエージュ敗北から、ついに立ち直ることはできなかった。形勢はすっかり逆転したのである。両軍の対決に何らかの超自然力が働いていたとすれば、すでにトゥールーズ攻囲戦でもうかがわれたように、その超自然力はいまやレモン七世に乗り移っていた。かつてシモン・ド・モンフォールにはそうした超自然力が豊かに備わっていたが、残念ながら息子アモリーはそれを受け継ぐことができなかったのだ。それればかりか、父の軍事的天才も息子には伝わらなかった。戦術に関しても、攻守所を変えたのである。

しかし、一二〇九年から一二一〇年の最悪の事態が再来する恐れもじゅうぶんあったのだ。マルマンドの町を攻囲中だったアモリーが、突撃に失敗したあと、バジエージュでの惨敗の知らせを受けて、その攻囲を解こうとしていたところ、六月二日ないし三日に、フランス王太子ルイの率いる大軍が到着した。聖座の緊急の呼びかけに応じたのだ。とはいえ、ルイは十字軍そのものを救うために、つまり異端カタリ派とその共犯者たちにたいする教会の勝利を確実なものにするために、やってきたのだろうか。それとも、土着の君主たちが復権することを見越して、彼らにたいする宗主権を固めるためにやってきたのだろうか。じっさい、レモン六世とレモン七世のフランス王にたいする忠誠心はかなりあやしいものだった。

マルマンド攻囲軍は、ふたたび攻勢をかけ、前線の堡塁を奪取することに成功した。籠城軍を指揮していたサンチュル・ダスタラックは、やむなくルイに交渉を申し入れ、無条件降伏した。サンチュルは、彼自身と仲間たちの助命と引き換えに、町を引き渡すことを申し出た。王太子の参謀本部では、サンチュルの処遇をめぐって意見が分かれた。サントの司教は、サンチュルはアモリーに引き渡すべきで、彼を火あぶりにしようが、絞首刑にしようが、アモリーの自由だと主張した。サン゠ポル伯とブルゴーニュ公は、そんなことをすればフランス軍の不名誉になると言った。オーシュ大司教も、敗北したガスコーニュの領主――同郷人である――を弁護し、彼は異端者であったこともなければ、今回の事件までは、十字軍の公然たる敵であったこともないと付け加えた。フィリップ・オーギュストの代理官であるギヨーム・デ・ロッシュも同意見で、サンチュル・ダスタラックを死刑にするべきではないと言った。結局、彼はピュイローランスに投獄され、のちにフーコー・ド・ベルジーとの人質交換に使われた。

ところが、この寛大処置には恐ろしい裏面があった。マンマルドの町は略奪されたうえ、住民は、年齢も性も問わず、ことごとく虐殺された。ギヨーム・ル・ブルトンは死者五千人と言っているが、めずらしいことにこの数字は妥当である。いかにしても正当化できない蛮行で、一二〇九年のベジエ略奪と同様、戦争を早く終わらせるために、つまりは他の攻囲をやらずに済ませ、無益な死者をこれ以上出さないために、一度だけ残虐な作戦を敢行したという言い訳すら、まったく通用しない。

六月十七日、王太子ルイの軍隊がトゥールーズ市の門前に到着した。枢機卿ベルトランの予言が現実のものになりつつあるようにも思われた。

トゥールーズ、第三次攻囲

レモン七世は、幹部騎士たちと市参事会員を集めて会議を開いた。最重要の問題、つまりどう対処することがもっとも自分たち皆の利益になるかが話し合われた。もう一度トゥールーズを守り抜く力を自分たちが持っていることを誰も疑わなかった。だがペルフォール・ド・ラバスタンは現在の情勢を詳しく分析するとともに、それが封土権の問題にどうかかわってくるかを考察した。アモリーは、たしかに父の爵位と領土の継承を教会から認められたが、フランス王からはまだ認められていない。それゆえ、レモン七世が王に封臣として認めてほしい旨を願い出れば、認めてもらえる可能性はじゅうぶんある。そうすれば、王国と伯領の関係は完全に正常化され、レモン七世はフィリップ・オーギュストの封臣としてこの広大な領地を継承することができる。もちろん、アモリー・ド・モンフォールはすべてを剥奪され、国に帰るしかなくなる。レモンは、ペルフォールの考えにうなずきながらも、自分から先に願い出るつもりはないときっぱり言った。最初に剣を抜いたのも、マルマンドのおぞましい大虐殺を黙認したのも、ルイであり、彼こそ間違っているのだ。レモン七世はただちに防衛態勢を固めた。

『十字軍の歌』は、結局九年に及んだこのトゥールーズ第三次攻囲の話で終わっているが、この部分の記述は、そのまえの攻囲を語る非常に高揚した文章に比べると、まったく精彩を欠いていると言わざるをえない。とはいえ、この部分が貴重な資料にもとづいて書かれていることはたいへん興味深い。貴重な資料と言っても、参謀本部の指令や兵力配備に関する一種の回状にすぎないのだが。それは町の十八に及ぶ要塞拠点――城門、櫓門、そして橋――のリストで、それらの拠点を守り、そこに配備された部隊を指揮する武将の名前が付されている。総計五十九名で、トゥールーズの安泰はひとえに彼らの双肩にかかっていた。傭兵隊の隊長もいれば、アジュネ代理官であるユーグ・ダルファロのような伯領高官もいた。高位貴族たちも混じっていた。たとえばコマンジュ伯の息子、またコマンジュ伯のいとこでサベスの領主、ロートレック子爵ベルトラン、ジモエーズ子爵、ロマーニュ子爵の息子。レモン七世の腹違いの弟ベルトラン・ド・トゥールーズ。さらにはケルシー、アルビジョワ、ペリゴール、ガスコーニュからやってきた諸侯。二年まえにボーケールで戦ったプロヴァンスの貴族までいた。

もちろん、名うての「残党騎士」たちもかなりいた。彼らについては、別の資料から、異端教会との密接な関係が明らかになっている。ギヨーム・ド・ミネルヴ、ジュルダン・ド・カバレ、アルノー・ド・ヴィルミュール、ギヨーム・ユノー・ド・ランタとその親族ギロー、レモン、ジュルダン、さらにペルフォール・ド・ラバスタン、シカール・ド・ピュイローランス、ギロー・ド・グルドン。とはいえ、これらのカタリ派信者の騎士たちがレモン七世軍の大勢を占めているというわけではなかった。むしろ彼らは少数であり、トゥールーズ市民のほとんどがそうだったように、大部分はカトリック信者が占めていた。事実攻囲戦中も、サン゠セルナン教会では聖エグジュペール（四世紀のトゥールーズ司教）の聖遺物を展示し続けている。以上の事実からも、北から来た軍隊にたいする抵抗運動は単なる宗教問題をはるかに超えていたことが、またオクシタン軍は、レモン七世の旗のもとで宗教の違いを超えて、かつてなく一致団結して戦っていたことが、はっきりうかがえる。それゆえ彼らからすれば、十字軍という概念自体が無効になっていることはすでに明らかだった。彼らが直面しているのは、要するに侵略戦争だった。

四十日間の――じっさいには四十日を過ぎていたが――軍役が終わると、王太子ルイは、八月一日、陣地を引き払った。四十五日間の攻囲はまったく無益に終わったが、多少の戦闘もあり、カンブレーの司教が殺された。

それに引き続く数ヵ月、レモン七世と父は、自分たちの優位をさらに強固なものにするとともに、抗戦を通じて形成された一種の神聖同盟をいっそうゆるぎないものにすることに努めた。もちろん、戦争によって疲弊した経済を活性化することも必要だった。そこでレモン七世と父は、トゥールーズ市民にかなり大規模な免税措置を施し、他の領主たち、たとえばサンチュル・ダスタラックなどもそれに倣った。さらにはトゥールーズの商人たちにたいして、コマンジュおよびフォワ伯領をはじめ、ラバスタン、リル＝ジュルダン、モンレアル、ローラックなど、多くの周辺領地で商売するうえでの便宜を図る特許状がつぎつぎに発行された。

とはいえ、一種の理想的な平和が、突如としてこの国を支配したというわけではない。あらゆる戦争がそうであるように、十字軍の六年間は、社会生活をすっかり混乱させ、また人々の考え方を大きく変えてしまった。正当な君主がふたたび国を治めるようになったからと言って、以前の秩序に戻るというわけではなかった。昔から市政の実権を握ってきたトゥールーズの支配層は、この間の一連の事件を通じて、自分たちの力の脆弱性を思い知った。彼らは自分たちの地位の保全を求めた。じっさい一二一九年から一二二二年にかけて発行された特許状の大半は、封建領主の権限を弱めることを認めるものであった。そのうえトゥールーズ市内部の権力構造にも変化が見られるようになり、一二二八年の市参事会選挙では、はじめて商人および職人の階層出身の参事会員が選ばれた。商人がふたり、塩商人、鍛冶屋、旅館経営者が各ひとりずつであった。この傾向は一二二七年の選挙まで見られた。レモン七世がこうした〈民衆〉の政界進出に歯止めをかけ、市参事会をふたたびエリート層によって固めることに成功したのは、皮肉にも、一二二九年、フランス王主導の十字軍に敗れることを代償にしてであった。

カステルノーダリー攻防

ルイがフランスに帰って行ったあと、アモリー・ド・モンフォールはカステルノーダリーに行き、数週間滞在した。おそらく、トゥールーズに集結したオクシタン軍がカルカソンヌを脅かしに来た場合に備えるためである。ひとたび手に入れた領地を失うことを恐れたアモリーは、元教皇特使補佐でいまはアグド司教となっているテディーズと結託し、係争中の領土に関する封土権の取得を急いだ。

レモン六世と息子は、冬のあいだ、多くの封臣からあらためて臣従の誓いを受けるのに忙しかった。さらにフーコーとジャンのベルジー兄弟の略奪行為をようやくストップさせた。彼らはバジエージュで捕虜になったが、サンチュル・ダスタラックとの人質交換で釈放され、ふたたびローラゲ地方を荒らし回っていたのだ。ふたりは戦闘中に捕縛され、ただちに首を刎ねられた。ふたりの首は槍の先に吊るされたまま、トゥールーズに持ち帰られた。

一二二〇年春、レモン七世は十字軍を国から追い出すべく、掃討作戦を開始した。まずはラヴォールに向かったが、十字軍から寝返った地元有力貴族のロートレック子爵シカールが協力を申し出て合流した。このことは、十字軍が崩壊状態にあることが当事者の目にさえ明白になっていたことを物語っているだろう。ラヴォールの城を攻略し、駐屯していたフランス小部隊を皆殺しにしたあと、レモンはピュイローランスを奪取した。フーコー・ド・ベルジーの未亡人が守っていたが、レモンは、ただちに町を退去するという条件で、彼女と守備隊兵士たちの命を助けた。それからカステルノーダリーに向かったが、すでにアモリーは町を退去し、カルカソンヌに戻ろうとしていた。じつはそれは罠だったかもしれない。というのも、トゥールーズ軍がカステルノーダリーの町に入るやいなや、アモリーは引き返し、町を攻囲したのだ。彼の弟ギーは、七月二十日、突撃中に殺された。

市内では騎士レモン・ド・ロクヴィルが、通常の矢か弩の矢に当たって負傷した。熱心なカタリ派信者だった彼は、臨終のコンソラメントを受けることを希望し、兄弟のひとりとモンガイヤール＝ローラゲの領主ギヨーム・ディシュの立ち会いのもとで、ふたりの完徳者からそれを受けた。ちなみにギヨーム・ディシュは、それから二十四年後、モンセギュールで火刑に処せられることになる。これは戦争中のごくありふれた一挿話でしかないとも言えるが、このオクシタン奪還戦争にカタリ派教会がどうかかわったかを明らかにしてくれているという意味で注目に値する。十字軍が放棄した村、あるいは十字軍から力ずくで奪い返した村に、完徳者や完徳女たちが、さっそく、戻って行ったことは疑いない。レモン・ド・ロクヴィルにコンソラメントを授けたふたりの完徳者が、アモリー・ド・モンフォールが退去するとすぐにカステルノーダリーにやってきてすでに住んでいたのか、あるいはレモン七世の軍とともにやってきたのか、それは不明だが、いずれにせよ、攻囲されているこの町には、彼ら以外にもカタリ派教会の代表者が多数いたのである。おもな名前をあげれば、まずギラベール・ド・カストル。トゥールーズのカタリ派司教ゴースランの「大子」で、まもなく司教職を引き継ぐことになる。つぎにレモン・アギュレ、サバルテスの助祭で、のちラゼスの司教となる。こんなふうに、一二〇九年にモンセギュールに難を逃れたカタリ派の指導者たちは、さっそく、十字軍から解放された土地に戻って、教会活動を再開していたのだ。教会活動を再開するというよりも、教会を再建するというほうがむしろ正しいだろう。その任務はおもにギラベール・ド・カストルが担うことになる。一二二二年頃、司教になった彼はファンジョーに戻り、ここにカタリ派司教区の本部を据えた。皮肉なことに、この本部はドミニコ会のプルイユ修道院と目と鼻のところにあった。

ともあれ、ギラベール・ド・カストルとレモン・アギュレの滞在中に、カステルノーダリーが十字軍によって攻囲されたことで、カタリ派教会はかなりの危険を冒すことを余儀なくされた。ベルナール＝オトン・ド・ニオール、ギヨーム・ド・ライーユ、ベルナール・ド・サン＝マルタン、カタリ派信者であり、レモン七世軍にも加わったこれら三人の「残党騎士」たちが、ふたりのカタリ派高位聖職者が町を脱出するのを手伝うことになった。フランス軍の包囲網をかいくぐり、彼らに付き添ってフォワまで行き、そこで有力貴族の信者レモン・サン・ド・ラバに彼らを引き渡した。一行は、ある晩、お忍びでブルボンヌ大修道院に宿泊したこともあった。

アモリーは、八ヵ月ものあいだ、カステルノーダリーの攻囲を続けた。ホノリウス三世は、王太子ルイがフランスに帰ってしまったときから、「平和と信仰の問題」が危機的状況にあることを察知していた。教皇はこうした状況を打破すべく、枢機卿ベルナールの代わりに、やはり枢機卿でポルト司教のコンラドを新しい特使に任命し、ラングドックの高位聖職者たちを聖座の意に従わせるよう求めた。というのも、彼らが十字軍と距離を置くようになっているという印象が日増しに強まっていたのだ。ラングドックの有力諸侯、市参事会、そして一般住民に向けて、教皇はかなり脅迫的な声明を発し、カトリック教会の一体性に立ち返り、異端とその共犯者たちとの戦いに立ち上がるべく、教皇特使に宣誓することを強く求めた。コマンジュ伯とフォワ伯にたいしては、レモン父子の一党から即刻離脱するよう命じ、さもなければ、宗教的にも世俗的にも、最大級の制裁を科すと威嚇した。さらにコンラドはみずからフランスに出かけ、フィリップ・オーギュストに武力介入を要請した。要するにホノリウス三世は、かつてイノケンティウス三世がやったように、十字軍の目的と方法を再定義しようとしたのだ。しかし一二二〇年はもはや一二〇九年ではなく、問題の本質はすっかり変わってしまっていた。誰の目にもこの戦争はいまや完全に政治的な戦いであり、宗教問題は背後に追いやられ、もはや誰の関心も引かなくなっていた。ホノリウス三世は、トゥールーズ市民に一二〇九年のそれに準じた和平の宣誓を求めたが、トゥールーズ市民は、レモン六世の承認のもと、シモン・ド・モンフォールに協力した同国人たちへの報復令を発布することで、それに応えた。

争奪戦

一二二一年二月、アモリーはついにカステルノーダリーの包囲を解き、カルカソンヌに撤退した。レモン七世とロジェ＝ベルナール・ド・フォワは、ただちにアモリーのあとを追った。ふたりがモンレアルまで来ると、市民はみずから市門を開いて彼らを迎え入れたが、シモン・ド・モンフォールの古い同志であるアラン・ド・ルシーが立てこもった城を攻囲しなければならなかった。突撃のさいに深手を負ったアランが自室で死にかけているとき、息子が、命を保証するという条件で、城を明け渡すことに同意した。少なくとも、さまざまな証言を総合するとそのように推測されるが、ただしそれらの証言はかならずしも一致しているわけではない。ともあれ、ベルナール＝オトン・ド・ニオール——ラヴォール陥落のさい、拷問にかけられたエムリー・ド・モンレアルの甥である——というきわめて戦闘的な「残党騎士」が伯父の資産を取り戻した。

これまで詳細な情報を提供してくれていた『十字軍の歌』およびピエール・デ・ヴォー＝ド＝セルネーの『アルビジョワ史』が、ともに一二一九年で終わってしまっているために、オクシタン奪還の最終局面の諸段階がはっきりせず、外交記録やのちの異端審問における証言など、非常に断片的な情報をもとに再構成するほかないのだが、たしかなことは、アモリーとその同志たちへの包囲網がじりじりと狭まってきたということである。一二二一年六月、フォワ伯はリムー、ファンジョー、そしてプルイユを奪還した。プルイユではドミニコ会修道院長に、十字軍からであれ、地元の人間からであれ、これまでに寄進されたあらゆる資産の所有権を保証した。それでもなお、ファンジョーには完徳者と完徳女がつぎつぎにやってきた。かつてカタリ信仰の本拠地であったこの町にふたたび住み、自分たちの〈家〉兼作業場を再建し、おおっぴらに仕事と布教活動を再開することは、まさに彼らの悲願であった。貴族出身では、エスクラルモンドおよびオルブリア・ド・フェスト、シュオー・ド・ランタ夫人、チュルカ・フェラン、アルノー・ド・ヴェルフェイユ、ポンス・ボネ、ギロー・ド・グルドン（彼は完全に剣を捨てた）、ギヨーム・エスピタリエ、ピエール・ボルディエ、ピエール・クルーム（彼は皮なめしの工場を経営していた）などの名前をあげることができるが、ほかにも多数の完徳者および完徳女がやってきて、ファンジョーのカタリ派教会が大々的に復活した。マ＝サント＝ピュエルに仮住まいしていたギラベール・ド・カストルもファンジョーに戻ってきて、「騎士ベルナール＝ユーグ・ド・フェストの館の一角に」〈家〉を建ててもらった。

七月中にブールジュ大司教とリモージュおよびクレルモンの司教に率いられた十字軍の援軍部隊がカルカソンヌに到着した。アモリーはこの援軍の助けを借りて、カルカソンヌに迫った包囲網を破ろうとするかに思われたが、そのかわりに援軍と枢機卿コンラドとともにアジャンに行き、住民たちの忠誠を取り付けようというおかしなことを思いついた。八月一日、彼はアジャンの市参事会にたいし保護条例を交付したが、それも空しく、アジャンの市民は、八月末までには、レモン七世にふたたび服従を誓い、レモン七世も彼らに大赦を与えた。

それから数ヵ月は睨み合いの小康状態が続き、その間、トゥールーズでは、法律上のさまざまな問題、とりわけ市参事会員の選挙方式の整備改革に追われた。一二一八年に始まった動きはすっかり定着していた。古くからの名門を押しのけて、職人階級の参事会員がますます増えるばかりだった。この現象には何らかの因果関係があったのだろうか。ともあれ、市参事会はますます伯の権力からの独立の度合いを高め、参事会員選挙にたいする伯の介入権をすべて否定する姿勢を示すとともに、現役参事会員の近親の被選挙資格を停止する条例を制定して、過去によくあったように、少数の名門家族によって市の権力が独占されることを防ごうとした。一二二二年の最大の動きは、土地の大小の封建領主からの独立を保障する新たな特権がトゥールーズ市民に与えられたことであった。そこにうかがわれるのは、権力の旧構造からの脱却を切に願う市参事会の政略である。

一二二二年三月二十七日、ジェヴォーダンの上位領主権を復活させるべく当地に赴いたレモン七世は、その帰途、モワサックに立ち寄り、住民に赦免状を与えるとともに、市の慣習法を追認した。それによって、二年まえにアモリー・ド・モンフォールから強いられた服従の誓いが無効とされたのである。

高地ラングドック、ケルシー、アジュネの征服を断念せざるをえなくなった――これらの地方でまだフランス軍が駐屯している町は、わずかにロト川畔のペンヌとガロンヌ河畔のヴェルダンだけになっていたようだ――アモリーは、カルカソンヌ子爵領の支配を固めるべく、領内の貴族たちに封土を分け与えることにした。とりわけ、まだ彼に忠誠心を示しているシカール・ド・モントーには、かつてシカール・ド・ローラックがローラゲ地方に有していた広大な領地を与えた。しかし、この贈与はまったく形ばかりのものだった。というのも、シカールの主たる相続人は、彼の甥の息子ベルナール＝オトン・ド・ニオールだったのであり、しかもこのとき、ベルナール＝オトンはこの領地全体を武力によって取り戻しつつあったのだ。一二二二年春、今度はビテロワ地方の住民が蜂起した。すでに二年まえにも、ベジエの司教が住民に糾弾され、ナルボンヌ大司教のもとに難を逃れたことがあった。今回の反乱はビテロワ全域に広がり、さらにミネルヴォワにも波及した。教皇特使コンラドはやむなく、この反乱に加わってナルボネ地方の教会領を徹底的に破壊・略奪しようとした三十あまりの町に破門を宣告した。

実質的な支配地域がほとんどカルカセス地方だけとなったアモリーは、どうにも身動きが取れず、独力ではこの窮地を脱することができないことを覚《さと》った。フィリップ・オーギュストは、一二〇九年以前と同様、聖座の訴えに耳を貸そうとしなかった。そこでアモリーは、フランス王に自分から働きかけようと思いついた。もし征服地をすべて王に捧げるなら、王としてもそれらの土地を守ろうという気になるだろうし、すでに失なっている土地も取り戻してくれるかもしれない。五月、アモリーは王にこの計画を伝えるべくニームとベジエの司教を派遣した。ホノリウス三世もこの計画を強く支持した。

レモン七世は、このアモリーの計略を察知したのだろうか。ともあれ、当時モンペリエに滞在中だった彼もまた、六月十六日、王に書簡を送り、聖ローマ教会の統一性に立ち返ることを誓ったうえで、自分を封臣として受け入れてくれるよう、王に懇願した。つまりそれは、全領地をフランス王家の封土にしてもらうことで、自分をトゥールーズ伯として正式に認めてほしいという意思表示であった。もしそれに王が同意するなら、アモリーは完全にラングドックから締め出されることになり、また王自身がこちらに戦争を仕掛けてくるおそれもなくなる。このやり方は、三年まえに、ペルフォール・ド・ラバスタンが示唆したものだった。

こうしてフィリップ・オーギュストは、十字軍が制定した新法にもとづいて「合法」とされた領主から領地を引き継いだうえで再征服戦争にみずから乗り出すか、あるいは「正統な」領主の宗主となるか、という選択を迫られたことになる。後者を選択した場合、聖座との関係がぎくしゃくするだろう。というのも聖座からすれば、くだんの領主は異端の手先であり、しかも破門を宣告されているのだ。王がいずれの解決策をも拒否したのは、ある意味でとうぜんである。

レモン六世は、一二二二年夏のこうした外交的駆け引きの顚末を知ることはなかったろう。トゥールーズの友人ユーグ・デジャン宅で病に倒れ、そのまま八月中に亡くなった。エルサレム聖ヨハネ騎士団の騎士たちがその死を看取った。というのも、トゥールーズ大攻囲戦の最中に作成した遺言により、レモン六世がこの騎士団への入団を表明していたからである。遺体は騎士たちに引き渡されたが、故人が教会から破門されていたため、墓地に埋葬することができず、棺は回廊に置かれたままだった。享年六十五。残された后エレオノール・ダラゴンはユゼス近くのヴァルボンヌ・シャルトル会修道院に隠遁した。

レモン七世の即位式は、九月二十一日、サン＝ピエール＝デ＝キュイジーヌ教会で行われた。興味深いことに、臣従の誓約を新たに取り交わす儀式に立ち会った多くの参列者のなかに、シカール・ド・モントーの姿があった。彼もついにアモリーを見限ったのである。

さらに数ヵ月が過ぎた。アモリーとレモンが夏のはじめに伝えてきた提案のいずれにも、あいかわらずフィリップ・オーギュストは正式に答えようとはしなかった。十二月、教皇特使コンラドは王に書簡を送り、アモリーの提案を繰り返した。一二二三年春、フォワ伯レモン＝ロジェは、彼もまた死ぬ直前であったが、十字軍元帥ギー・ド・レヴィからミルポワを奪還した。ミルポワは、シモン・ド・モンフォールの同志が保持する最後の大領地であった。伯は、早くも三月二十七日には、パミエの城でミルポワの十二人の共同領主たちから臣従の誓いを受けていたが、そのときにはまだ、彼らはみずからの領地をすっかり取り戻していなかったらしい。伯のもとにやってきた共同領主としては、もちろんピエール＝ロジェ・ド・ミルポワが筆頭にあげられるが、ほかにその弟のイザルン・ド・ファンジョー、いとこでレモン・ド・ペレイユの弟でもあるアルノー＝ロジェもいた。

ミルポワが奪回されると、地下に潜伏していたカタリ派助祭レモン・メルシエが姿を現し、ファンジョーなどと同様、完徳者および完徳女たちも戻ってきて、〈家〉を再開した。十字軍が来る以前には、ミルポワだけで五十もの〈家〉があったのだ。

五月一日になってようやく、ベジエにいた教皇特使は、フランス王が、アルビジョワ問題を討議するための会議をムランで開催すべく、高位聖職者および有力諸侯を召集したという知らせを受け取った。教皇特使は、さっそく、王にたいし、すぐにもラングドックの救援に駆けつけていただきたいと手紙で訴えた。ラングドックの地では異端が驚くほど急速に勢力を挽回しており、教会と信仰が重大な危機に陥っていると特使は書いている。アモリーも王のもとに直接出向き、征服地をすべて王に捧げるという提案を繰り返したが、王は重い病気に罹っているようだった。ムランの会議がほんとうに開かれたかどうかすら知られていない。一方、コンラドはサンスに公会議を召集し、七月九日に開催された。当時パシー＝シュリュールにいた王は、会議に自分も出席すべく、会場をパリに移すことを要請した。しかし王はパリに向かう途中、七月十四日に亡くなった。公会議でもほとんど何の成果もなく、いまや王となったルイが、父が遺言で教会に寄進するために残しておいたお金の一部を十字軍のために使うと約束したのがせいぜいだった。

アモリーは、リモージュ司教と新規に集めた十字軍部隊とともに、カルカソンヌに戻った。アモリーは部隊を集め、その兵士たちに俸給を払うために、イル＝ド＝フランスにある自分自身の領地を抵当に入れたのである。カルカソンヌに戻ったアモリーは、教皇特使とともに、ペンヌ＝ダジュネに閉じ込められた部隊を救出に行き、難なくそれに成功した。とはいえ教皇特使は、もはや十字軍は本格的な戦争には耐えられないことを察し、休戦交渉に入ることにした。かくして、レモン七世とアモリーがカルカソンヌで会見し、ふたりは伯城の同じ部屋に泊まりさえした。ふたりの若者は大いに冗談を言い合ったと伝えられている。しかし実際には、休戦はほんの一時で、この会見の具体的な成果は何ひとつなく、それぞれがふたたび武器を取ることになった。

秋になると、一二〇九年の敗残の将の息子レモン・トランカヴェルが、亡命していたカタルーニャから戻ってきた。彼は苦もなく相当数の同志を集めた。彼はすみやかにアルビを掌握したようである。というのも、彼はアルビの徴募兵を率いてロンベールを攻囲したのだ。さらにコンク、ロール＝ミネルヴォワ、ほかにも数多くの町や村を味方につけたうえで、カルカソンヌ攻囲中のロジェ＝ベルナール・ド・フォワおよびレモン七世に合流した。

　アモリーと最後に残された同志たち――叔父のギー、レヴィ元帥、ランベール・ド・チュリー、ほかに二十人ほどの諸侯、というのも、それ以外の六十人ほどはアモリーを見限り、国に帰ってしまったのだ――は力尽き、資金や物資も底をついてきた。これまでアモリーを支えていたナルボンヌ子爵も、ついにレモン七世に忠誠を誓って、彼を見はなしたことから、アモリーは大司教に助けを求めた。大司教は、教会のもっとも豊かな領地を抵当に入れて、アモリーがまだわずかに残っている騎士たちに俸給を支払うための資金を捻出してくれたが、あとの祭りだった。すでにアモリーは万事休すの状態にあったのだ。

　一二二四年一月十四日、アモリー・ド・モンフォールは、カルカソンヌ旧市街を下ったオード川の堤にオクシタン軍が設営した陣地で、トゥールーズ伯およびフォワ伯の立ち会いのもと、降伏条約に調印した。翌日、アモリーは同志たちとともにフランスへの帰途についた。十五年の戦いを経て、「アルビジョワ」十字軍はついに敗退したのである。

第十章　王の十字軍

聖座に残された道はふたつしかなかった。勝負を諦めるか、ゼロからやり直すか。アルノー・アモリーは、ニーム、ユゼス、アグド、ベジエの司教たちの協力を得て、長い報告書を作成し、一二二四年一月二十三日、モンペリエからフランス王ルイ八世に送ったが、この報告書を読むと、教会がアモリー・ド・モンフォールの敗北をどう解釈しているか――あるいは都合よく解釈するふりをしているか――がよく分かる。つまりこの敗北は、侵略軍にたいするオクシタン諸侯の軍事的勝利というよりも、異端の勝利にほかならないというわけだ。「ファラオンの竜たちがモーセの竜を呑み込んでしまったように思われます。ローマ教会の説教活動と殿のお力によってナルボンヌおよび周辺の地から一度は追い出された不浄の霊が、魔法のごとく、他の七匹の〈獣〉を引き連れ、かつて追い払われた棲家に舞い戻ってきたのです……」。

まさに黙示録的な美文調だが、とはいえ、この年老いた大司教はまったくうそを言っているわけではなかった。戦争が終わって、ふたたび姿を現したカタリ派は、以前よりも強力だった。一二〇九年から一二一〇年にかけて、完徳者および完徳女の多くが火刑に処せられ、大きな打撃を蒙ったが、新しい世代がその信仰を受け継いだのである。トゥールーズのカタリ派司教区ばかりでなく、この異端教会全体にとって、力強いリーダーとなったのがギラベール・ド・カストルである。高い教養とカリスマ性を兼ね備えたこの男は、十字軍からの解放とそれがもたらす希望や高揚した市民感情を巧みに利用して、カタリ信仰をいっきょに広めようとした。

ファンジョーを拠点に、ギラベールはローラゲ地方の全域を経巡り、ときにはもっと先まで足を延ばして、一般信者に説教し、臨終のコンソラメントを授けるとともに、いたるところで復活している完徳者および完徳女のコミュニティを訪れ、教区網を再組織し、さらには地方貴族層との意思疎通を図った。周知のとおり、カタリ派聖職者の多くは地方貴族の出であり、一般信者に関しても、この階級が目立って多い。ギラベールは、トゥールーズに来ると、市の有力者たち、そして代々にわたって異端信仰に好意的な名門貴族たち、たとえばアラマン・ド・ルエなどと会見した。一二二三年のある日、ギラベールは、サバルテスの助祭レモン・アギュレとともに、フォワ伯の義父であるカステルボン子爵およびクズラン子爵と会談したが、しかもその場所は、ミルポワ近くのベネディクト会マンス修道院長宅であった。十字軍以前のように、ふたつの宗教の事実上の「共存」状態に戻りつつあったのだろうか。トゥールーズ伯自身が異端に加担していたとは言わないまでも、彼の取り巻きの貴族たち、あるいは役人たちが便宜を与えていたことはじゅうぶん考えられる。一二二五年、ギラベールがカステルノーダリーに滞在した折、宿泊したのは、当時レモン七世の代官でその後代理官となるポンス・ド・ヴィルヌーヴの邸宅であった。

しかもこのカタリ派司教は、教会の精神的再建を遂げるうえで、有能な協力者に恵まれていた。たとえば、助祭のベルナール・ド・ラモート——彼はじきに司教の「大子」つまり後継者となる——は、一二二二年、モントーバンを起点に、大巡行を行った。三年以上にもわたってラモートは、低地ケルシー、トゥールーズ、ローラゲ、そしてフォワ伯領の一部を回って布教に努めたが、モンセギュールにも行っている。この長い巡行の途中、一二二六年のはじめには、カルカソンヌとリムーのあいだにあるピュスを訪れている。ギラベール・ド・カストルが、教会運営の重要な課題を検討すべく、この町で公会議を開いたからである。その結果、カタリ派教会は、運営管理の円滑化のために、第五の司教区となるラゼス司教区を開設することになり、初代司教としてブノワ・ド・テルムが選ばれた。おそらく彼は、コルビエールの有名な「残党騎士」で一二一〇年にシモン・ド・モンフォールに捕らえられたレモン・ド・テルムの兄弟である。さらに「子」として、サバルテスの助祭レモン・アギュレと十字軍以前からカバレの完徳者であったポンス・ベルナルディが任命された。

もちろんホノリウス三世も、こうした事態になるまで、手をこまぬいていたわけではない。一二二三年十二月、アモリーが降伏する三週間まえ、まだ十字軍を救うことができると思っていたのだろうが、教皇はフランス王に書簡を送り、戦いに加わってくれるよう懇願している。国王ルイは、国内の高位聖職者および有力諸侯の意見を徴したうえで、あくまで慎重な態度を崩さなかった先王とは違って、みずから「アルビの国」に赴くと約束した。翌一二二四年一月末、ルイは教皇に覚書を送り、自分が戦いに加わる条件として九ヵ条を挙げているが、その文面は冷静かつ威圧的であった。王は教会にいろいろ注文をつけるとともに、教会に要求すべき政治的、法律的、財政的保障を一方的に定めている。とりわけ王は、「征服地」の所有権が完全かつ永久に王とその相続者に帰することをあらかじめ正式に認めるよう、聖座に強く要求した。もちろんそれは、今後生じうる領土問題に聖座が介入する口実を「あらかじめ」完全に封じておくためであった。

そのさい、フランス王はアモリーを巧みに利用した。アモリーがフィリップ・オーギュストにたいして一二二二年に行った「征服地」をすべて贈与したいという申し出、これをフィリップ・オーギュストはそっけなく断ってしまったが、この申し出をあらためて受け入れようというわけだ。教皇および教皇特使コンラドからの最近の書簡でアモリーの申し出が繰り返されていたことも、好都合だった。王がこの申し出を受け入れることは、「アルビの国」の再征服に赴く道義的義務を負うことを意味する。この国は、今後、王の直轄領になるのだから、それはとうぜんのことである。しかし二月に取り交わした贈与契約書には、ひとつの条件が明記されていた。つまり聖座が王の覚書を承認することとである。

条件付きとはいえ、アモリーの贈与を受け入れ、「アルビの国」遠征を約束したことは、明らかにフランス王家の方向転換を物語っている。父王の慎重な態度から一転して、ルイ八世が積極介入の姿勢を示したのはなぜか。それにはいくつかの理由が考えられるだろう。非常に信心深い后ブランシュ・ド・カスティーユの影響もあって、ルイは異端をことさらに憎んでいたのだろうか。あるいは、フランス王国に地中海貿易の拠点となるべき〈窓〉を開けたかったのだろうか。じっさいこれまで、地中海の主要な港はすべて神聖ローマ帝国の領地内にあった。それともまた、「アルビの国」を直接統治することが、となりのアキテーヌからイギリス軍を追い出すという宿願を実現するための重要な決め手になると考えたのだろうか。

王の思惑はともあれ、ホノリウス三世はルイの脅しに屈しなかった。王から送られた覚書には、教皇がどうしても受け入れることのできない要求があった。王は、ブールジュ、ランス、サンスの大司教をみずから指名することを望んでいた。これらの高位聖職者たちが十字軍派遣の精神的指導の役割を担うという理由からである。しかも王は、このうちブールジュ大司教を教皇特使に指名するよう聖座に要求していた。王はホノリウス三世に取って代わろうとしているばかりか、教皇が最近特使に任命し、一月三十一日、レモン七世にもその任命を伝えたサンタンジェロ枢機卿ロマーノ・フランジパーニを解任するよう圧力をかけたりもしている。そのうえ、覚書に記されている法律条項も、聖座の権益を大きく損なうものだった。これまで聖座は十字軍から税金や領地など多大な利益を得ていた。シモン・ド・モンフォールが教会のために定めた一戸当たり三ドゥニエの年貢、抵当として教会に帰属した城、あるいはプロヴァンス侯爵領やメルグイユ伯領のような教会が接収した領地、これらすべては、もしフランス王が「征服地」の絶対の主となり、聖座にはまったく監督権がなくなるとすれば、いったいどうなってしまうことか。

そこでホノリウス三世は、ルイにこうした要求を撤回させるべく、今度はこちらから脅しをかけようとした。教皇にこの脅しを唆《そそのか》したわけではないにしても、その口実を与えてくれたのはレモン七世であった。とうぜんのことながら、王の軍事介入をなんとか回避しようとするレモン七世は、一月中、四人の特使を聖座に派遣し、ホノリウス三世に教会への絶対服従を申し出た。それを受けて、四月四日、ホノリウスは王にたいし、目下、聖座はレモンと和平交渉中であるから、「アルビの国」までわざわざ遠征していただくには及ばないと伝えた。聖座としては十字軍の贖宥を撤回する。というのも、十字軍は目的を失い、法的にも不可能になっている。教会に従順な「息子」を攻撃するわけにはいくまい……。その一方で、レモンが誠意をもって完全に服従するようになるまでは、いつでも介入する用意があるという姿勢を示し続けることも求めている。しかしルイは、この手紙の行間から、教会と伯が和平交渉中であるということは、いずれレモン七世は良きキリスト者として公に認められるだけでなく、「アルビの国」の唯一正当な領主として認められることになるだろうと察したにちがいない。もしそうなったら、アモリーによる「征服地」の贈与はまったく無効となるだろう。もちろん、王が二月の覚書の条項にあくまで固執したとしての話だが……。

ホノリウス三世は、自分が優位に立ったと思ったにちがいない。ところが王は、教皇がおそらくまったく予想しなかったような態度に出た。レモン七世を脅し続ける熱意を失った王は、五月五日、枢機卿コンラドに教皇への返書を託した。その内容は、教皇が王の要求を受け入れてくれないので、王はこの問題からいっさい手を引く、教皇がレモン七世との和平を望んでいるのであれば「お好きなように」、ただしひとりでやってほしい、王はレモンに圧力を加えるようなことは差し控える、というものだった。王が唯一要求したのは、どのような事態になろうとも、王の上位領主権にはいっさい手を触れないということだった。

教皇は、レモン七世との和平交渉を急ぐ理由のひとつとして、皇帝フリードリヒ二世が聖地十字軍を絶対に優先すべきことを要求しているので、アルビジョワ十字軍のほうは二の次の問題になってしまったと言っているのだが、まったく不可解としか言いようがない。要求と策略と脅迫が入り混じる、こうした王と教皇との奇妙な駆け引きは、結局のところ、異端とその共犯者と目されている人々を利するだけであった。

カルカソンヌに居を定めたレモン・トランカヴェルは、言うまでもなく、父祖から伝わる子爵領をすでに奪還していた。一二二四年二月には、ジュルダン・ド・カバレとピエール・ド・ロールをその奉行に任命している。ところで、三月二十一日、司教ギー・デ・ヴォー゠ド゠セルネーが亡くなった。するとベルナール゠レモン・ド・ロクフォールが独断で司教の座に舞い戻った。周知のとおり彼は、親戚にカタリ派信者がおり、また彼自身も異端に寛容であったことを理由に、一二一一年、イノケンティウス三世によって司教を解任させられていたのだ。同じ頃、彼と姻戚関係にあるカルカセスのカタリ派司教ピエール・イザルンがカバレに司教座教会を開設した。

一方、レモン七世は彼の封土権の整備を完了した。十字軍にすっかり肩入れしていたカオール司教ギヨーム・ド・カルダイヤックが、同市にある広大な所領を直接ルイ八世に封土として捧げてしまったのを別にすれば、ケルシー以外のすべての土地の上位領主権およびアルビでかつて所持していた諸権利を、レモンは完全に取り戻した。四月にはアグドを武力で威嚇し、司教テディーズから市の領主権と付近のいくつかの城を奪い取った。ただしレモンはすぐに考え直し、アルノー・アモリーの圧力もあって、アグド子爵領を封土としてテディーズに返している。とはいえ、自分の上位領主権は残したままだった。

モンペリエの誓約

一二二四年に行われていたこのゲームにおいて、当事者たちはそれぞれの役割をしっかり演じていたようにも見える。王とすれば、レモン七世と教会の和解を阻止するほかなかった。というのも、もしこの和解が成立してしまえば、教会の負担で、しかも教会の祝福を受けながら、「アルビの国」を征服しに行く理由づけがまったくなくなってしまう。ひとつには、それを王にたいする圧力として使えるからであり、また万が一王の十字軍が行われない場合、この和解によってアルビジョワ問題の解決の糸口を見出すことも可能だからである。とはいえ、この問題はこのまま放置しておくわけにはいかず、いつかは最終的に解決させなければならないのだ。

アルノー・アモリーは、六月三日、モンペリエに、レモン七世、ロジェ＝ベルナール・ド・フォワ、そしてレモン・トランカヴェルを召集した。三人はいずれも、一二〇九年の和平宣誓にのっとって教会への恭順を誓ったが、レモンは、伯領内でシモンおよびアモリー・ド・モンフォールが署名したすべての証書、聖座が彼らに譲渡したすべての封土、さらにはフィリップ・オーギュストが一二一六年にシモンに認めた伯領の封土権、これらをすべて破棄することを要求した。七月十一日、ホノリウス三世は、レモンの要求を受け入れたうえで、八月二十二日にモンペリエで公会議を開くことを宣告した。

これにたいして、アモリー・ド・モンフォールが激しく抗議した。彼はモンペリエに集まった高位聖職者たちに書簡を送り、教皇がフランス王の覚書に同意していない以上、「アルビの国」はまだ王の所有に帰してはいず、それゆえ、自分アモリー・ド・モンフォールが依然としてトゥールーズ伯、ナルボンヌ公、そしてベジエ、カルカソンヌ、アルビ、ラゼスの子爵であると主張した。そのうえ秩序回復のために、フランス王はいつでもアルビジョワに軍を派遣する用意があるとアモリーは断言した。

公会議は教皇の指示に従い、アモリーの抗議を無視した。二十三日、レモン七世は、教会と和解すべく、アジャンおよびニームの司教との訴訟事件に決着をつけた。二十五日、レモン七世、ロジェ＝ベルナール・ド・フォワ、レモン・トランカヴェルは、教会にたいし、傭兵をすべて解雇し、聖職者から奪った財産を返却するとともに、異端を弾圧し、カトリック信仰の統一を守るべく全力を尽くすことを正式に宣誓した。二十六日、レモン七世は、アグド問題でテディーズと合意した。こうして三人のオクシタンを代表する貴族たちが教皇からじきじきに罪の赦しを受けるための段取りがすべて整ったことになる。アルル大司教を団長とする使節団が結成され、モンペリエの誓約を伝えるべく、ローマに向かった。

モンフォールの率いる十字軍の結末が、こんなことになるとは誰が予想しただろうか。現地十字軍が、軍事面において完全に敗北したところだというのに、十五年の長きにわたって激しく抵抗し続けた異端の共犯者たちが、フランス王の軍事介入をほのめかされただけで、とつぜん、悔悛と恭順の意を示した。しかもそれによって、これらの共犯者たちは、十字軍によって合法的に没収された地位と財産を、ほかならぬ教会の決定に従って取り戻すことができたのだ。十字軍には当初から占領した土地はすべて占領者のものになるという原則があり、それがこの聖戦の原動力だったわけだが、この大原則があっさり否定されたのである。たかだか三人の貴族から和解の誓約を引き出すのに、十五年に及ぶ遠征、攻囲、焼き討ち、虐殺、これほど多くの苦しみ、これほど多くの死者が必要だったというのだろうか。一二〇九年、彼らの父たちはこの和解の誓約に署名することを拒否したのだ。あるいはレモン六世のように、いったんは同意しながら、あとで裏切る場合もあった。

ホノリウス三世は、この三人の男の口約束だけで安心してしまうほど盲目だったのだろうか。彼らは福音書にかけて誓ったとはいえ、にわかにカトリック信仰を奉ずる彼らのポーズはどう見ても疑わしかったはずである。彼らにしても、教皇が口約束だけで満足するだろうと思うほどにナイーヴだったのだろうか。じつのところ、彼らは罠にはまったのだ。

ルイ八世は、夏のあいだ、イギリス王ヘンリー三世の支配下にあるポワトゥー地方に遠征していた。ルイはラ・ロシェルの奪還には成功したが、ボルドーは断念した。この遠征からの帰途、おそらくは十一月、彼はモンペリエの一件を知った。八月二十五日の誓約が王の目論見を阻害するものであることは明らかだった。ルイはただちにギー・ド・モンフォールを使者としてローマに派遣した。ギーは、教皇庁がオクシタン諸侯の教会との和解の手続きを急いでいないことを確認した。高位聖職者の多くが、彼らを強く警戒していた。彼らの約束が口先だけのものであり、彼らには異端と闘う意志など毛頭ないことをよく知っていたのだ。

事態は進展を見ないまま、数週間が過ぎた。ようやく一二二五年二月十三日になって、教皇はサンタンジェロ枢機卿をアルビジョワ問題担当の全権特使として派遣したと発表した。フランス王がさきに教皇に送った覚書中のブールジュ大司教を特使に任命することを要求する条項を拒絶するのに、これほどあからさまなやり方はほかになかっただろう。もちろん、フランス王がブールジュ大司教にこだわったのは、サンタンジェロ枢機卿ロマーノ・フランジパーニよりも自分の意が通じやすかったからであり、だからこそまた、教皇は拒否したのだ。ロマーノ・フランジパーニの最大の任務は王に決断を迫ることだった。両者は長く困難な議論を重ねた。五月にはパリで、六月にはトゥールとシノンで。最終的に、十一月にブールジュで公会議を召集することが決まった。レモン七世、それにアモリー・ド・モンフォールも召喚された。この公会議からは、必然的につぎのいずれかの結論が出てくるだろう。オクシタン諸侯が赦免され、教会との和解が成立するか、あるいは王の十字軍が始まるか。もちろん、教皇特使と王のあいだでは、議論の方向性と結論はあらかじめ決まっていたのだ。

ブールジュ公会議

公会議は一二二五年十一月二十九日に始まった。百二十三人の司教、五百二十人の大修道院長、そして十四人の大司教が出席した。ただし、大司教には目立った欠席者がひとりいた。アルノー・アモリーで、彼は二ヵ月まえに亡くなったのだ。この年老いた高位聖職者にとっては、むしろ幸運だったかもしれない。異端の共犯者との戦いにあれほどの情熱を傾けたあげくに、その仕上げとして、レモン七世と教会の和解のために、そして和平のために、誠心誠意、尽力したのだった。ところが、ブールジュで行われたことといえば、正義の否定、さらには裏切りでしかなかったのだ。

レモンは、モンペリエで行った誓約を会議の場でもう一度繰り返したうえで、サンタンジェロ枢機卿にたいし、誓約書にある傭兵隊、異端、カトリック教会の権威回復等の条項を自分が忠実に履行していることを証言してくれるよう要請した。そのうえでレモンは、赦免を懇願し、自分が過去に犯した過ちに課されるいかなる悔悛の業も甘んじて受けることを誓った。まるで一二〇九年六月のサン＝ジルにいるかのようだ。

それにたいして公会議は、喜んでレモンに赦免を与えたいと思うが、それにはひとつの条件があると答えた。その条件とは、レモンが自分のすべての領地を放棄する、しかも自分だけでなく、後継者のためにも、それを取り戻すことを永久に断念する、というものだった。それはつまり、レモンの廃位を宣告することにほかならず、十年まえ、ラテラノ公会議が彼の父親に下した宣告とまったく同じである。しかしレモンが自分の領地を放棄するなどということは、レモン自身の約束でも、一二二四年六月のモンペリエ公会議においても、さらには八月二十五日の誓約でも、一言も触れられてはいなかった。それどころか、教皇は、七月十一日、シモンおよびアモリー・ド・モンフォールに譲渡され、また授与された領地権をすべて取り消すことに同意しているのである。そもそも、レモンがその誓約のなかでナルボンヌ公爵、トゥールーズ伯爵、プロヴァンス侯爵の称号を使うのを教会側が容認したということは、これらの領地の所有権を認めたということではなかったか。いかに教会といえども、レモンに赦免を与えるのに、これほどの無理難題をふっかけたことはかつてなかった。教会への忠誠を誓い、和平の誓約をした者にたいし、誰ひとりとして、一二〇九年の教皇特使も、またシモン・ド・モンフォールでさえ、その全領地を取り上げるというような酷い仕打ちをしたことはなかった。ブールジュ公会議は、要するに計略でしかなく、教会が強い立場にあり、主導権を握っていることを誇示するための舞台にほかならなかった。教会の方針はずっとまえから決まっていた。つまり十字軍の再開であり、和平ではなかったのだ。これまで教会がそれを隠していたのは、レモン七世を油断させるためであり、またフランス王に「アルビの国」が自分の手から逃れていくという不安を抱かせ、その不安を王との駆け引きにうまく利用するためであった。

レモンは公会議の要求を拒否し、和平の手続きは中断した。つまり、レモンは教会の赦免を受けられなくなったのだ。それによって、彼の全領地は略奪者の餌食として晒されることになる。

かくして、ルイ八世が「アルビの国」の領主として君臨する道が開かれたわけだ。現領主はもはや簒奪者でしかないのだから、それに取って代わることに何の不都合もなく、とうぜん、教会の同意も得られるはずである。公会議は、形ばかり、王の介入を正式に要請することを決定した。しかしとうぜんながら、十字軍であるかぎり、王の派遣部隊は聖座の軍にほかならず、聖座は、今後五年間、フランス国内の教会収入の十分の一を軍事費に当てることで、特使の監督のもと、十字軍のあらゆる企てにおいて主導権を握ることになった。第一次十字軍が壊滅したあと、第二次を始めるのに、二年かかったことになる。

そのうえ、新たな十字軍を組織するうえでの法的・財政的条件を整えるのに、さらに半年かかった。十字軍への参加を呼び掛け、軍隊を動員する。また王が全面的に介入するからには、イギリスとアラゴンから中立の確約を得ることによって、万全を期さねばならなかった。

一二二六年一月二十八日にパリで開いた議会で、王は正式に十字軍参加を表明した。出席した封臣たちは王の決断を称賛し、援助と忠誠を誓った。議決書に印を押したのはブルターニュ公、ブルゴーニュ、シャルトル、ドルー、ヴァンドーム、サン＝ポルの諸伯、大元帥マチユー・ド・モンモランシー、アンゲラン・ド・クーシー、ロベール・ド・ポワシー、ブリュージュ領主ジャン・ド・ネール[1]、加えてモンフォール十字軍のベテラン数名、すなわちロベール・ド・クルトネー、ブシャール・ド・マルリーなどであった。さらに、かつてのレモン六世の盟友でポワトゥーのイギリス王代理官のサヴァリー・ド・モーレオンも印を押している。つい最近ラ・ロシェルで敗北を喫したため、フランス王の側につくことにしたのだ。

サンタンジェロ枢機卿は、ルイおよび将来の十字軍参加者たちの贖宥を厳かに宣言し、彼らおよび彼らの財産を聖座の保護下に置くとともに、レモン七世と彼の一味および共犯者の破門を宣告した。その翌々日、王の十字軍参加の儀式が執り行われ、その折、教皇特使が先の宣言を繰り返し、二月五日には、王国内のすべての大司教にレモンの破門を公示するとともに、十字軍参加を呼びかけるようながす廻状が送付された。

出陣の計画は、三月二十九日の議会で検討された。予定表が驚くほど詳細に決められた。教会祝日を目安として、復活祭後の第四日曜日（五月十七日）にブールジュで集結し、キリスト昇天祭の木曜日（五月二十八日）にリヨン到着、五旬祭の月曜日（六月七日）にアヴィニョンの手前に到達する。軍の動員は熱狂的に歓迎されたわけではなかった。こうした軍役を渋る者も少なくなく、王が、もし従わなければ重い罰金を科すと脅して、彼らに圧力をかけねばならなかった。彼らは、こうした軍役が多くの危険や不確定要素を伴うことを、先の十字軍でよく分かっていたのだ。教会の援助金にしても、司教座参事会の多くが、みずからの破産を恐れて、出資を拒否したほどである。

ともあれ、十字軍は予定の期日に出発した。あとから合流した有力貴族はシャンパーニュ、ラ・マルシュ、ブロワ、ナミュール、セーの諸伯など、さらにアモリー・ド・モンフォールと叔父のギーもあとに続いた。

出発の少しまえ、教会と国王の結束を誇示する狙いもあったのだろうが、王は異端者およびその共犯者を罰する王令を公布した。この王令は教会勅令を踏襲し、司教裁判で有罪とされたあらゆる異端者に「相応の罰」を加えることを世俗裁判機関に命ずるものである。そのうえ、すべての異端共犯者にたいして、財産没収の刑が科せられることが宣告された。それは市民法を教会法に連動させることにほかならず、かつてアラゴンの諸王がやったことである。それはまた、フランス王国でひとつの先例を作ることでもあり、ルイ八世の後継者たちはそれを巧みに利用することになる。

総崩れ

王の十字軍が始まるという知らせが伝わると、ラングドックは文字どおりの大混乱に陥った。アモリーの降伏によって始まった和平交渉、教会がオクシタン諸侯に赦免を与える意向を示したこと、それにモンペリエの宣誓、こうした事態の推移から、ルイ八世の介入はとうていありえないと多くのひとが思い込んでいたことは疑いない。そんな幻想が一瞬にして消えたのだ。とはいえ、この知らせがラングドックに届いたのは、王が十字軍参加を正式に表明するずっとまえ、ブールジュ公会議の結論が出た直後のことだった。レモン七世は、十二月に公会議から戻るとすぐ、自分がいかに不当な扱いを受けたかを大々的に伝えたのだ。それによって、王の軍隊がまだ始動しないうちから、ラングドックは広範囲にわたって総崩れの状況に陥った。

まだ十字軍が来てもいないのに、多くの貴族や都市が、すでに三月の中頃から、王国大法官府に大挙して押しかけ、臣従を誓ったその動機は何だったのか。これだけ多くの忠誠と恭順の姿勢を示せば、王が軍事介入は不要だと考えてくれるだろうと、いまだに淡い期待を抱いていたのだろうか。あるいはもっとありそうなことだが、王の出発を止めることはできないにしても、この王の旅を、侵略と征服のための遠征というよりも、自主的に恭順を誓い封臣となった領主たちの土地を巡る平和な散策たらしめることはできるかもしれないと考えていたのだろうか。

ともあれ、新たな戦争をいかなる代償を払っても回避する、それが、突如、オクシタンの貴族および都市の主要かつ強迫的な関心事となり、書簡を送って臣従を誓う場合もあれば、土地の大修道院長や司教のもとに駆けつけ、彼らに王への服従を誓う場合もあった。その先頭を切ったのはアヴィニョン市民で、彼らは使節を派遣して、王の軍隊に中継宿を提供することを申し出た。ところが、彼らはかつてレモン六世およびレモン七世に忠実な民兵隊として懸命に戦ったのだ！　三月のなかばから四月いっぱいにかけて、服従を誓う貴族が続出した。オード川上流域の有力領主で、ルシヨン伯、カルカソンヌ子爵、フォワ伯の封臣でもあるベルナール・ダリオンは、異端との関わりが深いことで知られていたが、その彼が、三月十六日、ユソン城において、アルドレル大修道院長の立ち会いのもとで、王への恭順を誓った。同日、レモン・ド・ロクフイユも、ナルボンヌに赴き、大司教ピエール・アミエルの前にひざまずいた。ついでケルシーのベルトラン・ド・グルドン、さらにかつての「残党騎士」でシモン・ド・モンフォールと教会の恐るべき強敵であったベルナール＝オトン・ド・ニオール。彼は王に直接書簡を送り、トゥールーズ伯の全領地が王領に併合されるという知らせを聞いて「心から」喜ぶとともに、「私たちはあなたの庇護と賢明な支配の翼の下に入ることを待ち遠しく思っております」と伝えた。とはいえ、彼はその直後にギラベール・ド・カストルをかくまってもいる。それから十年後、異端にたいする裁判がいっせいに行われた際、彼自身、そして彼の母と兄弟も、そろって起訴されることになる。ベジエ子爵領のほとんどすべての領主が四月中に王への忠誠を誓った。ベジエ市参事会も、二十九日、司教の立ち会いのもとで服従を誓った。一二〇九年、ベジエは、自分たちの諸制度に干渉されたくないとして、十字軍に市門を開くのを断固拒否したのだが……。

モンフォール父子の指揮する十字軍に十五年もの長きにわたって痛めつけられてきたラングドックの人々が、新たな戦争を回避したいと願うのはむしろとうぜんであった。甚大な被害を受けたうえに出費がかさみ、すっかり疲弊してしまった経済、財産を没収され、身内の生命まで奪い取られた多くの領主たち、「地下潜伏」(faidiment) を余儀なくされた騎士たち。言うまでもなく、虐殺、戦闘、火刑台もあった。そのうえ貧困化によって強盗が多発し、地方全体が無法状態に陥った。国全体が、少なくともそのほとんどが、すっかり戦意を喪失し、厭戦気分に陥っていたことは明らかである。

相手が王でなかったとしても、彼らは同じ反応を示しただろうか。もちろんそんなことはあるまい。いずれ近い将来、そのことは明らかになるはずである。ともあれ、ラングドック全体をパニックに陥れるような宣伝工作が大規模に行われたのは事実である。ナルボンヌ大司教ピエール・アミエルは、パリから戻るとさっそく、大々的なキャンペーンを展開して、多くの都市や城館を訪れるとともに、オクシタンの司教や大修道院長を総動員して、市参事会や諸侯に忠誠を誓わせるべく、説得に当たらせた。王が並みの騎士ではなく、神によって聖別された神聖なる人格であり、魔術的な力を備え、あらゆる正義と慈愛を保持する超人であって、彼の雷に身をさらすより、その崇高なる権威にわが身を託すほうがずっと賢明であると人々に信じ込ませるのはたやすいことであった。たとえばベルナール゠オトン・ド・ニオールにしても、このかつての「残党騎士」、カタリ派の熱烈な信仰者、異端教会の献身的守護者が王をかくも恐れると同時に、王から何らかの奇跡を期待していなかったとしたら、さきに見たような何とも不可解な手紙はけっして書かなかっただろう。もちろん、今日のわれわれから見ればほとんど冗談にしか思われない、こうした歯の浮くようなお追従《ついしょう》は、彼らに忠誠の誓約を求めた聖職者たちの教唆によって書かれたにちがいないが、それにしても、聖職者たちが互いに示し合わせて、これらの誓約文が聖なる恐怖と神秘的な期待感を同時に表明するものとなるよう仕向けたこと自体、すでに何事かを物語っている。

三月、四月と雪崩《なだれ》を打って続出した忠誠の誓願も、五月十七日、王の十字軍がブールジュを出発するのを止めることができなかったことは言うまでもない。二十八日には、リヨンで、食糧、物資をローヌ河で運ぶべく船に乗せ、兵員と馬は左岸沿いの街道を下った。モンテリマールに近づくと、アヴィニョンからの代表団が、この町が王とその軍隊が河を渡るのに力を貸すことを約束していると伝えた。しかし、おそらくは誰も知らなかったのだが、町のふたりの行政長官が、レモン七世の圧力で、フランス軍に町を通過させないことを決意したところだった。じっさい、六月七日、十字軍が到着すると、市門は閉ざされ、城壁は防備が固められていた。

王が攻囲の準備をしているあいだ、教皇特使は市にたいして、異端の巣窟であり、教会の敵であるとする宣告文を突きつけた。またヴネサンの宗主である皇帝フリードリヒとのあらゆる外交的不測事態を回避すべく、関係する高位聖職者および諸侯が彼に書簡を送り、モンテリマールを攻囲せざるをえなくなったことを弁明した。つまりこの町は異端なのだ。十字軍は、三ヵ月のあいだ、足止めされたままだった。正確に言うと、九月十二日、町は食糧物資が尽き果て、ようやく降伏を申し入れた。フランス王に抵抗した代償は大きかった。教皇特使は、四ヵ月後、町に重い罰金を科し、武器を没収し、城壁、塔、三百もの家を破壊したうえ、三十人の騎士を市の負担で聖地に派遣することを要求した。だが十字軍にとっても、攻囲をこれ以上続けることはきびしかったのだ。戦いは非常に激しく、多くの死者が出たばかりか、フランス軍陣営で恐ろしい伝染病である赤痢が流行り、ランス大司教、ナミュール伯、そしてシモン・ド・モンフォールのもっとも勇猛な戦友のひとりであったブシャール・ド・マルリーが命を落とした。おまけに多くの十字軍参加者、しかもチボー・ド・シャンパーニュ伯のような有力貴族までが、四十日の軍役が完了したとして、想定外であったこの攻囲戦の結果を知ろうともせず、陣を引き払って国に帰ってしまった。

その間にも、服従の誓いが相次いだ。六月三日には、ニーム市参事会が同市の司教のもとで教皇特使と王への服従を誓った。同月八日、かつての「残党騎士」でカタリ信仰者の貴族シカール・ド・ピュイローランスが、領内の騎士や市民たちと連名で、王に書簡を送り、「すべてのひとに喜びと幸福をもたらす報せ」が届いたこと、そして国王閣下のお出ましが「わが国にとってどれほど大きな栄誉であるか」を「言い表すべき言葉もないほど」だと伝えた。それから数日後、シカールはサン＝ポール＝カップ＝ド＝ジューの自分の領地に赴いた。彼のうながしで、もうひとりの共同領主、騎士、市民たちはカストル大修道院長の立ち会いで服従を誓ったうえ、彼らもまた王に書簡を送った。十二日にはカストル市参事会がそれに倣い、十四日にはギヨーム＝ベルナール・ド・ナジャックがアルビ司教のもとで、十六日にはカルカソンヌ市参事会がラグラス大修道院長のもとで、それぞれ服従を誓った。さらに十七日にはアレスの共同領主ベルナール・プレ、それからアルビ、ナルボンヌ、リムー、ボーケールの各市が続いた。

わが目で王を見、彼の前にひざまずき、彼に触れるべく、わざわざアヴィニョンまで出かける貴族もいた。コマンジュ伯ベルナール五世もそのひとりで、八月にアヴィニョンを訪れている。王に忠誠を誓ったあと、彼は教皇特使にみずからレモン七世と戦うことを約束している。それは、九月十四日、彼の封臣たちがいっせいにフイヤン大修道院長のもとで王への服従を誓うことになる前触れとなった。六月二十六日、ベルナール＝ジュルダン・ド・リルが服従を誓った。ギヨーム・ド・ピュイローランスは、フォワ伯も、王に服従を誓うべく、アヴィニョンの陣地を訪れたのだが、ルイ八世はその申し出を拒絶したとしている。資料がなく、それ以上のことは分かっていないが、レモン七世は、五月十八日、彼との同盟を強化すべく、サン＝フェリクス＝ローラゲの町とすべての土地、十五の村、城や防備を固めた館を封土として与えたばかりだったのだ。

じっさい、レモンは服従するつもりなどまったくなかった。そもそも、服従を誓うなどということにはまったく意味はなかった。ブールジュ公会議において、教会はレモンにたいし、退位を条件に、赦免を申し出ていたのだ。それゆえ、自国の領主にとどまったままで、王や教皇特使の庇護下に入ることは事実上不可能だった。許しを求めて退位するか、あるいは退位をあくまで拒否し、キリスト教会から追放されることを覚悟のうえで、徹底抗戦するか、ふたつにひとつだった。レモンが選んだ道は後者であり、それは怒りと誇り、そしてやぶれかぶれのヒロイズムが入り混じった選択であった。

トゥールーズ市の忠誠はたしかに当てにすることができた。しかしそれ以外の都市は？　そして彼の封臣たちは？　レモンは、一二一九年と同様、ルイがポワトゥーとアジュネを通ってやってくると考えたらしく、西側国境地帯の防備を固めることにした。五月二十二日、アジャン市参事会と協定を結び、もし市が攻撃を受けた場合には、防衛軍を派遣することを約束した。それにたいして市は、レモンに支援と忠誠を約束し、相手がフランス王であろうと誰であろうと、独断で和平条約を結ばないことを誓った。それから数日後、十字軍は、実際にはローヌ渓谷を通ってやってきたため、レモンはすぐにヴネサン地方に駆けつけ、アヴィニョン市民に多くの恩典を与えることによって、すでに見たとおり、王をすんなり通すという決定を覆させるのに成功した。

このように、ルイ八世は、予定より三ヵ月遅れて、ようやくラングドックに入った。当初の計画からすると、この遅れは致命的だった。十字軍はベジエを通り、カルカソンヌに行った。トランカヴェルはすでに町を去っており、教皇特使は、司教ベルナール＝レモン・ド・ロクフォールを解任し、かつてシモン・ド・モンフォールの礼拝堂付司祭であったクラランを後釜に据えた。トランカヴェルの奉行ジュルダン・ド・カバレは、みずからカルカソンヌにやってきて、王に忠誠を誓った。しかし自分の城に戻る途中、「残党騎士」たちが彼を捕らえ、レモン七世に引き渡した。彼は投獄され、二年後に獄死した。

十字軍はつぎにパミエに向かった。パミエでは、アモリー・ド・モンフォールが、一二〇九年秋に父シモンがサン＝タントナン大修道院長と共同で獲得した諸権利をルイに譲り渡した。王は、自分がラングドックに来た目的が十字軍であることを知らしめる必要を感じたためか、パミエ滞在中、異端共犯者討伐の王令を発布した。ただしこの王令では、処分の厳しさが通常より大幅に緩和されている。いたるところでカタリ信仰が以前の勢力を回復していると言われているときに、民衆の反感を買わないようにかなり気を配っており、自分の非を認めて悔悛しようとしない反抗的な者にたいしても、戒告を三度繰り返したあとでなければ、破門しなかった。また出頭しなかった者の土地や財産は没収されることになってはいたが、彼らが悔悛する時間を与えるために、一年間は処分を留保した。

すでに十月になっており、トゥールーズ攻略を本格的に始めるには季節的に遅すぎた。そのうえ、アヴィニョン攻囲中に病気になって以来、王の体調はますます悪化していた。王は、ラングドック征服の仕上げは翌春に延ばし、パリに帰ることにした。十字軍は、ローラゲを通るときにも、極力トゥールーズに近づかないようにした。ベルペッシュに宿営した際、王は、ごく最近和解を申し入れてきたばかりのルシヨン伯ヌーニョ・サンシュに、フヌイエード子爵領と高地コルビエールのペルペルチュゼスを封土として与えた。王の一行がカステルノーダリーまで来ると、かつてアモリー・ド・モンフォールの攻撃からこの町を守るべく戦ったレモン七世の代官ピエール・マルティは恐れをなして逃亡し、ベルナール＝オトン・ド・ニオールのもとに身を寄せた。ベルナール＝オトンは、彼をローラックに一週間、さらにベプラ城の主塔に二ヵ月間かくまった。ここには、王の十字軍が近づいたことを知ったギラベール・ド・カストルをはじめとする完徳者たちがすでに避難していた。

カステルノーダリーからピュイローランス、ラヴォールを通り、アルビまで来た王は、市民から忠誠の誓いを受け、さらにレモン・トランカヴェルの母アニェス・ド・モンペリエにたいし、かつてシモン・ド・モンフォールが定めた年金を増額することを約束した。さらにモネスティエス、ロデーズ、エスパリヨン、サン＝フルールでも、ルイは土地の高位聖職者たちと協定を取り交わすとともに、多くの有力貴族や大修道院長から忠誠の誓いを受けた。クレルモン＝フェランを経て、モンパンシエまで来たとき、ルイは力尽き、床に就いた。いとこのアンベール・ド・ボージューに副王あるいは王代理の資格と権限を与えたうえでラングドックに残る部隊の指揮を託したあと、王は十一月八日に逝去した。

逆襲

すぐにまた戦争が始まった。

ボーケール、カルカソンヌ、アルビの代理官を王が任命したことによって、ラングドック征服は法的に有効なものとなった。いまやラングドックは王の領土であった。一二〇九年当時の十字軍武将たち――ギー・ド・レヴィ、ギー・ド・モンフォール、ピエール・ド・ヴォワザン――がこれらの代理官を補佐していたことも、フランスによる統治が復活しつつあることをはっきり物語っていた。多くの町、多くの有力貴族をふくめ、ラングドックのほとんどの人間が、こうしたすべてのことを不可避なこととして受け入れていた。十字軍に対抗するだけの軍事力もなかったが、それ以上に国王に逆らうということ自体が道徳的に可能だとは思えなかったのである。

しかしその王が亡くなってしまえば、事情はまったく違ってくる。十字軍戦争はふたたびごくありふれた戦争となり、いわば非聖化される。王権はふたたび遠ざかり、しゃべる言葉すら違うあのフランスに戻って、十二歳の少年ルイ九世のものとなった。それゆえラングドックの国が対処すべきは、もはや外国人が仕掛けた新たな侵略戦争でしかない。神聖なる王を恐れる必要がなくなった今、服従すべきか、抵抗すべきか、選択し直す余地が生まれたのだ。

さっそく、三つの地点で戦闘が再開されたが、そのうちのふたつの地点はまったく予想外だった。ラゼス地方とカバルデスの山中である。ラゼスについては——資料には「リムー戦争」、「大規模な戦闘」、「困難な戦い」などとしばしば言及されているが——正確なところは何も知られておらず、トランカヴェルが署名した一二二七年六月二十七日付のふたつの証書によって、トランカヴェルがフォワ伯と四十人ほどの「残党騎士」とともに、依然としてリムーを支配していたことが分かっているのがせいぜいのところである。その「残党騎士」のおもだったところでは、ピエール＝ロジェ・ド・ミルポワ、そのいとこアルノー＝ロジェ、レモン・サンとオジエのラバ兄弟、アルノー・ド・ヴィルミュールなどがいた。

カバレに関しては、アモリー・ド・モンフォールが率いる十字軍が撤退するとさっそく、カルカセスのカタリ派司教ピエールル・イザルンが戻ってきて司教座を据えた。また共同領主の庇護のもとで、数多くの完徳者および完徳女の共同体が復活した。一二二六年の夏、彼らのひとりであるジュルダンがカルカソンヌに駆けつけ、王の膝下にひざまずくという一件があったが、だからといってこの町が王に服従するという事態にはならなかった。それどころか、「地下潜伏」を覚悟した「残党騎士」たち——おそらく数はさほど多くはなかったが、いずれも筋金入りだった——の集結拠点となったのであり、王が亡くなるとさっそく、王に忠誠を誓ったばかりのベルナール＝オトン・ド・ニオールが陣頭指揮を取った。後世の証言によって、副王アンベール・ド・ボージューみずからがカバレを攻囲せざるをえなくなったことが知られているほか、町の防衛に当たったった多数の貴族たちの名前が伝えられており、一二一〇年に十字軍に敗れた領主の息子オリヴィエ・ド・テルムもそのひとりであった。その証言はまた、トゥールーズに赴く途中のピエール・イザルンが、ローラゲ地方オーリヤック＝シュル＝ヴァンディネル近くのセスロルの農家で逮捕されたことを伝えている。アンベールがイザルンをナルボンヌ大司教に引き渡すと、大司教はコーヌ＝ミネルヴォワで彼を火刑に処した。(2) イザルンに代わって司教になったのは、当時カバレにいた完徳者のひとりギロー・アビであった。それから二年後、ついにカバレの町を副王に明け渡さねばならなくなったとき、ピエール＝ロジェ・ド・カバレ、ベルナール＝オトン・ド・ニオール、そしてトランカヴェルの奉行ピエール・ド・ロールは、ギロー・アビを町から逃がし、安全な場所にかくまった。人々はこぞって、完徳者および完徳女の逃亡を手助けしたのである。だが、ギロー・アビのその後の行方は知られていない。一二三二年からは、彼の後任として、ピエール・ポーランがカルカセスのカタリ派司教となった。(3)

カバレとリムーのふたつの戦いに関する資料には、そこで戦った多数の「残党騎士」たちの消息が残されている。ラウル・ド・ロールとポンス・ド・ミラベルが捕虜となり、しかもポンスは絞首刑となった。ジェロー＝アミエル・ド・ヴィラリエは獄中で亡くなった。レモン・ド・ロクフイユは重傷を負い、クイザでブノワ・ド・テルムからコンソラメントを受けて亡くなった。亡命を余儀なくされた――たいていはカタルーニャを亡命の地に選んでいる――騎士たちは、「残党騎士」のままでその生涯を終えている。たとえば、アルノー＝ギヨーム・ド・バルベラやピエール＝ジェロー・ド・ルティエなど。なかには、それから二十年後、攻囲されたモンセギュールにふたたび姿を現した者もいる。そのひとりレモン・ド・マルセイユは、モンセギュール陥落後、火刑に処せられた。一方、オリヴィエ・ド・テルムはのちに聖王ルイと親しくなり、王のもっとも忠実な武将のひとりとなった。

レモン七世は、すでに王が亡くなるまえから戦いを再開し、その手始めとしてアリエージュ渓谷のオートリヴに駐屯していた手薄なフランス守備隊を攻撃し、この町を奪還した。冬のあいだ、レモンはラベセード＝ローラゲの防備を固め、町の防衛をポンス・ド・ヴィルヌーヴに託した。ポンスはレモンのカステルノーダリー代官であり、じきに代理官となる。一二二七年の四旬節のあいだ、大司教ピエール・アミエルはナルボンヌで公会議を開き、十字軍の諸原則――占領地は征服者の所有に帰することもふくめて――を公的に再確認するとともに、レモン七世、フォワ伯、トランカヴェル、およびその同調者たちにたいする破門を宣告した。またこの公会議においてはじめて、異端狩りの態勢を整えることが議題に上った。「教区証人」を制度化すること、つまり異端調査委員会を各小教区に設置しようというものである。

とはいえ、一年まえには王が十字軍に参加することで教会の立場はこれまでよりはるかに強化されると思われていたが、王の死によってその期待は早くも裏切られた。まず軍事面では、四十日の軍役を終えた多くの貴族たちが早々と引き上げて行ってしまったため、副王アンベール・ド・ボージューに残されたのは、じつに貧弱な軍隊でしかなかった。財政状態も急速に悪化した。そこで全権特使のサンタンジェロ枢機卿ロマーノは、フランス王国の高位聖職者たちに追加の援助金を出させるために、きわめて厳しい手段に訴えざるをえなかった。そのあまりの厳しさに、教皇――すでにグレゴリウス九世になっていた――が仲介に入って、緩和措置を講じさせるほどだった。王家の態度にも変化があった。ルイ八世が死去すると、さっそく、有力諸侯の反抗が始まったため、幼いルイ九世の摂政となったブランシュ・ド・カスティーユは、もはやアルビジョワ問題だけにかかずらっているわけにはいかなくなり、雲行きがふたたび怪しくなったことに危機感を覚えた教皇が再三説得したにもかかわらず、かなり及び腰になっていた。実現されるまでにあれほど困難を極めた王の十字軍は、始まって早々、みじめにも頓挫することになるのだろうか。

危機に陥った王の十字軍を救ったのは、アンベール・ド・ボージューである。以上見たようなさまざまな悪条件を克服したのは、彼の不屈の意志だった。なかば王家から見捨てられたと言ってよい状況のなかでも、彼はひたすら王家のために戦い続けた。彼は戦士としてもおそろしく腕が立った。手段を選ばなかったが、きわめて有能な策略家であった。夏のあいだ、彼はまず戦略上大きな障害となっていたラベセードの町を攻略した。町を包囲し、防衛軍が逃亡したあと、町に入り一般市民もふくめた全員を「剣と槍で」虐殺したのである。同行していたフルクが、女子供の命は助けるよう説得したが、アンベールはそれに応じなかった。町には数人の完徳者がいた。異端教会の重要人物、ケルシー司教区の助祭ジェロー・ド・ラモートもそのひとりであった。彼はギラベール・ド・カストルの「大子」であるベルナール・ド・ラモートの弟であり、つい最近ロンバルディアから戻ったところだった。彼は数人の仲間とともに火刑に処せられた。しかし逃亡に成功した完徳者もいる。この町の領主パガン・ド・ラベセードで、彼はランタ近郊まで逃れ、地下の「隠れ家」(clusel)に身をひそめたが、一二三二年、モンターニュ・ノワールの山中で逮捕される。

兵力が足りなかったため、アンベールはアルビで兵を集め、タルン川畔のラグラーヴを攻囲し、さらにコルドの一帯を荒らし回った。一二二七年から一二二八年にかけての冬のあいだ、シカール・ド・ピュイローランスはふたたびレモン七世側に付き、ピュイローランスおよびサン゠ポール゠カップ゠ド゠ジューの彼の領地に伯の軍を受け入れると同時に、完徳者および完徳女をも受け入れた。ギラベール・ド・カストルもこの町にやってきた。王がファンジョーを通過した際、彼はベプラの主塔に身を隠したが、それ以来、彼がふたたびファンジョーに戻った様子はない。彼は一時ミルポワに、ついでトゥールーズにいたが、サン＝ポール＝カップ＝ド＝ジューが解放されたのを知って、ここに来ようという気になったのだ。ギラベールに引き続き、彼の「大子」ベルナール・ド・ラモート、そしてサン＝ポール、ランタ、カラマン、パラジャック、ヴェルフェイユの助祭たち、さらには多数の完徳者および完徳女たちがこの町にやってきた。完徳者のなかには、医師のギヨーム＝ベルナール・デルーがいた。彼は以前からローラゲ地方の貴族信者たちをお得意としており、この町に家を借りて住むことになった。

こうして、ふたつの十字軍に挟まれた時期にそうだったように、日々の暮らしがふたたび始まった。もっとも、一二二六年に王がこの地に進軍してきて、シカール・ド・ピュイローランスが服従を誓ったときでさえ、ほんとうに完徳者および完徳女がこの町を立ち去ったのかどうか、疑わしいところがある。ともあれ、いまや彼らはおおっぴらに自分たちの〈家〉に住み、説教したり、臨終のコンソラメントを授けたり、レプラ患者の世話をしたりした。トゥールーズの有力者たち、またローラゲ地方の小領主たちがギラベールに会いに来た。おもなところでは、ベルトラン・アルマン・ド・サン＝ジェルミエ、アラマン・ド・ルエ、ジュルダン・ユノー・ド・ランタ。

オートリヴを奪還したこと、ピュイローランスとサン＝ポール＝カップ＝ド＝ジューをふたたび味方につけたこと、タルン川沿いのラバスタンとガヤックが忠誠を貫いてくれていることで、レモン七世はやや勢力を盛り返し、王の十字軍もおいそれとはトゥールーズに近づけなかった。もっともこの頃、十字軍はむしろカバレとリムーの戦いのほうに集中していたのだ。それでもアンベール・ド・ボージューは、いつかははっきりしないが、カステルサラザンに部隊を駐屯させることに成功した。レモンは、この部隊をそのままにしておくのは危険であり、ただちに排除したほうがよいと判断した。

彼は町に攻め入り、フランス軍を城に閉じ込めた。だがちょうどその頃、ボージューのもとに、これまで一年半ものあいだ途絶えていた援軍がようやくやってきた。ブールジュ大司教が率いる部隊で、まさに天の助けだった。これに力を得たボージューは、閉じ込められた駐屯部隊の救出を試みた。これは失敗に終わったが、そのかわりにモンテッシュの町を攻略した。しかし、五月十八日、森のなかで行われた戦闘は壮絶を極めた。イギリス人の年代記者が伝える記録しか残されていないが、それによるとレモン軍はフランス兵を皆殺しにし、五百人ほどの捕虜までもきわめて残虐な仕方で殺害したらしい。

一二二八年の初夏に副王が始めた作戦によって、レモン七世は窮地に追い込まれることになる。春の終わりまでは、まずサン＝ポール＝カップ＝ド＝ジューを攻略するというのが副王の計画だった。じっさい、すでにラヴォールまで軍を進めていた。ところがとつぜん計画を変更したのだ。副王はオーシュとボルドーの大司教に援軍を要請した。ふたりの大司教たちはガスコーニュでかなり大規模な援軍部隊を組織したうえで、その先頭に立ってラングドックにやってきた。副王が目論んだのは、トゥールーズ地方一帯を大規模に荒らし回ること、とりわけブドウの木を根こそぎにすることであった。この秋のブドウの収穫を妨害することを副王が思いついたのは、ブドウ栽培がトゥールーズの地方経済において大きな比重を占めていたからにほかならない。農村部だけでなく、都市部においても、その重要性は変わらない。ブドウ酒の生産にかかわるあらゆる職人仕事と関連商業、専門労働および季節労働、さらに樽製造とそれに関連する木材業と金具製造業、運送業、とりわけ河川運送など。

六月半ば、軍はギユメリーの丘に陣を構えた。破壊と略奪が開始されたが、それは夜明けから日没まで、周到な計画に従って徹底して行われた。騎馬兵が組織的にその任に当たり、弩兵が周辺の警護に当たった。ギユメリーが終わると、軍はモントードランに移動した。九月の末、作戦はすべて完了した。根こそぎになったのはブドウの木だけではなかった。すべてが破壊され、略奪された。農家の建物さえ、手あたり次第、取り壊されたのだ。

まったく意外だったのは、この三ヵ月以上ものあいだ、トゥールーズからの動きがまったくなかったことである。出撃もなかったし、小競り合いもなかった。資料が語っているのは、十字軍の破壊略奪行為と、そのついでに行われたトゥールーズの攻囲くらいのものである。しかもそれは、本格的な攻囲というよりただの封鎖でしかなく、町に全面的な攻撃を仕掛けるどころか、襲撃を加えることさえなかった。ボージューの戦略はもっぱら圧力を加え続けることだった。じつのところ、レモンはトゥールーズにいなかった。六月八日、彼はタルン川畔のガヤックにいた。それにしても不思議なのは、つい最近まであれほど戦闘的であったレモンが、首都に向かってくるフランス軍にたいして、まったく手をこまぬいていたことである。

モントードランの陣地を引き払ったアンベール・ド・ボージューはパミエに向かった。ガスコーニュからの援軍部隊も帰って行ったが、彼らはトゥールーズ地方のブドウ酒産業を壊滅させたことに満足し、また誇りにも思っていただろう。というのも、当時、イギリス人でさえトゥールーズのブドウ酒を買うようになっており、ボルドーはトゥールーズに押されがちだったのだ。パミエを発った副王の軍は、フォワ伯領の入り口に当たるパ・ド・ラバールまで進んだ。しかしそこから先に進むことは不要となった。十字軍が終わってしまったからである。

サンタンジェロ枢機卿は、この年のはじめには、ローマに戻っているはずであった。ところがブランシュ・ド・カスティーユは、枢機卿がこの困難な時期にフランスの王家のために献身的に働いてくれたことに加えて、その政治手腕を高く評価し、特使の任期を延長するよう教皇に要請し、三月二十一日、教皇もそれを認めた。その三ヵ月後、教皇は枢機卿に書簡を送ったが、それは明らかに枢機卿の提案にたいする回答であって、教皇は枢機卿の提案に全面的に賛成し、王とレモン七世に和平を働きかけるのはよいことだと述べるとともに、枢機卿に全権を与えたうえで、双方が受け入れられる条件を提示するよう指示している。また教皇は、レモンの娘ジャンヌ・ド・トゥールーズと王弟を結婚させるという提案にたいして、もしこの結婚によって和平がさらに強固なものになるとするなら、この話を積極的に進めるべきだと述べ、そのために必要な費用を支払う許可を枢機卿に与えている。そもそもこの両家は本いとこ同士の関係なのだ。(4) このように、すでに一二二八年の春頃から、つまりアンベール・ド・ボージューがトゥールーズ近辺で破壊略奪の作戦を始める以前から、早くもブランシュ・ド・カスティーユとサンタンジェロ枢機卿は戦争終結を計画していたのだ。当時、サンタンジェロ枢機卿ロマーノは摂政ブランシュ・ド・カスティーユの片腕として、ほとんど宰相の役割を演じていたのだが、このふたりがどんなふうに戦争を終結させようとしていたのか、正確なところは分からない。しかし両家を結婚によって結び付けようと考えていたことからすれば、ルイ八世が存命だった頃の厳しい政略からはかなり後退し、ふたりがレモン七世の失権も、彼の全領地の併合も望んではいなかったことがうかがわれる。

この政略的後退の理由はいくつかあるだろう。まず、このまま戦争を続ければ、レモンの抵抗によって戦況に不測の事態が起こりかねないこと、また戦争が長引けば、成功が不たしかなまま、労力と費用の負担がさらに増大すること、さらには王太后ブランシュが自分のいとこを完全に失墜させたいとは思っていなかったこと、などがあげられよう。たしかにレモンとフランス王家は厳しい抗争を演じているが、それでもなお、王太后はいとこのレモンにたいしてある種の尊敬の念、さらには愛着の気持ちすら抱いていたのである。もちろん、フランス王国の最高責任者として王太后は、国を弱体化させかねないような、いかなる政治的妥協も拒否するだろうが、一方ではブールジュ公会議が目論んだような残酷な強硬策も差し控えるだろう。

とはいえ、レモンを交渉の席につかせることが、つまり交渉以外にいかなる解決もありえないことを思い知らせるような状況に追い込んで抵抗を断念させることが、先決問題であった。アンベール・ド・ボージューが、六月のはじめから、機動戦や消耗戦のかわりに、広範囲にわたる徹底した破壊作戦を始めたのも、そうした思惑からであった。つまりトゥールーズにたいし、その近辺のあらゆる土地を完全な廃墟にするという脅しである。とりわけ、ブドウ畑を元通りにするには、何年もかかるという恐れを掻き立てること……。

破壊作戦が完了すると、ロマーニュのシトー会グランセルヴ大修道院長が、サンタンジェロ枢機卿からレモンと最初に接触する任務を託されて、パリから戻ってきた。彼はレモンに密使を送った。会見はバジエージュで行われ、ただちに休戦が宣告された。フォワ伯領に侵攻しつつあったアンベール・ド・ボージューの作戦が急遽中止されたのも、そのためである。十二月十日、レモン七世は、取り巻きの家臣やトゥールーズ市参事会に相談したあと、バジエージュでの折衝を承認する予備宣言に署名した。教会との和解のために、レモンは教会から赦免を受けなければならない。それによって破門が解除されるが、もちろん異端と戦うことをあらためて誓わねばならない。しかし今回は、教会の赦免を得るには退位しなければならないといった無理難題を強いられることはなかった。政治的和解のためには、レモンがフランス王の封臣であることをみずから認め、王にたいし服従と忠誠を誓うだけでよく、退位は要求されない。ブランシュ・ド・カスティーユは、一二二八年、以上のことをみずから提案したが、そこには、一二二二年にはフィリップ・オーギュストが、さらに一二二五年にはブールジュ公会議が、それぞれ拒絶した内容が含まれていた。つまり領地を征服者の所有に帰するという法令は撤回され、伯領を王の領地に併合するようなことはもはやなくなったのである。

レモンが、自分の爵位と領地を失わずに和平を結べるという、思いがけないこのチャンスに飛びついたのはとうぜんであろう。それまでは、いくらそうしたくとも、状況がそれを許さなかったのだ。彼が包囲されたトゥールーズの救援に向かわなかったのも、軍事的にそうするだけの余力がなかったからである。一二二八年秋には、王の軍はリムーおよびカバレでの作戦をほぼ完了していた。トランカヴェルはふたたび亡命してしまったし、オリヴィエ・ド・テルムも、十一月二十一日、テルムネスの全領地権をカルカソンヌ司教と元帥ギー・ド・レヴィに譲渡したうえで、王の代理官たちとフォンフロワド大修道院長の立ち会いのもとで、王への服従と忠誠を誓った。多くの「残党騎士」たちが地下に潜伏したとはいえ、組織だった抵抗はすべて終わっていた。さらにトゥールーズ市からの圧力も無視できなくなっていた。このところの市参事会員選挙で、大衆勢力——職人、小店主、小商人など——の進出によって、毎年——とりわけ一二二六および一二二八年——退潮を余儀なくされていた貴族と大商人からなる市の有力者たちは、軍事支出を停止するよう求めていた。もはや、一二一一年や一二一八年のときのように、市全体が一致団結して戦う時代ではなくなっていた。外的混乱、そして戦争――とりわけそれが不利に展開している場合――は、内部の安定を脅かす。(5) 一二二七年に教皇が科した経済制裁――シャンパーニュの見本市にトゥールーズ市民は参加できない――に加えて、二十年にもなろうとする戦争の果てに、今や近郊の農村地帯が徹底的に荒らされ、ほとんど壊滅状態に陥っている。じっさい和平後に行われた最初の選挙、つまり一二二九年の市参事会選挙では、古くからの名家出身者の復帰が目立っている。

一般市民も、かつてのように英雄的な抵抗を試みるだけの気力がなくなっていたことは疑いない。市全体が力尽きていた。農村地帯、とりわけブドウ畑が徹底的に破壊されたことで、ブドウ酒製造に関係するあらゆる職種の労働者たちがとつぜん失業してしまった。もちろん市全体がブドウ酒で生計を立てているというわけではなく、打撃を受けたのは市経済の一部門にすぎないとも言えたが、全般的に見て状況は明らかに悪化していた。その後一年以上経っても食糧難が続き、飢えた物乞いがあまりに多かったため、フルクが公営給食所を設けたほどである。

十二月十日にグランセルヴ大修道院長がパリに持ち帰った文書は、あくまで仮のものでしかなかった。つまり、それは原則を確認したものにすぎず、和平条約を正式に結ぶ手順や条約の各条項については、これから決めることになっていた。そうしたことは、グランセルヴ大修道院長と新たに仲介者に任命されたチボー・ド・シャンパーニュ伯が相談して決めることになっていたが、レモンは、彼らが決めたことにはすべて同意する旨、あらかじめ署名していた。レモンはまた、第二回目の会談をモーで行うことにも同意していた。モーは、ブリ伯でもあるチボーの領内にある町である。まったく不用意な同意であった。とりわけ最初の同意は軽率と言うほかない。レモンは、一二〇九年の誓約書に定められていたとおりのことを今回もすれば、教会も王も、それで満足するとでも思っていたのだろうか。もしそう思っていたとすれば、いずれ彼は天から地に落ちるほどの失望を味わうことになるだろう。事実、一二〇九年の誓約書にしても、いとも簡単に、しかも頻繁に、多くの人間によってぬけぬけと踏みにじられたではないか。

予定されていた会談は一二二九年の一月中に行われた。このときにレモンが署名した文書を「モー条約」と呼ぶこともあるが、適切な言い方ではない。それは条約ではまったくなく、予備文書にすぎないのだ。ただし、レモンはこの文書に同意することを要求され、しかもこの文書は王が最終文書を作成するうえでの基礎とされた。そしてこの最終文書は、四月十二日、ようやくパリで署名された。ふたつの文書を比較すると、たしかにモー文書にも、領地、相続、軍事、財政に関する条項の基本線は示されているが、パリ文書ははるかに長文で、以上の諸条項に関しても、より厳しいものになっているほか、モー文書にはなかった宗教に関する条項が加えられている。(6) もちろん、アルビジョワ問題に決着をつけたのはパリ文書であって、モー文書は何の効力もなかった。

パリ和約

モー文書の冒頭では、レモンの称号はトゥールーズ伯、ナルボンヌ公、プロヴァンス侯となっているのにたいし、パリ文書では、単にトゥールーズ伯となっており、レモンの領地と諸権利がそれだけ削り取られるだろうことを暗示している。しかしさらに注目すべきは、パリ文書が宗教条項から始まっていることである。それは、教会の体面を優先し、この二十年間の十字軍の戦いの最大の目的はラングドックの地に巣食った忌まわしい異端を根絶して、市民的平和とともに魂の平和を取り戻すことにあったことを強調するためであった。それゆえ以前の和平条約の条項が繰り返されることになる。異端と戦い、傭兵隊を解雇し、異端者およびユダヤ人をあらゆる公職から追放し、高位聖職者たちから奪った財産や諸権利を返還する。また悔悛の業として、レモンは十字架を担って聖地エルサレムに赴かねばならない。具体的には、一二三〇年八月までに出港し、五年間は外地にとどまる。それに加えて、レモンは一万マールの損害賠償金と利子、四千マールの罰金を教会に払う。しかも条約はさらに多くを要求している。まず異端追及のために世俗権力の関与を義務化する新たな弾圧システムを導入するとともに、異端者の密告を制度化する。レモンにたいする制裁の最後の仕上げとして、レモンの財政負担でトゥールーズに大学を創設することになった。今後十年間の教授給与の総額は四千マールにのぼる。たしかに当時、教会はトゥールーズ以外にも大学を作ろうとしていたし、ほぼ全ヨーロッパに大学網を広げることとすら計画していた。しかし特殊な状況下で創設されたトゥールーズ大学は、人心を教導し、カトリック信仰の正統性を守ることを最大の使命としていた。

つぎは領地に関する条項である。かつてのレモン・ド・サン＝ジル王朝が統治していた広大な王国から、レモン七世に残されたのは高地ラングドックのみであった。具体的にはつぎのとおりである。

——伯領のうちトゥールーズ司教区に当たる部分。しかし、いわゆる「元帥の土地」、すなわちシモン・ド・モンフォールがギー・ド・レヴィに所領として与えた土地は除外する。ミルポワおよびオルムがそこに含まれ、あらためてギー・ド・レヴィの領地として認められた。

——アジャンおよびカオール司教区。ただしカオール市は除く。カオール市の領主は司教であり、司教は直接フランス王に臣従を誓っている。

——アルビ司教区のうち、タルン川右岸。

低地ラングドック——ニーム子爵領、ボーケールおよびラ・テール・ダルジャンス、ロデーヴ子爵領、アグド子爵領、ソーヴ、アンデューズ、アレスの領地——については、レモンの直接所有権ないし上位領主権をすべて取り上げる。ニームとボーケールは王領に併合したうえで、代理官管轄地とする。要するに、トゥールーズ王国の地中海に面する領地は、その後背地をふくめ、すべてカペー王家の懐に入ることになった。最後にローヌ河のこちらにあるメルグイユ伯領はすでに聖座が支配していたが、今回、河向こうのプロヴァンス侯爵領もふくめて、聖座の所有が正式に認められた。これによって、神聖ローマ帝国の領土内からレモンの影響力が完全に排除されたことになる。トランカヴェルについて言えば、たとえ一部なりとも、返還の恩恵にあずかることを期待していたかもしれないが、それどころではなく、アルビジョワ問題の処理交渉から完全に締め出されてしまった。要するに旧子爵領はそっくり王領に併合されたうえで、代理官が統治するところとなり、バルセロナの宗主権は完全に失効したのである。これ以降、旧子爵領はフランス王国の辺境領となり、南部国境には城砦がつぎつぎに築かれ、アラゴン＝カタルーニャ家の領土に対峙する重要な戦略拠点としての役割を果たすことになろう。

レモンの旧所領のうち西半分が封土として返還されたとはいえ、その条件として相続条項が加えられていた。しかもその条項はきわめて厳格かつ過酷であった。レモンとサンシー・ダラゴンの唯一の子供であるジャンヌは、王弟——当初はロベール・ダルトワが考えられていたが、実際にはアルフォンス・ド・ポワチエとなった——と結婚する。ジャンヌは、今後、伯領の唯一の相続人とされ、たとえこれから男子が生まれても、いっさい変更されない。そのうえであらゆる場合が想定されている。彼女が父よりもまえに亡くなる場合、あるいは後に亡くなる場合。夫より早く亡くなる場合、後で亡くなる場合。子供が生まれた場合、生まれなかった場合。しかし結論ははっきりしている。伯領は、それぞれの場合に応じて、フランス王の手に、あるいは王弟の手に、あるいは王か王弟の子孫の手に、要するにカペー家の男子の手に、渡ることになる。パリ和約では、さすがにトゥールーズ伯領を地図から抹殺するようなことはしなかった。それはもっぱら、自分の本いとこをすっかり踏みにじってまで、王家の完全勝利を誇示したくないというブランシュ・ド・カスティーユの意向によるものである。それでもなお、将来的には伯領を確実に王領に併合するためのあらゆる法的条件をしっかり規定していることには変わりない。

だがともあれ、さしあたってトゥールーズ伯領が存在する以上、和約は、かつてシモンおよびアモリー・ド・モンフォールに譲渡したすべての領地の返還を定めており、レモンが王にたいして行った臣従の誓いだけが、今後、封臣である伯と宗主である王の相互関係を規定することになる。また全面的な恩赦が布告され、十字軍の戦争中、どちらの陣営に属していたとしても、戦争に加わったことを理由に、いかなる人間も、伯によって、あるいは王によって、罪を問われることはなくなった。もちろん、異端者およびその共犯が明らかになった者、またレモンがすべての臣下に命じることを義務づけられている王への臣従の誓いに署名することを拒否した者は除かれる。

このようにパリ和約は、和平にたいする王家の断固とした意志を示しているとはいえ、一方では、混乱した情勢を支配すべく、さまざまな方策を打ち出している。異国と言ってもよい土地での二十年におよぶ戦争は、現地人たちの抵抗能力や動員能力をフランス軍に思い知らせた。また北からやってきた軍隊との戦闘で、土地の貴族たち——少なくともレモン七世やフォワ伯など——がいかに善戦したかも記憶に新しかった。それゆえ、ふたたび戦争が起こることを未然に防ぐために、トゥールーズ伯の軍事力を弱体化させることが急務であった。まさに彼に出血を強いる財政条項——罰金、賠償金と利子、大学への出資など——は、傭兵部隊であれ、お雇いの騎士たちであれ、軍隊を維持することが不可能な状態にレモンを追い込むためであった。伯領は事実上の非武装地域とされる。南はサヴェルダン、オートリヴから、北はアジャン、カスヌイユまで、トゥールーズと三十あまりの町、そして城の防壁や要塞はすべて取り壊される。ナルボネ城のみはそのまま残されるが、それは、今後十年にわたってフランス軍が駐屯するからである。同様に、ルエルグのペリュス、ケルシーのモンキュック、アジュネのペンヌ、アルビジョワのもうひとつのペンヌとコルド、トゥールーズ地方のヴィルミュール、ヴェルダン、ラヴォール、ローラゲのカステルノーダリーにも駐屯部隊が置かれる。軍事占領は十年間続けられる。しかも最初の五年間の駐屯費用は伯の負担となり、その額は総計すると銀貨で三千マールに及ぶ。それに加えて、フランス兵を受け入れる城の修復や補強のために、ただちに六千マールを支払わねばならない。すべてを合算すると、見積もりは二万七千マール、つまり純銀にして——計算はむずかしいが——六トン近くになる。このように、レモンが自分の地位を保つために支払わねばならなかった代償は、じつに法外だったと言わねばならない。だがともあれ、彼は自分の地位を保つことになった。

とはいえ、この点に関してはさすがにレモン六世の息子で、彼は以上の約束事項を厳密に遵守する意図はまったくなかった。聖地エルサレムに行くつもりもなければ、大学教授の給与を支払うつもりもなく、また罰金を全額払うつもりもなければ、プロヴァンス侯爵の爵位や領地を手放すつもりもなかった。彼はまた、それから二十年にわたって、相続条項を骨抜きにすべく、あらゆる手段を駆使して闘い続けるだろう。

しかし、教会および王と和約を結ぶ以外に、レモンは教会復帰のための赦免を得る必要があり、それには、一二〇九年に父レモン六世がサン＝ジルで受けたように、公開での辱めの儀式を受けねばならなかった。この儀式は、聖木曜日に当たる四月十二日にパリのノートル＝ダムで行われ、当時十四歳だった王ルイ九世をはじめとする全フランス王家、多数の高位聖職者たち、それに主君のお供でパリに来ていたレモンの顧問官たちが臨席した。肌着と下穿き姿のレモンがサンタンジェロ枢機卿から教会の赦免を受け、枢機卿が破門の取り消しを宣告した。また調書が作成され、その二日後にはルイ九世の名において勅令が公布されたが、それは明らかに枢機卿の手になるものである。それはおもに異端者およびその共犯者に科せられる罰則に関するもので、とくに彼らの財産の永久没収が明記されている。しかし異端対策に関しては、一二二六年四月にルイ八世が出した勅令以上に厳しく、異端者を追跡し教会当局に引き渡すべきことをすべての者に義務づけている。しかもこの義務は、教会に信従を誓ったよきキリスト者としてばかりでなく、フランス王の臣下、封臣、朝臣としても、課されることになる。また異端者を捕らえた者には、すべて報奨金が与えられることになった。レモン七世とその忠臣たちにとってとりわけ厳しかったのは、カタリ派にたいする弾圧活動は今後王の代理人たちが主導するという通告であった。

伯とその忠臣たちの苦難はさらに続く。トゥールーズの要塞施設の解体の任に当たったチボー・ド・シャンパーニュは、レモンの随行員二十人を、解体工事が終わるまで人質としてルーヴル宮に留め置くことを提案した。それにたいし王は、人質は十人でよいとしたが、そのかわり、レモン当人もそのひとりとして加わること、さらにその十人は、すでにフランス軍の駐屯が決まっている各地の城においてその駐屯が完了し、また幼いジャンヌがカルカソンヌで王室からの使者たちに引き渡されるまでは、ルーヴル宮にとどまることとした。

サンタンジェロ枢機卿は、副特使に任命された元教皇顧問のピエール・ド・コルミユーをトゥールーズに派遣し、市の有力者や伯領の貴族たちから信従の誓いを受けさせた。一方、ブランシュ・ド・カスティーユも、新しい副王として、シモン・ド・モンフォールの義兄弟で戦友でもあったマチユー・ド・モンモランシーを任命した。四月下旬、封土権の問題を完全に解決すべく、アモリーは、かつて申し出たとおり、すべての「占領地」を王に譲渡することをあらためて確認した。その見返りとしてアモリーは、その翌年、王軍の総元帥、つまり統合参謀本部長を拝命した。またアモリーのいとこでギーの息子であるフィリップ・ド・モンフォールにも、長年アルビの地で勇敢に戦った一家にたいする褒賞として、旧アルビ子爵領の一部が封土として与えられた。カストルの所領である。

五月十七日、ナルボンヌ子爵エムリーは、市の参事会員および騎士たちとともに、ピエール・ド・コルミユーの立ち会いのもとで、教会への信従を誓った。それから一月《ひとつき》して、今度はフォワ伯ロジェ＝ベルナールが、サン＝ジャン＝ド＝ベルジェで、副特使とマチユー・ド・モンモランシーの立ち会いのもとで服従を誓った。レモン七世がルーヴル宮から彼に手紙を送り、そうすることがもっとも理性的な解決法であると忠告したのだ。副王とともに、かつてシモン・ド・モンフォールが征服によって獲得した領地を封土として与えた何人かのフランス貴族が戻ってきた。ギー・ド・レヴィ、ランベール・ド・チュリー、ピエール・ド・ヴォワザンなどである。彼らはかつての封土を取り戻すことになるが、ただし今回は王自身が彼らの宗主となる。

六月三日、ルーヴル宮に拘束されていたレモンはようやく自由になった。五旬祭に当たるこの日、若き王はじきじきにレモンを騎士に叙した。同月、モレ＝シュル＝ロワンに到着したジャンヌ・ド・トゥールーズは、王弟アルフォンス・ド・ポワチエと正式に婚約した。アルフォンスも、彼女と同じく九歳だった。ジャンヌの父レモンも、宮廷に同行して当地に来ていたが、式が終わるとすぐに帰国の途についた。数日後、七月のはじめには早くも執務を始め、ナジャックの諸領主、ベルナール＝ジュルダン・ド・リル、ファンジョーの共同領主、その他から臣従の誓いを受けている。ところが、王はレモンを厳しくとがめた。上位領主である王の許可なしに封地授与を行う権利はないというわけだ。

こうしてレモンは、地元に帰っても、もはや自分が完全な主人ではないことを思い知ったのである。

第Ⅲ部

異端審問

［上］ペルペルペチューズ城
［下］モンセギュール城

第十一章　異端審問の誕生

パリ和約は「復活祭の和約」とも「教会と王の和約」とも言われたが、レモン七世はこれを大々的に喧伝したため――オック語に翻訳したものを廻状にしたのだ――彼の領国はたちまち憤慨で沸き返った。トゥルバドゥールのギエム・フィゲラは、「陰険なローマ」(Roma enganairitz)を攻撃する辛辣な「風刺詩」(sirventès)を書き、「あなたがたはどれほどひどい仕打ちでレモン伯を苦しめたことか！」と憤っている。「ひどい仕打ち」(Desmesura)とは、オクシタンの「宮廷」言葉で、礼、名誉、忠義に反する行いを意味する。(1) やはりトゥルバドゥールのベルナール・ド・ラバルトも「この和約はじつにひどい！　さすがに坊主とフランス人たちが作った条約だ」と憤慨している。一方、ギヨーム・ド・ピュイローランス――彼も坊主のひとりだが、トゥールーズ人でもあった――は、その『年代記』のなかで、もしレモン七世が戦争中に捕虜になり、これと同じような取引で釈放されたことがあったとしたなら、伯はこの数倍もの身代金を要求されてもしかたがなかったろうと語っている。

レモン七世のほかに、パリ和約のつけをさっそく払わされたのは、言うまでもなく、カタリ派教会であった。この和約の知らせがギラベール・ド・カストルに届いたとき、彼はまだサン＝ポール＝カップ＝ド＝ジューにいた。教皇副特使と副王が、さながら十字軍を連想させる騎兵部隊を引き連れて首都トゥールーズに到着したため、彼はさっそく町を退去することを余儀なくされた。かつてトゥールーズ防衛のために戦ったピュイローランスの騎士ギヨーム・マッフルは、四人の信者たちとともに、町の城門の鍵を手に入れ、夜のあいだに、ギラベール、そして助祭のベルナール・ボナフーとベルナール・アンジャルベール、さらに多数の完徳者と完徳女を町の外に出した。全員が城壁の外に出ると、そこにレモン・ユノー・ド・ランタが待ち構えており、彼らを連れて町から離れ、ある農家に隠した。そこでトゥールーズから来た完徳者と完徳女たちが合流したが、彼らを先導してきたのは、ふたりのトゥールーズ有力市民アラマン・ド・ルエとポンス・サケであった。彼らは異端教会のもっとも献身的な援助者たちのグループに属していた。レ・カセスの領主レモン・ド・ロクヴィルが兄弟たちの協力を得て、これらの逃亡者たちをサン＝フェリクス近くの「大農家」(cammas)まで送り届け、そこからまた新しい護送隊が彼らをカザルルヌーとローラックのあいだにある森のなかに連れて行った。さらにファンジョーの五人の騎士とその仲間たちが彼らを迎えに来て、高地ラゼスのもっとも奥まったところにあるアルブダン――現在のベジュ――の城まで付き添った。この急峻で難攻不落の城で、彼らは土地の領主ベルナール・セルモンに迎えられた。

この逃避行はのちに、それに加わった何人かによって詳しく語られることになるが、まず驚くのは、この逃亡がいかにも素早かったことである。一二二九年にあったはずの他の集団避難も、すべてこんなふうに行われたにちがいない。とりわけ、つぎつぎにリレー式に護衛されたこの逃避行を通じて浮かび上がってくるのは、「良き人」たちと「良き婦人」たちを守ろうとする驚くべき連帯意識である。誰もが強い危機感を抱いていた。和約が発効し王令が下れば、さっそく、強行措置が発動されるのは目に見えていたからである。それを見越して、地方貴族出身の騎士たち、トゥールーズの裕福な市民たちは、カタリ派信者たちを守るための地下組織網をさっそく作り始めたのだ。しかもこの組織網は、時とともにますます大きく広がり、しかもより機動的になって権力側を大いにてこずらせたために、のちに見るように、弾圧のほうもますます激しくなっていったのである。

一二二九年の集団避難の結果のひとつは、モンセギュールに多くの人々が新たに押し寄せたことである。このレモン・ド・ペレイユの〈城邑〉は、オクシタン軍の再征服のおかげで、一時、だいぶ人口が減っていた。一二〇九年の十字軍侵略のさいに難を逃れてここに来ていた人々が平地に下って行き、ギラベール・ド・カストルのように、自分たちの町に戻って生活していたのである。パリ和約が公布されると、多くの完徳者および完徳女たちが、ふたたびこのピレネーの尖峰の頂に避難してきた。バジエージュに住むレモンド・ボルディエという女は、のちにこの時代を振り返って、多くの完徳者たちが「村を通って、モンセギュールに逃れていく」のを見かけたと証言している。彼女が目撃したのは、ほとんどがトゥールーズのカタリ派司教区に属する人々だったと思われる。一方、ラゼスのカタリ派司教ブノワ・ド・テルムは、高地コルビエールのケリビュス城に逃れて行った。

しかし、聖週間のあいだにパリで決定したことを当局が実行に移したのも、驚くほど素早かった。カタリ派信者たちの逃亡が早かったのも、おそらくそのためだろう。条約の調印から六週間もたたない五月二十四日、トゥールーズに大学が開設され、サン゠ローム通りの説教修道士会の僧院内で講義が始まった。創設当初の教授たちはすべて、サンタンジェロ枢機卿によって任命され、パリから派遣されてきたが、とうぜんながらかなりつらい任務を引き受けたことになる。そのひとり、ピカルディー出身の老シトー会士エリナン・ド・フロワモンは、開講の辞で旧套な伝統主義を振り回したが、その無知蒙昧ぶりは大学の将来を危ぶませるにじゅうぶんだった。しかしイギリス人文学者ジャン・

ド・ガーランドは立派な人物であった。このふたり、そして彼らと同時に派遣されてきた何人かの教授（名前は知られていない）に、翌年の秋、イタリア人ドミニコ会士ロラン・ド・クレモナが加わった。百科全書的な博学で、あらゆる学問、あらゆる哲学に貪欲な好奇心を持つ人物だった。彼らは与えられた任務にそれなりの善意をもって臨んだことだろう。しかしこれらの「よそから来た」教授たちは、さっそく、トゥールーズ市民のあざけりの視線を浴びなければならなかったし、やがては自分たちが急遽投げ込まれたきわめて微妙な状況のなかで身動きがとれなくなり、多くの幻滅を味わうことになるだろう。

七月、教皇副特使ピエール・ド・コルミユーがトゥールーズ市民を赦免する儀式を執り行った。労働者たち――その多くはフランスで雇われた――の一団が、トゥールーズの城壁、さらに非武装化の決まったその他の建物や施設の解体撤去作業に取りかかろうとしていた。それ以外の場所では、北から徐々に送られてきた兵士たちが駐屯を始めた。九月末にはサンタンジェロ枢機卿自身がやってきた。国王親任官たちにより、パリ和約でレモン七世に残されることになった領地を正式に返還することを定める調書が作成された。

トゥールーズ公会議

十一月、教皇特使は、やはりトゥールーズで、かなり大規模な公会議を召集した。レモン七世、市参事会の代表者ふたり、それに王命によりカルカソンヌ代理官となったアンドレ・ショーレも参加することになった。この公会議で、異端を撲滅しカトリック信仰をオクシタン全域で完全復興するための方策について、四十五ヵ条におよぶ決議がなされた。一二〇九年にはこの任務を軍隊に委ねたわけだが、いかに軍の首脳部が教会の指導者たちと緊密に連携し、協力し合ったとしても、何ひとつ解決しなかったことは誰の目にも明らかだった。あらゆる種類の政治的・外交的問題が噴出するばかりで、二十年に及ぶ戦争のあとでも、肝心な異端問題は一歩も前進しなかったのである。異端者の捜査に関して、俗権が司教団を全面的に支援するという原則を定めたパリ和約にしたがって、トゥールーズ公会議は、レモン伯、その行政機関、俗的権力の全代表者たちにたいして、すべての市民を異端弾圧の積極的協力者たらしめるべく、文字どおりの法的足枷を押し付けた。

じっさい、つぎのような命令が出された。まず各小教区に、司祭の指導のもとで自警団を組織する。その自警団は、みずから捜査するとともに、うわさを聞いてまわり、告発や密告――告発者や密告者にはもちろん報奨金が出る――を受け付け、異端者が潜伏している可能性があるあらゆる場所を捜索し、異端が疑われる人物、あるいは告発された人物はすべて召喚し、土地の領主、直近の大修道院長ないし司教に正式に知らせたのち、逮捕や移送の手続きが始まるまで、厳重に監視することを任務とし、そうした任務を誠実かつ迅速に行うことを誓約する。もちろん、こうして逮捕された被疑者たちは、司教裁判所に出頭しなければならない。刑の重さはおおよそ旧来の法律を踏襲してはいるが、その適用は厳密である。あらゆる異端共犯者は、まったく消極的な共犯であっても――たとえば、自分の土地に異端者が滞在することを黙認するような場合であっても――全財産を没収されることになる。悔悛者はふたつのカテゴリーに分けられる。まず悔悛が本物だとみなされた場合は、別の町に行って住み、衣服にふたつの十字架を縫い付け、その町の司教から赦免状をもらい、自分に課された悔悛の業を最後まで果たす。死刑を恐れて悔悛したにすぎないことが疑われる場合は、「壁の内側に入って」悔悛することになる。「壁の内側」とは、要するに牢獄のことであり、それゆえ「壁の内側に入る」すなわち「幽閉される」とは、十九世紀の歴史小説家たちがこの言葉に与えたロマンチックな文学的意味合いからはほど遠いものである。ともあれ、「壁の内側に入る」とは、原則的には終身刑を意味する。強情者たち、つまり自分たちが間違っていることを認めようとせず、痛悔することをあくまで拒否する「良き人」および「良き婦人」たちについては、公会議の決議条項は一言も触れていない。おそらく、彼らについては旧来の法律における非悔悛者と同じ扱いをすることが暗黙の前提となっていたからであろう。つまり俗権の手に引き渡すことであり、それは火刑台送りを意味する。

それに加えて、トゥールーズ伯の臣民はすべて、成人に達したときには——男は十四歳、女は十二歳——すみやかに、あらゆる異端を否認してカトリック信仰にとどまるとともに、積極的に異端者を見つけ出し、告発することを誓うことを義務づけられ、しかもその誓約を二年ごとに更新することとされた。以上のことからも、カタリ派殲滅のための包括的システムがいかに徹底して構築されたかがお分かりになるだろう。そのうえ、誰もがこのシステムに加わることを強制され、そうしない場合はすぐにも自分が疑われ、このシステムの餌食となる恐れがあった。

異端との戦いの第一段階は異端者を見つけ出すことであるが、この役割は、前世紀以来、〈教区長裁判〉が担っていた。教区長裁判とは各地方の司教が行うものであり、そのため「司教審問」(inquisition épiscopale) と言われる。Inquisition という言葉は、この時代以降、とくに異端審問を指すようになったが、もともと「調査、取り調べ」を意味する。このように、それまでもっぱら教会が行っていた異端審問を補強すべく、今度は一般市民や世俗権力も異端審問に積極的にかかわることが義務づけられたわけだ。こちらのほうは、「世俗審問」(inquisition séculière)と言われた。教会にとっては、この二番目のシステムを実質的に機能させ、第一のシステムの効果的な補助機関とすることが最大の課題であった。

教皇特使は、公会議を召集したさい、司教フルクに、異端の状況を正確に把握すべく、ただちに捜査を行うよう指示した。十一月に開かれるその公会議の参加者全員がそれを知っておく必要があるからだ。公会議は法廷に早変わりし、フルクが出廷させた被疑者を尋問した。彼らは皆、何も告白しようとはせず、また誰も告発しようともしなかった。なかには、被告の基本的権利として、誰が自分を告発したのか知りたいと申し出る者もいた。単に個人的怨みから、腹いせに密告したかもしれないではないか。そこで教皇特使は、特定の名前は挙げず、捜査にかかわった全証言者のリストを彼らに示した。もちろん被告の誰ひとりとして、そこに自分の告発者を見つけ出すことはできなかった。当局は、密告者の生命を危険にさらさないためだとして、すぐにこのやり方を正当化することになるが、賢明だったと言えよう。それでもなお、密告者の何人かは暗殺された。ともあれトゥールーズ裁判は無事に終わり、教皇特使が刑を宣告し、フルクが悔悛状を書いた。俗権に引き渡された者はひとりもいなかったようだ。火刑台送りになりそうな者は、すでに逃亡してしまったのだ。

ところが捜査が始まるとすぐに、自発的な棄教者が出てきた。目立ったところでは、カタリ派教会でも重要人物とされていたギヨーム・デュ・ソリエがいる。彼はかつて助祭ベルナール・ド・ラモートの〈ソシ〉であった。資料によれば、一二二二年以来、モントーバン、ヴィルミュール、ラガルド、そしてローラゲ地方のモンガイヤールなどで、精力的に説教活動を行っていた。王の十字軍のあいだはトゥールーズにいて、ベルナール・ド・ラモート、ギヨーム・サラモン、レモン・グロなどとともに、司教ギラベールの取り巻きのひとりであった。その頃、司教とその仲間たちはルエ家やロクヴィル家に滞在していたが、そうした社交の場でソリエは、ベルナール＝オトン・ド・ニオール、レモン七世のケルシー代理官のポンス・グリモールなど、著名なカタリ派信者たち（彼らは皆、有力貴族である）の知遇を得た。信頼すべき資料によれば、一二二九年、教皇特使は彼の悔悛を本心からのものと認めた。教会は彼を大いに歓迎し、ギヨーム・デュ・ソリエは聖堂参事会員の禄を受けたが、もちろんそれは、カタリ派信者たちに改宗をうながす宣伝効果を狙ったものだろう。

サンタンジェロ枢機卿の任務は終わり、トゥールーズにおける教会の全権限は副特使ピエール・ド・コルミユーとフルクに委ねられた。この期に及んでも、老司教は苦労が絶えなかった。彼は、かつてシモン・ド・モンフォールが司教に寄進したヴェルフェイユの領地の返還を求める訴えを起こしたが、これがまずかった。土地の貴族たちは猛反発し、武装蜂起したのである。ベルナール＝オトン・ド・ニオールのような名うての「残党騎士」にさえ、参加を呼びかけた。ベルナール＝オトンの部隊と司教が身の安全のために雇った兵士たちとのあいだで衝突が起き、ある日、ベルナール＝オトンは矢を額に受けて倒れた。彼は、みずから共同領主となっているローラックに移送されたが、死が危ぶまれたため、コンソラメントを受けることを望んだ。とはいえ、完徳者なら誰でもいいというわけではなかった。彼は、ギラベール・ド・カストルをアルブダンまで呼びにやった。負傷者の母と兄弟たち、それに数多くの信者仲間が見守るなかで行われた儀式に立ち会ったひとりの男が、その後まもなく逮捕された。国王代理官アンドレ・ショーレのもとに引き渡された男は、獄中で、この儀式のことを話した。代理官がニオールの領地であるソーに軍を派遣することを決意したのは、おそらくそのためであろう。ソーは、オード川とアリエージュ川の両渓谷に挟まれた奥地で、近づくことが困難な高原地帯であった。キャンを出発した代理官がまだソーに着かないうちにクドンに近い森の中で待ち伏せにあい、代理官は殺されてしまった。王領に併合された土地にやってきた王の役人たちを待ち受けている幾多の苦難を予告する事件であった。

トゥールーズでも、事態はほとんど改善せず、異端の捜索者や密告者たちの暗殺が相次いだ。教会は、それをベルナール゠オトンの仕業とにらんでいたが、レモン七世が何の対策も取らないことがそうした事件を引き起こしている最大の要因だとして、不満を募らせていた。しかし伯自身は、国に戻るとさっそく、カタリ派撲滅に本腰を入れ、異端の共犯者たちを厳しく取り締まること以外に、多くの難題をかかえていたのだ。彼の怠慢があまりにひどかったので——もちろん、彼は大学教授の給料を払うことなどすっかり忘れていた——一二三〇年、教会上層部はカルカソンヌ司教をローマに派遣し、この件を教皇に訴えた。ところがレモンのほうでも、自分の窮状を訴えるべく、特使を教皇に送っていた。教会に膨大な賠償金とその利子を払わねばならず、遅くともその秋までとされている聖地渡航の支度金も工面できない、そこで賠償金の支払いと聖地渡航の両方の遅延を認めてほしいと教皇に泣きついたのである。

七月九日、教皇はレモンの訴えを認めた。するとレモンは騎士団を召集し、プロヴァンスに急行した。カタルーニャ伯レモン゠ベランジェ五世に攻囲されているマルセイユを救うためである。カタルーニャ伯は、トゥールーズ軍が到着するまえに陣を引き払った。十一月七日、マルセイユはレモンを上位領主として認め、レモンは奉行を任命した。パリ和約によって侯爵領を取り上げられて以来十八ヵ月ぶりに、一二二九年の敗北者レモンはローヌ河の向こう側で勢力を振るうための拠点を回復したのである。この遠征軍に参加したおもだった封臣たちはつぎのとおりである。ロデーズ伯、ロートレック子爵、オリヴィエ・ド・テルム、シカール・ド・モントー、ギロー・ユノー、ジュルダン・ド・ランタ、そしてベルナール＝オトン・ド・ニオールなど。熱心なカトリック信者もいればカタリ派信者もいる。パリ和約後も、伯の宮廷では、あいかわらず宗教差別は行われていなかったというわけだ。

　プロヴァンスから戻るとすぐ、レモンは、ホノリウス三世が任命した新教皇特使によって、カステルノーダリーに呼び出された。新特使はトゥルネー司教ゴーチエ・ド・マルニであったが、彼はレモンを厳しくとがめた。もちろん、レモンのほうは言われることは何でもすると誓い、いくつかの宗教施設との訴訟事件を解決するとともに、封臣たちにもそうするよう命ずることで、誠意のあるところを示した。それでもなお、一月二日――年が改まって一二三一年になっていた――教皇は、伯にかなり冷淡な手紙を送り付け、負債の支払いを始めるよう命ずる一方、特使には、もしそうしなければ、教会法による懲罰を科すると伯に警告するよう伝えた。ただし、破門や聖務停止まではやってはならないと教皇は付け加えている。十一月、レモンはようやく、マルマンドの通行税収入の一部を割いて、シトー会大修道院がかねて要求している損害賠償金を支払い始めた。

　その年のクリスマスに、トゥールーズの老司教フルクが世を去った。二十五年に及ぶ在任期間を通して、彼には気の休まる暇もなかった。自分をほとんど愛してくれない住民たちと何かにつけて自分を辱める君主――レモン六世、ついでレモン七世――との板挟みにはなるし、自分を何度も追放したトゥールーズの町にたいして抱き続けた復讐心とその不幸な住民たちへの憐れみの思いに引き裂かれてもいた。不退転の信念をもって十字軍の戦いを熱狂的に推し進めようとしてはいたが、もともとは善意に溢れ、みずからを厳しく律する偉大な精神の持ち主であり、まったく私心のない人間だった。

そんな彼が歴史に残したのは、自分に課せられた任務の矛盾にずたずたに引き裂かれた人物像である。彼に課せられたのは、すべての――少なくともほとんどすべての――羊たちが反抗的であり、主人の言うことを聞こうとしない群れを預かる羊飼いという任務であった。

最後の頃、フルクはレモン七世のいわば消極的抵抗にお手上げの状態だったようだ。ところが、彼の後任レモン・デュ・フォーガの登場で、状況は一変した。彼は低地フォワ伯領の貴族の家柄で、説教修道士会の管区修道院長であった。この修道会の使命は、もちろん説教によってキリストの福音を世に広めることにあったが、この修道会が生まれたのは、まさに異端信仰の布教活動に対抗するという具体的要請からであった。新しい司教が選出されて間もない一二三二年三月、教皇特使はベジエで公会議を召集した。一二二九年のトゥールーズ公会議で定められた異端対策法を再確認するとともに、それを実行しようとしない人々を厳しく取り締まることが、おもな目的であった。異端対策の効果が上がらない最大の原因は、俗権力者たちが、さらには一般市民が、異端者を捜索するのに消極的で、聖職者たちに進んで協力しようとしないことだった。要するに、ベジエ公会議は〈世俗審問〉の必要性をしっかり再確認したのである。

以上のことを考えれば、着任早々から、レモン・デュ・フォーガがレモン七世に相当の圧力を加えたのもとうぜんのことであった。彼は伯にたいして、異端の捜索活動にみずから参加して誠意を示さなければ、パリ和約に違反し、一二二九年の王令を無視し、さらにはトゥールーズとベジエの公会議の決議に従わないとみなされる恐れがあると警告した。この脅しが効いたためか、伯は、モンターニュ・ノワールに潜んでいることがつきとめられた二十人ほどの「良き人」および「良き婦人」を捕らえるべく派遣された部隊に、高位聖職者たちとともに同行した。これらの異端者たちはすべて捕縛された。ラベセードの旧領主パガンもそのひとりだった。彼は、一二二六年、アンベール・ド・ボージューによって火刑に処せられるところをあやうく逃れたが、今回もまた、うまく逃れた。みずから脱走したのか、献身的な信者たちが監視人を買収して——それもよくあることだった——釈放されたのか、いずれにせよ、彼は非合法の宣教活動を再開し、少なくとも一二三七年まで続けた。ともあれレモン七世は、この遠征に加わったことで自分の誠意はじゅうぶん証明されたと考えたようで、異端弾圧にふたたび無関心を決め込むようになった。そこでまた、教皇特使は神経を尖らせることになる。

トゥールーズ市参事会もまた、建て前としては、異端弾圧の一翼を担うことになっていた。だがじっさいのところ、市参事会にとっては、異端問題よりも、公共の秩序を維持することのほうがはるかに大事で、むしろ説教修道士たちの熱意から住民たちを守ろうとしていた。市の役人は、説教修道士たちが説教のなかで市内に異端者がいて集会を開いているなどと断言することを禁じ、もしそんなことを言った場合は説教そのものをやめさせると警告したらしい。しかし大学教授団のなかでも最後にやってきたロラン・ド・クレモナは、説教修道士たちに同調したばかりか、さらに過激な行為に及んだ。サン＝セルナン教会のある寄進者が境内に埋葬されたのだが、この男が臨終のコンソラメントを受けていたことを知ったロラン・ド・クレモナは、その遺体を掘り返して焼いた。彼はワルド派信者にも同じことをしている。しかも遺骸を町中引き回したうえ、その家を完全に取り壊した。これにたいして住民たちがどんな反応を示したかは知られていないが、大学の先生たちを取り巻くトゥールーズの雰囲気はますます険悪なものになったことはたしかであろう。一二三二年のある日、ジャン・ド・ガーランドが小舟に乗ってひそかに町を去った。それからまもなくエリナン・ド・フロワモンも去り、一二三三年にはロラン・ド・クレモナ自身も去って行った。

モンセギュール城塞の建設

ベジエ公会議、とりわけそこで打ち出された徹底した異端対策をきっかけとして、オクシタンにおけるカタリ派の歴史に重要な役割を果たすことになる一大事業が始まった。モンセギュール城塞の建設である。

しかし、じっさいには二回目の建設であった。すでに見たように、一二〇四年から一二〇六年にかけて、カタリ派教会は、領主レモン・ド・ペレイユにたいし、当時廃墟となっていたこの〈城邑〉を再建してほしいと申し出た。かくして一二〇九年、はじめてここにかなりの人が集まったが、ほとんどはファンジョーを逃れてきた完徳者および完徳女たちであり、これもすでに見たとおり、彼らの多くはここを一時的な避難場所としたにすぎなかった。今回の一二三二年の場合は、事情がまったくちがっていた。その間、モンセギュールは、領主レモン・ド・ペレイユの居城となっていた。

一二三二年の秋、レモンはモンセギュールにいた。ユノー・ド・ランタの息女である妻コルバ、娘たちアルパイとフィリパ、代官ベルナール・マルティ、弟でかつてミルポワ共同領主であったアルノー＝ロジェ、数名の甥たち、彼の忠実な友である一握りの騎士たち、それに何人かの下士官も、ここに滞在していた。そんなある日、レモンはほかならぬギラベール・ド・カストルからの伝言を受け取った。カタリ派司教はヴィルヌーヴ＝ドルムの近くで彼に会いたいと言う。そこでレモン・ド・ペレイユは、数名の騎士を伴って、約束の場所に赴いた。

行ってみると、ギラベールは二十人から三十人ほどの――その数は証言者によって異なる――完徳者を引き連れていた。彼らは、ミルポワの北、ガジャの広大な森からやってきたのだった。この森は、すでに逃亡者たちにとってなじみの場所で、明らかに彼らの集合場所になっていた。ここから彼らは、カタリ派信者である三人の騎士たちによって、モンセギュールの麓まで護送された。三人の騎士とは、フォワ伯領の騎士レモン・サン・ド・ラバ、ミルポワの元共同領主のひとりでレモン・ド・ペレイユの本いとこであるイザルン・ド・ファンジョー、ガジャの共同領主のひとりピエール・ド・マズロールであった。三人の騎士たちが引き返すと、レモン・ド・ペレイユは全員をモンセギュールまで連れ帰った。モンセギュールに到着すると、司教は領主に自分と仲間たちをここに住まわせてほしいと願い出た。それは「教会がここを総本山および司令部（domicilium et caput）とし、ここから宣教師を各地に派遣するとともに、ここで彼らを迫害から守る」ためである。しばらくためらったあと、レモンはこの願いを受け入れた。それから十年以上ものあいだ、じっさい、モンセギュールは禁じられた教会の「総本山および司令部」としての役割を完璧に果たすことになる。つまり、カタリ派教会上層部の隠れ家になると同時に、各地にひそかに広がり、組織化されていく宗教的レジスタンスの作戦本部となったのである。

ただちにギラベール・ド・カストルは小公会議を開いた。彼はそれぞれの役職を確認するとともに、新しい役職を設けた。この公会議の参加者で名前が分かっているのは六人しかいないが、それを見るだけでも、ここが異端教会のまさしく総本山であることがじゅうぶんうかがえる。ギラベールの傍らには、すでに私たちも知っている「大子」ベルナール・ド・ラモート、それに「小子」のジャン・カンビエールもいた。ジャン・カンビエールは、一二二四年から一二三〇年まで、ミルポワ地方で布教活動を行っているあいだ、何度もモンセギュールを訪れている。アジュネ司教も出席していた。タントあるいはトゥートと呼ばれているが、まったく得体の知れない人物である。ただし、彼といっしょに来ていた「大子」ヴィグルー・ド・ラ・バコーヌについては、多くのことが――とりわけ二年後に火刑に処せられたことが――知られている。そのほか、少なくとも三人の助祭が参加していた。ポンス・ギラベール、ベルナール・ボナフー、そしてレモン・ド・モントゥティである。彼ら三人については、これからもトゥールーズやタルン地方で活動する姿を何度も見かけることになるだろう。

かくして、このときからすでに、モンセギュールがカタリ派教会の「総本山および司令部」となるのは明らかであって、ときに幻想文学に語られるような「心清い」信者たちが瞑想にふけるひそかな隠れ家になるどころか、最後の日々まで、司教たちもふくめて、人々の行き来が絶えることはないだろう。「良き人」たちは、たえず布教のための地方回りに出かけては、また戻ってくる。数多くの信者たちが、文字どおりの巡礼として、聖地となったモンセギュールを訪れ、教会の高位聖職者の説教を聞き、場合によっては彼らから叙階のコンソラメントを受ける。なかには臨終のコンソラメントを受けに来る者さえあった。武将たちの行き来もあった。お忍びの旅行者たちの警護に駆けつける者――多少の稼ぎにはなった――もいたし、モンセギュールに駐屯する兵士や騎士たちもいて、〈城邑〉の近辺をたえず監視していた。さらには、商人や近在の村人たちもやってきて、生活に必要な物資を供給した。このようにモンセギュールは、十年以上ものあいだ、蜜蜂の巣さながら、多くの人が行き交い、活気にあふれていたのである。まさに小都市と言ってもよく、その住民たちがみな逃亡者であって、火刑台送りや終身刑になるおそれがあること、さらには、商売もふくめて、すべての活動が非合法であることをのぞけば、当時の山岳地帯の町や村とほとんど変わりなかった。

説教修道士たちへの委託

一二三二年秋のモンセギュール城塞の建設と、教皇グレゴリウス九世が、一二三三年四月二十日、ボルドー、ブールジュ、オーシュ、そしてナルボンヌ大司教区の説教修道士会修道院長たちに異端取り締まりの任務を当修道会に委ねる旨の廻状を発したことのあいだに、直接的な因果関係があるわけではもちろんない。とはいえ、このふたつの出来事はいずれも、状況が緊迫していることをはっきり示している。一方では、非合法教団が抵抗活動を行うのに、難攻不落の要害に司令部を設け、ここを拠点として各地に広がる教会の秘密組織を運営しようとしている。他方では、新しい弾圧システムが構築されようとしていた。このシステムのおもな特徴を挙げれば、まずその構成員の能力の高さと柔軟な対応力であり、また彼らの権限が地方権力――宗教的であれ世俗的であれ――から完全に独立していることである。彼らは教皇だけにしか責任を負わないし、教皇の命令にしか従わない。それだけ、実行力や機動性が期待されるというわけである。じっさいこれまでの経験からして、「教区長」と世俗権力との、つまりは「司教審問」と「世俗審問」との連携は、ごくまれな例外を除いて、まったく建て前だけのものだったのである。

じつを言えば、異端の弾圧をある特定の組織に委ねることは、一二三三年の時点においても、前代未聞というわけではなかった。すでに一二二七年、ドイツに現れたルシフェル派の異端セクトを弾圧するのに、聖座はマインツの神学校長コンラート・フォン・マールブルク――彼がどの修道会に属していたかは知られていない――に全権を与えた。彼はふたりの補佐を雇ったものの、過激な行動に走ったため――とりわけ被疑者たちを裁判抜きで大量処刑している――ライン地方の大司教たちが彼を教皇に訴えたほどである。この三人は、訴えを受けた聖座が調査に取りかかるまえに、暗殺されてしまった。同じ一二二七年、フィレンツェで、ある異端者を裁くのに司教裁判所から独立した特別法廷が設置された。判事を務めたのは、ドミニコ会士、シトー会士、それに聖堂参事会員の三名であった。ただし、この法廷はあくまで臨時に設置されたにすぎない。ところが、一二三三年にグレゴリウス九世が説教修道士たちに異端の取り締まりを委託したのは、一時的措置としてではなかった。かくして、司教審問と世俗審問に加えて、修道士審問が誕生したが、それはドミニコ会士たちを介した教皇庁審問と言ってもよかった。いずれにせよ、この審問のことを、後世の歴史家たちは略して単に「審問」と言うことになる。ただし頭文字を大文字（Inquisition）にして。(2)

司法的措置としての異端取り締まりをこのように説教修道士会に委託したことから、いくつかの問題が浮かび上がってくる。まずは伝統的歴史解釈のひとつの流れとして、ドミニコ会が担うこの「審問」創設の起源を聖ドミニコまで遡らせ、それを彼の拭いえない汚点とする見方がある。しかしここで言っておかねばならないのは、この修道会の創設者はすでに一二二一年には亡くなっていたこと、さらには、一二〇六年から一二一七年に及んだラングドック滞在中、彼がカタリ派信者たちにたいする法的制裁や強制措置を説き勧めたという事実はまったく確認されていないということである。それどころか、彼が悔悛者たちに課した償いの業は、彼がフルクに委託した分もふくめて、せいぜい小斎《しょうさい》（肉断ち）と衣服に十字架を縫い付けることくらいで、けっしてそれ以上のものではなかった。しかも、それはあくまで告白にもとづいての措置であって、裁判の結果ではなかった。唯一の例外としてポンス・ルジエの場合があり、たしかにドミニコは彼に悔悛の業として公衆の面前での鞭打ちを科したことが知られているが、それもまったく形だけのものだった。クリスティーヌ・トゥゼリエのように、「〈異端審問〉を先取りするドミニコの熱誠」[3]などと言うのは、つぎのようなことをほのめかすに等しい――彼は組織的な異端取り締まりに積極的に関与し、政治的手段を用い、被疑者たちを逮捕・投獄し、彼らを裁き、悔悛を拒否する者たちを世俗権力に引き渡すと、世俗権力は彼らを火刑台に送るとともに、その全財産を没収したのだと。一二三三年に行われたドミニコの列聖審査の過程で「異端者たちの persécuteur」という言い方が使われているが、この言葉に欺かれてはならない。persécuteur という言葉は、現代では「迫害者」を意味するが、語源的には「追跡者」という意味であって、ドミニコは異端者たちをたしかに〈追跡〉はしたが、〈迫害〉したわけではまったくない。

異端との戦いにおいて、説教修道士会が、創設者が定めた会の創立精神を裏切る危険を冒しながらも、突如、その第一線に躍り出た背景にはふたつの理由がある。すなわち、この会の驚くべき発展と修道士たちの学識である。ドミニコは、一二一七年の終わりにトゥールーズを離れたが、一二一九年にふたたび戻り、そのきわめて短期間の滞在中、説教修道士たちを召集して会議を開いた。この頃から、ドミニコの最大の関心は、説教修道士をヨーロッパ全土に派遣することに向けられていた。この方針はすでに一二一七年の会議で打ち出されていたが、要するに説教修道士会を全キリスト教世界に拡大しようというものである。何人かはプルイユとトゥールーズ市内のサン゠ローム通りにできたばかりの小修道院に残るが、彼らの仲間の七人はパリに、四人はスペインに向けて、それぞれ旅立った。

それから四年後、ドミニコが世を去る頃には、説教修道士会は西ヨーロッパに六つの管区を設け、さらにそのすぐあと、同年にボローニャで開かれた総会で、ダキア〔ドナウ河の下流地域〕とデンマークにそれぞれ管区を設けることが決定された。さらにポーランド（一二二五年）、ノルウェーとエストニア（一二二九年）、リボニア〔リトアニアのバルト海に面した地方〕（一二三一年）と続いたほか、地中海を越えて、モロッコ（一二二五年）とチュニジア（一二三四年）にまで、トレドの修道院から説教修道士たちが派遣された。まさに電撃的な勢力拡大であり、一世代足らずのあいだに、意欲満々で、戦闘的ともいえる新しい活力をカトリック教会にもたらしたのである。この修道会は、迷える信者たちを正道に戻す指導力とともに、異教の地や〈不信仰の〉地にすら進出してしまうほどの強い伝播力を備えていた。聖座にとって、この新しい修道会はいまや信仰の生ける力を体現していたのであり、歴代の教皇たちの心中では、これまでシトー会が占めていた地位を、この修道会が多かれ少なかれ占めることになったことは疑いないだろう。

もうひとつの理由。説教修道士会の目的は福音を世に広めることにあるが、そのための武器は――もちろん使徒的な清貧生活の模範を示すことがその前提となるが――もっぱら説教であったことは名前が示すとおりである。いまや、説教は司教や教区司祭の専売特許ではなくなり、言ってみればそれを専門とする人たちの仕事となった。かくして、説教するための修道会が創られたのである。ところで説教を分かりやすく、また効果的なものにするうえで、何より必要なのは学識であり、したがって学問である。一二一七年、ドミニコが七人の修道士たちをパリに派遣したのは、何よりまず学問を身に付けさせるためであった。説教修道士会がまさにカトリック教会の〈頭脳〉となったのは、創設者ドミニコが学識を重んじるという独自の方針を打ち出したからであった。

高名な人々、聖性を備える人々――創設者は列聖の途上にあった――、そして学識の人々を輩出する説教修道士会。折しも、聖座は異端根絶の任務を騎士団まかせにすることをやめようとしていたし

――じっさいアルビジョワ十字軍は何ひとつ根絶しなかった――、また司教審問はじゅうぶん機能せず、ましてや世俗審問はまったく機能しないことが分かってきた。そんな矢先、新しい形態と方法で異端と戦う主体として、日の出の勢いの説教修道士会はまさにうってつけと思われたにちがいない。しかしたしかなことは、彼らのなかで「異端の腐敗堕落を審問すべく聖座より派遣される判官」――それが正式の肩書である――に任命された者たちは、みずからの入会当初の使命を大きく逸脱し、彼ら自身の召命を裏切ることになるだろうということである。少なくとも、在任期間中はそうならざるをえなかったろう。というのも、「説教士」とはいっても、名ばかりだったからである。

とはいえ、権限の移行は唐突になされたわけではない。説教修道士会に宛てた手紙は一二三三年三月二十日付になっている。その一週間まえの十三日、教皇はフランスの高位聖職者たちに書簡を送り、「あなたがたを過重な任務から解放し、一息ついてもらうために」、説教修道士たちを派遣して、異端撲滅の任に当たらせるつもりであると伝えている。しかしその直前の八日には、トゥールーズ司教にたいし、ベルナール＝オトン・ド・ニオールおよび彼の母と兄弟について捜査を開始するよう要請している。じっさい修道士審問は、じゅうぶんに機能しない他のふたつの審問を補うために創設されたものだが、いざ始まってみると、すぐに優先権をめぐる大問題が生じてしまった。しかもこの問題は、教皇でさえ、一刀両断のもとに解決するというわけにはいかなかった。三月十三日の書簡では、新たな任務に就く説教修道士たちを助け、協力するようにと各司教に要請しているが、それは不用意にも役割を逆転させることを意味する。グレゴリウス九世もそれを意識したらしく、その後もしばらくのあいだは、トゥールーズやアルビの「教区長」つまりは司教に捜査を委託している。だが、このように異端追及というひとつの目的のために、ふたつのシステムを並行して維持することは、きわめてむずかしかったはずである。一時は協力し合ったが、司教座はすぐにドミニコ会審問にすべてを任せるようになった。やがて司教座はあらゆる協力をこばむようになり、さらには異端弾圧の独占権を争うことにさえなるだろう。

四月二十二日、グレゴリウス九世はふたたびドミニコ会管区修道院長ロメウ・デ・リビアに書簡を送った。今回は、異端捜査の任に当たるにふさわしい説教修道士たちを修道院長みずから選んでほしいという要請であった。こうして、最初の「審問官」（inquisiteur）が任命されることになる。inquisiteur は、語源的には単に「調査する人」（enquêteur）を意味するが、ここでは法外な権限が与えられたために、それ以来、このふたつの言葉を区別して使うようになったほどである。(4) ロメウ・デ・リビアは、教皇特使であるジャン・ド・ベルナン枢機卿に、トゥールーズ修道院長ポンス・ド・サン゠ジル、モンペリエ出身の修道士ギヨーム・アルノー、それにドミニコの最初の同僚のひとりであったトゥールーズ出身の修道士ピエール・セランの名前を挙げた。だが、特使がこの指名を正式に承認したのは、一二三四年になってからであった。指名された三人の管轄はトゥールーズおよびカオール司教区に限られていたため、アルビ司教区を管轄すべく、修道士アルノー・カタラとギヨーム・ペリソンが新たに任命された。カタルーニャ出身の修道士フェレールも、じきにナルボンヌの修道院を離れ、カルカソンヌの審問官となり、最初の同僚ピエール・ダレスとともに職務に就くことになる。その後も審問官の任命が相次いだが、各審問所の管轄や権限、また審問所の数なども、しばしば変更されるだろう。

しかしグレゴリウス九世は、俗権力を異端弾圧に協力させるという最初の目論見を見失うことはけっしてなかった。一二三二年にモンターニュ・ノワールでの異端狩りに参加したとはいえ、異端弾圧にレモン七世が依然として無関心であることは明らかで、業を煮やした教皇特使ゴーチエ・ド・マルニは、フランス王に訴えるしかないと判断した。そもそもレモン七世は、パリ和約も、一二二九年に出された王令も、まったくないがしろにしている。

そこでルイ九世はレモンを召喚した。ムランで行われた会見には、教皇特使のほか、ナルボンヌ大司教とトゥールーズ司教が立ち会った。トゥールーズ司教が、伯が約束を守らざるをえないように仕向ける方法を考えることになった。トゥールーズに戻るとさっそく、司教は一通の伯令を起草した。あとはレモンが署名したうえで、彼自身の名前で公布するばかりになっていた。その公布は、一二三三年四月二十日、教皇特使とカルカソンヌ代理官の臨席のもと、サン＝テチエンヌ大聖堂で盛大に行われた。ちょうどグレゴリウス九世が説教修道士会に異端捜査を委託した日で、レモン七世の伯令は絶妙のタイミングで出されたことになる。この伯令には、取り立てて新しい内容が盛り込まれているわけではなく、異端者と異端共犯者にたいして、これまで公布されたあらゆる法的措置を繰り返すにとどまっている。ただしそれらの法的措置について、たとえば財産没収は市民法ではなく教会法の管轄であることや悔悛者が十字架を衣服に縫い付ける仕方から始まって、家や仮小屋、その他、隠れ家になりそうな場所を取り壊すことにいたるまで、事細かに列挙している。一二二九年の王令で、異端対策を王国の法律に盛り込むことが定められていたように、今回、一二三三年の伯令でも、それを伯領の法律に盛り込むべきことが定められている。伯令の写しがただちに王と教皇に送られた。かくしてレモン七世は、個人的にも、公的にも、自分自身の臣民にたいして完全な責任を負わされたことになる。もはや、その責任から逃れるすべはなかった。

同年か翌年かははっきりしないが、伯の名において奇妙な作戦が行われた。この作戦が、伯に約束を履行させるために、教皇特使、トゥールーズ司教、カルカソンヌ代理官が結託して、伯に押し付けたものであることは疑いあるまい。それから十年後、モンセギュールの居住者であったふたりの騎士アルノー＝ロジェ・ド・ミルポワとベランジェ・ド・ラヴラネがこの事件について語っているが、全容がはっきりしているわけではない。

ただし、つぎのような細かい点がいくつか分かっている。ファンジョーのレモン七世代官にして城主であるマシップ・ド・ガヤックとアストナル・パルドゥーが、数回にわたって、ときにはいっしょに、ときには別々に、モンセギュールを訪れ、アルノー＝ロジェ・ド・ミルポワの出迎えを受けているほか、ギラベール・ド・カストル、ジャン・カンビエール、その他数人のカタリ派教会の聖職者と会見している。しかも、これらの聖職者に会うにさいしては、彼らを「あがめている」、つまりカタリ派信者の流儀で挨拶しているのである。そのうえ、少なくとも一回は、彼らと食事を共にしている。ベランジェ・ド・ラヴラネが証言しているところでは、マシップ・ド・ガヤックとアストナル・パルドゥーの訪問の目的は、「トゥールーズ伯の名においてモンセギュールの〈城邑〉を接収すること」、すなわち伯の命によって伯の所有下に置くことであった。だがじっさいには、そんなことにはならなかった。ただしマシップは、その後、今度は騎士と下士官、それに弩射手の一隊を引き連れて、ふたたびやってきた。ギラベール・ド・カストルと彼の「大子」ベルナール・ド・ラモートは不在だった。居合わせた最高位の聖職者は「小子」ジャン・カンビエールであった。そこでマシップは、彼とほかに三人の完徳者を連行して帰っていったが、「誰もそれを阻止しようとはしなかった」。ベランジェ・ド・ラヴラネはさらに「マシップは、彼らを牢に入れたうえで、トゥールーズ伯に引き渡し、結局、彼らは火刑に処せられた」と語っている。少なくとも、のちにベランジェはそう伝えられたようだ。たしかに、名前が知られていない三人の完徳者は火刑に処せられたらしいが、ジャン・カンビエールについては、どうもあやしい。というのも、一二三三年から一二三七年のあいだに、彼が何度もあちこちで説教していたとする証言者が多数いるのだ。脱走したのか、身代金を払って解放されたのか、それは分からない。

レモン七世の名により、彼の役人のひとりが行った――それゆえ世俗審問の模範例と言える――この強制捜査、そしてジャン・カンビエールが逮捕された際のまったく奇妙な状況、それをいったいどう解釈すればよいのか。ジャン・カンビエールは、三人の同僚とともに、レモン七世が本気で異端対策に取り組んでいることを教会に証明できるようにと、みずから進んで犠牲になったのだろうか。むしろ、はじめから教会と国王を欺くためのお芝居にすぎなかったのではなかろうか。つまり、異端教会の「総本山にして司令部」に乗り込み、そこに居合わせた最高位者を「軍隊を使って」強制連行したふうを装ったということではなかったか。

じっさい、ギラベール・ド・カストルは、教会組織の一部をモンセギュールに設置したのち、しばらくモンセギュールを離れていた。彼がモンセギュールの事件を知ったのは、おそらくローラックにおいてであった。というのも、ベルナール＝オトン・ド・ニオールが彼をもっと安全な場所に移すべく、ふたりの騎士に託したのが、ローラックであった。このふたりの騎士はギラベールを、ニオール領の奥地、ソー地方のドゥルヌに連れて行った。ここで、ギラベールにレモン・アギュレが合流した。彼は、ブノワ・ド・テルムを引き継いでラゼス司教に就任したばかりであった。じきにベルナール＝オトンもやってきて、このふたりの高位聖職者を半年間保護した。やはりドゥルヌに難を逃れてきた数人の名高い「残党騎士」たちもいっしょだった。ピエール・ド・マズロール、ベランジェ・

ド・ペルペルチューズ、それにトゥールーズ出身のアラマン・ド・ルエ。ギラベール・ド・カストルとレモン・アギュレがドゥルヌからモンセギュールに戻ったのは、一二三四年になってからであった。その少しまえから、最初の異端審問官たちが仕事を始めていた。

最初の混乱

この年のはじめに審問官に任命された説教修道士たちは、それぞれの担当地域を決めた。ポンス・ド・サン＝ジルはトゥールーズに残り、ギヨーム・アルノーとピエール・セランはケルシーに、アルノー・カタラとギヨーム・ペリソンはアルビジョワに、それぞれ赴いた。しかし、異端審問に関して今日まで残っている最初の資料は――しかも十七世紀の写しである――それから十八ヵ月たってからのもので、一二三五年十一月十日にギヨーム・アルノーがトゥールーズ市参事会員十名――市参事会構成員二十四人中の十人である！――にたいして下した破門宣告である。いったいなぜ？　それはまさしく、トゥールーズ市内での異端審問を彼らが妨害したという理由からであった。

説教修道士たちは、教皇から託された任務遂行の手始めとして、じつに奇妙なことをやったと言わねばならない。それは、民衆をあっと言わせて恐怖に陥れるためだっただろうか。あるいは、これがもっとも簡単だったからであろうか。ともあれ、カオールでの最初の仕事として、ギヨーム・アルノーとピエール・セランは、トゥールーズ大学教授ロラン・ド・クレモナがかつてやったごとく、死者たちを蹂躙したのだ。とはいえ、それはまったく合法的であった。周知のとおり、破門された者は祝別された土地に埋葬することはできない。異端者たちは自動的に破門されており、それゆえ教会墓地に埋葬することは許されないから、教会墓地に埋葬された異端者は墓から掘り出さなければならないし、異端者として死んだ者は、死んでもなお悔い改めない罪人なのだから、火刑に処さなければならない。この理由づけは、教会法に照らして非の打ちどころがなかった。とはいえ、異端審問官に多少なりとも思慮分別が備わっていたとすれば、調査、召喚、証人にたいする尋問、そして形式にのっとった宣告など、必要最低限の手続きは行ったとは思われる。いずれにせよ、死者を辱めるおぞましい行為にはかかわりなく、それを避けるために、自分の父の遺骸を掘り出してどこかに隠してしまった住民もいた。

アルビでは、見せしめとして大々的に遺体を焼いたことで、アルノー・カタラはあやうく命を失うところだった。一二三四年の六月十五日、司教座聖堂参事会長がある女の墓を暴くことを拒否したため、カタラはみずからつるはしを取ってその墓を掘り始めた。すると三十人ほどの住民がとつぜん現れ、彼に飛びかかって、滅多打ちにしながら、「縛り首にしろ」とか「タルン川に投げ込んで、溺死させてしまえ」とか、めいめいに叫んだ。彼はすでに土手まで連れていかれていたが、間一髪のところで、何人かの善良な住民たちに助けられ、大聖堂まで連れ帰られた。

もちろん生きた異端者たちを放っておいたというわけではないが、最初はなかなか成果が上がらなかった。ケルシーでギヨーム・アルノーが召喚した最初の被疑者たちはみな逃亡し、ある者はローマへ、ある者はロンバルディアへ、ある者はベルペルシュのシトー会大修道院へと去って行った。モワサック出身のジャン・ド・ラガルドのように、モンセギュールに逃れた者もいる。彼はモンセギュールで完徳者に叙階され、一二四四年に火刑台で死ぬまで、ここにとどまり続けた。アルビでは、カタラとペリソンが十二人ほどの悔悛者たちに聖地巡礼を言い渡したが、異端放棄の宣誓を拒否したふたりの完徳者は世俗裁判に引き渡した。このふたりの完徳者、すなわちピエール・ペシュペルデュとピエール・ボンマシップは異端審問によって火刑に処せられた最初の殉教者ということになる。

遺体掘り出し、暴動、罪の償い、火刑台……。しかし、異端放棄を宣誓する者もいないわけではなかった。翌年の四月、カタラのもとに、少なくともひとりの異端放棄者が出頭してきた。しかも異端教会の重要人物であった。アルビの住人レモン・デジャン、十年ものあいだ教会の布教活動を積極的に手伝う熱心な信者で、一二三〇年、「森のなかで」ベルナール・ド・ラモートとカタルーニャの助祭ピエール・ド・ラ・コローニュによって完徳者に叙階された。要するに、異端者として長い経歴の持ち主で、そのため異端教会の指導者たちをたくさん知っていた。一二二六年にピュスで開かれたカタリ派公会議にも出席して、ギラベール・ド・カストルに会っているし、ベルナール・ド・ラモートが大旅行をしたときには、それに同伴している。また彼自身も大旅行者だったから、低地ケルシー、アルビジョワ、ローラゲ、ラゼスなどの地方、さらにフォワ、カタルーニャ、トゥールーズの各伯領など、じつに広範囲にわたる各地方の信者たちを数多く知っており、そのなかには有力貴族も少なくなかった。一二三五年四月三十日、アルノー・カタラに自分が異端者であったことをみずから告白し、アルビ司教デュラン・ド・ボーケールから赦免状を受けた。一二四三年二月十二日、異端審問官フェレールもデジャンを尋問しているが、そのさい彼は、たっぷり時間をかけて、異端者としての長い遍歴生活について事細かに語りながら、つぎつぎに異端者の名前を挙げた。

フェレール――フェリエとも言われるが、カタルーニャ読みをするほうがよいだろう、というのも彼はペルピニャンの近くで生まれている――は、ラングドックの異端審問の歴史において、なかば特権的な地位を占めている。一二四四年、モンセギュールの攻防戦に生き残った人々を尋問したのも彼であった。もし彼が作成した尋問記録がなかったなら、この有名な〈城邑〉とその悲劇的な最後についての歴史は、ギヨーム・ド・ピュイローランスがその『年代記』でこの事件に当てたわずか十行で片付けられてしまったことだろう。パリ大学神学部の出身で、ナルボンヌの説教修道士会修道院長であった一二三四年の三月、カルカソンヌの異端審問官に任命されるまえだったが、みずから異端弾圧に乗り出し、多くの異端者を捕らえ、大司教ピエール・アミエルのもとに送検した。ところが職人組合が暴動を起こし、逮捕者のひとりを解放した。土地の子爵もこの事件に関与していた。郭外地区に隠れている容疑者をふたたび逮捕することになったが、通りで激しいデモが起こり、警察はこの地区に立ち入れなかった。事件はたちまち、大司教によって一括して破門された郭外地区と大司教が居住する旧市街とのあいだの市民戦争の様相を帯びてきた。大司教は町を抜け出し、教皇特使に訴えた。

そこで、郭外地区の市参事会員たちはレモン七世に調停を願い出た。レモン七世は、やむなくオリヴィエ・ド・テルムとジェロー・ド・ニオールをナルボンヌに急遽派遣した。ジェロー・ド・ニオールは、カトリック教会を憎み切っており、一二三四年の終わりか一二三五年のはじめに起きた新たな暴動にも関与していたにちがいない。この暴動では、説教修道士会の修道院が略奪され、また同修道院のブドウ畑と果樹園が荒らされた。フォンフロワド大修道院長の仲介で、一二三六年四月、郭外地区と旧市街はようやく停戦に合意した。しかしこの紛争が最終決着を見たのは、一二三七年三月のことだった。フランス王代理官ジャン・ド・フリスカンは、双方の被害状況を確認したうえで、一時追放の宣告をいくつか出し、職人組合そのものを禁止する処置を取った。この頃、フェレールはすでに審問官となっており、カルカソンヌとエルヌの司教区での異端捜査を担当していた。

しかし、こうして始まった説教修道士たちによる異端審問への敵意や反感から、もっとも深刻な混乱が起きたのは、ほかでもなくトゥールーズにおいてであった。ギヨーム・ペリソンは、その『年代記』において、この町は異端者たちの巣窟となって、カトリック信者を迫害しているとか、市参事会は完全に異端者たちが牛耳っているとか、伯の取り巻きは、貴族も上層市民も、密告者狩りをやって、彼らを暗殺させているとか、異端問題が相当深刻な事態に陥っているかのように描いているが、もちろん多少の誇張はあるだろう。カタリ派信者ならずとも、この新たな抑圧システムに不安や恐怖を覚えない者はいなかった。たえず自分が見張られているように感じるし、じっさいにほんのささいなことで強制捜査の対象になりかねないのだ。記録に残っている最初の事件――ギヨーム・ペリソンが伝えている――は、その点で興味深い。隣人との口論の最中に異端者呼ばわりされたある職人が、市参事会に名誉棄損でその隣人を訴えた。被告は、自分がうそをついたことを認め、罰金支払いを言い渡された。しかしその後、この隣人が司教法廷に訴えたところ、異端審問官のピエール・セランとギヨーム・アルノーがみずから出向いて、彼を弁護した。今回は、彼が無罪放免となり、異端者呼ばわりされた職人のほうが有罪となった。職人は、逮捕されるまえにロンバルディアに逃亡した。

こうした例はいくらでも挙げることができるだろう。ギヨーム・ペリソンが得々として事細かに記録しているからだ。要するに彼が言いたいのは、自分たちが異端に属することをひた隠すトゥールーズ市民がいかに陰険であるか、また彼らを組織的に庇っている市当局がどれほど信用ならないか、ということなのだ。

試行錯誤、未経験、判断ミス、あるいは異端者たちに逆襲されるかもしれないという恐れ。ともあれ、異端審問が始まって数ヵ月のうちに、トゥールーズで、どう見ても明らかな〈失態〉がいくつか演じられた。そのうちのひとつは、まったく意外な結末となった。異端を隠す危険人物として審問官から告発されたジャン・ティセールという男は、不用意にも、自分は異端者ではないと大声でわめき散らした。審問所は彼を完徳者として逮捕し――明らかに審問所の誤認である、というのも、自分の信仰に忠実な真の完徳者は自分が異端者であることをけっして否認しない――世俗裁判に、つまりは伯の奉行デュラン・ド・サン＝バールの手に引き渡した。奉行が彼を火刑台に連れて行こうとしたところ、その行列に群衆が襲いかかり、処刑場所にたどり着くことができなかった。やむなく、奉行は彼を司教館の牢獄に連れ帰ったが、そこにラヴォール近くで逮捕された完徳者たち――彼らは本物であった――が入ってきた。するとティセールは彼らに自分を叙階してほしいと頼んだ。これらの完徳者たちが有罪を宣告され、火刑台に連れて行かれるとき、彼もいっしょに行きたいとみずから申し出て、完徳者たちとともに処刑された。クロワ＝バラニョン街の鍛冶屋アルノー・サンスの場合は、最後まで否認したにもかかわらず、火刑台で焼かれた。さらに一二三四年八月五日に起きた悲しい事件は、異端審問が始まって間もない頃、異端弾圧がどんな雰囲気のなかで行われていたかを如実に示している。

それはちょうど聖ドミニコの祝日制定を記念する宴会の最中だった。その一ヵ月まえ、グレゴリウス九世が説教修道士会の創立者を列聖したのである。修道院長ポンス・ド・サン＝ジルは、数ヵ月まえに審問官に任命されたばかりだったが、ちょうど席に着こうとしているところに、修道院のすぐ近くのオルム＝セック通り――現在のロミギエール通り――で、臨終を迎えた老婆がコンソラメントを受けたという知らせを受けた。彼がそれを司教レモン・デュ・フォーガ――彼もドミニコ会士である――に伝えると、司教は何人かの説教修道士を連れて病人宅に急行し、ギラベール・ド・カストルを騙って、彼女に異端信仰を告白させた。彼女が告白したところで、自分の正体を明かし、異端放棄を迫ったが、彼女は拒絶した。そこで司教は奉行を呼び、この老婆はもはや身動きできなかったので、彼女を運び出し、ベッドごと火刑台に投げ込んだ。

一二三四年から一二三五年にかけての冬の終わりに、大規模な対異端作戦が行われた。まず「一般説教」が行われ、被疑者たちをまとめて呼び出し、告白、異端放棄、そして告発を迫った。猶予期限が設けられ、期限内に出頭した者はすべて、追放、投獄、財産の没収を免れるという保証を与えられた。逆に期限を過ぎると、容赦なく罪の償いを課されたり、断罪されたりする。もちろん呼び出しに応じない者は、審問所に強制連行された。多くの者は、猶予期限内の免罪や減刑の恩典にあずかろうと、さっそく出頭してきた。とりわけ、四月六日の聖金曜日には、大挙して説教修道士会の修道院に詰めかけたため、期限内に召喚に応じようとせず、逮捕された者のなかに、職人のアルノー・ドメルグという男がいた。期限内に召喚に応じようとせず、逮捕された者のなかに、職人のアルノー・ドメルグという男がいた。奉行から死刑をほのめかされた彼は、口を割ってしまい、そのためレ・カセスとローラゲで七人の完徳者が逮捕された。彼は、ある晩、ぐっすり眠っているところを暗殺された。元市参事会員のギヨーム・ドゥロールという老人も自宅で逮捕されたが、友人たちが奉行の手から助け出してかくまった。しかし彼は欠席裁判で有罪を宣告された。

この一二三五年の春のはじめには、遺体を掘り出し、町を引き回したうえで、火刑台で焼くことが、ふたたびさかんに行われるようになった。すると今度は、住民たちが興奮して騒ぎ出した。レモン七世のもとに苦情が殺到したために、伯はこのおぞましい儀式をむしろ煽り立てている奉行デュラン・ド・サン＝バールを解任し、伯の宮廷役人や市参事会員を輩出している旧家出身のピエール・ド・トゥルザを任命した。

正確な日付は分からないが、ギヨーム・アルノーはカルカソンヌに赴き、一時、ニオール一族についての公開捜査に従事していたことがある。トゥールーズに戻ると、彼は、カタリ派信者であることが疑われる――じっさい、彼の判断は正しかったのだが――十二人の有力者の名前を挙げた。すると彼らは、出頭するどころか、逆にこの異端審問官にたいして、トゥールーズを出ていくか、異端審問をやめるか、どちらかにせよと通告した。しかも彼らが言うには、レモン七世もそれに同意している。ギヨーム・アルノーがそれに屈せず審問を続けたため、市参事会は彼を捕らえたうえで、追放処分にした。十月十日のことである。カルカソンヌの国王代理官のもとに難を逃れたアルノーは、それでもなお、修道院長ポンス・ド・サン＝ジルとトゥールーズの各司祭に書簡を送り、異端捜査を続けるようにと指示している。すると市参事会は、修道院長と司祭たちも町から追い出し、しかも今度は、召喚状を出した者は誰であれ、死刑にすると言って威嚇した。まさしく異端審問官とその協力者たちにたいする宣戦布告である。

説教修道士たちの追放

まず槍玉に上がったのは説教修道士たちで、彼らといかなる関係も持ってはならないし、とりわけ、彼らに何も売ってはならないというキャンペーンがおおっぴらに行われ、その対象はやがて、司教レモン・デュ・フォーガおよび聖堂参事会員たちにも広がって行った。病気で、食べるパンにも事欠き、司教館は略奪され、馬は盗まれ、やむなく司教はトゥールーズの町を出た。司祭たちが食糧物資の補給を受けられないよう、警察に司祭館を見張らせるほどの徹底ぶりだった。最後には、興奮した群衆が、説教修道士会の修道院そのものを封鎖してしまった。勇気があるというか、鈍感というか、あるいは殉教趣味があったせいか、四人の説教修道士――ペリソンもそのひとりである――が修道院から出てきて、召喚状を当人の家まで届けに行った。人々は彼らをすんなり通し、彼らは何の支障もなくモローという老人の家までたどり着いた。ところが彼らが家に入るやいなや、ふたりの息子が彼らに飛びかかり、足蹴や拳骨をくらわせて、彼らを通りに放り出した。

そこで市参事会は、すべての説教修道士たちの追放を命じた。翌日――十一月五日だった――修道士たちは、ミサを挙げたあと、警察がやってくるのを待ちながら、修道院に残っている最後の食糧を食べることにして、食卓についた。市警察隊がやってきて、門を開けるよう命じると、僧たちは立ち上がり、ミゼレーレを唱えながら、教会内に集まった。修道院内に入った警察官たちはまず修道士たちが残した食糧に殺到した。ひとりの市参事会員が、修道士たちに、修道院を出てトゥールーズから立ち去るよう命ずると、ポンス・ド・サン＝ジルと仲間たちは、それに応ずるかわりに、中庭回廊に座り込んで抵抗した。そこで、警察官が彼らの肩と足を摑んで、ひとりずつ外に運び出した。外に出されると、彼らも立ち上がり、ドラード川の橋を渡って、左岸まで引っ立てられた。彼らはめいめい、この地方のいくつかの修道院に向かって行った。

すぐに知らせを受けたギヨーム・アルノーは、十一月十日、カルカソンヌから、この武力行使の責任者とされる――真偽のほどは定かではない――十人の市参事会員にたいして異端幇助の廉で破門宣告を発した。アルノーはレモン七世も破門した。これらの宣告すべてをナルボンヌ大司教、そしてトゥールーズとカルカソンヌの司教が追認したうえ、彼らはフランシスコ会修道士たちにもこの宣告を喧伝するよう要請した。フランシスコ会修道士たちがそれに応じたため、市民たちは彼らも袋だたきにしたうえで、トゥールーズから追い出した。その間、ポンス・ド・サン＝ジルとレモン・デュ・フォーガはイタリアに行き、ペルージャに滞在中の教皇に一部始終を報告した。

教皇の雷が落ちたのは一二三六年四月二十八日のことである。その日、グレゴリウス九世はレモン七世に激しい怒りに満ちた手紙を書いた。これまでに起きたことはすべて、伯がそそのかしたか、承認したか、そうでなくとも黙認したか、そのいずれかである。要するに、パリ和約をはじめとして、伯がこれまで請け合ってきたすべての約束と義務を裏切ったのだ。おまけに教授の給料を払おうともせず、大学を崩壊の危機に追い込んでしまった。市参事会も、この惨憺たる状況をもたらした点では同罪だということで、教皇から厳しく叱責された。

その一方で教皇は、特使ジャン・ド・ベルナンに、すべての関係者に謝罪させ、もししない場合は教会法上の譴責処分にするようにという指示を出した。またレモン七世にたいしては、パリ和約で定められたとおり、聖地への出発をこれ以上引き延ばさないで、一二三七年の復活祭に出航する船に乗るよう勧告した。以上のことはすべて写しが作成されフランス王にも伝えられたが、教皇は、五月七日と二十七日、王に直接手紙を書き、王弟アルフォンス殿をラングドックに派遣し、レモンの不在中、伯領を治めるようにしていただきたいと要請した。その理由として教皇は、アルフォンス殿とジャンヌ・ド・トゥールーズの婚儀にさいしては、教会も相当な額を出費していることを挙げている。六月十四日、ふたたび王に書簡を送り、レモン七世に一二二九年の和約を尊重させるべく圧力をかけることを要請するとともに、特使にたいしても、衣服に十字架を縫い付けることを義務づけられた悔悛者は、レモン七世とともに、一二三七年の復活祭に聖地に出発させる、トゥールーズで異端者に加担した者の家はすべて取り壊す、レモンに教会への賠償金とその利子一万マールをただちに払わせる、そうした新しい指令を出した。さらに二十三日には、つぎのような措置が追加された。もし悔悛者が聖地に向かうまえに亡くなった場合には、その遺産相続者が渡航費用相当額を教会に支払う、もし違反すれば、その相続人を異端者として処罰する。

こうした教皇の怒りの爆発は、まったくとつぜんのことだったろうか。だが、少しまえに戻って考えてみよう。レモンは、強いられてしかたなしにやったとしても、ともあれ、一二三三年四月二十日に伯令を公布することによって、グレゴリウス九世の寵愛をとり戻すことができた。一二三四年一月の段階でもまだ、教皇はそうした伯の態度に満足の意を示している。同月十五日、教皇は新たに特使に任命したヴィエンヌ大司教ジャン・ド・ベルナンにたいし、レモンには寛大な態度で接するよう促している。それから二日後、教皇は特使にプロヴァンス侯爵領の件で手紙を書き、レモンが使者を送ってきて、この侯爵領の返還を求めているが、教皇としては、目下のところ、この問題にかかわりたくないのだと伝えている。それを知ったレモンは、この問題を自分の手で解決することにした。すでに見たように、パリ和約によって、プロヴァンス侯爵領は聖座の所有に帰したが、聖座はその管理を国王の代理人に委ねていた。

そこで、レモンは王に会いに行き、王から教皇に手紙を書き、くだんの領地の管理をこれ以上続けるつもりはないことを伝えてもらうよう嘆願したところ、王も了解して、一二三四年三月、教皇に書簡を送り、この領地を正当な所有者に返還してほしいと伝えた。グレゴリウス九世が王の提案を進んで受け入れ、さっそく、それを実行したのは、当時ローマ市民と紛争中だった聖座を支援するために、レモンみずから軍を率いてわざわざヴィテルボまでやってきたという理由もあった。十月にはフリードリヒ二世も、当時はグレゴリウス九世と良好な関係にあったため、教皇の意を汲み、自分が宗主である侯爵領の封臣として、レモン七世を正式に認めた〔このあたりの記述は、グレゴリウス九世と神聖ローマ帝国皇帝フリードリヒ二世とのあいだの確執・抗争をふまえている。グレゴリウス九世は、一二二七年、十字軍遠征をしぶるフリードリヒ二世を破門にしたが、一二三〇年には破門を解除している。するとこの和解に反発したローマ市民が、一二三二年六月、暴動を起こしたため、教皇はアナーニに逃れた〕。同じ一二三四年の十一月二十二日、グレゴリウス九世は、レモンにたいし、彼が選んだ正しい道をこれからも進むよう励ますとともに、特使にたいしても、レモンには何かと便宜を図るよう、あらためて促している。

それから一年後、トゥールーズから説教修道士たちが追放されたとの知らせを受けたとき、教皇は、それが異端審問を組織的に妨害する政略の総仕上げにほかならないことをはっきり覚ったのだ。この政略は市参事会の主導で行われたとはいえ、伯の全面的な支持があったからこそ可能だったのであり、つまるところ、伯自身もその取り巻きも、異端社会と緊密な関係を保ち続けていたということにほかならない。グレゴリウス九世が、レモンを裏切り者呼ばわりし、さっそく、行動に出たとしても無理からぬことであった。一二三六年四月以降に教皇が書いた一連の手紙が、それまでとは一転して、脅迫的な口調となり、強硬な指令をつぎつぎに発しているのは、そのためであった。こうした教皇の態度急変に、レモンも危険を察したにちがいない。七月にはプロヴァンス侯爵領の封臣たちから臣従の誓いを受けるためにオランジュに行ったのだが、レモンは、トゥールーズに戻るとさっそく、カルカソンヌに駆けつけ、トゥールーズを追放された異端審問官およびすべての説教修道士を帰還させる問題について、教皇特使およびギヨーム・アルノーと協議している。

両者の協議そのものについては、何も知られておらず、分かっているのはその結果だけである。つまり、ドミニコ会士たちは、九月四日、自分たちの修道院に戻ったのだ[5]。とはいえ、伯と教皇特使、双方が譲歩を余儀なくされた。いつかはよく分からないが、レモンはすでにジャン・ド・ベルナンから、トゥールーズ司教区をもはやピエール・セランの管轄下には置かないという了承を得ていた。というのも、レモンの言い分では、もともとは伯の宮廷ともなじみの深かったこのトゥールーズ人が、嘆かわしいことに、いまでは敵になってしまったのだ。そこでセランの任務はカオール司教区内に限られることになり、ギヨーム・ペリソンの同僚として働くことになった。トゥールーズ司教区の異端審問はギヨーム・アルノーの手に委ねられることになったが、同僚を選ぶ必要があった。というのも、ドミニコ会士はつねにふたりでなければならないのだ。ちなみに、カタリ派の完徳者の場合も、また使徒たちの場合も、つねにふたりで行動することになっていた。トゥールーズ修道院長のポンス・ド・サン＝ジルはあまり適任とは言えなかったし、そのうえ彼は近く管区修道院長に選ばれることになっていた。そこで今回は説教修道士ではなく、フランシスコ会士が指名されることになったが、この指名にはレモン七世も関わっていたと思われる。まずは穏当なやり方――少なくとも見かけ上は――と言えるだろう。というのも、フランシスコ会士はドミニコ会士よりも穏健だとされていたからである。教皇特使はガスコーニュのフランシスコ会管区長ジャン・ド・ノトワールを抜擢したが、彼は自分の代わりとして同会士のエチエンヌ・ド・サン＝ティベリーを派遣してきた。

こうして、異端審問再開の目途がたった。

第十二章　迫害と抵抗

一二三六年の秋、ギヨーム・アルノーとエチエンヌ・ド・サン＝ティベリーはローラゲ地方へ巡回捜査に出向くことにしたが、それによって、トゥールーズの緊迫した情勢を一時なりとも和らげようという思惑もあったようだ。もちろん彼らは、説教修道士会修道院（当時、サン＝ローム通りから現在の場所、つまりジャコバン修道院に移されたばかりだった）ではなく、ナルボネ城近くのかつてピエール・セランが聖ドミニコに寄進した館（やがて「異端審問の館」と呼ばれることになる）で生活していた。彼らの部下たちもいっしょだった。筆耕、書記、公証人、執達吏、会計係、倉庫係、管理人、料理番、数人の下僕、それに彼らの身辺警護のための警吏も数名いたことだろう。のちにレモン七世は、意地悪くも、彼らが贅沢な暮らしをしていると教皇に訴え、教皇も彼らを叱責しているが、そんなことはまったくありえなかった。伯がそんなことを言ったのは、財産没収の受益者として、彼らの生活費を現金で支給したり、必要物資を現物で供給したりする義務を負っていたからである。いずれ、彼の婿で熱心なカトリック信者であるアルフォンス・ド・ポワチエですら、「異端審問局」は金食い虫だと言って嘆くことになるだろう。しかし、このふたりの審問官のものではないが、ほぼ同じ時代の審問官ふたりの出納帳が幸運にも残されており、それを見るかぎり、彼らはむしろ質素な暮らし向きだったようだ。そもそもギヨーム・アルノーとエチエンヌ・ド・サン゠ティベリーは、いずれも托鉢修道会の出身ではなかったか。

異端審問の手続き

ともあれ、ドミニコ会士と同僚のフランシスコ会士は、馬を借り、貸し主に保証金を支払ったほか、馬の世話をしたり、行く先々で秣《まぐさ》や寝藁を買ったりする馬丁を雇い入れたうえで、随員を引き連れ、筆記道具や羊皮紙の巻物を荷車に積み込み、ローラゲに向けて出発した。この巡回捜査中に彼らが行った尋問の調書は失われているが、のちに行われた尋問の手続きや最初期の異端審問手引書を参照することで、異端審問がどのように行われていたのか、だいたいのところは想像できるだろう。

彼らは各地の司祭館、小修道院、もしあれば大修道院に立ち寄り、そこに審問所を開設し、まずはお触れ係が村中を歩いて住民を集め、それから「一般説教」を始める。「一般説教」とは、カトリック信者には異端者とその共犯者を告発することを呼びかけるとともに、異端者やその共犯者にたいしては、「猶予期間内に」みずから出頭して告白するよう命ずることを趣旨とした説教である。猶予期間はあらかじめ決まっており、だいたいは一週間、教会暦で切りがよい場合は、たとえば「復活祭まで」とされる。そうすれば、告白が聖週間中に行われることになり、それだけ復活祭の聖体拝領が晴れがましいものになる。「一般説教」のあと、ただちに審問が開始される。「聖座の権威にもとづき異端的退廃を審問すべく派遣された審問官」二名は、出頭してきたすべての男女に真実のみを語ることを宣誓させ、彼らおよび彼女らを「宣誓を行った証人」としたうえで、事情を聴取したり、尋問したりする。筆耕あるいは書記が、おそらくは供述人のしゃべる言葉のままで記録を取り、それを公証人が今度はラテン語に直して整理したうえで、公的証書を作成したり記録簿に収めたりする。さらにその後、この記録簿を複写して、地域別とか、年代順とか、さまざまな基準で分類整理が行われる。

尋問手続きには、いくつかの基本的パターンがある。

もし証人に何も申し述べることがない場合、あるいは申し述べること——つまり告発すること——があったとしても、自分自身については「異端的退廃」をまったく偽っていないことを審問官に納得してもらえれば、証人は、カトリック信仰を守り続け、あらゆる異端をいわばまえもって放棄することを宣誓する。この宣誓は、パリ和約と一二二九年の公会議で伯領のすべての臣民に義務づけられたものである。

これまでに異端に共感を覚えることがあったとか、あるいは自分をカタリ派信者と思いこんだり、カタリ派信者としてふるまったりしたことがあったとか、さらには多かれ少なかれ完徳者や完徳女を助けたことがあったとか、そうしたことを自白した証人が、自分が間違っていたことを認め、それを悔悟した場合、もちろんその証人はただちに被告人になり、供述は罪の告白となる。告白のあとは、とうぜんながら異端放棄を正式に宣誓しなければならない。それでようやく赦免となるが、そのさい、衣服に十字架を縫い付ける、あるいは巡礼に行くといった軽い贖罪を課される。贖罪が軽いのは、まだ猶予期間中だからである。巡礼に関しては、告白した過ちの重大さに応じて、回数や距離が案配《あんばい》される。こうしてようやく「赦免状」が発行される。赦免状は、行く先々の教会当局者に示すための通行証ともなり、また正統信仰の証明ともなる。

以上の手続きは、猶予期間中に出頭した者だけに適用される。猶予期間が過ぎると、異端審問は、言ってみれば、消極的なやり方から積極的なやり方に変わる。収集した情報にもとづいて、審問官は容疑者にたいし出頭を命ずるとともに、それに応じない者は強制連行する。こうした場合にも、審問手続きにはいくつかのパターンがある。

召喚に進んで応じた場合であれ、逮捕され「武力によって」審問官のもとに連行された場合であれ、被疑者が出廷すると、彼を告発する証言が読み上げられる。もちろん、証言者の名前は伏せたままである。自分が無罪であることをうまく証明できれば、被疑者は釈放されるが、そんなことはめったになかった。そもそも、弁護人を付けることは認められていないのだ。被疑者が告訴事由を認めたうえで、それを悔悟した場合、さきに見た贖罪のいずれかが課されるが、猶予期間が過ぎているので、加重情状となる。被疑者がみずから出頭したのではなく、逮捕されて強制連行された場合は、とうぜんながら贖罪はさらに重くなる。場合によっては、「壁」の向こうに行かなければならなくなる。つまりは監獄行きである。「壁」にも二種類あって、厳重な壁の場合、パンと水だけを与えられ、鎖で足をつながれる。一方、ゆるやかな壁の場合は、囚人食を補うために食料を買うこともできるし、面会もできる。ときには外出が許されることさえある。しかしここで注意すべきは、こうした贖罪は、われわれ現代人の目には、重い刑罰――たとえば「壁」つまり牢獄は原則として終身である――としか思われないが、異端審問の精神からすれば、あくまで悔悛の業であって、報復的制裁ではないということである。要するに、いかに重いとはいえ、投獄も悔悛の業のひとつにほかならないのだ。

別のケース、つまり出頭はしたけれども自白しない場合、さらに最後まで出頭せず欠席裁判になった場合は、またやり方が違ってくる。つぎにそれを見てみよう。

被疑者が黙秘する場合でも、審問官はいとも簡単に彼を有罪とすることができた。その場合、審問官は被疑者をただちに独房に入れる。そうすれば、あらためて尋問したとき、もっと素直になって正直に答えるだろう。この場合、投獄は明らかに制裁であり、圧力をかける手段である。こうして被疑者に自白させることができた場合には、さきの贖罪が適用される。ふたたび牢獄行きになったとしても、今度は悔悛の業であり、もはや制裁ではない。

　異端審問手続きの最後のパターン。召喚されながら出頭しなかった被疑者――どこかに姿を隠した場合もあれば、地下に潜った場合、さらには国外に逃亡した場合もあるだろう――は、例外なしにすべて欠席裁判で有罪となり、「最終判決により、異端者として断罪する」という審判が下され、ただちにその所有財産が没収される。没収財産は競売にかけられ、その収益は被告が住んでいる土地の統治者のものとなる。たとえば、市参事会のある都市の市民の場合は市役所が、封土の場合はその領主が、教会領の場合は司教が、その土地が王領になっている場合は王の代理官が、それを受け取る権利を持つ。その被疑者がたまたま逮捕され、判決を受けることになった場合には、さきに見た贖罪のいずれかが適用されることになるが、ただし裁判忌避者にはいかなる斟酌《しんしゃく》もありえず、自動的に「壁の向こう」に送られ、しかも終身禁固となる。ついでに言っておけば、異端者の逮捕、監視、護送などには警察力を必要とするため、審問官は、原則として、誰にやってもらうかあらかじめ決めておくことになっており、それぞれの場合に応じて、代官や土地の城主、伯の役人、王の役人など、武力を持つ〈俗権〉の代表者に依頼した。

　以上見てきた審問手続きはすべて、単なる信者や「異端の共犯者」の場合のみに該当する。もちろんそうした場合がもっとも多いわけだが、それとは別に〈極めつきの〉異端者たち、つまりは完徳者および完徳女の場合、審問手続きは三つのパターンに限られる。まずは異端放棄をみずから宣言した場合、もちろん贖罪を課されるが、ときにはいずれかのカトリック修道会に入る場合もある。つぎに、逮捕されたあと異端を自白したうえで痛悔した場合も贖罪だけで済むが、それでも牢獄行きで終身禁固の身となることもある。最後に、逮捕されてからも、かたくなに「過ち」を認めようとせず、異端放棄を拒み続ける場合は、自動的に、悔悛しない異端者として断罪され、俗権の手に引き渡される。つまり火刑台送りである。

単なる贖罪の通告であれ、投獄する、あるいは俗権の手に引き渡すなど、断罪を宣告する場合であれ、判決文はすべて、原則として複数の審問官が共同で作成し、しかも評議員とも協議のうえで確定される。判決文には、これも原則としてだが、評議員の名前も記載する。判決文は、被告にたいし、公的な場で——たいていの場合、日曜日のミサが終わったあと、説教壇のうえから、あるいは教会前の広場で、多くの会衆、それに教会および俗権の代表者たちのまえで——読み上げられる。それも「一般説教」のひとつであるが、一時に最大五十件の断罪を宣告できることになっていた。

もちろん、以上述べたのは、あくまで理想的な審判手続きであり、教会法で定められた規範にしたがったものである。それははるか昔から続いた一般規則だったが、それを律儀に法律と称して、これらの手続きにあくまでこだわる異端審問官もいた。とはいえ、実際にそれを適用する段になると、いろいろな変更や修正を余儀なくされる。審問手続き自体が規則に反していたり、誤審や〈手落ち〉があったり、判決が極端に厳しかったりする場合もあれば、あるいは逆に、教皇の恩赦があったり、減刑された場合、さらには審問官が恩情を示す場合などもあった。

また長いあいだには、審判手続きそのものが変わっていったのもたしかで、とうぜん予想されることではあるが、ますます厳しくなっていった。社会的に弾圧や迫害が行われれば、必ずそれに抵抗する社会組織が生まれ、しかも両者の対立が激しくなればなるほど、弾圧する側はますます暴力的手段に訴えるようになる。

当初、拷問はまったく非合法だったし、そのうえきわめてめずらしかったが、一二五二年、教皇インノケンティウス四世によって合法化された。しかし拷問は異端審問の発明ではなく、もともと普通法に由来するものであり、異端審問で合法化されたとはいえ、一般化され、組織的に行われるようなことはなかった。聡明な審問官たちは、拷問で無理強いした自白の信憑性を疑っていたのである。そうは言っても、被疑者を拷問台にかけて苛《さいな》むことが行われるようになったのは事実であり、一二九〇年代以降、とりわけカルカソンヌの牢獄内で頻繁に見られた。

手続きがあれこれ複雑になってきたことによって、審判が際限なく長引く傾向が生じてきた。審問官たちはときに、できるだけ多くの情報を集めるとともに、悔悛が本心からのものかどうかを確実に知ろうとしたらしく、そのため、同一被疑者の尋問を何度も繰り返している。一二七七年から一二七九年にかけて、ソレーズのピエール・ペタヴィは八回、アヴィニョネのピエール・ド・ボーヴィルは十一回、それぞれ尋問を受けている。

審問とは、本来、迷った魂を正道に戻すために行われるものである以上、一時逃れのために、あるいは投獄や火刑台への恐怖心から行った、うわべだけの悔悛には何の価値もないのである。悔悛が本心からのものであることは、心理操作を駆使してはじめて確かめることができるが、そうした心理操作が得意な審問官も少なくない。悔悛が本心からのものであることを知るには、何と言っても、被疑者の身近にいる人間、とりわけ近親者を密告するよう仕向けるのがよい。もし当人がそうするなら、悔悛が本心からのものであることのほぼ確実な証拠となるだろう。そこで、悔悛した被疑者に圧力をかけ、密告することによってようやく赦免を受けることができるというこのおぞましいシステムが徐々に一般化していく。もちろん、異端審問の初期の段階から、法廷では告発が強要されていた。そこで証人たちの多くは、抜け目なく、もっぱら死んだ人間やすでに逃亡した人間を告発したものだが、時とともに、それもむずかしくなっていった。当時の資料をざっと調べただけでも、長いあいだ宗教的抵抗――モンセギュールの籠城戦もふくめて――の原動力となっていた家族や一族の連帯性に取って代わって、少しずつ相互不信の雰囲気が生まれ、そうした連帯の絆を内側から食い破っていくありさまが見えてくるだろう。誰もが誰をも信用できなくなったときには、もはやいかなる抵抗も不可能となる。

ときには、審問の件数があまりに多く、審理を迅速に進めないと身動きが取れなくなってしまう場合もあり、そうするとまた、やり方を変えなければならなくなる。やり方を変えるというよりも、むしろ正規の手続きをはしょってしまうと言ったほうが正確だろう。たとえば、判決は「多数の誠実な人々の助言にしたがって」行われたと書かれていながら、その「誠実な人々」の名前をひとりも挙げていないような場合、それはまったく形だけの文面で、じっさいには審問官だけで判決を下したことは明らかである。もっと奇妙なのは、ある時期、とりわけ一二五〇年から一二五五年にかけてよく見られた慣行で、まだ判決が下されていない被疑者から、判決後に課される贖罪を、それがどのようなものになろうとも、受け入れ、それを果たすという約束をあらかじめ取り付けてしまうというものである。おそらく、そうした約束をすること自体が、悔悛の証になるとみなされたのだろう。

オクシタンのカタリ派にたいする異端審問の終末期には、逆説的としか言いようのない変化が見られた。一三一八年から一三二五年まで審問官を務めたジャック・フルニエが被疑者に弁護士を付けることを認めたのはむしろ例外的で、ベルナール・ギー、ジャン・デュプラ、アンリ・シャマユーなどの場合、有罪とされた一般信者や単に異端再転向が疑われる者にたいしてさえ、弾圧は目立って厳しさを増した。異端放棄を宣誓したあと、獄中で、異端にたいして、あるいは異端者の誰彼にたいして、好意的な言葉をうっかり洩らしただけで、あるいはそのような言葉を洩らしたと告げ口されただけで、「自分の反吐《へど》〔つまり異端〕に舞い戻った」として断罪され、即刻、火刑台送りになってしまったのだ。異端審問のラングドック地方における最初の殉教者は、すでに見たように、アルビの完徳者ふたりであったが、最後の殉教者は、一三二九年にカルカソンヌで火刑に処せられた男の一般信者三人と女の信者ひとりであった。

ギヨーム・アルノーとエチエンヌ・ド・サン゠ティベリー

さきに述べたように、一二三六年の末、ギヨーム・アルノーとその同僚のフランシスコ会士はトゥールーズを発ち、巡回捜査のため、ローラゲ地方に向かった。これもすでに述べたように、彼らの尋問調書は失われているが、他の資料から、少なくとも、ピュイローランス、アヴィニョネ、ローラック、ファンジョー、そしてカステルノーダリーを巡回したことが分かっている。カステルノーダリーでは、彼らは徹底した黙秘戦術に悩まされた。たぶん、地元貴族が密告者は殺すという脅しをかけたのだろう。じっさい、のちにそうした殺人事件がしばしば起きている。この巡回捜査の正確な行程についても、またその期間についても、まったく分かってはいないが、一二三七年から翌年にかけてのギヨーム・アルノーの活動を伝える記録がいくつか残されている。

まず一二三七年の二月中旬から三月のはじめにかけて、彼はカルカソンヌに滞在している。ただし異端審問官としてではなく、当時不在だったトゥールーズ司教の代理として、ベルナール＝オトン・ド・ニオールおよび彼の母と兄弟たちの裁判の判事を務めるべく、教皇特使ジャン・ド・ベルナンによって派遣されたのである。とはいえトゥールーズ司教は、カルカソンヌ副司教とともに、すでに証人尋問を終えており（証人は百十四人を数え、ナルボンヌ大司教をはじめとして、数多くの高位聖職者が証言台に立った）、あとは判決を下すだけであった。召喚に応じたのはベルナール＝オトンと弟のギヨームだけで、ふたりは罪状をすべて否認した。法廷は彼らを保釈処分としたが、国王代理官は、彼らを火あぶりにすべく、ただちに逮捕・投獄した。しかし取り巻きのフランス人騎士たちは、そんなことをすれば、代理官領の貴族たちがいっせいに蜂起しかねないとして、処刑を思いとどまらせた。二月十三日、ギヨーム・アルノーとカルカソンヌ副司教は、ベルナール＝オトンに終身禁固を言い渡した。翌三月二日には、弟ギヨームにも同じ刑が言い渡されている。同日、召喚に応じなかったほかのふたりの兄弟ジェローとギヨーム＝ベルナール、それに母エスクラルモンドにも、欠席判決が下された。ところがそれから三年後、ジェローは国王に服従を誓うのと引き換えにふたりの囚人を解放することを交渉し、それを実現している。

三月末、ドミニコ会士とフランシスコ会士は、新たなチームを編成したうえで、ローラゲをあとにし、カステルサラザンに向かった。同月二十九日、彼らはひとりの有力者に贖罪状を発行した。その有力者とは、レモン七世の高級役人でケルシー代理官を務めるポンス・グリモールである。この贖罪状には、彼が猶予期間中に——いつとは書かれてはいないが——みずから出頭してきたこと（そうすれば、死刑になったり、投獄されたり、財産を没収されたりしないことを承知していたのだろう）、異端者たちに会い、彼らに敬意を表し、彼らの説教を聞き、さらには彼らに贈り物をしたことを彼が自白したこと、そのうえで、それらの罪を痛悔し、贖罪の業を課してほしいと願い出たこと、それを受けて、ひとりの貧乏人を、一生のあいだ、自分の家に住まわせ、食事を与えること、審問官に十リーヴルの罰金を払うこと、一二三九年の復活祭まえに巡礼に出発して、ロカマドゥール、サン＝ジル、ノートル＝ダム＝デュ＝ピュイ、そしてサンティアゴ・デ・コンポステーラを詣でることを命ぜられた旨が記されている。ほかのいくつかの資料からもよく知られているが、グリモールは、事実、熱心なカタリ派信者であり、助祭ベルナール・ド・ラモートやアジュネ司教の「大子」ヴィグルー・ド・ラ・バコーヌとも親しかった。

同じトゥールーズで四月二日に起きた事件は、その前年、ピエール・デュ・ソリエが改宗した事件にまさにそっくりだった。二十年以上ものあいだ、完徳者として熱心に布教活動を続け、ローラゲ地方の田舎貴族やトゥールーズの有力者たちからなるカタリ派社会に頻繁に出入りしていたレモン・グロが出頭してきたのである。その頃、ギヨーム・アルノーと彼の同僚はケルシーに滞在していたが、その知らせを受けて、説教修道士会の副院長に彼の告白を聴くようにとの指示を出した。レモン・グロはかなり多くの人を告発したらしい。彼は助修士として修道院に迎え入れられた(1)。ところが、それから十年後、彼の改宗は偽装にすぎず、死ぬまで異端者だったといううわさが流れていた。ただし、そのうわさが流れたのはフランシスコ会の修道院だった。

五月二十六日、ふたりの異端審問官は、説教修道士会修道院の中庭回廊で、二十人ほどの大修道院長、小修道院長、そして司祭をまえにして、トゥールーズの異端信者のなかでも最有力者のひとりと目され、長らくカタリ派教会を積極的に支援してきたアラマン・ド・ルエにたいして、終身禁固を言い渡す欠席判決文を長々と読み上げた。しかし、名うての「残党騎士」である友人たちを訪ねる旅の途中であったアラマン・ド・ルエは、この有罪判決などどこ吹く風で、護衛の一団を従え、トゥールーズの町中を悠然と歩き回り、カトリック聖職者たちに出会うと、この護衛団が彼らを袋叩きにするのだった。そこでギヨーム・アルノーとエチエンヌ・ド・サン＝ティベリーは、罪人アラマン・ド・ルエのこうした傲慢なふるまいを黙認している市当局のトップに制裁を加えることにし、七月二十四日、伯の奉行ピエール・ド・トゥルザと八人の市参事会員に破門を宣告した。アラマンは逃亡し、地下に潜伏した。たいていはローラゲ地方の自分の領地に隠れていたようだが、十二年後、「逃亡生活」(faidiment) に疲れてしまったためか、異端審問所にみずから出頭し、罪を償うことになった。

一二三七年の九月には、これまでになく多くの遺体掘り出しとその火刑が行われた。ペリソンは、その『年代記』でこの事件に言及し、対象となった十八人の名前を挙げている。五人は元市参事会員、ほかの十三人は家柄のよい一般市民男女であり、アンブラン兄弟と彼らの母、彼らのいずれかの妻、アルノー・バローの妻、ベルトラン・ド・ルエの妻などが含まれている。触れ役が「あんなことをする奴はこんなことになる」と唱えながら、遺骸の行列を先導し、町中を練り歩いた。これらの死後裁判の判決文のうち十四通が残されているが、どれも九月五日か十日のいずれかの日付になっている。また同月十一日と十九日には、欠席裁判で五人が有罪宣告を受けている。もちろん、欠席裁判での有罪宣告はほかにもたくさんあった。ペリソンは十九人の名前を挙げているが、そのひとりで元市参事会員のアルノー・ルジエは、逃亡中、叙階を受けて完徳者になったばかりか、モンセギュール陥落後、ベルトラン・マルティの跡を襲って、カタリ派のトゥールーズ司教となった。同じ頃、サン＝セルナンの大修道院長は、ランタ近くのブスケの森で、この村の元領主で完徳者のギヨーム＝ベルナール・ユノーを逮捕した。軽率にも、それまで隠れていたアルブダンの山城を出て里に下り、息子たちのところに身を寄せていたのである。彼はトゥールーズで火刑に処せられた。また彼の〈ソシ〉であるアルノー・ジフルも同時に逮捕されたが、こちらはアルビで処刑された。おそらく、アルビの出身だったからだろう。

ギヨーム・アルノーとエチエンヌ・ド・サン゠ティベリー、このふたりの審問官がつぎに下した宣告は、運よく今日まで残されている資料で見るかぎり、かなり飛んで、一二三八年二月十九日付となっている。今回は、死者にたいしてでもなく、また通常の欠席裁判でもないが、このふたりの修道士は強硬な姿勢を示し、三十五人ものトゥールーズ市民男女に終身禁固を言い渡している。彼らは以前、異端信者もしくは異端幇助者であったことを認めたが、異端放棄を宣言したので、贖罪として衣服に十字架を縫い付けるだけで放免されていたのだが、今回の判決文によれば、ふたたび過ちに陥り、罪深い活動をまた始めたのだ。上流市民階級の有力家族の名が多数挙がっている。ヴィルヌーヴ家、ルエ家、カラボルド家、サントゥール家、シギエ家、マス家。とはいえ、彼らがすべて、素直に命令に従って牢に入ったかどうか（彼らはすでに贖罪を受けたのだから、自由の身だったのだ）、また審問官たちは彼らを力ずくで投獄できる警察の助けを俗権から得ることができたのかどうか、それはまったく不明である。というのも、あのレモン七世が、またもや異端審問にたいする妨害工作を積極的に行っていたのだ。

異端審問の中断

たまたま、当時の国際情勢——今日ならそう言うところだろう——の成り行きによって、レモン七世は、聖座にたいしてこれまでよりもやや強い立場に立っていたのである。しばらくまえから、皇帝フリードリヒ二世と全面対決に入り、ロンバルディア諸都市の同盟軍を皇帝に対抗させていたグレゴリウス九世は、ホーエンシュタウフェン家の広大なプロヴァンス封臣領地を聖座の支配下に置くことを強く願っていた。そのことをよく知っていたレモンは、一二三六年の末から、この状況をうまく利用して教皇から譲歩を引き出そうと目論み、その手始めとして、フランス王に自分に代わって教皇につぎのことを願い出ていただきたいと頼み込んだ。第一に、一二三七年の復活祭に予定されている聖地への出発を再度延期すること。第二に、目下、ローラゲ地方に巡回捜査に出かけているギヨーム・アルノーとエチエンヌ・ド・サン＝ティベリーを更迭すること。

教皇は、一二三七年二月九日に返答した。聖地への出発延期にはあっさり同意し、伯は出発を洗者ヨハネの祝日（六月二十四日）まで延ばしてもよいことになった。ふたりの異端審問官の更迭については、それほど簡単ではなかった。教皇といえども、彼らを即刻解任することはできなかった。そんなことをすれば、教会全体を揺るがすスキャンダルになるだろう。ともあれ教皇は、特使ジャン・ド・ベルナンにたいして、伯がどれほどふたりの審問官を恨んでいるかを注意深く探り出し、もしやむを得ないと思われるなら、別の人間に代えるよう指示した。それから二週間後、教皇は特使に、異端審問官たちが審問手続きを遵守しているかどうかを監視するよう要請した。教皇は、彼らが手続きに違反したり、不当に厳罰を与えたりすることを望んではいなかった。レモンは、教皇のこうした温情的な態度に乗じてさらに大胆になり、プロヴァンスのカタルーニャ伯にたいして反乱を起こしたマルセイユ市民の応援に駆けつけた。その結果、五月十八日、レモンは破門を宣告されるはめになったが、それもとうぜんで、カタルーニャ伯は、教皇と皇帝との対立抗争では、教皇側に付いていたのである。このため教皇は、あいかわらずパリ和約の約束をただのひとつも果たそうとしない——教皇はそう言っている——レモン七世を文字どおり糾弾する書簡をフランス国王に送った。

それでもレモンは少しも動じることなく、七月にはクレルモン司教に教皇への十八項目からなる長い嘆願の手紙を託し、彼を聖座に派遣した。それは文字どおりの陳情書であったが、教皇は伯が書き連ねた要求のほぼ半分を受け入れた。伯に義務づけられた聖地への巡礼は五年から三年に短縮され、しかも出発の日取りは伯が自由に選んでよいことになった。またパリ和約で定められた一万マールの賠償金は免除になった。さらに、一二三五年に説教修道士たちをトゥールーズから追放したことにたいして下された破門宣告も解除となり、異端悔悛者たちに課される贖罪も緩和され、悔悛者のなかでも戦うことのできる者は、伯の聖地への巡礼に同行してもよいことになった。また巡礼を命ぜられた者のうち、女性や障害者はわずかな罰金を払えば巡礼を免除されることになった。その一方で、異端者をかくまった家々を取り壊さずにおいてほしい、また破門者として亡くなった父レモン六世の墓を教会墓地に移したいという願いはとうてい受け入れられなかった。そのうえ、一二三七年時点での社会的文脈において、もっとも重大な要求には明確な返答がなかった。レモンは、教皇が異端捜査の任務を説教修道士会から取り上げ——「じっさい彼らのやり方は、常態的に、市民法、教会法、いずれの規則にも反しています」——かつてのように、自国の司教たちに委ねることを望んでいたのである。さらにレモンは、教皇特使ジャン・ド・ベルナンの更迭も要求していた。

グレゴリウス九世は、むずかしいジレンマに直面していた。もし彼が少しでもかたくなな態度を示せば、レモンはすぐにもフリードリヒ二世の陣営に寝返るだろう。折しも、アルプスを越え、ヴェローナに参謀本部を設置した皇帝は、コルテヌオーヴァでミラノ軍を撃破したところであった。とはいえ教皇としては、レモンとの同盟を確実なものとしたいばかりに、異端審問を、つまりは力強く献身的な説教修道士たち――それはまさに異端にたいするもっとも有効な武器だった――を、あっさり切り捨てるようなことも、おいそれとはできなかった。そのうえ、ドミニコ会士ギヨーム・アルノーの目下の同僚はフランシスコ会士であり、彼らを解任すれば、ドミニコ会のみならず、フランシスコ会も騒ぎ立てることだろう。おまけにレモンは、ジャン・ド・ベルナンをヴィエンヌの大司教区に即刻送り返せ、などとやっかいなことを言っている。

そこで、教皇はうまく両者の顔を立てる方策を考えることにした。教皇特使に関しては、うまい逃げ道が見つかった。ジャン・ド・ベルナンは解任しないが、彼の任期は一二三八年三月で終わるので、それを更新しないことにする。異端審問に関しては、細心の注意を払って、少しずつ事を進めて行かねばならない。しかもそれは、つぎの教皇特使を誰にするかという問題とも深く関わってくる。一二三七年十二月四日、教皇は、さっそく、ナルボンヌ大司教に書簡を送り、女性、老人、病人、障害者に課せられた贖罪のための巡礼の義務をわずかな罰金に減刑するよう指示した。教皇の思惑ははっきりしている。つまり、異端弾圧の手を緩めることをアピールしたいのだ。それから三ヵ月後、今度は異端審問官に直接手紙を送り、兵役不適格のトゥールーズ市民に科されていた国外巡礼の刑を緩めることを命じている。教皇は、これ以外にも弾圧緩和の指示を出しているはずである。さきに見たように、一二三八年二月十九日には三十五件の有罪宣告が下されたが、それはおそらく、当時の郵便事情のせいで、まだこの時点では教皇の指示が届かなかったためだろう。ともあれ、この年の三月二十一日から五月二十八日までのあいだ、資料を見るかぎり、例のふたりの審問官が下した判決はひとつもなく、そのかわりに贖罪状——その内容も、軽微で非強制的なものとなっている——がいくつか発行されただけであったことは、教皇の指示とも関連がありそうである。

五月十三日、教皇は新特使としてパレストリーナ司教のジャコモ・ディ・ペコラリアを任命したが、それによって彼の緩和策が真に具体化したと言えるだろう。しかもこの任命には、異端審問は三ヵ月間中断されるという条項が正式に付されていた。その五日後、異端審問官に直接宛てた手紙のなかで、教皇は中断期間を六ヵ月に延ばしている。策謀と必要に迫られての処置が奇妙に入り混じったやり方である。じっさい、当時の北イタリアの政治情勢からすると、新しい教皇特使がいつラングドックにたどり着けるのか、誰にも分からなかった。皇帝が街道と港を封鎖していたのである。しかしグレゴリウス九世は、特使が不在のあいだにも、異端審問官たちにやりたい放題にやらせておくつもりは毛頭なかった。もしそんな状況になれば、レモン七世に、審問官たちの横暴を訴えるきっかけとおそらくはその口実を、またもや与えることになりかねなかった。そこで教皇は、フリードリヒ二世がパレストリーナ司教に渡航許可を出してくれるのを待ちながら、五月十三日から六月十九日のあいだ、新特使に十二通もの手紙を送り、さまざまな指示を与えているが、いずれも、トゥールーズ伯にたいして特段の配慮をすべきこと、異端弾圧に熱心になりすぎず、むしろなるべく控えめにするよう、じゅうぶん心がけるべきこと、そうした内容になっている。異端弾圧を緩和すると言っても、もちろんそれは、改宗しない完徳者たちにたいしてではなく、改宗した一般信者たちにたいしてである。そうした改宗者たちには厳しい制裁を科すべきではなく、むしろ優しさと憐れみをもって、彼らを教会の懐に迎え入れるべきである。

八月九日になっても、パレストリーナ司教にはあいかわらず通行免状が下りなかった。フリードリヒ二世が彼を個人的に嫌っていたのだ。グレゴリウス九世はやむなく、彼の代わりにソーラ司教のギーを特使に任命した。彼がいつラングドックに到着したかはまったく知られていない。もちろん、やってきたのは事実で、大学教授の給与支払い停止を解除し、滞っていた五百リーヴルを支払うことをレモン七世に了承させたほか、同じレモン七世に赦免を言い渡すとともに、終身禁固を言い渡されていた囚人たちを釈放した（ただしそれから五年後、聖座はこの免罪措置を取り消すことになる）。目立った動きとしては、以上でほぼ尽きている。今日知られているかぎり、異端審問に関して、つぎに出てくる資料の日付は一二四一年五月二十二日となっている。

当初、三ヵ月とされていた異端審問の中断は、結局、三年間に及んだ。時宜を得ていたとも言えようが、偶然と必然が絡み合った結果とも言えるだろう。

トランカヴェルと国王代理官領での一斉蜂起

グレゴリウス九世はレモン七世のことをよく知らなかったようだ。伯はプロヴァンス侯爵領を取り戻し、罰金を帳消しにしてもらい、聖地への出発時期を自分で決めてよいという了承を得（結局、行かずに済ますだろう）、ついには異端弾圧を一時中断させることにも成功した。とりわけ異端弾圧の問題は深刻で、自国の臣民、しかも彼の友人、封臣たち、そして直属の役人たちのなかにも、異端の嫌疑をかけられ、弾圧の対象になる者が少なくなかったのだ。以上に加えて、相続条項を無効にすることができれば、パリ和約をほぼ完全に骨抜きにすることになるが、この問題については、のちに詳しく触れることになろう。このように、驚くほど万事がうまく行ったのは、もっぱら教皇の厚情のおかげにほかならず、その厚情も計算ずくのものであったが、伯のほうでも、それを抜け目なく利用したわけである。ともあれ、成功に次ぐ成功ですっかり勢いに乗った伯は、さらに攻勢に打って出ることになる。

一二三九年は一年を通じてトゥールーズにとどまり、自国の内政問題に取り組み、パリ和約で残された上位領主権についても、さらにそれをゆるぎないものにするとともに、失った領主権を取り戻すことにも努め、その結果、ヴァランティノワ伯とカルパントラ司教が相次いで伯に臣従を誓った。しかしそのあいだにも、伯の関心はもっぱら聖座と皇帝との抗争に向けられ、彼はその成り行きを注意深く見守っていたのだ。十月、パレストリーナ司教ジャコモ・ディ・ペコラリアは、巡礼者に変装して、ようやくプロヴァンスにたどり着いた。彼がプロヴァンスにやってきたのは、領主のカタルーニャ伯レモン＝ベランジェ五世と同盟を結ぶためで、十一月十日、レモン＝ベランジェ五世は聖座への助力を約束したが、その証書に彼は「プロヴァンス伯爵および〈侯爵〉」と署名した。

このことを知ったレモン七世は激怒した。おそらくはフリードリヒ二世も激怒したが、両者が激怒した理由はまったく同じというわけではなかった。ともあれ、当時クレモナにいた皇帝は、封臣であるレモン＝ベランジェの思いがけない決断にすっかり腹を立て、裏切り者として帝国からの追放を宣告し、フォルカルキエ伯領を取り上げて、それをもうひとりの封臣であるレモン七世に与えることにした。そうした恩恵を与えたうえで、皇帝はレモン七世にカタルーニャ伯を討つよう命じた。レモンはためらう様子など少しも見せず、強力な軍隊——同行したのはアジュネ代理官、コマンジュ伯、ルエルグ伯、オリヴィエ・ド・テルムなど——を率いて、プロヴァンスに急行し、アルルに立てこもった教皇同盟軍を攻撃した。とうぜんのことながら、四月二十六日、レモンにたいする破門が宣告され、さらに五月十日には彼の仲間および同盟者たちも同じ宣告を下され、七月十五日、ヴィヴィエで開かれた公会議でそれが正式に確認された。

イギリス王の外交的仲介とフランス王の――こちらは軍事力を背景とした――仲介によって、この紛争はなんとか収まった。ちなみにイギリス王とフランス王は、いずれもレモン＝ベランジェの娘婿である。レモン七世が、カマルグを荒らし回ったあと、帰途につき、八月の末、カルカソンヌに近いペノティエに宿泊していたところに、国王代理官のギヨーム・デ・ゾルムがやってきて、「フランス王の敵」と戦うべく、緊急援助を要請した。ピレネー山脈の向こう側に亡命していたレモン・トランカヴェルが戻ってきて、元の領国で一斉蜂起を企てつつあったのだ。レモン七世は、まずトゥールーズに帰って審議しなければならないと答えた。国王代理官はその後二度とレモンに会うことはなかった。

一二〇九年に敗れた英雄の息子は、信じられないほど大胆な作戦を展開し始めたところだった。あらゆる「残党騎士」、十字軍、国王軍の征服、パリ和約によって領地を奪われたあらゆる貴族のなかでも、彼はもっとも高貴な家柄であった。彼は、かつて奪われ、今はカペー王朝の代理官領となってしまった四つの子爵領を、フランス王家から力ずくで奪い返そうと決意したのだ。レモン・トランカヴェルは、かつての領地内で、必要な助けを得られると確信していた。これらの土地の貴族と住民たちは、執念深くしかも堕落した役人たちに年貢や税金を搾り取られていたから、彼らを味方につけるのは造作もなかった。もっとも代理官領の役人たちは、給料の払いもひどく悪く、不満が多かったので、のちに国王でさえ、彼らを持て余すことになるだろう。そもそも、一二四〇年に起きたこれらの事件のおもな歴史的情報源は、住民たちの訴えを聴き、取りすぎた年貢や税金を払い戻すべく、ルイ九世が命じた調査の記録なのである。

トランカヴェルがピレネー山脈を越えると、さっそく、彼の父親の封臣たち、あるいはその息子たちが、自分の領地の上位領主権を彼に委ねることを申し出た。まずはコルビエール地方のおもだった領主たち、オリヴィエ・ド・テルム、ギヨーム・ド・ペルペルチューズ、ピエール・ド・キュキュニャン、ピエール・ド・フヌイエ。それにオード川とラゼス川流域の町、アレト、リムー、モンレアル、さらにモンターニュ・ノワールとその麓の町、セサック、モントリユー（この町の兵士たちは修道院を襲った）、カバルデス地方の町、サルシーニュなど、そしてミネルヴォワ地方の町が続いた。ミネルヴォワ地方では、ミネルヴをはじめ、いくつかの町はそうしなかったが、王の部隊が駐屯していたからである。十字軍の征服によって領地を奪われた「残党騎士」たちも、それぞれの隠れ家から出て、トランカヴェルのもとに馳せ参じた。カバレ地方の元領主たち、ガジャの元領主のピエール・ド・マズロールをはじめとして、ジェロー・ド・ニオール、シャベール・ド・バルベラ、ギヨーム・ド・ミネルヴ、アルノー・ダラゴン、ジュルダン・ド・セサック、ジュルダン・ド・ランタ（一二三七年にトゥールーズで火刑に処せられた完徳者の息子）など。モンセギュールからやってくる騎士たちもいた。ピエール＝ロジェ・ド・ミルポワ、レモン・ド・マルセイユ、ブレジヤック・ド・カイヤヴエル。そのひとりであるギヨーム・ド・ライーユは、反乱軍のために「かまど税」（領主が各戸ごとに割り当てる賦課税の一種）を徴収する役目を引き受けた。興味深いのは、異端にもっとも深く関わった貴族の多くがこの蜂起に加わっていることである。

九月のはじめ、トランカヴェルは、国王代理官が立てこもっているカルカソンヌを攻囲するにじゅうぶんな軍隊を擁していた。のちにブランシュ・ド・カスティーユに送った長い報告書のなかで、国王代理官は三十四日間続いた攻囲戦の様子をかなり詳しく語っている。反乱軍が攻囲を解いたのはようやく十月十一日のことで、国王が派遣した救援部隊が迫ってきたためである。救援部隊を指揮するのは国王侍従長ジャン・ド・ボーモンであった。

オクシタン軍はモンレアルまで撤退した。ジャン・ド・ボーモンは追いかけ、モンレアルを包囲した。当時、この町にはカルカセスのカタリ派司教ピエール・ポーランが滞在していた。完徳者も多数おり、ローラゲ地方の町リュクスの元司祭もそのひとりだった。彼らは、撤退するトランカヴェル軍に付いてきたのだ。ポーランとその同僚たちが、フランス軍の攻撃の合間を縫って、どのように、誰の家で、誰にたいして、説教したかを、この攻囲を逃れた複数の人がのちに詳しく語っている。彼らの話に出てくる多数の人名は、まさに異端貴族――この場合では、同時に王にたいする反乱貴族ということになるが――の紳士録となっている。攻撃がしだいに激しさを増して、女たちまでが城壁に石を運び上げるのに駆り出されるほどになり、いつまでも抵抗を続けられそうにないことを察したジュルダン・ド・ランタは、ピエール・ポーランとその同僚たちを是が非でも安全な場所に移さねばならないと思い、そのことをピエール・ド・マズロールに相談した。マズロールは部下の下士官のひとりに、彼らをこっそり町から連れ出し、ガジャのある女信者の家まで送り届けるよう命じた。その二日後には、マズロールも彼らに合流し、その後、ジュルダン・ド・ランタの弟ギロー・ユノー、ローラックのレモン七世代官、さらにモンセギュールからやってきた騎士ギヨーム・ド・バラギエが加わった。カタリ派司教を乗せるラバが見つかると、一行は司教をベプラの城に連れて行き、その主塔にかくまった。かつて、ベルナール＝オトン・ド・ニオールが、ギラベール・ド・カストルをはじめ、多くの完徳者たちをかくまった場所である。

その間、モンレアルは、ジャン・ド・ボーモンの軍隊の激しい攻勢にもめげず、勇敢に防戦していた。攻囲軍には、ジャン・ド・ボーモンのほか、シャトーダン子爵ジョフロワ、アンリ・ド・シュリー、パリ和約後、一時、国王補佐官を務めていたアダン・ド・ミイーなど、フランスの名だたる貴族が加わっていた。結局、レモン七世とフォワ伯が仲介に入って、この戦いはようやく終わり、交渉が始まった。とうぜんのことながら、レモン七世とフォワ伯は、自分の封臣が多数——そのほとんどは「残党騎士」になっているとしても——加わっている反乱騎士団を見殺しにするわけにはいかなかったのだ。トランカヴェルとその同志たちは、生命を保障されるとともに、武器や荷物を持って退散してもよいことになった。その一方、反乱軍を受け入れたモンレアルの住民たちは、町から追い出されたばかりか、財産を没収され、家を取り壊された。それから数日後、モントリユーの町も破壊された。大修道院を略奪したことへの報復であった。

トランカヴェルとその一党は、ふたたびカタルーニャに戻るべく旅路を急いだが、ジャン・ド・ボーモンが彼らのあとを追った。ボーモンは、途中、リムー、そしてアレトの町の有力者たちに和平を誓わせたあと、ラ・ローク・ド・ビュックでトランカヴェルの後衛部隊に追いつき、何人かの「残党騎士」を捕らえ絞首刑にした。その後ボーモンは、ミセーグルとモンクルニエの城を破壊したが、ラ・ローク・ド・ファの手前でオリヴィエ・ド・テルムが指揮する強力な抵抗部隊に遭遇した。それをなんとか撃破したボーモンは、数人の騎士を捕らえてカルカソンヌの牢獄に送った。しかし、オリヴィエ・ド・テルムは無事にこの場を逃れた。それから六ヵ月後、彼はポントワーズに出向き、国王に忠誠を誓った。

十一月のなかば、カルカソンヌの攻囲が解けて一ヵ月足らずで、コルビエール地方の抵抗は完全に終息した。十六日、ギヨーム・ド・ペルペルチューズは降伏書に調印した。さらにジェロー・ド・ニオールが、ジャン・ド・ボーモンに面会を求め、当時ペルペルチューズ城下の村デュイヤックに置かれていた参謀本部を訪れ、彼自身と母、そして兄弟たちの教会復帰のための執り成しを願うと同時に、ソーにある領地と城を――ただし教皇が彼を赦免したあかつきには返還するという条件で――国王に引き渡したいと申し出た。ジャン・ド・ボーモンはフランスへの帰途につき、ジェローも同行した。一二四一年一月、国王はジェローの臣従を正式に認め、その後まもなく、四年まえからカルカソンヌの牢に入っていたふたりの兄弟も釈放された。

トランカヴェルはカタルーニャに戻り、反乱軍の首謀者のうちもっとも手ごわいふたりの人物、すなわちオリヴィエ・ド・テルムとジェロー・ド・ニオールは降伏し、反乱に加わった国王代理官領の住民たちは、王の役人たちによって投獄されたり、罰金を払わされたり、家畜や収穫物や家具を差し押さえられたり、厳しい処罰を受けた。役人たちがどれほど横暴だったかは、一二四七年以降、ルイ九世が派遣した調査官が受けた数多くの苦情を読めば容易に察することができる。かくして、四ヵ月に及んだ混乱に終止符を打つべく、フランス王家に残された課題はただひとつ、レモン七世の処遇であった。たしかに彼は、反乱軍に加わるという馬鹿なまねはしなかったが（しかしもしそうしたとしても、誰もさほど驚かなかっただろう、それから二年後、彼はもっと馬鹿なことをやってしまうのだから）、カルカソンヌ代理官が命じたにもかかわらず、国王軍に加わらなかったのも事実である。それは明らかに自分の宗主である国王にたいする背信行為である。パリ和約以来、ルイ九世に忠誠を誓った封臣として、王が戦う場合には、つべこべ言わず、すぐにも援軍を差し向ける義務を負っているのだ。それを怠ったレモンはいずれ、手痛いしっぺ返しを食らうことになるだろう。

王がレモンを呼びつけたのか、あるいはレモンが自発的に王宮に出向いたのか、不明である。たしかなことは、レモンが、パリ和約の最後の条項、つまり相続条項を失効させるべく、きわめて巧妙で腹黒い計画をひそかに練っていたということである。彼の政略にとって、この条項こそ、いまや最大の障害になっていたのだ。すでに見たように、和約はレモンの娘ジャンヌを伯領の唯一の相続者とし、これから子供が生まれたとしても相続権はいっさい認めないこと、さらにジャンヌを王弟と結婚させることを定めている。そこでレモン七世は、もし自分に嫡出の男子が生まれれば、この条項を見直すきっかけともなり、それを変更するもっともな理由ともなるだろうと考えたのだ。もちろん、レモンはこの考えを自分だけの秘密にしておいた。法律家のあいだでも意見は分かれるだろうが、嫡出の息子に相続権を認める自然法に訴えるほうが、その息子が生まれるまえに作成された文書によって娘に与えられた相続権にこだわるより、おそらくは説得力があるだろう。

トゥールーズ伯爵夫人サンシー・ダラゴンは、もはや子供を産める体ではなかったし、そのうえふたりの仲は冷え切っていた。それゆえ嫡出の息子を得ようとすれば、再婚するほかなかったが、そのためにはサンシーとの結婚を解消しなければならなかった。ところが、この問題は聖座の管轄であり、聖座だけが結婚を解消することができた。そこでまず、いまの同盟関係を逆転しなければならなかった。フリードリヒ二世との同盟を解消し、教皇の側につくということである。同時にまた、フランス王に許しを乞い、将来にわたって変わらぬ忠誠を誓う必要があった。もちろん結婚の問題に関しては、当面のあいだ極秘のまま、万事を進めなければならない。

すべてがうまく行った。一二四一年二月の末、王宮に赴く途中、レモンはクレルモンでパレストリーナ司教に会った。レモンは司教に、すべてにおいて彼の命令、そして教皇とローマ教会に従うこと、また「自称皇帝フリードリヒ」と教皇およびローマ教会の対立では、後者を全面的に支持することを正式に誓った。そのうえ三月一日には、フォワ伯と自分自身の封臣たち、さらには自国の諸都市の市参事会に書簡を送り、彼がしたのと同じ宣誓をアジャン司教にするよう要請した。同月十四日、レモンはモンタルジでルイ九世の足もとにひれ伏していた。王にたいする封臣としての忠誠の誓いを文書で更新するとともに、王に忠実に仕え、王の敵と戦い、パリ和約に違反して要塞化した城を取り壊し、教会と王の敵である異端者と「残党騎士」を自国から追放し、さらにはモンセギュールの城塞を「奪取することができたらさっそく」破壊することまで誓ったうえで、以上のことを可及的すみやかに実行すると約束した。

レモンは、教会と王の全面的信頼を勝ち得て、モンタルジを離れた。それゆえ彼は、心安らかに両者を裏切る工作を続けることができたのである。この年のもっともよい季節を、彼はトゥールーズから遠く離れて過ごした。まず船に乗るためにマルセイユに行った。ただしそれは、聖地に向かうためではなく、グレゴリウス九世がローマに召集した公会議に出席するよう、教皇特使が彼を招いたからである。しかし、神聖ローマ帝国のガレー船には司教や大修道院長があふれんばかりに乗り込んでいたためである。しかし、レモンはローマに行くのをやめ、プロヴァンスにとどまって、自分の領地に関わる仕事をすることにした。それが終わって、六月、モンペリエでアラゴン王ハイメ一世とプロヴァンスのカタルーニャ伯レモン＝ベランジェ五世との協議に臨んだ。アラゴン王は、レモン七世とレモン＝ベランジェ、このふたりの仇敵が恒久的な和睦を結ぶのを手助けするために、プロヴァンスに来ていたのである。

レモンがトゥールーズに戻ったときには、すでに夏が終わろうとしていた。トゥールーズでは、彼の一連の計画には織り込まれていなかったにちがいない事態が起きていた。異端審問が再開されていたのである。

それは、言ってみれば「穏やかに」再開された。じっさいすでに五月から、ギヨーム・アルノーとエチエンヌ・ド・サン゠ティベリーは、トゥールーズの市民と騎士に相当数の贖罪状を発行していたが、残された資料を見るかぎり、投獄や俗権への引き渡しは一件もなかった。彼らが意図的に手心を加えていたことは、同じ頃、ケルシー地方に出向いたピエール・セランが、一二三四年と一二三六年に行った調査にもとづき、八月以来、七百近くの贖罪状を発行しているが、いずれも、衣服に十字架を縫い付けること、貧民への施し、そして巡礼にとどまっていることからも、裏付けられる。そのうえ、対象となっているのはカタリ派信者だけでなく、多くのワルド派信者も含まれている。しかし、手心を加えていると言うよりも、そう見せかけていると言うべきかもしれない。たとえば、一口に巡礼と言っても、コンスタンティノープルに行って五年間とどまる、あるいは八つの聖地をすべてめぐる——コンポステーラから、スイヤック、ロカマドゥール、リモージュ、ル・ピュイ、サン゠タントナン、サン゠ジルを通って、カンタベリーに至る——などというのは、長期間の国外追放に等しい。財産は没収されないとしても、それだけの旅にどれほどの費用がかかることか！　また、牢獄に送られた者がいなかったとしても、牢獄を廃止したわけではないのだ。あるトゥールーズ市民は、贖罪の業として、巡礼に行くことに加えて、「異端者を収容する牢を建設するために」レンガ三千個とそれを積み上げるために必要な砂と石灰の袋を納めることを命じられている。

異端審問の活動再開は偶然の結果ではありえない。その最大のきっかけはトランカヴェルの反乱である。この反乱は、異端信仰を捨てていない「残党騎士」たちがどれほど危険かを如実に示したと言える。さらにふたつの要素が重なったことが考えられる。ひとつはレモン七世が、国王にたいしあらためて忠誠を誓い、さまざまな約束をしたことで、少なくとも当面のあいだは、おおっぴらに異端審問を妨害することができなくなってしまったということである。もうひとつは、八月二十一日に高齢になっていたグレゴリウス九世が亡くなったことである。十一月にセレスティヌス四世が新しい教皇に選出されたが、わずか二週間後に亡くなり、つぎのイノケンティウス四世が選ばれるのは、それから十八ヵ月後であった。それゆえ、実質的には教皇の不在が二十一ヵ月続いたわけで、その間、異端審問は上からの圧力がなくなり、審問官たちの裁量にすべて任されることになったのである。

異端審問は、一二四一年の年末までにはすでに従来のやり方に戻っていた。ギヨーム・アルノーと彼の同僚は、十月にはサン＝ポール＝カップ＝ド＝ジューで、十一月にはラヴォールで、多くの不在被疑者にたいし、「異端者として断罪する最終判決」を下しているが、すでに見たように、モンセギュールに難を逃れたローラックの三人の「残党騎士」たち、ベルナール・ド・サン＝マルタン、ギヨーム・ド・ライーユ、ギヨーム・ド・バラギエもそこに含まれている。その後、ふたりの異端審問官は、ローラゲ地方で二度目の大がかりな巡回捜査を行った。

だが、彼らはもっと用心すべきであったろう。異端審問の中断によって、住民たちは、「一般説教」、召喚、尋問、宣誓、こうしたことはすべて終わったという幻想を抱いていただけに、その再開には激しい憤りを覚えていたのだ。すでに田舎では、司祭が異端弾圧に熱意を示し、異端捜査をみずから買って出たような場合、住民たちの袋叩きにあうこともめずらしくなかった。じっさいローラゲ地方でも、ヴィトラックの司祭とその見習いは、カラマンの村人十人の待ち伏せにはまってしまった。しかもそれは、ヴェルダンの代官と十分の一税徴収役人の差し金であった。司祭はうまく逃げることができたが、見習いのほうは捕らえられ、殺されて井戸に投げ込まれた。一月、くだんのドミニコ会士とフランシスコ会士はオーリヤックに行き、ついでサン＝フェリクス、ラベセード、カステルノーダリー、ローラック、ファンジョーを回った。五月半ばにはソレーズ、ついでアヴィニョネ。ところが、近くの森のなかを通っていたところを、彼らはとつぜん襲われた。待ち伏せしていたのは、棍棒を持った十人の村人などではなく、ほかならぬピエール＝ロジェ・ド・ミルポワであり、しかも完全武装した五十人ほどの騎士と下士官を従えていた。彼らはモンセギュールからやってきたのだ。

宗教的抵抗の組織化

それより十年ほどまえから、モンセギュールはカタリ派教会の「総本山にして司令部」となっていた。前章において私は、残された資料にもとづき、このレモン・ド・ペレイユの所領である「城邑」が、教会幹部の隠れ家となり、また宗教的抵抗の作戦本部ともなっていった様子をざっと素描しておいた。(2) じっさいモンセギュールの城塞は、互いに密接に関わるふたつの必要性から生まれた。ひとつは、高位聖職者たちの安全な隠れ家を確保すること。少なくとも、トゥールーズ司教区の高僧たちは、一二〇九年に十字軍が始まるまで、ついでオクシタン奪還からパリ和約が結ばれるまで、彼らが根城にしていた村々から完全に締め出されてしまい、モンセギュールに住むよりほかなかった。それゆえ、ここがカタリ派教会の「総本山」になった。もうひとつ、かつてギラベール・ド・カストルが言ったように「教会が説教者を各地に派遣すると同時に、彼らの安全を確保するための」司令塔と集結地を設けること。そのため、ここを「司令部」とした。

「説教者」(predicatores) という言葉の意味をあらためて考えてほしい。一二二九年以降、非合法の地下組織となることを余儀なくされたカタリ派教会では、完徳者たちがそれぞれの町や村に自分たちの「家」を構え、おおっぴらに職人仕事をしながら、徒弟たちに職業訓練を授けるというようなことは、とうていできなくなっていた。しかし、彼らが同じくそれぞれの「家」でやっていた宗教教育のほうは、どんなところに隠れていても、これまでどおり続けられるだろう。そもそものはじめから、説教は完徳者の活動の要石だったのであり、すべては説教のうえに成り立っている。信仰を説き広めることによって、男女の信者を獲得するのも、また臨終のコンソラメントを受けたい、さらには完徳者や完徳女になりたいという願いに彼らを導くのも、ひとえに説教の力なのである。このように、カタリ派の聖職者たちは誰もが説教の達人だったと言ってよく、だからこそ、ドミンゴ・デ・グスマン、のちの聖ドミニコは、説教で彼らに対抗しようとしたのだ。すでに見たように、ドミニコが創始した修道会は「説教修道士会」と呼ばれるが、それ以前に、カタリ派教会こそそう呼ばれてしかるべきだったのであり、この説教者集団をまさに説教によって打ち破ろうとドミニコは企てたのである。ともあれ、カタリ派教会にとって弾圧の厳しい地域で信仰の命脈を保つことが緊急課題であり、そのためには、そうした地域に説教者が途絶えることのないよう細心の注意を払う必要があった。しかし説教者たちを派遣するには、とうぜんながら護衛をつけて彼らの身の安全を守らなければならない。「派遣し、かつ守ること」(transmittere et deffendere)。モンセギュールは、十年にわたってかなりの数の「良き人」たちを平地に送り続け、しかものちに見るように、そのうちの何人かは何度も行き来している。彼らを派遣するにあたっては、用心のために警護の者を同行させるのが通例であり、場合によっては帰路も同行させた。モンセギュールの駐屯部隊はこの警護の任務を積極的に果たしたのであり、その実例には事欠かない。たとえば、ランタレスの助祭ベルナール・ボナフーは、一二三八年のある日、七人の完徳者とともにモンセギュールを出発したが、三人の下士官とふたりの騎士アルノー＝ロジェ・ド・ミルポワとブレジヤック・ド・カイヤヴェルがラローク・ドルムまで送り届けた。またヴィエルモレスの助祭レモン・デュ・マは、一二四二年のクリスマスに、騎士ベルナール・ド・サン＝マルタンから貸し与えられた馬に乗って出発したが、下士官アンベール・ド・サルと三人の兵士がガジャまで付き添った。

しかし正確なところ、彼らが派遣された各地域の様子はどうだったのだろうか。というのも宗教的抵抗は、とうぜんながら、モンセギュールから派遣された説教者たちだけでなされていたわけではなかった。一二四五年から翌年にかけてローラゲで行われた異端捜査に関しては五千件以上の尋問調書が残されており、それを読むと、この抵抗がどのように組織化されていたか、またモンセギュールが具体的にどのような役割を果たしていたのか、きわめて明瞭に分かってくる。

ファンジョーの場合でいうと、一二二九年から一二四二年のあいだ、二十三人の完徳女と二十人の完徳者が確認されている。この二十人の完徳者のうち、十二人は、夜のあいだや食事のあいだだけ――あるいは説教のあいだだけ――熱心な信者の家に立ち寄っていたにすぎなかった。他の八人のうち、ほぼ永続的にファンジョーに滞在していたのは助祭ピエール・ボルディエを含む五人であった。この五人の共通性は、いずれもファンジョーとその近郊の生まれであることで、彼らをよその土地で見かけることはけっしてなかった（もちろん彼らも、近くの森に逃げ込むことはあったが）。ほかに三人の完徳者については、この地方にいたことが何度か確認されてはいるが、彼らの滞在は断続的でしかなかった。いずれもファンジョーの人間ではなく、巡回者――同じ時期に他のいくつもの土地を訪れている――であり、しかも教会上層部に属し、モンセギュールとも深く関わっている。

まずはベルトラン・マルティ。ラゼス地方のカイヤヴェルの生まれで、まずギラベール・ド・カストルの「小子」、一二三七年頃からは「大子」となり、一二四〇年頃からは司教となり、モンセギュールに定住するようになったが、すでに一二三四年と一二三八年にここを訪れている。彼は、一二二九年から一二四〇年のあいだ、ファンジョーのほか、ローラゲやアルビ南部の二十近くの町や村をときには複数回訪れている。

つぎはジャン・カンビエール。彼がベルトラン・マルティの後任としてギラベールの「小子」となったことは、一二三三年にモンセギュールで逮捕された話のついでに、すでに述べているが、モンセギュールにやってきたのは一二三二年のことで、ファンジョーから来た。ただしファンジョーでは、カンビエールという姓――「両替商」を意味する――はほかに確認されていない。釈放されて（あるいは脱走して）一二三四年前後にモンセギュールに戻ったが、一二三三年から一二三七年のあいだに、マ＝サント＝ピュエル、そしてファンジョーでもまた、数回にわたって滞在したことが確認されている。

最後に助祭ベルナール・ド・メールヴィル。彼はパミエとカステルノーダリーのあいだに位置する「城砦」（forcia）の名前を戴く「残党騎士」であった。一二三〇年に叙階を受けて完徳者となり、一二三二年、ギラベール・ド・カストルと同時期に、モンセギュールにやってきた。一二三七年から一二四三年のあいだ、モンセギュールに家を構えて住んだが、その間、ファンジョーをはじめとするローラゲ地方の南部全域、さらにはもっと北のオーリヤック、サン＝フェリクス、そしてサン＝ジュリアでも、彼が立ち寄ったことが確認されている。

全体的に見れば、一二二九年からモンセギュール攻囲までのあいだ、ファンジョーにおけるカタリ派教会の地下活動を支えていたのは――教会組織に地位も持たない完徳者たちを別にすれば――八人の人物であった。彼らを宗教的抵抗の専従員と呼んでもいいだろう。そのうち五人は地元出身の定住者であり、地下組織の日常活動を実質的に支えている。他の三人は宗教的抵抗組織の上層部を代表する幹部のような存在であり、監督官とも言える任務を帯びている。彼らはいずれもモンセギュールの高位聖職者であり、とうぜんながら地元の完徳者たちには権威ある存在である。彼らは、司教――ギラベール・ド・カストル、ついでベルトラン・マルティ――の半永久的在所となり、また彼らの母港ともなっているモンセギュールから、頻繁に多くの町や村に出向いて、完徳者の監督や指導を行っていたのである。

こうした例は、ファンジョー以外にも数多く見られる。このように、教会の「司令部」と各地域のあいだを行き来していた完徳者として、総計で二十八人の名前が知られており、そのうち十七人は教会の高位聖職者である。三人の司教、三人の「子」、そして十一人の助祭。[3] しかし現実には、はるかに多くの聖職者がモンセギュールにいたことだろう。たしかに、この間の十年ないし十二年に関して言えば、モンセギュールにいたことが分かっている完徳者は八十二人であり、二十二人の完徳女と合わせても、百四人の聖職者しか確認されていないが、一二四四年三月十六日に火刑に処せられた者の数はちょうどその倍である。つまり、モンセギュール教会の構成員の半分が無名のまま姿を消したのである。

以上のような〈縦割り〉組織に、〈横割り〉組織が組み合わさっている。じっさい各地に派遣された「密使」たちの活動地図を作成してみると、それぞれの分担地区がはっきり決まっていたことが明らかになる。

たとえばミルポワ助祭のギヨーム・トゥルニエが説教に出向いたのは、ミルポワとその隣接地域――南はクイユ、東はモングラダイユ――に限られており、それが彼の担当地区ということになる。助祭ギヨーム・ヴィタルの場合も、ヴォーレ、サン＝マルタン＝ラランド、ローラック、イッセル、モンターニュ・ノワールのロクフォール、ラベセードなど、ローラゲ地方の東部および南東部が担当地区であったことが、その活動から知られる。レモン・デュ・マは、自分の生まれた村マ＝サント＝ピュエルで活動したあとモンセギュールに行き、そこから、ヴィエルモレス助祭として、この地区に派遣されたはずだが、ヴィエルモレスの少し南のレ・カセス、カンビアック、カラグード、トゥゼイユなどでも活動し、最後はロンバルディアに亡命している。

ギヨーム・ヴィタルとレモン・デュ・マの助祭区のすぐ西に、ベルナール・ド・メールヴィルが――ファンジョーとローラックに加えて――担当した地区がある。かなり狭い帯状地域で、南はガジャ、ペッシュ＝リユーナから、バレーニュ、モンモール、サン＝フェリクスを通って、ローラゲ地方の北部オーリヤック、サン＝ジュリア、モンテギュまで延びている。やはりその西に当たるベルナール・ボナフーの助祭区の範囲もかなりはっきりしている。その中心は間違いなくモンテスキューであり、ボナフーは、ここを拠点として、ガルドゥーシュ、モンガイヤール、バジエージュ、ラバスティード、オーラン、ランタなどに出向き、それぞれの土地に潜んでいる完徳者たち、たとえばポンス・ド・サゴルナック、レモン・ラジエ、レモン・グロなどと接触を保った。レモン・グロは、一二三七年頃、ボナフーに同行してトゥールーズまで行ったことがある。そもそも彼は、一二三七年四月に改宗するまではボナフーの〈ソシ〉であった。

その他の助祭、たとえばギヨーム・リカール、ポンス・ド・サント＝フォワなどの活動については、残された情報が少ないこともあって、はっきり分かっていない。いずれにせよ、地下潜伏を強いられている以上、完徳者たちは、自分の身を守るためにも、任務が必要とする以上に頻繁に、しかも素早く移動することを余儀なくされており、異端審問が続くなかで、カタリ派教会が一二〇九年の十字軍来襲以前の態勢を取り続けることはどだい無理な話だった。それを考えると、こうした地下潜伏下でも、モンセギュールの主導で、旧来の助祭区組織をできるかぎり維持しようという努力がなされ、しかもそれがかなりの程度成功したということは注目すべきであろう。じっさい一二四〇年近くまで、トゥールーズのカタリ派司教区だけで二十三の助祭区があった。

以上のように、モンセギュールのお膝元と言ってよいミルポワとオルム地方を別とすれば、ローラゲ地方こそ、宗教的抵抗組織の牙城であった。しかし、あまり目立った形ではないとしても、あるいは残された資料からははっきり読み取れないとしても、モンセギュールがそれ以外の地域、それ以外の〈国〉とも、それなりの関係を保っていたことは疑いない。ソー地方、アリオン地方、サバルテス、そしてトゥールーズは、ベルナール・ボナフー、ベルナール・ド・ラモート、レモン・ド・モントゥティが担当し、低地ケルシーはポンス・ギラベールが、カタルーニャはアルノー・ド・ブルトスがそれぞれ担当した。もっとも、カタルーニャは広大であり、時折、異端教会の本部から派遣されたひとりないし複数の〈使者〉たちが――たいていは何度かにわたって――訪れるだけだった。

その一方で、モンセギュールとアルビジョワおよびカルカセスの司教区とのあいだには、知られているかぎり、何の関係もなかった。アジャン司教区に関しては、司教トゥートが、一二三二年、「大子」ヴィグルー・ド・ラ・バコーヌを伴って着任しているが、トゥートの消息はそれで途切れてしまい、またバコーヌもじきに立ち去っており、それ以降、アジュネ地方にモンセギュールの聖職者が出向いた形跡はない。一二二六年に創設されたラゼス司教区については、司教レモン・アギュレが難を逃れてモンセギュールに籠もったことが知られているが、その後、彼がリムー地方と接触を保ち続けた様子はない。要するに、モンセギュールの密使たちの活動範囲は、「カタリ派の国」全体に及ぶどころか、ギラベール・ド・カストルとその後任ベルトラン・マルティの司教区、つまりはトゥールーズ教会の管轄内――もちろん、カタルーニャもその助祭区のひとつであったことを考えれば、それだけでも広大であったが――にとどまっていたのである。ラゼス、カルカセス、アルビジョワなどでも――つまりは国王代官領でも――宗教的抵抗が続いてはいたが、モンセギュールの高位聖職者たちの指揮下にある地域よりも、はるかに散発的、非組織的な抵抗にとどまったのも、無理からぬ話ではあった。

モンセギュールにいた完徳女たちについても、少し触れておこう。すでに見たように、尼僧長リクサンド・デュ・テイユをはじめとして、二十二人の名前が知られている。そのうちの十五人が、一二四四年三月十六日に火刑に処せられたことが確認されているが、それは、この宗教共同体において、男たちに比べ、女たちが外に出る機会がはるかに少なかったことを示している。というのも、彼女たちは教会組織のいかなる役職にも就かず、それゆえ、各地にとどまっているかつての仲間を訪れる場合以外は、説教の任務を負うこともなければ、信者である貴族との連絡役となることもなく、ましてやコンソラメントを授けることもなかった。そもそも、彼女たちの大半は、この「城邑」に定住することになった「残党騎士」たちの肉親や親戚だったのである。フルニエール・ド・ペレイユはレモン・ド・ペレイユの実母であり、マルケジア・ユノー・ド・ランタは彼の義母であった。サイサ・デュ・コンゴストは彼の姪のひとり、ブレダ・ド・モンセルヴェはアルノー＝ロジェ・ド・ミルポワの義母、ブリュナ・ド・ライーユはギヨーム・ド・ライーユの妹、アンディア・ド・ライーユは彼のいとこ、レモンド・ド・キュックはベランジェ・ラヴラネの実の妹あるいは義理の妹、等々である。しかしそれ以外に、ローラゲ地方の貴族の家柄の「良き婦人」たち、ギロード・ド・カラマン、ナヴァール・ド・セルヴィアン、ディアス・ド・サン＝ジェルミエなどもいた。彼女たちの誰かがモンセギュールを離れるときは、とうぜんながら男たちと同じ危険に晒される。それゆえ、彼女たちも仲間の助けが必要であった。

隠れた支援網

以上、地下抵抗活動の組織図をあらまし描いてみたが、最後に、地下潜伏には具体的にどんな困難が伴ったかを見ておきたい。秘密の教会がどのように活動していたかは、すでに見たとおりである。共同生活を営むこと、そしてみずからの手仕事で生計を立てることは、いずれも不可能になったとはいえ、それ以外は自由におおっぴらに活動していた時代となんら変わらなかった。説教すること、平和の接吻を交わすこと、パンを祝福して信者たちに分かち与えること、臨終者にコンソラメントを授けること（そのさいに遺贈を受けることも大切な仕事だったが、こうした状況だけに、不動産よりも現金を求めた）、そして最後に修練者たちを教育し、彼らの誓願が固ければ、完徳者や完徳女に叙階することと。しかし、司牧者たちがそうした活動を続けることができたのも、彼らが生きながらえることを保障する最低限の条件が整っていればこそであった。何よりもまず、宿泊と食事である。熱心な信者の家に――多くの場合、説教もそこで行われた――泊めてもらい、食事を出してもらえれば、それが理想的だったが、ひとつところに長く滞在するのは危険だったから、つぎつぎに宿を替える必要があった。ときには、地下蔵、屋根裏、家畜小屋、干し草小屋、鳩小屋、風車小屋などにも泊まった。

しかし、いつでも寝場所が見つかるというわけではない。ファンジョーに住むポンス・リゴーは、堀のなかで野宿していたふたりの完徳女を見かけたことが何度かあった。彼はその完徳女たちを、一度は自分の家に連れて行き、もう一度はとなりの女の家に連れて行った。モントーバンの完徳女アルノード・ド・ラモートは、十年ものあいだ、ローラゲ地方を彼女の〈ソシア〉とともにさまよい歩いていた。彼女たちは、信者の農家にかくまってもらうこともあったが、森に隠れることもしょっちゅうあった。オダールの牛飼いギヨーム・ガルニエは、谷間に潜んでいた彼女たちを樵《きこり》小屋や炭焼き小屋に連れて行ったり、そうした場所がない場合には、彼女たちのために隠れ家をこしらえたり、穴倉を掘ったりした。一二四二年夏に彼女たちは逮捕されたが、二週間まえからサント＝フォワ＝デグルフイユの森でテントを張って暮らしているところだった。

宿を見つけるのもたいへんだったが、食べ物を確保するのもたいへんだった。幸運にも信者の家に泊めてもらえたときには、完徳者や完徳女は、家族と食事を――ただし動物性の食べ物は除いて――ともにすることもできたが、自然のなかに隠れている場合、親切な人が食べ物を持ってきてくれることもたまにはあったとしても、たいていは自分で買いに行かねばならなかった。着るものについても同様であった。彼らにとってもっとも役に立つのは、毛皮の外套と子羊の革で作った帽子で、それらを自分で裁断したり、縫ったりして作ることも多かったが、ときには代わりの人を見つけて、近くの市に買い物に行ってもらわねばならず、そのため、いつもなにがしかの現金を所持している必要があった。臨終者がコンソラメントを授かるときに遺贈する現金だけでは、秘密の教会の必要を満たすにじゅうぶんではなかったようで、ファンジョーの住人アルノー・ドゥーとミルポワの住人ピエール・バルブの「異端者のために、国中で税金を徴収していた」という証言が残されている。つまり彼らは、完徳者および完徳女のために、まさに連帯税と言うべきものを信者たちから集めていたのである。

このように、完徳者および完徳女たちが、さまざまなレベルにおいて、またさまざまな状況を通じて、信者たちの助けを得ることで、別の言い方をすれば、本来の宗教組織網が隠れた支援網にしっかり支えられることで、ようやく秘密の宗教活動は可能になったのである。ジャン・カンビエールは、ファンジョーの貴族ベルナール＝ユーグ・ド・フェストの家で、五十人、六十人、一度は百人近くの聴衆をまえに、説教したことがあり、しかも十人の完徳者が同行することもあったが、そのような場合、どれほど細心の注意を払わねばならなかったかは容易に想像できる。安全のために、説教が屋外、野菜畑やブドウ畑、野原の真ん中の鳩小屋のそば、あるいはもっと多いが、森の奥まったところにある空き地などで行われる場合にも、秘密の説教者たちの行き来には、たいてい信者たちの小グループが付き添い、彼らの身に何も起こらないよう見張っていた。村の真ん中に入って行き、臨終者にコンソラメントを授けるような場合は、なおさらのことである。これもファンジョーでのことだが、一二三三年頃、オジエ・イザルンは、ベルトラン・マルティからじきじきにコンソラメントを受けたいと願った。マルティは、真夜中、ピエール・マルテルとアルノー・ドゥーに連れられ、しかも四人の武装した騎士に先導されてやってきた。四人の騎士、すなわちベック・ド・ファンジョー、ギヨーム・ド・ライーユ、ガイヤール・ド・フェスト、ジュルダン・ピカレルは、いずれも「剣を腰に下げ、鎧をまとい、鉄兜をかぶって」いた。

いずこでも、隠れた支援網をおもに支えているのは、それぞれの土地の貴族と有力者であった。ファンジョーにおける一二四五年から一二四六年にかけての異端調査記録から統計をとってみると、そのことがはっきりと見えてくる。以下、そのあらましを述べておきたい。まずは、この調査に先立つ十五年ほどのあいだ、百五十五の家族から三百十三人の異端信者が出ていることが確認できる。そのうちの十四人が、ひそかに臨終のコンソラメントを受けている。また六十二人が審問で「異端者をかくまった者」とされた。つまり、完徳者や完徳女を招いて説教してもらったり、彼らに宿を提供したり、自宅その他の場所に隠したりしたということである。おもだったところでは、フェスト家、ド・ファンジョー家、デュルフォール家、カイヤヴェル家、ライーユ家の人々、要するに貴族たちである。また、一二二九年にレモン七世に臣従の誓いをした十三人の騎士たちのうち、十二人がまぎれもないカタリ派信者、カトリック教会の基準からすれば「異端共犯者」であった。また一二四三年に国王代理官に臣従を誓った十七人の騎士と六人の市参事会員のうち、十二人の騎士と四人の市参事会員が異端幇助者であった。言うまでもなく、これらの貴族や有力者たちが一般住民に圧力をかけ、異端審問官に何も言わないように仕向けていたのであり、住民たちのほうでも、たいていの場合、領主や有力者の指示に従ったのである。一二四三年になってもなお、国王に臣従を誓った百六十一人の領主のうち、半数あまりの者が多かれ少なかれ異端に加担していたのだ。

貴族階級に属する信者たち——彼らの祖母が完徳女であるといった場合が多く、たとえばマ＝サント＝ピュエルの領主たちの祖母ガルサンドは逮捕され、娘のひとりとともに火刑に処せられている

――こそ宗教的抵抗の支柱であり、彼らはモンセギュールから派遣される密使たちとも緊密な連絡を保っていた。このことは、ローラゲ地方だけでなく、フォワ伯領においても言え、なかでもラバ家、シャトーヴェルダン家、アルナーヴ家、ヴィルミュール・ド・サヴェルダン家の人々は、異端教会が頼りにすることができる貴族信者たちであった。ローラゲとミルポワの境にあるガジャの領主マズロール家は、モンセギュールに向かったり、そこから戻ったりする完徳者たちをいつも歓待していたために、その罰として、のちにこの村は完全に破壊されることになる。ちなみにガジャは（村の家々ばかりでなく、その広大な森もふくめて）、さらに南のクイユとともに、ローラゲ地方とモンセギュールを結ぶ重要な中継地だった。

しかし異端教会と地方貴族との密接な関係がもっとも端的にうかがわれるのは、おそらくモンテスキュー＝ローラゲにおいてである。この村のモンテスキュー＝ヴィレール一族は助祭ベルナール・ボナフーの庇護者として知られていたが、そもそも、彼らの祖母エルマンガルド・ド・バレーニュが完徳女であった。彼女の息子たち、ベルナール・ド・モンテスキューとギヨーム・ド・ヴィレール――後者はおそらくのちにルイ十八世とシャルル十世の宰相となるジョセフ・ド・ヴィレール〔一七七三～一八五四〕の遠い先祖である――は臨終のコンソラメントを受けて死に、それぞれ一二二〇年と一二三〇年にモンテスキューの「異端者のための墓地」に葬られた。彼らのあとを引き継いだベルナールの三人の息子とギヨームのふたりの息子も、それぞれの妻たちとともに、長年にわたってボナフーおよび彼の同僚の完徳者たちを献身的に支援し続けた。

こうした支援にもかかわらず、地下活動を行う「良き人」たちには、多くの危険が待ち構えていた。告発や密告、さらには代官の警察隊や司祭や修道院長が送り込んだ警護兵たちが行う一斉手入れなど。ひとたび逮捕されれば、拘留、移送、裁判、そして火刑が待ち構えており、それを避けるには異端放棄を宣誓しなければならない。ギヨーム・カレールは、モンセギュールで修練を積んだあと、一二四一年の復活祭にベルトラン・マルティから叙階を受けたが、一二五三年に逮捕され、異端放棄を宣誓している。同じくギヨーム・タルディユーもモンセギュールで叙階され、一二四二年の万聖節にイッセルとラベセードのあいだの森で逮捕され、棄教した。カタルーニャ人アルノー・ド・ブルトスも、一二四〇年末にベルトラン・マルティから叙階を受けたが、一二四四年春、ロンバルディアに逃亡しようとしていたところを逮捕された。一方、アルノー・デジャンは、つかまるのを待つことなく、みずから出頭した。彼は、モンセギュールで二年を過ごしたあと、郷里のローラゲに戻り、叔父にオダールの司祭への執り成しを頼んだ。司祭に審問官フェレールのもとに出頭することを勧められたデジャンは、それに従い、審問官にみずからの罪を告白した。貴婦人ディアース・ド・サン＝ジェルミエは、夫が亡くなったあと、一二二五年頃、叙階を受けた。一二四〇年の末、モンセギュールにやってきたが、一二四二年の春、ここを去った。ローラゲ地方の森を一年ほどさまよったあと、〈ソシア〉であるアルガイア・ド・ルバンとともに逮捕された。彼女はトゥールーズの牢獄に長いあいだ閉じ込められ、三回に及ぶ審問の果てに、一二四五年六月になってようやく異端放棄の宣誓をした。

カレール、タルディユー、ブルトス、ディアース、そしてアルガイア、これらの完徳者および完徳女が逮捕されたとき、信者たちは、知られているかぎり、何もしなかった、あるいは何もできなかった。もっと運のよい者もいたが、おそらくそれは地位や知名度の高さゆえであった。ベルトラン・マルティ自身、そのひとりだった。彼は、一二三三年頃、ファンジョーの信者宅にいるところを、三人の同僚とともに、レモン七世の代官に逮捕された。女性信者のひとり、コージダ・フルニエがすぐに釈放のための募金を始めた。代官は、ベルトラン・マルティを釈放するための身代金として、三百スーを要求していたのだ。コージダは、その金が集まるまでの担保として、銀の杯三つを彼に渡した。

しかし、一二四一年に助祭ギヨーム・ヴィタルが逮捕されたときには、信者たちにとって最悪の事態が起こった。信者たちは、サン＝パプール大修道院に拘束されている彼を助けようと運動を始めた。修道院長は、千スーを出せば囚人を釈放するといううわさを流して、彼らを罠にかけようとしていたらしい。東部ローラゲ地方中から募金を集め、四十人ほどの信者がサン＝パプールに出向いたところ、武装して待ち構えていた修道院の警護隊が、彼らに襲い掛かった。激しい乱闘になり、信者のひとりが殺され、ひとりが逮捕された。ほかの信者たちは逃亡した。それから十七年経っても、異端審問官たちは「サン＝パプール事件」を起こした「ゲリラ隊員」の捜索をしつこく続けていた。信者たちを「ゲリラ隊員」と呼んだのも、彼らが修道院の干し草小屋に火をつけようとしていたという理由からであった。彼らのうち六人が、終身禁固の刑を宣告された。

カタリ派助祭ギヨーム・ヴィタルは、この事件以降、残された資料からはすっかり消えている。火刑に処せられたにちがいない。

第十三章　アヴィニョネの大虐殺

前章で見たように、レモン七世は、一二四一年――サン＝パプール事件が起きた年である――の六月、モンペリエで仇敵のプロヴァンス伯レモン＝ベランジェ、そして彼の本いとこであるアラゴン王ハイメ一世と話し合っていた。アラゴン王は、ふたりのあいだに恒久的平和をもたらすべく、わざわざ当地に来ていたのだ。レモンがそれを望んでいたのである。いったいなぜ、彼は急に平和主義者になったのか。じつは、レモン＝ベランジェには結婚まえの娘がふたりいた。サンシーとベアトリスである。

レモンはサンシーに目をつけた(1)。これは悪くない縁組みであった。ただし、持参金が期待できるというよりも、結婚によっておのずから築かれるはずの強力な同盟関係のためである。レモン＝ベランジェはすでにふたりの娘を嫁がせていた。すなわち、一二三四年にはマルグリットをフランス王ルイ九世に、そして一二三六年にはエレオノールをイギリス王ヘンリー三世に。それゆえサンシーと結婚すれば、レモン七世はヨーロッパの二大強国の王妃たちの義弟ということになる。しかしこの結婚はかなり常軌を逸しており、もしそれが現実になれば、通俗喜劇的とも言える状況が生まれることになるだろう。レモン七世の正妻サンシー・ダラゴンは、すでに見たように、亡きペドロ二世の妹であり、それゆえまた王ハイメの叔母でもある。また別の兄アルフォンソを通じて、彼女はサンシー・ド・プロヴァンスの大叔母である。したがって、アラゴン王がレモン七世の計略に加担するということは、叔母をレモン七世の妻の座から引き下ろし、代わりにいとこの子をそこに据える手助けをすることをおのずから意味する。サンシー・ダラゴンには、もう子供はできなかった。

しかしサンシー・ド・プロヴァンスがレモン七世と結婚して息子を産めば、パリ和約の相続条項が見直されることにもなり、トゥールーズ伯領は、娘ジャンヌを無理やり嫁がせたカペー家の手には渡らず、バルセロナ家の子孫のものになるだろう。レモン七世にとって、そのほうがはるかに望ましかった。当時、聖座との関係が良好だったことを利用して、レモン七世はサンシー・ダラゴンとの婚姻の解除を願い出た。教皇はさっそく、調査官を派遣し、この件について調べさせた。すると、サンシーが生まれたとき、レモン六世が代父を務めたことが分かった。つまり、レモン七世は父の代子と結婚したことになる。それゆえ、レモン七世とサンシーは明らかに「霊的兄妹」であり、ふたりの結婚は無効ということにならざるをえない。しかしこの結婚が無効になったとしても、すべてが解決したわけではない。レモン七世はすでに父の義理の弟になっている。というのも、ふたりともペドロ二世の娘と結婚しているからだ。その彼が、今度は現在の妻の姪の子と結婚しようとしている。あきらかに人の道に反するやり方であり、教会がそれを喜ぶはずはない。教皇の結婚許可証がぜひとも必要である。そこでさっそく、教皇のもとに特使が派遣されたが、その道中でグレゴリウス九世が亡くなったことを彼らは知った。

大同盟

そこでレモンは、とつぜん計画を変更した。九月にトゥールーズに戻ったレモンは、すぐにアングレームに行き、外交活動を展開した。ただし、活動は極秘裏に行われたため、その経過の詳細は知られておらず、結果だけが分かっている。つまり、十月のなかばには、アングレーム伯およびマルシュ伯ユーグ・ド・リュジニャン、レモン七世、そしてアラゴン王ハイメ一世のあいだで、すでに条約が締結されていたということである。のちに判明するが、この三人の同盟はフランス王に対抗するためのものであった。レモンの外交活動が極秘裏に行われたのは、そのためである。それと同時に、レモンはユーグ・ド・リュジニャンとイザベル・ダングレームのあいだに生まれた娘マルグリットを妃に迎えた。

政治と結婚、二股をかけたこの陰謀の背景には、つぎのような事情があった。フランス王ルイ九世は、イギリス王ヘンリー三世の弟でポワチエ伯リシャール・ド・コルヌアーユ〔コーンウォール伯リチャード（一二〇九〜一二七二）のこと〕の上位領主権を無視して、ポワトゥーの広大な領地を自分の弟アルフォンス――つまりはレモン七世の婿――に親王領地として与えてしまったのだが、ポワトゥーの領主たちはアルフォンスを自分たちの主君として認めることを拒んでいたのだ。このイギリス＝ポワトゥー同盟に、ユーグ・ド・リュジニャンは、妻のイザベル・ダングレーム――ジョン失地王の未亡人であり、それゆえヘンリー三世とリシャールの母でもある――に促されて、加わることにしたのである。おそらく彼の娘マルグリットも、レモン七世をこの同盟に加わらせるための取引の道具として使われたのだろう。レモン七世に期待された役割とは、フランス王にたいする一斉蜂起にさいして、なるべく多くの仲間を集めることだった。アングレームでの条約締結にさいして、レモン七世はアラゴン王ハイメ一世の名代も務めた。万事がうまく行った。

十月十七日、ハイメ一世はバルセロナでトランカヴェルから臣従の誓いを受け、あらためて彼の領地の宗主となった。このことは、前年の敗北にもめげず、トランカヴェルが自分の領地を取り戻すことを諦めていなかったことを物語っている。一方、ガスコーニュのイギリス王代理官は戦略を練っているところだった。ヘンリー三世がロワヤンに上陸し、ポワトゥーの蜂起を支援すべく、みずからの軍隊とガスコーニュの封臣たちを差し向ける。それと同時に、レモン七世の旗のもと、ローヌ河にいたる彼のすべての封臣と同盟者たちが立ち上がる。事実、レモンは、十二月から翌年四月にかけて、ラングドックの領主たちから、つぎつぎに同盟の誓いを受けている。フォワ、コマンジュ、アルマニャック、ロデーズの諸伯、ナルボンヌ、ロマーニュ、ロートレックの諸子爵、そして多数の小領主たち、さらにはアルビの町すらも同盟を誓った。

一二四二年四月末、レモンはペンヌ゠ダジュネにいた。おそらくは西部の同盟者たちと接触を保つためである。そこで、アジャン司教は彼に会いに行き、異端との戦いについての伯の思惑を探ろうとしたらしい。あるいは話は逆で、レモンが司教を呼び出し、聖座の空白に乗じて、マキアヴェリ的な権謀術数を弄する相談を持ちかけたのかもしれない。つまり、教会からは異端を擁護しているように思われない形で、異端審問の息の根を止めてしまうということである。そのためには、異端弾圧の仕事を説教修道士会から取り上げ、それを地域の高位聖職者に委ねるだけでよい。もしそうしたとしても、上から邪魔が入ることはないだろう。教皇は不在だし、枢機卿たちは、教皇選挙会議の開催を阻止すべく皇帝フリードリヒ二世がめぐらしているさまざまな計略の裏をかくのに精いっぱいの状態であった。オクシタンの司教たちは、そうしたレモンの策略をむしろ歓迎するはずである。自分たちの特権を回復することになるからだ。

一二四二年五月一日、レモンはアジャン司教に書簡を送り、自分の司教区における異端捜索の仕事をみずからの手で行うよう求めた。もちろん、ドミニコ会士やフランシスコ会士たちに、さらには説教修道士ベルナール・ド・コーやジャン・ド・サン゠ピエールに手伝ってもらうことは差しつかえないが、ただし「アジュネ地方の異端審問の仕事を聖座から託された審問官としてではなく、あくまで調停者および宗教者として」である。レモン自身としても、地域の高位聖職者に必要なあらゆる援助を惜しまないことを約束した。こうした要請を、レモンはアルビ、カオール、ロデーズの各司教にたいしても行った。異端捜査を通常の教会裁判所に委ね、異端審問官たちを「聖座から派遣された審問官」の地位から教会裁判所の単なる協力者に格下げしても、教皇がいない以上、彼らはその不当性を誰にも訴えることができないとレモンは踏んだわけだが、事はまさしくそのとおりに運んだ。

だが、それで事が済んだわけではない。以上の各司教区において、レモンは自立した機関としての異端審問の制度そのものを廃止してしまおうとしたわけだが、トゥールーズ司教レモン・デュ・フォーガにたいしては、同じ要請を行った形跡はない。彼はドミニコ会士であり、アジャン司教とは違って、レモンの要請を受け入れるにしても、自分の司教区の異端審問官を解任することにたいしては激しく抵抗するにちがいなかった。そこでレモンは、制度を変えるかわりに、トゥールーズ司教区の異端審問官たちを厄介払いしてしまうことを考えた。彼は、トゥールーズの異端審問が、他のどの司教区にも増して、住民たちを強く圧迫していることをよく知っていたのだ。しかし、異端審問に劣らず自分の国を圧迫しているフランス王国の行政支配を脱するべく、一斉蜂起を目論んでいる最中でもあり、急に異端審問の制度を廃止することによって、民心に動揺を与え、いたずらに混乱を起こすことは避けるべきだろう。

五月二十日、イギリス王はロワヤンに上陸した。二十六日、モンセギュールをひとりの使者が訪れ、レモン伯の役人であるアヴィニョネ代官レモン・ダルファロからの手紙をピエール＝ロジェ・ド・ミルポワに手渡した。ピエール＝ロジェは自分が指揮している「城邑」の守備部隊から五十人ほどの騎士および下士官を召集し、自分に付いてくるよう命じたが、何をしに行くかは明かさず、大きな獲物が待っているとだけ伝えた。部隊は、その日のうちに、ガジャとサン＝タマンのあいだの森にあるジェヌヴリエールの砦に到着した。この砦は、ゲリラ部隊に加わっている「残党騎士」ベルナール・ド・サン＝マルタンのものであった。ガジャの領主ピエール・ド・マズロールが二十五人の男を率いてやってきた。その翌日、ふたたび街道を進み、マ＝サント＝ピュエルに近い森で覆われた丘のうえにあるアンティオッシュ塔にたどり着いた。ジュルダン・デュ・マが部隊に合流した。三日目の五月二十八日、斥候隊が編制される。それを率いるのは三人の騎士、すなわちギヨーム・ド・バラギエ、ギヨーム・ド・ライーユ、ベルナール・ド・サン＝マルタンで、いずれも、数ヵ月まえに異端審問官ギヨーム・アルノーにより欠席裁判で異端を宣告されている。戦闘用の斧を持つ十二人の下士官たちが彼らに従った。ピエール＝ロジェ・ド・ミルポワは一握りの兵士たちとともにアンティオッシュにとどまったまま、前衛の小部隊が先頭に立ち、本隊があとに続いてアヴィニョネめざして進んだ。部隊は、町の城塞から少し離れた屠畜場で休止し、夜になるのを待った。

キリスト昇天祭の夜

ギヨーム・アルノーとエチエンヌ・ド・サン゠ティベリーが、数日まえからアヴィニョネに来ていた。カルカソンヌの国王代理官領で蜂起したトランカヴェルが敗れると、さっそく、異端審問が再開されたが、このふたりの審問官はまずトゥールーズで仕事を始め、一二四一年の五月二十二日から九月一日のあいだに、悔悛の業として巡礼を命ずる判決を数多く出した。ついで十月十七日、サン゠ポール゠カップ゠ド゠ジューで、モンセギュールに逃げ込んだ三人の「残党騎士」――すでに見たように、バラギエ、ライーユ、そしてサン゠マルタンである――にたいし、不在のまま、異端を宣告した。十一月二十四日には、彼らはラヴォールにいた。ついで十二月以降、ローラゲ地方で二度目の大規模な巡回捜査を開始した。一二三六年の場合と同様、このときの審問記録も残されていないが、その理由はすぐにお分かりになるだろう。しかしその後の資料から、彼らは五月半ばの少しあとにソレーズに到着、そこからアヴィニョネにやってきたことが分かっている。アヴィニョネでは、ここの修道院長に迎えられ、ふたりは八人の随員とともにトゥールーズ伯の所有する城に身を寄せた。

キリスト昇天祭の前日、五月二十八日の夕刻、ふたりの審問官は夕食のテーブルに着いた。もちろん、三十人ほどの住民が自分たちを監視し、モンセギュールからやってきた部隊に加勢しようとしているなどとはつゆ思わなかった。彼らのひとり、ギヨーム゠レモン・ゴレランは、待機中の突撃部隊に、審問官たちは食事中なのでもう少し待つようにと伝えに行った。ゴレランは町に戻ってからふたたびやってきて、彼らは床に就いたところで、今がチャンスだと伝えた。彼が町の門を開き、部隊は忍び足でアヴィニョネの町のなかに侵入した。レモン・ダルファロがまえもって送り込んだ見張り番が四辻ごとに立っていた。棍棒を持った住民たちが襲撃部隊に加わった。何人かが城のなかに忍び込み、内側から正門を開けた。部隊は、ふたりの修道士と随員たちの寝室となった主塔の大広間に通じる階段を駆け上がり、斧でドアをたたき割った。十一人の男たちは目を覚ますいとまもなく、目も当てられぬほどの残虐さで皆殺しにされた。ふたりの審問官のほか、ドミニコ会士二名、フランシスコ会士一名、レザの副司教と連れの僧、公証人一名、執達吏二名、そしてアヴィニョネ修道院長が犠牲になった。さっそく、手あたりしだいに略奪が始まり、めいめいがこの輝かしい勝利の記念品をせしめようとした。ある者は本を、ある者はスカプラリオ〔修道服の一部で、肩から前後に垂れる幅広い布〕を、ある者は燭台を、ある者は絹のブリオー〔中世の男女が着用したチュニック風の衣服〕を、ある者は帽子を、というふうに。お金、掛け布団、股引き、靴、ベルト、ギヨーム・アルノーが所持していたナイフ、書見台、さらには血に染まったシーツまで、すべてが奪われた。最近の審問記録、そしておそらくは一二三六年のそれも含まれている、あの忌まわしい帳簿も、さっそく、ずたずたに引き裂かれてしまったことは言うまでもない。

城のそとでは、松明をかかげた応援の市民たちが暗殺者たちを待ち受け、彼らを町の外まで案内した。部隊は、無事、アンティオッシュに残ったピエール＝ロジェ・ド・ミルポワのもとに戻り、その大半はモンセギュールに帰って行った。

これほど周到に準備され着実に実行された暗殺が、大きな反響を呼ばないはずはなかった。トゥールーズでは厳かに葬儀が営まれ、ローマ教会は犠牲者たちを、さっそく、殉教者名簿に加えた。その一方で、安堵の念が国中に広がった。マ＝サント＝ピュエルでは、誰もが「もう自由だ、解放されたのだ！」と叫んだ。年老いた領主夫人ガルサンドとその娘が火刑台送りになったことを誰もが知っていたのである。こうした集団歓喜は、ローラゲ地方を越えて広がって行った。カステルサラザンでも、人々は口々に「坊主のアルノーはぶっ殺され（escogotat）、あの忌々しい帳簿もずたずたにされた」と叫んで喜んだ。のちになって「あのときは、すぐにも国中が解放されるだろうと誰もが信じていた」と述懐した者もいる。

反乱は失敗に終わった

六月六日、カルカソンヌの異端審問官フェレールとギヨーム・レモンは、レモン七世にたいし破門を宣告した。ただしアヴィニョネの暗殺を命じた責任を直接問うという形ではなく、「異端者たちの帮助者、擁護者、隠匿者」という決まり文句を使うにとどめている。ともあれ、この破門宣告によって、異端弾圧を司教たちの手に委ねるという伯の決定も、司教たちを個人的に支援するという伯の約束も、すべて無効とされた。

十一日、レモンはアジャンの市参事会に手紙を送り、町の防備を固めるよう要請した。かくして、後世の資料が言うところの「トゥールーズ伯の戦争」が始まった。ナルボンヌ子爵とレモン・トランカヴェルも、低地ラングドックで兵を挙げた。レモン七世は、カルカソンヌ国王代理官を攻撃すべく、戦闘態勢に入った。じつに素早い騎行で、七月半ばには破竹の勢いでナルボンヌに入った。大司教ピエール・アミエルは、さっそく、ベジエに難を逃れた。しかしベジエには、すでに代理官ギヨーム・デ・ゾルムも避難していたため、この町もすぐに攻囲されることになる。二十一日、大司教は、アヴィニョネ虐殺事件の実行犯とそのすべての共犯者にたいし、破門の宣告を下した。今回の宣告には、レモン七世および彼の同盟者すべての名前が挙がっている。すなわち、コマンジュ伯、ロデーズ伯、トランカヴェル、オリヴィエ・ド・テルム、その他の反乱諸侯、さらには異端幇助者たちの蜂起に加わったラゼス、ミネルヴォワ、ナルボネ、テルムネス地方の全住民。

八月のはじめ、おそらくはまだナルボンヌにいたレモン七世は、西部の同盟軍が総崩れになったという知らせを受け取った。しかもその頃、ルイ九世が低地ラングドックに派遣した軍は、アンベール・ド・ボージューの指揮のもと、ベジエの包囲を解いたあと、この地方一帯を制圧し、反乱にたいして手厳しい報復を加え始めていた。

たしかにイギリス王は、五月二十日、ロワヤンに上陸したのだが、それ以前にマルシュ伯が早まった行動に出てしまったために、ルイ九世の側でも、予想よりもはるかに早く反撃態勢を整え、すでに四月中には弟アルフォンスをユーグ・ド・リュジニャン追討に向かわせ、その後すぐに王自身も出陣した。結局、イギリス王が上陸したときには、フランス軍はすでに現地にいたのである。六月九日、王はフォントネーを落とし、町を根こそぎ破壊した。さらに七月二十二日、タイユブールでイギリス軍を撃破した。ヘンリー三世はボルドーに逃れ、マルシュ伯は降伏し、フランス王の許しを乞うた。

レモン七世はボルドーに急行し、八月二十八日、ヘンリー三世と会い、お互いに単独では講和を結ばないという誓約を取り交わした。ところが、フランス軍はすでにペンヌ＝ダジュネまで来ていた。フランス王の巧みな外交術もあり、同盟は崩れ始めていた。十月五日、フォワ伯ロジェ四世は、蛮勇を振るってペンヌを攻囲している最中のレモン七世に手紙を書き、丁重な言葉遣いながら、伯にたいする臣従の誓いを守り続けることができなくなったと告げ、さらに、伯にたいして宣戦布告しなければならないことになっても、事情をお察しのうえ、どうかお許しいただきたいと付け加えた。フォワ伯の言い分は冷徹な論理に立っていた。たしかに彼は、サヴェルダンと低地伯領に関してはレモンの封臣であるが、一二四一年にはフランス王にたいして絶対的忠誠を誓っている。しかも、それはレモン自身の同意のうえであり、レモンもまた、そのことを定めたモンタルジの誓約に署名している。したがって、ロジェはあらゆる敵からフランス王を守る義務があり、王にたいする忠誠はトゥールーズ伯にたいする忠誠に優先する……。レモン七世はフォワ伯に悲愴感の漂う返事を書き、怒りよりも驚きと悲しみのほうが大きいと伝えた。とはいえレモンは、すぐにトゥールーズ奉行を派遣して、サヴェルダンと低地伯領をフォワ伯から没収した。

戦況を立て直す望みはもはやなかったとはいえ、レモン七世には、まだ王の慈悲を乞うことが可能なうちに、自分の失敗を認めるだけの才覚はあった。トゥールーズ司教が両者の仲介に入った。レモンは司教に、国王に会って慈悲を乞い、永遠の臣従を誓うとともに、異端撲滅に真剣に取り組み、異端審問官暗殺の犯人たちも厳しく罰することを約束する用意があると伝えた。

十一月一日、レモンは、アルゾンヌの近くで、アンベール・ド・ボージュー、そして王が急遽派遣したクレルモン司教と会見した。同月三十日、サン＝ロームで彼は王の親任官たちをまえにして降伏を宣言した。十二月二十八日、伯領の統治をシカール・アラマンに託し、ルイ九世の待つガティネ地方のロリスに向けて、トゥールーズを発った。翌月、講和条約に調印した。条約の基本は、一二二九年のパリ和約をすべてにわたって遵守することをあらためて約束することにあった。ロリスからいとこのブランシュ・ド・カスティーユに送った手紙で、レモンは自分の国から異端を一掃するつもりだと伝えた。同月、ナルボンヌ子爵と町の十三人の有力市民がやってきて、王に服従を誓った。一方、フォワ伯ロジェ四世は、モンタルジで王への絶対的忠誠をあらためて誓った。その翌月、王は親任官を派遣し、敗者であるレモン七世の封臣たちと領内の市参事会員たちを集めて、王にたいする臣従を誓わせるとともに、レモンが向こう五年間王の自由使用を認めたいくつかの城塞を占拠した。

レモンがマルシュ伯の娘マルグリットと結婚したのは、おそらくロリスから戻った一二四三年二月頃だった。さしあたり婚姻証明書が作成されたが、教皇の結婚許可証を得ることという留保条項が付されていた。というのも、ふたりは教会法では四親等のいとこ同士であった。結局、結婚許可証は届かなかった。

レモンは、トゥールーズに戻ると、アヴィニョネ事件の犯人の捜索を指示したようである。というよりも、捜索を妨害しなかったというほうが正確かもしれない。ともあれ、捜索が始まり、殺人部隊に加担した町の住民たち、あるいはこの突撃隊のメンバーで、モンセギュールには戻らず、野山に潜伏した連中が逮捕された。とはいえ、この捜索はかなり限定的であった。ギヨーム・ド・バラギエを含む三人が絞首刑となり、もうひとりは額に焼きごてを当てられた。しかし犯人の多くは、最後まで見つからなかった。ある者は、アヴィニョネ代官にしばらくかくまってもらい、その後ロンバルディアに亡命した。またギヨーム＝レモン・ゴレランのように、いったんオーリヤックに逃げてから、モンセギュールに戻った者もいる。ローラックの騎士レモン・バルトは、プレーニュの森に隠れ、妻から食糧物資の補給を受けた。ガジャの領主ピエール・ド・マズロールは、一度つかまったが、うまく脱走した。ベルトラン・ド・キデール——殺人事件の数日まえに、ギヨーム・アルノーに異端を告白したところであった——にいたっては、のちにレモン七世とシカール・アラマンからイタリアに逃亡するための資金を受け取ったと自慢気に語ったほどだ。

　四月十八日、トゥールーズ伯は、ナルボンヌとアルルの両大司教が主宰し、ベジエで開かれた公会議に出頭した。そこで彼は、異端審問官フェレールとギヨーム・レモンを激しく糾弾する声明を読み上げた――このふたりの修道士は、「聖座から委託され、私の領地内で異端者を捜索する権限を持っている」と言い張るばかりか、私にたいして破門を宣告したが、それはまったく不当である、彼らは、教皇不在をいいことに、私が教皇に訴えられないタイミングを狙ったのだ、云々。それから三日後、彼は自国の司教たち――アジャン、カオール、ロデーズ、アルビ、そして今回はトゥールーズもふくめて――に通達を送り、異端捜索の任務をみずから引き受けるよう要請し、そのうえでシトー会士、ドミニコ会士、あるいはフランシスコ会士の応援を求めるのは、それぞれの自由であると付け加えた。一二四二年五月一日の決定にもとづいて、司教裁判所の裁判権を全面的に回復する方針に変わりないことに喜んだナルボンヌとアルルの大司教は、伯の通達を承諾した。ただし、トゥールーズ司教区については、伯の目論見は失敗した。アヴィニョネ事件の少しあと、説教修道士会の管区修道院長は、カルカソンヌの審問官フェレールに、殺されたふたりの修道士の職務を代行するよう要請しており、このカタルーニャ人のドミニコ会士は、すでに一二四二年十月からその仕事を始めていたのだ。この代行は、一二四五年春、トゥールーズ審問所が復活し、それまでアジュネの異端審問官を務めていたベルナール・ド・コーとジャン・ド・サン゠ピエールがその職務に就くまで続いた。

　結局、レモン七世は、異端審問に挑んだこの力比べに――少なくとも一時的には――敗れることになるのだが、それまでのあいだ、やや混沌とした状況が続いた。六月、つまりベジエ公会議の数週間後、新しい教皇がようやく選出された。イノケンティウス四世である。伯は、できるだけ早く教皇に会いに行こうと決意した。まずは、異端との戦いをオクシタンの高位聖職者たちに担わせるよう説得するとともに、教会から自分自身の赦免を得るという目的があったが、それに加えて、皇帝によって没収されたプロヴァンス侯爵領を取り戻したいという魂胆もあった。そのためには、聖座と帝国の双方から感謝されるような状況を作り出す必要があり、そのもっとも確実な方法は、自分が仲介役となって、両者のあいだに固い平和をもたらすことであった。

レモンとほぼ同時に、オクシタンの説教修道士会が派遣したふたりの修道士がローマに到着した。彼らは、異端審問官の辞表を教皇に提出する任務を託されていた。職務上のさまざまな困難に疲れ果てたうえに、レモン七世の敵意やベジエ公会議での高位聖職者たちの冷淡な態度にもうんざりしてしまった異端審問官たちは、聖座から託されたこのやっかいな任務を解かれ、元の修道院に戻りたいと願っていたのだ。ところが教皇は、彼らの辞任を認めるどころか、その権限をさらに強化するとともに、聖座の権威とドミニコ会士による異端審問を堅持するという強い意志を、それに反対するすべての者に示威すべく、アヴィニョン司教ゾーエン・トランカラリを教皇特使として派遣した。つまり、異端審問は中断されなかったのである。一二四三年三月から一二四四年九月までのあいだにフェレールと彼の同僚たちによって行われた審問は八十件――しかもそれは記録に残されている件数であり、じっさいにはもっとずっと多かったはずである――に及んでいるが、このことは、レモンの目論見が失敗に終わり、またオクシタンの高位聖職者たちの失地回復の試みも後退を余儀なくされたことを示している。

ベジエ公会議から一年も経たずに、フェレールはモンセギュール攻囲を生き延びた異端者たちの審問を開始した。

第十四章　モンセギュールの最後

このピレネー山麓の「城邑」を攻め落とすという決定がなされたのは、おそらく一二四三年四月にベジエで開かれた公会議においてであった。アヴィニョネ事件を引き起こした暗殺部隊が出発したのも、その首謀者たちがふたたび戻ってきたのも、まさにこの「城邑」なのだ。戻ってきた首謀者のほとんどは「残党騎士」の一党に属し、すべてカタリ派信者であり、また完徳者および完徳女の親戚でもあった。ピエール＝ロジェ・ド・ミルポワ、その本いとこのアルノー＝ロジェ、アルノー＝ロジェの三人の甥、すなわちオトン・ド・マサブラックとアルジュー・ド・マサブラック、そしてガイヤール・デュ・コンゴスト、マサブラックの義弟ギヨーム・ド・プレーニュ、レモン・ド・ペレイユの娘婿ギロー・ド・ラバとその弟のレモン、そのほかにもう少し遠い親戚が何人か。

要するに、大規模な政治行動であるアヴィニョネ事件も、こうした観点から見れば、滅ぼされた一族の復讐劇の様相を呈してくる。こうした一族の結束は、中世社会ではごく普通に見られることだが、カタリ派社会においては、迫害を受けることによって、それがいっそう強まったと言えるだろう。ニオールの一族がすっかり無力化されてしまって――少なくともそう見なされて――以来、もっとも目障りとなったこの一族を滅ぼせば、同時にこの一族に守られている者たちを排除することにもなる。つまり、モンセギュールに隠れ住んでいるカタリ派教会の指導者たちである。すでに見たように彼らは、ここを拠点として各地の宗教的抵抗を指導しているのだ。もちろん、アヴィニョネの暗殺事件が起こるまえから、非合法宗教の聖地ともなり、王政秩序への「残党騎士」たちを中心とする抵抗勢力の巣窟ともなっているこの人里離れた要塞の存在を、誰もが危険視していたのであり、すでに一二四一年三月十四日、モンタルジで、王みずからレモン七世にモンセギュールを「奪取することができたらさっそく」破壊することを約束させている。

ただしレモンは、その年、いつかははっきりしていないが、少数の兵士を派遣して、山の麓で攻囲のまねごとをやっただけだった。要するに、教会と王にたいして、攻略しようとしたが、残念ながら失敗したという言い訳ができるようにという魂胆からでしかなかったのだ。そのときは、ピエール＝ロジェ・ド・ミルポワもさすがに不安になり、守備隊の弩を専門家に点検整備させたり、大型投石器に使う綱を買いにやったりしているが、この事件は当時の年代記ではまったく無視されており、年代記者たちの無定見、不整合ぶりをよく示している。この事件が今日知られているのは、のちに攻囲——もちろん、レモンがやった攻囲のまねごとではなく、一二四三年の春に始まった本格的な攻囲である——を逃れた三人の人物が洩らしたわずかな言葉によってでしかない。

王軍本隊を構成するフランス人徴募兵——「ガリア人」（Gallici）と呼ばれた——を増強すべく、新しいカルカソンヌ国王代理官ユーグ・ダルシは、王のための「軍事奉仕」（cavalgada）を、直接・間接を問わず、すべての封臣に課することを宣言し、しかも低地ラングドックにまで徴募の範囲を広げた。じっさい、現地住民たちは誰もこの動員令に喜んで応じようとしなかったために、兵を募って村々を回る奉行や代官たちは、ときに強制手段に訴えねばならなかった。一方、アルビ司教デュラン・ド・ボーケールは、熱心なカトリック信者たちを集めて小部隊——資料によって、百五十人から四百人のばらつきがあるが——を編制し、みずから先頭に立って出陣した。この部隊はのちに、大型投石器のうえに司教の旗を誇らしげに掲げるだろう。(1)しかし教会は、それとは別の形でもこの作戦に協力した。つまり、十字軍参加を呼びかける説教活動である。ロマーニュ地方のオーヴィラールで説教したあるフランシスコ会士は、七百人もの志願兵を集めたと言われている。それはおそらく、のちに攻囲を生き延びた人々が語っていたガスコーニュ人たちのことだろう。(2)そのうえ、カモンのようにモンセギュールからはるかに離れた村々でも徴募が行われたが、そんな村々から駆り出された兵士たちは、ガスコーニュ人たちとは違って、いざ攻囲となったときにも真剣に戦おうとはしなかったことは言うまでもない。

攻囲は、部隊が集まってくるのに応じて、徐々に行われた。総兵力を数字で示すのは不可能である。ときに一万人とも言われるが、あくまで推測にすぎないし、おそらくは誇張である。まずは補給の問題を考える必要がある。これほど辺鄙《へんぴ》で、しかも教会や王に敵意を抱いている土地で、おまけに冬になれば高地の気候はきわめて厳しくなるというのに、一万もの兵を擁するなどということはおよそ不可能だったろう。国王代理官、アルビ司教に加えて、ナルボンヌ大司教ピエール・アミエルもやってきたが、ずっと居続けたわけではない。じっさいこのふたりの高位聖職者たちは、年末には攻囲陣を離れて、公会議に出席するため、ナルボンヌに行っている。この公会議の目的は、イノケンティウス四世が最近出した指令をふまえ、異端審問の問題に対応するとともに、その問題にこの地方の高位聖職者たちがどうかかわるかを検討することだった。

攻囲軍については、結局のところ、わずかなことしか分かっていないのにたいして、攻囲されている人々については、かなりのことが知られている。すでに見たように、モンセギュールはカタリ派教会の「総本山および司令部」としての役割を果たしていたのであり、それゆえ、モンセギュールを瞑想する僧たちがひっそりと隠れ住む修道院のようなものとして思い浮かべるのは、およそ見当はずれというものである。じっさい、攻囲されている頃にも、この「城邑」には完徳者や完徳女たちとほぼ同じくらいの数の俗人たちがいたはずである。ということはつまり、ここでは宗教生活と並行して、市民生活、軍隊生活も営まれていたということである。

当時の資料から、要塞が築かれて以来陥落するまでの四十年のあいだに、モンセギュールには、滞在期間はまちまちだが、累計で千人以上の人間がいたことが知られており、攻囲時ですら、少なく見積もっても三百六十一人がいた。しかも、そのうちの百五十人が守備隊の兵士もふくめた俗人たちである。

領主一党、すなわちふたりの共同領主レモン・ド・ペレイユと彼の本いとこでしかも女婿となったピエール＝ロジェ・ド・ミルポワの血統は二十九人に及んだ。一二三二年頃、レモン・ド・ペレイユからの要請で、異端教会本山の安全を確保すべく、守備隊を組織し、また指揮することになったピエール＝ロジェは、この「城邑」を一括統治し、安全確保と物資の補給に努めた。ちなみに彼は、レモンの娘フィリパと結婚している。このミルポワとペレイユの一党は、兄弟、いとこ、甥、婿などをひっくるめて、十二人の騎士、ふたりの平貴族〔爵位を持たない下級貴族〕、そしてひとりの下士官――ピエール＝ロジェの庶子である――を数えた。これら十五人の男に加えて、十三人の女がいた。男たちの母、義理の母、妻、娘、従姉妹、姉妹、あるいは愛人である。そのうち三人の女は、男たちといっしょには住まなかったが、それは彼女たちが完徳女になっていたからである。レモン・ド・ペレイユの義母であるマルケジア・ユノー・ド・ランタ、アルノー＝ロジェ・ド・ミルポワのやはり義母であるブレダ・ド・モンセルヴェ、そしてレモンとアルノー＝ロジェの姪であるサイサ・デュ・コンゴスト。最後のひとりはまだ幼い男子、ピエール＝ロジェとフィリパのあいだに生まれたエスキュー・ド・ミルポワである。

ふたりの共同領主の従者と召し使いは十人を数えた。またレモン・ド・ペレイユとピエール＝ロジェ・ド・ミルポワには、それぞれ代官がいた。さらに四人の従者がおり、また幼いエスキューの乳母がいた。彼女はカモンの出で、ピエール＝ロジェの代官——彼はカタルーニャ人で、異端審問官と同じくフェレールという——の妻であった。ピエール＝ロジェは、それ以外に内科医兼外科医を個人的に雇っていた。アルノー・ルキエといい、ベルペッシュの出で、妻と娘とともに来ていた。

守備隊には、領主一党の十二人の騎士と異端審問で欠席のまま異端宣告を受けた七人の「残党騎士」のほかに、八番目の「残党騎士」がいた。この騎士は、ローラゲとアルビジョワの境に位置するスコポンの領主で、その活動が目立たなかったため、これまで異端審問の目を逃れていたのだ。これらの「残党騎士」のひとりベランジェ・ド・ラヴラネは、妻を失ってから、代官、十歳になる息子、そしてふたりの娘を伴って、モンセギュールにやってきた。娘のひとりは下士官アンベール・ド・サルと結婚している。騎士たちに加えて、十人の平貴族、五十五人の軍人、つまり下士官あるいは弩射手がいた。軍人たちの出身地や社会的身分はまちまちで、たとえば、弩射手のひとりギヨーム・アゼマはミルポワ地方のヴァルスの貴族の出であったが、セルダーニャのカロル出身のナルボナ兄弟は明らかにカタルーニャ人傭兵である。さらに攻囲戦のあいだ、十人の使者ないしは伝令がモンセギュールにやってきて、守備隊に加わった。もうひとり、大型投石器を操作する技師もいた。総計九十五人の戦闘員および補助員がいたことになり、中世の「城邑」としては、おまけに人を寄せつけない自然の要害となっているこの地勢からすれば、この守備隊の規模はたしかに異例とも言える。(3) ほかに身分や職務のはっきりしない居住者が十四人いたが、彼らもまた兵士だったにちがいない。資料でも、「警備隊」(familia)という呼び方のほか、ときには「軍隊」(exercitus)という呼び方もしているが、けっして誇張しているわけではない。

最後に付け加えれば、すでに言及したほかに、十六人の女がいたことも忘れてはなるまい。そのうちの十二人は下士官たちの妻や愛人だった。

信仰共同体に関しては、名前が特定できるのは一部でしかない。一二四四年三月十六日に火刑に処せられたことが資料によって分かっている完徳者および完徳女の数をベースに、火刑を逃れた完徳者や本職の完徳者や完徳女ではないが臨終のコンソラメントを受けた者もふくめれば、モンセギュールで攻囲に遭遇した信仰共同体は二百十一人に達していたと推計される。そのうち、名前が分かっているのはわずか四十九人、完徳者が三十四人、完徳女が十五人である。その他の者はおそらくたいして重要な役割を果たしていなかったため、生存者たちも、彼らについては語るまでもないと判断したのだろう。

この信仰共同体のトップは、言うまでもなく、ベルトラン・マルティである。すでに見たように彼は、一二四〇年頃、ギラベール・ド・カストルの跡を襲って、トゥールーズ司教になった。側近として「小子」ピエール・シルヴァンがいた。またラゼス司教のレモン・アギュレもいた。さらに数人の助祭たち、ギヨーム・デジャン、ピエール・ボネ、レモン・ド・サン＝マルタン。しかし、多くの助祭が不在だった。各地に布教活動に出かけていたのである。役職に就いていない完徳者たちもいたが、彼らの出自はまちまちだった。ジャン・ド・コンベルはローラックの騎士、アルノー＝レモン・ゴーはソレーズの騎士、マルタン・ロランは下士官の兄弟だった。領主一党に属する三人の完徳女のほか、尼僧長リクサンド・デュ・テイユをはじめとして、十二人の「良き婦人」たちの名前が知られている。総計で十五人、一二三二年には二十二人が確認されているから、七人減ったことになる。(4) すでに亡くなったか、あるいは攻囲まえにモンセギュールを去ったのだろう。

この集団生活では、役割分担がはっきりしていた。この「城邑」には門衛がいた。下士官ギヨーム・ジロンダである。粉屋はモワサックから来た完徳者ポンス・アイス、パン焼きはモン＝フェリエから来た完徳女ギエルム・マルティ。周知のとおり、「良き人」、「良き婦人」たちは、義務として働かねばならなかった。女たちの家では縫製が行われていた。ある作業所では、マルケジア・ユノー・ド・ランタの監督のもとで、婦人物——ヴェール、シュミーズ、手袋など——を作り、別の作業所では男物の股引きを作る。完徳者たちは仕立て工場を経営し、兵士用のプールポワン、すなわちたっぷり詰め物をしたうえミシン縫いした胴衣を作った。ある完徳者は、財布を作る職人だったため、靴も作った。もうひとりの完徳者は床屋だった。

以上、ざっと見ただけでも、モンセギュールは四百人ほどの人口をかかえる大きな村と言ってもよく、それにふさわしいさまざまな活動が営まれていたことが容易にうかがわれる。ところが、この「城邑」の地形や建物の配置を正確に思い浮かべるのは、かなりむずかしい。というのも、その後——十三世紀の終わりか十四世紀のはじめ——城塞が建てられ、そのための資材として、カタリ派「城邑」の中心部分をすっかり崩してしまったからで、しかもその城塞ですら、今日では廃墟になっている。いまでも残っているのは、現在の城塞が建っている高台の周りに、円環上に並んでいる住居跡の盛り土だけである。要するに、現在の城塞が、生存者たちが語るところの「ピエール＝ロジェの城」、「レモン・ド・ペレイユの主塔」を破壊してしまったのである。生存者たちは、館、家、小屋、通り、外堡、矢来などについても語っている。また堀についても語っているが、おそらくは村と城壁を作るのに石を切り出した跡であろう。年代記者ギヨーム・ド・ピュイローランスも、「山の一角にそびえる」要塞について語っており、この建物の基礎部分がロック・ド・ラ・トゥール〔塔の岩山の意〕の考古学調査で発掘された。「城邑」はこの岩山の頂上の西側にあったが、年代記者が語っている要塞はその東端に位置する。[5]

攻囲がどのように始まったかも、よく分かっていない。アルノー＝ロジェ・ド・ミルポワとレモン・ド・ペレイユの話によれば、国王代理官の軍――少なくともその一部――は、ベジエ公会議の一ヵ月後、つまり一二四三年五月末にはすでに攻囲態勢に入っていた。とはいえ、それから数ヵ月間は、モンセギュールと外部の連絡が完全に断ち切られたわけではなかった。ただし、食糧の補給はただちに不可能になった。完徳者たちがラセ川で釣り上げた魚を別にすれば、農地がまったくないモンセギュールは、四十年来、近くの村々、ヴィルヌーヴ、マサブラック、フーガ、ベレスタ、ラヴラネ、ドルイユ、ラロックなどから来る農民から食糧を買っていた。ローマ教会からは禁じられていたが、彼らはモンセギュールの住民たちに、ブドウ酒、小麦、油、塩、野菜、「その他の食糧」を売った。一二三四年一月のように、冬の寒さが厳しくなって飢饉が迫り、農民たちが食糧を売るのを渋り出すと、ピエール＝ロジェは兵士を引き連れて平地に下りて行き、力ずくで食糧の引き渡しを迫った。「代金を払うときもあったが、払わないときもあった……」と言われているとおり、この食糧調達は、場合によっては文字どおりの略奪となった。じっさい、ピエール＝ロジェは放牧中の牛をかっさらったこともある。もちろん、もっとまともな解決法を見つけることもあった。

一二四二年十一月、モンセギュールの住民たちが食べるものに事欠いていることを知ったローラゲ地方の信者たちは、大々的に寄付を集め、ひそかに大量の小麦をモンセギュールに送った。だが一二四三年の春からは、すっかり事情が変わってしまった。「フランス軍を恐れて、もはや誰も来ようとはしなかった」——それから一年後、闇商人たちについて、アルノー゠ロジェはそう語っている。けれども、のちに分かるとおり、モンセギュールは長いあいだ持ちこたえるにじゅうぶんな蓄えを確保していたのである。

ピエール゠ロジェ・ド・ミルポワには、もうひとつ別な心配があった。モンセギュールの防備である。彼は、ぎりぎりになって、ベランジェ・ド・ラヴラネの代官を高地フォワ伯領のミロに派遣し、大型投石器に使う十二本の綱とひとつの革袋を買わせた。代官は、そのほかに一挺の弩を持って帰った。のちにレモン・ド・ペレイユが語ったところによると、「キリスト昇天祭の頃」、つまり五月二十一日頃、「ついに包囲を完了したフランス軍にたいする防備を固めるため」、クイユのある住民が、その包囲をかいくぐって、鎧の胴着と鉄兜、それに二挺の弩を届けた。人間もやってきた。ベルナール・ダリオンとアルノー・デュソンが派遣した弩射手、バスティード・デュ・コンゴストの住民とその息子、オード渓谷のピユスの騎士。彼らはいずれも、到着するとさっそく、ベルトラン・マルティに挨拶に行ったし、その後も彼や彼の同僚たちの説教を聞き続けた。

攻囲の開始

完全封鎖にはかなり膨大な人員が必要だったが、攻囲軍はそれだけの数を確保することができなかったため、長いあいだ、モンセギュールの岩山のまわりに、かなりの間隔で歩哨所を設けるだけであった。それゆえ、籠城者たちのほうでも、勇気や機転が必要だったことは言うまでもないが、ときには強制徴用された現地人兵士たちの目こぼしに与《あずか》ることもあって、長いあいだ、攻囲網をかいくぐって行き来していたのである。

攻囲が始まってすぐ、籠城者たちのなかから最初の死者が出たことが伝えられている。おそらくは偵察パトロール中に遭遇した小競り合いの犠牲者たちだろう。というのも、最初から総攻撃があったとすれば、生存者たちがそのことを語らなかったはずはない。アルノー＝ロジェ・ド・ミルポワの侍臣レモン・ド・ヴァントナックは瀕死の重傷を負った。アルノー＝ロジェは彼を自分自身の館に運び込ませた。彼はコンソラメントを受けることを希望し、レモン・ド・サン＝マルタンとギヨーム・ラズールからそれを受け、息絶えた。彼の枕元に駆けつけた医師アルノー・ルキエも、手の施しようがなかった。六月には下士官シカール・ド・ピュイヴェールが、八月にはもうひとりの下士官ギヨーム・ジロンダが、それぞれ負傷した。このふたりにコンソラメントを授けたのも、助祭レモン・ド・サン＝マルタンであった。

攻囲軍と籠城者たち、双方の思惑を想像してみよう。両者はそれぞれ何を目論み、何を期待していたか。国王代理官は、冬までにはモンセギュールを陥落させたいと願っていたにちがいないが、彼にはふたつの選択肢しかなかった。ひとつは突撃。だが険しい地形を考えれば、きわめてむずかしい作戦である。もうひとつは相手の消耗を狙った陣地戦。しかし籠城軍の兵力、武器や飛び道具、食糧がいつ尽きるのか、誰が知ろう。それゆえ、ピエール＝ロジェ・ド・ミルポワからすれば、冬までなんとか持ちこたえることが当面の課題であったことはうたがいない。冬になれば、代理官の兵士たちの士気もすっかり下がってしまうはずだ。

守備隊長には、それ以外にもひとつ深刻な気がかりがあった。一見すると、どうしてそんなことを心配するのか不思議に思われるほどだが、当時の封建体制においてモンセギュールが法的にどんな状況に置かれていたかを知れば、その心配にも納得がいくだろう。たしかに、この反抗的「城邑」は元帥領の一部であった。元帥領とは、ミルポワとオルムのふたつの国を合わせた広大な領地で、一二〇九年にシモン・ド・モンフォールから同僚のギー・ド・レヴィに譲渡されたあと、一二二九年の条約で、フォワ伯領から切り離され、フランス王家の直接封土となった。勝利者側の法からすれば、たしかにそういうことになる。

しかし、モンセギュールに籠城している「残党騎士」たちは、そんなふうにはまったく考えていない。というのも、一二三二年までレモン・ド・ペレイユが母から引き継いだモンセギュールの唯一の領主であり、オルムに持っている領地の関係でフォワ伯の封臣であったとしても、彼がそうでありえたのは、あくまで「トゥールーズ伯に忠誠を誓うという条件のもとに」であって、そのことは一一三七年にペレイユ家がフォワ伯ロジェ三世にたいして行った臣従の誓約にはっきり示されている。つまり、少なくとも一世紀にわたって、ペレイユ家は代々のフォワ伯の封臣であったが、同時にまた歴代のトゥールーズ伯の下位封臣でもあったのだ。歴代のトゥールーズ伯は、オルムの国にたいして上位領主権を保持していたからである。それゆえペレイユ家にとっては、フォワへの忠誠よりも、トゥールーズへの忠誠が優先することになる。どのようにして、またいつからそうなったのかは分からないが、一二三二年以来、モンセギュールの共同領主となったピエール゠ロジェは、彼の領地を簒奪したギー・ド・レヴィ二世に逆らっていることもあって、レモン七世だけが気になる存在であった。というのも、ピエール゠ロジェからすれば、レモン七世こそ唯一の上位領主であった。そのうえ、フォワ伯からは何ひとつ期待できないという事情もあった。すでに見たように、フォワ伯は、一二四二年末、レモンにたいして宣戦を布告し、オルムの国にあるトゥールーズ伯の飛び地ナルザンに部隊を派遣したところであった。モンセギュールの「残党騎士」たちは、それに対抗して、ナルザン防衛に参加すべく、わざわざ当地に出向いたのである。

そこでピエール゠ロジェは、ニオール家の所領である要塞ベルヴィスに住むエスコ・ド・ベルケールというソー地方出身の下士官に目星をつけ、連絡を取った。ピエール゠ロジェは彼に「トゥールーズ伯がうまく事を運んでいるかどうか」知らせてくれるよう頼んだ。じっさいにすべてがうまく行っているときには、エスコがベルヴィスに近いヴィドルル山の頂で火を点して、合図することになっていた(6)。それから何日かして、火が点された。しかも二回繰り返された。

おそらくピエール゠ロジェは、確証を得たかったのだろうし、できればもっと正確な情報が欲しかったにちがいない。彼は、自分の弟イザルン・ド・ファンジョーとともにふたりの下士官をクイユに派遣し、「トゥールーズ伯がどの程度までうまく事を運んでいるかを確証してほしい」旨、エスコ・ド・ベルケールに伝えさせた。彼らが持ち帰った知らせは、ピエール゠ロジェをすっかり安心させた。「伯は妃を娶《めと》ったところで――むろん、マルグリット・ド・ラ・マルシュのことである――クリスマスまでにはそちらに行くだろう。それまで、ピエール＝ロジェおよび〈城邑〉の全住民はしっかり耐え抜いてほしい……」。レモン七世は、一二四〇年十月、トランカヴェルと彼の仲間が反乱を起こして立てこもっているモンレアルに駆けつけ、王の代理官および侍従長を相手に、攻囲の解除を交渉したことがある。それゆえ今回も、都合がつきしだい当地に駆けつけ、ユーグ・ダルシとモンセギュール守備隊の仲裁に入るということも、けっしてありえない話ではなかった。それにしても、まだ六月ないし七月なのに、どうして「クリスマスまでには」という言い方をしたのか。おそらく伯は、イタリアに赴いて教皇と皇帝に会う予定を立てており、年末までには戻るという目算だったのだ。

夏が過ぎ、秋になった。ふたりの下士官シカール・ド・ピュイヴェールとギヨーム・ジロンダが死んだあと、レモン・ド・ペレイユの甥で平貴族の若者アルジユー・ド・マサブラックがサン＝ミシェル付近で負傷し、安静を要する状態となった。とはいえ、彼はじきに回復し、十月には瀕死の重傷を負った下士官ギヨーム・クラレのコンソラメントに立ち会っている。

それからまもなく、いずれにしても万聖節まえに、ベレスタからひとりの完徳者が、ベルトラン・マルティに宛てた手紙を携えてやってきた。その手紙は「クレモナの異端者たち」からのものだった。クレモナは、すでにイタリアに亡命したラングドックの異端信者や完徳者たちの大規模なコロニーになっていたが、これについては、のちにあらためて言及することになろう。ただし、この手紙の内容は分かっていない。下士官エスコ・ド・ベルケールもやってきた、というより、戻ってきた。今回はレモン・ド・ニオールとその妻マルケジア――ピエール＝ロジェが最初の結婚でもうけた娘――によって派遣されたのである。彼は守備隊長に、トゥールーズ伯は「事をうまく運びつつある」と断言した。しかし期日とされるクリスマスまで、あとわずか二日と二晩しかなかった。ピエール＝ロジェは彼に金を渡したが、それはおそらく、春に彼がこの下士官に託した任務にたいする報酬であった。

攻囲が始まって最初の半年間に行われた戦闘については何も知られておらず、守備隊に五人の負傷者が出て、そのうちの四人が瀕死の重傷であったということから、その様相を推測するほかないが、それにたいして、攻囲中も「城邑」で続いていた宗教生活については直接的証言が残されている。まず印象的なのは、「良き人」と「良き婦人」たちの共同体と兵士をふくめた俗人たちのそれのあいだの濃《こま》やかな相互交流である。兵士たちのコンソラメントもねんごろに行われ、たとえ身分の低い下士官たち、たとえばギヨーム・クラレのような傭兵の場合であっても、けっしておざなりではなかった。それは、内科医兼外科医——ときにはその妻と娘もいっしょだった——と司式を担当する完徳者たち——レモン・ド・ヴァントナックのときは四人であった——を取り囲んで、男と女、貴族と平民の区別なく、多数が集う文字どおりの儀式であった。ギヨーム・クラレのコンソラメントでは、彼が「主の祈り」を唱えるのを聞いたあと、参加者たちは完徳者たちと、また自分たち同士で平和の接吻を交わした。しかしもっとも人々の関心を集めたのは、ベルトラン・マルティの説教だったようで、多数の聴衆がつめかけた。そのために一軒の家が特別にあてがわれ、しかもその家は数十人を収容するのにじゅうぶん広かったらしい。そこで行われた万聖節や待降節の説教のことをとくに覚えていて、のちにそのときの様子を詳しく語った者もいる。信者リストを作成しようとすれば、そのまま、この「城邑」の人口調査をあらためて行うことになってしまうだろう。領主たちと彼らのすべての親族、「残党騎士」たち、医師とその家族、侍臣たち、下士官たちとその愛人たち……。これらの人々のすべてが熱心な信者で「良き人」たちの宗教の教義に精通しているというわけではないが、彼らの一致団結力は非常に強く、誰ひとりとして、お互いを差別しようなどとは思わなかったにちがいない。

説教が行われただけではない。ちょっとした私的な訪問も頻繁にあり、数人で、ときにはふたりだけで、完徳者や完徳女を訪ねるのだった。ふたりの下士官がアンディア・ド・ファンジョーの家を訪ね、彼女が祝福したパンにあずかることもあったし、別の兵士たちが司教ベルトラン・マルティの家を訪ねて、食事にあずかることもあった。さらに別の兵士たちはサイサ・デュ・コンゴストやレモンド・ド・キュックの家を訪ね、やはり食事にあずかった。

運命の時

モンセギュールの運命を決する事件が起きたのは、十二月のことである。今日でもよく見られることだが、モンセギュールでは、一月のなかばまで、さらには二月に入るまで、雪が降らないことがよくある。それゆえ、国王代理官が、クリスマスまえまでに膠着状態を打開し、「城邑」を占拠しようとしたことはじゅうぶん納得がいく。代理官がどのようにこの作戦に取り掛かったかを語っているのは、ギヨーム・ド・ピュイローランスのみである。「土地をよく知っている者を先頭に、軽装の兵士たちが敵地に向かった。彼らは、夜のうちに急峻な崖を登った。殿に先導された彼らは、山の一角に築かれた堡塁にたどり着き、歩哨を襲ったあと、この砦を占拠し、そこにいた兵士たちを剣で刺殺した。夜が明ける頃には最大の防衛拠点に接近し、この拠点を守る兵士たちを激しく攻撃した。〔…〕彼らを頂上に追い詰めたあと、残りの部隊がもっとたやすく登ってこられるよう、進路を切り開いた」。

この話には数多くの注釈がなされ、事実をゆがめたり、混乱させたりしているが、モンセギュールの地形を知り、攻撃部隊の進路を辿ってみる労をいとわなければ、事は簡単で容易に理解できる。軽装備の兵士たち――おそらくは、土地に詳しいということから、この地方で雇われた傭兵たちだろう――からなる特別攻撃隊は、夜のあいだ、ラセ渓谷のうえにあるロック・ド・ラ・トゥール（塔の岩）を登り、見張りの兵士を殺したあと、堡塁を襲って占拠した。かくして、攻撃部隊は山の頂の東端に地歩を築いた。守備部隊が待機している「最大の防衛陣地」すなわち「城邑」は山の頂の西端にあり、距離にして八百メートル、標高差で三百五十メートル高かった[7]。それゆえ攻撃部隊の目標は、この急峻な尾根を伝って進撃し、「城邑」の最初の防衛拠点、すなわち東側の外堡に到達することだった。「城邑」の南斜面にある正面入り口から攻撃を仕掛けることは、どう見ても不可能だった。遮蔽物が何もなく、守備隊が放つ矢を防ぐことができないし、中継拠点になるような場所もまったく見当たらない。それゆえ、別の方策を考えなければならなかった。そこで気づいたのは、ロック・ド・ラ・トゥールが、山の頂上まで援軍部隊と分解した攻撃用機材を運び上げるのに、絶好の前哨基地になるだろうということだった。

「城邑」へ進軍する攻撃部隊が大きな困難に遭遇しなかったとはとうてい考えがたい。山の傾斜は急であり、しかも地形が複雑で凹凸も激しい。そのうえ十二月だから、まだ雪は降らないとしても、悪天候続きだったろう。もちろん防衛隊の抵抗もあった。ロック・ド・ラ・トゥールの発掘調査で、通常の弓や弩の矢とおぼしい鉄片が数多く見つかっているが、それは防衛隊が反撃して射たものとしか考えられない。防衛隊は堡塁を奪還できず、結局、「城邑」までじりじりと退却せざるをえなかったとはいえ、つねに攻撃軍を見下ろす有利な立場を巧みに利用しながら、執拗に抵抗を続けたことは容易に想像される。ある日、大型投石器が戦闘に加わった。アルビからの派遣部隊、それに王の部隊がこの機械を持っていたことが資料によって知られている。またすでに見たように、防衛軍も最初からこの機械を少なくともひとつは持っていた。こんな山のうえで砲弾合戦が行われるところをとくと想像してみてほしい！　山の頂は、今日ではすっかり森に覆われているが、その森のなかに、石灰岩を削って作った大きな砲弾が今なお見つかることがある。それらの砲弾は、まぎれもなく当時の壮絶な戦いの名残なのだ。

ベルトラン・マルティは、クリスマスまえに、宗教共同体の財産を安全な場所に移すことを決断した。「金、銀、そしておびただしい量の硬貨」が、助祭ピエール・ボネと完徳者マチユーに託された。偶然か故意かは分からないが、モンセギュールを出た彼らは、すぐにカモンの村から徴用された兵士たちが配備されている監視砦に出くわした。ところが、隣人——少なくとも同郷人——である彼らは、ふたりを見逃したばかりか、親切にも、もっとも安全な道を教えてやった。ふたりの「良き人」たちは、託された貴重な荷物を、高地フォワ伯領にある「要塞洞窟」(spulga) に隠した。この要塞洞窟について知られているのは、フォワ伯の城代ポンス゠アルノー・ド・シャトーヴェルダンが所有管理していたということだけである。

この財宝については、あれこれ詮索されているが、要するに信者たちの寄進や遺贈、そしておそらくは完徳者や完徳女たちが働いて稼いだお金などを集めたモンセギュール教会のささやかな財産にすぎない。モンセギュールでは、当初から、食糧や日用品、さらには手工業の原材料など、すべて金銭で買い取るほかなかったので、つねに大量の通貨を必要としていた。ところが攻囲が始まると、交易が不可能になり、備蓄品だけで生活することを余儀なくされたため、「城邑」にお金を置いておく意味がなくなった。だったら、安全な場所に隠したほうがよい。そうすれば、もし最悪の事態になったとしても、国王代理官の手に渡らずに、ほかの「完徳者」たちの役に立つだろう。

一月初旬のある夜、ひとりの男が遠くからモンセギュールにやってきた。守備隊にとってはことのほか貴重な援軍であった。ベルトラン・ド・ラ・バカラリアで、「カプドナックから」来たと資料には記されている。じっさい彼は、ロト川畔のカプドナック＝ル＝オーの農家の出であった（この農家は現在も残っているが、いまはラ・ヴァカルリーと呼ばれている）。この男は、「機械製作者」(machinator)で、具体的に言えば大型投石器の技師であった。証言者によると、事実、彼は、「王の軍隊」に対抗するために、大型投石器を建造した。証言者たちはまた、彼がトゥールーズ伯代官のひとりベルトラン・ド・ラロックによって派遣されたことは周知の事実であったと述べている。

この男とほぼ同時に、サン＝ポール＝カップ＝ド＝ジューの住民ジャン・レイがやってきた。彼は、クレモナに亡命したラングドックのカタリ派信者たちの司教からベルトラン・マルティに宛てた新しい手紙を持ってきたのだ。司教の手紙は、クレモナの教会は「平穏無事」である、ついてはふたりの「良き人」をイタリアに派遣し、モンセギュールの様子を知らせてほしいという文面だった。

ところが一二四四年の最初の数週間のうちに、事件が立て続けに起こった。「クリスマスから謝肉祭」すなわち二月十四日までのあいだに、フランス人を主体とし、ガスコーニュ人を加えた突撃隊が「城壁に梯子をかけ」、「城邑」への攻撃を仕掛けようとした。しかし監視兵が気づいて、警鐘を鳴らしたため、突撃兵たちが村の最初の防衛線となる堡塁——考古学者たちが「東の外堡」と呼んでいるむき出しの壁が現在でも残っている——をよじ登り始めたところで、突撃隊は押し戻された。突撃隊を押し戻したときか、あるいは飛んできた重い砲弾が当たったためか、ともあれ、クリスマスから謝肉祭までのあいだに、ジュルダン・デュ・マという若い騎士がこの堡塁で瀕死の重傷を負った。みんなからジョルダネと呼ばれていたが、マ＝サント＝ピュエルの共同領主のひとりの息子、つまりは異端審問で火刑に処せられた完徳女ガルサンドの孫であった。彼はその場で、戦友たちに見守られながら、「小子」ピエール・シルヴァンと助祭レモン・ド・サン＝マルタンからコンソラメントを受けた。彼はすでに口がきけなくなっていたのだが、まえもってコンヴェネンサ〔convenenza：結縁礼、すなわち口がきけなくなった場合でも、コンソラメントを受けられるという契約〕を受けていたため、コンソラメントを授かることができたのである。儀式が終わると、会衆は平和の接吻を交わし合った。同じ数週間のうちに、下士官ベルナール・ルアン、騎士ベルトラン・ド・バルドナックも深手を負い、下士官ギヨーム・ガルニエの粗末な家に運び込まれ、同じ「良き人」たちからコンソラメントを受けた。そうすると、急死を恐れた騎士や下士官たちが、自分たちもコンヴェネンサを受けようと、つぎつぎに司教のもとにやってきた。あらかじめコンヴェネンサを受けておけば、たとえ昏睡状態に陥っていたとしても、臨終のコンソラメントを授かることができたのである。

言うまでもなく、二月も中旬になると、籠城者たちはさらに深刻な状況に追い込まれていた。ところが思いもかけず、その月の十四日から二十一日の一週間のあいだに、救援のための人員と武器がもたらされた。完徳者マチユーが、ふたりの下士官を連れ、二丁の弩、鉄兜ひとつ、それに「城邑を攻囲しているフランス軍と戦う兵士を雇うためのお金」を携えて、任務から戻ってきたのである。ふたりの下士官のうちのひとりは、ピエール＝ロジェの弟イザルン・ド・ファンジョーから送られてきた兵士であるが、この男はピエール＝ロジェに、復活祭まで、つまりは四月三日まで、なんとか持ちこたえてほしいと伝えた――「というのも、トゥールーズ伯が、皇帝が派遣してきた援軍の大部隊を引き連れて、こちらに向かっているところなのです……」。以前にピエール・ボネとともに出かけたときと同様、マチユーは今度もまた、ふたりの仲間を連れて、カモンの村人たちが駐屯している監視砦を通り抜けた。

二月二十六日頃、下士官ベルナール・ド・カルカソンヌが深手を負い、ベルトラン・マルティの家でコンソラメントを受けたのち亡くなった。「敵の激しい攻撃のために、私たちは右往左往しておりました」――それから三週間後、レモン・ド・ペレイユの妹アラザイスは、審問官フェレールにそう語っている。もうひとりの下士官アルノー・ド・バンサも重傷を負い、コンソラメントを受けたが、結局、死ななかった。というのも、それから二週間後に火刑に処せられたことが分かっている。やはり二月の終わりに、「残党騎士」――ローラックの騎士であった――ギヨーム・ド・ライーユも重傷を負い、ベルトラン・マルティの家に運ばれた。そのさい、「城邑」の六人の貴族婦人たち――レモン・ド・ペレイユ、それにミルポワのアルノー＝ロジェとピエール＝ロジェの妻たちも含まれる――も彼の家を訪れ、この折を利用して、司教とコンヴェネンサを取り交わした。三月一日、ピエール＝ロジェの代官、カタルーニャ人のフェレールが戦死した。知られているかぎり、彼がモンセギュールの戦いの最後の犠牲者である。

降伏、そして火刑

いまや、「城邑」の住民たちが置かれた状況は容易に想像できる。重さ八十キロもの砲弾が絶え間なく飛んできて、家々の屋根を突き破り、木の壁を打ち砕く。弩や通常の弓の矢が雨のように降り注ぐ。つぎつぎに突撃が仕掛けられる。もし突撃が成功していたなら、慣例どおりに、住民たちは皆殺しにされていただろう。その冬は例外的に温暖であったとしても（雪や寒さに言及している証言者は皆無である）、この季節に、高度千二百メートルの山地、負傷者をかかえ、毎日少しずつ破壊されていく村のなかで生きていくには、途方もないエネルギーを必要としたことだろう。

三月二日、ピエール＝ロジェは、もちろんベルトラン・マルティの同意を得てのことだろうが、国王代理官に休戦の交渉を申し入れた。ピエール＝ロジェ以前にも、ほかの者がそれを試みている。アンベール・ド・サルもそのひとりだが、ピエール＝ロジェは彼の提案をこっぴどくはねつけたうえ、彼の武具一式を取り上げてしまった。国王代理官ユーグ・ダルシも、戦いに早く決着をつけたい一心で、ピエール＝ロジェが提案した降伏条件を受け入れた。その条件とは、「城邑」を「教会および王に」引き渡すまえに二週間の休戦期間を設けること、またアヴィニョネ事件の全関与者に恩赦を与えることであった。勝利者側も要求を突きつけた。ピエール＝ロジェはただちに人質を解放しなければならない。完徳者および完徳女たちは、教会の代表者たちに引き渡され、異端放棄を宣誓するよう命じられる。宣誓を拒否した者は、ただちに火刑台送りとなる。モンセギュールのほかの住民たち、一般の男女、騎士、下士官などは、異端審問官フェレールおよび彼の同僚たちの尋問を受けなければならない。じっさい、三月十日――人質ひとりの尋問が行われた――から一二四四年五月二十七日までのあいだに、十八回の尋問が行われた記録が残っている。十九回目の尋問が行われたのは、それから一年後の一二四五年五月のことで、審問官はベルナール・ド・コーに代わっている。ほかにも行われたかもしれないが、今日その記録は失われている。

休戦期間中、完徳者および完徳女たちは、身辺整理に追われた。騎士や下士官たちに、手元に残っている小麦、そら豆、油、塩、胡椒、蠟、そしてわずかなお金を配った。掛け布団を渡す者もいれば、麻の帽子、財布を渡す者もいた。ピエール＝ロジェは「お金がいっぱい詰まった掛け布団」を渡された。このお金はカタリ派教会のものではなく、信者たちが、ちょうど銀行や金庫に預けるように、完徳者に預けておいたものである。

やはり休戦期間中、技師ベルトラン・ド・ラ・ヴァカルリー（バカラリア）は、矢来のなかに騎士と下士官を集め、自分は、レモン七世直々の指示で、伯の補佐官シカール・アラマンと代官ベルトラン・ド・ラロックにより、皆さんの救援のために派遣された者であると明言した。「もしあと一週間持ちこたえることができれば、私たちは解放されるでしょう……」。そうだとするなら、ピエール＝ロジェが二週間の休戦を要求したのは、待望の救援部隊が駆けつけてくれることに最後の望みを託してのことだったと考えてよかろう。しかし残念ながら、レモン七世はあいかわらずイタリアにとどまっていたのだ！　教皇と皇帝相手のむずかしい交渉にてこずり、予定していたよりもはるかに長いあいだ、イタリアにとどまることを余儀なくされていたのである。しかも、それからさらに数ヵ月間、とどまることを余儀なくされた……。

運命の日、すなわち休戦期限の三月十六日水曜日が近づいていた。ところが十三日日曜日に、驚くべきことが起こった。二十一人におよぶ男女の一般信者たちが、ベルトラン・マルティとレモン・アギュレにコンソラメントを受けたいと申し出てきたのである。それは必然的に、十六日に異端放棄の宣誓を拒否するはずの完徳者および完徳女たちを待ち受けている運命をともにすることを意味する。そのなかにはレモン・ド・ペレイユの妻と娘、コルバとエスクラルモンドがいた。さらに四人の「残党騎士」たち、ギヨーム・ド・ライーユ、レモン・ド・マルセイユ、ブレジャック・ド・カイヤヴェル、そしてベルナール・ド・サン＝マルタン、レモン・ド・マルセイユの侍臣ギヨーム・ナルボナ、弩射手レモン・ド・ベルヴィス、六人の下士官（そのうちのふたりは妻同伴である）、ミルポワの商人ひとり、ふたりの伝令（クレモナから手紙を持ってきたジャン・レイもそのひとり）、ほかにふたりの女（そのひとりギエルム・エカールは夫とふたりの子供を捨ててきたのだ）。ベルトラン・マルティは自分の司教区に属する信者たちに、そしてレモン・アギュレはラゼスから来た信者たち（レモン・ド・マルセイユもそのひとり）に、それぞれコンソラメントを授けた。ぎりぎり最後まで、教会組織が尊重され、機能していた証拠である。

コルバ・ド・ペレイユは、その日のうちにレモンド・ド・キュックが管理運営する完徳女たちの家に入った。その晩、親族のうち六人が彼女に会いに来て、食事をともにした。その翌々日には、ギロー・ド・ラバの妻アルパイとピエール＝ロジェ・ド・ミルポワの妻フィリパ——いずれもレモン・ド・ペレイユとコルバの娘である——も母に会いに来た。「私たちは母を〈あがめた〉あと、母とほかの皆さんにいとま乞いをして、家に帰りました。それが火曜日のことでした。その翌日、異端者たちはモンセギュールから無理やり連れ出され、火あぶりになりました……」。その週の金曜日にさっそくフェレールから尋問を受けたアルパイは、そう語っている。

かくして、十六日水曜日の夜明け、ユーグ・ダルシがやってきて、王の名において「城邑」を接収した。大司教ピエール・アミエルが完徳者と完徳女を集め、異端放棄を宣言し、カトリック信仰に改宗するよう要求した。だが、ひとりとしてそれに応じる者はなかった。そこで、山の麓に杭を打って囲いをめぐらし、そのなかに薪を積み上げ、火をつけた。二百二十四人の「良き人」、「良き婦人」たちが、そのなかに投げ込まれた。おそらくは柵に立てかけた梯子を使ったのだろう。ただし、ひとりの完徳女だけは、ほかの者といっしょに捕らえられたにもかかわらず、この場では火刑を免れた。その完徳女アラザイス・ラゼールは、出身地であるブラムに連れていかれ、そこで火刑に処せられたのである。モンセギュールの麓で死んだ者——三月十三日にコンソラメントを受けた人々もふくめて——のうち、今日名前が知られているのは、わずか十九人の女と四十四人の男だけである。そのほかの人々の名前は、彼らの灰とともに、永久に失われてしまったのだ。

ところで、このモンセギュールの大量火刑に異端審問官たちが立ち会っていたかどうかは定かではないが、たとえ彼らがいたとしても、それは異端審問を行ったうえでの処刑ではまったくなかった。つまり裁判もなく、調書もなく、刑の宣告もなかったのだ。ユーグ・ダルシは王の名において、ピエール・アミエルは教会の名において、ともにかつて十字軍が行った火刑の流儀に立ち返ったのである。ちょうどあの暗黒時代、シモン・ド・モンフォールとアルノー・アモリーが結託し、大量処刑を「喜々として」行ったように。

しかしモンセギュールの物語は、それで終わったわけではない。四人の生存者の話から、十五日火曜日から十六日水曜日にかけての夜、ピエール゠ロジェ・ド・ミルポワは四人の完徳者を「地下に」——じっさい、モンセギュールの山には鍾乳洞がいくつかある——隠した。彼らは、「綱を使って、断崖を伝い、〈城邑〉の下に」降りた。この四人は、アミエル・エカール、ペタヴィ某（おそらくはトゥールーズの完徳者ペタヴィ・ローラン）、ユーグという名の男（ユーグ・ドメルグにちがいない）、それにカラマンから来た完徳者であった。この四人目について、資料には名前が記されていないが、ピエール・サバチエのことだろう。(8) 彼らはモンセギュールから何も持ち出さなかった。(9)

というのも、彼らの脱出行の理由はただひとつ、「異端教会が森のなかに隠した財宝を失わないようにするためであり、彼らもそれをよく心得ていた」。つまり、クリスマスの頃、マチユーとボネがモンセギュールから持ち出した金銀を回収することが、彼らの唯一の目的であった。マチユーは、二月の中頃にはモンセギュールに戻っていたので、どこの森のどんな洞窟に財宝を隠したのかを仲間たちに説明する時間はたっぷりあったはずである。モンセギュールの最後ぎりぎりに脱出した四人は、その財宝を回収することができたのだろうか。その可能性は大いにある。彼らはまずコスーに行き、それからアリオンのプラードに向かい、そこからユソンに行って、マチユーと再会したことが知られている。しかしもっとも肝心なのは、そのことではない。すでに述べたように、クレモナのカタリ派司教はベルトラン・マルティに、ふたりの同僚をイタリアに派遣し、モンセギュールの様子を伝えてくれるよう頼んでいた。ところが、ペタヴィ・ローランとピエール・サバチエは、その後、まさしくイタリアにいたのである。彼らが、モンセギュールの最後の様子を伝えるばかりでなく、彼らの教会の財宝を運んで行ったと考えてほぼ間違いはあるまい。そうしたことは、ほかのカタリ派共同体もよくやっていた。

戦死や火刑を逃れた生存者たちについては、そのうちの何人かは異端審問官の取り調べを受けたと言われているものの、歴史は何ひとつ語っていない。レモン・ド・ペレイユについてすら、証言は何も残っていない。ピエール＝ロジェ・ド・ミルポワについては、それから十五年経っても、彼があいかわらず「残党騎士」で、相続権を剥奪されたままであったことが知られているだけである。一二八四年までのさまざまな資料に、ピエール＝ロジェ・ド・ミルポワという名前が出てくるが、それは彼の甥のひとりで、フランス王に仕えた男のことである。モンセギュール防衛のために戦った者のなかで、唯一その後の消息がはっきり分かっているのは、スコポンの領主ベルナール・ド・スコポンだけである。彼は、一二四五年五月に審問官ベルナール・ド・コーの取り調べを受けたのち、スコポンに一旦戻り、郷里の住民数名を引き連れ、イタリアに行き、完徳者の叙階を受けた。

モンセギュールはギー・ド・レヴィ二世に返還された。この地は、征服権にもとづき、法律上は以前から彼のものであった。一二四五年七月、パリで、ギーはモンセギュールを王に捧げた。しかし教会法は、異端者たちが住んだり、そこで説教したりした家はすべて取り壊すことを義務づけており、また国王も、すでに一二四一年三月、モンセギュールを破壊すべしという意向を示していたので、この「城邑」は再建されず、廃墟のままであった。あの『十字軍の歌』は、およそ一世紀半後に散文に書き直されているが、そのなかに、日付については間違っているものの、異端者たちのせいで、モンセギュールは「占拠され、打ち壊され、根こそぎにされた（abatut e arasat）うえに、住民たちは火に投じられ、焼かれてしまった」という記述が見られる。「城邑」の廃墟のうえにギー二世の息子か孫が建てた城砦は、堅固な要塞ではあっても、領主が住む城館ではまったくない。十三世紀の終わりに、ふたたび集落が形成されたが、その集落ができたのは山の麓で、現在の村とほぼ同じ位置である。

第十五章　フェレールからベルナール・ド・コーへ

レモン七世がようやくイタリアから戻ったときには、モンセギュールが陥落してすでに半年が過ぎていた。その間、国際政治が大きく動き、状況が一変したため、モンセギュール陥落はもはや地方の一事件でしかなくなっていた。あとから振り返ってみれば、モンセギュールは、伯が仕組んだ政治ゲームの駒のひとつでしかなかったことがはっきり分かる。彼は、ラングドック諸国の一斉蜂起を促すべく、異端審問官を暗殺させることで、この駒をうまく使おうとしたのである。一二四三年春の時点では、イタリアから戻ったら、国王代理官と包囲されている彼自身の下位封臣たち〔つまり直接の封臣の封臣〕の仲介に入ろうと考えていたことは事実であろう。しかし一二四四年十月、すべては決着した。長旅がようやく実を結んで、レモンはついに成功をおさめたのである。一二四二年の屈辱的敗北のあと、ふたたび家名を高めることに成功した伯は、勝ち誇る君主として、意気揚々とトゥールーズに戻った。

彼が聖座と帝国のあいだに結ばせようとした恒久的な平和はまだすっかり確立されてはいなかったが、ともあれ、彼のおかげでもうじき実現されそうだった。もっと肝心なのは、みずから平和外交を推進した結果、彼自身、ふたつの利益を得たということである。つまり、皇帝からはプロヴァンス侯爵領を返還され、教皇からは破門を解除され、赦免を受けた。この破門解除と赦免は、三月十四日、ナルボンヌ大司教によって公布された。モンセギュール火刑の前々日のことである。皇帝、教皇、フランス国王、自国の高位聖職者たち、要するにすべての権力者と和解したうえ、しかもまったく完全な権利を持った伯爵および侯爵に戻り、またそのことを誰からも認められた伯は、その年のクリスマス、ナルボネ城にすべての廷臣を集めて豪華な宴会を開き、その席上で新たに二百人を騎士に叙した。そのなかには、彼の側近中の側近であるシカール・アラマン、コマンジュ伯、ロートレック子爵なども含まれる。十一月になると、大小の封臣たちから臣下の礼を受けることに執念を燃やした。一月には、トゥールーズ、アルビの両司教、コマンジュ伯、ナルボンヌ子爵をはじめとする多数の高位領主を引き連れ、自分の領土を馬で巡回し、いたるところで新たに臣下の礼や臣従の誓いを受けた。伯のこうした一連の行動は、サン＝ロームでの降伏から二年、ついに名誉と権勢が回復したことを自分の家臣たちにはっきり認めさせることを意図したものであろう。

しかしながら、イノケンティウス四世相手に、自分の主張を認めさせることができなかった点がひとつだけある。つまり、異端審問を廃止し、異端撲滅の使命を通常裁判の管轄に戻すということ。すでに見たように、新教皇は選ばれるとさっそく、異端審問官たちの辞任を却下したばかりか、審問局の権限をさらに強化することに努めるとともに、各地域の高位聖職者たちにたいしては審問局の仕事を手助けするよう命じた。それが一二四三年の七月のことである。だがその年の暮れには、そうした教皇の強硬姿勢にも多少の変化が見られ、そこにレモン七世の影響があったと考えるべきかもしれない。具体的に言うと、この年の暮れ、ナルボンヌでピエール・アミエル主宰の公会議が開かれ、教皇特使も参加したのだが、この公会議では、ドミニコ会士たちによる異端審問の権限を弱めることはしなかったものの、オクシタンの高位聖職者たちの諸特権をないがしろにしないよう、じゅうぶんな配慮がなされた。言い換えれば、このふたつの組織が互いに尊重し合い、助け合うべきことが確認されたのである。じきに分かるように、それは解決不能な問題を解こうとするに等しい試みでしかないのだが、ともあれ少なくとも一時は、双方ともそれを誠実に試みたようである。じっさいこの公会議では、審問官たちの問いに高位聖職者たちが答える形で、二十九の決議が提示された。これらの決議は、現行の審問手続きには何ひとつ変更を加えないが、これまでまったく定まらなかったか、あいまいなままであった法解釈について、細かく規定している。要するに高位聖職者たちは、審問官たちに自分たちの意見を尊重することを要求したのであり、その代わりとして、審問官たちの使徒的任務の正当性を認め、彼らに「支援と助言」を与えることにしたわけである。

代理審問官フェレール

レモン七世の思惑とは、かなり違った事態になってしまった。異端審問は、何の支障もなく、これまでどおりの仕事を続けることができたのだ。異端審問の唯一の弱みはおそらく、一二四二年夏以来、フェレールが、もともとの担当区域であるカルカソンヌに加えて、トゥールーズ地区の全体ではないが、少なくともその大半、すなわちトゥールーズ司教区の全域——それだけでも広大であり、しかもフォワ伯領も含まれる——を、代理の資格で担当していたことである。ただし負担の軽減のため、ヴィルミュールおよびヴィルロングの副司教区、すなわちタルン川とガロンヌ河にはさまれたトゥールーズの北部地方は、当時アジュネ地方を担当していたふたりの審問官ベルナール・ド・コーとジャン・ド・サン＝ピエールに委ねられた。

奇妙なことに、フェレールが行った尋問の記録で今日まで伝わっているのは、代理の管轄区のそれであって、本来の管轄区のものはまったく残されていない。じっさい残されている尋問記録は、一二四二年十月から一二四四年九月に及んでいるが、トゥールーズ司教区のもっとも東の地方――ローラゲ、南アルビジョワ、モンターニュ・ノワールの西――の住民五十九人、モンセギュールの生き残り十八人、それにミルポワの住民三人、ミロの住民ひとり――これらの地区も通常はトゥールーズ管轄区に属する――に関するものである。他の四人はカルカソンヌあるいはアルビ司教区の出身だが、ローラゲで尋問を受けた。これらの尋問記録に加えて、一二四四年八月、カストルの「城前広場で」読み上げたふたつの宣告文が残されている。ひとつ目は、十四人――いずれも貴族で、そのうち数名はファンジョー出身である――に終身禁固を言い渡すものであり、ふたつ目は、アルビ近くの村モンテギュの一住民の遺体を掘り出して火刑に処することを命ずるものである。だが、そのように記録が残されているのは、フェレールが行った審問のごく一部でしかない。一二四三年中に彼が担当した供述確認記録のうち、残されているのはたった二頁なのである。のちになって、ローラゲ地方の二百四十一人に及ぶ住民たちが彼のもとに出頭したと語っているが、彼らの尋問記録はすべて失われている。

フェレール、このカタルーニャ人のドミニコ会士は、一二四二年にはじめて異端との戦いに加わったというわけではない[1]。すでに一二三四年、ナルボンヌでは、彼の激しい異端弾圧に抗議して、たびたび暴動が起きたほどだ。ドミニコ会士たちのあいだですら、情け容赦のない審問官という評判であった。ベルナール・ギーは、カタルーニャ語で「鍛冶屋」を意味するフェレール（Ferrer）という名をもじって、彼のことを「黙示録二－二七」に出てくる「鉄の杖」（virga ferrea）になぞらえている。

彼の同僚ギヨーム・ペリソンも、アルビの住民たちは彼を非常に恐れている、彼は何人も火刑台送りにした、とはっきり言っている。じっさい、彼はアルビジョワ地方で異端の一斉捜査を行ったのであり、一二五三年に行った事情聴取で、彼が十人ほどの住民を火刑に処したこと、二十人ほどの財産を没収したことが明らかになっている。

彼の尋問の仕方は丹念であり、その調書は、彼の後任となったベルナール・ド・コーのそれのように、そそくさと簡略に書かれているわけでもなければ、逆にまた、のちのジャック・フルニエのそれのように、精彩に富んだ派手な筆致で延々と書き連ねているわけでもない。ちなみにジャック・フルニエが作成した調書は、今日、脚光を浴びており、社会民族史家や小説家に格好の資料を提供している。フェレールの記録係が書き記した証言は、かなり短いものが多いとはいえ、きわめて興味深く、とりわけモンセギュール攻囲のありさまや住民たちの様子を知るうえで貴重な資料となっている。フェレールがいなかったら、モンセギュールについて、私たちはほとんど何も知ることができなかっただろう。フェレールは、期せずして、彼が迫害した異端教会の一大中心地を今日に伝える記録作家となったのである。モンセギュールに関してばかりでなく、カタリ派社会の日々の暮らしを知るうえでも、彼が残した記録はきわめて貴重である。

フェレールは、つぎつぎに四人の同僚と仕事をともにした。最初の同僚となったピエール・ダレスは、プルイユの女子修道院の元院長であり、その後トゥールーズ修道院長となった。ギヨーム・レモンについては、かつてドミンゴ・デ・グスマン〔のちの聖ドミニコ〕の最初の仲間のひとりであった同名のトゥールーズ人なのか、あるいは、ボルドーのドミニコ会士で、ボルドー修道院、ついでナルボンヌ修道院の院長を歴任し、一二五八年にふたたび異端審問官になったギヨーム＝レモン・ド・ピエールクヴェルトのことなのか、いずれとも断定しがたい。一二四三年を通じてフェレールの同僚だったポンス・ガリーは、おそらくファンジョー出身である。というのも、ファンジョーにはガリーという姓の三人の兄弟がいたことが知られており、ひとりはカタリ派信者であった商人、もうひとりはパ市参事会員、そしてもうひとりは説教修道士で、カルカソンヌ、モントーバン、カストル、そしてパミエの修道院長を歴任している。四人目で最後の同僚となったピエール・デュランは、フェレールとともにモンセギュールの人々を尋問したということを除けば、何も知られていない。フェレールと彼の同僚が出頭者から得た供述を記録し認証した七人の記録係について言えば、そのうちのふたりはコンク＝ミネルヴォワの修道士であり、さらにそれぞれベジエとナルボンヌから来たふたりの公証人、トゥールーズ伯の書記をしていたドミニコ会士などであった。また審理中、ふたりの審問官には証人が付き添い、記録係はそれぞれの審問の最後にその名前を記すことになっていた。また宣告を決定するのに、審問官は評議員と審議することとされていたが、彼らの立ち会いは形ばかりとなっている場合も多かった。評議員の数は二名から十名、被告人の重要度によって増減された。評議員になるのは小教区の司祭が多かったが、ときには修道院長や司教、まれには一般人、たとえば騎士や代官がなることもあった。

完徳者と信者

一二四二年五月の悲劇は、異端審問官たちにとって教訓になった。フェレールと彼の同僚たちは、もはや街道をあちこち移動する危険を冒そうとはしないだろう。ギヨーム・アルノーとエチエンヌ・

ド・サン＝ティベリーが村々を巡回したことで、つまりは彼らに敵意を抱いていることが明らかな土地を渡り歩いたことで、どんな目にあったかは周知の事実だった。慎重なフェレールは、安全な場所——たとえば、オルビエル川沿いのコンク大修道院、あるいはカストル、アレト、さらにはセサック、リムーなどの大修道院など——に腰を据え、そこに尋問したい人間を召喚した。すると、誰もが彼に倣うようになった。じっさい、ベルナール・ド・コーは、一二四五年から一二四六年にかけて、ローラゲ中の住民をトゥールーズに呼び寄せている。それでもなお、帳簿を運ぶ途中の異端審問の伝令が街道で襲われることもあった。一二四七年にコーヌ近くで襲われた伝令は殺され、背負っていた荷物は焼かれてしまった。

尋問を受けるのは貴族が目立って多かった。五十四人に及ぶ領主、騎士、そして貴婦人たち。彼らだけで、残されている調書の半数をはるかに超えている。しかし、職人や庶民階級の人々も混じってはいる。モンセギュールの完徳者たちを積極的に手助けしていたミルポワの理髪師ピエール・ド・フレラン、モンターニュ・ノワールのオープールの大工、ビュルラの縄職人、ローラゲの農民五人、等々。

フェレールが尋問した三人の完徳女のうち、ふたりは貴族だった。そのうち、アルノード・ド・ラモートは、十年間、ローラゲ中を必死で逃げ回ったあげく、一二四三年夏、サント＝フォワ＝デグルフイユの森でつかまった。ディアース・ド・サン＝ジェルミエは、同じ年の五月にカラグードの森でつかまったが、モンセギュールでベルトラン・マルティから叙階されたことを供述している。(2)三人目のジャンヌ・デルパは、ラヴォールとカラマンのあいだにあるバニエールの出で、彼女もまた、カラグードの森で一二四三年の聖霊降臨の主日〔復活祭後の第七日曜〕につかまった。彼女はトゥールーズの牢に入ったが、脱走したあげく、十一月、サン＝ジェルミエ近くでファゲの司祭にふたたびつかまった。彼女は十五歳だった。三人とも、異端放棄を宣誓している。

　彼が聴取した六人の完徳者たちのうち、カタルーニャ人のアルノー・ド・ブルトスはアリオン地方で、レモン・カラバスはモンターニュ・ノワール山麓の洞穴で、ギヨーム・ド・タルディユーはラベセード近くのローラゲの森で、それぞれつかまった。逆に、アルビ出身のレモン・デジャンは改宗した老人である。彼は、一二三五年、アルビ司教のもとで、みずから異端放棄を宣誓している。フェレールが彼を尋問したのは、ローラゲや彼が一時行っていたカタルーニャの様子を聞き出したかったからである。やはり改宗者でカバルデスのラヴィニエール出身のベルナール・ド・パディエは、元カトリック教会の助祭であった。彼は自分が完徳者であったのはたった一ヵ月だけだったと断言したが、ただし十六年のあいだ信者だったと付け加えた。ゴースラン・ド・ミラヴェルという老人は、かつて殺人を犯したため、五十年近くまえに無理やり完徳者の叙階を受けさせられたが、完徳者だった期間はそれほど長くないと言い張った。おそらく、それは事実だろう。

　以上、フェレールが担当した審問の記録をごくおおまかに見てきたが、それを総括すると、フェレールがつかまえたのは雑魚《ざこ》ばかりだったということが分かる。要するに、彼は貧乏くじを引いたのである。ランタ近くでカタリ派助祭ポンス・ド・サント＝フォワを捕らえたことは事実だが、この助祭は脱走してしまった。あるいは、トゥールーズに移送されるまえに、信者たちが出した身代金と引き換えに、釈放されたのかもしれない。フェレールが捕らえ、改宗させることができなかったために、火刑に処した完徳者や完徳女たちはいずれも、彼らの教会中枢で重要な役割を演じてはいなかった。まずはギエルム・ケロール、彼女はアルノード・ド・ラモートの〈ソシア〉であったが、ふたりはいつしょに捕らえられた。そして彼女の妹のギユメット。さらにマンティア・ド・フォンボンヌ、サン＝マルタン＝ラランド出身の母と娘、モンガイヤールの完徳者とその孫（ふたりは、一二四三年の復活祭の頃、カステルノーダリーでともに火刑に処せられた）、ローラックで火刑に処せられたレモンド・ド・バニエール（彼女の孫娘のほうは、彼女をかくまった廉で、額に焼きごてを当てられた）、ほかに十人ほどの完徳者および完徳女たち。反対にフェレールがつかまえた最高の獲物と言えば、サン＝ポール＝カップ＝ド＝ジューの助祭ギヨーム・リカールだろう。彼もまた、〈ソシ〉とともにカラグードの森で捕らえられた。ふたりとも異端放棄を宣誓することを拒否したため、俗権の手に引き渡され、火刑に処せられた。

フェレールが尋問した一般信者たちのなかには、何人かの重要人物、さらには異端教会の協力者として名高い人物も含まれている。もちろん、まずはベルナール＝オトン・ド・ニオールの名を挙げねばならない。彼は、弟ギローが国王に忠誠を誓ったことから、カルカソンヌの牢獄から解放されたが、言うまでもなく、じつに多くのことを知っていた。すでに一二四二年十一月、ローラックの領主として尋問を受けたが、一二四五年十二月にはギヨーム・レモンが、やはり事情聴取のため、彼をリムーに召喚している。さらに同じ審問官による聴取が、一二四六年七月、アルビで行われている。

一二四四年五月、フェレールは、フォワ伯領の騎士でサバルテスのキエ代官のアルノー・ド・ミロをナルボンヌに召喚したが、そのさいアルノーは、モンセギュール攻囲が始まった頃、ピエール＝ロジエ・ド・ミルポワに「城邑」の大型投石器用の綱と革袋を提供したことを明らかにした。異端審問局は、その後長いあいだ、この人物に関心を抱き続けることになるだろう。ベルナール・ド・コーは、パミエで、一二四六年十二月、さらに一二四七年三月、彼を尋問している。このあとのほうの尋問には、フェレール——すでに審問官を引退していたが——もやってきて、証人として立ち会っている。アルノー・ド・ミロは終身禁固を言い渡されたが、一年後、教皇イノケンティウス四世の命により、釈放された。

カタルーニャ人審問官フェレールの尋問を受けた女性も多く、すべての名前を挙げるわけにはいかないが、そのうちのふたりを取り上げてみよう。まずはマルケジア夫人。彼女はイザルン・ド・ファンジョーの娘として生まれ、ギヨーム・ド・ロクフォールと結婚したが、夫は、一二一〇年、シモン・ド・モンフォールの攻撃からテルムの城を守り、翌一二一一年、トゥールーズ防衛戦で落命した。その後、ベルトラン・ド・ポリーニュと再婚したが、彼も亡くなった。彼女はまた、一二二六年、王の十字軍によって火刑に処せられたカタリ派司教ピエール・イザルンの姉でもある。エリス・ド・マズロールも、フェレールから長期にわたって尋問を受けた。ガジャ出身の老婦人で、トランカヴェルの奉行とオード・ド・ファンジョーとのあいだに生まれた。ちなみにオード・ド・ファンジョーは、一二〇四年、エスクラルモンド・ド・フォワとともに完徳女に叙階された。エリスは、当時まだ子供だったが、この頃のことをよく覚えており、やはり完徳女となった祖母のギエルム・ド・トナンについても語っている。エリスはその後、アルノー・ド・マズロールと結婚し、ガジャの城主夫人となった。息子のピエールは、カタリ派教会、とりわけモンセギュール共同体の献身的な協力者となり、一二四二年の異端審問官暗殺にも加わっている。彼の財産は没収されて競売にかけられ、領地の村は完全に破壊された。

フェレールの尋問を受けた完徳者および完徳女以外の被疑者の多くがそうだったように、マルケジアとエリスもカタリ派信者であったことを認めた。しかも「物心がついてから、ずっと」だと彼女たちは言っている。信者であることを否認する者、さらには異端についてては何も知らない、あるいは異端者にたいして共感を覚えたことはまったくないと誓った者——貴族だけでも、十三人の男とふたりの婦人がそうしている——も多かったが、彼らはかならずしも真実を語っているわけではない。たとえば、モンジェの騎士ピエールとギヨームのコルネイユ兄弟は、彼らの領地の農民ポンス・ブティエ（彼も同じ逃げ口上を使った）と同様、異端者であることを簡単に見抜かれてしまった。ふたりの騎士のその後の運命は不明だが、ブティエは終身禁固を言い渡された。

フェレールは、一二四四年夏の終わりに審問官を引退したと思われる。その年の十月からは、彼の同僚であったピエール・デュランとギヨーム・レモンが、代わってその任に就いた。このカタルーニャ人のドミニコ会士は、一二五二年にはカルカソンヌ修道院長に任命され、さらにその半年後にはベジエ修道院長となり、一二五四年までその職にとどまったが、その後まもなく、ペルピニャンで亡くなったようである。ピエール・デュランとギヨーム・レモンも、じきにトゥールーズ司教区の任務を解かれ、一二四五年春には、それまでアジュネとケルシーを担当していたふたりの審問官ベルナール・ド・コーとジャン・ド・サン＝ピエールがレモン伯の都にやってきた。

ベルナール・ド・コー、ローラゲ地方をしらみつぶしに調べた男

ガスコーニュのアジュネ地方に生まれたベルナール・ド・コーは、一二四一年の終わりに、同僚ジャン・ド・サン＝ピエール（彼についてはほとんど何も知られていない）とともに異端審問官となった。しかし、彼らの審問記録で残されているのは、もっとも古いもので一二四三年十一月の日付となって

いる。最初の十四件はヴィルミュールおよびヴィルロング副司教区に関するもので、アヴィニョネ事件のあと、彼らに託された。一二四四年五月から一二四五年二月にかけて、ふたりはカオールに審問所を構えたが、そこで行われた数多くの調査のなかでも、ケルシーの元レモン伯代理官ポンス・グリモールとその家族についての調査が注目される。彼は、すでにギヨーム・アルノーとエチエンヌ・ド・サン＝ティベリーの尋問を受けており、そのさいの供述にもとづいて、一二三七年に贖罪状が交付されていた。今回、ポンスは供述をやり直すとともに、いくつかの点に関して補足説明を求められたのである。というのも彼は、以前に悔悛の業として課せられた巡礼を履行していなかったのだ。

ふたりの修道士審問官は、モントーバンに立ち寄ったあと、トゥールーズに到着すると、アジャンとカオール両司教区の担当を継続したまま、トゥールーズ地区の審問のあり方を全面的に見直す作業に取り掛かった。一二四五年五月一日、彼らはローラゲ地方で大々的な調査を開始した。この調査は一二四六年八月一日に終わるが、その審問記録の約三分の一が今日まで残されている。ヴィエルモレス副司教区、そしてとりわけランタ副司教区の計百一の地域にわたる五千あまりの尋問調書である。

ふたりの審問官はまず、審問中の仮の牢獄として使うため、サン＝セルナン大修道院からすぐ近くの家を買い上げたうえで、国中の村々に召喚状を配布し、出頭した人々をこの大修道院の中庭回廊で取り調べた。住民たちの反応はさまざまだった。マ＝サント＝ピュエルでは四百十二人が供述し、オーリヤック＝シュル＝ヴァンディネルでは三百二人が、モンテスキューでは二百九十九人が、それぞれ供述したのにたいして、ヴィルヌーヴ＝ラ＝コンタルでは二十一人、ボートヴィルでは十一人、サン＝ジュリアではわずか七人だった。共謀して黙秘する村もあれば（領主が住民を脅して黙秘させる場合が多かった）、大半の住民が逃亡してしまう村もあった。

しかし尋問数の時期的変化を調べてみると、召喚者の多くは、二波にわたり、大挙してトゥールーズに殺到したことが分かる。それは大量召喚が二度にわたって行われたことに呼応しており、つまりは誰もが猶予期間中に駆け込もうとしたためである。それでもなお、一村全体が、あるいはほとんどが、口を合わせて自分たちは異端とは何の関係もないと白を切る場合も多かった。カタリ派助祭区の拠点であるサント＝フェリクスでも、多少なりとも自供したのは、百七十一人中わずか八人で、他の百六十三人の供述はすべて、カタリ派との関わりを全否定するものだった。それでもなお、ベルナール・ド・コーが彼らの名前を記録しておいたのは、他の情報と突き合わせることで、彼らの供述の真偽を確かめるためであった。やはりカタリ派拠点として名高いモンターニュ・ノワールのオープールでは、供述人の数も五十三人と意外に少なかったが、異端のことを聞いたことがあると答えたのはたったひとりだった。尋問を受けた人々の社会的地位はおよそさまざまである。もちろん貴族が多かったが、商人、農民、それに聖職者もいた。さらには身体障害者、レプラ患者、目が見えない者、さらには出産間近の女もいた。マ＝サント＝ピュエルの女占い師アリサンは、水晶玉などまったく信じていないが、お金が欲しいからこの仕事をしていると答えた。

ベルナール・ド・コーたちの尋問方法は、フェレールと彼の同僚たちのそれとはかなり違っていた。尋問は最小限に切り詰められているため、供述内容もきわめて簡略で具体性に乏しい。事実、年月日、名前。状況説明もあまりなく、ましてや余談などはほとんどない。たとえば、「私は、どこそこの誰々の家で、しかじかの異端者とその仲間を見た。そこには誰それと誰それがいた。でも、それはずいぶん昔のことだ」といった具合である。こんな供述が、判で押したように、無限に繰り返されるわけである。もちろん、そこに多少の補足、たとえば単に道で出会っただけだとか、食事をいっしょにしたとか、平和の接吻を交わしたとか、説教を聞いたとか、臨終のコンソラメントに立ち会ったとか、そうした話が付け加えられるが、それは被疑者や証言者が完徳者を「あがめて」いるかどうかにもよる。とはいえ、これらの膨大な記録から、いかにもこの時代を思わせる猟奇的な、あるいは悲劇的なエピソードを拾い集めることもできる。たとえば、ファンジョーで、世俗裁判で生き埋めの刑を宣告された殺人犯がひそかにコンソラメントを受けた話、あるいはマ＝サント＝ピュエルで、代書人の事務所が夜には賭博場に早変わりし、そこで酔っぱらったさいころ賭博師たち――剃髪した坊主も混じっていた――が乱闘騒ぎを起こした話。

このように、ベルナール・ド・コーとジャン・ド・サン＝ピエールは、フェレールとは違って、大量の仕事をいっきょに抱え込んだために、彼らの尋問では、量が最優先され、多くの細部が見落とされていると言わねばならない。何しろ、彼らはひとつの司教区をまるごとしらみつぶしに調べようとしたのである。とはいえ、彼らの調査記録は、カタリ信仰の社会学的側面、さらにはもっと広く、中世におけるローラゲ地方の人口動静に関して、多くの情報を含んでいるという点において、きわめて貴重な資料であることには変わりない。

彼らの調査記録は、カタリ信仰そのものについても、多くの貴重な情報を提供してくれる。フェレールが、尋問の終わりに「私は、いついつから、カタリ派信者でした」といった大まかな自供をさせるにとどめているのにたいして、ベルナール・ド・コーと彼の同僚は、カタリ派の信仰箇条をひとつひとつ丹念に取り上げ、逐一、明確な返答を要求している。「あなたは異端者たちが誤った教えを語るのを聞きましたか。たとえば、目に見える世界を造ったのは神ではないとか、洗礼やオスチアには何の価値もないとか、結婚した者には救いはありえないとか、肉体の復活はないとか。もし聞いたとして、あなたはその誤った教えを信じましたか。信じたのはいつからですか」――彼らはおおよそ、そんなふうに質問した。さらに、被疑者たちがそれにどう答えたかを仔細に見ると、ふたつのことに気づく。まず彼らは、犯罪行為とされる一連の事柄の罪の軽重をよく心得ているということである。完徳者たちに挨拶しただけというもっとも軽い罪から、コンソラメントを受けたというもっとも重い罪まで、さまざまな段階があり、異端者の説教を聞きに行ったとか、平和の接吻を交わしたとか、祝福されたパンを分け合ったとか、コンソラメントに立ち会ったとか、隠れた信者たちに物質的援助をしたとか、「異端者隠匿」とか、細かく分かれている。とうぜんながら、過ちの軽重は、そのまま刑の軽重となる。被疑者たちは誰も、こうしたことをよく心得ているから、答え方もほぼ決まっている。つまり、あまり重大でないことに関しては、進んで自供するが、それよりもやや重大なことでは言い訳を使い、さらに重大なことになるとアリバイを立てて全否定する。

ところが、行動についてではなく、信仰箇条のことになると、つまり何をやったかではなく、何を信じているかということになると、被疑者たちの話は、とたんに混乱してしまう。たとえば極端なケースではあるが、ジュルダン・デュ・マという老人は、尋ねられた信仰箇条についてはまったく信じたことはないが、それでも自分は一二二五年から一二四〇年にかけて「カタリ派信者だった」と供述している(3)。

この矛盾は、つぎのことが分かればおのずから解消するだろう。つまり、じっさいにカタリ派信者である人々の考えでは、「信者」であるとは、何よりもまず「異端者たちは良き人、神の真の友であり、人は彼らによってしか救われない」と信ずることである。しかもこうした言い方は、尋問を受けた人々の供述に、無数と言ってよいほどたくさん見受けられる。つまるところ、一般的な信者にとって、信じ得るか否かは、教義の違いではなく、僧侶たちの振る舞いの違いによって決まってくるのであって、どう見ても本物のキリスト者であると思われる僧侶は信じられるが、そうでない僧侶は信じられないということである。そうであればとうぜんながら、前者によって説かれた救いの道のほうが、後者が説くそれよりも信ずるに値するということになる。

しかし、もっと好奇心旺盛な信者たち、あるいはもっと理論武装した信者たちは、教義についてもかなり突っ込んだ話をしている。一二四七年八月、ふたりの修道士審問官は、トゥールーズの両替商ピエール・ガルシアにたいしてまったく特別な審問を行った。カタリ派信者の父とワルド派信者の母のあいだに生まれた彼は、この年の四旬節に、しかも市参事会員に選ばれる直前のことであったが、フランシスコ会修道院に行き、そこできわめて異端的な言辞を弄したため、大きなスキャンダルになったのである。

現場に居合わせた六人の修道士の証言によると、ピエール・ガルシアは、「ヨハネによる福音書」のプロローグに関するカタリ派的解釈――使徒ヨハネは、ここで「神なしに、虚無が造られた」(4)と語っているのであり、しかも「虚無」と呼ばれているのは、目に見える世界、腐敗し滅びゆく世界、悪が支配する世界のことであるとする――にもとづく創造二元論の神学、そしてふたつの世界に関するカタリ派の理論――一方には、よき世界、「コロサイの信徒への手紙」で「在るものはすべて、神において創造された」〔新共同訳では「万物は御子において造られた」(一―一六)〕と言われている世界があり、他方には、悪い世界、「伝道の書」で「すべては虚無だ」〔新共同訳では「すべてはむなしい」(一―二)〕と語られている世界がある――に完全に精通していた。ピエール・ガルシアは、友人のフランシスコ会士に、こうした神学や理論を詳しく説明したうえ、キリスト仮現説を正しいと言い、十字架、贖いの受難、聖体の秘跡をすべて否定し、死刑や俗権裁判を批判した。要するに彼は、カタリ信仰に完全に対応した教義体系をすっかり身に付けていたのであり、それは一九三九年にプラハで発見された『作者不詳の教義要録』の内容とも完全に一致する。われらがふたりの審問官が、いつもの習慣に反し、かなりの長期間にわたって尋問を続けたのは、彼を危険な理論家とみなしていたからにほかならない。審問は彼の市参事会員在任中続けられたが、有罪宣告が下される一週間まえ、彼は逃亡した。言うまでもなく、欠席判決で彼を異端とする「最終宣告」が下された。

トゥールーズの「一般説教」

ローラゲ地方の捜査が終わってからピエール・ガルシアの審問が行われるまでのあいだ、すなわち一二四六年十月から一二四七年五月まで、ベルナール・ド・コーとジャン・ド・サン゠ピエールは、パミエに仮の審問所を設け、フォワ伯領内のさまざまな容疑者を尋問した。すでに見たように、アルノー・ド・ミロもそのひとりである。一二四七年四月二十一日、彼らは七人にたいして終身禁固を言い渡した。トゥールーズに戻り、夏いっぱいピエール・ガルシアの予審を続けながら、彼らは相当数の宣告文を作成している。この仕事は一二四八年六月まで続けられた。

彼らは、全捜査の終了を待つことなく、刑の宣告に取り掛かった。一二四六年の三月から七月にかけて、審問所での審問と「一般説教」での宣告文朗読とを並行して行っている。「一般説教」は公衆の面前で、たとえばサン゠セルナン教会の境内とか、市参事会が置かれている公会堂などにおいて、集まった多数の民間および教会の有力者たちを前にして行われた。ピエール・ガルシアの審問が終わってからほぼ一年近くのあいだ、彼らは実質上、これまでの捜査の結果をまとめ、宣告文を作成することだけに専念した。「一般説教」は、当初から日曜日に行われるのが通例だったが、二度ほど例外があった。一二四六年と一二四八年のキリスト昇天祭の木曜日〔復活主日から四十日目、つねに木曜日に当たる〕のことで、この説教が儀式に花を添えた。五十二件の判決文が残されているが、日付を見ると、一二四六年の三月十八日から七月二十二日まで、ついで一二四七年八月十一日から一二四八年六月十四日までで、しかもこのふたつの期間中、ほとんど毎日曜日、「一般説教」が行われていたことが分かる。これらの判決文の多くは複数の人間を対象にしているため、それだけでも総計二百一人が有罪宣告を受けたことになる。なかには、さまざまな理由から複数の判決文に名前を連ねている有罪者もいるし、また逃亡した者もいて、結局、四十九人の男女が欠席のまま有罪宣告を受け、百五十二人が牢獄送りとなり、そのうちの百二十四人が終身禁固であった。後日談になるが、彼らのうちの十人は「壁」のなかに入ることを拒否して逃亡し、また四人は脱獄した。その一方で、欠席のまま有罪宣告を受けた者のうち、ふたりが考えを変えて審問所に出頭し、終身禁固の身となった。

ベルナール・ド・コーと彼の同僚の仕事は、どれほどの効果があったのだろうか。量的に見れば、たしかに目を見張るほどの活躍ぶりである。今日――トゥールーズの人口は当時の十倍に達しているので――二千人あまりの人が言論の罪で有罪判決を受け、しかもその多くが市の有力者たち、たとえば大規模な商店や工場の経営者や裕福な土地所有者たちである、といった状況を想像していただきたい。じっさい、われらが異端審問官たちは、身分の高い人々を狙い撃ちしたのである。市参事会員を出している十あまりの名家がその犠牲になっている。ガムヴィル家、セイユ家、ヴィルヌーヴ家、バロー家、モーラン家、ルエ家。ルエ家では、ジャンヌ・ド・ルエが有罪宣告を受けたが、彼女の夫アラマンは、すでに十二年まえに欠席のまま有罪宣告を下され、ローラゲ地方の自分の領地に身を隠していた。田舎貴族たちも高いつけを払わされた。タラベル、モンジスカール、モンモー、サン＝マルタン＝ラランド、ローラック、モンジエ、オープールなどの領主、騎士、女城主たち、たとえば、改宗した元完徳女アルガイア・ド・ルバンス、ベアトリス・ド・ロクフォール、エルメサンド・ミール＝アレザ、さらにゴーベール・ド・ピュイローランスなどは、いずれナルボネ城や司教館の牢獄で、トゥールーズ上流市民階級のエリートたちと相見《あいまみ》えることになるだろう。

ともあれ、つぎのことはたしかである。つまりこの弾圧は、完徳者たちにたいしてよりも、一般信者たちにたいして、はるかに効果的であったということ。じっさい、マ＝サント＝ピュエルのレプラ患者の一二四五年五月二十七日付の尋問記録の余白には、彼が火刑に処せられたという書き込みがある。さらに一二四五年から一二四八年にかけての捜査における供述人の証言から、七十人の男女が火刑台送りになったことが分かっている。これらの処刑のすべてをベルナール・ド・コーの責任に帰するのは行き過ぎであろう。フェレールもそれに関わっていることはじゅうぶん考えられる。だがいずれにせよ、一二四五年から一二四八年にかけての弾圧が、完徳者たちよりも一般信者たちに大きなダメージを与えたことは、容易に理解できる。というのも、トゥールーズのカタリ派教会は、モンセギュール陥落時の火刑で、司教、その「小子」、三人の助祭、そしてかなりの数の完徳者たちをすでに失っていたのである。もちろん、いまだによく言われているように、この事件によってオクシタンのカタリ派の歴史が終わってしまったというわけではまったくない。しかし事件を生き延びた助祭や完徳者たちのうち、まだロンバルディアに逃亡していない者たちは、敵に見つからないよう、以前にもまして、用心しなければならなくなったことは言うまでもない。しかも「異端者を叩くハンマー」

――ベルナール・ギーはベルナール・ド・コーのことをそう評している――による広範囲にわたる徹底した捜査が行われているときには、告発や密告の餌食になる危険性はいっそう高まった。それゆえ彼らは、フェレールの時代以上に警戒しなければならなかったのである。

一般信者の打撃が大きかったというのも、彼らを狙い撃ちするのがベルナール・ド・コーの戦略だったからである。何人かの完徳者たちを捕らえて、カトリック信仰に立ち戻らせたり、火刑台送りにしたりしたとしても、状況を根本的に変えるにはいたらない。むしろ彼らを守っている組織網を破壊し、彼らの共犯者たち、とりわけ彼らをかくまったり、領民たちに彼らを保護し、彼らに食糧物資を与えることを命じたりする領主たちを逮捕するほうが、はるかに効果的である。じっさい、ひとりの領主ないし有力者を逮捕すれば、ひとつの秘密組織がそっくり解体され、かなりの数の完徳者および完徳女が、森に逃げ込んで飢え死にするか、あるいは改宗するかの選択を迫られることになる。ちなみに、ランタレスのカタリ派助祭ベルナール・ボナフー、この重要人物が一二四六年を境に現存の資料からまったく姿を消している。彼は、その十年ほどまえから、地下活動をさかんにやっていたのだが、それはもっぱらモンテスキュー＝ヴィレールの領主一党の積極的支援のおかげだった。ところが、同じ一二四六年、この一党の七人のメンバー――モンテスキュー家のふたりの兄弟、彼らのいとこであるヴィレール家のふたり、彼らの妻三人――にたいして、ベルナール・ド・コーは尋問を行い、その結果、三人を牢獄に送り、四人目を欠席裁判で同罪とした。いずれも財産没収の宣告が付け加えられている。(5)

一二四八年の夏の終わりに、ベルナール・ド・コーとジャン・ド・サン＝ピエールはカルカソンヌに呼ばれた。ピエール・デュランとギヨーム・レモンの代わりを務めるためであった。というのも、ピエール・デュランとギヨーム・レモンは、教皇イノケンティウス四世とおおっぴらに対立してしまい、辞表を提出したところだった。あるいは辞めさせられたのかもしれない。一二四五年の春にトゥールーズの異端審問所を立て直したあと、彼らはおもにラゼス地方で捜査を行い、その中心都市であるリムーに居を定めていた。彼らは大いに働き、早くもその一年後には、リムーおよびその近郊の百五十六人の住民にたいして異端の宣告を下している。

ところで、リムーの住民たちはプルイユ修道院ときわめて良好な関係にあり、ナルボンヌ大司教は長年にわたってリムー教区教会の収入を同修道院に譲渡していた。そんな事情もあり、リムーの住民たちは、プルイユ修道院長レモン・カタラに、告訴を無効とし異端宣告を取り下げるよう、教皇を説得してほしいと申し出た。このドミニコ会士は巧みな弁護人だったらしく、イノケンティウス四世は、衣服に十字架を縫い付ける刑を撤回し、もっと軽い刑、おそらくはわずかな罰金に代えた。自分たちが下した判決を撤回されたことに激怒したピエール・デュランとギヨーム・レモンは、これまで自分たちが下した判決をすべて破棄し、対象者全員に赦免を与えた。一二四八年六月、今度は教皇のほうが自分自身の行った寛大措置を撤回したが、ふたりの異端審問官はもはや聞く耳を持たなかった。ピエール・デュランは、のちにパミエ修道院の読師となった。ギヨーム・レモンについては、その後、何も知られていない。ベルナール・ド・コーとジャン・ド・サン＝ピエールが、急遽カルカソンヌに呼び出されたのは、そんな事情からであった。彼らは、さっそく、リムーにかかわるいくつかの審問を引き継いでいる。

ベルナール・ド・コーは、一二四九年のうちに審問官の仕事を辞めている。ジャン・ド・サン＝ピエールがしばらくはひとりで働いていたが、ついに彼もその活動を終えた。引退する間際に、ふたりは異端審問に関する小手引書（『審問官提要』Processus Inquisitionis）を共同で執筆している。この手引書は、教皇の発意により、スペイン説教修道士会の修道院長のために書かれたものである。スペインでも、そうした手引書が必要とされていたのだ。

「異端者を叩くハンマー」は、アジャンに居を定め、説教修道士会修道院の設立のために尽力した。一二五二年、モンペリエ管区教会参事会において、その設立の決定がなされたが、同年末に彼は世を去った。一二八一年、この建物を増設したさい、彼の遺骸は新しい内陣に移されることになった。遺体は腐敗も損傷もなく、まったく元のままだったので——遺体発掘の記録文書が残っている——この奇跡のニュースはたちまち広がり、民衆のあいだに彼の遺体をあがめる運動が起こり、しかもそれが熱狂化して、抑えることができなくなったため、この修道士の遺骸を一時隠さねばならなかったほどだった。ついに官憲が介入して、ようやくこの騒ぎも収まった。

第十六章　伯爵、異端審問局、そして司教たち

一二四二年から一二四八年にかけて、フェレールと彼の四人の同僚が、ついでベルナール・ド・コーとジャン・ド・サン＝ピエールが、どれほど熱心に働いたかは前章で見たとおりだが、すべてがうまく行ったというわけではもちろんない。この六年のあいだにカタリ派教会がどうなったか、いずれお分かりになるだろう。数千に及ぶ審問記録、数百に達する宣告文と贖罪状を見れば、彼らが行った異端審問はさながらロードローラーの趣を呈しているとはいえ、このロードローラーはかなりひどいでこぼこ道を進まねばならなかったのだ。しかし彼らがぶつかった障害は、かならずしもあらかじめ予想されたものではなかった。つまり異端者たちの抵抗よりも、権力者同士の複雑な勢力争いのほうが、審問の大きな障害となったのである。権力者たちは、情勢の変化に応じて、あるいはその時々の状況によって、さらには個人的野心、歪んだ虚栄心、その場その場の利害などによって、しばらく協力し合っていたかと思うと、激しく対立する、しかしまたいつの間にか結託している、といったことを繰り返すのだった。

説教修道士たち、高位聖職者たち、聖座、そしてレモン七世——うそで固めたポーカー・ゲームのじつに奇妙な顔合わせ。このゲームは、ときには二対二で競われ、ときには三対一で競われる。ただ

し、誰と誰が組んでいるのか、はた目にはまったく分からないし、当人たち自身でさえ、いつも分かっているわけではない。

しかし賭け金ははっきりしている。それはこのゲームの主導権を握ること、つまり異端弾圧を自分の意のままに行うことである。イノケンティウス四世は、一二四三年夏、教皇に選出されるとさっそく、異端審問官たちと結託し、彼らの権限を強化して、すべてをそれぞれの土地の高位聖職者たちにやらせようとするレモン七世の計画に対抗した。それから半年後、教皇は高位聖職者たちを抱き込むことに成功し、ナルボンヌ公会議でその方針が——少なくとも言葉のうえでは——示されたように、高位聖職者たちと審問官たちの協力体制の基礎を築いた。一二四四年末、イタリアから戻ると、三者を敵に回し、ひとり孤立していることを知ったレモン七世は、このゲームから降りたふりをして、もっぱら自分自身の政治や封土の問題に取り組むことにした。かくして、異端審問には何の支障もなくなった。審問官たちが裁き、高位聖職者たちが彼らに「支援と助言」を与えた。じっさい、ベルナール・ド・コーとジャン・ド・サン゠ピエールは新しくナルボンヌ大司教に選ばれたギヨーム・ド・ラ・ブルーに助言を求めている。ただしそれは一二四八年になってからのことで、それまではまったく独断で審問をやり続けていたため、一二四六年には教皇特使が大司教に手紙を送り、刑を宣告するまえには必ず大司教の助言を仰ぐよう、審問官たちに再度指示することを要請したほどである。だがそれも空しく、ベルナール・ド・コーとジャン・ド・サン゠ピエールは、誰にも相談することなく、トゥールーズだけで二百件もの宣告文を乱発している。

そればかりではなかった。イノケンティウス四世は、たとえ異端審問官の協力者および助言者という形であれ、現地の高位聖職者を異端弾圧に関わらせることによって、異端審問官たちがすべてを独断で推し進めることに一定の歯止めをかけようとしていたのである。教皇の思惑は、高位聖職者たちがブレーキの役割を果たし、説教修道士たちの暴走を食い止めてくれる、さらには未然に防いでくれるだろうということだった。じっさいそうした暴走もかなりあったらしく、それを憂慮した教皇は、一二四三年末、猶予期間中は有罪宣告を行わないよう審問官たちに命じたほどであった。審問に関する法解釈の明確化にあれほど断固たる姿勢を示したナルボンヌ公会議でさえ、その決議二十三条で、無実の者を罪に陥れるよりは、有罪者を見逃すほうがまだよいとはっきり述べている。

一二四四年いっぱい、皇帝フリードリヒ二世とのいざこざに悩まされ、安全な居所を探すことに追われていた教皇も、一二四五年一月にリヨンに居を定め、ようやく異端問題にふたたび取り組むことになった。同月二十五日、教皇は、もちろん高位聖職者の意見も聴きながらではあるが、審問官たちに禁固刑を緩和させ、さらにはそれを悔悛の業に軽減させる可能性を探っている。ところが、聖座がリヨンに引っ越したことで、ただちに思いがけない事態が起こった。とうぜんのことながら、ローマに行くよりリヨンに行くほうが近いので、嘆願が教皇庁に殺到し、嘆願者たちは特別聴罪師たちに面会を求め、有罪宣告の廃棄や悔悛の業の撤回を願い出た。異端審問にたいしてかくも大量の嘆願が殺到したことで、自分自身も忙しくなっただろうし、担当部局が対応しきれなくなったということもあろうが、それ以上にすっかり不安になってしまった教皇は、審問官たちにたいし、六月に開かれるはずの公会議までは異端捜査をすべて中断するよう命じた。ラングドック中に抗議の叫びがいっせいに上がったのだ。ここで思い出されるのは、一二三八年に異端審問が中断された際、三ヵ月の予定が、結局、三年も延びたことである。今回は、ベジエに集まった司教たちからクレームがついた。彼らは教皇に宛てて、「虚偽の意見やたちの悪い話を真に受けて」、説教修道士たちの仕事を無にしないでいただきたいとの願い書を送った。彼らの手紙は、ピエール・デュランとギヨーム・レモンがパミエの有力市民に下した有罪宣告の取り消しを命ずる教皇の手紙と入れ違いになった。両者の食い違いは誰の目にも明らかだった。

かくして持ち札が変わった。すでに見たように、レモン七世はゲームから降りてしまった。いまや結託した高位聖職者たちと異端審問局を相手にゲームをしているのは教皇である。審問を中断すべしとの命令は、さしあたってどうなるのか。ベルナール・ド・コーとジャン・ド・サン＝ピエールはこの命令を完全に無視した。彼らは、五月一日、ローラゲ地方で大捜査を開始したところだった。

制裁から慈悲へ

彼らがその大捜査に没頭している最中、一二四六年のはじめ、教皇特使ピエール・ド・コルミユーが八ヵ条からなる勅令を発し、しかもそのうち、最初の五ヵ条は異端審問官に直接かかわるものだった。審問官たちにたいし、この勅令は、異端者のうち、悔い改めない者、偽証者、異端にふたたび戻った者には厳罰で臨まねばならないが、心から悔い改めた者には慈愛と寛容をもって対処するよう勧告し、さらに当該司教区の高位聖職者に意見を聞いたあとでなければ、異端者たちに悔悛の業を課してはならないと付け加えている。それからまもなくして、教皇特使はナルボンヌ大司教にたいしても、異端審問官たちが独断で判決を下すことのないよう、厳しく伝えてほしいと頼んでいる。

この年の四月、教皇特使の発意で、司教と大修道院長を集めた公会議がベジエで開かれ、三十七項目にわたる勧告書が公布されたが、おおむね、一二四三年にナルボンヌ公会議が定めた方針を踏襲している（ナルボンヌ公会議が定めた方針も、じつは一二二九年にトゥールーズ公会議が定めたそれを踏襲しているのだが）。要するに、いくつかの細かい点は別として、異端弾圧のための刑法そのものは変わっていない。変わったのは、その刑法を適用する際の精神のあり方であり、しかもそれは教皇の強い要請によるものだった。

教皇は何よりもまず、正しい審判を求めた。証拠なしに有罪を宣告してはならない。異端審問が勝手な裁判をやっているという印象を一般民衆に与えることを教皇は望まなかったのだ。

また悔い改めない異端者を火刑に処するのは正当な制裁だとしても、それ以外の刑罰は、終身禁固をふくめ、あくまで悔悛をうながす性質のものであり、けっして制裁を目的としたものではない、それゆえに慈悲からの、さらには寛容からの、軽減措置を施す余地はつねに残されている。たとえば、禁固刑をもっと軽い悔悛の業、すなわち巡礼に行くとか十字架を衣服に縫い付けるとかいった業に代えることはいっこうに差し支えないし、囚人が自由の身になってから異端者たちの逮捕に進んで協力するようなら、あるいは囚人を牢獄に留め置くことによって、その家族に重大な支障が出るような場合には、その囚人を釈放してもよいと勧告書には明記されている。こうした点、家族の事情を斟酌してはならないとしたナルボンヌ公会議の決定を明らかに修正している。夫婦そろって終身禁固刑になった場合、さらには片方がそうなっても、結婚が破綻してしまう場合が多いということが考慮されたのも、同じような精神からである。それゆえ、禁固刑がやむを得ない場合であっても、配偶者同士の面会を認める、さらには同居を認める必要があるとしている。

しかしもっとも目立った修正は、聖地への巡礼にかかわるものである。この点に関する聖座の寛大措置の背後には、もっと広範な政治戦略がある。異端審問が始まった当初から、悔悛の業として、不信心者たちに聖地巡礼を命ずることは広く行われていた。しかしグレゴリウス九世はそれを禁じた。たとえ悔悛したとはいえ、異端者たちが聖地をうろうろしていることは好ましくないというのがその理由だった。ところがベジエの勅令では、聖地巡礼が復活している。しかも悔悛の業にふたたび加えられたばかりか、禁固刑に代えるにふさわしい減刑措置として強く推奨されているのだ。

この温情の理由ははっきりしている。一二四四年の夏、エルサレムがトルコ軍の手に落ちたのである。一二四五年六月にリヨンで開かれた公会議で、イノケンティウス四世は第七次十字軍の派遣を宣言している。聖地は新しい軍隊を必要としていたのだ。

しかしこの刑の緩和に関する項目には、もうひとつ別の意味合いもあった。ベジエに集まった高位聖職者たちが異端審問官にこのような減刑措置を「提言」したのは、単に自分たちの意見を述べたということではない。明らかに、彼らは教皇の強い意向を代弁しているのだ。教皇は、公会議において自分の方針を明確な形にして宣言させることで、オクシタンの高位聖職者たちに、諮問的な役割に加えて、立法的な役割を与えたのである。これ以上明確な形で、審問官に現地の高位聖職者たちの立場を尊重すべきことを思い知らせる方法はなかったにちがいない。

ところがじっさいには、一二四三年末にナルボンヌ公会議でかろうじて保たれたかに見えた両者のあやうい均衡が、こうした教皇の介入によっていっきょに崩れてしまった。ベジエ公会議後の、つまり一二四六年四月以降の教皇庁とのやり取りを見ると、状況は悪化の一途をたどったことが分かる。教皇が高位聖職者たちにたいして異端審問局に与えるよう求めた「支援と助言」——そもそもこの言い回し自体、封建法から借りたものである——は、結局のところ、フィクション以外の何ものでもなかったのだ。教皇はしきりに、異端審問官にたいしては、高位聖職者たちに助言を求めないことをとがめ、高位聖職者たちにたいしては、審問官を支援しようとせず、とりわけ有罪者たちの投獄や拘留にさいして彼らに与えられた任務をじゅうぶん果たしていないことをとがめた。一二四九年三月一日にナルボンヌ、ボルドー、アルルの大司教、および彼らの付属教区長に宛てた廻状でも、教皇はしつこく彼らの罪深い職務怠慢を嘆き、「教会の信義」をあやうくしたことをとがめたうえで、自分の命令を着実に実行するよう求めている。

「助言」の内容についても、とりわけ刑の確定に関してはかなりあいまいであり、結局、有名無実になるほかなかった。審問官たちが求刑し、その裁可をその土地の司教に求めてきた場合、司教にできるのは、その求刑をそのまま認めるか（だったら、司教の介入は無用だということになる）、あるいは修正もしくは破棄を求めるか（その場合、異端審問局の存在そのものを否定することになる）、そのいずれかしかない。審問官たちが司教の裁可を待つ場合にも、同じようなジレンマが生じる。その裁可をそのまま受け入れるか（ということは、審問官には刑罰を定める権限がないということになる）、それに異議を唱えるか（その場合、衝突は避けられない）、そのいずれかである。トゥールーズの異端者たちにたいする刑の宣告では、ベルナール・ド・コーとジャン・ド・サン＝ピエールはうまい抜け道を見つけた。彼らが書いた宣告文には、いずれも「多数の高位聖職者たちから助言を得て……」という文句が入っている。ただし、その高位聖職者の名前はまったく記されていない。それもとうぜんで、彼らは誰にも助言を求めたことはなかったのだ。

要するに、イノケンティウス四世が念願し、その原則を定め、その実現にとりかかった両者の合意にもとづく共存体制は、実質的には、わずかに公会議のあいだだけしか続かなかった。かくして、ドミニコ会士たちの異端審問と世俗教会とのあいだに、ふたたび大きな亀裂が生じてしまった。

いずれレモン七世も、とうぜんながら、この亀裂に落ち込むことになるだろう。

役割の逆転

イノケンティウス四世は、高位聖職者たちを叱責する一方で、異端審問官たちには節度を説いた。一二四七年十一月、教皇は彼らに、道を誤った者を断罪するよりも、彼らを正しい道に戻すことに最大の努力を傾けることを要求した。そうすれば、教会はひとつの魂を取り戻し、ひとりの男――あるいはひとりの女――が自由を取り戻すだろう。教皇はとりわけ、異端審問局の権力を、誰にも気づかれぬように、しかも確実にそぎ落とすべく、いわば間接的に企んでいたのだ。というのも、自分たちが政治の道具にされていることに異端審問官たちが不満を募らせ、自分たちの使命は、牢獄の扉を開けて聖地奪回の十字軍の兵士を供給することではなく、牢獄を満杯にして異端を根絶することにあるのだと考えているのを、教皇もよく知っていたのである。

しかし、説教修道士たちを直接相手にするのは危険が大きかった。イノケンティウス四世は、彼らがいかに自分たちの特権に執着しているか、よく知っていた。しかも彼らには、ずっと以前から、教皇からの委託を白紙委任とみなす由々しき傾向があった。一二四六年末、リムーでの贖罪状乱発事件に教皇が直接介入した結果、どうなったかはすでに見たとおりである。つまりピエール・デュランとギヨーム・レモンが、自発的か否かは不明だが、辞職してしまったのだ。そこでイノケンティウス四世は、そのような派手な決裂にいたるよりは、異端審問局をそのまま放っておいたほうがよいと考えたにちがいない。一二四七年十一月十二日、教皇は、審問官たちにではなく、高位聖職者たちに、夫が異端とされ、その財産が没収された際、不当にもそれといっしょに自分の持参金まで没収されてしまったカトリック信者の妻にその持参金を返還するよう、指示を与えた。さらに十二月二日にはアルビ司教に、九日にはオーシュ大司教に、聖地に向かう十字軍に参加してもよいという囚人たちについて再審査するよう命じた。

一二四八年になると、教皇は減刑の手続きを加速させた。フランス王とレモン七世が、その年の八月には渡航することになっており、聖地奪回に向けていっきょに総動員をかけるべきタイミングだったのだ。三月二日、アルビ司教も、同様の趣旨で、カストルの所領内――つまりフィリップ・ド・モンフォールの領地である――の異端者たちの釈放を検討するよう、教皇から指示を受けた。四月三十日には、アジャン司教にも同じ指示が与えられた。しかもその前日、教皇は異端審問局の将来に重大な結果をもたらすことになる決定を下した。彼は高位聖職者たちに、今後は異端者たちおよび異端再転向者たちにたいする尋問を自分たちで行うよう命ずるとともに、彼らに有罪宣告を下す権限を与えた。「異端審問官の助言を仰いだうえで」と教皇は付け加えてはいるが、それは申し訳にすぎないだろう。驚くべき役割の逆転である。説教修道士たちにとっては屈辱以外の何ものでもなく、異端弾圧の組織形態にも重大な変化をもたらすことになる。

レモン七世は、六年まえのまさしくこの日、アジャン、カオール、ロデーズ、アルビの各司教に、異端との戦いをみずからの権限で行い、必要とあれば自分たちで選んだ修道士たちの助けを受けるようにと要請したのだが、そのときの伯の思惑は、今回の教皇のそれとまったく同じだった。つまり六年まえのレモン七世の願いを、今回、教皇イノケンティウス四世がようやく実現したことになる。しかもそのための条件は、当時よりもずっとよかった。一二四二年五月、トゥールーズ伯が事を進めようとしたときには、三つの異端審問所があった。アジャンおよびカオールの司教区にはベルナール・ド・コーとジャン・ド・サン＝ピエールがおり、トゥールーズ司教区にはギヨーム・アルノーとエチエンヌ・ド・サン＝ティベリーがおり、カルカソンヌおよびアルビの司教区にはフェレールとピエール・ダレスがいた。一二四八年にイノケンティウス四世がアジャン司教に異端弾圧の任務を託したのは、彼の司教区だけでなく、レモン七世の領土全域にわたってであり、それゆえトゥールーズ、カオール、ロデーズの各司教区を含んでいる。国王代理官領となっているカルカソンヌとアルビの司教区だけは、そっくり説教修道士たちの手に委ねられたままであった。

だが、そのカルカソンヌとアルビの司教区でも、異端審問官が、ピエール・デュランとギヨーム・レモンからベルナール・ド・コーとジャン・ド・サン＝ピエールに代わったばかりであり、そのうえ後者ふたりも、『審問官提要』を共同執筆したあと、数ヵ月後には引退することになっていた。このように異端審問局は、カタリ派の地全域で、引退間近のふたりの審問官だけになってしまっており、しかも彼らの後継者をドミニコ会から探し出そうとは誰も考えていないようだった。かくして、ドミニコ会士たちによる異端審問の全盛時代が終わろうとしていた。

十二月、トゥールーズ司教は、教皇直属の特別聴罪師アルジーズ・ド・ロシアートの指示により、終身禁固刑で獄中にいる七人の高位貴族を釈放した。一二四四年にフェレールによって、一二四七年にベルナール・ド・コーによって、それぞれ有罪宣告を下された貴族たちで、アルノー・ド・ミロもそのひとりである。

一二四九年三月、イノケンティウス四世は、アルジーズに、ナルボンヌ大司教区および周辺の司教区の全域にわたって、きわめて特殊な任務を託し、必要かつ正当と判断した場合には、異端審問官が宣告したすべての有罪判決について、酌量したり、減刑したり、さらには破棄することさえできる全権を与えた。それはまず、有罪者たちを減刑したり、恩赦を与えたりするのと引き換えに、彼らに聖地に行ってもらおうという意図からであるが、もっと一般的には「信仰および信仰にかかわる問題において、有益と判断される場合は、必要な処置を講じたり、裁定したり、命じたりするため」であった。

その二ヵ月後――まさしく五月十四日――教皇は、ドミニコ会の異端審問に、いわばとどめの一撃を加えた。彼は、きわめて激しい口調で審問官たちを糾弾したのである。まずは、彼らおよび部下たちが法外に贅沢な暮らしをしていると言い（明らかに誇張している）、さらに、こちらはほんとうらしいが、カトリック信仰に立ち戻ろうとしている異端からの改宗者たちにたいして、目に余るほどの不当な弾圧を加えていると強く非難している。この手紙は、当時カルカソンヌにいたベルナール・ド・コーとジャン・ド・サン＝ピエールだけに宛てられたものである。それからじきに彼らが引退したのも、むしろとうぜんと言えるだろう。こんな辱めを受けるよりは、修道院の静かな生活のほうがいいと思ったにちがいない。もともと、それが彼らの召命だったのだから。

こうして教皇は、司教たちと結託して、異端審問局を機能停止に追い込んでしまった。いずれ、レモン七世もゲームに戻ってくるはずだった。賭け金を取り返すためでしかないとしても……。

レモン七世の晩年

一二四五年のはじめに凱旋気分で自国を経巡った騎馬旅行以来、伯の関心はもっぱら自分の結婚問題に向けられていた。六月、彼はリヨンに赴き、公会議に出席した。マルグリット・ド・ラ・マルシュとの結婚が有効かどうかの調査がどこまで進んだかを知るためだった。調査は継続中だったが、伯はにわかに考えを変えた。やはり公会議に出席するためにリヨンに来ていたプロヴァンス伯レモン＝ベランジェに出会い、彼の息女ベアトリスがまだ結婚していないことを知った。おまけに彼女の父が、遺言で彼女を遺産相続人に指定していることも……。レモンが介入したのだろうか、あるいは調査のしかるべき結論だったのか、ともあれ、八月四日、教皇は伯のマルグリットとの結婚を無効とした。するとレモンは、さっそく、もうひとつ別の結婚許可を申請した。今回はベアトリス・ド・プロヴァンスを娶《めと》るためである。だが折悪しく、彼女の父、カタルーニャ出身のプロヴァンス伯が急死した。すると陰謀渦巻くなか、アラゴン王ハイメ一世がエクスに急行し、息子を遺産相続人の娘と結婚させようとし、一方、ブランシュ・ド・カスティーユも息子のシャルル・ダンジューを軍隊とともに派遣し、ハイメ一世を牽制させた。結局、カペー王家が勝利を収め、その翌年、王弟は王妃の妹にあたるベアトリスと結婚した(1)。

こうして、レモン七世の最後の夢が潰《つい》え去った。当時、伯が、サンティアゴ・デ・コンポステーラ巡礼の折に、ひそかにある婦人と結婚したといううわさがあったようだが、ほとんどありえない話である。逆にたしかなのは、彼の度重なる結婚の画策には誰も騙されなかったということである。もちろんフランス王も騙されなかった。逆に王は、一二四七年のはじめ、伯を宮廷に呼び出し、自分といっしょに聖地に出発するよう、彼に迫った。伯がそのお金がないと言うと、ブランシュ・ド・カスティーユは、彼の渡航費を出すとともに、パリ和約以来取り上げられていたナルボンヌ公爵の称号を返すことを約束した。そこでようやく、伯も十字軍に参加することを決意した。かくして、パリ和約で課された「巡礼の務め」をついに果たすことになったわけだ。

ここで、つぎのことを言っておかねばならない。まず、この頃、すなわち一二四七年のはじめ、ルイ九世は十字軍の準備に忙しく、エーグ・モルトの港湾工事も始まっていた。それによって、フランスは神聖ローマ帝国領であるプロヴァンス地方の港を使う必要がなくなる。かくして、王は完全に教皇の戦略に乗ったことになる。「アルビの国」を聖地防衛に結びつけることは、異端にたいするフランス王国と教会の共通の勝利を内外に示すもっとも効果的な方法であった。しかも、イノケンティウス四世が禁固刑を宣告された異端者たちの減刑を推し進めている最中、王は、古強者の「残党騎士」たち、フランスにたいしてもっとも執拗に抵抗を続けた武将たちの何人かを味方につけた。オリヴィエ・ド・テルムとレモン・トランカヴェルである。王は彼らを許し、彼らは十字軍に加わった。オリヴィエ・ド・テルムは聖地で武勲を立て、ジョワンヴィル〔十字軍に参加し、ルイ九世の知遇を受け、重用された。のちに『聖王ルイの生涯』を著している〕に称賛されたほどである。のちに王は、彼にコルビエール地方のアギラールの城を返還している。

一二四七年は、十字軍の準備に明け暮れた。教皇はレモン七世を庇護下に置き、王もまた、パリ和約にもとづき、一二二九年来フランス軍が駐屯していたいくつかの城を伯に返還した。要するに、王と聖座はオクシタンのおもだった貴族たちを十字軍に参加するよう仕向けることで、彼らをいわば特権的な人質にしようとしたのである。じっさい伯のほうでも、これまで長いあいだ親密な関係にあり、異端審問の追及から守ろうと努めてきたトゥールーズの上流市民たちにたいして、急に距離を置くようになっていた。あるいは「距離を置くようになった」という言い方は生ぬるいかもしれない。ベルナール・ド・コーとジャン・ド・サン＝ピエールが一二四六年から一二四八年のあいだに下した二百近くの有罪宣告にたいして、知られているかぎり、伯は何の反応も示さなかったばかりか、一二四八年二月二日には、市参事会員を輩出する名門で、個人的にも非常に親しくしていたピエール・ド・ルエから没収したすべての動産と不動産を、おそらくは何のためらいもなく、あるケルシーの住民に贈与してしまった。それは、ふたりの審問官がピエール・ド・ルエに欠席裁判で下した異端再転向者という判決を追認することにほかならない。かつて伯が異端審問の判決にあれほど強く抵抗していたのが、まるでうそのようである。

　じっさいレモン七世は、これまでとまったく変わらず、さほどの良心の咎めもなく、術策を弄し続けていたのだ。一二四二年には自分の計略のためにモンセギュールを犠牲にしたように、今もまた異端に加担した自分の臣民を破廉恥にも見放したのである。つまり伯は、異端にたいする強硬姿勢を誇示することによって、自分の目論見を――少なくともそのひとつを――実現しようとしたのである。そのひとつとは、異端審問局を潰すことであった。

　一二四八年四月二十九日、教皇は、レモンから受け取った手紙を、さっそく、アジャン司教に転送した。伯はこの手紙のなかで、「異端退廃の汚辱」の排除が遅々として進まず、しかも手ぬるくなっていることに憤慨していると言い（こんな言い方は、異端審問官たちにとっては青天の霹靂《へきれき》だろうが）、新しい異端者たちが到る所から押し寄せてきて（これは真っ赤なうそである）、ラングドックの住民たちが続々とロンバルディアに逃げ出しており、異端の危険はかつてなく高まっていると断言したうえで、異端弾圧を高位聖職者たちの手に委ねることによって、こうした害悪を一掃すべきことを教皇に提案している。イノケンティウス四世のほうでもこの提案を受け入れ、先の四月二十九日付の手紙で、ただちにそのことを伝えている。その翌日、教皇はアジャン司教にふたたび書簡を送り、「わたしたちの親愛なる子、高貴なるトゥールーズ伯の切なる願いにより」、禁固刑を受けている有罪者たちのうちで聖地に向かう意志のある者を減刑すべきことを以前から強く求めているが、異端審問官たちがそれを妨害しているとして、この減刑を司教自身が行うよう指示している。このようにレモンは、目立たぬよう少しずつ教皇に取り入って、みずから十字軍参加を表明するとともに、十字軍兵士募集の先頭に立ち、異端弾圧の効果的な方法を提案するというふうに、教会のもっとも忠実な子としてふるまうことによって、広範囲にわたり、すべての関係者を操ろうとしたのである。

それだけではなかった。伯は、籠絡《ろうらく》の技に加えて、ごまかしの技にも長けていた。八月半ば、彼はエーグ・モルトに行き、王と会見した。王は、二十五日、弟シャルルとロベール、それにトランカヴェル、オリヴィエ・ド・テルム、フィリップおよびギー・ド・モンフォールとともに、船に乗った。伯自身はマルセイユまで行き、イギリスで艤装《ぎそう》させた大型船が到着するのを待った。しかし船が着いたときには荒天の季節が迫っており、航海は危険だと判断して、出発を翌年に延ばすことにした。十月二十五日、彼はルエルグにいた。それから八ヵ月間、彼は自分の国のことにかかりきりだった。

一二四九年六月、ガスコーニュのふたりの封臣、アルマニャック伯とロマーニュ子爵のあいだの紛争を調停するためにアジャンに行った。そのさい、一年まえから異端弾圧を一手に牛耳っていたアジャン司教とともに、伯は信じがたい行動に出た。「彼はアジャンのベウレーグというところで、審問で異端であることを自白した、あるいは異端と断定された約八十人の信者たちを火刑に処した」――ギヨーム・ド・ピュイローランスの手になる『年代記』のこの簡潔な記述は、これが彼の生涯におけるぎりぎり最後の行動のひとつであり、彼がその結末をどうつけようとしていたか分からないだけに、伯の人間としての振る舞いに濃い影を落としている。この残虐行為は、ドミニコ会士たちの異端審問の熱狂がもたらした最悪の逸脱行為をも、はるかに超えたものであった。彼らは、集団処刑はけっしてやらなかったし(2)、また当時をふくめ、半世紀にわたって、一般信者を火刑にするようなこともないだろう。それだけに、伯がどうしてこうした行為に及んだのか、納得のいく説明を見つけるのはむずかしい。おそらくそれは、異端弾圧の仕事を審問官たちから取り上げる必要があることを教皇に納得させるためのパフォーマンスだったのだろう。

八月、レモンはエーグ・モルトをふたたび訪れ、自分の娘ジャンヌと婿のアルフォンス・ド・ポワチエに会った。ふたりは聖地に向かう船に乗るところだったが、伯は同行しなかった。ルエルグとケルシーに、やるべき仕事があったのだ。ところが、ミヨー滞在中、発熱し、床に就かねばならなかった。さっそく、アルビ司教が彼の枕頭《ちんとう》に駆けつけ、さらにトゥールーズ、アジャン、カオール、ロデーズの各司教、トゥールーズ市参事会員たち、コマンジュ伯とロデーズ伯、大修道院長たち、伯の役人たち、そして多くの騎士たちも駆けつけた。伯は、九月二十三日、遺書を口述し、娘ジャンヌを彼の財産および領地の相続人とし、ジャンヌとその夫が不在中、伯領の統治をシカール・アラマンに委ねることとした。さらに、数多くの宗教施設にかなり気前よく寄進している。それから二日後、遺言補足書に、もし病気が治ったなら、聖地への巡礼を果たしたいと付け加えている。

同月二十七日、彼は永眠した。五十二歳になったばかりであった。遺志により、フォントヴローのベネディクト会大修道院に埋葬された。この修道院には、彼の母ジャンヌ・ダングルテール、伯父のリチャード一世獅子心王、祖父であるプランタジネット家のヘンリー二世も眠っている。

伯は二十年にわたり、パリ和約の相続条項を骨抜きにするべく、あらゆる画策を試みたが成功しなかった。また十五年にわたって、修道士異端審問という奇妙な組織と対立し続け、これにはついに打ち勝った。異端審問そのものがなくなったわけではないが、説教修道士会修道院からの「派遣審問官」たちからその仕事を奪い、教区裁治権者である司教たちに委ねたのである。

レモン七世は、彼があれほど強く望んだこの司教異端審問が——あのベウレーグでの異様な大量火刑を別として——軌道に乗るのを目にすることなく世を去った。それゆえとうぜんのことながら、彼の勝利がいかに儚《はかな》いものであったかを知ることもなかった。

第十七章　モンセギュール以後、各地の様子

異端審問の権限がアジャン司教の手に移ったのは、一二四八年四月のことである。ところが奇妙なことに、現在残っている資料にトゥールーズ司教区に関する審問記録が現れるのは、ようやく一二五一年一月になってからである。説教修道士ベルナール・ド・コーとジャン・ド・サン＝ピエールが一二四九年夏まで任務にとどまっていたカルカソンヌ審問所でさえ、その審問記録がふたたび資料に現れるのは一二五〇年三月のことである。資料が大量に紛失した可能性も否定できないが、それにしても、その後の審問記録に、この期間に行われたはずの審問の形跡がまったく見当たらず、それについての言及もまったくないというのは不可解である。むしろ、司教区によってその期間はまちまちだが、異端審問がいわば一時休止されていた可能性のほうが高い。そう考えられる理由が、少なくともふたつある。

一二四九年三月、教皇が特別聴罪司祭アルジーズ・ド・ロシアートに全権を与えたのは、緩和政策の表れである。じっさい、聖地奪還の兵士を募る形での大量減刑があったばかりか、それとは関係なく、純粋に温情による釈放もあった。たとえばローラゲの貴婦人、ヴェジアード・ド・フェスト、ミシェール・ド・サン＝ミシェルなど。名うての「残党騎士」レモン・ド・ニオールでさえ、一二四九

年九月、教皇から直々に罪の許しを受けた。もちろん、聖座が異端との戦いをないがしろにするようになったというわけではなく、この戦いが公平かつ公的な裁きによってなされることを望みはしても、この「信仰に関わる問題」を早く決着させたいと思っていたことには変わりない。とはいえ、この戦いの権限を説教修道士たち——彼らは、ひとたび異端審問官に任命されると、修道会とのつながりはほとんどなくなり、いわばフルタイムでこの使命に邁進することになった——から取り上げ、司教たちに委譲することになれば、とうぜんながら、組織の全面的な見直しが必要である。高位聖職者たちにとっては、明らかに超過負担となる。それゆえ、当初から予想されたことではあるが、彼らがみずからこの仕事をすることはめったになく、場合によっては、異端審問官の職そのものをかなり位の低い在俗聖職者に任せてしまうこともあった。新しいシステムを導入し、これまで説教修道士たちがやってきた審問の仕事を、しかもときにはやりかけの状態のままで、引き継ぐ以上、とうぜんながら、ある程度の時間がかかる。仕事の集中化、さらには現代なら「情報処理」と言うだろう作業も、かなりやっかいだったにちがいない。

異端取り締まりの全権限を委ねられたアジャン司教自身、率先して、その責任を他人に押し付けようとした。一二五〇年から一二五五年にかけて、カオールとロデーズの各司教に、一二五一年一月にはトゥールーズ司教に、それぞれの司教区に関する権限を委譲してしまったのである。トゥールーズ司教レモン・デュ・フォーガも、さっそく、つぎつぎに審問官を任命して、このやっかいな仕事を彼らに任せてしまった。審問官に任命されたのは、大聖堂主任司祭、司教区尚書、聖堂参事会員、レザ副司教、ヴィルミュール副司教、ローラゲ地方のラベセード司祭、パミエの教区法務官（つまり教区の宗教裁判所判事）、その他数名の司祭、さらには「師」と呼ばれているが実態ははっきりしない複数の人物などである。こうしたやり方は、カルカソンヌ審問所管轄の各司教区にたちまち広がって行った。一二四九年夏、ベルナール・ド・コーとジャン・ド・サン＝ピエールは退任したが、別の説教修道士たちがその代わりを務めることもなく、彼らの任務は各司教に引き継がれた。カルカソンヌ司教は、自分自身でこの仕事をすることをじきに止めてしまい、代わりの審問官を任命して審問所を運営させた。審問官に選ばれたのは、教区法務官、首席司祭、神学および教会法でさまざまな学位を持つ者などであり、かつての異端審問官フェレールの書記も含まれている。アルビ司教も、ロデーヴのふたりの聖堂参事会員を派遣してきた。

トゥールーズ司教区において異端審問がどのように行われていたのか、それを知るための手掛かりとなる資料は断片的にしか残されていない。まず、一二四五年と一二四六年にベルナール・ド・コーとジャン・ド・サン＝ピエールが尋問した人物たちにたいして、一二五一年から一二五四年にかけて行われた自供確認に関する手短な覚書がある。これは、ふたりの審問官がローラゲ地方で行った大捜査を中心とした記録簿を一二六〇年に書き写したものの一部である。それから、四人の完徳者とふたりの完徳女の自白を記録した十二葉の羊皮紙。その一部は一二五四年から一二五六年にかけて、レザリ副司教レモン・レスプランディスおよびヴィルミュール副司教アルノー・ド・グーザンの尋問のもとに作成されたものである。これらの羊皮紙は、今日では散逸してしまった異端からの転向者に関して特別に作成された記録簿から破り取られたものにちがいない。

以上見たふたつの資料は、たしかに残された断片でしかないが、一二四五年から一二四六年のあいだにベルナール・ド・コーが作成した記録簿がもたらしてくれる情報やそれ以降の審問記録に見られる過去への言及などを加味することで、モンセギュール陥落のあと、カタリ派教会がどうなったのかを語るうえで多少の手掛かりにはなるだろう。

フォワ伯領、滅びゆく教会

カタリ派教会は、ベルトラン・マルティの後継者として、アルノー・ルジエを司教に迎えた。トゥールーズの有力市民のひとりで、かなり高齢であった。彼は一二二二年から一二二三年にかけて市参事会員を務めている。遅くとも一二二六年から一二二九年頃にはカタリ派信者になっていた。というのも彼は、王の十字軍のあいだ、ギラベール・ド・カストルの「大子」ベルナール・ド・ラモート、そしてヴェルフェイユの助祭ギヨーム・サラモンを自宅に泊めている。また同じ頃、レ・カセスとアヴィニョネから逃れてきた完徳者や信者たちに家を貸している。一二三五年、当時市参事会員だった息子のレモンとともに、説教修道士の異端審問官を追放すべくトゥールーズで起こった一斉蜂起に加わり、ふたりとも欠席裁判で異端を宣告され、教会を破門された。彼のそれ以外の経歴は不明である。

一二四三年春、高地フォワ伯領のラバで、一介の完徳者として姿を現している。一二四六年に司教になってからは、用心してトゥールーズ地方には足を踏み入れず、高地伯領にとどまったまま、土地の有力貴族たちの家に出入りしていた。ポンス＝アルノー・ド・シャトーヴェルダンの妹、若いステファニー・ド・シャトーヴェルダンを完徳女になるよう説得したのも彼である。ちなみにポンス＝アルノー・ド・シャトーヴェルダンは、一二四四年のはじめ、自分が管理する要塞洞穴にモンセギュールの財宝を一時隠しておいた人物である。彼の弟ピエール・アルノーはサン＝ヴォリュジアン＝ド＝

フォワ大修道院長の妹アニェス・ド・デュルバンと結婚したが、彼女はのちに完徳女となり、その後火刑に処せられた。もうひとりの弟アト・アルノーは、一二三二年頃、コンソラメントを受けて亡くなったが、ピエール＝ロジェ・ド・ミルポワの妹セレナと結婚していた。セレナもまた、アニェスとともに火刑に処せられた。結局、ステファニーは、一二四七年、ラバでアルノー・プラディエによって完徳女に叙階された。アルイ・プラディエは、一二四〇年頃、ローラックの助祭になるまで、長いあいだマ＝サント＝ピュエルでひそかに布教活動を行っていた。一二四五年にベルナール・ド・コーの異端捜査が始まったために、彼はローラゲ地方を逃れ、フォワ伯領に来ていたのである。

残念ながら、司教アルノー・ルジエは、ベルナール・ド・コーとジャン・ド・サン＝ピエールが一二四六年から翌年にかけてパミエに異端審問所を設けた頃を境に、現存の資料からまったく姿を消してしまう。フォワ伯領におけるカタリ派教会の上位聖職者は、アルノー・プラディエとやはり同じ身分であるサバルテスの助祭レモン・ド・クイザだけとなった。三十人ほどの完徳者、そして二十人ほどの完徳女は、ステファニー・ド・シャトーヴェルダンと同じ運命をたどった。彼らは、隠れ家から隠れ家へ、ベデヤックの洞窟からシャトーヴェルダン、ラバ、ペルル、ヴェルノーの彼らをかくまってくれる家を転々とした。合計で二十近い隠れ家を渡り歩いたことになるが、その間、男女の信者たちが互いに連絡を取り合い、彼らを家に泊め、食糧や必需品を調達してくれた。まだ教会は存続していると言えるとしても、もはや中心になる人間も場所も存在しないのは明らかだった。それゆえ、モンセギュールの時代のように、彼らが移動するときに武装した護衛が付くようなことはありえなかった。

ステファニーを例に挙げたついでに、しばらく彼女の後を追ってみよう。一二四八年、レモン・

ド・クイザは彼女を、彼女の〈ソシア〉とともに、アリオン地方のプラード近くの森に隠したほうがよいと判断した。ふたりは、四ヵ月のあいだ、森のなかの粗末な小屋で暮らしていた。つかまったのか、あるいはこの生活に耐えられなくなってみずから出頭したか、その点は不明だが、一二五五年、ステファニーは、改宗した完徳女として、異端審問官の尋問を受けている。審問官は、司教区聖職者のレモン・レスプランディスとアルノー・ド・グーザンであったかもしれないが、むしろ説教修道士のルノー・ド・シャルトルとジャン・ド・サン゠ピエール——かつての審問官ベルナール・ド・コーの同僚と同姓同名である——であった可能性のほうが高い。というのも、のちに見るように、ドミニコ会主導の異端審問が復活し、さっそく、司教区聖職者による審問官に取って代わるようになったからである。

興味深いのは、ステファニーの自供内容である。彼女は、ラバでアルノー・プラディエから完徳女の叙階を受けたと語っている。そのさい、「ローラックの異端教会の助祭で、いまは私の夫であるアルノー・プラディエ……」というふうに彼女は語ったと供述書には記されているが、にわかには信じがたいと思われる方も多かろう。しかしふたりの審問官の報告書から、一二五五年六月二十四日から一二五六年二月九日まで、アルノー・プラディエとその妻、おまけに彼らの子供——三人はいずれもナルボネ城に収容されていた——の食費、衣料費をふくめた生活費を彼らが負担したことが分かっている。つまり、この三人の親子は異端審問局の保護下に置かれていたのである。このように、助祭アルノー・プラディエも異端を放棄し、自分が叙階した女を娶ったわけだが、異端審問局が彼らを保護下に置いたのは、なかなか改宗に応じようとしない囚人たち向けに、彼らを改宗者の模範として利用しようと考えたのだろう。「良き人」が「良き婦人」を娶り、しかも子供までもうけるなどというのはめったにない話――ほかに知られているのは二例だけである――なので、ここに取り上げた次第である。

アルノーとステファニーのエピソードは、モンセギュール陥落以後、フォワ伯領におけるカタリ派教会の衰退がいかに早かったかを物語っているとも言えよう。しかし、かならずしもそうではなかった。たしかに完徳者たちはいなくなったとはいえ、信者たちまでがいなくなったというわけではない。ほとんどのすべての貴族の家系において、信仰の伝統はしっかりと守られたばかりか、文化程度の高い市民階層にまで深く浸透して行ったのである。十三世紀の終わりに、異端信仰がめざましく復活してくるのだが、それはまさしく高地フォワ伯領を震源としていた。異端審問がそれを抑え込むのに、二十年以上かかったほどである。

トゥールーズ地方、「あら皮」

つぎにトゥールーズ地方、とりわけ異端信仰の聖地ともいうべきローラゲについて見てみよう。この地でいったい何が起こったのか。まずカタリ派のトゥールーズ司教区全体で言うと、ベルナール・ド・コーが一二四六年に行った大捜査が終わった時点で、少なくとも三十三人の完徳者たち、三十七人の完徳女たちが、彼の手で、あるいはフェレール、さらにはギヨーム・アルノーの手で、火刑に処せられている。もちろん、それに加えてモンセギュールの火刑台で二百二十四人が犠牲になってている。そのうえ、それとほぼ同数の者が逮捕され、そのうち少なくとも十六人が最近になって異端放棄を宣誓した。このように、わずか数年のあいだに異端教会は少なく見積もっても三百七十人近くの聖職者を失ったことになる。さらにその後、十人近くが改宗し、六十人近くがイタリアに逃れた。しかもそれは今日知られている数だけであって、実際には、改宗者も、逃亡者も、はるかに多かったにちがいない。

一二四五年から一二四六年にかけての大捜査のあと、一二四八年六月までにトゥールーズで二百件ほどの宣告が下され、貴族階級に広がっていた異端支援組織網のいくつかが壊滅したことを考えれば、モンセギュール陥落直後におけるこの地方の状況がどうであったか、およそ想像がつくだろう。要するに、いったんこの地に根付いたカタリ派教会がすっかり機能停止に陥ったということである。しかしその一方で、この非合法教団が信じがたいほどの抵抗能力を持っていたことも忘れてはならない。この一連の弾圧を乗り越え、さらにその後も数々の弾圧があったにもかかわらず、この教団はしぶとく生き延びたのである。じっさい最後の火刑者が出るのは、それから四十年もあとのことになる。

モンセギュール陥落と一二四〇年代の厳しい異端捜査のあと、カタリ派教会がどれほど衰退したかをもっとも明瞭に示しているのは、各助祭区の状況である。トゥールーズ司教区だけでも、一二四〇年までは二十三の助祭区があったことが確認されている。ところが一二四四年以降は、五つないし六つしか確認できない。それ以外は、完全に消滅してしまったのである。オーリヤックの助祭は、一二四三年を境に資料から姿を消している。医師でもあった完徳者アルノー・フォールがその後継者になったようだが、彼も逮捕され、一二四五年に火刑に処せられた。レ・カセスでも、元領主であった助祭がモンセギュールで火刑に処せられたあと、後を継ぐ者はいなかった。ファンジョーでも、一二四四年まではピエール・ボルディエが助祭であったことが確認されているが、その後継者はまったく知られていない。ピュイローランスでもレモン・ド・カルリパのあと、ヴォーレでもギヨーム・アンカルリッツのあと、サン＝フェリクスでもレモン・サンのあと、ヴェルフェイユでもギヨーム・サラモンのあと、それぞれ助祭はいなくなった。ラヴォール、ヴィルミュールでも同様である。助祭のなかでももっとも活発に行動していたベルナール・ド・メールヴィルでさえ、モンセギュール陥落から数カ月後、ペッシュ＝リューナからマ＝サント＝ピュエルにやってきたところで、資料から姿を消している。

たとえばレ・カセスでの成り行きを見ると、当時の状況がよくうかがわれる。一二四一年の終わりか一二四二年のはじめにギヨーム・アルノーとエチエンヌ・ド・サン＝ティベリーがここにやってきたとき、領主のベルナールおよびレモン・ド・ロクヴィルは、住民に黙秘を命じた。一二四六年にベルナール・ド・コーから尋問を受け、ふたりの兄弟は終身禁固刑を言い渡されたが、刑に服することを拒否して地下に潜伏した。その後、全財産を没収されたふたりはロンバルディアに行き、完徳者に叙階された。その間、古くからの信者で、しかももっとも献身的なひとりであったアルノー・ド・クレランスがあくどい密告者となったために、積極的に活動していたふたつの信者家族、シルヴァン家とブーフィル家の人々が逮捕された。さらに彼は、家に泊めていたふたりの完徳女を司祭に引き渡している。ふたりの完徳者が、危険を察して亡命の道を選んだ。残った者もおり、宗教的抵抗は続いたが、もはや孤立的、単発的でしかなく、緊密な組織網は、完徳者たちのそれであれ、共犯者たちのそれであれ、すべて崩壊した。

一二四四年、レ・カセスには十三人の「良き人」がいたが、一二五〇年には七人だけになっている。レ・カセスとフォルカルドのあいだに位置する森に、ある夜、ロンバルディアに向けて出発しようとしている集団があった。レ・カセスのふたりの完徳者がそれに加わっていた。残りの五人のうち、ふたりがやはり失踪してしまったため、三人だけが、しばらくのあいだ危険な伝道生活を続けていた。そのうちのひとりユーグ・ドメルグは、モンセギュールが陥落したあと、火刑が行われる寸前に逃れてこの地に来ていたのだが、一二五〇年代のはじめに捕らえられた。ほかのふたり、エナール兄弟は、一二五八年頃にもまだ活動を続けていた。彼らの姿が確認されているのは、ある森のなかで、ロンバルディアからひそかに戻ってきたある信者に、あちらはどんな様子か尋ねたときが最後である。おそらく、彼らもロンバルディアに出発したのだろう。ともあれこのとき以来、レ・カセスでは完徳者を見かけることはまったくなくなった。

とはいえ、レ・カセスのような因縁深い土地では、カタリ派が根絶やしと言えるような状態になるまでには、モンセギュール陥落から十五年近くもかかったのである。ほかの村々でも、ほぼ同じような状況だった。しかも、それでローラゲ地方全体から異端が完全に一掃されたかと言えば、けっしてそうではなかった。たしかに助祭区の区分がますますはっきりしなくなり、宗教的抵抗の地域組織も少しずつ崩壊して行ったが、それでもなお、六人ほどの助祭が宗教的位階制を維持し続けたのである。もちろん、その位階制はかなり弱体化していたが、けっしてなくなったわけではなかった。ただしそれも、あと十年ほどの命脈だった！

ともあれ、すでに見たように、ローラックの助祭アルノー・プラディエは、高地フォワ伯領に逃れ、サバルテスの助祭レモン・ド・クイザと合流し、また元ミルポワの助祭でのちに故郷の村モンモールの助祭になったレモン・メルシエは、ローラゲ地方をあちこち回り、ファンジョー、レ・カセス、その他の町に立ち寄っているが、その後一二五〇年か一二五一年にロンバルディアに渡っている。トゥールーズの助祭レモン・ド・モントゥティ——本名はレモン・ドナティ——は、一二五四年頃、ヴェルダン゠ローラゲ近くの森で、まだ説教活動を行っていた。ランタの助祭ポンス・ド・サント゠フォワは、一二四四年に逮捕されたが、脱走するか、身代金を払って釈放されたか、いずれにせよ、それから十年近くのあいだ、モンガイヤールからアヴィニョネにかけての一帯で布教活動を続けている。ピエール・ドラは、一二五一年頃、カラマンの助祭を務めていた。さらにマ゠サント゠ピュエルの助祭レモン・デュ・マは、ヴィエルモレス助祭区を老アルノー・ユック——もとカトリック司祭で、結局、最後には異端放棄を宣誓している——から引き継ぎ、東部ローラゲ地方全域で非常に活発な活動を繰り広げ、多くの信者たちにコンソラメントを授けたが、彼もまた、一二五二年に亡命している。

彼らの執拗な抵抗活動にもかかわらず、「あら皮」〔持ち主の願いをたちまち叶えてくれるが、願いがひとつ叶うたびに縮んでいき、消滅すると持ち主自身も死なねばならないという魔法の皮〕は容赦なくじわじわ縮んで行った。一二五五年は、カタリ派教会にとってきわめて厳しい年だった。司教区聖職者による異端審問が終わろうとしていた。司教たちは異端捜査の指揮を執ることを断念し、その任務はふたたび説教修道士たちの手に委ねられることになる。トゥールーズの異端審問所では、ちょうどこの年、その交代が行われ、副司教レモン・レスプランディスとアルノー・ド・グーザンからドミニコ会士ルノー・ド・シャルトルとジャン・ド・サン゠ピエールに引き継がれた。たしかに、カタリ派教会の崩壊の直接的原因は、厳しい弾圧というよりも、亡命者が続出したことにあったと言えよう。しかし、亡命者が続出したこと自体、状況が耐えがたいものになってきたことを物語っている。一二五五年になると、ローラゲ地方にはたったひとりの助祭もいなくなった。ロンバルディアの亡命教会も、それに強い危機感を抱き――じっさい、国に残った「良き人」および「良き婦人」たちは、アパレラメント（aparelhament）〔参進礼、カトリック教会の信仰告白に相当する儀式〕すら行えなくなってしまうのだ――サン＝フェリクス地方出身の完徳者エマール某を助祭に任命し、年内中にヴィエルモレスに派遣したほどである。

亡命が、教会組織の崩壊の原因なのか、あるいはその結果なのか、ということはどちらでもよい。改宗者たちに関する記録で、消失することなく今日まで伝わったものを見るだけでも、当時の状況の深刻さがひしひしと伝わってくる。彼らはますます多くの危険に晒されるようになり、亡命するか、異端信仰を放棄するか、それ以外に生き延びる道はもはやほとんどなくなっていたのである。

さきにステファニー・ド・シャトーヴェルダンの例を取り上げたが、彼女の異端放棄は自発的だったようである。ほかの改宗者たちについては知る由もないが、逮捕されるまえに自発的に改宗したにしても、逮捕後に強いられてそうしたにしても、たいした違いはあるまい。いずれにせよ、異端教会がひとりの「良き人」あるいは「良き婦人」を失ったことには変わりないのだから。

一二四三年にフェレールがファンジョーの住民をいっせいに召喚したとき、完徳女であり、兄も完徳者であるソーリーヌ・リゴーは、息子のポンスとともに逃亡した。彼女はルシヨンのフヌイエで二年暮らしたが、そこで息子が亡くなった。ちなみに息子は助祭から臨終のコンソラメントを受けている。それからさらに二年間をピュイローランス近くの城で過ごしているが、この城には以前から、信者たちの組織によってかなりの数の完徳者および完徳女たちがかくまわれており、アルブダンの領主の妹もそのひとりであった。ふたたびローラゲに戻ったソーリーヌは、六年のあいだ、ブラムとファンジョーを行き来していた。一二五四年の秋、司教区審問官レモン・レスプランディスとアルノー・

ド・グーザンから審問を受けることになるが（この尋問は少なくとも六ヵ月続いた）、その直前の三ヵ月間、彼女は、ローラックとファンジョーのあいだにあるモルティエの信者の家に、〈ソシア〉であるギエルム・カイヤヴェルとともに隠れ住んでいた。あるとき、この家に彼女の兄レモン・リゴーとその〈ソシ〉がやってきて、臨終を迎えた家族のひとりにコンソラメントを授けた。

ギヨーム・カレールは、モンジェに生まれ、モンガイヤールに近いアヴラネで牛飼いとして雇われていたが、半年間の修練期を経て、一二四一年の復活祭にモンセギュールでベルトラン・マルティから叙階を受けた。攻囲が始まるまえに、モンセギュールを離れ、それから八年のあいだ、逃亡生活を模範的完徳者として送り、東部ローラゲ地方一帯で、〈ソシ〉――相手は何度か代わっている――とともに、熱心に活動した。臨終を迎えた人々にコンソラメントを授けるほか、あちこちで説教した。荒れ地から果樹園へ、菜園から古い風車小屋へ、森から谷へと隠密の旅を続け、あるとき犬に追いかけられ、その吠え声で、羊の群れの番をしていた犬の飼い主にあやうくつかまりそうになったこともある。

一二五四年の春、彼は十人ほどの完徳者たちといっしょにタンタン川のほとりにいたが、ちょうどその頃、ヴェルダン＝ローラゲで異端者取り締まりの一斉手入れが行われた。ヴェルダンとドルイユから五人の女が彼らに別れを告げに来た。彼女たちは完徳女の叙階を受けるためにロンバルディアに出発するところであった。つまりローラゲ地方には、叙階を授けることができる助祭がもはやひとりもいなかったのである。ギヨーム・カレールとふたりの同僚は、ヴェルダンの信者の家に自分たちを迎え入れてほしいとは言えなくなったため、もはやヴェルダンに行こうとはせず、さらに二ヵ月間をタンタンとエーグベルの渓谷で過ごした。それでも、信者たちは彼らに食糧や生活必需品を供給し続けた。五月のはじめ、ギヨームはヴェルダン近くのピエール・ブランシュに隠れていた。六月八日、彼は「異端の退廃からカトリック信仰への改宗者」として、司教区審問官「G師」のもとに出頭した。

シカール・リュネル、アルビジョワからケルシーまで

改宗した完徳者の自供の記録が六つほど今日まで伝わっているが、そのうちもっとも注目されるのはシカール・リュネルのそれで、四つの断片が残されている。これらの断片が興味深いのは、この時代のケルシーおよびアルビジョワ地方のカタリ派の現状について貴重な情報を含んでいるからである。まずは、一二四三年の時点においてアルビジョワ教会の司教はジャン・デュ・コレという男が務めていたが、その後、オープールの助祭であった彼の弟エムリックが引き継いだということ。エムリックとジャンは、モンターニュ・ノワールのオープール――ここは完徳者と完徳女の特権的な隠れ場であり、また司教座の在所でもあったようだ――で、さかんに活動しており、助祭であるピエール・カペルとシカール・リュネルが彼らをうまく補佐していた。シカール・リュネル、一二五五年に改宗したこの男は、ラヴォール近くのアンブル出身であった。彼の両親は一二四九年にはまだ存命で、彼の妹や幼い弟とともにこの村に住んでおり、彼は、両親の家、あるいはアグー川やダドゥー川のほとりの農家や森のなかで説教した。この秘密の任務に就いていた数ヵ月のことを、彼は事細かく克明に語っている。たとえば、パンを焼くために竈《かまど》をこしらえたとか、食事のためにダドゥー川で釣りをしたとか……。もうひとつの断片でも、つい最近、ほかのふたりの完徳者とともに、ロト川を越えて、

さらに遠くまで出かけた危険な旅行について、非常に詳しく語っている。クール、ビアース、バッシュ、コルドに近いラ・キュラード、サン＝マルセル、フィアック……。彼はまた、ヴェール渓谷の断崖のうえにある洞穴に完徳者たちの図書館が隠されていることを打ち明けている。

一二四四年以前にピエール・カペルと同行した別の布教旅行では、モンテギュ――現在のリル＝シュル＝タルン――からラガルド、ピュイセルシを経て、ペンヌ・ダルビジョワまで行くと、そこに船頭が待機していて、アヴェロン川を渡してくれ、さらにコーサド、そしてピュイラロック近くのソンプレサックに行った。いたるところで信者たちが熱烈に歓迎してくれ、貴族たちも彼らを親身に保護してくれた。またラバスタンからコーサド、さらにはヴェール渓谷まで、彼らの説教には多数の聴衆が詰めかけた。まるでフェレールやベルナール・ド・コーがやって来るまえのローラゲ地方にいるかのようだ。

シカール・リュネルはつかまったのか、それとも自首したのか、知られていない。知られているのは、彼が異端放棄を宣誓したばかりか、寝返って、異端審問のために働くようになったということである。しかも三十年にわたって、その仕事を続けた。最初はただの使い走りとして、アルビに召喚状を持って行った。その後、外交使者として、一二六四年、イタリアに亡命した異端者たちを捕らえてもらうため、アプリア〔イタリア半島南東部プーリア州〕大公マンフレッドのもとに派遣された。また一二七四年と一二八四年には、カルカソンヌ異端審問所にいくつかの審問の証人として出廷している。

タルン、アヴェロン、ロトの各地方における一二五〇年頃の異端の状況について、シカールが自供で明らかにしていることと、ローラゲやフォワ伯領の異端の状況について、今日知られていることとのあいだには、まさに対照的というべき大きな違いがある。シカールとその同僚たちは、用心のために夜にしか移動しないということもあったかもしれないが、それにしても、一度として困難な状況に陥ったり、危険な目に遭ったことはなかった。それにたいして、トゥールーズ地方やアリエージュ川の上流域の異端者たちは、つねに危険と隣り合わせであった。たしかに、シカールが活動していた地方では、ギヨーム・アルノー、フェレール、ベルナール・ド・コーが相次いで審問官を務めていたローラゲ地方や、やはりベルナール・ド・コーが審問官であったフォワ伯領ほどには、異端弾圧は厳しくなかった。そもそも、シカール・リュネルが頻繁に訪れていた地方には、個別担当の審問官がいなかったのだ。アルビのカトリック司教区はカルカソンヌ審問所の管轄だったし、カオールとロデーズの各司教区はトゥールーズ審問所の管轄だった。

やがて、異端追跡の任務がカオールとロデーズの司教の手に移り、ロデーズ司教が、一二五二年、ナジャックの異端者をひとり火刑にしているとはいえ、彼らの指揮のもとで行われた司教区異端審問はさほど厳しくなかったし、おまけにそれほど長くは続かなかった。ルエルグ代理官は、あるとき、トゥールーズ伯――すでにアルフォンス・ド・ポワチエになっていた――につぎのように嘆いた。ロデーズ司教はナジャックの七人の住民を有罪としたが、彼らの刑があまりに軽いので財産没収もできない、と。もちろん伯はいたくご立腹であった。というのも、没収財産は自動的に伯の金庫に入ることになっていたのだ。

ピエール・カペルについては、一二四二年以降、何も知られていない。司教エムリック・デュ・コレは、もう一度、一二四九年の万聖節〔十一月一日〕とクリスマスのあいだに、ラヴォール近くのフイアックで姿を現している。その後、彼はイタリアに行った。一二五五年、アルビジョワおよびケルシー地方において、カタリ派教会はもはや位階制度を維持することができなかったようだ。それが復活するのはイタリアにおいて、亡命アルビジョワ人たちの教会としてである。ということは、かなり急速に、当地の教会組織が崩壊したということなのだろうか。しかしそうだとすると、シカールも詳細に語っているように、この地の住民たちのあいだにカタリ信仰が深く根付いていたという事実とかなり矛盾しているように思われる。ところが詳しく見ると、カタリ派の隠れた信仰生活は、一二四〇年代以降、もっぱら一握りの「良き人」たちによって維持されていたことが分かる。シカールと親しい関係にあったと思われる完徳者たち、ベルナール・カルボニエール、ギヨーム・ド・コーサド、フルク・ド・ダルナゴル、さらには助祭ベルナール・フイヤードですら、今日残されている資料には、ほんのわずかしか姿を現していない。ピエール・カペルが姿を消し、エムリック・デュ・コレがイタリアに行ってしまったことで、シカール・リュネルは、事実上、たったひとり残されたことになる。そのために彼の意志が挫かれてしまったということも考えられるだろう。

カルカセス、デーニュ渓谷からカバルデスまで

しかし、カルカソンヌ司教区とそこで行われた司教区異端審問について見ると、かなり様子が違ってくる。まず大量の資料が残されており、そのうち最初の二百七十の書類は、一二五〇年三月から一二五八年二月にわたって、司教ギヨーム・アルノー・モルラーヌがみずから介入して、さまざまな形で減刑措置を講じたことを記している。病気や身体障害を考慮したり、刑の代わりにリウネット修道院で石工の仕事をさせたり、出産を斟酌したり、さらにはまったくの情けや仁慈から、釈放したり、

減刑することさえあった。禁固刑に代えて、さまざまな巡礼を指示したり、衣服に十字架を縫い付けさせたり、海外渡航を命じたり、といったケースが五十ほど見られる。囚人が釈放される場合、司教はその親族や友人から保釈金を徴収したり、さまざまな誓約を要求したりしている。つまり囚人の親族や友人は、期限付きの保釈の場合、囚人がかならず監獄に戻ってくることを保証し、禁固刑を何らかの悔悛の業に代える場合は、囚人がその悔悛の業を確実に履行することを保証するわけである。

つぎは三十九人に関わる四十五通の尋問調書であり、一二五五年八月までに司教と司教が任命した司教区審問官が行った尋問を記録したものである。

これらすべての書類から、驚くべきことが明らかになる。カルカソンヌ司教区において、カタリ信仰がいかに根付き、深く浸透していったかを、これほど具体的かつ詳細に伝えてくれる情報は前代未聞である。まず、カルカソンヌ司教区の四十七の町村、すなわち小教区の約半数は異端に冒されていることが分かる。そのうち、中心地というべき地帯が三つある。そのひとつはカバルデスである。オルビエル川とその支流の渓谷を含み、カバレからサルシーニュ、ヴィラルドネル、ヴィラニエール、フルヌ、ロクフェール、キュクサック、ラバスティード＝エスパルベランク、ラ・トゥーレット、レ・ジールを通ってレ・マルティまで。さらにこの地方の南に延びるモンターニュ・ノワールの山麓地帯も加えなければならない。アルゾンヌ、ムスラン、ペザン、ヴァントナック、アラゴン、そしてコンク。資料には百十人の信者、そしてひとりの改宗した完徳者ピエール・ダラサックの名前が記されている。その後の審問記録には、ピエール・ダラサック、そして一二五〇年代の彼の同僚たち、すなわち彼の〈ソシ〉であったイザルン・ド・カノワ――元サルシーニュの司祭――とほかの数人――審問官たちが長期間にわたって関心を持ち続けたギヨーム・パジェス、ピエール・マルティ、レモン・マズリエなど――の活動にあらためて言及しているものもある。

あとふたつの中心地は、さらに南で、互いに隣接している。ひとつは、コルビエール地方のデーニュ渓谷にあるリユー゠ザン゠ヴァル、セルビエ゠ザン゠ヴァル、トーリーズ、そしてヴィルトリトゥールなどの村々。もうひとつは、カルカソンヌの上流、カヴァナック地方で、クフラン、プレクサン、ポマ、ヴェルゼイユ、ヴィルフルール、とりわけルー、コルネーズといった村々が含まれる。これらの地域では、三十年来、非常に献身的な信者家族の援助のもと、二十人ほどの完徳者たちが布教活動に励んでいた。カヴァナックを例に挙げると、代表的な信者一族はシクル家で、父、母、息子、娘、娘婿、叔父、叔母、召し使い、そしてヴィルフルールで鍛冶屋をしているいとこ、総計十三人、完徳者をかくまったり、道案内したりする鞏固《きょうこ》な組織網を形成していた。やがてカルカソンヌの教区法務官が秩序回復に努めるようになり、その結果、一二五〇年三月十五日、この一族の長――ただシクルとしか記されていない――は尋問を受け、最初、自分は異端について何も知らないと答えた。投獄され、二日後にふたたび尋問を受けると、彼はようやく口を割った。彼の尋問記録に付された注記によると、彼は火刑に処せられた。おそらく、王の代理官がそれを強く主張したせいだろう。というのも、彼が完徳者の叙階を受けたという確たる証拠はないからだ。逆に、この地方でもっとも精力的に活動していた僧でシクル一族もよく知っていたベルナール・アシエは逮捕され、一二五九年よりもまえに異端放棄を宣言している。

ところで、カルカセスにおける異端の抵抗運動が活発だったこの時期、助祭の数がきわめて少なかったことは注目に値する。つまりこの地方でも、ローラゲやアルビジョワとほぼ同じ事態が生じていたのだ。カバルデスの助祭ギヨームとピエールのパレール兄弟は、一二四二年、現存の資料から姿を消している。ちなみに、ピエールはアルビジョワを離れ、コルビエール地方の南、フヌイエードに行ってしまった。それ以来、この地方の助祭はベルナール・ゴーベールひとりしかいなくなった。彼は、一二四二年時点で司教ピエール・ポーランの〈ソシ〉であったが、その後一二四五年まで、ブラム、ムスラン、アルザン、リユー＝ザン＝ヴァルでその姿が確認されている。それから一二五一年までのあいだに、彼は異端放棄を宣言しているが、どのような状況下でそうしたのかは知られていない。

このように、助祭に関する情報はきわめて乏しいが、カルカセスの知られているかぎり五番目の司教であるピエール・ポーランに関する情報も同様に乏しい[1]。彼の経歴は、一二四四年、つまり彼自身が資料から消え去った年と、一二五八年、ギヨーム・シクルがラゼスの森のなかで司教が埋めた財宝――いつ、どうして埋めたのかは知られていない――を掘り出した年のあいだで、終わっている。もし彼がロンバルディアに渡っていたとするなら、これほどの高位聖職者である以上、亡命者たちの数多くの証言のいずれかに、その形跡が残っているはずであるが、それも見当たらない。このように、彼の最後は謎のままであるが、逆に確かだと思われるのは、彼には後継者がいなかったことである。

アルフォンス・ド・ポワチエ、説教修道士たちの復帰

案の定、司教区聖職者による異端審問はあえなく幕を閉じた。トゥールーズ異端審問所に関しては、その日付ははっきりしていない。ともあれ、副司教のレモン・レスプランディスとアルノー・ド・グーザンは、遅くとも一二五五年一月にはドミニコ会士ルノー・ド・シャルトルとジャン・ド・

サン゠ピエールに審問官のポストを譲っている。カルカソンヌではさらに遅く、一二五九年の春になってようやく、修道士ボードゥアン・ド・モンフォールとギヨーム゠レモン・ド・ピエールクヴェルトが審問の仕事を引き継いだ。

ドミニコ会士審問官が排除され、司教区聖職者による異端審問に代わっていった過程については、一二四三年から一二四九年にかけて教皇が発した書簡によって逐一確認できるのにたいして、逆に説教修道士たちが異端捜査の仕事を取り返すに至った状況やその正確な理由については、はっきりしないところが多い。そもそも、その理由はひとつではなさそうだ。この事態の逆転には、政治権力が絡んでいたということもありえないことではない。つまり、アルフォンス・ド・ポワチエと聖王ルイである。

司教区聖職者による異端審問が原則的に決まり、いよいよ実施されようとしたところで、レモン七世が世を去った。それゆえ、まずは伯の継承がどのような条件で行われたかを見る必要がある。

ベジエ国王代理官からレモン七世逝去の知らせを受けたブランシュ・ド・カスティーユは、さっそく、トゥールーズ市参事会にたいし、伯領とプロヴァンス侯爵領は彼女の子息アルフォンスとその妻ジャンヌのものになることを伝えた。このことは、レモン自身が遺言書で明記していたことでもあり、誰もが知っていた。王太后はただちに国王親任官を派遣して、移譲の手続きに当たらせた。一二四九年十二月以来、彼らの手に渡っていた誓約書にはまったく問題はなかった。というのも、レモン王国がカペー家の伯爵に帰属することは、亡き伯の遺言書によってではなく、パリ和約の相続条項によって、あらかじめ定められていたのである。それゆえ、それから一年半後、聖地から戻ってきたアルフォンスは、義父の遺書などまったく意に介さなかった。じっさい、この遺書はまったく無用であった。無用どころか、やっかいですらあった。レモンは金品を気前よくあちこちに遺贈しており、受遺者は、彼の遺志にしたがい、すでに分配してしまっていたのである。アルフォンスは義父の遺言を、形式の不備を理由に無効にするよう要求した。結局、彼の要求が通り、遺贈された財産を取り戻すことができた。そんなわけで、フォントヴロー女子大修道院長は遺言によって寄贈された宝飾品を返還しなければならなかった。

じっさい貪欲さこそ、新しいトゥールーズ伯の大きな欠点だった。彼が統治した二十年間は、税の取り立ての厳しさが際立っているが、そのおもな理由は十字軍の費用を捻出することだった。とりわけユダヤ人は、あらゆる種類の搾取にたえず悩まされた。さらに臣民が異端者として有罪宣告を受けた場合は、その没収財産が自分のものになるため、アルフォンスは異端の取り締まりをいっそう厳しくすることを望んでいたし、彼の役人たちもそのことをよく知っていた。すでに見たように、ルエルグの国王代理官は、六人のナジャック住民にロデーズ司教が下した罪が軽すぎて、その財産を没収できないことを嘆いている。同司教は、異端者を減刑したり、判決に手心を加えたりして賄賂を受け取っているとか、目に余る寛大主義を発揮して小銭を稼いでいるとか、いろいろうわさがあったが、それとは逆に、弾圧を厳しくすれば、異端者は減るし、伯の財政は潤うという二重のメリットがあった。けれども、つぎのようなこともあった。一二五五年一月、ドミニコ会士ルノー・ド・シャルトルとジャン・ド・サン＝ピエールが審問官に着任したとき、司教区審問官が終身禁固刑を言い渡したにすぎない人々を世俗判事が――つまりはアルフォンスの役人が――火刑に処したことを知った。それに憤慨した彼らは伯に書簡を送り、教皇に告発することをにおわせながら、つぎのように言った――「このような事態を黙って見過ごすようなことをすれば、私たちの魂の救いすらあやうくなります」。

一二五一年四月、聖地から戻って六ヵ月後、ようやくトゥールーズに赴く途中、アルフォンスはリヨンに立ち寄り、教皇に謁見した。六月十七日、教皇は説教修道士会の管区修道院長に書簡を送り、異端審問官を任命するよう要請した。こうして司教区異端審問は、ようやく動き始めたところを、それを命じた教皇自身によって否認されてしまったわけである。ここで、ふたつの疑問が浮かんでくる。

このとつぜんの方針転換は、いったいどうしたことか。アルフォンスが圧力をかけた結果だとしても、教皇にも、それに賛同して明確に共同歩調をとろうとするだけの何らかの理由があったはずである。司教区異端審問所にたいしてははっきりした意見を持つに至るには——たとえば、彼らが寛容すぎて、異端との戦いがあやうくなるといったことを心配するには——時期的にやや早すぎるように思われる。ところが、教皇が向かったのは、まさしく弾圧の強化だったようだ。教皇は、一二五二年五月十五日、「異端殲滅に向けて」(Ad extirpendam) と題する法令を発し、拷問を合法化したのである。もちろん、それはイタリア諸都市の行政長官、役人、市参事会員などに向けられたもので、オック地方の審問官向けではなかった。オック地方の審問官もいずれこの法を適用することになるが、それはさらに三十年後のことである。

もうひとつの疑問。イノケンティウス四世の命令にたいして、どうして誰も動こうとしなかったのか。教皇は、それから一年後に命令をしつこく繰り返さねばならないほどだった。一二五二年五月、教皇はトゥールーズ伯領の司教たちに、異端審問を説教修道士たちに託し、彼らに異端を厳しく取り締まるよう求めたことを伝えた。六月、アルフォンスは、同じ高位聖職者たちをリオン〔現在のピュイ・ド・ドーム県の町〕に召集した。司教たちは、説教修道士たちに手紙を送り、異端審問の仕事に戻ることを要請した。そのうえで司教たちは、自分たちに相談なく何事も決めないこと、すべてを教会規則にのっとって行うことを条件に、説教修道士たちの活動を妨害しないと約束している。それでも、説教修道士たちは修道院から出てこようとはしなかった。

じつのところ、アルフォンスと高位聖職者たちのあいだに根深い反目があったのだ。その理由は、高位聖職者たちと伯が異端弾圧から引き出す利益の奪い合いを演じていたということである。伯のほうでは、異端宣告を受けた者から没収した財産を売却することで直接利益を得ようとしているし、高位聖職者たちは、異端者たちを減刑したり、手心を加えることで、間接的に謝礼金を受け取ろうとしている。一方が重罪にして財産没収で利益を得ようとすると、他方は減刑して罰金や寄付を受け取ることでそれを妨害しようとする。ロデーズ司教は、禁固刑ばかりか、悔悛のための巡礼まで、金で帳消しにしたとして訴えられている。しかし一二五三年五月、今度はナルボンヌ大司教が、ベジエ、ロデーヴ、アグドの司教とともに、金をもらって没収財産を返還しているとして、アルフォンスを非難している。つまるところ、カペー家の伯と地元の高位聖職者たちとの関係は、年ごとに険悪化していたのである。おそらく伯と良好な関係を保っていたのは、ドミニコ会士でありながら、トゥールーズ司教を務めたレモン・デュ・フォーガだけであった。

一二五三年十月、ローマに戻ったイノケンティウス四世は、ふたたびトゥールーズの説教修道士たちに手紙を書いたが、彼らがあいかわらず耳を貸そうとしなかったので、今度は直接、パリ修道院長に書簡を送り、異端審問官を任命するよう要請した。それでも彼らは動こうとしなかった。苛立ったアルフォンスは、一二五四年春、教皇に意見書を送り、異端取り締まりの組織体制を、審問をいっそう厳しくし刑もさらに重くする方向で再編することを提案した。そこでイノケンティウス四世は、七月十一日、ふたたびパリのドミニコ会士たちに書簡を送り、審問官を出すよう強く迫った。ところが、同月二十一日、説教修道士たちの返事を待たずに（あるいは、もともとそれを期待していなかったのかもしれないが）、突如、教皇は異端審問をフランシスコ会の手に委ねるという考えを表明した。そうなると、ドミニコ会士たちとしても動かざるをえなかった。

パリ修道院長から指名されたルノー・ド・シャルトルとジャン・ド・サン＝ピエールが、その後まもなく、トゥールーズの審問官として着任した。すでに見たように、一二五五年一月頃、伯領の世俗判事が異端者たちに下した過度に重い判決が利権がらみの犯罪行為であったとして、激しく告発したのは彼らである。

アルフォンスがトゥールーズ伯領を治めていた二十年ほどのあいだ、異端撲滅に名を借りた搾取や略奪が行われていたことは確かであるが、しかしそれだけでアルフォンスの功罪を判断するのはやや早計であろう。後世の歴史家たちはしばしば、このカペー家の伯がトゥールーズに滞在したのは、すべてを総計してもたった四週間だけで、レモン七世から受け継いだこの国を、彼は遠くから統治したにすぎないと難じている。しかし彼がこの国にあまり顔を出さなかったのは、おそらくは政治的配慮からであった。というのも、十字軍による甚大な被害や敗北の屈辱感の記憶が、人々の心になまなましく残っていたのだ。それは、ギレーム・フィグイラ、ベルナール＝シカール・ド・マルヴジョル、ギレーム・モンタナゴルなど、もっとも〈戦闘的な〉トゥルバドゥールたちの詩を読めば、一目瞭然である。彼らの詩は、まさに「フランス人と坊主どもが支配する平和」を糾弾する政治パンフレットであった。

そうした理由から、アルフォンスは遠くから統治した。ともあれ、統治したことは事実であり、しかもその最高の役職をフランス人――トゥールーズ、ルエルグ、アルビジョワの代理官を務めたピエール・ド・ヴォワザン、ジョフロワ・ド・シェーヌヴィエール、ピエール・ド・ランドルヴィル、あるいはチボー・ド・ナンジェルヴィル――だけに任せるのではなく、行政にある程度の一貫性を持たせるべく、現地の要人にもそれなりのポストを与えるという配慮も示している。たとえば、リュネルの領主レモン・ゴーセルムはヴネサンの代理官としてとどまったし、レモン七世のもとで「宰相」を務めていたシカール・アラマンもその地位にとどまっている。レモン七世の法官であったポンス・アストーも、司法機関の最高位のポストに就いているし、レモン六世の法官の息子でサン＝ジル生まれの法律顧問であったギー・フソワは、アルフォンスにとって、さらには彼の兄のルイ九世にとっても、またとない政治顧問となった。彼こそ、のちの教皇クレメンティウス四世である。

もちろん、アルフォンス政権と土地の既成権力とのあいだには、さまざまな摩擦や衝突があった。まずトゥールーズ市参事会は、自分たちの特権と市の自由を守ることに神経を尖らせていたし、また一二五六年にフォワ伯に報復を加えたアルフォンス軍によって領地を荒らされたブルボンヌ大修道院も、かなりの抵抗を示した。さらにアルフォンスは、たとえば一二六四年にアルマニャック伯が蜂起したように、何人かの封臣が起こした反乱を鎮圧したり、封臣同士の争いにも介入しなければならなかった。また伯領の行政でも、奉行や代官があいだに入ることによって、規則違反、汚職、資産の強奪、横領など、あらゆる不正行為がまかり通っており、伯自身もその被害者であった。何よりも秩序を重んじたアルフォンスは、たえず特別調査官を派遣して、住民たちの訴えを聴き、それが正しい場合は、彼らの要求を叶える努力を惜しまなかった。

フランスによる征服の完遂

カルカソンヌの国王代理官領でも状況はある程度は似ていたが、かなり違うところもあった。征服され王領となったこの地方には、シカール・アラマンのように、昔の慣習を重んじる行政官もいなかったし、アルフォンス・ド・ポワチエのように、横暴で貪欲な役人たちが住民にもたらす損害を最小限に食い止めようとする権力者もいなかった。一二二九年に最初の代理官が暗殺されたこと、一二四〇年と一二四二年に起きた武装蜂起、とりわけ一二四六年に「残党騎士」シャベール・ド・バルベラが代理官ユーグ・ダルシにたいして仕掛けたゲリラ戦、ソー地方でニオール一族にたいして展開しなければならなかった軍事作戦、これらのことを考えただけでも、フランスによる植民地化政策にたいする抵抗の激しさがじゅうぶんうかがえるだろう。この地方ではかなり多くの封土が、征服者の権利として、北からやってきた貴族たち——レヴィ家、ヴォワザン家、ブリュイエール家、ゴロワン家、そしてモンフォール家——の手に渡ったうえに、国王直轄領もまた、いずれもフランスから来た代理官とその役人たちの手に委ねられていたのである。弟と同様、ルイ九世もまた、多くの調査官を派遣して、住民の訴えを聴き、目に余る不正は正すよう努めてはいた。しかし、これまた弟と同様、彼も十字軍の多額の出費を負担していたし、おまけに領内の異端者から没収した財産の受益者でもあったのだ。

しかしアルフォンス伯領とは違って、国王代理官領での異端弾圧は政治的色彩が濃厚だった。アルフォンスの調査官たちは、誰にたいしても、レモン七世に仕えていたことをとがめるようなことはなかった。ところが、聖王ルイの調査官たちは、役人の横領にたいする訴えにはしっかり耳を傾けながらも、政治的に異議を申し立てる者については慎重に調べ、訴え出た者の父ないし親戚の誰かが、「モンフォール伯の時代」、つまりは十字軍の時代に、あるいは「子爵の戦争の時代」、つまりは一二四〇年のトランカヴェルの反乱のさいに、さらには「伯の戦争の時代」、つまりは一二四二年のレモンが企んだ同盟軍の戦いで、フランスに刃向かう「残党騎士」ではなかったかを知ろうとした。調査官の判断には、こうしたことがすべて勘案された。かくしてカルカセス地方の社会構成員の大半が、カトリック教会とフランス王国双方に抵抗したことで、きわめて高い代償を支払わねばならなかったのだ。

とはいえ、王の行政官が住民の過去を詮索したのは、過去の怨みや報復からではなく、むしろ警戒心のためであった。というのも、フランス王国は、旧トランカヴェル子爵領を征服したことによって、強力なアラゴン王国のカタルーニャ領と国境を接することになり、しかも両国のあいだで多くの係争が未解決のままだったのである。高地コルビエール地方には、とりわけペルペルチュゼス——一二四〇年に領主が降伏したことから、建て前上はフランス領であったが——があり、またそのすぐ近くにアラゴン国王ハイメ一世の封臣であるフヌイエード子爵領があった。これらの土地はまさしく異端者と「残党騎士」たちの巣窟であり、一二四〇年の反乱で敗れ、モンターニュ・ノワールを逃れたオクシタンの一族セサック家が支配していた。ほかにカルカセスの「残党騎士」であるシャベール・ド・バルベラが、フランス軍の駐屯地から目と鼻の距離で、ペルペルチューズ城砦の付属砦のひとつであるケリビュスを占拠していた。ケリビュスは、コルビエール南部山系にあって、フランス領となったカルカセス地方とカタルーニャ領としてとどまったルシヨンを結ぶ数少ない峠道のひとつを見張る強力な番所であった。

ところが、一二五四年十月、モンペリエ市民は、マグローヌ司教およびナルボンヌ子爵と同盟を結び、アラゴン王ハイメ一世の統治に反旗を翻して立ち上がった。ハイメ一世はすぐに軍を動員し、モンペリエがフランス王代理官領に囲まれた飛び地であるため、フランス王にたいし、部隊が領土内を通過する許可を求めた。ルイ九世は通過を認めたが、それにさまざまな条件をつけ、この紛争に巻き込まれまいとする姿勢を示しながら、一方ではみずからも軍を召集して最悪の事態に備える態勢固めをするといったふうに、きわめて慎重な態度を示している。その一環として、一二五五年五月にはオリヴィエ・ド・テルムを派遣してケリビュスを攻囲させた。シャベール・ド・バルベラはすぐにこの砦を引き渡したが、自由の身になると、さっそく、王の軍隊にたいしてゲリラ戦を始めた。その後、騎馬戦で敗れ、オリヴィエに捕縛されたと言われているが、いつ、どこでかは知られていない。

文字どおり「カタリ派の最後の砦」(2)が陥落したと言いたいところだが、じつのところ、このケリビュス事件は、フランス王とアラゴン王がいずれは決着をつけねばならない政治問題の始まりであった。長い交渉の末、一二五八年七月に締結されたコルベイユ条約によって、両王国は真の国境線を画定し、それを越えた地方の所有権をはじめとする諸権利を互いに放棄することになった。フランスは、バルセロナ、ルシヨン、バザル、エンポルタ、セルダーニャ、コンフラン、それぞれの伯領の諸権利を放棄し、アラゴン＝カタルーニャ王国は、カルカセス、ローラゲ、ラゼス、ミネルヴォワ、ニーモワ、ジェヴォーダンの諸地方の諸権利を放棄した。フランス軍が占拠していたペルペルチュゼスとフヌイエードは、フランス領として残された。この国境は、一六五九年にピレネー条約が結ばれるまで、まったく変わらなかった。

イノケンティウス三世が十字軍召集を最終的に決断した一二〇八年からちょうど五十年後の一二五八年、フランスのラングドック進出が最終的に完了したことになる。占領地を征服者の餌食にさらすという政略は、みごとに成功したのだ。かくして、異端の国はすべてカトリック王の支配下に置かれ、しかもこの征服は、ピレネーの向こうの強力な隣国からも正式に承認されたのである。

あとはただ、異端を完全に一掃する仕事が残されているだけだった。しかし、それにはさらに四分の三世紀が必要だった。

第十八章　亡命の時代

説教修道士たちはふたたび異端審問の権限を握った。彼らは二度とそれを手放さないだろう。この弾圧システムは、創設以来のさまざまな危機を乗り越え、今後はいくつかの不可侵の原則のもとに運営され、オクシタンのカタリ派撲滅をめざしてさらに四分の三世紀にわたって機能していくことになるだろう。とはいえ、その前途は順風満帆とはいかなかった。異端審問の権限の独立性については、王やアルフォンスの行政官たち、そして高位聖職者たちもふくめて、すべての権力が認めるところとなった。しかも審問官と高位聖職者は、長いあいだ、良好な関係を保ち、たとえばアルビ司教とカルカソンヌの審問官は積極的に協力し合うほどであった。もっともこのふたりの場合、利害関係が広く一致するという特殊事情もあったのだが。その一方でこの弾圧システムは、とうぜんのことながら、その対象となる人々のあいだに強い反発の感情を引き起こした。とりわけカルカソンヌとアルビの都市部の有力者たちの反発は激しく、こうした市民社会の憤懣はやがてフランシスコ会などの一部宗教界にも広がり、政治的陰謀や民衆蜂起など、かなり過激な形となって現れた。異端審問局の行き過ぎから、苦情や嘆願が殺到したことに危機感を募らせた教皇クレメンス五世は、高位聖職者たちにたいし、異端審問によって投獄された人々について、みずから調査するように命ずることで事態の収拾を図ろうとしたが、一三一二年、教皇が司教と説教修道士を対等な立場で異端審問に当たらせることを決定すると、かつて審問局がその特権をあらゆる手段を尽くして守った時代と同じく、当時任務に就いていたふたりの審問官が猛烈に反発した。説教修道士たちは、異端弾圧の独占権を守るべく、今後も徹底的に闘うことになるだろう。

聖座の要請によって審問官を派遣するという原則が復活したことで、異端審問所の運営に一種の規律が出来上がった。数年のあいだに、司教任命の審問官は、トゥールーズ審問所では九人、カルカソンヌ審問所では七人に及んだ。さらにアルビジョワ、ルエルグ、ケルシーの司教区でも相次いで審問官が任命されたが、その出身、経歴、能力はおよそまちまちだった。説教修道士たちが復帰し、聖座の承認のもとでパリ修道院長が審問官を選ぶようになると、その任務は専従の形態に戻り、審問所ごとに二人ということになった。ただし二人以上ということはなく、二人に固定された。もちろん、トゥールーズ審問所でも、カルカソンヌ審問所でも、審問官はつぎつぎに代わっていったが――一二五九年から一三二八年までのあいだに三十一人が確認されている――ポストが空席になることはほとんどなかった。

ふたつの審問所の管轄区域は、さまざまな理由から、何度か変わっているが、まずそれは国の司法構造に関係している。たとえば、ポンス・デュ・プージェとその同僚エチエンヌ・ド・ガティーヌは、一二六二年から「ナルボンヌとアルルの大司教区、そしてアルビとカオールの司教区に及ぶフランス王領を担当する審問官」、言い換えれば、カタリ派が広まった全地方のうち「高貴なる領主アルフォンス、トゥールーズ伯が治める土地を除いた」地域を担当する審問官となった。

つまり、カルカソンヌ審問所がフォワ伯領――トゥールーズ司教区に属するが王の封土である――

を含んだ王領を管轄するのにたいして、トゥールーズ審問所はアルフォンスの国となった旧レモン伯領全体を管轄することになったわけである。たしかにこの国はフランス王の封土であるが、領主が王の弟であるという事情から、かなり特殊な位置を占めている。おそらく財政難からであろうが、トゥールーズ審問所とカルカソンヌ審問所は、一二六八年、ひとつに統合されたが、一二七三年にはふたたび互いに独立した。さらに——今回も財政難からか、あるいは審問官のなり手が少なかったためか——一二八六年からはカルカソンヌで、一二八九年からはトゥールーズで、それぞれの審問所の審問官がひとりになり、しかも「教皇庁よりフランス王国に派遣された審問官」という肩書となった。

とはいえ、合議制という原則は守られており、捜査のほうはそれぞれ個別に行うとしても、刑の宣告に関してはふたりの審問官が共同で作業に当たるべきこととされた。とりわけ一三〇三年から一三二四年にかけてトゥールーズの審問官を務めたベルナール・ギーは、カルカソンヌで相次いで同僚となったジョフロワ・ダブリとジャン・ド・ボーヌと緊密に協力し合い、一方、パミエ司教ジャック・フルニエも、異端調査は独自に行ってはいたが、一三二〇年代、宣告を下す際にはこれらの説教修道士たちと協議している。

以上が、知られているかぎり最後の火刑が行われるまで、長らく続行されることになるオクシタンのカタリ派弾圧の制度的枠組みのあらましである。この枠組みは、原則においては厳格に守られたとはいえ、実施に当たってはかなり柔軟に対応した。このシステムは恐るべき効果を発揮した。しかもこのシステムがさまざまな強制手段を備えていたことを考えれば、カタリ派撲滅にあれほど多くの時間を要したことが、むしろ不思議なくらいである。

一二五五年から一三〇〇年までの審問官たち

異端審問がふたたび説教修道士たちの手に戻ってから、審問官を代々引き継ぎ、ともに働き続けた三十人ほどについて、今日まで伝わっている情報の量はおよそまちまちである。

一二五九年にカルカソンヌの審問官になったボードゥアン・ド・モンフォールについては何も知られていない。その同僚であるギヨーム＝レモン・ド・ピエールクヴェルトについては、審問官に任命されるまえはボルドー修道院長を、審問官を辞めたあとはナルボンヌ修道院長を務め、ついでボルドー修道院に戻り、一二六一年か一二六二年頃に亡くなったことだけが知られている。一二六二年にこのふたりの前任者を引き継いだふたりの説教修道士については、そのひとりエチエンヌ・ド・ガティーヌが一二七六年まで、ポンス・デュ・プージェが一二七六年まで、それぞれ任務に就いていたことを除けば、何ひとつ知られていない。このふたりの後継者のひとりで、一二七八年の末に任務に就き、一二八六年四月まで審問官を務めたジャン・ガランについて知られているのは、彼が〈オックの国〉ではなく〈オイルの国〉の出身であるということだけである〔「オックの国」とは現在のフランス南部を、「オイルの国」とは北部を、それぞれ指す〕。彼の同僚で、一二八四年から彼とともに働き、ガランが辞任してからは一二九一年の末までひとりで仕事をすることになるギヨーム・ド・サン＝セーヌについても、ほとんど何も伝わっていない。一二九九年に着任したニコラ・ダブヴィルについても同様である。

トゥールーズ審問所については、もっと多くの情報が残されているだろうか。すでに見たように、説教修道士たちの復帰により、一二五五年、ルノー・ド・シャルトルとジャン・ド・サン＝ピエールが着任したが、このふたりについては何も知られていない。反対に一二五七年にジャン・ド・サン＝ピエールを引き継いだギヨーム＝ベルナール・ド・ダクスについては、少なくとも彼がバイヨンヌ修道院から来たこと、一二六三年に異端審問局を去り、エチエンヌ・ド・サラニャックの後任として、トゥールーズ修道院長を二年務めたこと、さらに一二六八年、ボルドー修道院長として世を去ったことが知られている。ベルナール・ギーによれば、「彼は天分に恵まれ、大いに尊敬に値する人物であった」。一二六三年にルノー・ド・シャルトルの跡を襲ったふたりの修道士のうち、ジャン・ド・サン＝ブノワについてはほかに何も知られていないが、もうひとりのギヨーム・ド・モントルヴェルについては、ペリグー修道院から来たこと、しかもこの修道院長を二度にわたって務めたことが知られている。

すでに見たように、トゥールーズ審問所は、一二六八年にカルカソンヌ審問所に統合され、そのためポンス・デュ・プージェとエチエンヌ・ド・ガティーヌの手に委ねられたが、ふたたび独立し、一二七三年五月にはサントンジュ出身の説教修道士ラウル・ド・プラサックが審問官に任命され、さらに同年十二月には、彼の同僚として、一二七二年にペルピニャン修道院長になったばかりの法学者、ケルシー出身のポンス・ド・パルナックが着任した。このパルナックの後任には、一二七七年七月二十七日、ピエール・アルシユーが任命された。彼はローラゲ地方のサントガベル近くのモーヴェザンの生まれで、それまでの五年間、カルカソンヌ修道院長を務めていた。しかし翌年八月一日、審問官在任のまま亡くなり、ただちにユーグ・アミエルがその後任に選ばれた。カステルノーダリー生まれのこの説教修道士は、一二六一年から、モントーバン、アジャン、そしてカルカソンヌ、最後にトゥールーズの修道院長を相次いで務めていた。彼もまた、審問官在任中に亡くなっているが、亡くなったのは、一二八一年、ローマに赴く途中、ニース修道院に宿泊したときのことだった。

ジャン・ヴィグルーが審問官を務めていたのは、一二八一年から一二八九年までである。ドミニコ会の重鎮のひとりであるこのモンペリエ生まれの男は、反トマス的教育の実態調査のため、イギリスに派遣されたこともある。ナルボンヌ、それからモンペリエの修道院長を務めたあとで審問官となったが、一二八九年にふたたびモンペリエに戻り、修道院長ピエール・ド・ミュルセオンと交代した。一二九七年にサン＝マクシマンに移り、一三〇三年には管区修道院長となったが、かなりの高齢であった彼は、翌一三〇四年、モンペリエで亡くなった。

彼の後任はリムーザン出身のピエール・ド・ミュルセオンで、一二八九年のクリスマスに任命された。先に見たように、彼は当時モンペリエの修道院長であったが、それ以前はブリーヴ修道院長、ついでリモージュ修道院の読師を歴任している。彼は一二九三年に審問官を辞し、トゥールーズで管区修道院長となり、その在任中、一二九五年に亡くなっている。その後任のベルトラン・ド・クレルモンはベルジュラックの生まれで、一二五六年にペリグー説教修道士会に入った。ベルジュラック、ピュイ、そしてナルボンヌの修道院長を歴任後、一二九三年から一三〇〇年九月まで異端審問官を務めた。辞任後すぐに、ベルナール・ギーの後任として、カルカソンヌ修道院長となり、さらに一三〇三年には管区修道院長に選ばれた。

十四世紀の初頭に至るまで、南仏の異端審問を主導したのは、以上のような人物たちであった。ほとんど名前だけの列挙で、うんざりなさったかもしれないが、それでも、ここからいくつかのことが明らかになるだろう。まず、審問官はオック地方の全域から選ばれているということ、そして合議制の原則を守るべく、ひとりが辞めてから後任に引き継がれるまでの空白期間を極力なくすよう、最大限の配慮がなされていること、そして最後に、審問官は、修道院長をすでに経験しているか、そのあとすぐになるような、かなり高位の僧のなかから選ばれていることである。じっさい、彼らのうちの何人かは、管区修道院長という要職をすでに務めているか、あるいはその後すぐに就任している。このように、審問官にはごく一部のエリートだけが選ばれたのである。

残念ながら、一二五五年から一三〇〇年にかけて在任したこれら二十人ほどの審問官たちは、彼らが行った審問に関して、まとまった資料——尋問記録や宣告文など——を残してはいない。円滑に審理を進められるよう、すべてにわたって効率化されたこの裁判組織がじっさいにどのように運用されたかを継続的に知ることができるような一貫した記録はなく、その内容も重要度もおよそまちまちな書類の断片やわずかな証言が伝わっているだけであり、そのうえ、それらの断片的記録同士のあいだには大きな欠落や空白がある。しかし、いかに断片的とはいえ、残されている貴重な記録を最大限に生かすほかない。これから検討する記録のほとんどは、ポンス・ド・パルナック、ラウル・ド・プラサック、ピエール・アルジュー、ユーグ・アミエル、そしてユーグ・ド・ブニオルが、一二七三年五月から一二八〇年二月にかけて、トゥールーズ審問所で八十二人を対象として行った百六十回におよぶ審問記録である。カルカソンヌ異端審問所に関しては、ジャン・ガランが行った一二八四年以降の尋問記録、さらには彼を直接引き継いだ審問官たちのそれが残されているが、それらについては次章で検討したい。

トゥールーズとローラゲ、最後の異端組織網

改宗した完徳者たちを対象とする一二五四年から一二五六年にかけての審問記録の断片をすでに検討しているが、それ以降のトゥールーズ市およびトゥールーズ地方のカタリ派の状況を知るうえで、ポンス・ド・パルナックと彼の同僚たちが残した審問記録は二重に興味深い。それらの審問記録から読み取れるのは、何よりもまず、この地域の異端教会が崩壊したことであり、同時にその結果として、教会自体がロンバルディアへ亡命したことである。じっさいすべては密接に連動している。この地で活動していた最後の完徳者であるプリュネルとティヨールがイタリアに旅立ってしまうと、トゥールーズにも、ローラゲ地方にも、カタリ派は——少なくとも戦闘的カタリ派は——もはや存在しなくなるだろう。

ギヨーム・プリュネルは、カストルとラヴォールのあいだにあるサン＝ポール＝カップ＝ド＝ジュー の出身、一二五八年から一二六八年までの十年間、東部ローラゲで、〈ソシ〉のボネ・ド・サントとともに、非常に活発に宣教活動を行っていた。ピュイローランス近くのレ・トゥゼイユに住むグラジド・ド・サン＝ミシェルの家族（プリュネルの妹が召し使いをしていた）が安全な隠れ家を——少なくともグラジドが逮捕されるまでは——提供してくれていた。プリュネルは、最初のイタリア旅行から、一二七二年の春に戻ってきたが、完徳者ベルナール・ド・ティヨールもいっしょだった。ふたりは、ピュイローランス近辺に隠れ家を見つけた。そのひとつはロクヴィダルのユック兄弟の家の地下蔵であり、もうひとつはプラードのデルペッシュという農家であった。二年間、ふたりはラヴォール

およびサン＝ポール一帯で説教活動を行い、病人たち——何人かの貴婦人、ロクヴィダルの司祭の父、ヴィヴィエの司祭の義姉も含まれる——にコンソラメントを授けた。方々から信者たちがやってきて、彼らの説教を聞いた。わざわざトゥールーズからやってくる者もいた。信者たちは彼らのために、ウナギ、小麦粉、魚のパテ、フーワス〔上等な小麦粉で作ったビスケットの一種〕などを持ってきた。あるときは「上っ張りと白い毛皮のついた青いサージのフード」を持ってきたことさえある。また、ロンバルディアに亡命した人々に送ってほしいとお金を持ってくる信者もいた。

一二七〇年代のはじめにはすでに、プリュネルとティヨールがトゥールーズ地方における最後の完徳者であったにちがいない。残された資料にも、それ以外の名前はまったく挙がっていない。またとりわけ、ふたりがヴォーレ〔ラヴォールを中心とした地方〕およびトゥールーズにもあった隠れ家を分かち合っていたという事実がある。じっさい、トゥールーズ市内に最後まで残っていた信者が多く潜むふたつの地区で、ふたりはよく知られていた。そのひとつは、ガロンヌ河の中州であるトゥルニ島にあり、木工業者、とくに樽職人が多い地区である。そうした職人のひとりの妻ファブリッサ・ヴィタルは、プリュネルとティヨールから臨終の母にコンソラメントを授けてもらっている。彼女はまた、行商人になりすまして——裁縫用の針を積んだロバを連れていた——ロンバルディアに亡命した信者たちとの連絡役をやっていたふたりの男を宿泊させていた。もうひとつの地区は、城壁の外、サン＝テチエンヌ大聖堂の裏手にあり、トゥルニ島のそれともつねに関係を保ってはいたが、社会層はまったく異なり、裕福な市民が多く集まっていた。あるとき、ふたりの完徳者はこの地区の信者たちのひとりの家に一ヵ月滞在し、その妻のために羊毛を梳《す》く仕事を手伝っている。宿と布団を貸してくれたお礼に手仕事をするというのが、完徳者たちの仕来《しきた》りだった。この家族がロクヴィダルにいる彼らを迎えに行ったのは、死にそうな子供にコンソラメントを授けてもらうためだった。一二七三年の四旬節の一週間まえに、ファブリッサ・ヴィタルがこのふたりの「良き人」にコンソラメントを授けてもらうために病気の母を連れて行ったのも、この地区の市民のひとりの家だった。ふたりが帰ると、今度はトゥールーズの信者たちが、ふたりの説教を聞きにロクヴィダルまで出かけて行き、その折にいろいろな品物を持参し、彼らに贈った。

一二七三年の万聖節〔十一月一日〕に、プリュネルはイタリアに戻りたい旨を彼の庇護者たちに伝えたが、さしあたって、そのための手段がなかった。グラジド・ド・サン＝ミシェルの息子が十一月十二日に尋問を受け、逮捕されたことで、ふたりの完徳者の包囲網がさらに狭まり、危険が迫っていた。トゥールーズの女性信者ファブリッサ・ヴィタルとその娘フィリッパ・モーレルが、嫉妬深い近隣の女に意地悪く密告されたために、一二七四年二月に異端審問所に召喚され、尋問を受けた。またユック兄弟とボンヌ・デルペッシュが四月に自宅で逮捕された。さらに、代理官がベルナールおよびレモン・ユックを拷問にかけた。彼らはいろいろしゃべったが、プリュネルとティヨールがどこに隠れているかは明かさなかった。五月七日、ピュイローランスの若殿ベルナール・ド・モンテスキューが召喚され、証言を強いられた。彼はふたりの「良き人」をよく知っているばかりか、援助もしていたのだ。ところが間一髪のところで、審問官たちはふたりを捕らえそこなった。彼らはロンバルディアに向けて去って行ったあとだった。それでも審問局は、オーリヤック＝シュル＝ヴァンディネルのピエール・モーレルを捕らえることに成功した。この地方でもっとも活動的な不法越境案内人で、多くの完徳者と信者の国外逃亡を手助けしていたのである。

こうして、トゥールーズおよびローラゲ地方に最後まで残っていた異端宗教の組織網が消滅した。

最後のふたりの聖職者がいなくなったことで、カタリ派の信者社会はやむなく全員が改宗した。もちろんそれは、たいていの場合、うわべだけにすぎなかったとはいえ、審問局が一二七九年までに彼らを集団棄教に追い込んだことは、トゥールーズからモンターニュ・ノワールの麓にいたる全域において、カタリ派が壊滅したことをはっきり示している。

フィリップ剛勇王、一二七九年の大赦

ポンス・ド・パルナックと彼の同僚たちが一二七三年五月三十一日から一二八〇年二月一日にかけて行った審問がかくも大きな成果を収めたことと、一二七九年八月にフランス国王フィリップ剛勇王がこの問題に介入してきたことのあいだには、単なる偶然の一致を超えた明白な関係がある。

運命のしからしむところで、王子フィリップは、たった一年のあいだに、一二七〇年八月にチュニス近郊で亡くなった父王ルイ九世と一二七一年八月に亡くなった叔父アルフォンス・ド・ポワチエの遺産を、相次いで相続することとなった。アルフォンスは、ジャンヌ・ド・トゥールーズとのあいだに子供はなく、そのうえジャンヌもまた、夫のあとを追って、三日後に亡くなったために、再婚して国王以外の誰かに遺産を与えるという可能性はなくなっていた。翌年の春、フィリップはポワトゥー地方を訪れ、ピレネーのほうで陰謀が企まれていることを知った。アラゴンの親王ペドロが、アルフォンスの死に乗じて、トゥールーズ伯領を手に入れようと画策し、またフォワ伯が、義兄弟であるアルマニャック伯とともに、王の保護下にあるガスコーニュの城々を攻撃し、その住民を虐殺していたのである。このふたつの危険な事態の根はおそらくひとつであって、それを察したフィリップは素早

く兵を集め、トゥールーズに急行し、五月二十五日に到着した。さっそく、ふたりの謀反人の出頭を命じると、ジェロー・ダルマニャックはすぐにやってきて服従を誓ったが、フォワ伯は城砦の防備を固めて立てこもった。そこで王軍は伯領に攻め込み、まっすぐ首都まで進軍し、その城砦を包囲した。フランス国王の義父であるアラゴン王ハイメ一世が仲介に入り、ロジェ＝ベルナール・ド・フォワを説得して降伏させるいっぽう、親王ペドロの野望を挫くべく、彼に援助や助言を与えることをすべての者に禁じた。

トゥールーズでは緊迫と興奮が高まっていた。古い『アラゴン王国年代記』を読むと、そもそもトゥールーズ市民のほうから、伯領を奪うよう、親王ペドロにけしかけたのだと断言している。そうだとするたしかな証拠はないとはいえ、トゥールーズの商人の息子ベルナール＝レモン・バラニョンの一二七四年九月付の尋問記録からも、当時トゥールーズには征服者たちの統治にかなりの敵意を持つ社会層が存在していたことはじゅうぶんうかがえる。じっさい彼は、非常に過激なトゥルバドゥールたちの、今日なら「愛国的」と言われそうな詩がひそかに回覧されていたと証言している。要するに、異端問題の後遺症をいまなお引きずっていることにも不満が絶えず——五月の末、聖体のパンも、他のどんな食べ物とも変わらず、消化されてしまうと言った聖職者を、王の臨席のもとで、公開火刑にしている——国全体が政情不安に陥っていたのだ。トゥールーズ市民は、王が何か失態を演じたら、それにつけ込もうと狙っていた。折しも、国王親任官が市民は自分たちが手に入れた貴族の封土は返還しなければならないと布告すると、富裕層の市民からいっせいに抗議の叫びが上がった。市参事会は四人の特使をパリに派遣し、王は、一二七三年六月、自分の出した布告を多少修正しなければならなかった。しかし、それだけでは収まらなかった。一二七九年のはじめ、王の行政にたいする怒りが頂点に達し、パリ高等法院には告訴が殺到した。市参事会員、聖職者、公証人、誰もが苦情を訴えていた。市参事会員たちは、異端捜査をやめてほしいと公言するほどだった。おそらくそれは、行政にたいする反発からというよりも、異端捜査の対象者はもはやいないのだという事実を訴えたものであろう。

トゥールーズおよびアジャンの王代理官領検察官ジル・カムラン（モー聖堂参事会員で、アルフォンス伯のもとで行政官を務めていたこともあり、トゥールーズ市民をよく知っていた）から助言を受けた王は、賢明にも、市民の苦情に注意深く耳を傾け、市内にくすぶっている反乱の気運を確実に摘み取るような方策を講じた。何といってもトゥールーズは、カタルーニャ領のピレネーとイギリス領のガスコーニュとの隣接地域における民政および軍政の中枢都市として、また王の支配をこの地に行き渡らせるための作戦基地として、欠くことのできない重要拠点であった。

八月、王はトゥールーズ市民にたいして非常に厳かな調子の文書を公布した。そのなかで王は、「特別の恩典により」、市民は自分が手に入れた貴族の封土を返還しなければならないとした先の布告を停止するとともに、一二七〇年以前に行われたすべての差し押さえを、異端、殺人、窃盗、詐欺、その他あらゆる罪をふくめて、理由の如何を問わず無効とし、財産を返還すると約束している。さらにその文書には、遺産相続人がこの恩典に浴することになる二百七十八人の名簿が添えられていた。とはいえ「殺人、窃盗、詐欺、その他あらゆる罪」という言葉に惑わされてはいけない。それは、異端だけを対象とした恩典だと思わせないための、言葉の綾にすぎないのだ。

じっさい、この恩典の対象になった人々の半分は、一二三七年にギヨーム・アルノーによって、また一二四六年から一二四八年にベルナール・ド・コーによって、異端宣告を受けたことにもとづいて、財産を没収されており、そのことは残された宣告文からも確かめられる。[1]それ以外の人々についても、宣告文こそ残されていないが、異端に関わっていたというたしかな証拠がある。そのうえ、これは文字どおりの意味での恩赦ではなく、異端の有罪者は有罪者のままである。王が発行した証書は、死んだ者についても、生きている者についても、その罪を取り消していない。

王はただ、一二二九年四月に父ルイ九世が公布した「クピエンテス（Cupientes）王令」〔パリ和約に付随して発した王令〕のうち、異端の罪ゆえに没収された財産は永久に返還しないことを定めた条項を一時停止したにすぎない。これはじつに巧みなやり方だった。じつに二百七十八におよぶ家族に、異端審問によって差し押さえられていた相続財産が返還されることになったのである。とりわけ、二十人以上の市参事会員とその親族の財産が、その家族に戻されることになった。内訳を言うと、モーラン家の七人、ルエ家が十三人、さらにモンセギュールで火刑に処せられたレモン・サントゥール、異端の宣伝に熱心でフランシスコ会修道院にさえ宣伝活動に行ったピエール・ガルシア、ベルナール・マルティの跡を継いでカタリ派司教となったアルノー・ルジエも含まれている。これらの裕福なトゥールーズ市民の何人かは、ローラゲ地方の村の騎士でもあって、その村に農地を所有していた。かつて女城主であったオーストルグ・ド・バジエージュとオーランの貴婦人アソー・ユノーは、牢獄から出されることはなかったが、その財産は彼女たちの子孫に戻された。この寛容策は心理的効果も大きかったが、社会的・経済的な効果もかなり大きかったことが容易に想像される。異端弾圧のために、市民の世襲財産が壊滅状態になっていたのである。王はそれを再建するきっかけを与えたことになる。

ロンバルディア、異端受け入れの地

じつは、王がこの文書を公布したときにも、トゥールーズのカタリ派教会は存在していたのである。ただし存在するのは、もはやトゥールーズではなかった。

イタリアではカタリ派の歴史は古く、その組織もしっかりしており、十三世紀の中頃には六つの司教区があった。そして何よりも、聖座と帝国が対立し抗争を繰り返していたために、異端の弾圧には手が回らない状態だった。そうした事情から、この半島の北部地方は、迫害を逃れる信者たちにとっては格好の避難所となっていた。もちろん、ロンバルディアにも異端審問はあったが、とりわけ大都市においては、教皇派と皇帝派の対立を背景に、市民組織が力をつけてくるのに反比例して、教会の力が弱まったことから、異端にたいしてはかなり寛容になっており、フリードリヒ二世が公布した反異端法もさしたる効果はなかった。モンセギュール攻囲の最中、ベルトラン・マルティに宛てて、クレモナのカタリ派司教はつぎのように書いている――「こちらでは、私たちは静かに平和に暮らしております」。

この司教は、ロンバルディアに住むトゥールーズ人たちが集う教会のリーダーとしてクレモナで任命されたのである。じっさい注目すべきことに、亡命カタリ派は、自分たちを迎え入れてくれた当地のカタリ派とは合併せず、ラングドック教会はイタリア教会から独立を保ったまま、ラングドックにおける宗教的抵抗体制をできるだけ維持するかたちで運営されていた。たとえば、すでに見たように、一二五五年にはひとりの助祭をヴィエルモレスに派遣している。

イタリア半島との行き来は、じっさい、かなりまえから始まっていた。すでに一二二〇年代、四人のオクシタン完徳者の存在がミラノで確認されている。とはいえ、彼らはイタリア教会との情報交換の旅に来ていたのだろう。彼らのひとり、ベルナール・ド・ラモートの弟でギラベール・ド・カストルの「大子」である助祭ジェロー・ド・ラモートは、運悪く、イタリアから戻る途中、一二二七年に王軍が攻囲したラベセードに居合わせたため、逮捕され、火刑に処せられた。ようやく一二三〇年から翌年にかけて、ケルシー地方のふたりの完徳女にふたりの信者がクレモナまで付き添って行ったことが確認されている。クレモナには旧知の完徳女が三人、先に行って住んでいた。また彼女たちは、スーザとトリノのあいだで、郷里に帰る途中のナジャックの床屋に出会っている。おそらく、フランス王が十字軍に加わったこととパリ和約の公布が第一次の集団脱出を引き起こしたのだろうが、その規模を知ることは不可能である。ついで異端審問が始まったことが、第二の集団脱出を引き起こした。折しも一二三七年、フリードリヒ二世がコルテヌオーヴァの戦いで教皇を支持するロンバルディア同盟軍を打ち破り、北イタリア全土が皇帝の支配下に置かれたことで、それにさらに拍車がかかった。

一二四二年には、アヴィニョネで審問官の暗殺事件があり、それに加わった者のうち、何人かが逃亡している。しかもこの事件にかかわった者のなかには、ベルトラン・ド・キデールとピエール・ド・ボーヴィルという、証言が残されているかぎりでもっとも古くからの亡命者が混じっていた。キデールは、一二四六年にラングドックに戻ったとき、ベルナール・ド・コーの尋問を二度受けており、ボーヴィルのほうは、一二七八年と一二七九年に、アルシュー、アミエル、そしてパルナックから、計十一回にわたって尋問を受けている。ボーヴィルの供述は、文字どおりの旅日記である。逃亡のために商人に身をやつし、シャンパーニュの市に行って商品を買い受け、ジェノヴァにたどり着き、それから七年をクーネオで過ごし（ここでベルトラン・ド・キデールに再会している）、それから五年をピアチェンツァで、二年をクレモナで、ふたたび二年をピアチェンツァで、さらに十四年をパヴィーアで、それぞれ過ごしたが、その間も隠密旅行をたびたび企て、ローラゲ地方に住む家族に会いに行ったり、トゥールーズに行って輸入商品を調達したりしている。

この三十六年に及ぶ亡命生活のあいだに彼が出会った信者たちのリストは、まさにラングドックからの亡命人録となっている。クーネオでは、トゥールーズのラシャ製造販売業者、ラバスタントの肉屋とその愛人、自分の母を捕らえ火刑にした首席司祭の警護員たちを縛り首にしたローラックの騎士と知り合っている。そしてかなりの数の完徳者たち、亡命信者社会の正規聖職者たち、たとえばモワサック出身のレモン・アンベール、ローラゲ出身のレモン・デュ・ヴォー。このふたりはいずれも革帯を作っていた。アヴィニョネへの最初の旅では、当地に残っている妻のところに――幸い、彼女自身の財産は差し押さえられなかった――二週間ほど隠れ住み、クーネオに戻る際、四人の完徳者を連れて行った。そのひとりでミルポワの元助祭のレモン・メルシエは、パヴィーアで、亡命トゥールーズ人たちの教会の助祭になった。しかしボーヴィルが、一二五〇年から一二五五年頃、亡命トゥールーズ人教会の司教メッセ・ヴィヴァンに出会ったのは、ピアチェンツァにおいてであった。一二四四年にクレモナからベルトラン・マルティに手紙を送ったのは、おそらくこの司教であった。とはいえ、得体の知れない人物で、資料にもほとんど出てこず、出身地も分からない。そのかわり、彼の取り巻きについてはかなりのことが知られている。彼の「大子」ギヨーム・デルペッシュ、ローラゲ出身のふたりの完徳者、そしてフォワ伯領の貴族で叙階を受けたアト・アルノー・ド・シャトーヴェルダン。彼はモンセギュール防衛の任に当たったピエール＝ロジェ・ド・ミルポワの甥である。

あるとき、ボーヴィルは妻のギエルムをロンバルディアに来させようと思いついた。彼はナルボンヌまで出向き、そこから妻に手紙を書いた。モンガイヤールの領主ベック・ド・ロクヴィルが、彼女の出立の便宜を図ってくれた。一二六〇年頃、息子アルノー・ド・ボーヴィルも両親のもとに行き、一年ほどいっしょに暮らした。父は彼に自分の始めた密輸ないし運送の仕事をさせることにしたが、情けないことに、アルノーは預かった資金を使い込んでしまった。

モンセギュール陥落、それに引き続き一二四四年から一二四八年にかけて行われた厳しい弾圧、さらにはベルナール・ド・コーがつぎつぎに下した異端宣告、それらをきっかけとして、あらたに亡命者が続出し、この亡命の波は一二八〇年代のはじめまで続いた。

亡命にまつわるもっとも古い話を残しているのは、ギヨーム・フルニエというトゥールーズの男である。母アラザイスから異端の教義を子供の頃から教え込まれた。一二五〇年代のはじめ、彼は他の信者たちとともに、ローラゲ地方のさまざまな完徳者たち、たとえばランタとカラマンの助祭、ポンス・ド・サント＝フォワやピエール・ドアなどのもとに通っていた。おそらく、彼らを熱心に助けていたことが発覚したために、一二五二年、彼はランタとカラマンのあいだにある森に逃げ込み、夜陰に乗じてクーネオに向けて出発するところだった三人の完徳者およびふたりの完徳女に合流した。クーネオからパヴィーアに行き、助祭レモン・メルシエのもとに身を寄せ、レモン・デュ・マ、ピエール・ド・ベレスタ、ペタヴィ・ローラン――モンセギュールから最後に脱出した四人のうちのひとりである――と再会した。しばらくして彼は、レ・カセスの領主である騎士ベルナール・ド・ロクヴィル――彼の名前はすでに何度かお目にかかっている――とともに、叙階を受けた。彼はクレモナで一年を過ごし、司教メッセ・ヴィヴァンに仕え、完徳者および信者たちの大規模な亡命集団に出入りしていた。この亡命集団には、トゥールーズ出身者をはじめ、ファンジョー、イッセル、サン＝マルタン＝ラランド、アヴィニョネ、カイヤヴェル、サン＝ポーレ、さらにはアルビジョワのコルドなど、さまざまな町から逃亡してきた人々が混じっていた。

一二五五年の夏頃、彼は完徳者の資格をみずから放棄したが、亡命者社会への出入りは続けていた。彼はピサで八ヵ月を過ごし、それからピアチェンツァでしばらく暮らしたあと、ふたたびクレモナに戻った。その後、彼はロンバルディアの異端審問局に通行証の発行を申請した。彼はトゥールーズに戻りたかったのだが、通行証がないと逮捕される恐れがあったのだ。トゥールーズに戻ったギヨーム・フルニエは、一二五六年七月五日、トゥールーズ大聖堂司祭のアミエル師に、これまでの罪を自白した。ただしこの司祭はドミニコ会士ルノー・ド・シャルトルとジャン・ド・サン＝ピエールを補佐していただけで、このふたりがその後を引き継ぎ、八月から十一月にかけて、五回にわたってこのにわか完徳者を尋問し、亡命カタリ派教会についてのじつに興味深い情報を大量に聞き出した。

それからほぼ二十年後に、ポンス・ド・パルナックから尋問を受けた亡命者たちの話に戻ろう。そのひとりであるラガルド＝ローラゲ出身のレモン・ボーサンの供述によって、かなり多くの完徳者や信者たちの名前を新たに知ることができるが、それらの名前の多くはほかの被尋問者の供述でも確認される。ボーサンは、ピアチェンツァで完徳者たちが住んでいた家の住所まで明かしている。レヴァータ通りである。この家に住んでいた完徳者は、同じラガルド出身のギヨーム・デジャン、ペシュビュスク出身のレモン・ボネ、サン＝マルタン＝ラランド出身のレモン・デジャン。彼はまた、新たにロンバルディアにやってきた人々の名前も明かしており、そのなかには一二三七年にトゥールーズで火刑に処せられた完徳者ギヨーム＝ベルナールの息子ギロー・ユノー・ド・ランタもいた。この息子ものちに叙階を受けている。複数の亡命者集団が、司教メッセ・ヴィヴァンとともに、とつぜん、ロンバルディアを去り、ナポリの東、カンパーニアとプーリアの境にある要塞ガルディア＝ロンバルディにたどり着いた話もボーサンが伝えている。ボーサンはこの引っ越しの理由を述べていないが、北イタリアの政治状況、とりわけ聖座と神聖ローマ帝国の力関係の変化が大きく影響していることは疑いない。ちなみにガルディア＝ロンバルディは、フリードリヒ二世の息子でシチリア王のマンフレッドの領地にあった。これらの亡命者集団は、異端審問局が王に彼らを捕らえるよう命じた一二六四年まで当地に滞在していた。王はその命令には従わず、彼らはふたたび皇帝派が制圧したロンバルディアに戻って行った。ボーサンはそれから七年をアレッサンドリアで過ごした。アレッサンドリアには、完徳者はほとんどいなかったが、かなり多くの信者がおり、ボーサンはここで、ボーヴィルにも会っている。

ボーヴィルはパヴィーアに住み、仕事で旅をしていた。あるとき、ボーサンはボーヴィルの家を訪ね、三ヵ月滞在したが、そこで何人かの完徳者に会っている。そのひとりポンス・ボワイエは彼に、完徳者になるための修練を始めるよう説得している。この町にはいたるところに完徳者がいた。カタルーニャの助祭で「大子」になったフィリップ・カタラ、ヴェルダン＝ローラゲ出身のベルナール・オリユー、サン＝ポール＝カップ＝ド＝ジュー出身のピエール・ボンとギヨーム・ブスキエール、フアンジョー出身のベルナール・バルブ、モンテギュ出身のレモン・デュ・ヴォーとギヨーム・オードゥイ、モンテスキュー出身のジャン・ローズラル、その他多数。ローラゲ地方にはどうして教会がなくなってしまったのか、これでその理由が分かろうというものである。そのうえ、ここで新しく信者になった者も少なくなかった。カストルの薬剤師とその妻、ファンジョー出身のベリサン父子、ポーラックの騎士で、いまは箱を作って生計を立てている男、「良き人」たちの食事を賄っているレ・カセスから来た未亡人など。しかし、ボーサンは聖職者になる資質を欠いていたにちがいない。完徳者たちが課する禁欲にうんざりしたこの男は、ドミニコ会士のもとに行って供述したうえ、ボーヴィルを始め、何人かの完徳者を告発した。そのおかげで通行証を手に入れた彼は、無事、国に帰ることができた。ボーサンは、一二七四年五月にポンス・ド・パルナックから尋問を受けている。

こんなふうにして、亡命者たちの話をさらに延々と続けることもできるが、ボーサン、キデール、ボーヴィル、フルニエに加えて、モンターニュ・ノワールのロクフォール出身のギヨーム・ラファール——彼は叙階を受けようと思い立ち、飼っている家畜の群れを売って旅費を工面した——やサン゠ポール゠カップ゠ド゠ジューのベルナール・エスクラン——一二七二年、父に会うためにパヴィーアに行き、三年間父と暮らしたが、最後には父と喧嘩して国に戻った——の話を加えれば、ロンバルディアのラングドック人たちの年代記を書き上げるための材料は、すでにじゅうぶん提供したことになるだろう。多くの者が亡命の地で亡くなった。ふたたび戻ってきて、審問官に供述し、貴重な証言を残した六人のその後の運命もさまざまである。最初に戻ったベルトラン・ド・キデールは、一二四六年二月六日と七日にベルナール・ド・コーのまえに出頭したとき、どうして出頭することになったのか、その理由を明かさなかったが、一二五六年七月に自供が追認されていることからすると、彼は有罪とされたにちがいない。ギヨーム・フルニエとレモン・ボーサンは、すでに見たように、自発的に出頭している。ベルナール・エスクランは、おそらくは召喚されたうえで一二七七年四月十四日に尋問を受け、自分は異端については何も知らないし、完徳者などとは一度も会ったことはないと答えた。彼は即刻投獄され、そのためか、五月二日の尋問のさいには、素直に自白している。

ボーヴィルは、一二七七年の万聖節にパヴィーアを離れたあと、病気になり、クーネオ、アヴィニョンなどにしばらく滞在しながら、少しずつ旅を続け、ようやくアヴィニョネに到着して、まずいとこの女の家に行ったが、その娘は彼を覚えていなかった。つぎに自分の娘エルマンガルドの嫁ぎ先に行くと、娘は彼を抱きしめ、うれし涙を流したが、娘の夫は怯えてあまり口も利かず、彼が異端かどうか尋ねた。ボーヴィルは、エルマンガルドの家で異端審問の警吏によって逮捕された。「先週の月曜日に」と、一二七八年一月十三日木曜日に尋問を受けた際、彼は逮捕された日を正確に伝えている。

もっとも哀れな末路をたどったのはギヨーム・ラファールである。彼は若くして母を亡くしたが、母は臨終のコンソラメントを受けている。三十歳のとき、友人（彼ものちに完徳者になっている）から、ロンバルディアに行って叙階を受けるべきだと説得された。しかしロンバルディアに行くのにじゅうぶんな資金を溜めるのに、さらに十年以上がかかった。最後には、飼っている牛まで売って、その金を工面した。彼の密出国を手伝ったのはピエール・モーレルである。パヴィーアで三ヵ月過ごしたあと、ガルダ湖畔のシルミオーネに行き、そこで叙階を受けた。ふたたびパヴィーアに戻り、しばらくボーヴィルの家にやっかいになっていたが、やがて故国に帰る決心をした。一二七三年の四旬節に、隊商に混じってロンバルディアを発ち、復活祭近くにモンターニュ・ノワールに着いた。フレース＝カバルデスという村に、妹が夫と息子とともに暮らしていたのだ。それから、彼はロクフォールに行ったが、兄と何人かの信者が交代で、数ヵ月のあいだ、彼をかくまってくれた。そこへポンス・ド・パルナックとラウル・ド・プラサックによる大捜査が始まった。ラファールは怖くなってロクフォールを逃げ出し、ローラゲ地方をさまよったあげくに、アリエージュ川畔のサヴェルダンまでやってきた。それから一年ほど、物乞いをしながら、各地を放浪し、やがてガスコーニュに入り、ヴォルヴェストルのラトラープで、ある貧しい女の家に泊めてもらうことになった。おそらく密告されたのだろうが、彼は一二七八年八月七日日曜日に逮捕され、その後、四回にわたって尋問を受けている。コンソラメント——しかも後にも先にもたった一回の——を授けそこなった完徳者のみじめな末路である。ロクフォールで、死を間近にした女に乞われ、コンソラメントを授けようとしたのだが、息子と嫁に反対されてしまったのだ。

シルミオーネ、第二のモンセギュール

尋問のさい、ギヨーム・ラファールはシルミオーネのことを話した。ガルダ湖畔の半島部にあるこの要塞部落にこそ、亡命者教会に関するもっとも興味深い情報が集中している。司教ヴィヴァンは、一二六四年のガルディア＝ロンバルディ事件以降、資料から姿を消している。彼の後継者は誰だったのか。ともあれ、一二七二年時点での司教はエムリック・デュ・コレであった。すでに見たように、彼はアルビジョワ出身で、一二四九年のクリスマスにはまだアルビジョワにいたが、すでに司教になっていた。彼がロンバルディアでもアルビジョワ教会——トゥールーズ教会ではなく——の司教であったのはたしかなようである。というのも、一二七七年、パヴィーアにケルシー出身のベルナール・ラガリーグという男がおり、一二八五年に尋問を受け、かつてこのアルビの異端教会で「大子」であったことを自白しているが、アルビジョワにおいては、彼が「大子」であった形跡はないからであ

る。

ともあれ、ラファールがシルミオーネにたどり着いた頃、ここはまさに異端教会の参謀本部であった。ここには「アルバネンセス」たち――デゼンツァーノのイタリア・カタリ派教会に集う絶対二元論者たち――の司教エンリコ・ダルーシオがいた。彼は、その要約が今日まで伝わっている『二原理の書』の著者ベルガモのヨハネス・デ・ルギオの二番目の後継者であった。さらに、「フランス異端者教会司教」ギヨーム＝ピエール・ド・ヴェローヌもいた。この教会は、一一六七年に行われたサン＝フェリクス＝ローラゲ公会議において、ロベール・デペルノンが代表を務めていた教会であり、つまりはシャンパーニュのカタリ派教会だったろうと思われる。シャンパーニュのカタリ派教会の信者たちの多くは、一二三九年、モン＝テメで火刑に処せられ、この教会も消滅したようであるが、資料が乏しく、それ以上のことは何も分かっていない。

それから、ヴェルダン＝ローラゲ出身の完徳者ベルナール・オリユーがいたが、いまでは司教になっていた。かつては信者として、ギヨーム・カレール、レモン・デュ・マ、その他の完徳者の説教を熱心に聴き、またモンターニュ・ノワールの麓の鬱蒼とした谷間に隠れている完徳者たちの世話をしていたことが分かっている。その後、一二六〇年から一二六八年にかけて、パヴィーアやアレッサンドリアで彼の姿が見られたが、このときにはすでに叙階を受けている。彼は、ふたりの兄弟と義理の妹とともに亡命してきたのだ。一二七〇年から一二七二年頃、今度はシルミオーネに来ており、彼の周囲には二十人あまりの完徳者がいた。そのなかには、ロクヴィダル出身のギロー・ユノー・ド・ランタ、ベルナール・ド・モンシトロン、アヴィニョネ出身のギヨーム・リカール、スコポンの領主ベルナールがいた。ベルナールはモンセギュール攻囲の生き残りであり、ベルナール・ド・コーの尋問を受けたあと、逃亡し、ロンバルディアに来て叙階を受けた。

なぜシルミオーネなのか。しかも、どうして三人ものカタリ派司教がここにいたのか。ヴィヴァンが資料から消え、ガルディア＝ロンバルディの異端共同体がパダニア平野〔北イタリアのこと〕に戻ってから、政治情勢が変わったのである。ロンバルディアに行こうとしていたロクフォールのある住民は、モンペリエまで行ったところで、引き返してしまった。亡命者たちが、ロンバルディアでも、ラングドックと同様に迫害を受けていることを聞いたからだ。一二六五年、教皇派がマンフレッドに大勝利を収め、マンフレッド自身も殺されてしまい、勢力バランスが教皇側に傾いたことで、ロンバルディアの異端審問所が大攻勢をかけたのである。ピアチェンツァではカタリ派信者を積んだ二十八台の荷車が火刑場に向かったと言われているし、ヴェローナではエステ侯爵夫人の女官が逮捕され、火刑に処せられ、夫人を不安に陥れた。一二六九年には、コルテヌオーヴァ伯がカタリ派司教たちに自由に使わせていたマンガノ城がミラノの異端審問官たちの手に落ちた。

それでもなお、オクシタンの完徳者や信者たちの亡命が絶えなかったことは、ギヨーム・プリュネル、ベルナール・ド・ティヨール、そして不法越境案内人ピエール・モーレルなどについて触れた際にもすでに見たとおりであるが、そうした状況の変化によって、亡命教会は、デゼンツァーノ教会のように、さらにはマントヴァ教会の司教ロレンツォ・ダ・ブレーシアがそうしたように、貴族階層が自分たちを庇護してくれる国の奥地に砦を構えることを余儀なくされた。それはちょうど、ギラベール・ド・カストルとトゥールーズのカタリ派教会が一二三二年にモンセギュールを自分たちの砦とすることになったのと同じである。

シルミオーネでも、事態はモンセギュールと同じように——もちろん、多少の違いはあるが——推移した。一二七六年、ロンバルディアの異端審問所は、ヴェローナの行政長官の応援を得て、シルミオーネから異端者を一掃することを決断した。アルベルトおよびマスティニオ・デラ・スカラは、ヴェローナ司教ティモテオとともに、シルミオーネを攻囲した。要塞は十一月十二日に陥落し、百六十六名の完徳者および完徳女が逮捕された。しかし火刑が行われたのは、一年以上もあとの一二七八年二月十三日、ヴェローナの闘技場においてであった。

とはいえ、亡命教会に所属していたと思われる七十人に及ぶオクシタンの完徳者たち全員がヴェローナで処刑されてしまったというわけではない。一二七七年、ベルナール・オリユー、レモン・デュ・ヴォー、ギヨーム・オードゥイ、また彼らのもとで修練をしていた元不法越境案内人のピエール・モーレルの姿が、ジェノヴァで確認されている。

第十九章　反乱と陰謀の時代

ポンス・ド・パルナックと彼の同僚たちの記録に保存されているかぎりにおいて、ユーグ・アミエルが行った最後の尋問の日付は一二八〇年二月一日となっている。一二八二年一月二十六日、カルカソンヌ異端審問官ジャン・ガラン——エチエンヌ・ド・ガティーヌを引き継ぎ、一二七八年からこのポストに就いていた——は、ロンバルディアから戻ってきた完徳者で、すでに見たような経緯で逮捕されたギヨーム・ラファールの六回目の尋問を担当している。その後、ジャン・ガランは主たる管轄区域に戻り、一二八四年三月十四日には、カバルデス地方のラ・トゥーレットの住民ギヨーム・ゴムザンを尋問しているが、その調書をはじめとして、かなり膨大な量にのぼる異端審問記録がつぎつぎに作成されている。

まずガラン自身、一二八六年四月までに五十回近くの尋問を行い、それに引き続いて、彼の同僚であるギヨーム・ド・サン＝セーヌが一二九一年十二月までに二十二回、さらに一二九三年夏のあいだ、ベルトラン・ド・クレルモンが三回、それぞれ尋問を行ったことが分かっている。調書の数は総計で七十四に及ぶが、それはわずか二十六人の被疑者にたいして行われたものである。つまり、彼らの多くは複数回尋問を受けているのだ。しかしそれは、のちの教皇庁資料が正しいとすれば、この十年ほどのあいだに行われた審問のほんの一部にすぎない。とはいえ、この記録を読むだけでも、いくつかの点で特記すべき事態が浮かび上がってくる。

カルカソンヌ、百十七に及ぶコンソラメント

すでに述べたように、ガランについても、サン＝セーヌについても、異端審問官になる以前、何をしていたのか、まったく知られていないが、カルカソンヌの異端審問所でふたりが示した熱心な仕事ぶりは、多くのことを明らかにしてくれる。またその結果として異様な事態が発生しており、彼らが被疑者たちから引き出した自白の信憑性について、今日なお、多くの疑問が持たれている。

ギヨーム・ゴムザンにたいする尋問記録を見るだけでも、彼らのやり方は容易に察することができる。彼らは、何よりもまず、コンソラメントの儀式がいつどこで誰にたいして行われたか、それをしらみつぶしに調べ上げることにしたのだ。しかも、その結果は驚くべきものであった。ギヨーム・ゴムザンはまず一件について自供し、つぎに五件、さらに三件、最後に一件について自供した。アルノー・マズリエは、最初は何も知らないと答えたが、二回目の尋問では二件、三回目でまた二件、四回目にはいっきょに十九件、五回目にはさらに十四件を自供した。

もっとも多くの数を自供したのはカルカソンヌの女性信者リカ・トゥピーヌである。一二九〇年九月一日、彼女は一件のコンソラメントに立ち会ったことを自供した。ついで十月四日、いっきょに四十一件について自供した。審問のやり方も陰険だったと言わねばならない。被疑者たちは拘禁されており、そのうえ一二八二年七月、ガランはカルカソンヌ監獄の看守にたいし、それまで慣例となって

いた緩和措置——散歩、面会、管理人室での食事など——を取りやめるよう通達を出した。彼は、囚人たち同士でゲーム——サイコロ遊びあるいはオスレ〔羊の骨を使ったお手玉〕——をすることすら禁じた。そのうえ尋問を、聴取を行うために設《しつら》えられた「監獄の新しい取調室」ではなく、看守の「部屋」で行うこともあった。この看守の「部屋」からは拷問室が見え、ガランはそこで見せしめのために拷問をやらせたにちがいない。尋問を行うたびに、自供の件数が幾何級数的に増えていくことがあったのは、おそらくそのせいである。

ざっと総計すると、二十六人の被疑者のうち二十一人が百十七件のコンソラメントを自供したことになり、そのうち十件ほどは一二七〇年以前にさかのぼる。さらに、それ以外のさまざまな罰すべき事柄、儀礼的挨拶をしたこと、完徳者を宿泊させたこと、説教を聞きに行ったことなどに関する自供もあり、古くは司教区異端審問の時代、つまり一二五〇年代までさかのぼるものもある。これらの尋問を互いに突き合わせるのはさしてむずかしくはなく、それによって、ひとつないし複数のコンソラメントに立ち会った信者の数を八百人近くと見積もることができる。ということは、コンソラメントを受けた人間もそれとほぼ等しい数だけいたと考えて間違いはなかろう。

もしこの推測が正しいとすると、そこからまず言えることは、司教区異端審問はたいした効果がなかったということである。たしかに司教区異端審問はヴァル・ド・デーニュおよびルーの異端中枢を壊滅させたようにも見える。ところが、カバルデスおよびその周辺山麓地帯では、カタリ信仰は勢力を維持したばかりか、さらに拡大している。しかものちに見るように、カトリックの聖職者や王の役人のあいだにまで浸透して行ったのである。ただしカルカソンヌに関しては、これまでのところ、ほんのわずかな情報しか得られていず、たしかなことは分かっていない。要するに、トゥールーズおよびローラゲ地方では、一二四六年から一二四八年にかけての大量宣告以来、カタリ信仰はなすすべもなく後退して行き、一二八〇年代に近づくと完全に消滅してしまったように見えるのにたいして、カルカセスではしぶとく生き残ったばかりか、勢力を盛り返してさえいる。カバルデス地方は、森や荒れ地ばかりの小さな谷間が複雑に入り組んでおり、異端信者たちに格好の隠れ家を提供していたのである。

一二六〇年から一二九〇年代にかけて、カタリ派教会の中枢をなすことになる一握りの完徳者たちが出たのもカバルデス地方であった。まずはサルシーニュの元司祭イザルン・ド・カノワ。彼は、司教区異端審問によって改宗した完徳者ピエール・ダラサックの〈ソシ〉だったこともある。さらにリヴィエール＝カバレ出身のレモン・マズリエ、ヴィラルドネル出身のピエール・マルティ、ラ・トゥーレット出身のギヨーム・パジェス。さらには、ギヨーム・パジェスと強い絆で結ばれた〈ソシ〉であるベルナール・コストもおそらくはこの地方出身である。ただし、ローラゲ地方と共通しているところもあり、それもとうぜんのことと言えよう。つまり、「良き人」の数が急速に減って行ったということである。パジェスは一二八三年を境に資料から姿を消している。マズリエは一二八四年に亡くなり、カノワは一二八七年に逮捕され、改宗している。さらに一二八九年、マルティが異端放棄を宣誓し、一二九〇年になると、残された完徳者はベルナール・コストだけとなった。しかもベルナール・コストが最後にどうなったかは知られていない。

ガランとサン＝セーヌの異端捜査を社会学的に調べると、驚くべき事実が明らかになる。まずは、コンソラメントを受けた人々は貴族が圧倒的に多いということだが、それはむしろとうぜんのことであろう。老ジュルダン・ド・セサック、その息子のアルノー・ド・ドゥルニュ、異端追及の手を逃れるためにヴィルロングのシトー会修道院に入ったイザルン・ボンゾム・ドープール、ロートレック子爵イザルン、騎士ペレスティユー・ダラゴン、サレールおよびキュクサックの領主たち。貴婦人たちもいた。ジョルダーヌ・ド・カパンデュ、ブランシュ・ド・ヴィルグリー、エルメサンド・ド・サレール、そしてコンクの女城主。カルカソンヌ、アジーユ、ロールにそれぞれ住む三人の公証人、カルカソンヌに住むふたりの有力市民、国王代理官領の収入役カステル・ファーブルと一二六五年にコンソラメントを受けながら死なずに生き延びた市参事会員ギヨーム・セール（彼らについては、また触れる機会があるだろう）。さらに靴屋アルノー・プレのような職人が数名。

興味深いことに、コンソラメントを受けた者のなかには、モントリユー大修道院長、ロクフェールの主任司祭、アルゾーヌの支聖堂付司祭、ペノティエの支聖堂付司祭アルノー・モルラーヌ（コンソラメントを受けたのちに病気が回復し、フォワ伯の代理官になった）、彼の親戚であるギヨーム・アルノー・モルラーヌ（カルカソンヌ大聖堂参事会員およびマ＝カバルデス修道院長）のようなカトリック聖職者が混じっていた。ギヨーム・アルノー・モルラーヌは、一二四八年頃、重い病にかかったとき、イザルン・ド・カノワからコンソラメントを受けて異端者となったが、病気が治ってしまい、その後カルカソンヌ司教となり、さらに一二五〇年から一二五五年まで司教区異端審問官を務めることになる。さらに興味深いのは、ラストゥールの城砦群、つまりカバレ、シュルデスピーヌ、そしてケルティヌーの城主たちは、王代理という身分であるにもかかわらず、臨終のコンソラメントを受けていたということである。そのうえ、彼らの妻のうちのひとりもコンソラメントを受けていた。

コンソラメントに、一度ないし数回、立ち会ったことがある、これら八百人にも及ぶ信者たちすべてについて、詳しく見ていくわけにはいかないので、以下におもだったところをかいつまんで述べておく。まずはシカール・ド・ピュイローランス、ジュルダン・ド・セサックのもうひとりの息子、ロートレック子爵の妻と弟、二十人あまりの騎士たち、さまざまな領主たちの代官がいる。とりわけ、カルカソンヌの知的エリートたちが目立っている。三人の筆耕ないしは代書人、十九人の公証人（そのうち六人は王の役人である）、七人の弁護士、六人の法律顧問（そのうちのふたりギヨーム・ガリックとギヨーム・ブリュネはボローニャ大学で学んだ法学教授である）、ラゼスの教区判事、のちに国王裁判所判事となる法学者、それに二十人ほどの聖職者たち。さらに十人のカルカソンヌ市参事会員、そして王の役人が数人おり、そのなかにはカルカソンヌ郭内およびコーヌの奉行、地元の有力貴族ジョフロワ・ド・コーデロン、ふたりの没収財産担当管財人、そして王のミネルヴ城代が含まれる。さらに付け加えれば、三人の医者、カルカソンヌの商人が二十人ほど、さまざまな職種――乾物屋、肉屋、刃物屋、錠前屋、靴屋、機織りなど――の三十人ほどの職人、ふたりの鍛冶屋、三人の大工、三人の皮なめし職人、ひとりの仕立屋、ひとりのラシャ仕上げ工。しかし、耕作人、牛飼い、羊飼いはひとりずつしかいない。当時はまだ、カタリ信仰は田舎の下層民にはまったく、あるいはほとんど浸透していなかったのだ。最後にカトリック教会の聖職者たち。コーヌ修道院長をはじめとして、五人の神父、二十人近くの教区司祭ないし支聖堂付司祭、さらにカルカソンヌ大聖堂首席副司教サン・モルラーヌ（彼はペノティエ支聖堂付司祭の兄である）など。

以上のリストを見れば、おのずからさまざまな疑問が湧いてくる。

それればかりではない。

一二八五年七月十五日、カルカソンヌの代書人ベルナール・アガスは四度目の尋問を受けた。最初の供述——彼はすべてを否定した——のあと、逃亡したが、捕らえられ、投獄された。ふたたび審問所に召喚されたのは一二八四年十二月五日、ついで一二八五年二月十三日にも出廷したが、ここまでは八件のコンソラメントに立ち会ったことを認めるのみであった。ところが七月十五日、彼は、前年の秋、奇妙な事件に加わったことを自供した。そのうえで、ベルナール・ラガリーグとアルノー・マトがこの事件に加わっていたことを明かした。

その翌日、さっそく、ラガリーグにたいして事情聴取が行われた。それはいとも簡単なことで、彼を捕らえる必要さえなかった。というのも、彼はジャン・ガランのもとで働き、カルカソンヌ旧市内の異端審問館に住んでいたのだ。彼はケルシー出身の元完徳者で、アルビジョワ教会の「大子」だったこともある。ただし、彼が「大子」だったのが、もともとのアルビジョワ教会においてなのか、亡命先の教会においてなのかは、よく分かっていない。じっさい、彼はロンバルディアに亡命したことがあり、一二七〇年頃、ふたたび戻ってきたのである。

ラガリーグは異端審問の仕事に就くことになったが、彼を以前から知っている人々の手前、いくつかのコンソラメントに立ち会わないわけにはいかなかった。最初に尋問を受けた一二八五年七月十六日には、ロンバルディアから戻って以来、異端については何も知らないと言った。九月二日、二回目の尋問で、彼はようやくこの事件について自供し、カルカソンヌの住民多数を告発したなかで、とくに市参事会員ギヨーム・セールの名前を挙げた。ギヨーム・セールは、さっそく、出頭を命じられ、逮捕された。九月十三日、尋問が行われ、何も知らないと否定したが、投獄された。牢獄では拷問を受けたにちがいないが、[1]十八日、ふたたび尋問が行われ、二十年ほどまえ、重い病気にかかった際、コンソラメントを受けたことを自供したうえで、くだんの事件に加わったことも白状した。この頃、カルカソンヌの神学生アルノー・マトも異端の嫌疑をかけられていた。七月十日に召喚され、事情聴取を受けたが、彼は何も知らないと答えた。ところが、十五日、アガスが彼を告発したために、九月三十日、さらに十月の四日と十日にふたたび尋問を受け、十一日、ついに自供した。

　この件で尋問を受けた四人の供述には細かいところでいくつか食い違いが見られるが、この事件の全貌をつぎのように要約することができるだろう。

　ジャン・ガランの捜査で嫌疑をかけられた――あるいはその恐れがあった――カルカソンヌの名士たちとその他数名の者が企んだのは、自分たちの審問記録を奪い取り、破棄してしまおうということであった。だが、それにはどうしたらいいか。まずは大胆で機転が利く人間が必要である。しかも書類を間違えないように、字が読める者でなければならない。

　最初の密議は、ペノティエ支聖堂付司祭アルノー・モルラーヌ宅で行われた。市参事会員ギヨーム・セールも加わっていた。実行者としてベルナール・ラガリーグが候補に挙がった。モルラーヌは自分がラガリーグにこの件を持ち掛けると言った。二回目の会合は、もうひとりの市参事会員ベルトラン・リュック宅で行われた。ここにラガリーグを呼び出し、この計画を彼に伝えたうえで、報奨金として、百トゥール・リーヴル〔リーヴルは昔の貨幣単位で、トゥール・リーヴルとパリ・リーヴルがあった」を約束した。三回目の会合は、法学教授で教会判事でもあったギヨーム・ブリュネ宅で行われた。神学生アルノー・マトがラガリーグと計画の段取りを調整する役目を引き受けた。四回目の会合では、ラガリーグがやや慎重になり、異端審問所の公証人を買収する必要があると言い出した。マトはさらに百リーヴル出すことを約束した。五回目の会合が行われたのが、ブリュネ宅かモルラーヌ宅であるか、はっきりしないが、報奨金として二百リーヴル出すことで合意し、四人の市参事会員がその保証人となったうえで、共謀者全員が一致団結を誓った。最後の会合はアルノー・マト宅で行われ、代書人ベルナール・アガスも加わった。ふたりはサルシーニュで知り合った。ベルナール・アガスには、ラガリーグに付いて現場に行ってほしいと伝えられた。というのも、ラガリーグは字が読めないのだ。ラガリーグはアガスにこう伝えた――「明日の朝、現場に直行してくれ。わしは異端審問館で待っているから。急いで仕事を片付けてしまおう」。

ところが、いざラガリーグが記録保管庫の鍵が入っているはずの金庫を開けてみると、その鍵が見つからなかった。ジャン・ガランはしばらくカルカソンヌを離れることになり、鍵を持って行ってしまったのだ。この失敗に終わった陰謀には、全部で三十五人が関係し、そのなかには十一人の市参事会員、ペノティエの支聖堂付司祭、彼の兄で大聖堂副司教のサン・モルラーヌ、そしてふたりの教会判事が含まれていた。

この事件はすべて、ジャン・ガランが拷問によって容疑者から無理やり引き出した偽の自供をもとにでっちあげた話なのだろうか。大修道院長、司祭、神学生、教会判事、王の役人などを告発したとされる他のすべての自供についても、同じ疑問が湧いてくる。

ともあれ、これらのすべての人々が、かくも多くのコンソラメントに立ち会ったばかりか、みずからも死の床でコンソラメントを受けたとすれば、まったく驚きである。当時から、異端審問所のふたりの公証人ジャン・ド・ファルグーとレモン・ド・マルヴィエスというドミニコ会士たちが虚偽の告訴を行い、自白を強要したのだというわさがあった。というのも、ジャン・ガランが大物の異端者を裁く機会がないことで常々不満を漏らしており、もし彼がこの土地に愛想をつかして帰って行ってしまったら、自分たちの職がなくなってしまうのではないかと恐れていたのだ。だがもしそうだとすれば、何と壮大な作り話であろうか。しかも何という天才だろう。このふたりの修道士は、架空の情報と事実をかくも巧みに組み合わせて――すべてが完全に整合している――ひとつの事件をでっちあげたばかりか、その後八年にわたって、ジャン・ガランとギヨーム・ド・サン＝セーヌだけでなく、アルビ司教ベルナール・ド・カスタネ――彼がこの捜査にどうかかわったかは、のちに見ることになろう――をはじめとして、審問のさいに証人台に立った高位の人物たち、説教修道士会管区修道院長、国王大法官、ふたりの国王代理官、ひとりの司教区総代理などを騙し続けることができたのである。とはいえ、告訴はときに強引すぎ、自白もさまざまな方法で巧みに引き出されたのは事実としても、すべては真実にもとづいており、総合的に判断して事件の信憑性は揺るがないだろう。モンターニュ・ノワールと周辺の山麓地帯の貴族のあいだでは、カタリ信仰は古くからの伝統であり、一二八〇年代になってもしぶとく活動を続けていたとしても不思議はない。

一方、カルカソンヌの支配階層においても、カタリ信仰に加担する者がかなり多かった。市参事会員、司法関係あるいは文書関係にたずさわる人々（弁護士、公証人、法律家）、職人の親方、商業を営む上流市民。いずれも、都市における異端信仰の伝統的な社会学的構図におさまっている。それゆえ、ジャン・ガランの時代、貴族や支配階層において、カタリ信仰が盛んだったとしても、少しも驚くべきことではない。そのうえカルカセス地方では、トゥールーズにおいていっきょに二百もの異端宣告を発したベルナール・ド・コーやジャン・ド・サン＝ピエールのような厳しい審問官がいなかった。こうしてカタリ信仰が生き延びてきたために、カルカソンヌの高位聖職者たちのあいだでさえも、上層市民階級の意を汲んで、カタリ派信者にたいして寛容な態度を取る者が多かったのである。モンターニュ・ノワールの下位聖職者たちも同様に、土地の貴族に倣い、異端にたいして寛容であった。カタリ派に打撃を加えるべく、ジャン・ガランがこうした寛容さを積極的な加担と思わせるよう画策したということは、大いにありうることである。

いずれにせよ、彼がモルラーヌ一族を嫌いぬいていたことは明らかであり、その理由もはっきりしている。司教の座は、一二八二年以来、空位だった。司教区の上層部はふたりの副司教ギヨーム・ド・カスティヨンとサン・モルラーヌのあいだで割れていた。サン・モルラーヌは市政を握る市参事会と結託しており、両者は異端審問にたいしてあからさまな敵意を示すようになっていた。というのも、異端審問は市の支配階層を悩まし続け、その社会の安定性を揺るがしていたのである。異端審問官にとって、サン・モルラーヌを叩くのは容易だった。ペノティエ支聖堂付司祭である彼の弟アルノーが、軽率にも、かなり公然とカトリックと異端に二股をかけていたのである。そのうえジャン・ガランは、ふたりの亡き父ギヨーム・アルノーが、一二四八年、司教の座に就く直前にコンソラメントを受けたといううわさを流し、モルラーヌ一族のさらなるイメージダウンを図ろうとした。司教が死んでからすでに三十年が経っており、そんなうわさを流しても、誰もそれを必死に打ち消そうとはしないだろうとガランは踏んだのだ。

カルカソンヌに駐在する王の役人たちも、とうぜんのことながら、下層民たちよりも、富裕層と接する機会が多く、彼らと親しくなっていた。カバルデスやミネルヴォワ地方の城塞の新しい城主たちも、社会的地位からすれば、農民よりも田舎貴族たちに近かったことは言うまでもない。

こうした状況において、自分が直面した激しい敵意を前に、ジャン・ガランが偏執狂的な反応を示したのも、少しも驚くべきことではなかろう。じっさい、カルカソンヌの人々は彼を徹底的に糾弾した。早くも一二八三年七月、ラングドックに視察旅行に来ていた王がカルカソンヌで議会を開いた際、彼らは陳情書を王に届けている。例の記録隠滅計画が失敗に終わった一二八五年のはじめには、カルカソンヌの有力者たちが文字どおりの反異端審問の同盟を結成している。アルノー・マトは、カストルの市参事会員たちのもとに派遣され、カルカソンヌの市参事会員が企てている反ジャン・ガランのキャンペーンに加わるよう、彼らを説得している。つまり両者が共同で、王にたいし、また教皇にたいして、ジャン・ガランの解任を訴えようというわけだ。お触れ役人に先導された公証人が市中を回り、市民の署名を集めた。九人の市参事会員が連名で公証人に書かせた宣言文が、説教修道士会参事会の席上、しかもジャン・ガランのいるまえで、読み上げられた。それは、ジャン・ガランにたいするきわめて激しい糾弾であった。彼は善良なカトリック信者を逮捕し、身体に障害が残るほど残酷な拷問にかけている。彼は新しい「牢」を作ったが、むしろそれは「地獄」と言うべきで、そこでの生活条件は恐ろしいほど劣悪であり、拘留者のなかには自殺する者もいる。宣言文に名を連ねた市参事会員たちは、自分たちおよびこの地方のすべての住民の正当な権利にもとづいて抗議しており、この地方にはもはや異端の影すら見当たらないことを確信しているとはいえ、異端審問そのものの廃止を訴えているわけではなく、ひとえにこの仕事をふたりの副司教に委ねることを要求するとしている。

ジャン・ガランがパニックに陥ったのも無理からぬことである。市参事会員たちの宣言文が伝えられて興奮に包まれた町から、彼は慌てて逃げ出した。彼が逃げて行ったのはアルビであった。アルビ司教ベルナール・ド・カスタネは彼をきわめて丁重に迎え、司教館で宿と食事を提供した。異端審問官の到来は、この高位聖職者にとっては願ってもないことであった。彼もまた、町の上流市民たちと険悪な状態にあったのだ。さっそく、このふたりの僧侶のあいだに緊密な協力関係が生まれた。

アルビでの最初の審問

ベルナール・アガスの四回目の尋問が行われた七月十五日、ガランはまだカルカソンヌにいた。九月六日にはアルビで、ベルナール・ド・カスタネがみずからベルナール・ラガリーグの尋問を行っている。ガランが彼をカルカソンヌの牢から看守人の護衛付きで移送させたのである。例の記録隠滅計画が明らかにされたのは、アルビにおいてであった。ガランとカスタネは、あるときは別々に、あるときはふたりいっしょに、六週間にわたって尋問を続けた。ガランは、十月末にはカルカソンヌに戻り、王が遣わした城主たちに関する訴訟手続きの仕上げをした。記録隠滅計画の一件に関して、虚偽の自白を強要したという非難を受けることを恐れて、彼はその先手を打った。

一二八六年四月十六日、ガランは、近いうちに彼の後任になる予定の修道士ギヨーム・ド・サン＝セーヌ、さらにトゥールーズの異端審問官ジャン・ヴィグルー修道士に応援を求め、このふたりにベルナール・アガスにたいする尋問を行わせた。ベルナール・アガスはそれ以前に行ったすべての自供内容を間違いないと認めた。「カルカソンヌに流布しているあらぬうわさを断ち切り」、「あらゆる疑惑に終止符を打つ」べく、三人の説教修道士たちは、くだんの自供確認が、宣誓のもとで、強要、教唆、拷問などを加えることなく、自発的に行われたことを証明する文書を共同で作成している。カルカソンヌ市民たちは、先に王に届けた陳情書に満足のいく回答が得られなかったため、ふたたび王にたいして攻勢をかけることにし、同じ一二八六年の春、カルカソンヌに立ち寄った大法官ピエール・ド・シャリュに告発文を渡した。しかしガランはもっと巧妙だった。シャリュにベルナール・アガスが自供を確認する場に証人として立ち会ってほしいと申し出たのだ。大法官は、手続きがまったく正当であることを認め、この問題に介入する必要はないと判断した。

そのあとすぐ、ガランはふたたびアルビに行った。今回はサン＝セーヌとヴィグルーもいっしょで、ベルナール・ド・カスタネが起こした告訴を手伝うためだった。告訴の対象になったのは十一人で、そのうち七人はアルビの住民、うちひとりは弁護士、ふたりは有力な商人、そのほか、ふたりはカストルの住民でうちひとりは元市参事会員、あとはラバスタンの住民がひとり、ヴィエルミュール地方のセルヴィエスの住民がひとりである。審問は延べ六十回、一二八六年一月から一二八七年四月にかけて行われ、四百六人の信者が喚問された。内訳は、アルビの住民が二百六人、カストルの住民が六十三人、ロートレック、ガヤック、それにトゥールーズ辺境の住民が百三十七人。カルカソンヌ同様、召喚されたのは、富裕層の住民が多かった。法曹関係（弁護士、裁判官、公証人）、経済関係（商人たち、そのなかには三十人ほどの卸売業者と小売業者がいた）、それに立派な家をかまえる職人の親方など。多くの事業を手掛ける富豪フナス家の人々もいた。告訴理由も、カルカソンヌの審問の場合とほぼ同じだった。完徳者に協力したり、援助したりしたこと。コンソラメントに立ち会い、場合によってはみずからコンソラメントを受けたこと。アルビの審問の結果はすっかり分かっているわけではないが、少なくともアルビの住民五人がカルカソンヌの牢に送られ、ジャン・ガランの犠牲者たちと合流したことは確かである。そのうちの何人かは、それから二十年後も収監されたままであった。

異端審問官たちはカルカソンヌに戻った。ジャン・ガランは、それからまもなく、この職を辞したらしい。というのも、一二八四年にジャン・ガランが始めた審問をひとりで引き継いで行っているだけで二十二回の尋問が行われているが、一二八八年二月から一二九一年の終わりまで、ギヨーム・ド・サン＝セーヌが、追及の厳しさは、それまでとまったく変わらなかった。分かっている一二九〇年十月、リカ・トゥピーヌに四十二回のコンソラメントに立ち会ったことを自供させたのも、彼であった。こうした厳しい尋問の再開に、カルカソンヌの市民たちはふたたび憤懣を募らせた。とりわけ、一二八五年に市参事会員たちの宣言文を起草し、それを公開の場で読み上げた公証人バルテルミー・ヴェジアンが逮捕されたことを知ると、市民の怒りは爆発した。一二九〇年の終わり、王――すでにフィリップ端麗王に代わっていた――が、行政をコントロールすべく調査官を派遣し、調査官が市民の訴えを聞いた。その訴えは前回と同様で、異端審問は無実の人々を逮捕し、拷問にかけ、断罪しているというものだった。この知らせを聞いた国王は、今回は素早く反応し、厳しい措置を下した。カルカソンヌの代理官に書簡を送り、この「スキャンダル」――王自身が使った言葉である――をただちにやめさせ、異端の明白な証拠がないかぎり、いかなる者も逮捕してはならないと命じた。そのうえで王は、こうした行き過ぎを是正するべく、親任官を現地に派遣した。

とはいえ、フランス王が異端にたいして寛容の姿勢を示したというわけではない。それどころか、即位して三年目の一二八八年、さっそく、教会法および王令によって定められているとおりに、異端者の末裔を公職に就かせないようじゅうぶん注意すべきことを求めている。彼が容認できなかったのは、異端審問局が、王の代表者たちの権威を無視して、絶対権力であるかのごとくふるまい、王の臣下たちを手加減せずに迫害しようとしていることであった。こうした事態は、レモン七世と説教修道士たちが対立抗争していた五十年まえを思い起こさせたことであろう。また、異端審問官たちが世俗裁判の行き過ぎを嘆いていた時代のことを考えれば、状況がすっかり逆転してしまったことに驚くだろう。いまや、自分が任命した行政官たちを介してではあるが、人々の権利の擁護者としてふるまっているのは王のほうなのだ。

ギヨーム・ド・サン＝セーヌは反撃に転じた。一二九二年九月十三日——知られているかぎり、これが彼の審問官としての最後の活動であったが——カルカソンヌの下町のふたりの司祭に、日曜日のミサにはかならず、異端審問の活動を妨害する者は誰であれ、とりわけ被疑者たちに自供を撤回するよう勧めた人間、そしてその撤回文を記録した公証人には、容赦なく破門を宣告することを信者たちに明言するよう要請した。

ニコラ・ダブヴィルと「カルカソンヌの怒り」

それから一年半のあいだ、カルカソンヌに異端審問官がいた形跡はまったくない。一二九三年夏に元市参事会員の若殿〔領主の子息のこと〕ピエール・ダラゴンから三回にわたって供述を取ったのはトゥールーズの審問官ベルトラン・ド・クレルモンであった。どうしてカルカソンヌの審問官が一時不在となったのか、たしかな理由は今もって分からないが、しかしそれも長くは続かなかった。一二九五年、新しい説教修道士が着任した。ニコラ・ダブヴィルである。さっそく、彼は七人を召喚した。その七人のなかには、ふたりの法学教授ギヨーム・ガリックとギヨーム・ブリュネがいた。すると暴動が起こった。異端審問官のベルナール・ギー自身がそう言っているのだが、この暴動によほど悩まされたらしく、詳しいことは語っていない。しかし、つぎのような話を聞けば、当時何が起こっていたか、おおよそ想像がつくだろう。異端審問官の右腕である説教修道士会アルビ修道院長フルク・ド・サン゠ジョルジュは、二十人ほどの警吏を引き連れて、フランシスコ会の修道院に出向いた。この修道院に隠れている容疑者たちの召喚状を携えていたのだ。ところが、門番とこの修道院の読師ベルナール・デリシユーによって追い返されてしまった。ベルナール・デリシユーは、警鐘を鳴らし、どんどん火を焚いて、町の人々に急を知らせた。群衆はフルクと警官たちに石を投げ、旧市街に追いやった。

王は、ニコラ・ダブヴィルの攻勢に対抗して、一二九六年一月三日、自分が任命した役人たちにたいし、説教修道士たちの命令だけで容疑者を逮捕することを禁ずる命令をふたたび出し、さらに五月十五日には、カルカソンヌ代理官にたいし、彼が今後いかなる行動を取ろうとも全幅の信頼を寄せている旨を伝えた。異端審問官は、国王代理官の補佐役やミネルヴォワの奉行と直接交渉することによって、国王の命令をかわそうとしたが、失敗に終わった。そこで彼は、六月二十八日、召喚に応じることを拒否したため、逮捕できなかった七人の容疑者たちにたいする破門宣告を教区司祭に行わせたのである。

事態はしばらく膠着していたが、やがて、生きている人間を捕らえることができないことに業を煮やしたニコラ・ダブヴィルは、一二九七年、とても裕福な市民であった亡きカステル・ファーブルにたいし、死後訴訟を起こした。彼は国王代理官領の収入役を務めていたが、ジャン・ガランの調査によって、死に臨んでコンソラメントを受けていたことが判明している。ところが、カステル・ファーブルは、死後二十年間、フランシスコ会修道院内の墓に埋葬されていたのである。フランシスコ会修道士たちは、彼の遺骸を掘り出すことを拒否し、自分たちに多大の寄進をしたカステル・ファーブルは、良きカトリック信者として死んだのだと言った。彼の息子で旧市参事会員のエムリック・カステルがこの件を聖座に訴えようとしたところ、さっそく、ベルナール・デリシューが支援を申し出た。

ところがその頃、王の態度が急変した。おそらくは、聖座との関係を正常化しようとしたのだろうが、一二九八年九月、すべての国王代理官にたいし、教皇ボニファティウス八世が最近公布した基本法をすべての領民に尊重させるようにとの通達を出した。つまり、司教からであれ、異端審問局からであれ、異端者とその共犯者を捜査し、逮捕し、監視してほしいとの要請があれば、それに誠実に応えねばならないということである。カルカソンヌの有力者たちは、もはやフランシスコ会修道士たちのほかに味方はいなくなり、見捨てられたと感じ、異端審問局と聖座と国王が結託した今、彼らと戦う気力も失せた。それでもなお、カルカソンヌ市参事会が、市の名において、異端審問局と和解し、罪の許しを得て破門を解かれたのは、王の役人、数人の司教と大修道院長、さらにはトゥールーズの異端審問官との長く困難な交渉を続けたのちのことであった。この和解と赦しの式典は、一二九九年十月八日、説教修道士会修道院で行われた。ところが、ニコラ・ダブヴィルは市参事会員たちに、すべての住民の名において異端放棄を宣誓するよう要求した。しかしこの確認条項は、実際には大きな危険性をはらんでおり、そのため一般には公表されなかった。というのも、この条項が適用されると、単に異端への共犯が疑われるだけで、異端再転向者とみなされ、必然的に火刑台送りとなるのだ。しかも、エムリック・カステルをはじめとする四人の元市参事会員、四人の評議員、ふたりの弁護士、ふたりの公証人が赦免の対象から外された。

ふたたびアルビで……政治裁判

その後、ニコラ・ダブヴィルはアルビに向かった。以前ベルナール・ド・カスタネに援《たす》けてもらったお礼に、今度は彼を援けるためであった。司教は、訴訟の準備を着々と進めていた。彼は召喚状を出さなかった。一二九九年十二月から一三〇〇年三月末まで、引き続いて四回の捜査を行い、三十五人を逮捕した。一三〇一年の年末までに、さらに七人が逮捕された。訴訟手続きは迅速に進められた。四ヵ月のあいだに六十一回の審問が行われ、つぎつぎに延べ二十四の宣告が下された。すべては終身禁固刑であり、しかも「厳重な牢」に入ることになる。つまり、水と乾パンだけを与えられ、足には鎖がつけられる。

この宣告を受けたのは以下のような人々である。まず、王国公証人のレモン・クラヴリー師。その所領が完徳者や信者たちの集合場所として使われたとされた。ジャック・フュメとベランジェ・フュメの兄弟。法学者一家で、父もしくは兄が一二八六年の訴訟で嫌疑をかけられた。ジャン・ボーディエ。広大な土地を持っている裕福なラシャ商人である。その義理の弟で商売仲間でもあるギロー・オストール。市参事会員のギヨーム・フランサ。金融業者のギヨーム・フナス。ほかに数人の商人。いずれも、異端者を援け、多くのコンソラメントに立ち会ったとされた。コンソラメントを受けた者の名前も挙がっている。法律顧問デュラン師、法学博士バルテルミー・モーレル師、レスキュールの領主の子息レモン・ヴァサル、その他。かつてのジャン・ガランの捜査で、カルカセスではほんの数人の完徳者がすべてを取り仕切っていたことが明らかになったが、それと同じように、一三〇〇年の審問で浮かび上がってきたのはアルビジョワ教会を代表する三人の「良き人」たち、ギヨーム・デルボック、それにギヨームとレモンのディディエ兄弟であった。

面白いことに、ベルナール・ド・カスタネの捜査の進め方は――かつてのジャン・ガランのそれと同じく――ポンス・ド・パルナックが一二七〇年代にローラゲ地方で行った捜査の進め方とはまったく逆であった。ポンス・ド・パルナックは信者たちを尋問することで、最後の完徳者たちを特定し、その隠れ家を突き止め、彼らを捕らえようとした。ところがアルビの裁判では、それとは逆に、出廷した三人の完徳者たちは、信者たちに容疑をかけるためだけに利用されたように見える。というのも、それまで誰もこれらの完徳者をあえて捕らえようとはしなかったのである。

一三〇〇年に有罪とされた者たちが異端と深くかかわっていたこと、またそれをベルナール・ド・カスタネがひどく嫌っていたことは疑いない。しかし、それだけではなかった。一二七六年、彼がアルビ司教の座に就いたとき、司教領はひどい状況になっていた。王が領主になっているカルカソンヌとは違って、アルビの領主は司教である。ところが、王の行政統治を背景に、都市民の自由が最近の数十年のあいだに急速に拡大し、司教が行使する領主権をないがしろにするようになっていたのである。そのうえ、一二七一年から一二七六年まで司教座は空位のままだったため、経済や財政面において、司教の影響力はかなり弱まっていた。そこでベルナール・ド・カスタネは、急速に力をつけてきた上層市民から権力を奪い返すべく、文字どおりの戦いを挑んだのである。もっとも精力的であるがゆえに、自分にとってはもっとも邪魔になる市民たちを一掃することによって、みずからの権威をしっかり取り戻すことが最大の目的だが、彼らを異端者として断罪すれば、財産没収というおまけもついてくる。というのもここでは、没収した財産は、王ではなく、司教の懐に入るのだ。ベルナール・ド・カスタネは大きな建物を造ることが好きな司教で、折しも、オクシタン・ゴシック建築の精華となるべきサント＝セシル大聖堂とそれに付属するベルビ宮殿を建てるために多額の資金を必要としていた。司教座の財政は、彼が領地経営にみごとな手腕を発揮してすでにかなり潤っていたのだが、異端弾圧によってさらに潤うことになるだろう。

一三〇〇年六月にアルビから戻ったニコラ・ダブヴィルは、カステル・ファーブルの審理を再開した。彼はみずからフランシスコ会修道院に出向き、まだ取り調べ中とはいえ、遺体を掘り出し、火葬にする可能性が高いので、当時を知っている人々から聞き取りをしたいのだと伝えた。七月四日、彼はベルナール・デリシューを召喚した。フランシスコ会の管区修道院長も個人的に、亡きカステルの名誉を守る任務をデリシューに託していたのだ。ところがデリシューが指定された日に異端審問館に出頭すると、誰も彼の言い分を聞こうとはせず、もう一度来てほしいと言った。彼がふたたび来ると、今度は門が閉まっていた。そこで彼は、七月十日、異端審問官の家の戸口に挑発的な文書を張り付けた。その内容は、聖座にこの件を訴えることを告げるとともに、脅迫的な調子でニコラ・ダブヴィルがこれ以上カステルの審理を続けることを禁じるものだった。ニコラ・ダブヴィルは、この熱狂的なフランシスコ会士がふたたび群衆を扇動して暴動を起こすことを恐れて、審理を中止した。ただし、関係書類は後任のために残しておいた。

九月末、アルビ説教修道士会修道院長フルク・ド・サン＝ジョルジュが、ベルトラン・ド・クレルモンの後任として、トゥールーズの異端審問官に任命された。ベルトラン・ド・クレルモンはカルカソンヌ修道院長となり、さらに一三〇三年には管区修道院長になっている。その少しあと、王が派遣したふたりの新しい調査官兼改革官がトゥールーズに到着した。それを知ったベルナール・デリシユーは、断罪され投獄されたアルビ市民の親戚を何人か伴って、ベルナール・ド・カスタネとフルクの横暴を調査官に訴えるべく、トゥールーズに駆けつけた。フルクは、ニコラ・ダブヴィルに悪知恵を吹き込む男だという評判だった。嘆願者たちは、王に謁見すべく、サンリスに行くことが決まった。一三〇一年秋、彼らはサンリスに赴いた。このアルビとカルカソンヌの代表団には、市参事会員のエリー・パトリスも加わった。とても裕福なうえに、カルカソンヌの下町で非常に影響力のある男で、「町の小さな王」とあだ名されるほどだった。デリシユーは王にたいし、ジャン・ガランとアルビの司教が、カタリ派の完徳者を追及するよりも、無実の人たちを罪に陥れようとしていると強く非難した。

そこで王は、フルク・ド・サン＝ジョルジュとニコラ・ダブヴィルを呼びよせたが、かなり冷淡な対応だったようである。おそらく、ベルナール・デリシユーの訴えのほうが説得力があったのだろう。十二月、王は、パリの説教修道士会にたいして、フルクを異端審問官の職から解くよう要請した。説教修道士会は、当座は何もしなかったが、一三〇二年四月末にフルクの任期が切れたときには、それを更新せず、トゥールーズ出身のギヨーム・ド・ムリエスを後任に指名した。トゥールーズ修道院の元副院長であり、フルクの跡を襲って、アルビ修道院長にもなっている。その間、王は各代理官にたいし、異端審問所の牢獄を自分たちの管理下に置くとともに、フルクには異端審問の職務を停止させるよう、すでに指示を出していた。

その頃、国王親任官たちがベルナール・ド・カスタネの調査に当たっていた。アルビばかりかコルドからも、司教にたいする苦情が数多く寄せられたために、国王親任官たちは、まず司教領を接収し、ベルビ宮殿に王の旗を立てたうえで、司教をトゥールーズに召喚した。彼は反論したが、アルビに戻ると、民衆のかなり威嚇的なデモに迎えられた。これにも、彼は勇敢に対峙した。六月、フィリップ端麗王は、一二二九年の「クピエンテス（Cupientes）王令」を修正し、異端の共犯を疑われて破門された人間を、その一年後に欠席判決で自動的に明白な異端者として断罪することを禁ずることにした。同月、王はまた、ベルナール・ド・カスタネに関する調査は予想どおりの結果となり、彼は権力の濫用の廉で二千リーヴルの罰金を科せられることを明らかにした。しかしその一方で、七月五日には、トゥールーズとカルカソンヌの代理官にたいし、トゥールーズ異端審問所が職務を遂行する権限を、審問所の牢獄の管理権とともに、再認可するよう要請した。こうして、異端審問局と審問を受ける人々双方に等しく細心の気配りを示すことで、王はすべてを丸く収めることに成功したかに思われた。

ところが、クリスマスまであと一ヵ月という待降節の日曜日、アルビで説教修道士会を標的とする非常に激しい暴動が起こった。教会から説教壇に立とうとする修道士を追い出し、彼らを修道院まで追いかけ、修道院の菜園を荒らし回り、修道院を封鎖してしまった。それに続く数日のあいだ、説教修道士たちは町から文字どおり締め出された。修道士たちが修道院から出られないようにするとともに、彼らに寄進をすること、さらには修道院内に墓を建てることを住民に禁じた。のちに分かったことだが、この暴動を扇動したのはふたりの弁護士、ふたりの法律家（そのひとりは王国判事でアルビ奉行のギヨーム・ド・ペザンで、ついでに言えば、彼は完徳者イザルン・ド・カノワとピエール・ダラサックとも親しかった）、それに奉行補佐であった。しかし彼らの背後には、反抗の魂ともいうべきもうひとりの男がいた。もちろん、ベルナール・デリシユーである。

マヨルカ親王の陰謀

アルビ事件の八ヵ月まえ、王は多くの貴族と高位聖職者をパリに呼び寄せ、ベルナール・セッセの一件で、王とボニファティウス八世が対立している問題について議論した。セッセは、フォワ伯領の元サン＝タントナン大修道院長で、教皇は彼のために、一二九五年、パミエ司教区をトゥールーズ司教区から独立させて創設した。教皇はフィリップ端麗王にたいして計略をめぐらし、全ラングドックをフォワ伯の支配下に置こうと画策したのである。王はベルナール・セッセを、反逆と不敬罪の容疑で、ただちに逮捕させた。ところでフランシスコ会管区修道院長は、ベルナール・デリシューにたいして、自分の名代として、パリ会議に出席するよう要請していた。ベルナール・デリシューは、何人かのアルビの住民、異端を宣告された男の妻たち、それにふたりのフランシスコ会士を伴って、パリに旅立った。もちろん、この機会を利用して、ドミニコ会異端審問の横暴さを王にもう一度訴えるためであった。王からは漠然とした約束しか得られなかった彼は、アルビに戻ると、ただちに抵抗運動を組織した。五百人ほどの賛同者を集め、説教修道士会を糾弾する宣教キャンペーンを組織するための募金を呼びかけた。じっさい、彼は国中で宣教活動を展開した。そのもっとも華々しい成果は、疑いもなく、一三〇二年十一月末にアルビで起きた一斉蜂起である。

カルカソンヌでも事態は動いていた。一三〇三年一月、審問官がニコラ・ダブヴィルからジョフロワ・ダブリに代わった。イル＝ド＝フランス生まれの説教修道士で、シャルトルで学業を修めてから、神学を教えていた。王が彼を代理官たちに推薦したのである。五月には、調査官ジャン・ド・ピキニー（彼はアミアン司教代理〔武力を持たない教会領主に代わって、司教区の軍事・司法を掌握した〕であった）がカルカソンヌを訪れ、監獄の現状を視察した。ベルナール・デリシユーは彼に会いに行ったが、もちろん、さんざんドミニコ会士たちの悪口を言ったにちがいない。司教代理が報告のために王宮に帰っていくと、デリシユーはコルドに赴き、かつてなく激しい口調で説教した。七月、ピキニーがジョフロワ・ダブリと話し合うためにカルカソンヌに戻ってくると、フランシスコ会士もふたたびピキニーに会いに行ったが、今回はピキニーに圧力をかけるために、多くの同志を引き連れていた。ピキニーは、ひどい混乱状態に陥っている現状を正しく把握すべく、一二九九年十月八日にニコラ・ダブヴィルがカルカソンヌ市民を赦免した際の確認証書について報告を求めた。この確認証書の秘密を握っている市参事会員たちは、最初、報告を拒否したが、やむなく同意した。すると、ベルナール・デリシユーがこの問題に介入してきた。八月三日、お触れ役人が市内を回って、翌日にデリシユーがフランシスコ会修道院の回廊で説教することを伝えた。

じっさい彼は説教し、多くの人々が詰めかけた。説教のなかで、彼は一二九九年の確認証書の本当の内容を明らかにした。つまり、市参事会員たちがすべての住民の名において異端の放棄を宣誓したあの秘密条項で、すでに見たように、それによって住民の誰もが、ほんのわずかな違反でも異端再転向者として告訴され、火刑台送りになる恐れがあった。群衆の怒りが爆発し、この秘密条項に署名した市参事会員たちはパニックに陥った。彼らの持ち家が十五軒ほど破壊された。ふたりの参事会員がトゥールーズに駆けつけて、当時トゥールーズにいたジョフロワ・ダブリに事件を知らせた。エリー・パトリスが文字どおりの市民軍の先頭に立ち、説教修道士たちに同調したことが疑われる者を探し回った。やがて、アルビから八十人ほどが応援に駆けつけた。

ある日、フランシスコ会修道院に全員が集まり、異端審問所の牢獄を襲う計画を立てた。牢獄は、旧市街のすぐ下、オード川の畔にあった。最悪の事態を避けるため、ピキニーは部隊を引き連れて、みずから牢獄に出向き、牢を守る説教修道士たちが拒もうとするのを、なんとか説得して門を開けさせ、囚人たちをただちに旧市街にある王の監獄に移送するよう命じた。するとさっそく、ベルナール・デリシユーがこの監獄にやってきて、囚人たちに面会し、王に伝えるべく彼らの証言を集めた。その後彼は、カルカソンヌ、コルド、アルビの支持者たちのあいだで、反ドミニコ会同盟を結ぶことに成功した。分担金はひとつの町で一日当たり十スーとしたが、それで彼の説教旅行の旅費がカバーできた。それまで彼は、説教を続けるのに、自分のわずかな持ち物を売り、自分の大切な蔵書まで質に入れていたのだ。とはいえその説教とは、ドミニコ会士たちについてあらんかぎりの悪口を並べ立て、逆に国王親任官たちをほめちぎることでしかなかったが……。

そこで異端審問局も負けずに、聖座と国王に親任官たちを訴え、彼らの信用を失墜させようと計略をめぐらした。九月二十二日、ジョフロワ・ダブリは、ピキニーにたいして審問所に出頭するよう命じた。ところが司教代理が出頭しなかったので、異端審問官はただちに、異端帮助者として彼に破門を宣告した。それを知ったピキニーは、教皇ベネディクトゥス十一世に控訴を申し立てるとともに、十月二十九日、カルカソンヌ、アルビ、モントーバン、ベジエ、その他いくつかの町の参事会に書簡を送り、説教修道士の不正を告発した。

約束どおり、国王は一三〇三年のクリスマスにトゥールーズに到着した。十週間にわたるラングドック視察旅行の一環で、最後にはニームに行く予定だった。王にたいし、ピキニーとアルビの王国法官はさかんに苦情を訴え、一方、説教修道士会管区院長は異端審問を弁護した。王はジレンマに陥った。臣下たちの気持ちをなだめ、自分たちは迫害されているという意識をなくす必要はあったが、だからと言って、異端弾圧の手を緩めたくはなかった。王はまだ弾圧を続ける必要があると考えており、異端審問の原則自体を変えることはできなかった。そこで王は、ふたつの点に限って緩和措置を講ずることにした。まず、不当な逮捕を禁ずるとともに、司教に裁判を監視する権利を持たせることを要求した。つぎに、囚人たちを人道的に扱うよう命じた。町中旗で飾り立てて王を出迎えたカルカソンヌ市民は、期待が甘かったことを知った。自分に圧力がかけられたことに立腹した王は、かなり不機嫌で、習わしとなっている歓迎の贈り物を受け取るのを拒んだ。そうこうしているうちに、悲劇的な事件が起こった。

マヨルカ王ハイメが子息のフェルナンドとともにモンペリエに来ていた。フランス王が当地に立ち寄ったときに、敬意を表するためである。(2) モンペリエの生まれでフィリップ端麗王ではなくハイメの臣下であったベルナール・デリシユーは、カルカソンヌとアルビの有力市民を多数引き連れて、ハイメに会うためにモンペリエに赴いた。フランス王からラングドックを取り上げ、親王フェルナンドに引き渡すという計画が生まれたのは、このときだったのだろうか。ベルナール・デリシユーたちは、フランス王からはもはや何ひとつ期待できないと考え、そこでラングドックから説教修道士たちを追放することを条件に、この計画をフェルナンドに持ちかけたのかもしれない。エリー・パトリスとベルナール・デリシユーは、フィリップ端麗王にたいする反逆を呼びかけるため、リムー、アレト、レアルモン、コーヌ、ラグラス等を回って説教した。一三〇四年四月のはじめ、フランシスコ会修道士はペルピニャンに赴いてフェルナンドに会い、カルカソンヌ市参事会員たちの臣従の誓いを伝えた。マヨルカ王ハイメは、何かが企まれていることを察し、まず修道士を、ついで親王を呼んで問い詰めた。彼らは、結局、陰謀を白状してしまった。ハイメは、即刻、フランス王にこのことを知らせた。逮捕、取り調べ、裁判、そして判決。十一月二十九日にリムーの住民四十人が、翌年の九月二十八日にはエリー・パトリスと数名の市参事会員を含む十五人のカルカソンヌ市民が、それぞれ絞首刑となった。エムリック・カステルも絞首刑になるところだったが、うまく逃亡した。カルカソンヌの下町は六万リーヴルの罰金を科せられ、市参事会は廃止となり、旧市街にある王管轄の牢獄に収監されていた囚人たちは異端審問所の獄に戻された。ベルナール・デリシユーは、アヴィニョンに聖座を定めるのに先立って当時リヨンに滞在していた教皇に引き渡された。教会はこの過激なフランシスコ会士を保護観察下に置いた。それから十二年後、「精霊派」と呼ばれる反体制的フランシスコ会士たちが火刑に処せられ始めたとき、この度しがたい反逆者は彼らを擁護する言動を示したため、教皇ヨハネス二十二世は彼を逮捕し裁判にかけた。

ベルナール・ド・カスタネの幻滅

一三〇五年六月、ボルドー大司教ベルトラン・ド・ゴーが教皇に選ばれ、ドミニコ会士であったベネディクトゥス十一世の跡を襲ってクレメンス五世となると、彼のもとに、異端審問にたいする苦情とともに、ベルナール・ド・カスタネにたいする苦情が殺到した。彼自身の大聖堂の参事会やガヤック大修道院長までが、国を滅亡させようとしているとして、司教を糾弾した。

一三〇六年一月、十人のアルビ市参事会員が、四人の法律顧問と協議し、都市共同体を代表する四十五人の市民と共同で、ベルナール・ド・カスタネを糾弾すべく、八人を聖座に派遣した。司教は弁護人を選んで応戦の準備を整え、この紛争は当時リヨンにあった教皇庁に持ち込まれた。教皇は、この件を審理するための委員会を組織し、説教修道士たちとアルビ、カルカソンヌ、コルドの町の代表者からなる委員を任命した。この委員会の結論が出るまでのあいだ、教皇は、ベルナール・ド・カスタネと異端審問官たちに、異端容疑者の拘禁と拷問をただちにやめるよう命じた。そのうえ、司教の職務停止処分が下され、フォンフロワド大修道院長アルノー・ヌーヴェルが代行することになった。さらにトゥールーズとベジエの両司教、それに最近任命されたばかりのふたりの枢機卿ピエール・ド・ラ・シャペル＝タイユフェールとベランジェ・フレズールを委員とするもうひとつの委員会が組織され、三月十三日、異端審問の牢獄を視察する任務を託された。

数週間後に提出された報告書には、カルカソンヌの牢獄に収容されている四十人近くの囚人たちの待遇の劣悪さに誰もが驚いたと記されている。すでに十年間、さらには二十年間、つまりジャン・ガランが一二八四年に審問を始めた頃から、ずっと拘禁されたままの者もいた。市参事会員ギヨーム・セール、法学教授ギヨーム・ガリック、ヴィルグリーの代官、公証人レモン・メストル師、そのほとんどが有力者であるアルビの住民が二十九人、さらに教区裁判官の公証人や王の公証人までいた。枢機卿たちは、建物の上階に風通しもよく採光もよい独房を造って、少なくとも病人や老人をそこに移すとともに、寝具と食事を見直すよう命じた。さらに、下っ端役人である看守を罷免し、聖職者を代わりに配置した。この委員会は、五月にアルビの司教管轄の牢獄も視察したが、カルカソンヌよりもさらにひどい状態だった。

六月二十五日、ボルドーで審理が始まり、教皇も臨席した。カルカソンヌの異端審問官ジョフロワ・ダブリも弁護人を連れてきた。ひとりはトゥールーズで同僚だったアルノー・デュプラ。彼は三十年間神学読師を務め、さらに一年間トゥールーズ修道院長を務めた老人である。もうひとりは修道士ピエール・ドルヴィエト、教皇庁の説教修道士会総代理である。さらにもうひとりはギヨーム・ド・ルヴェル師で、すでにベルナール・ド・カスタネの弁護人も務めている。原告側の市の代表者のなかには、エムリック・カステルもいた。

不思議なことに、この裁判の結果を伝える資料は、知られているかぎり、まったく残されていない。ただしその後の事件の推移を見れば、裁判の結果は容易に推測されるだろう。原告側は何ひとつ得るものはなかった。ベルナール・ド・カスタネは司教の座に戻り、異端審問も以前と同様に行われ続けた。ところが今度は、アルビの聖堂参事会員たちまでが司教糾弾の側に回った。彼らがクレメンス五世に差し出した告訴状は、ひどい誹謗中傷を交えた糾弾の言葉に満ちており、司教の私生活や品行までが問題視されていた。困惑した教皇は、枢機卿フレズールに司教の品行を調査するよう依頼した。百十四人の証人から聴取するなど、この調査は一三〇八年の春いっぱいかかった。七月二十七日、クレメンス五世は司教に文書を交付し、それによって司教は不当に棄損された名誉を公的に回復した。ところが同月三十日、アルビのサント＝セシル大聖堂を建てたこの男は、ピュイ司教区に左遷された。新しい司教区は貧しく、壮麗な大聖堂を建てることはできないが、そのかわり、めったなことでは暴動も起きないだろう……。

第二十章　最後の「良き人」たち、最後の火刑

ジャン・ガラン、ギヨーム・ド・サン＝セーヌ、ニコラ・ダブヴィル、そしてベルナール・ド・カスタネが、カルカセスおよびアルビジョワ地方の異端を一掃すべく強力な弾圧政策を推し進めていたあいだにも、オクシタンにおけるカタリ派の歴史は、一種の連通管現象によって自在に場所を変え、まったく思いがけない形で復活しつつあった。異端審問の仕事にもっとも強く抵抗していた都市エリートたちも、一般にそう思われているほどには、異端を守り育てる力をじゅうぶん持っているわけではなかった。それゆえ、強固な連帯を誇る三人の異端審問官と司教は、正式な手続きを無視したやり方で、わずか十七年――一二八四年から一三〇〇年――のうちに、これらの抵抗勢力を完全に骨抜きにしてしまった。しかし彼らが、すでに見たような強引さで、町の有力者、弁護士、法律家、公証人、豪商たちをつぎつぎに牢屋にぶち込んでいるあいだにも、さほど遠くないところで危険な事態が発生しつつあることに彼らは気づかなかった。

ピエール・オーティエと復興教会

新しい事態に最初に気づいたのはジョフロワ・ダブリだった。神学教師でもあるこの説教修道士は、シャルトル地方からやってきて、一三〇三年にニコラ・ダブヴィルの後任となった。彼がそれに気づいた当時、誰もがふたつのことで頭がいっぱいだった。ひとつは、リヨンでガスコーニュ出身の教皇の戴冠式が行われたこと。もうひとつは、その直後にアルビ司教がピュイに左遷された事件である。一三〇五年九月、折しもジョフロワ・ダブリは、クレメンス五世の戴冠式に列席すべくリヨンに赴くところだった。自分の留守中、異端審問の仕事を、カルカソンヌ修道院長のジェロー・ド・ブロマックと同修道士ジャン・ド・ファルグーに託すことになったが、そのさい、彼はふたりにくれぐれも警戒を怠らないようにと伝えた。というのも、彼が入手した情報によれば、異端の活動がひそかに行われ続けているのだ。事実、数日まえに密告を受け、高地フォワ伯領出身のふたりの完徳者をリムーで逮捕したばかりだった。アクス゠レ゠テルムの公証人の息子ジャック・オーティエと織工のアンドレ・タヴェルニエ――アリオン地方のプラードの出であったため、プラード・タヴェルニエと呼ばれていた――である。やがて、ふたりの背後には、十二人の完徳者と彼らのリーダーからなるれっきとした教会が存在することが判明した。もともと高地フォワ伯領にあったこの教会は、カタリ派の旧中心地、とりわけローラゲ地方、ケルシーに接するタルン川の下流地域まで進出し、信者を増やそうとしていたのだ。

フォワ伯領はジョフロワ・ダブリの審問管轄区であった。彼が行った審問の記録は、今日、ごく一部しか残されていない。残されているのは、一三〇八年五月から一三〇九年九月までの十六ヵ月間、十七人の信者に関するものである。にもかかわらず、これらの記録には非常に豊かな情報が含まれており、情報の豊かさにおいてそれを凌駕するのは、一三一八年からジャック・フルニエが行った審問の記録のみである。尋問された人々は多くのことをしゃべっている。彼らは驚くほど自由に語っており、異端の問題とは何の関係もない風俗習慣や日々の暮らしに関することまで、事細かに記録されている。

その間、トゥールーズの異端審問所では、一三〇二年四月、フルク・ド・サン＝ジョルジュの任期更新が認められなかったことから、ギヨーム・ド・ムリエス、ついでアルノー・デュプラが、それぞれ短期間務めたあと、非常に有能な人間が審問官に就任した。やがて彼もまた、異端審問に関する貴重な歴史家にして厳密な理論家となるだろう。

ベルナール・ギーは、一二六〇年の少しあとにリムーザン地方のラ・ロッシュ＝ラベイユに近いロワイエールで生まれた。哲学と神学を、まずはリモージュの説教修道士会で、ついでモンペリエで学んだあと、副読師としてリモージュに戻り、ついで一二九一年からアルビとカルカソンヌで読師を務めたあと、アルビ修道院長となり、その後、カルカソンヌ、カストル、そしてリモージュの修道院長を歴任し、一三〇七年一月十六日、トゥールーズの異端審問官に任命された。カルカセスおよびアルビジョワ地方でほとんどまるまる十四年間を過ごしたおかげで、彼は異端の問題に精通していた。彼が行った審問の調書そのものは残されていないが、そのかわりに、一三〇八年から一三二三年まで、延べ十八回行った「一般説教」で読み上げた九百三十もの宣告文が残されている。それらの宣告文は、たいていの場合、判決理由となった尋問内容が要約されているので、宣告内容にとどまらず、多くの興味深い情報が含まれている。以上のようなジョフロワ・ダブリとベルナール・ギーが残した記録に加え、その後ジャック・フルニエが行った尋問の記録がバチカンに残されており、当時の異端審問の実態を知るうえでかけがえのない資料となっている。百一人に及ぶ被疑者と証人の供述内容を記したもので、それは彼らひとりひとりの小個人史でもあれば、民俗的・社会的な絵巻でもある。というのも、この司教兼審問官はじつに好奇心豊かで、細かいことまで知りたがり、なぜそうなったのか、何をどうしたのか、といったことを、正確には理解はできないまでも、貪欲に聞き出そうとする。一三一八年から一三二五年まで行われたこれらの尋問は、繰り返し過去にさかのぼる形で、カタリ派復興教会の歴史を明らかにしてくれる。

すべてはアクス＝レ＝テルムから始まった。裕福な公証人ピエール・オーティエ——ちなみにフォワ伯も彼のお得意のひとりだった——は、一二九六年秋のある日、一冊の本を手に、弟のギヨームと魂の問題を語り合った。ふたりは、世俗生活において、おたがいにわが身を滅ぼすようなことをしたのではなかろうかとたずね合った。いまや自分たちの魂の救いについて、さらにはほかの人々の救いについても、考えるべき時が来たのだ。ピエールは五十歳を過ぎていただろう。一二七三年から役所の公証人を務めていた。妹もタラスコンの公証人に嫁いでいる。妻アラザイスとのあいだに、三人の息子と四人の娘がいたが、娘のひとりは、やはりタラスコンの医師兼公証人のアルノー・テセールに嫁いでいる。妾のモネット——アクスの公証人の妹である——とのあいだにも、ひとりの息子とひとりの娘がいた。

非常に裕福で——自分の事務所のほか、広大な土地を持っていた——しかも教養の高い環境にあり、ピエールは家にたくさんの本を持っていることで有名だった。一二九三年のある日、婿のテセールと交わした会話から判断するに、今日『作者不詳の教義要録』と呼ばれている本を所有していたようである。というのもピエールは、この本で語られている「ヨハネによる福音書」のプロローグの解釈を、虚無でしかない悪しき創造とふたつの世界という理論を用いながら、忠実に再現している。(1)一二九六年の秋、弟に読むように渡したのも、この本だったにちがいない。もうひとりのピエール・オーティエ――彼の父だろうか、それとも祖父だろうか――が、一二三三年頃、アクスの自宅にベルトラン・マルティを迎え、自分自身も完徳者になっていることを思い合わせれば、この一族には古くから異端の伝統があったと考えられる。ただし、ピエールの甥のひとりはパミエでドミニコ会士になっている。ともあれ、オーティエ一族は異端審問に自分たちの蔵書を引き渡すようなことはしなかった。

かくしてピエールと弟ギヨームは、一二九六年に交わした会話のあと、叙階を受けるためにロンバルディアに行くことにした。ロンバルディアに行ってまずやるべきことは、同郷人ポンス＝アルノー・ド・シャトーヴェルダンを捜し出すことだった。ふたりはクーネオの近くで彼に会うことができ、しばらくそこにとどまった。それから、亡命教会と連絡を取った。教会はたしかに存続してはいたが、ほとんど形骸化していた。もはや司教もいなかったようで、少なくとも残された資料には、一二七七年にベルナール・オリユーの名前が消えたあと、誰の名も挙がっていない。

そもそも、十三世紀末の時点において、オクシタン・カタリ派教会の知られているかぎりで最高位者は、ロンバルディアではなく、シチリア――この島はしばらくまえから聖座の敵側の手に落ちていた――にいたのである。しかも、その最高位者は司教の称号は持たず、「大助祭」と呼ばれていた。つまり「大子」となった助祭という意味だろうが、それ以上ではあるまい。レモン・イザルンという名で、ほかの数多くのイザルンと同様、ファンジョーの出であろう。ふたりの完徳者が彼を補佐していた。レモン・メストルとギヨーム・サルで、名字からすると、前者はカルカソンヌ、後者はサバルテス地方のロルダの出であろう。しかし、オーティエ兄弟が滞在していたのはロンバルディアであって、シチリアではない。当地で彼らを叙階する資格を持った高位聖職者はただひとり、モンテギュ＝ローラゲ出身の完徳者ベルナール・オードゥイだけだった。しかも彼は、司教でもなければ、「子」でもなく、ただの「長老」であった。「長老」とは、異端共同体すなわち「家」のトップに立つ完徳者の位階ではもっとも低い等級である。オードゥイはピエール＝レモン・ド・サン＝パプールという男を〈ソシ〉にしていたが、ピエール・オーティエを叙階してからは、彼を〈ソシ〉とし、サン＝パプールのほうは、叙階を受けたばかりの若い完徳者マチユー・ジェルマを〈ソシ〉とした。ギヨーム・オーティエは、やはりロンバルディアで叙階を受けたアリオン地方出身の織工プラード・タヴェルニエを〈ソシ〉とした。すでに述べたように、プラード・タヴェルニエは、一三〇五年、ジョフロワ・ダブリによって逮捕されることになる。

というのも、フォワ伯領出身のわれらが完徳者たちは、一二九九年から一三〇〇年にかけての冬、国に戻ったのである。ピエール＝レモン・ド・サン＝パプールとプラード・タヴェルニエは、年老いた完徳者を伴っていた。サバルテスの住民でアミエル・ド・ペルルといい、叙階を受けたばかりであった。彼らは行商人になりすましていたらしい。ピエール・オーティエはパルマ製の刃物を大量に携えていた。彼らはトゥールーズに立ち寄り、ピエールは有名な両替商レモン・ユザルギエの店にお金を預けた。復活祭の少しまえにアクスに到着、ピエールとギヨームの弟レモン・オーティエが一行を自宅の地下室にかくまった。彼らは、道中、タラスコン、キエ、ラルナの友人宅に宿泊した。アクスを越えて、さらにメランまで足を延ばしている。彼らが戻ったといううわさが広まり、あやうく逮捕されるところだったが、甥のドミニコ会士が危険を知らせてくれたおかげで難を逃れた。オーティエ兄弟の友人たちが密告者を天然井戸に放り込んで殺した。

数ヵ月のあいだ、ピエールと四人の仲間は、土地の貴族やサバルテス地方でかつてカタリ信仰を担い支えていた家系に属する人々と接触しながら、村々を渡り歩いた。そうした人々の心に信仰を蘇らせるのは、さほどむずかしくはなかった。一二四四年にモンセギュールが陥落して教会の屋台骨が揺らいだうえに、それに続く数十年にわたる厳しい弾圧で地域組織が解体してしまったため、信仰の実践そのものは不可能になったとはいえ、その個人的な思い出や集団的記憶は消え失せてはいなかったのである。タラスコンのバイヤール家、ニオー家、ジェナのラバ家、ベルペッシュ家、ベデヤック家、アリアとキエではベデヤック家、カプレのアルノー家、ジュナック夫妻とその六人の息子およびふたりの娘、ラルナ家、シャトーヴェルダンのアルノー家、ロルダ家、リュズナック家、プラニソル家、モンタイユーでは代官ベルナール・クレルグ、パミエでは騎士ベルトラン・ド・タイ、等々。貧乏な田舎貴族、裕福な市民、公証人、城主、伯の代官、まさしくかつての信者社会の復活である。いまや信者の誰もが、死ぬときにはコンソラメントを受けることが保証されているのだ。

ところが、われらが五人の完徳者たちは、自分たちの郷里で「善の理解」(entendensa del bé)——仲間内でカタリ信仰をそう言ったが、単に「理解」(entendensa) と言うこともあった——を復活させただけでは満足せず、さらに信仰を広めようとした。一三〇〇年の秋、彼らはふたつのグループに分かれ、福音を伝えるべく、一方は高地伯領のアリオン、ソーからコルビエールまで、他方はトゥールーズ地方のこれまで信仰の及んでいなかった地域に、それぞれ入り込んで行った。このふたつのチームには、さらに三人の完徳者が加わっていた。まずはジャック・オーティエで、父ピエールが手ずから叙階した。さらにタラスコンの公証人ポンス・ベール、アヴィニョネ出身のポンス・ド・ナ・リカも、ピエールが叙階した。というのも、ピエール・オーティエは叙階を行う資格を備えていたのである。彼はロンバルディアから戻る際、「長老」の位を授かっていたのだ。

いまや彼らは八人だった。「あの方は天使のように説教しました」――ジャック・オーティエのことを、異端審問の被疑者のひとりはそう語っている。ジャックは父に従ってトゥールーズに行き、それからタルン川下流渓谷に赴いた。ミルポワ＝シュル＝タルン、サン＝シュルプス、ラガルド、ラバスタン、ヴィルミュールとその周辺、さらにはテスクーまで。その間、ギヨーム・オーティエとプラード・タヴェルニエは、高地フォワ伯領のプラード、モンタイユーに行き、そこで出会った移動牧畜中の羊飼いに付いてオード川を越え、クストーサ、アルク、キュビエール、さらにはリムーまで行った。

それはまさしく教会であって、気まぐれな布教活動などではない。われらが完徳者たちは、数度にわたって再結集し、協議しあい、また分かれて、それぞれの担当地域に向かった。集会は、一三〇一年の復活祭の頃、まずアクスで行われ、つぎはリムーの信頼できる信者マルタン・フランセの家で開かれ、集会に参加したクストーサの若者フィリップ・ダレラックをシチリアの「大助祭」レモン・イザルンのもとに派遣することになった。フィリップ・ダレラックは、叙階を受けて帰国したが――それで完徳者は九人になった――リムー出身のオード・ブーレル、通称ジャコットを連れてきた。彼女は完徳女であった。彼女は、知られているかぎり、復興教会唯一の完徳女ということになる。結局、フィリップ・ダレラックは亡命者たちとの連絡役を任され、ジャコットとともにジェノヴァに行った。

ジェノヴァから戻った彼は、ピエール＝レモン・ド・サン＝パプールとともにトゥールーズに住み、そこを拠点にして、ふたりは――ときにはピエール・オーティエもいっしょに――ローラゲ地方一帯を布教して回った。ランタ、フランカルヴィル、オーリヤック、モントードラン、タラベル……。一三〇五年の末、フィリップ・ダレラック、ポンス・ベール、それにポンス・ド・ナ・リカは、すでにトゥールーズを去り、ガスコーニュ――フローランス、コンドム――に入っていた。それは、かつて誰もカタリ派信者を見たこともない地域に信仰を広めるためだったのだろうか、それとも逃亡だったのだろうか。後者の可能性が高いだろう。というのも一三〇五年は、ジョフロワ・ダブリがリムーでジャック・オーティエとプラード・タヴェルニエを逮捕し（ただし、ふたりはすぐに脱走した）、またヴェルダン＝ローラゲで大規模な一斉検挙が行われた年であった。

異端審問官が聴取した話を根拠に、ピエール・オーティエとその仲間たちが説いたカタリ信仰は、かつての栄光時代のカタリ派とはかなりかけ離れた退化宗教、迷信が大部分を占める民間信仰の寄せ集めにすぎなかったとよく言われる。ときには、ピエール・オーティエがイタリアから持ち帰ったのは、絶対二元論ではなく、緩和された、あるいは穏健化した二元論の教義だったと推測されることもある。たしかに、そう思われるのも無理はなかった。というのも、この新しい教会の宣教方法は、昔よりもはるかに多く神話にたよるものであった。そもそも、宣教の対象自体、かつてはもっぱら教養の高い住民層だったのが、いまではコルビエールやラゼスの羊飼いやローラゲの農民といったかなり地位の低い庶民層にまで広がっていたのだ。とうぜんのことながら、こうした庶民たちにたいしては、知的な宣伝文句を並べるよりも、比喩やたとえ話を用いたり、感情に訴えたりしたほうが、はるかに効果的である。かくして、ふたつの創造の神学をこうした信者たちに説くのに、われらが完徳者たちは、それをかなり素朴で感動的な二元論に変え、良き創造と悪しき創造の区別を、精神と物質の違い、霊的現実と目に見える世界の違い、さらには永遠と時の違いなどによってではなく、たとえば役に立つ動物と有害な動物の違いによって説明する——「オオカミやマムシを造ったのは、良き神であるはずはありません」。要するに、彼らの宣教の基本は、この世に存在するあらゆる悪しきものは良き神のお造りになったものではけっしてないとすることにあり、素朴なたとえ話で語られているとはいえ、純粋にして厳格なカタリ派教義に従っていることには変わりない。

こうした宣教スタイルの変化は、つぎの事実によっておおかた説明されるだろう。つまり、フォワ伯領を別とすれば、ピエール・オーティエの教会は、貴族や裕福な市民階級には浸透しなかったということである。この現象はとりわけ、トゥールーズとローラゲ地方で顕著であり、きわめて少数の例外を除けば、この〈リバイバル〉は田舎貴族や有力市民を巻き込むことはできなかった。トゥールーズの支配層は、この二十年来、没収された財産をようやく取り戻したところで、それをふたたび失う危険をあえて冒そうとはしなかった。田舎の貴族たちも、財産没収、投獄、場合によっては火刑の憂き目にあい、とりわけ亡命者が続出し、これ以上ひどい目に遭うことを恐れた彼らは、ふたたび異端信仰に戻ろうとはしなかった。しかも、彼らの多くはすでにカトリック教会に戻っていた。たとえば、ヴィレール、ユノー・ド・ランタ、ロートレックといった名門貴族は、ルエ家やモーラン家のような有力市民と同様に、いまやカトリックの高位聖職者や異端審問官たちと良好な関係を結んでいた。こうした貴族や有力市民のなかからドミニコ会やフランシスコ会の修道士になるものが続出するとか、みずから進んで異端審問の証人になるとか、刑の宣告に喜んで立ち会うとか、さすがにそこまではいかなかったとしても、一昔まえと比べれば、まさに隔世の感がある。

そんなわけで、新教会は村の職人や農民たちから信者を集めた。完徳者たちが迎え入れられ、宿を提供され、そして死にゆく人にコンソラメントを授けたのも、こうした庶民たちの家であった。もはや彼らは、城館を訪れることもなく、騎士や貴婦人たちの庇護を受けることもなかった。彼らが通った形跡のある土地は百二十五にも及ぶが、じつに興味深いことに、それらの土地で彼らは、カタリ信仰をそれまでとはまったく違った民衆的宗教に仕立て上げることに成功したのである。

ベルナール・ギーによる弾圧

ジョフロワ・ダブリが、一三〇五年九月、リムーでジャック・オーティエとプラード・タヴェルニエを逮捕したのは、ある密告によってであったが、それをきっかけにして弾圧が激しくなり、オーティエ兄弟の教会を壊滅に追い込んでいく。早くもその年の十一月、ヴェルダンには、オーティエ兄弟の教会の完徳者全員が、十八人の住民がカルカソンヌの牢に送られた。ヴェルダン＝ローラゲで一斉検挙が行われ、さらには一時ロンバルディアから来ていたベルナール・オードゥイまでが、続々と入り込んでいたから、ジョフロワ・ダブリにとって、敵に狙いを定め、彼らを狩り立てるのはたやすかった。それ以来五年にわたって、一握りの「良き人」たち——彼らは、逃亡しながらも、説教しコンソラメントを授け、ときには叙階も行った——と彼らを追跡する異端審問官たちのあいだで、悲愴なかくれんぼゲームが繰り広げられることになる。こうした困難な状況にありながらも、われらが宣教師たちは——少なくともしばらくのあいだは——まったく挫けなかった。ピエール・オーティエは、一三〇六年の末、忠実な協力者のひとりピエール・サンを叙階し、さらにテスクー川畔のヴェルラックで、フィリップ・ダレラックとクストーサで出会い彼に従ってきた若者レモン・ファーブルを叙階した。するとと今度はピエール・サンが、ピエール・オーティエがかつて自分の本を貸したことがあるピエール・フィスというタラベル出身の若者の修練を監督指導することになった。

一三〇七年一月、ベルナール・ギーが異端審問官としてやってきた。一三〇八年の四旬節の最初の日曜日、彼はトゥールーズ大聖堂で最初の「一般説教」を行い、十四ヵ月に及ぶ仕事の成果を披露した。禁固刑から巡礼への減刑が二件、コンソラメントを受けて亡くなったひとりの男とひとりの女の遺骸の掘り出しと焼却（男はボルン、女はヴィルミュールの住民）、家の取り壊しが二件、最後に俗権への引き渡し、つまりは火刑が三件。俗権に引き渡されたのは、ヴェルフェイユに近いラガルドに住む男、トゥールーズのトゥーニ島の大工の未亡人フィリッパ・モーレルという老女（すでに一二七〇年頃から審問を受けていた）、それにもうひとりのトゥールーズの女である。その三人は、いずれも「完全な異端者」ではなく、叙階のコンソラメントも臨終のコンソラメントも受けてはいなかった。つまり、彼らは単なる信者でしかなかった。にもかかわらず、最初のふたりは、かつて異端放棄の宣誓をしていたため、異端再転向者とされたのである。異端再転向者はけっして許されなかった。三番目の女は、異端信仰を告白したうえで、信仰を捨てることを拒否した。翌日、火刑台の下で、ようやく異端放棄の宣誓を願い出て、破門が解かれ、贖罪のために牢に送られた。つまり、この日は九つの宣告を行ったことになる。つぎの「一般説教」は一三〇九年五月二十五日に行われ、九十二の宣告を下した。十字架を衣服に縫い付ける刑の免除が四件、禁固刑の減刑が六件、十字架を衣服に縫い付ける刑が十六件、終身禁固刑が五十九件、さらに遺体掘り出しが六件（いつ亡くなったかは分からないが、完徳女ジャコットの遺体も含まれる）、最後に俗権への引き渡しが一件あった。俗権に引き渡されることになったのは、ヴェルダンの男の信者で、脱獄して再度つかまり、異端再転向者として極刑を言い渡されたのである。

ジョフロワ・ダブリとベルナール・ギーは捜査の手を緩めず、部下の警吏たちも熱心に働いていた。一三〇九年のはじめには、ジャック・オーティエがふたたびつかまっている。それにもめげず、ピエール・オーティエは臨終者にコンソラメントを授け続けたばかりか、新たにふたりを叙階している。サバルテス地方のジュナックの鍛冶屋の親方の息子アルノー・マルティとヴィルミュールに近いボルンの若い織工サンシュ・メルカディエである。ベルナール・オードゥイはクーネオに戻り、ジャック・オーティエはふたたびカルカソンヌの牢に入ってしまったが、復興教会は生き残ったばかりか、メンバーの数はこれまでにもっとも多くなっていた。妻、妾、子供たち、持っていた事務所、そして多くの所有地、それらすべてを——ただし蔵書はのぞいて——捨てたアクス＝レ＝テルムの元公証人のもとに、十二人の完徳者たちが結集していたのだ。もっとも、教会がこのきわめて象徴性の高い数の意味〔言うまでもなく、キリストと十二使徒のこと〕をどれほど意識していたかは分からないが。

ひとりの師と十二人の弟子たち。残念ながら、この体制は長くは続かなかった。一三〇九年の四旬節の頃、フィリップ・ダレラックが逮捕され、カルカソンヌの牢に入れられたが、脱走した。八月十日、ベルナール・ギーはピエール・オーティエを指名手配する告示を出した。ピエール・オーティエは、二ヵ月まえから、ロマーニュ地方のボーピュイの小作農家——グランセルヴ大修道院のすぐそばだった——に隠れていた。彼は、この農家を立ち退いた直後に逮捕された。トゥールーズの牢に送られ、そこでアミエル・ド・ペルルと再会した。彼も、ヴェルダン近くの農家に隠れていたところをつかまったところだった。九月八日、アリオン地方の村モンタイユーの全住民が逮捕された。警官が村を取り巻き、出口をすべてふさぐという念の入れようだった。ジョフロワ・ダブリは伯代官の城に審問所を設け、住民をひとりひとり取り調べた。そのうちの何人かは牢に送られている。翌月、今度は完徳者レモン・ファーブルがヴェルダンでつかまっている。

十月二十三日、ベルナール・ギーはアミエル・ド・ペルルを俗権に引き渡す宣告を下した。しかも宣告文は、今にも死ぬ危険性があるため、できるだけ早くそうしなければならないとしている。つまりアミエル・ド・ペルルは、火刑台のうえで死ぬことをまぬがれるために、エンドゥーラ〔endura：耐忍礼、すなわち断食の行〕を始め、食事を絶って死のうとしていたのである。その頃、ピエール・サンはローラゲ地方タラベルのユグーという農家に隠れていた。フィリップ・ダレラックとギヨーム・オーティエもここを訪れ、彼と数日を過ごした。一三一〇年一月二日、異端審問の警吏がやってきて彼を捕らえようとしたが、家の主人が彼を逃がした。

四月九日、ようやくピエール・オーティエに刑が宣告された。宣告文は大聖堂で読み上げられたが、重大な案件だけに、宣告文を読み上げるベルナール・ギーのとなりにジョフロワ・ダブリも控えていた。処刑を目撃したあるひとは、しばらくのちに、つぎのように証言している――「広場に建てられた火刑台に上っていくとき、ピエール・オーティエは、もし自由に説教させてくれるなら、国中のすべての人を自分の信仰に改宗させてみせると大声で言い放った」。

ピエールの息子ジャック、弟のギヨーム、そして仲間のアルノー・マルティも火刑に処されたが、彼らが処刑されたのはカルカソンヌにおいてである。

しかしまだ七人の完徳者が残っていた。ピエール・サンは、タラベルを去り、モンクラール＝ド＝ケルシーに近いマルナックに逃れて行った。サンシュ・メルカディエもそこで合流したが、おそらくは生きる気力を失ったためだろう、手首の血管を切って自殺してしまった。ピエール・サンはふたたびローラゲ地方に逃れて行った。その後、さらに二年間の足取りをたどることができるが、彼は明らかにひとりで、〈ソシ〉はいなかった。プラード・タヴェルニエは逮捕され、ピエール・オーティエの少しあとで火刑に処せられた。ピエール゠レモン・ド・サン゠パプール、ポンス・ベール、レモン・ド・ナ・リカは、現在残されている資料からはまったく消えている。それ以外に生存が確認されているのは、ただひとりフィリップ・ダレラックだけである。彼はカルカソンヌの牢から脱走し、フヌイエード、ルシヨンと渡り歩き、国境を越えてカタルーニャに入った。ところが、ドヌザンの信者たちに会いに行きたいという考えを起こしたのが災いし、ロクフォール゠ド゠ソーで逮捕され、おそらくは火刑に処せられた。

もしフィリップ・ダレラックが文字どおり最後の完徳者であったとしたなら、オクシタンのカタリ派教会の歴史はここで終わっていたであろう。もちろん、彼は復興教会最後の完徳者ではあった。ところが、彼がカルカソンヌの牢から脱走したとき、ひとりの男がいっしょだった。彼はのちにこの男を叙階したようである。ギヨーム・ベリバストという名で、高地コルビエールのキュビエールの裕福な農家の息子であった。もちろん本職の完徳者ではなかった。彼がコンソラメントを受けることになったのは、みずから志願してではなく、乱闘中に羊飼いを殺してしまったためである。コンソラメントを受けた廉で投獄されたが、脱走したため、カタリ派教会は、あと十年ほど生き延びることになった。しかしそれもやがて終わる。今度こそ決定的な終わりとなったが、のちに見るように、その顚末は悲劇的であると同時に珍妙であった。

ピエール・オーティエの処刑に先立つ日曜日、ベルナール・ギーは百十三の宣告を下した。減刑が四件、十字架を衣服に縫い付ける刑が二十件、禁固刑が六十二件、遺体の掘り返しが六件、家の取り壊しが四件。取り壊しとなったのは、ピエール・オーティエが叙階を行ったり、臨終者にコンソラメントを授けたりした家である。さらに俗権への引き渡しが十七件あった。さすがのベルナール・ギーも、一回の「一般説教」でこれほど多くの死刑を宣告することはあとにも先にもなかった。しかも、彼らはただの信者にすぎなかった。いずれも、たとえばタラベルのユグー夫妻のように、逃亡中の完徳者を助けたという理由で、異端再転向者と断定されたのである。

アルビとカルカソンヌではまだ……

このように、トゥールーズではベルナール・ギーが捜査と裁判をてきぱきとこなしていたが、アルビでは少なくとも十件の審理が中断したままだった。アルビの住民が八人、さらにレスキュールとコルドの住民がそれぞれひとり、八年まえからカルカソンヌの牢に収監されたまま、判決が下されるのを待っていた。一三〇八年夏にベルナール・ド・カスタネが司教の座を去ったのちも、彼らの審理はいっこうに進まなかった。後任の司教レモン・デボルドも、何ひとつしようとしなかったのだ。心配した教皇は、一三一〇年二月、これらの囚人たちをアルビに移送するとともに、彼らの審理を正規の手続きにしたがってすみやかに完了するよう命じた。それでもデボルドは何もしなかった。一三一三年、つぎの司教ベロー・ド・ファルジュが、この十件の裁判を引き継いだ。一三一三年四月、教皇はファルジュにたいして、これらの審理を急ぐよう重ねて要請した。その間、獄中で三人がすでに亡くなっていた。一三一九年、結局、ベルナール・ギーがこの件を担当することになった。亡くなった三人にたいしては、死後判決の形で、有罪を言い渡し、彼らの財産は差し押さえられることになった。コルドの住民については、十九年に及ぶ未決勾留でじゅうぶん罪を償ったとして、赦免となった。ほかの六人については、アルビの住民の少なくともひとりの財産が差し押さえられたことが知られているだけである。

カルカソンヌでも、一三〇三年に異端審問官がニコラ・ダブヴィルからジョフロワ・ダブリに引き継がれた時点において、ふたつの重要な案件が未解決のままだった。カステル・ファーブルの遺体をどうするべきか。かくも大きな騒動を引き起こしたこの事件を簡単に処理するわけには行かなかった。エムリック・カステルが、亡き父の名誉を守るべく、いまだに抗議し続けているため、なおさら解決はむずかしかった。下手をすれば、また彼が民衆を扇動するだろう。また法学教授ギヨーム・ガリックの一件をどうしたらよいか。彼は生きているが、牢に入ったままだ。クレメンス五世はフィリップ端麗王に、彼を釈放したうえ、城を返還するよう要請した。下町にある邸宅も没収されたが、競売にかけられた際、彼の妻がうまく買い戻した。ところが、大聖堂参事会がこの建物を欲しがっていた。そこで、ガリックにたいして新たに訴訟を起こし、一三二一年、三十日以内の立ち退きと聖地への巡礼を命ずる判決が出た。そのため、彼の邸宅はふたたび没収され、競売にかけられた。今回は大聖堂参事会が買い取ったが、実勢価格のほとんど半分以下の額であった。少なくとも、ガリックの遺産相続人が依頼した鑑定人はそう報告した。それを受けて大聖堂参事会は、遺産相続人たちに告訴されることを恐れ、彼らに損害賠償をした。

トゥールーズでは、ベルナール・ギーが「一般説教」を続けていた。一三一二年四月二十三日には宣告が二百二十五件に達し、件数としてはこれが最高記録となった。十字架を衣服に縫い付ける刑の免除が十一件、釈放が三件、十字架を衣服に縫い付ける刑が五十件、禁固刑が八十八件、欠席判決（財産没収となる）が十件、コンソラメントを受けた遺体の掘り出しが三十六件、さらし刑が一件、家の取り壊しが十六件、最後に火刑台送りが五件など。火刑台送りは、あいかわらず異端再転向が判決理由で、復興教会のメンバーであった完徳者ピエール・サンの兄弟レモン・サンも含まれていた。この日の宣告の対象者は、おもにヴィルミュール＝シュル＝タルンおよびローラゲ地方、ヴェルフェイユからヴェルダン、サン＝パプールに及ぶ一帯の住民たちだったが、ロマーニュのグランセルヴ大修道院付近の地域、ブイヤック、コンブルジェの住民も何人かいた。それはピエール・オーティエが自由の身で最後の数ヵ月を過ごした土地で、彼の教えによって信者になった者がいたとしても不思議ではない。この大量の受刑者のなかに、ひとりだけトゥールーズ市民が混じっていた。両替商のベルナール・ド・ゴメルヴィルで、終身禁固を言い渡された。ゴメルヴィル家では、すでにふたりが異端審問の犠牲になっていた。ひとりの男とその孫、いずれも一二三七年頃完徳者の叙階を受けたが、その後逮捕され、一二四三年の復活祭にカステルノーダリーで火刑に処せられた。

つぎの日曜日、一三一二年四月三十日、また「一般説教」があり、宣告は十九件、そのうち十七件は減刑、一件は巡礼による罪の償い、一件は欠席裁判で死刑であった。それから四年のあいだ「一般説教」は行われなかった。唯一の例外として、一三一三年九月二十日、ユグー家のひとりが火刑台に送られた。彼はピエール・オーティエの教会に親しく出入りしており、正直にピエール・オーティエは聖人だと言ったことから、異端再転向者と断定されたのである。

ベルナール・ギーの戦略は大きな成果を上げた。彼のやり方は独特だった。これまでのほとんどすべての審問官たちは、まず異端の共犯組織網を崩そうとした。そうすれば、支援を失った異端教会は自壊するだろうと思っていたのだ。じっさい、一二七〇年代、ポンス・ド・パルナックとその同僚たちは、そうしたやり方である程度は成功したとも言える。しかし、ベルナール・ギーは逆のやり方をした。まず教会自体を徹底的に潰し、完徳者を最後のひとりまで捕らえようとしたのである。しかも彼は、三年と少しでそれをやり遂げてしまった。そのあとで、じっくり信者たちを始末すればよい。事実、こちらのほうがはるかに長い年月が必要だった。彼は一三二三年まで宣告を下し続けたが、とうぜんのことながら、宣告を受けた者のなかに、完徳者あるいは完徳女はひとりもいなかった。そもそも完徳者も完徳女も、もはやこの地にはひとりもいなかったのだ。彼が一三一三年から一三二三年までのあいだに火刑台に送った十三人は、すべて一般信者であった。彼らは皆、異端再転向者として断罪されたわけだが、否認を許されず、二度と撤回されることのないこの恐るべき罪状を、審問官たちは奥の手として使ったのである。

クレメンス五世は、自分を守るすべもない罪人に悔い改めや許しの機会をまったく与えない、こうした残忍な刑に不安を感じた。一三一二年四月三十日、ヴィエンヌで行われた公会議の終わりに、教皇は「数多くの訴え」(Multorum querella) と題した教書を発布した。この教書はかなり昔からの問題を蒸し返したものである。じっさい、異端審問官たちの執念には、どうにも歯止めをかけることができなかったのだ。過去においてそのために考え出された唯一の方法が、審問官の権限を高位聖職者にコントロールさせることであった。ところがじっさいには、両者の力の均衡を保つことは不可能だった。一二五〇年に司教たちが異端審問に介入してくると、説教修道士たちは――自発的にせよ、やむなくにせよ――手を引いてしまった。

しかし、一二五五年に説教修道士たちが戻ってくると、今度は司教たちが審問をやめてしまった。要するに、審問官か、聖職者か、どちらかであって、両者の協力体制を築くことはとうていできなかった。唯一の例外として、カルカソンヌの審問所とアルビ司教のあいだで、二度にわたり、一時的な協力関係が生まれたが、それは両者に市の有力者たちという共通の敵があり、この敵を倒すために結託したにすぎず、両者が正式な協定を結んだわけではなさそうである。それでもなお、クレメンス五世はやればできると思ったのだろうか。ともあれ教皇は、派遣判事――審問官を委託された説教修道士――と教区判事（つまり司教）が協力すべきことを宣告し、そのうえで、両者とも独自に捜査を行い、被疑者を拘禁することができるが、被疑者を裁判にかける場合、そして最終判決を宣告する場合には、両者の合意が必要であるとした。ジョフロワ・ダブリとベルナール・ギーは、さっそく、連名で教皇に意見書を送り、この決定にたいして激しく抗議した。彼らに言わせれば、この決定は異端との戦いを弱体化させることにしかならず、むしろ必要なのは、審問官の権限をさらに強化することである。彼らの意見書を受け取ったのは、クレメンス五世の跡を継いだヨハネス二十二世であった。しかし彼はこの意見書を無視し、ヴィエンヌの教令を遵守した。パミエ司教ジャック・フルニエが説教修道士ジャン・ド・ボーヌと並んで異端審問官になったのも、この教令による。ちなみにジャン・ド・ボーヌは、一三一六年九月に亡くなったジョフロワ・ダブリの後任として、カルカソンヌ異端審問所の審問官になった。

その数ヵ月まえの三月、ベルナール・ギーとジョフロワ・ダブリはトゥールーズ大聖堂で「一般説教」を行い、七十六件の宣告を下した。今回、火刑台送りはたった一件だけ、しかもカタリ派信者ではなく、ワルド派の信者だった。それ以外は、赦免が二十六件、十字架を衣服に縫い付ける刑が十五件、禁固刑が二十一件、遺体の掘り出しが九件、欠席判決が三件、さらし刑が一件だった。その後、ふたたび大量宣告が行われたのは、一三一九年九月三十日のことだった。ベルナール・ギーとジャン・ド・ボーヌが宣告を下したが、今回は「教区の」権威者たち、すなわちカオール、サン＝パプール、そしてモントーバンの各司教が、それぞれの教区にかかわる宣告に立ち会った。全部で百六十一件の宣告が下され、うち七十七件は赦免、巡礼による贖罪が五件、十字架を衣服に縫い付ける刑が二十件、禁固刑が二十八件、死刑が四件などであった。その頃、カステルノーダリーではベルナール・デリシューの裁判が行われていた。

ベルナール・デリシューの最期

じっさい、この熱血漢のフランシスコ会士のことがふたたびうわさになり始めていた。十三世紀末の数十年、フランシスコ会のもっとも急進的な少数派のあいだで体制批判の運動が起こった。この分派のことを、フランスでは「精霊派」(Spirituels)と呼び、イタリアでは「小修道士」(Fraticelli)と呼んだ。フランシスコ会系の在俗修道会であるベギン会員たちも、清貧を求め、病人や恵まれない人への献身を説く彼らの運動に賛同していた。ラングドックでは、ピエール=ジャン・オリユーがこの運動を指導しており、ベルナール・デリシューも若い頃、彼の影響を受けたことはうたがいない。一二九八年に彼が亡くなると、ベジエで開かれた公会議でこの運動が禁止され、彼の弟子たちへの迫害が始まった。一三一二年にヴィエンヌで行われた公会議でもこの禁止が再確認され、さらに一三一七年ヨハネス二十二世は、この分派に属するすべての者を異端者とみなすよう勧告している。その年の四月、ラングドックのフランシスコ会士数名が教皇庁に召喚された。ベルナール・デリシューは彼らの先頭に立ち、アヴィニョンまで同行した。五月十五日、彼は逮捕された。十二月、教皇はフランシスコ会の分派組織をすべて廃止した。

それから一年半後の一三一九年七月、教皇はパミエ司教ジャック・フルニエとサン＝パプール司教レモン・ド・モスチュエジュールにベルナール・デリシュー裁判の予審を託した。裁判は同年の九月三日に開始された。ベルナール・ギーとポルトの枢機卿となったベルナール・ド・カスタネが告訴を支持する演説を行った。主として異端審問を妨害した罪に問われたこのフランシスコ会士は、拷問を受けてすべてを自白し、十二月八日、僧籍剝奪と「厳重な牢」での終身禁固を言い渡された。ベルナール・ギーが、カルカソンヌのマーケット広場で、宣告を読み上げた。ベルナール・デリシューを裁いたふたりの司教が、その日さっそく、ジャン・ド・ボーヌにたいし、高齢と健康状態を考慮して、鎖をつけることと食事制限の制裁は免除するよう要請した。その要請は拒絶され、教皇もあらゆる減刑を禁じた。フランシスコ会士は数週間後に亡くなった。

ベルナール・ギーは、さらに一三二一年の六月、七月、八月、一三二二年の七月と九月、一三二三年の六月にも「一般説教」を行い、これで彼の異端審問官としての経歴は終わる。最後の宣告を下してから二ヵ月後、ガリシアのトゥイ司教に任命された。もちろん、彼はこのポストが気に入らなかった。ぐずぐずと赴任を延ばし続け、結局、一三二四年七月、ロデーヴ司教の座をせしめた。

彼はこの地で、生涯最後の八年間をさまざまな歴史書の執筆に捧げたのである。フランスの歴代王の年代記もあれば、神聖ローマ帝国の諸皇帝の生涯もある。死後に残された回想録からは、疲れを知らない仕事人、好奇心と情熱にあふれた碩学《せきがく》、人づきあいがよく、陽気であけっぴろげな人間であったことがうかがわれる。

十六年にわたって異端審問官を務め、その間、九百三十の宣告を下した。百三十二人にたいして十字架を衣服に縫い付ける刑を免除し、百三十九人にたいして禁固刑を赦免したが、その一方で、三百七人を投獄した。さらに二十二軒の家を取り壊し、またコンソラメントを受けて亡くなった六十九人の遺体を掘り出し、公衆の面前で焼却した。彼が火刑台送りにしたのは四十二人で、ピエール・オーティエとこのアリエージュの公証人が創設した小さな教会のほぼすべてのメンバーもそのなかに含まれる。この数は、一二四二年から一二四八年にかけてベルナール・ド・コーとフェレールが下した宣告の数にくらべれば、たしかに少ない。しかしベルナール・ギーは、知略に富んだ綿密なやり方で、カタリ信仰を壊滅させることに成功したのである。もちろん、宗教的抵抗の組織網がいたるところに広がり、しかもこの非合法教会を地方貴族が結束して擁護していた一二四〇年代にくらべ、いまや標的はピエール・オーティエと彼の小さな教会を構成する十人ほどの完徳者、それに彼らを助ける信者たち、あるいは彼らからコンソラメントを受けた者たちに限られており、それを狙い撃ちするのは、さほどむずかしくはなかった。

ジャック・フルニエとフォワ伯領

ベルナール・デリシユーの判決が下されたとき、ジャック・フルニエはすでにその一年まえから高地フォワ伯領で大がかりな捜査を展開していた。彼は、ベルナール・ギーと同様、異端審問官にうってつけの人物だった。彼は、低地伯領のサヴェルダンに、一二八〇年頃生まれた。つまり、もともとのオクシタン人ということになる。彼がシトー会に入ったのは、叔父のアルノー・ヌーヴェルがフォンフロワド大修道院長であったこととも関係しているだろう。パリで神学を学んだあと、ラングドックに戻り、一三一一年、叔父の後任となり、さらに一三一七年には最近司教区になったばかりのパミエで司教に就任した。一三二六年にミルポワに移るまでの九年間、すでに見たように「数多くの訴え」と題された教皇勅書にもとづいて就任した教区審問官の仕事を続け、カルカソンヌ異端審問所の審問官ジャン・ド・ボーヌとその後任のジャン・デュプラ、トゥールーズ審問所の審問官ベルナール・ギーとピエール・ブリュなどとも協力し合った。一三二七年に枢機卿となり、一三三四年にはベネディクトゥス十二世として教皇になり、一三四二年に亡くなった。彼は修道会の改革を強引に推し進めようとしたため、フランシスコ会ばかりでなく、ドミニコ会からも強い反発を招いた。

ジャック・フルニエが残した審問記録は非常に興味深いと常々言われてきた。彼は、カタリ派であれ、ワルド派であれ、魔術師や魔女であれ、幻視者であれ、酔っ払いであれ、同性愛者であれ、少しでも逸脱の気味のあるものは何にでも強い興味を示し、驚くほど多様な——ときにはかなり風変わりな——人物たちを尋問の場に引き出している。コスーの領主フィリップ・ド・プラニソルの娘、ベアトリスを尋問したのも彼だった。モンタイユーの城主ベランジェ・ド・ロクフォールの未亡人であった彼女は、異端と痴情が入り混じった新聞小説まがいの恋愛事件のヒロインを演じた。相手の男は、モンタイユーの司祭ピエール・クレルグ。彼は、恋愛ゲームにも、神学的・道徳的詭弁にも、等しく精通した征服欲の強い冒険家で、ベアトリスに、官能的な情念ばかりか、カタリ信仰まで吹き込んでしまった。とはいえ、根っからのリベルタンである彼自身は、信仰心などまったくなく、カタリ派の二元論に知的興味を抱いたにすぎなかった。この司祭は捕らえられ、獄中で死んだが、一三二九年、遺体を掘り返され、焼かれた。ベアトリスも一三二一年に禁固刑を言い渡されたが、翌年、釈放されている。それから七世紀半後、この恐るべき恋人たちは、めでたくオペラの主人公となった。(2)

このふたりの話は、結局のところ、カタリ信仰とはたいして関係なかったとはいえ、高地フォワ伯領の人々の心にこの信仰がいかに深く浸透していたかを物語っている。そこでは、モンセギュール陥落から四分の三世紀を過ぎてなお、この禁じられた宗教は長く悲劇的な最期の時を生きつつあったのである。

ギヨーム・ベリバスト、最後の「良き人」

カタリ派終焉の顚末をすべて語ることはできないとしても、完徳者の最後のひとりの運命をたどらないわけには行くまい。この男は、すでに見たように、一三〇九年、フィリップ・ダレラックといっしょに、カルカソンヌの牢を脱走した。これもすでに述べたように、彼はピエール・オーティエの教会に属する人間ではない。もし喧嘩の最中に誤って羊飼いを殺していなかったら、彼は叙階を受けることもなかったにちがいない。彼は裁判を受けるのを嫌って逃亡した。しかし、カタリ派信者の家に生まれ育ったため、カタリ派の倫理観に苛まれた。カタリ信仰では、犯罪者は、罪を悔い改めるべく、完徳者になることが求められていたのだ。当時、ソーの高地、ラゼス、コルビエールで宣教活動をしていたフィリップ・ダレラックが、彼の叙階に係わっていなかったとは考えにくい。ただし、助祭でも「長老」でもない彼がこの男を叙階したとなると、この叙階の有効性について議論の余地がないとは言えない。このふたりの「良き人」たちはいっしょにつかまったのだろうか。ともあれ、彼らはいっしょに脱獄し、いっしょにカタルーニャに逃げ込んだ。ところが、フィリップ・ダレラックが、故郷に戻るべく、ふたたびピレネーを越えたところを逮捕されたため、ベリバストはひとりになってしまった。一三一〇年、彼はベルガ地方で暮らしていたが、その後、南下して海の近くに行った。リェイダ、グラナデーリャ、フリクス、トルトーザ、モレーリャ、サン・マテオ。生活費を稼ぐために、彼はいろんな仕事をした。機織り、靴屋、櫛職人、羊飼い。

こんなふうにカタルーニャを転々としているうちに、たまたま、フォワ伯領から亡命してきたカタリ派信者たちの小さな集団に出会った。これらの小集団は――たとえばモンタイユーから来たモーリー家や彼らと姻戚関係にあるマルティ家のように――セグレ川流域のサバルテスからセルダーニャを通ってバレンシアにいたる街道沿いに住み着いていた。ところが、これらの信者たちには、臨終者にコンソラメントを授ける聖職者がいなかったのだ。

じつを言うと、一三一四年のはじめ、ベリバストはフリクスで、少しまえにトゥールーズ地方からやってきた男に出会ったことがある。その男は、自分はモーリー家の親戚で、脱獄してきた完徳者だと言った。おそらくは幻視者もしくは虚言症だったのだろう。彼は、自分が逮捕される直前、自分が属する教会の財宝――金貨一万六千枚！――を甥に託したのだが、財宝も甥も見つからないのだと語った。この男は、一三一六年末、グラナデーリャで亡くなった。そこで今度こそ、ベリバストは、正真正銘、唯一最後の完徳者ということになった。だが実際のところ、彼はどんな完徳者だったのだろうか。

脱獄してまもなく、彼はトレーリャでサバルテス地方ジュナックの女と知り合った。レモンド・ピキエといい、異端審問を逃れ、娘ギエルムを連れてカタルーニャに来ていた。以来、ベリバストは彼女たちと旅することになった。彼女たちはアリバイとして役立った。誰もがレモンドを彼の妻、ギエルムを娘と信じ込み、彼が完徳者だとはよもや思わなかった。やがて、ギヨームとレモンドは本当に愛し合うようになった。

一三一九年、レモンドは妊娠した。ギヨームは彼女の名誉を守り、同時に自分の名誉も守ろうと思い、彼女を亡命者集団のひとつで知り合った友人のひとりピエール・モーリーと結婚させた。しかし彼は、じきにそれを後悔して、彼女を取り戻した。叙階によって課された規則を不甲斐なくも破ってしまったこの落第完徳者は、自分が完徳者として失格であるという意識から、逆に完徳者としての使命感に燃え、自分が知っている信者たちの司牧者を本気で任ずるようになった。彼は信者たちの家を回って説教した。ジャック・フルニエに多くの証言者たちが語った話から判断するに、彼の説教はじつに格調の高いものだったようだ。彼はカタリ派教義に精通しているうえに、聖書の言葉を巧みに援用し、魂の失墜と転生についての神話などもしっかり覚えていた。また道徳的にも高い見地に立ち、神の慈愛、隣人愛、絶望の罪などについて、感動的な言葉で語るのだった。以上の話を総合すると、獄中で、あるいはそれ以前に、フィリップ・ダレラックからかなり本格的でしかも高度な宗教教育を受けたと想像される。

結局彼は、こうした献身によって、わが身を亡ぼすことになった。ある日、サン・マテオのモーリー家にアルノー・シクルという若者がやってきた。タラスコンの公証人の息子だった。母は、熱心なカタリ派信者となって父と別れたため、旧姓を使ってシビル・ベールと称していた。彼女は逮捕されたが、異端放棄の宣誓を拒否したため、火刑に処せられ、財産も没収されてしまった。アルノーには兄弟があり、その兄弟は叙階を受けていた。ほかならぬポンス・ベール——彼は母の旧姓を名乗っていた——で、ピエール・オーティエの仲間のひとりだった。シクルは靴屋に雇われた。ある日、マルティ家に招かれて、酒を酌み交わした。その席で、家の女主人が彼に、たまたま思いついたかのように、〈善〉に会ってみたくはないかと尋ねた。彼は、彼女が何を言いたいのかをすぐに察して、会いたいと答えた。二週間後にふたたびマルティ家を訪れると、ベリバストが暖炉のそばに座っていた。シクルは、自分はピエール・オーティエとジャック・オーティエを知っていると言って、みんなをすっかり信用させた。それからしばらくして彼は、パリャーズ山中にいっしょに住んでいる妹と年老いた伯母がどうしているか心配なので、ふたりに会いに行くことにしたと話した。ふたりに会ったら、ここに来て〈善〉のそばで暮らすよう説得してみるとも言った。伯母はとても金持ちなので、誰もが彼女を頼りにすることができるだろう。また自分の妹は若くてきれいだから、アルノー・マルティはたぶん彼女と結婚したくなるだろう。そんな話までして、シクルは出かけて行った。

彼は、一三二〇年のクリスマス少しまえに戻ってきた。彼が言うことには、伯母は来たいのはやまやまだが、高齢のうえに痛風なので歩けないし、馬に乗ることもできない。そこで信仰心篤い彼女は、いつか「良き人」にご来駕願えればうれしいと言っている。妹のほうも、喜んでアルノー・マルティと結婚したいと思っているが、年老いた伯母を残していくわけにはいかないと言っている。ともあれ、伯母はアルノー・シクルの話にすっかり喜んで、みんなで楽しくクリスマスを祝うようにと、彼にお金をくれた。

数週間後、シクルはまた伯母と妹に会いに行きたいと言った。老婦人は死ぬまえに完徳者にお会いできれば喜ぶだろうと言って、暗にベリバストにいっしょに来るよう誘った。アルノー・マルティにも、許嫁の妹が彼に会いたがっていると声をかけた。ピエール・モーリーも同行することにした。四人は一三二一年の四旬節に出発した。彼らの旅程は宿駅ごとにたどることができる。やがてラ・セウ・ドゥルジェイ近くまで来て、カステユボの渓谷沿いに、フォワ伯の領地に入った。カステユボまであと一息のところで、翌朝、ティアビアに着き、その夜はここに泊まった。夜明けに、土地の代官が警官を引き連れて部屋に踏み込んできた。四人の旅人は捕らえられ、カステユボに連行された。シクルが代官に、ピエール・モーリーとアルノー・マルティはこの事件とは無関係だと言ったため、ふたりは釈放された。シクル自身はギヨーム・ベリバストとともに塔の最上階に連れていかれ、足に鎖をつけられたうえで、しばらく放置された。

「ユダめ！」ベリバストは言った。「おまえがピエール・オーティエとジャック・オーティエを知っていると言ったとき、わしはすぐにうそだと分かった」。じっさい、シクルが完徳者への正しい挨拶の仕方を知らないことに、ベリバストは以前から気づいていた。にもかかわらず、ベリバストはこの男の罠にはまってしまったのである。アルノー・シクルはさもしい賞金稼ぎであった。十月にジャック・フルニエにたいして彼が行った供述については詳しい記録が残っている。ジャック・フルニエは、ふたりで練り上げた計画をみごとにやり遂げたことで、シクルを褒めちぎった。シクルは、異端審問に協力すれば、没収された母の財産を自分に返してもらえるだろう、それが無理としても、いくらかのお金はもらえるだろうと考えた。そこでカタルーニャに行き、つかまえられそうな完徳者を見つけようと思いついたのだ。ベリバストを見つけたあと、彼が国に戻ったのは、伯母に会うためではなく（それはまったくの作り話だった）、パミエに行ってジャック・フルニエに知らせるためだった。ベリバストこそオクシタン最後の完徳者であるとほぼ確信した司教は、この件をアラゴン審問所に任せず、自分の手で処理しようと思い、シクルと計略を練ったのである。そのためには、この「良き人」をフォワ伯の領地まで連れ出したうえで、正規の手続きにもとづいて逮捕する必要がある。そうすれば、カルカソンヌの異端審問所が——ということはつまり、ジャック・フルニエとジャン・ド・ボーヌが——この件を扱うことになる。サン・マテオでクリスマスを祝うようにとシクルに金を渡したのは、もちろん司教だった。

カステユボの塔の最上階に閉じ込められたシクルとベリバストは、たっぷり話し合う時間があった。というのも、どういうわけか、シクルはなかなか解放してもらえなかったのだ。生涯で一度もコンソラメントを授けたことがないこの最後の完徳者は、卑劣にも彼を裏切った男の魂を救おうとした。「もしわしらがこの塔から飛び降りれば、わしの魂とおまえの魂はすぐにも天の父のおそばに昇っていくだろう。そこにはわしらのための王冠と王座がすっかり用意されている。宝石をちりばめた金の王冠を捧げ持った四十八人の天使たちがわしらを出迎えてくれるだろう……」。

最後の「良き人」は、彼の世俗君主であるナルボンヌ大司教のもとに引き渡された。彼は異端放棄の宣誓を拒み、火刑台に送られた。処刑されたのは、おそらく一三二一年の秋、コルビエール地方の中央に位置する大司教の領地であるヴィルルージュ＝テルムネスにおいてであった。

その少しあとで、アラゴン審問所がピエール・モーリーとアルノー・マルティをふたたび捕らえ、ジャック・フルニエに引き渡した。司教は、一三二四年八月、ふたりに終身禁固を言い渡した。ピエール・モーリーの弟ジャンも逮捕されたが、アラゴンの異端審問官を前にして、彼はカタリ派の有名な「主の祈り」を唱えてみせた。その文句が書きとめられて、今日まで伝わっている。「聖なる父、良き魂たちの正統なる神よ、異邦の神によって造られたこの世に死すことを恐れることなく、けっして過たず、うそをつかず、迷わず、疑わない神よ、あなたがお知りになっていることをわたしたちも知り、あなたが愛されているものをわたしたちも愛することができるようにしてください……」。ベリバストが彼に丹念に教え込んだにちがいない。

四人の最後の信者たち

ピレネーの向こう側で、ギヨーム・ベリバストの珍妙にして感動的な事件、結局は悲劇に終わった事件が繰り広げられていたあいだにも、ラングドックの異端審問は、慈悲と制裁を適当に案配しながら、あいかわらず活動を続けていた。一三二〇年三月、アルビの町が教会との和解を盛大に祝った。ジャン・ド・ボーヌと司教ベロー・ド・ファルジュが、市参事会員たちにようやく正式の赦免を与えたのである。さらに一三二一年一月には、コルドの町が教会と和解した。しかしそれによって、審理中の被疑者や容疑者が赦免され、拘禁を解かれるというわけではなかった。トゥールーズでは、ベルナール・ギーがあいかわらず禁固刑や遺体掘り出しの宣告を下し続けていた。最後の完徳者が火刑となり、「伝道の連鎖」が断ち切られたいま、もはやコンソラメントはありえないことを誰もがよく知っていた。しかしそれは、警戒を緩める理由とはならなかった。信者たちの心から「異端という退廃」(haeretica pravitas) のほんのわずかな痕跡すら消し去らなければならない。この逸脱にこそ、ローマ教会の歴史を揺るがす最大の危険が潜んでいると信じられていたのだ。とりわけ、異端放棄の宣誓をしたにもかかわらず、少しでも異端に戻ろうという気を起こした者、あるいは異端に好意を示す言葉、さらには異端を懐かしむような言葉ですら、ほんのわずかでも漏らした者は、すべて死刑に処するほかはない。生前に異端を信じていた者の遺体からすら、その記憶を抹消すべきなのだ。

一三二〇年代になってもなお、カルカソンヌでも、またアルビでも、相当数の訴訟が未決のままだった。ようやく一三二五年二月になって、審問官ジャン・デュプラが、死後判決の形で、ペノティエ司祭アルノー・モルラーヌ、アルビ奉行ギヨーム・ラゼール、さらにふたりのアルビ市民——このふたりについては、ジャン・ガランとベルナール・ド・カスタネが四十年まえに起訴している——にたいして、有罪を宣告している。彼はまた、タラスコンの女性信者ギエルム・トゥルニエを火刑台に送っている。彼女は不幸にも、同房の囚人に、ピエール・オーティエとその息子のジャック、そしてベリバストは神の真の友だと言ってしまったのだ。とはいえ、行き過ぎた判決を聖座が黙って見過ごしていたわけではなかった。ヨハネス二十二世は、判決は「審問協議」を経たのちに行うべきことを命じた。つまり、判決を下すまえにじゅうぶんな時間をかけて合議し、その合議の過程と結果を調書に記載するということである。一三二四年からはこうした協議会が頻繁に行われ、大修道院長、聖堂参事会員、法律顧問、ドミニコ会士、フランシスコ会士、シトー会士、カルメル会士、ベネディクト会士など、三十人以上が一堂に会し、書類をひとつひとつ調べ、議論し、最後には投票が行われた。審問所は協議会の提案にすべて従うという義務はなかったが、少なくとも判決は、かつてよく見られたように、あわただしく、しかも恣意的に行われるようなことはなくなった。

一三二八年十一月十一日、カルカソンヌ審問官アンリ・シャマユーとトゥールーズ審問官ピエール・ブリュは、十五件の遺体掘り返しの刑を宣告した。王が任命したカバレの城主たちとその家族が狙い撃ちされたが、いまだにカルカソンヌの牢に入っている元市参事会員ギヨーム・セールの妻ブランシュの遺体も含まれていた。一三三〇年、このふたりの審問官が、さらに別の十五人について死後起訴を行おうとしたところ、教皇はこうしたおぞましい死後裁判に苛立って、書類の提出を求め、それを顧問官に見せたところ、この顧問官はこれらの起訴が受理しがたいものであると回答した。もしヨハネス二十二世が同じことを数ヵ月まえにやっていれば、一三二九年九月八日にカルカソンヌの旧市街で開かれた異端審問委員会が犯した裁判の行き過ぎを防げたかもしれない。この委員会では、五十一人の評議員が、二日にわたり、四十件について議論し、その結果、カステル・ファーブルの妻リクサンドの遺体の掘り返しに加えて、四件の異端再転向の有罪判決が宣告された。異端再転向者とされたのは、ナルボンヌの女性レモン・アリュファ、アルビとコンクの市民イザルン・レノーとアダン・ボーデ、それにきわめて高齢のギヨーム・セールである。ギヨーム・セールについては、「犬が自分でもどした反吐をまた食べるように、異端に戻った」と宣告に記されているが、四十年ほどまえから牢に入っており、いまでは八十歳を越えていた。

この最後のカタリ派信者四人は、旧市街のすぐ下のオード川の堤で焼かれた。

*

十三世紀の初頭、ラングドックの広大な領土はアラゴン王国に吸収されようとしていたのであり、バルセロナ家の庇護のもとに、エブロ河からアルプスに至る非常に広大な封建国家、地中海の海岸線が延々と続く国、フランスでもなくスペインでもない国が誕生するところだったのだが、ローマ教会がオクシタンのカタリ派を力ずくで壊滅させようとしたことから始まった政治的混乱によって、この地はカペー朝フランス王国に併合されてしまった。以上がカタリ派の歴史の政治的結論である。

カタリ派、このキリスト教分派は、二十年の戦争、さらに百年におよぶ異端審問によって、その信仰が深く浸透し根付いていたラングドックという西ヨーロッパの一部をなす地域から根絶されてしまった。以上がカタリ派の歴史の宗教的顚末である。みずから称するところの「良き人」、「神の友」の宗教に帰依する人々も少なくなかっただけに、この宗教が根絶されたことによって、人々の精神と心には大きな空洞が生じた。しかし勝利を収めたカトリック教会は、托鉢修道会の僧院をつぎつぎに建てることによって、この精神的空洞を巧みに埋めた。フランシスコ会、ドミニコ会は、多くの完徳者や完徳女たちがそれを実践することをみずからの使命とした福音的生活への希求を、ふたたび正統信仰に引き寄せる役割を担ったのである。

この地をふたたび征服したカトリック教会は、人々をしっかり組織に組み込むべく、管轄区域を明確にした。一三一七年、ほぼ方形をなすこの地域の周辺部に新しい司教区が続々と誕生した。モントーバン、ラヴォール、カストル、サン＝パプール、ミルポワ、リユー、そしてラゼス。一方、その中心に位置するトゥールーズ司教区は大司教区に格上げになり、それによって教会はこの地方をより直接的に掌握することが可能になった。また一二二九年にレモン七世の敗北を契機に創建された大学は、この地方の思想統制の役割を担った。

オクシタンで最後のカタリ派信者が焼かれている頃、イタリアのカタリ派のほうは、異端審問の厳しい取り締まりと托鉢修道士たちの熱心な宣教活動の影響を受け、あえなく消滅してから、すでに三十年近くが過ぎていた。しかし当時なお、ほとんど忘れられていたが、二元論的異端が生き残っている国があった。しかもそれは、大公クリン〔あるいはクリナ、一一八〇年から一二〇四年までボスニア総統を務めた〕が、一二〇〇年頃、家族および何人かの封臣とともに改宗してからは、ほとんど国教になっていたのである。

聖座は、異端となったボスニアに熱心なカトリック信者であるハンガリア王をリーダーとする十字軍を派遣しようと試みたが、失敗に終わった。ボスニアの「キリスト教徒」——彼らは自分たちのことを簡単にそう呼んでいた——は、十五世紀の中頃、トルコ軍が攻め込んでくるまで、自分たちの信仰を守り続けていた。しかし、広大なオスマン帝国に併合されてからは宗教的マイノリティとなり、その信仰を法的に認められず、しかもラテン教会とギリシア教会の板挟みになったままだった。双方から異端とされた彼らは、ローマとコンスタンティノープル、いずれの側にも付こうとはしなかった。結局、このスラブ系住民たちは、なかば強制的にイスラム教徒となった。彼らの遠い子孫はいまもイスラム教徒であり続け、そのため、彼らの隣人たち、すなわちローマ・カトリックのクロアチア人とギリシア正教会のセルビア人の迫害を受け続けている。しかし彼らの国には、いまだにカタリ派の高位聖職者たちの墓があちこちに残されている。そんな国は、ほかにはどこにもない。

一九九九年二月二十八日　ローラゲ地方のフランカルヴィルにて

原注

[序]

1 「アルビジョワ」十字軍は、事実、アルビの人々にたいして行われた十字軍であった。ここで言う「アルビジョワ」とは、アルビの住人たちだけでなく、オック地方のカタリ派信者全体を指しているが、この言い方は、一一六三年のトゥール公会議の議事録にすでに見られるようだ。おそらくはクレルヴォーの聖ベルナールが、異端撲滅のために、一一四五年六月、アルビに立ち寄ったことが、この命名の起源となっている。

2 私がここで「異端」とか「異端者」という言葉を使うのは、まったく便宜上の理由からであり、カタリ派その他の宗教分派活動が信奉している信仰にたいする価値判断をいささかも含んではいない。

3 「ローマは異端審問の亡霊に立ち向かう」――このシンポジウムを取り上げた一九八八年十月三十一日付の『フィガロ』紙の記事の見出しである。

4 Ylva Hagman, « Le Catharisme : un néo-manichéisme ? » dans *Heresis* n° 21, décembre 1993, p.47-59 を参照されたい。

5 Irénée de Lyon, *Contre les hérésies, Dénonciation et réfutation de la gnose au nom menteur*, trad. Adelin Rousseau, Paris, Cerf, 5 vol., 1979 à 1982. Trad. En 1 vol., 1984 とりわけ le Livre I を参照されたい。

6 Pilar Jimenez, « Relire la Charte de Niquinta », dans *Heresis* n° 23 (décembre 1994), p.17-19 さらに Anne Brenon, « Le catharisme, un ordre épiscopal », dans les Actes des rencontres 1998 du Centre d'études cathares を参照されたい。

7 *Annales de l'Institut d'études occitanes*, Actes du colloque de Toulouse de septembre 1963, Apt, 1964, p.64-72.

[第I章]

1 J. Duvernoy, *La religion des cathares*, Toulouse, Privat, 1976, p.348-351 を参照されたい。

2 Raoul Vaneigem, *La résistance au christianisme*, Paris, Fayard, 1993, p.267-272 を参照されたい。布教活動の第一波は十一世紀の前半、第二波は十二世紀の後半に位置づけられるだろう。

3 この問題に関してはJ. Duvernoy, *La religion, op.*

cit, p.240-243 を参照されたい。

4 V. Topentcharov, *Bou(l)gres et Cathares*, Paris, Seghers, 1971, p.13 et suiv. ならびに J. Duvernoy, *La religion, op. cit.*, p.309-311 を参照されたい。

5 一一九八年四月二十一日付の勅書、*Die Register Innocenz III*, tome I, Cologne 1964, p.136 より。J.-L. Biget, « Les albigeois, remarques sur une dénomination », dans *Inventer l'hérésie* ? Actes du séminaire de Nice 1993-1996, Nice, université Sophia-Antipolis, 1998, p.219 et suiv. を参照されたい。

6 Robert I. Moore, *La persécution, sa formation en Europe, Xe-XIIIe siècle*, Paris, les Belles Lettres, 1991, p.20-21 および Guy Lobrichon, « Arras 1025, ou le vrai procès d'une fausse accusation », dans *Inventer l'hérésie ?*, op. cit., p.67-85 を参照されたい。

7 Anne Brenon, « La lettre d'Évervin de Steinfeld à Bernard de Clairvaux : un document essentiel et méconnu », dans *Heresis* n° 25 (décembre 1995), p.7-28 を参照されたい。

8 これらの点については、以下を参照されたい。J. Duvernoy, *L'histoire des cathares*, Toulouse, Privat, 1979, p.215-219 ; A. Brenon, « Le faux problème du dualisme absolu », dans *Heresis* n° 21 (décembre 1993), p.61-74, また重要な労作 Pilar Jimenez, « Relire la Charte de Niquinta », dans *Heresis* n° 22 (juin 1994), p.1-26, et n° 23 (décembre 1994), p.1-28.

9 拙著 *Les cathares et le Graal*, Toulouse, Privat, 1994 を参照されたい。

［第II章］

1 Suzanne Nelli, « L'évêque cathare Guilhabert de Castres », dans *Heresis* n° 4 (juin 1985), p.11-24 を参照されたい。

2 私の研究報告 « Le catharisme comme tradition dans la *familia* languedocienne », dans *Cahiers de Fanjeaux* n° 20 (Toulouse, Privat, 1985), p.221-242 を参照されたい。

3 A. Brenon, « La Maison cathare. Une pratique de vie religieuse communautaire entre la règle et le siècle », dans *Europe et Occitanie : les pays cathares*, *Collection Heresis*, n° 5 Carcassonne, Centre

d'études cathares, 1995, p.213-232 を参照されたい。

4 前掲論文（page 72, note 1）の実例と分析を要約した。

5 こうした三階級構図に関しては G. Duby, *Les trois ordres, ou l'imaginaire du féodalisme*, Paris, Gallimard, 1978 を参照されたい。

6 前掲書 chap. 8 を参照されたい。

7 こうした考えを私は *Les cathares et le Graal*, Toulouse, Privat, 1994 でさらに詳しく述べている。

[第三章]

1 *De contemptu mundi* は一八八九年に *Patrologie latine* de Migne (t.217, col. 701-746) で最初に出版されたが、そのイタリア語版が一九九四年に出版されている（traduit par Renato d'Antiga, Turin, Nuova Pratiche Editrice）。

2 Krystel Maurin, *Les Esclarmonde : la femme et la féminité dans l'imaginaire du catharisme*, Toulouse, Privat, 1995 を参照されたい。

3 André Delpech, *Pétronille de Bigorre*, Biarritz, Éditions J & D, 1996 を参照されたい。

4 前作（*L'épopée cathare*, tome I, p.216-218）において、私はこの殺人を教唆したのはアルノー・アモリーであるという仮説を排除しなかった。しかし私が言いたかったのは、この罪をアルノー・アモリーに負わせることは、レモン六世に負わせること以上に、不合理ではないということである。というのも、どう考えても、この犯罪が起きたことによって、有利な立場に立ったのは、トゥールーズ伯ではなく、力による解決を支持するグループであり、その筆頭がアルノー・アモリーであった。

[第四章]

1 『十字軍の歌』は Peguarocha と綴っており、これまではそれをピュイラロック（現在のタルン＝エ＝ガロンヌ県、コーサドの北東十二キロのところにある）としてきたが、旅程の前後と矛盾する。ジル・セラファン氏は、Begaroca ないし Bigarocha と訂正することを提案されているが、妥当な意見であり、一一九五年および一二〇七年の資料とも符合している。*Mémoires de la Société archéologique du midi de la France*, tome 57 (1997), p.227-228 を参照されたい。

2 ジル・セラファンは、前掲書において、ビガロークはゴントーの領主アンリの所領だったが、アンリの死後、女婿マルタン・アルガイの手に渡ったことを指摘している。マルタン・アルガイは元ジョン失地王代理官で、レモン六世の熱烈な信奉者となり、伯を助け、シモン・ド・モンフォールと勇猛果敢に戦った。またトナンの領主はレモン＝ベルナール・ド・ロヴィニャンであり、カスヌイユの領主はユーグ・ド・ロヴィニャンであった。ユーグの兄はアジャン司教アルノー・ド・ロヴィニャンであり、彼は十字軍の陣営に加わっている。

3 「二万」という言い方は、文字どおりに二万人と解するべきではなく、数えられないほどの死者がいたことを言い表す修辞である。それは「三十六のシャンデリア」（目がくらむこと）や「千のキス」（愛情を示す）などの言い回しの場合と同様である。

4 私の旧著第十七章の注（*Épopée cathare*, tome I, p.545）に掲げた一九七〇年現在の文献に、以下を加えたい。Monique Bourin, « Le massacre de 1209 », chap.5 de *l'Histoire de Béziers*, collectif, Toulouse, Privat, 1986, p.95-113 ; Jacques Berlioz, « *Tuez-les tous, Dieu recconnaitra les siens.* » *La croisade contre les Albigeois vue par Césaire de Heisterbach*, Toulouse, Loubatières, 1994.

5 旧著（*L'épopée cathare*, tome III, p.439-441）に挿入した「シモン・ド・モンフォールの全行程（一二〇九～一二一八）」を参照されたい。

6 旧著（*L'épopée cathare*, tome I, p.289）において私は、散文で書かれた著者不詳の『年代記』で記されている四千五百という数を妥当としているが、現在では、もっと数を低く見積もったほうがよいと考えている。十字軍領主ひとりが保持する徴募兵の数を約百とするのが妥当であろう。

7 この防衛態勢固めに加わった騎士ピエール・ド・コルネイユは、一二四三年に尋問を受けた際、これを約三十四年まえのこととしているが、「モンフォール伯が仕掛けた戦争のために」異端者たちが難を逃れてやってきたと言っているだけで、あとは言葉を濁している。

8 旧著（*Citadelles du vertige*, p.182）に掲げた文献に、地勢、事件、考古学的遺跡などの情報がふんだんに盛られた以下の研究を加えたい。*Cabaret, Histoire et archéologie d'un castrum*, Carcassonne, Centre de valorisation du patrimoine médiéval, 1999。ラングドック中世考古学センターがマリー＝エリーズ・

ガルデルの指導のもとに行った共同研究の成果である。

[第五章]

1 以下を参照されたい。Gauthier Langlois, « Le siège du château de Termes par Simon de Monfort en 1210 », dans Heresis n° 22 (juin 1994), p.101-134. また « La formation de la seigneurie de Termes », dans *Heresis* n° 17 (décembre 1991), p.51-72.

2 外交文書資料の目録（*L'épopée cathare*, tome I, p.555-565）に加えて、一二一一年一月二十七日付の友好条約の当該条項に関して、以下を参照されたい。J. Miret y Sans, « Itinerario del Rey Pedro I de Cataluña, II en Aragón (1196-1213) » dans *Boletin de la Real Academia des Buenas Letras de Barcelona*, t. IV (1907-1908), p.16-17.

[第六章]

1 以下を参照されたい。Pierre et Sophie Bouyssou, « Le combat de Montgey », dans *Revue du Tarn* n° 86 (été 1977), p.177-196.

2 以下を参照されたい。Michel Roquebert, « Les seigneurs de Montgey au XIIIe siècle. Jourdain de Roquefort et sa famille », dans *Revue du Tarn* n° 88 (hiver 1977), p.509-529.

3 パミエ法令集は以下に収録されている。Le tome VIII de *l'Histoire générale de Languedoc*, col.625-635. および Pierre Timbal, *Un conflit d'annexion au Moyen Age : l'application de la coutume de Paris au pays d'Albigeois*, Paris, Didier 1950, p.177-184. 私はこの法令集を以下で全文翻訳している。*Épopée cathare*, t.I, p.496-511.

[第七章]

1 バルセロナ家の北ピレネー政策、とりわけ地中海沿岸の海上交易や塩の備蓄などに関して、本書でその全容を論ずることは不可能であり、それについてはカタルーニャおよびカスティーリャの歴史家諸氏(Jòrdi Ventura, Joan Regla, Antonio Ubedo）にお任せしたい。北ピレネーへのバルセロナ家の覇権的野心については、シャルル・イグネが指摘しているが（Charles Higounet, *Mélanges Louis Halphen*, Paris, P. U. F., 1951, p.313-322）、それにたいしてラモン・ダバダルが批判を加えている（Ramon

d'Abadal, *Annales du Midi*, n° 68-69, juillet-octobre 1964, p.313-345)。

2 前注を参照されたい。またこの問題を総体的に見渡すには、私の以下の論文を参照されたい。« Le problème du Moyen Age et la Croisade albigeoise : les bases juridiques de l'État occitano-catalan de 1213», dans *Annals de l'Institut d'estudis occitans*, n° 4, 1978, p.15-31.

[第八章]

1 この贈与証書は一二一五年以降に偽造されたものとされることもあるが、この問題について、私は以下で検討した。*Muret ou la dépossession*, p.308-312.

2 この問題については、本書第二章を参照されたい。

3 十二世紀末から行われた〈子〉と〈聖霊〉をめぐる神学的および救済論的論争、およびその論争に一二一五年のラテラノ公会議が果たした役割については、以下を参照されたい。*Les cathares et le Graal*, op. cit., p.173-188.

[第九章]

1 トゥールーズ市参事会の廃止の問題とそれに関して一二七四年に行われた聞き取り調査をどう解釈するかについては、百年以上にもわたって論争の的になってきた。私は以下の著作でこの調査記録を取り上げるとともに、この問題に検討を加えている。*Le Lys et la Croix*, p.59-69.

[第十章]

1 ちなみに、このジャン・ド・ネールが聖杯伝説のもっとも有名な小説のひとつ『ペルレスヴォー』の写本を所蔵していたことは注目に値するだろう。しかも繰り返し読んでぼろぼろになってしまったので、友人でもあった近隣のカンブランの領主が新しい写本を彼に贈ったほどだった。こちらは、現在、ブリュッセルに保存されている。この件については以下を参照されたい。*Les cathares et le Graal*, p.64.

2 ピエール・イザルンが火刑に処せられたのがいつであったか、じつのところよく分かっていない。王の死の少しまえか、あるいは少しあとのことだろう。もし少しまえのことであれば、王がミネルヴォワ街道を通ってベジエ＝カルカソンヌに滞在中に、この処刑は王に「捧げられた」にちがいない。一二七二年五月にも、トゥールーズで火刑がフィリップ剛勇王に「捧げられて」いる。

3　ピエール・ポーラン。オック語綴りでは Petrus Pollanus だろう。しかし Pollanus、Pollainh、Polha、Pola 等々はいずれも Paulhan あるいは Poullain と転記される。

4　事実、レモン七世とブランシュ・ド・カスティーユは本いとこ同士であった。それぞれの母ジャンヌとアリエノールは姉妹であり（リチャード獅子心王とジョン失地王の姉妹でもある）、アリエノール・ダキテーヌとヘンリー二世プランタジネット王の娘たちである。

5　最初の「社会変革」は十三世紀の初頭に起こった。一二〇二年の市参事会選挙では、裕福な卸売商や両替商が、名門閥を抑えて、二十四議席中十九議席を獲得した。これについては以下を参照されたい。Pierre Gérard, *Toulouse au XIIe siècle*, Toulouse, Association Les Amis des Archives de la Haute-Garonne, collection « Mémoires des pays d'Oc ». ところが、それから二十五年後の選挙では、これらの実業家にして資産家、文字どおりの商業貴族たちが、一時的にせよ、もっと下の階層の市民たちに圧倒されることになる。

6　これらふたつの文書は、以下に全文翻訳され、並んで掲載されている。*Le Lys et la Croix*, p.387-400.

[第十一章]

1　以下を参照されたい。*Écrivains anticonformistes du Moyen Age occitan*. I. *Hérétiques et Politiques*, anthologie bilingue par René Nelli, Paris, Phébus, 1977.そしてl'anthologie de Francesco Zambon, *Paratge. Els trobadors i la croada contra els càtars*, avec introduction et traduction en catalan, Barcelone, Columma Edicions, 1998.

2　言うまでもなく、異端審問は一二一五年のラテラノ公会議の決定にもとづいて創設されたとか、聖ドミニコ（一二二一年没）こそ異端審問の創設者であるなどというのは、言葉の濫用、さまざまな審問の混同、時代錯誤などによる過ちである。

3　以下を参照されたい。Ch. Thouzellier, *Catharisme et valdéisme en Languedoc*, Paris, P.U.F., 1966, p.251. 反対の立場からの論文として以下のようなものがある。M.-H. Vicaire, « Saint Dominique et les inquisiteurs », dans *Annales du Midi*, t. LXXIX (1967), p.173-194,そして*Dominique et ses Prêcheurs*,

4 Paris, Cerf, 1977, p.36-57 et p.143-148.
ラテン語資料ではもちろん区別なく、いずれも inquisitores である。フランス語で inquisiteur という言葉が使われるようになったのは十五世紀になってかららしく、enquêteur という言葉の学問的同意語として用いられた。

5 異端審問官ギヨーム・ペリソンの『年代記』は、そこに語られている諸事件の年月日について、時折、むずかしい――ほとんど解決不能の――問題をはらんでいる。そこで私は、拙著（*Mourir à Montségur* en 1989）で用いた年代に従っている。この問題に関しては、この『年代記』のジャン・ディヴェルノワ校訂版（Paris, Éditions du C.N.R.S., 1994）の序文を参照されたい。

[第十二章]

1 ギヨーム・ペリソンの『年代記』は、レモン・グロの改宗を一二三六年四月二日としているが、当時は復活祭をもって新年の始まりとしていたので、一二三七年は四月十九日に始まったことになる。前掲拙著の三三三頁の注1を参照されたい。

2 モンセギュール攻囲の十八人の生存者について、審問官フェレールとピエール・デュランが行った尋問の記録が残されている。全部合わせるとかなり膨大で、記録のテキストとその翻訳がそれぞれ一冊の本になっている。Jean Duvernoy, *Le dossier Montségur*, Carcassonne, 1998, C.V.P.M, pout le texte ; Toulouse, 1998, Le Pérégrinateur, pour la traduction.

3 モンセギュールを本拠地として行われた布教活動についての詳しい研究としては、以下の私の論文を参照されたい。« Montségur, refuge ou quartier général ? » dans *La persécution du catharisme*, actes de la 6e session d'histoire médiévale du Centre René-Nelli, collection Heresis, Carcassonne, 1996, p.159-192.

[第十三章]

1 レモン七世の相次ぐ結婚ないしは結婚計画については、以下を参照されたい。Hélène Débax, « Stratégies matrimoniales des comtes de Toulouse (850-1270) », dans *Annales du Midi*, n° 182 (avril-juin 1988), p.231-233.

[第十四章]

1 生存者のひとりが「アルビ司教の machines」と言っていたため、そこから性急に、この高位聖職者は攻囲機械を製作する技師でもあったと結論づける者もときにはいた。しかし、「王の machines」とも言われている。つまり、この machines とは明らかに兵隊のことを指しているのであって（それが王の兵士かアルビジョワの徴募兵かは旗で識別できる）、投石器製作者のことではない。

2 原語では Vascones。ペラをはじめ、多くの者が誤って、これを Basques（バスク人）と訳している。しかしバスク人は Basculi と言う。

3 言うまでもなく、オック語で Mont-segur とは Mont sûr（安全堅固な山）を意味する。

4 前章を参照されたい。

5 拙著『モンセギュールに死す』（*Mourir à Montségur*, 1989）に掲げた参考文献に加えて、以下を参照されたい。Michel Barrère, « A Montségur, entre archéologues et historiens » ; André Czeski, « Montségur, quelques résultats fournis par l'ensemble des fouilles » et « Résultats de fouilles de 1990 » ; Annie Cazenave, « Montségur, essai de datation de la forteresse actuelle » ; Michel Roquebert, « Le *castrum* de 1204-1244 : l'apport des sources écrites » ; le tout dans *Historiens et archéologues*, actes du colloque 1990 du Centre René-Nelli, Berne, Peter Lang, 1992.

6 拙著『モンセギュールに死す』（三七三頁）では、ビドルト山（Bidorte）――フランス国立図書館ドート・コレクションの写本に記されている「ビドルタの山」（pech de Bidorta）は、伝統的に確たる根拠もなくフロー山（montagne de la Frau）に同定されている――としているが、ヴィドルル山（Vidorle）――鈴を意味する――に訂正したい。それは地図（carte de l'I.G.N.2247/Est）によって確かめられ、海抜九百八十五メートルである。

7 ロック・ド・ラ・トゥール（塔の岩）は海抜八百五十メートル、モンセギュールの「城邑」は千二百七メートルである。

8 これらの人物同定は、完徳者ペタヴィ、ユーグおよびピエール・サバチエの存在が、包囲のあいだにも確認されているし、その後にも確認されていることにもとづいている。つまり、彼らは火刑台で焼かれてはいなかったのである。

9　彼らが毛布か何かに包んで謎の財宝を持ち出したというのは、生存者の複数の証言を都合よくつなぎ合わせたり、資料を不誠実かつ空想的に改竄したりしたにすぎない。

[第十五章]

1　この点については、第十一章を参照されたい。

2　この点についていは、第十二章を参照されたい。

3　以下の拙著を参照されたい。*Les cathares, de la chute de Montségur aux derniers bûchers*, Perrin, 1998, chap. 5, « Une famille de croyants devant le tribunal ». 私はそこでマ＝サント＝ピュエルの領主一族十八人の尋問記録を例に取り上げている。

4　ラテン語では以下のとおりである——*Sine ipso factum est nihil* (Jn 1,3)。カトリック教会では「Sans Lui rien n'a été créé（神なしには何も造られなかった）」と訳されている。問題の核心は、否定辞の nihil(rien) を名詞 le rien（無）と解釈することができるか否か、ということである。デュラン・ド・ユエスカは、一二二〇年頃に執筆した『マニ教反駁書』でも、すでにこの文法問題から荘重な宇宙論的・神学的解釈を引き出している。

5　これら四人の判決文は失われているが、彼らの尋問記録に加えて、通常判決のまえに作成される自供確認書が残されている。そのうえベルナール・ド・モンテスキューにたいする判決は、一二五六年のある資料からも確認される。注意すべきは、一二四六年から一二四八年までに下された判決に先立つ尋問記録がすべて残されているわけではなく、また、残されている自供確認書から行われたことがうかがわれる判決、あるいはのちの資料によって行われたことが裏付けられる判決のうち、かなりの判決文が消滅しているということである。さらにベルナール・ド・コーは、フェレールが尋問を手掛けながら、結審までには至らなかったかなりの数の人々にたいして判決を下している。

[第十六章]

1　ベアトリスは、ルイ九世が一二三四年に娶ったマルグリット・ド・プロヴァンスの妹である。

2　ただし、モンセギュールの火刑は、形式的に言えば、十字軍の火刑であって、異端審問の火刑ではない。

［第十七章］

1 知られているかぎりで順に名前を挙げていくと、まず一一六七年のサン゠フェリクス公会議で選ばれたギロー・メルシエ、一二〇〇年代に存在が確認されているベルナール・ド・シモール、一二二六年に逮捕され火刑に処せられたピエール・イザルン、つぎにギロー・アビ、一二四〇年の秋前にアビを引き継いだピエール・ポーランないしはプーラン。

2 一二四一年から一二四二年にかけて、シャベール・ド・バルベラはケリビュスで何人かの完徳者に隠れ家を提供したし、またそれ以前、パリ和約が発効した直後、ラゼスのカタリ派司教ブノワ・ド・テルムもここに逃げ込んでいる。以上の事実から、このコルビエールの恐るべき鷲の巣こそ「カタリ派の最後の砦」であると長らく考えられてきた。じつは私もそう考えたひとりである（*Citadelles du vertige*, 1966）。しかし社会的文脈から考えれば、この事件はあくまで政治的・戦略的次元で起こっていることを認めざるをえない。事実、この事件に関係するいかなる資料も、異端信仰にはまったく言及していないのである。

［第十八章］

1 以下を参照されたい。John Hine Mundy, *The repression of catharism at Toulouse ; the royal diploma of 1279*, Toronto, Pontifical Institute of Medieval Studies, 1985.

［第十九章］

1 拷問と拷問のあいだには、少なくともまるまる三日の間隔を置くことが法律で決まっていたが、この規則はかならずしも守られてはいなかった。トゥールーズの異端審問官は一二五六年七月七日に、ついでカルカソンヌの審問官は一二六〇年四月二十七日に、それぞれ教皇アレクサンデル四世から、この規則に違反してもお咎めなしという特権を受けている。

2 一二七六年、征服王ハイメ一世が死去し、彼の国は息子たちに分割譲渡された。ペドロがバルセロナ伯およびアラゴン王になり、ハイメにはマヨルカ王国（バレアス諸島、ルシヨンおよびセルダーニャ伯領、そしてモンペリエ領）があてがわれた。首都はペルピニャンである。

[第二十章]

1　第十五章、トゥールーズ市民ピエール・ガルシアの裁判に関する記述を参照されたい。

2　『ベアトリス・ド・プラニソラス』(ルネ・ネリによるオック語テキスト、音楽はジャック・シャルパンチエ)は、一九七一年、エクサン゠プロヴァンス音楽祭で初演された。

ローラック、ブランシュ・ド（完徳女）Laurac, Blanche de　118, 119, 185, 395
ロクフイユ、レモン・ド Roquefeuil, Raymond de　370, 428, 436
ロクフォール、ギヨーム・ド Roquefort, Guillaume de　164, 226, 249, 252, 272, 586
ロクフォール、ベルナール＝レモン・ド（カルカソンヌ司教）Roquefort, Bernard-Raymond, év . de Carcassonne　172, 216, 249, 251, 282, 418, 432

リュネル、シカール（カタリ派助祭）Lunel, Sicard 629-632
リル、ベルナール＝ジュルダン・ド Isle, Bernard-Jourdain de l' 115, 292, 388, 431, 453
ルイ七世（フランス王）Louis VII 104, 106
ルイ八世（フランス王）Louis VIII 413, 416, 419, 421, 424, 426, 431, 432, 437, 442, 451
ルイ九世（フランス王）Louis IX 10, 40, 249, 434, 437, 451, 478, 517, 519, 537, 539, 546, 547, 611, 641, 642, 644, 656, 659
ルエ、アラマン Rouaix, Alaman 414, 439, 458, 481, 504, 505, 594
ルギオ、ヨハネス・デ Lugio, Johannes de 48-50, 669
ルシー、アラン・ド（十字軍）Roucy, Alain de 229, 279, 367, 384, 393, 396, 405
レヴィ、ギー〔一世〕・ド（十字軍）Lévis, Guy I de 227, 228, 233, 242, 248, 250, 251, 278, 284, 367, 384, 389, 410, 412, 434, 444, 447, 452, 561
レスプランディス、レモン（司教区異端審問官）Resplandis, Raymond 618, 621, 626, 627, 635
レモン、ギヨーム（異端審問官）Raymond, Guillaume 545, 549, 581, 585, 587, 596, 597, 602, 606, 608
レモン、ベルナール（カタリ派司教）Raymond, Bernard 100, 107, 110
レモン＝ベランジェ五世（プロヴァンス伯）Raymond-Béranger V, comte de Provence 465, 512, 513, 519, 537, 610
レモン五世（トゥールーズ伯）Raymond V, comte de Toulouse 105-108, 161
レモン六世（トゥールーズ伯）Raymond VI, comte de Toulouse 116, 147, 153, 159, 160-165, 168, 175, 176, 185, 188, 189, 192-197, 203-210, 215, 224, 239-241, 243, 247, 253-262, 264, 265, 268-273, 275, 277, 280, 282-284, 286-295, 298-307, 312-317, 324, 328, 329, 332, 335, 336, 339, 341-344, 346-350, 354, 355, 357, 358, 360-363, 366, 369-374, 376-380, 383-387, 391, 395, 396, 398, 402, 405, 409, 421, 425, 427, 450, 451, 466, 508, 538, 641
レモン七世（トゥールーズ伯）Raymond VII, comte de Toulouse 10, 40, 41, 161, 259, 295, 305, 306, 309, 316, 366, 369, 372, 373, 376-378, 382, 384, 391, 393-405, 407, 409-412, 414, 417-420, 422-425, 427, 429, 431-433, 436-453, 457, 460, 464-468, 478-480, 484, 487-494, 503, 506-513, 515-519, 521, 533, 535, 537-541, 545-550, 552, 562, 563, 572, 577-579, 599, 600, 602, 606-615, 636, 637, 640-643, 687, 735
ローザンヌ、アンリ・ド（異端者）Lausanne, Henri de 89, 90, 92-94, 97

Montfort, Guy de 221, 228, 281, 284, 286, 288, 313, 327, 344, 351, 352, 365, 376, 377, 379, 383-386, 388, 392, 393, 412, 422, 426, 434, 452, 613
モンフォール、シモン・ド（十字軍）Montfort, Simon de 9, 42, 113, 124, 147, 153, 173, 212, 220-222, 224-237, 239, 242-249, 251-253, 256-259, 262, 263, 265-300, 303-308, 310, 311, 313, 317-319, 321, 324-330, 333-358, 361-366, 370-393, 395, 397, 405, 410, 415, 417, 420, 423, 424, 428, 430, 432, 433, 447, 449, 452, 464, 561, 574, 586
モンモランシー、アリックス・ド Montmorency, Alix de 227
モンモランシー、マチユー・ド Montmorency, Mathieu de 364, 425, 452
モンレアル、エムリー・ド Montréal, Aimery de 119, 226, 229, 237, 244, 248, 263, 266, 406

［ヤ］

ユエスカ、デュラン・ド Huesca, Durand de 48, 88, 191
ユノー・ド・ランタ、ギヨーム Hunaud de Lanta, Guillaume 386, 397, 400
ユノー・ド・ランタ、ギロー Hunaud de Lanta, Guiraud 388, 395, 400, 466, 515, 665, 669
ユノー・ド・ランタ、ジュルダン Hunaud de Lanta, Jourdain 439, 466, 514, 515
ユノー・ド・ランタ、マルケジア（完徳女）Hunaud de Lanta, Marquésia 118, 119, 249, 530, 555, 557
ヨハネス二十二世（教皇）Johannes XXII 699, 721, 722, 723, 733

［ラ］

ライーユ、ギヨーム・ド Lahille, Guillaume de 404, 514, 521, 530, 532, 542, 543, 570, 573
ラヴラネ、ベランジェ・ド Lavelanet, Bérenger de 479, 530, 555, 559
ラガリーグ、ベルナール（カタリ派高位聖職者）Lagarrigue, Bernard 668, 678-680, 684
ラシー、ユーグ・ド（十字軍）Lacy, Hugues de 228, 231, 277, 384
ラバスタン、ペルフォール・ド Rabastens, Pelfort de 122, 388, 399, 400, 409
ラバスタン、レモン・ド（トゥールーズ司教 ）Rabastens, Raymond de 173, 197, 369
ラモート、ベルナール・ド（カタリ派高位聖職者）Lamothe, Bernard de 209, 414, 438, 439, 463, 470, 479, 483, 504, 528, 619, 661
リエ、ユーグ・ド（リエ司教）Riez, Hugues de 240, 241, 312
リコー、レモン・ド（レモン六世代理官）Ricaud, Raymond de 264, 266
リュジア、ミシェル・ド Luesia, Michel de 332, 335, 340, 341
リュシー、ギー・ド（十字軍）Lucy, Guy de 227, 267, 276, 277, 284

Massabrac, Alzieu de　140, 551, 563
マチュー（完徳者）Mathieu　567, 569, 570, 575
マト、アルノー Mathe, Arnaud　678-680, 683
マルシアック、アンリ・ド（教皇特使）Marsiac, Henri de　106, 107, 109
マルシュ、マルグリット・ド・ラ Marche, Marguerite de la　539, 548, 562, 610
マルセイユ、レモン・ド Marceille, Raymond de　436, 514, 573
マルティ、ベルトラン（カタリ派司教）Marty, Bertrand　68, 505, 525, 526, 529, 532, 535, 536, 556, 559, 563-565, 567, 568, 570-573, 575, 583, 619, 628, 660, 662, 706
マルリー、ブシャール・ド（十字軍）Marly, Bouchard de　227, 231, 237, 247, 262, 278, 279, 425, 430
ミネルヴ、ギヨーム・ド Minerve, Guillaume de　164, 226, 247, 377, 400, 514
ミラヴァル、レモン・ド（トゥルバドゥール）Miraval, Raymond de　122, 302, 328, 332
ミルポワ、アルノー＝ロジェ・ド Mirepoix, Arnaud-Roger de　119, 146, 410, 435, 469, 479, 524, 530, 551, 555, 558-560, 570
ミルポワ、ピエール＝ロジェ・ド Mirepoix, Pierre-Roger de　119, 136, 145, 233, 381, 410, 435, 514, 522, 542, 544, 551, 552, 554, 555, 558, 559, 561-563, 569-575, 585, 620, 663
ミルポワ、フィリパ・ド Mirepoix, Philippa de　469, 554, 555, 573
ミロ、アルノー・ド Miglos, Arnaud de　585, 586, 593, 608
ミロン（教皇特使）Milon　197, 198, 203-205, 207, 210, 224, 235, 239-241
メルシエ、レモン（カタリ派助祭）Mercier, Raymond　141, 182, 410, 625, 662, 663
モーヴォワザン、ロベール（十字軍）Mauvoisin, Robert　221, 227, 234, 237, 247, 248, 275, 280, 287, 352
モーリー、ピエール Maury, Pierre　728-731
モルラーヌ、サン Morlane, Sans　677, 680, 682
モンセルヴェ、ブレダ・ド（完徳女）Montserver, Braida de　119, 146, 530, 554
モントゥティ、レモン・ド（カタリ派助祭）Montouty, Raymond de　471, 528, 626
モントー、シカール・ド Montaud, Sicard de　396, 408, 410, 466
モンフォール、アミシ・ド Montfort, Amicie de　242, 258, 383, 385
モンフォール、アモリー・ド Montfort, Amaury de　242, 266, 327, 329, 330, 345, 351, 389, 392-399, 402-413, 415, 416, 418, 420-423, 426, 428, 432, 433, 435, 449, 452
モンフォール、ギー・ド（シモンの弟）

726, 727, 729-733
ベルナール（聖）Bernard, Saint 89, 90, 92-94, 105, 185
ベルナール四世（コマンジュ伯）Bernard IV, comte de Comminges 161, 165, 277, 292, 328, 381, 386, 388
ベルナール五世（コマンジュ伯）Bernard V, comte de Comminges 431
ベルナン、ジャン・ド（ヴィエンヌ大司教、教皇特使）Bernin, Jean de 477, 490, 491, 493, 503, 507-509
ペルペルチューズ、ギヨーム・ド Peyrepertuse, Guillaume de 164, 383, 514, 517
ペレイユ、コルバ・ド Péreille, Corba de 469, 572, 573
ペレイユ、フルニエール・ド（完徳女）Péreille, Fournière de 118, 231, 286, 529
ペレイユ、レモン・ド Péreille, Raymond de 117, 119, 182, 231, 233, 252, 381, 410, 459, 469, 470, 522, 529, 551, 554, 555, 558, 559, 561, 563, 570, 572, 573, 575
ヘンリー二世（イギリス王）Henry II 106, 161, 614
ヘンリー三世（イギリス王）Henry III 421, 537, 539, 540, 546
ボー、ギヨーム・デ（オランジュ大公）Baux, Guillaume des, prince d'Orange 377, 384
ボーヴ、アンゲラン・ド（十字軍）Boves, Enguerrand de 221, 228, 284, 291
ボージュー、アンベール・ド（フランス副王、王代理）Beaujeu, Humbert de 434-443, 468, 546, 547
ボーヌ、ジャン・ド（異端審問官）Beaune, Jean de 648, 721, 723, 725, 730, 732
ポーラン、ピエール（カタリ派司教）Paulhan, Pierre 436, 515, 635
ボナフー、ベルナール（カタリ派助祭）Bonnafous, Bernard 458, 471, 524, 527, 528, 534, 596
ボネ、ピエール（カタリ派助祭）Bonnet, Pierre 556, 567, 570, 575
ホノリウス三世（教皇）Honorius III 360, 384, 393, 404, 405, 408, 415-423, 466
ボルディエ、ピエール（完徳者）Bordier, Pierre 406, 524, 623
ポワチエ、アデマール・ド（ヴァランティノワ伯）Poitiers, Adhémar, comte de Valentinois 345, 377, 384, 385
ポワチエ、アルフォンス・ド（トゥールーズ伯）Poitiers, Alphonse, comte de Toulouse 45, 448, 453, 490, 494, 539, 546, 614, 631, 636-642, 646-648, 656

［マ］

マ、ジュルダン・デュ Mas, Jourdain du 119, 542, 569, 591
マ、レモン・デュ（カタリ派助祭）Mas, Raymond du 524, 527, 626, 663, 669
マサブラック、アルジユー・ド

631, 724
フォーガ、レモン・デュ（トゥールーズ司教）Fauga, Raymond du 467, 486, 488, 490, 541, 617, 639
フォワ、エスクラルモンド・ド（完徳女）Foix, Esclarmonde de 115, 139, 162, 163, 370, 406, 503, 572, 586
フォワ、レモン＝ロジェ・ド（フォワ伯）Foix, Raymond-Roger, comte de 115, 119, 162, 163, 232-234, 242, 258, 259, 265, 277, 291, 293, 370, 372, 381, 394, 410
フォワ、ロジェ＝ベルナール二世・ド（フォワ伯）Foix, Roger-Bernard II, comte de 265, 381, 386, 388, 390, 395, 405, 411, 420, 452, 516, 519
フォワ、ロジェ＝ベルナール三世・ド（フォワ伯）Foix, Roger-Bernard III, comte de 656, 657, 676, 695
プージェ、ポンス・デュ（異端審問官）Pouget, Pons du 647, 649, 650
フォンフロワド、ラウル・ド（教皇特使）Fontfroide, Raoul de 176, 180, 181, 184, 185, 187, 190
プラサック、ラウル・ド（異端審問官）Plassac, Raoul de 650, 652, 667
プラディエ、アルノー（カタリ派助祭）Pradier, Arnaud 620, 621, 625
フリードリヒ二世（神聖ローマ皇帝）Friedrich II 104, 310, 418, 430, 491, 492, 507, 508-510, 512, 518, 541, 601, 660, 661, 665
ブリュネ、ギヨーム Brunet, Guillaume 677, 680, 688
フルク（トゥールーズ司教）Foulque 95, 186, 191, 233, 239, 243, 244, 255, 262, 264, 271-273, 280, 325, 328, 330, 334-337, 351, 359, 360, 362, 370, 371, 379, 390, 438, 445, 463, 464, 466, 467, 473
ブルトス、アルノー・ド（完徳者）Bretos, Arnaud de 528, 535, 584
フルニエ、ジャック（パミエ司教）Fournier, Jacques 501, 581, 648, 703, 704, 721, 723-725, 728, 730, 731
ベール、ポンス（完徳者）Bayle, Pons 708, 710, 716, 728
ペコラリア、ジャコモ・ディ（パレストリーナ司教、教皇特使）Pecoraria, Giacomo di 510, 512
ペドロ二世（アラゴン王）Pedro II 10, 40, 41, 161, 163-168, 177-179, 190, 211, 214, 215, 236, 238, 244, 245, 258, 259, 261, 273, 293, 295, 298-300, 302-310, 313, 314, 316-326, 328, 330, 332-339, 341-343, 346, 348, 356, 361, 380, 537, 538
ベネヴァン、ピエール・ド（枢機卿、教皇特使）Bénévent, Pierre de 325, 347-350, 356, 357, 359, 361, 363-367, 370
ペピユー、ギロー・ド Pépieux, Guiraud de 226, 237, 242, 265, 282, 285, 288
ペリソン、ギヨーム（異端審問官）Pelhisson, Guillaume 477, 481, 482, 485, 489, 493, 505, 581
ベリバスト、ギヨーム（完徳者）Bélibaste, Guillaume 137, 716,

235, 236, 370
トランカヴェル、レモン二世 Trencavel, Raymond II 235, 294, 308, 343, 370, 411, 418, 420, 432, 433, 435-437, 444, 448, 513-517, 520, 540, 543, 545, 563, 611, 613, 643

［ナ］

ナルボンヌ、エムリー・ド（ナルボンヌ子爵）Narbonne, Aimery 164, 238, 246, 283, 346, 347, 365, 452
ニオール、ギヨーム・ド Niort, Guillaume de 119, 395, 503
ニオール、ジェロー・ド Niort, Géraud de 484, 503, 514, 517
ニオール、ベルナール＝オトン・ド Niort, Bernard-Othon de 119, 404, 406, 408, 428, 429, 433, 435, 436, 464-466, 476, 480, 503, 515, 585
ニケタス（カタリ派高位聖職者）Nicétas 77, 92, 99-101

［ハ］

ハイメ一世（征服王）（アラゴン王）Jaime I, el Conquistador 258, 341, 342, 345, 347, 348, 350, 519, 537-540, 610, 643, 644, 657
バコーヌ、ヴィグルー・ド・ラ（カタリ派高位聖職者）Bacone, Vigouroux de la 471, 504, 529
パルナック、ポンス・ド（異端審問官）Parnac, Pons de 650, 652, 653, 656, 661, 664, 666, 667, 672, 691, 719
バルベラ、シャベール・ド Barbaira, Chabert de 395, 514, 642-644
ピエールクヴェルト、ギヨーム＝レモン・ド（異端審問官）Pierrecouverte, Guillaume-Raymond de 581, 636, 649
ピュイローランス、ギヨーム・ド（年代記者）Puylaurens, Guillaume de 87, 95, 98, 110, 223, 266, 272, 392, 431, 457, 458, 484, 558, 565, 613
ピュイローランス、シカール・ド Puylaurens, Sicard de 122, 283, 388, 400, 430, 438, 439, 677
ファーブル、カステル Fabre, Castel 676, 688, 689, 692, 718, 734
ファンジョー、イザルン・ド Fanjeaux, Isarn de 410, 470, 562, 569, 586
ファンジョー、オード・ド（完徳女）Fanjeaux, Aude de 115, 116, 119, 230, 586
フィリップ・オーギュスト（フランス王）Philippe Auguste 179, 181, 188, 189, 194, 196, 198, 199, 219, 236, 240, 262, 289, 301, 304, 310, 320, 321, 341, 353, 358, 363, 364, 375, 398, 399, 405, 408-410, 415, 416, 420, 444
フィリップ剛勇王（フランス王）Philippe le Hardi 656-659
フィリップ端麗王（フランス王）Philippe le Bel 686-689, 692-695, 697-699, 718
フェレール（異端審問官）Ferrer 477, 483, 484, 535, 545, 549, 550, 570, 571, 573, 579-587, 589, 590, 595, 596, 599, 608, 618, 622, 627, 630,

Hugues d'　552, 563, 571, 573, 574, 642
ダルファロ、ユーグ（レモン六世代理官）Alfaro, Hugues d'　271, 273, 286, 287, 396, 400
ダルブダン、ベルナール・セルモン Albedun, Bernard Sermon d'　252, 281, 458
ダレス、ピエール（異端審問官）Alès, Pierre d'　477, 581, 608
ダレラック、フィリップ（完徳者）Alayrac, Philippe d'　709, 710, 712, 714-716, 726
ダングルテール、ジャンヌ Angleterre, Jeanne d'　161, 307, 372, 614
タンヘルム（異端者）Tanchelm　78, 89, 91
チュリー、ランベール・ド（十字軍）Thury, Lambert de　227, 231, 248, 252, 276, 318, 376, 377, 412, 452
チュレンヌ子爵 Turenne, vicomte de　106, 107, 208, 352-355
テディーズ師（教皇特使）Thédise, Maître　197, 198, 203, 210, 241, 244, 247, 253, 255, 256, 273, 312, 315, 316, 319, 322-324, 326, 371, 402, 419, 420
デペルノン、ロベール（カタリ派司教）Épernon, Robert d'　99, 100, 103, 669
テュデル、ギヨーム・ド（オクシタン詩人）Tudèle, Guillaume de　79, 208, 235, 261, 270, 369
デュプラ、ジャン（異端審問官）Duprat, Jean　502, 725, 732
デュラン、ピエール（異端審問官）Durand, Pierre　582, 587, 596, 597, 602, 606, 608
デリシユー、ベルナール Délicieux, Bernard　688, 689, 692-699, 722-724
テルム、オリヴィエ・ド Termes, Olivier de　435, 436, 444, 466, 484, 512, 514, 516, 517, 546, 611, 613, 644
テルム、ブノワ・ド（カタリ派司教）Termes, Benoît de　187, 415, 436, 459, 480
テルム、レモン・ド Termes, Raymond de　164, 226, 244, 249, 250, 251, 252, 415
トゥールーズ、ジャンヌ・ド Toulouse, Jeanne de　442, 448, 452, 453, 490, 518, 538, 614, 636, 656
トゥールーズ、ベルトラン・ド Toulouse, Bertrand de　271, 395, 400
トゥールーズ、ボードゥアン・ド Toulouse, Baudouin de　268-270, 280, 285, 288, 289, 327, 346, 347, 351
ドミニコ（聖）Dominique, Saint：ドミンゴ・デ・グスマン Domingo de Guzmán　121, 132, 182-184, 186, 187, 189-192, 229, 230, 233, 273, 351, 359, 360, 473, 474, 475, 477, 486, 494, 523, 581
トランカヴェル、レモン＝ロジェ Trencavel, Raymond-Roger　163, 164, 197, 206, 210-212, 214-216,

ド（完徳者）Saint-Papoul, Pierre-Raymond de　707, 709, 716
サン＝ピエール、ジャン・ド（異端審問官）Saint-Pierre, Jean de　125, 541, 549, 580, 587, 590, 593, 596, 597, 599, 600, 602, 605, 608, 609, 611, 616, 618, 620, 621, 626, 637, 640, 650, 664, 682
サン＝ポル伯 Saint-Pol, comte de　219, 364, 398
サン＝マルタン、ベルナール・ド Saint-Martin, Bernard de　404, 521, 524, 542, 543, 573
サン＝マルタン、レモン・ド（カタリ派助祭）Saint-Martin, Raymond de　556, 560, 569
サン・ド・ラバ、レモン Sans de Rabat, Raymond　404, 470
サンシュ、ヌーニョ Sanche, Nuño　332, 380, 433
シクル、アルノー Sicre, Arnaud　728-731
シャー、ペラン・ド（十字軍）Cissey, Perrin de　227, 292, 329
シャトーヴェルダン、ステファニー・ド（完徳女）Châteauverdun, Stéphanie de　619-622, 627
シャトーヴェルダン、ポンス＝アルノー・ド Châteauverdun, Pons Arnaud de　567, 619, 706
シャルトル、ルノー・ド（異端審問官）Chartres, Renaud de　621, 626, 635, 637, 640, 650, 664
ジョリ（十字軍）Jori,　386, 394
ジョン失地王（イギリス王）John Lackland　161, 198, 208, 307, 321, 344, 348, 372, 539
ジロンダ、ギヨーム Gironda, Guillaume　557, 560, 563
セール、ギヨーム Serre, Guillaume　676, 679, 700, 733, 734
セサック、ジュルダン・ド Saissac, Jourdain de　283, 514, 675, 677
セラン、ピエール（異端審問官）Seilan, Pierre　359, 360, 477, 481, 485, 493, 494, 520

［タ］

タヴェルニエ、アンドレ／プラード（完徳者）Tavernier, André, dit Prades　703, 707, 709, 710, 712, 716
ダスタラック、サンチュル Astarac, Centule d'　393-395, 398, 401, 402
ダブヴィル、ニコラ（異端審問官）Abbeville, Nicolas d'　649, 687-690, 692, 693, 695, 696, 702, 703, 718
ダブリ、ジョフロワ（異端審問官）Ablis, Geoffroy d'　648, 695-697, 700, 703, 704, 707, 710, 712, 714, 715, 718, 721
ダラゴン、エレオノール Aragon, Éléonore d'　161, 168, 303, 374, 409, 537
ダラゴン、サンシー Aragon, Sancie d'　161, 259, 303, 374, 395, 448, 518, 537, 538
ダルザス、フィリップ・ド（フランドル伯）Alsace, Philippe d', comte de Frandre　111, 112, 159
ダルシ、ユーグ（国王代理官）Arcis,

官）Grimoard, Pons　185, 464, 503, 504, 588
クルソン、ロベール・ド（教皇特使） Courçon, Robert de　322, 351-353, 355-357, 367
グルドン、ギロー・ド（完徳者） Gourdon, Guiraud de　121, 264, 387, 400, 406
グレゴリウス九世（教皇）Gregorius IX　8, 43, 437, 442, 445, 465, 466, 472, 473, 476-478, 481, 486, 490-492, 494, 507-511, 518, 519, 521, 538, 563, 604, 661
クレメンス五世（教皇）Clemens V　646, 647, 699-701, 703, 717, 718, 720, 721
クレルモン、ベルトラン・ド（異端審問官）Clermont, Bertrand de　651, 672, 687, 692
コー、ベルナール・ド（異端審問官） Caux, Bernard de　53, 125, 140, 209, 541, 549, 571, 576, 579, 581, 583, 585, 587, 589, 590, 593-597, 599, 600, 602, 605, 608, 609, 611, 616, 618, 620-622, 624, 630, 631, 658, 661, 663, 666, 669, 682, 724
ゴースラン（カタリ派司教）Gaucelin 110, 116, 230, 403
コマンジュ、ロジェ・ド（クズラン子爵）Comminges, Roger, vicomte de Couserans　263, 281, 381, 386
コルミユー、ピエール・ド（教皇特使） Colmieu, Pierre de　452, 460, 464, 602
コントル、ギヨーム・ド（十字軍） Contres, Guillaume de　227, 248, 249, 288, 292, 346
コンラド（ポルト司教、枢機卿、教皇特使）Conrad　404, 405, 407, 408, 410, 411, 416, 418

［サ］

サラモン、ギヨーム（完徳者）Salamon, Guillaume　463, 619, 624
サル、アンベール・ド Salles, Imbert de　524, 555, 571
サン、ピエール（完徳者）Sans, Pierre 712, 715, 719
サン＝ジェルミエ、ディアス・ド（完徳女）Saint-Germier, Dias de　530, 535, 583
サン＝ジョルジュ、フルク・ド（異端審問官）Saint-Georges, Foulque de 688, 692, 693, 704
サン＝ジル、ポンス・ド Saint-Gilles, Pons de　477, 481, 486, 488-490, 493
サン＝セーヌ、ギヨーム・ド（異端審問官）Saint-Seine, Guillaume de　649, 672, 673, 675, 681, 684-687, 702
サンタンジェロ、ロマーノ・フランジパーニ・ディ（サンタンジェロ枢機卿） Sant'Angelo, Romano Frangipani di 417, 422, 423, 425, 437, 442, 443, 451, 452, 459, 460, 464
サン＝ティベリー、エチエンヌ・ド（異端審問官）Saint-Thibéry, Étienne de　493-495, 505-507, 520, 543, 582, 588, 608, 624
サン＝パプール、ピエール＝レモン・

Voisins, Pierre de　228, 434, 452, 641
オーティエ、ギヨーム（完徳者）Authié, Guillaume　705-707, 709, 715
オーティエ、ジャック（完徳者）Authié, Jacques　703, 708-710, 712, 714, 715, 729, 730, 733
オーティエ、ピエール（完徳者）Authié, Pierre　60, 126, 705-712, 714-716, 719, 724, 726, 728-730, 733
オードゥイ、ベルナール（完徳者）Audouy, Bernard　707, 712, 714
オリユー、ベルナール（カタリ派司教）Olieu, Bernard　665, 669, 671, 706

［カ］

カイヤヴェル、ブレジヤック・ド Cailhavel, Brézilhac de　514, 524, 573
カスタネ、ベルナール・ド（アルビ司教）Castanet, Bernard de　681, 684, 685, 690-694, 699-702, 717, 723, 733,
カスティーユ、ブランシュ・ド（フランス王妃）Castille, Blanche de　416, 437, 442, 444, 449, 452, 514, 547, 610, 636
カステル、エムリック Castel, Aymeric　689, 699, 701, 718
カステルノー、ピエール・ド（教皇特使）Castelnau, Pierre de　176, 180, 181, 184, 185, 187-189, 192, 193, 197, 203-205, 224, 240, 255, 369
カストル、ギラベール・ド（カタリ派司教）Castres, Guilhabert de　68, 101, 116, 119, 120, 145, 187, 230, 403, 404, 406, 414, 415, 428, 433, 438, 439, 457-459, 464, 469-471, 479-481, 483, 486, 515, 522, 525, 526, 529, 556, 619, 661, 670
ガストン六世（ベアルン子爵）Gaston VI, vicomte de Béarn　165, 277
カタラ、アルノー（異端審問官）Cathala, Arnaud　477, 481-483
ガティーヌ、エチエンヌ・ド（異端審問官）Gâtine, Étienne de　647, 649, 650, 672
カノワ、イザルン・ド（完徳者）Canois, Isarn de　633, 675, 676, 694
カバレ、ピエール＝ロジェ・ド Cabaret, Pierre-Roger de　214, 244, 248-250, 262, 436
ガラン、ジャン（異端審問官）Galand, Jean　649, 652, 672-675, 678-686, 688, 690, 691, 693, 700, 702, 733
ガリック、ギヨーム Garric, Guillaume　677, 688, 700, 718
カンビエール、ジャン（カタリ派高位聖職者）Cambiaire, Jean　470, 479, 480, 525, 532
ギー、ベルナール（異端審問官）Gui, Bernard　502, 580, 596, 648, 650, 651, 688, 704, 713-719, 721, 723-725, 732
キュック、レモンド・ド（完徳女）Cuq, Raymonde de　530, 565, 573
グーザン、アルノー・ド（司教区異端審問官）Gouzens, Arnaud de　618, 621, 626, 627, 635
グリモール、ポンス（レモン六世代理

主要人名索引

［ア］

アギュレ、レモン（カタリ派司教）Agulher, Raymond　124, 404, 414, 415, 480, 481, 529, 556, 572, 573
アミエル、ピエール（ナルボンヌ大司教）Amiel, Pierre, archv. de Narbonne　428, 437, 484, 545, 553, 573, 574, 578
アモリー、アルノー（シトー大修道院長、教皇特使）Amaury, Arnaud　7, 175, 177, 180, 181, 184, 187-190, 192, 193, 196-198, 210-213, 215, 217, 219, 220, 224, 225, 239-241, 243, 244, 247, 253, 256, 257, 259, 260, 262, 263, 268, 271, 273, 282, 310, 312-314, 316, 325, 330, 334, 347, 356, 364, 365, 367, 371, 374, 419, 420, 423, 574
アラマン、シカール（レモン七世の高官）Alaman, Sicard　547, 548, 572, 578, 614, 641, 642
アルブダン→ダルブダン
アルノー、ギヨーム（異端審問官）Arnaud, Guillaume　477, 481, 482, 485, 488, 489, 492-495, 502-507, 509, 520, 521, 542-544, 548, 582, 588, 608, 622, 624, 631, 632, 658, 676, 682
アレクサンデル三世（教皇）Alexander III　106, 108, 109, 158
イザルン、ピエール（カタリ派司教）Isarn, Pierre　100, 419, 435, 436, 586
イノケンティウス三世（教皇）Innocentius III　7, 87, 105, 114, 132, 156, 157-159, 167, 169-172, 174-183, 185, 188-198, 207, 211, 213, 217, 224, 235-241, 243, 246, 253-256, 259, 262, 268, 294, 295, 300, 304-316, 318-320, 322-328, 330, 331, 343, 345, 347, 349-351, 355-357, 359-363, 365, 366, 368-373, 405, 419, 645
イノケンティウス四世（教皇）Innocentius IV　500, 521, 549, 550, 553, 572, 578, 586, 597, 598, 600-614, 616, 617, 636, 638-640
ヴィダル、ピエール（トゥルバドゥール）Vidal, Peire　115, 302, 335
ヴィルミュール、アルノー・ド Villemur, Arnaud de　369, 388, 395, 400, 435
ヴォー＝ド＝セルネー、ギー・デ（教皇特使、カルカソンヌ司教）Vaux-de-Cernay, Guy des　172, 188, 221, 237, 247, 280, 282, 283, 288, 351, 418
ヴォー＝ド＝セルネー、ピエール・デ（年代記者）Vaux-de-Cernay, Pierre des　162, 172, 220, 222, 235-237, 246, 253, 260, 267, 283, 288, 291, 292, 299, 313, 315, 317, 321, 330, 341, 353, 364, 393, 406
ヴォワザン、ピエール・ド（十字軍）

異端《いたん》カタリ派《は》の歴史《れきし》

十一世紀《じゅういちせいき》から十四世紀《じゅうよんせいき》にいたる信仰《しんこう》、十字軍《じゅうじぐん》、審問《しんもん》

二〇一六年一一月一〇日　第一刷発行
二〇二二年　三月　二日　第四刷発行

著者　ミシェル・ロクベール

訳者　武藤剛史《むとうたけし》
©Takeshi Muto 2016

発行者　鈴木章一

発行所　株式会社講談社
東京都文京区音羽二丁目一二―二一　〒一一二―八〇〇一
電話（編集）〇三―三九四五―四九六三
（販売）〇三―五三九五―四四一五
（業務）〇三―五三九五―三六一五

装幀者　奥定泰之

本文データ制作　講談社デジタル製作

本文印刷　株式会社新藤慶昌堂

カバー・表紙印刷　半七写真印刷工業株式会社

製本所　大口製本印刷株式会社

KODANSHA

ISBN978-4-06-258502-6　Printed in Japan　N.D.C.235　760p　19cm

講談社選書メチエの再出発に際して

講談社選書メチエの創刊は冷戦終結後まもない一九九四年のことである。長く続いた東西対立の終わりはついに世界に平和をもたらすかに思われたが、その期待はすぐに裏切られた。超大国による新たな戦争、吹き荒れる民族主義の嵐……世界は向かうべき道を見失った。そのような時代の中で、書物のもたらす知識が一人一人の指針となることを願って、本選書は刊行された。

それから二五年、世界はさらに大きく変わった。特に知識をめぐる環境は世界史的な変化をこうむったとすら言える。インターネットによる情報化革命は、知識の徹底的な民主化を推し進めた。誰もがどこでも自由に知識を入手でき、自由に知識を発信できる。それは、冷戦終結後に抱いた期待を裏切られた私たちのもとに差した一条の光明でもあった。

その光明は今も消え去ってはいない。しかし、私たちは同時に、知識の民主化が知識の失墜をも生み出すという逆説を生きている。堅く揺るぎない知識も消費されるだけの不確かな情報に埋もれることを余儀なくされ、不確かな情報が人々の憎悪をかき立てる時代が今、訪れている。

この不確かな時代、不確かさが憎悪を生み出す時代にあって必要なのは、一人一人が堅く揺るぎない知識を得、生きていくための道標を得ることである。

フランス語の「メチエ」という言葉は、人が生きていくために必要とする職、経験によって身につけられる技術を意味する。選書メチエは、読者が磨き上げられた経験のもとに紡ぎ出される思索に触れ、生きるための技術と知識を手に入れる機会を提供することを目指している。万人にそのような機会が提供されたとき初めて、知識は真に民主化され、憎悪を乗り越える平和への道が拓けると私たちは固く信ずる。

この宣言をもって、講談社選書メチエ再出発の辞とするものである。

二〇一九年二月　野間省伸

講談社選書メチエ　世界史

MÉTIER

MÉTIER

ヘーゲル『精神現象学』入門　長谷川宏
カント『純粋理性批判』入門　黒崎政男
知の教科書　ウォーラーステイン　川北稔編
人類最古の哲学　カイエ・ソバージュⅠ　中沢新一
熊から王へ　カイエ・ソバージュⅡ　中沢新一
愛と経済のロゴス　カイエ・ソバージュⅢ　中沢新一
神の発明　カイエ・ソバージュⅣ　中沢新一
対称性人類学　カイエ・ソバージュⅤ　中沢新一
知の教科書　スピノザ　C・ジャレット　石垣憲一訳
知の教科書　ライプニッツ　梅原宏司・川口典成訳　F・パーキンズ
知の教科書　プラトン　三嶋輝夫ほか訳　M・エルラー
フッサール　起源への哲学　斎藤慶典
完全解読　ヘーゲル『精神現象学』　竹田青嗣　西研
完全解読　カント『純粋理性批判』　竹田青嗣
本居宣長『古事記伝』を読むⅠ〜Ⅳ　神野志隆光
分析哲学入門　八木沢敬
ドイツ観念論　村岡晋一

ベルクソン＝時間と空間の哲学　中村昇
精読　アレント『全体主義の起源』　牧野雅彦
九鬼周造　藤田正勝
夢の現象学・入門　渡辺恒夫
ヨハネス・コメニウス　相馬伸一
アダム・スミス　高哲男
ラカンの哲学　荒谷大輔
記憶術全史　桑木野幸司
オカルティズム　大野英士
新しい哲学の教科書　岩内章太郎
アガンベン《ホモ・サケル》の思想　上村忠男
使える哲学　荒谷大輔
極限の思想　バタイユ　佐々木雄大
極限の思想　ニーチェ　城戸淳
極限の思想　ドゥルーズ　山内志朗
極限の思想　ハイデガー　高井ゆと里

講談社選書メチエ　宗教

MÉTIER